STUDIEN ZUR DEUTSCHEN
LITERATUR   Band 178

Herausgegeben von Wilfried Barner, Georg Braungart
und Conrad Wiedemann

Lothar L. Schneider

Realistische Literaturpolitik und naturalistische Kritik

Über die Situierung der Literatur
in der zweiten Hälfte des 19. Jahrhunderts
und die Vorgeschichte der Moderne

Max Niemeyer Verlag Tübingen 2005

Bibliografische Information der Deutschen Bibliothek
Die Deutsche Bibliothek verzeichnet diese Publikation in der Deutschen
Nationalbibliografie; detaillierte bibliografische Daten sind im Internet über
http://dnb.ddb.de abrufbar.

ISBN 3-484-18178-8   ISSN 0081-7236

© Max Niemeyer Verlag, Tübingen 2005
Ein Unternehmen der K. G. Saur Verlag GmbH, München
http://www.niemeyer.de
Das Werk einschließlich aller seiner Teile ist urheberrechtlich geschützt. Jede
Verwertung außerhalb der engen Grenzen des Urheberrechtsgesetzes ist ohne
Zustimmung des Verlages unzulässig und strafbar. Das gilt insbesondere für
Vervielfältigungen, Übersetzungen, Mikroverfilmungen und die Einspeicherung
und Verarbeitung in elektronischen Systemen.
Printed in Germany. Gedruckt auf alterungsbeständigem Papier.
Satz: Johanna Boy, Brennberg
Druck: Laupp & Göbel GmbH, Nehren
Einband: Buchbinderei Geiger, Ammerbuch

Inhalt

1. Einleitung 1

2. Der programmatische Realismus 11
   2.1 Zwei Referenzen: Hegels bürgerliche Gesellschaft
       und Fichtes Kulturnation 11
   2.2 Der philosophische Realismus: Rudolf Haym 20
   2.3 Der repräsentierende Realismus: Gustav Freytag 48
   2.4 Der poetologische Realismus: Friedrich Spielhagen 79
   2.5 Wendepunkt: Die Eliot-Rezeption und Spielhagens Kritiker 104

3. Die Gründerzeit 130
   3.1 Die Emanzipation des Publikums 130
   3.2 Paul Lindau: Künstler, Kritiker und Kollegen 149
   3.3 Neue Muster 171

4. Die naturalistische Kritik 193
   4.1 Der Kritikbegriff der Brüder Hart 193
   4.2 Die ›Durch!‹-Thesen 215
   4.3 Naturalismus und Nietzsche 229
   4.4 Ein Hildebrand-Schüler: Eugen Wolff 242
       Exkurs zu Rudolf Hildebrand 247
   4.5 Die Kritik der ›Gesellschaft‹ 249
   4.6 Die ›Freie Bühne‹: Kritik und die Avantgarde des Publikums ... 266

5. Schluss 286

6. Literaturverzeichnis 293
   6.1 Primärliteratur 293
   6.2 Sekundärliteratur 311

No ideas but in things
Williams Carlos Williams: A sort of a song

1. Einleitung

> Das Schlimmste, wenn die Dinge sich verkrusten in Wörtern,
> hart werden, weh tun beim Schmeißen,
> tot herumliegen.
> Bertolt Brecht

In der zweiten Hälfte des 19. Jahrhunderts änderte sich das Gesicht Deutschlands: Aus einem Konglomerat von Kleinstaaten formierte sich ein Reich, aus einem Agrar- wurde ein Industriestaat, eine Vielzahl von kleinstädtisch geprägten Gesellschaften wurde zunehmend von der modernen Metropole und Reichshauptstadt Berlin majorisiert. Aber dieser Prozeß vollzog sich weniger – wie 1848 intendiert und nach 1870 aus borussophiler Perspektive rekonstruiert – unter dem Banner einer prägenden Idee und in der Dynamik eines programmtischen Entwurfs, sondern in einem zähen Prozeß kleiner Schritte, der sich den stetigen Blick auf das Tatsächliche und konkret Machbare auf das Panier geschrieben hatte. Die Zeit stand im Zeichen des Realismus: 1853 formulierte der Liberale Ludwig August von Rochau seine einflußreichen ›Grundsätze der Realpolitik‹.[1] Anstatt auf diskursive Emphase und postulatorischer Utopien zu setzen, sollte die Politik unter Berücksichtigung der tatsächlichen gesellschaftlichen Machtstrukturen agieren, auch wenn diese nur beschränkte Bewegungsfreiheit gestatteten. Diese Konzentration auf das Machbare wurde zum Signum der Epoche: Im Bereich der Philosophie wurden die idealistischen Systementwürfe anthropologisch gewendet; ihre geschichtsphilosophischen Modelle wurden am Material historistisch relativiert. Als ›Realismus‹ firmierte zeitgenössisch die herbartianische Philosophie, die mit Rückbezug auf Kant und in stetigem Kontakt zu den Wissenschaften die Methodisierung und Differenzierung der Disziplin vorantrieb und in den Bereichen von Psychologie und Pädagogik zeitweise dominierende Stellung erlangte.[2] Obwohl Zeitalter des ›Bildungsbürgers‹, war die Zeit den Humaniora eher ungünstig: ›Realwissenschaften‹, i.e. Natur- und Ingenieurswissenschaften forderten Anerkennung, ›Realfächer‹ drängten in den Unterricht, ›Realschulen‹ wurden gegründet. Schließlich war ›Realismus‹ Name und Programm der Literatur der Epoche.

---

[1] Ludwig August von Rochau: Grundsätze der Realpolitik. Angewendet auf die staatlichen Zustände Deutschlands. (Stuttgart 1853) Hg. v. Hans-Ulrich Wehler, Frankfurt am Main/Berlin/Wien 1972.
[2] Vgl. Herbarts Kultursystem. Perspektiven der Transdisziplinarität im 19. Jahrhundert. Hg. von Andreas Hoeschen u. Lothar Schneider, Würzburg 2001.

Freilich scheint das schulische und gesellschaftliche Bildungsideal der Zeit diesem Befund zu widersprechen: Im Konzept des Bildungsbürgers wurde ein Modell des mündigen Individuums propagiert, das seine idealistische Herkunft nicht verleugnete, statt Politik stand Kultur, statt naturwissenschaftlicher humanistische Bildung im Zentrum seines Selbstverständnisses. Doch was aus externer Perspektive als Kompensation politischer Ohnmacht und Vermeidung naturwissenschaftlich-technisch geprägter Wirklichkeit gelesen werden kann, verstand sich nicht nur als Politiksubstitut, sondern als realistische Strategie, in der Vermeidung direkter politischer Aktion und unter Umgehung herrschender Machtverhältnisse über den Umweg kultureller Produktion und Rezeption ein Bewußtsein zu schaffen, das eine liberale bürgerliche Gesellschaft quasi erzieht, anstatt sie erkämpfen zu müssen. In diesem emanzipatorischen, im aufgeklärt-klassischen Sinn humanistisch verstandenen Konzept von Bildung hatte Kunst, hatte insbesondere Literatur eine Schlüsselfunktion.

Am Konzept von Kunst als sinnlicher Präsentation ideeller Gehalte, wie es die idealistische Tradition formuliert hatte, wurde festgehalten, aber im Gegensatz zum – wie man glaubte – Mißverständnis der Vormärzler wurde diese Qualität nicht mehr inhaltlich interpretiert und politisch funktionalisiert, sondern über den Umweg ästhetischer Erziehung vermittelt nutzbar gemacht. An die Stelle inhaltlicher Agitation trat das Konzept einer ästhetischen Didaxe durch die Erfahrung einer künstlerisch gestalteten, gleichwohl gesellschaftlich erfahrbaren Wirklichkeit, die in der Lage sein sollte, im Bestehenden das Schöne, im Wirklichen das Mögliche und damit zugleich die wirkliche Möglichkeit des hypostasierten Ideals zu zeigen. Mit der Versöhnung von Inhalt und Form formulierte die ästhetische Doppelung vorbefindlicher Realität im Kunstwerk eine ›humane‹ Perspektive, deren Werthaftigkeit unmittelbar als ästhetischer Genuß erfahren werden sollte. Damit wird die Gemeinde der ästhetisch Genießenden zur Avantgarde einer liberalen bürgerlichen Gesellschaft und die Verbreitung ästhetischer Bildung (im Sinne von Genußfähigkeit, nicht von Kritikfähigkeit) wird zum (quasi-)politischen Auftrag. Literatur avanciert zur konzeptionell wie pragmatisch wichtigsten Kunstform, weil sie durch die Nähe des sprachlichen zum begrifflichen Denken einerseits und durch ihre überlegene Distributionsfähigkeit andererseits privilegiert erscheint. Realistische Poetik war Literaturpolitik im Sinne einer Politik-durch-Literatur. Am Ende des Jahrhunderts – so die These der Arbeit – wird sich die ›ästhetische Erziehung‹ von inhaltlicher Bindung emanzipieren und eine eigengesetzliche, formale Dynamik entfalten, deren gesellschaftliche Bedeutung sich – zunächst und in erster Linie – im Ausweis ihres elitären Anspruchs ›Dazu-zu-Gehören‹ erschöpft.

Die realistische Literaturpolitik erforderte Umgruppierungen im ästhetischen System der ›Sprachkünste‹: Weil die Vermittlung einer homogenen, ›richtigen‹ Perspektive und nicht das Ausagieren eines inszenierten Antagonismus Ziel ist, wird die klassisch höchste Gattung, die Tragödie, konzeptionell durch das Epos ersetzt. Pragmatisch jedoch dominieren Prosagattungen, die durch verminderte formale und inhaltliche Restriktionen größtmögliche Öffnung zur zu beschreibenden Wirklichkeit gestatten und damit breiterer Rezeption entgegenkommen, also Formen wie Roman, Novelle und Erzählung.[3] Dabei findet das realistische Konzept den Ausweis seines Gelingens in der Relevanz der dargestellten Wirklichkeit und der Plausibilität ihrer sprachlichen Darstellung; es gerät an seine darstellerische Grenze, wo die Kohärenz der Erzählperspektive eines gebildeten Individuums und die Prinzipien seiner Erzählsprache bedroht sind. Seit den siebziger Jahren zunehmend in der Kritik, war am Ende des Jahrhunderts das Scheitern des liberalen Konzepts ›realistischer‹ Literaturpolitik augenfällig geworden. Zu starr blieb seine Erzählweise, zu sehr hatten sich die von ihr restringierten Inhalte von der drängenden Erfahrung zeitgenössischer Wirklichkeit entfernt. Der erste Teil der Arbeit führt dieses idealtypisch skizzierte Modell aus, der zweite beschreibt den Gründerzeitlichen Gegenentwurf, der dritte schließlich zeichnet Strukturen des auf beide reagierenden naturalistischen Diskussionsfeldes nach. Angetreten, realistische Intentionen zu erneuern, zwingt die Dynamik der Diskussion schließlich zur Absage an die Tradition und zur Proklamation einer neuen Epoche. Die Moderne wird ausgerufen.

Zu Beginn werden jedoch zunächst die systematischen Begründungstheorien liberaler Literaturpolitik vorgestellt: Hegels Projekt bürgerlicher Gesellschaft verabschiedet zwar die Kunst ›ihrer höchsten Bedeutung nach‹, doch sie wird damit nicht überflüssig, sondern behält einen funktionalen Ort im Gefüge des Bildungsprozesses der bürgerlichen Gesellschaft als privilegiertes Medium humaner Verständigung. Die zweite Voraussetzungstheorie liefert Fichtes Konzept der Sprachnation: Der Dichtung kommt die Aufgabe zu, in einem Bildungsprozess, der in der Nationalsprache sein Ausdrucksmittel und Sediment findet, philosophisch-begriffliche Gerüste zu bebildern. Insofern begriffliche Innovation sprachlich nur metaphorisch darstellbar ist, wird der Philosoph selbst zum Dichter; dem Dichter von Profession obliegt anschließend, philosophisch exponierte Gehalte sekundär zu popularisieren und dabei das Arsenal der Sprache so zu renovieren, dass es mit der intellektuellen Entwicklung der Nation Schritt halten kann. Gemeinsam ist beiden Theorie eine pragmatische Depotenzierung des Autonomieanspruchs idealistischer Kunst, die ihr eine neue Funktion als politisches Medium eröffnet.

Bevor auf die realistische Poetik selbst eingegangen wird, wird die philosophischen Konzeption des liberalen Realismus-Begriffs anhand von Rudolf Hayms

---

[3] Ein konventionelles Argument verweist auf die kommerzielle Verwertbarkeit dieser Textsorten. Dabei ist zu bedenken, dass diese Verwertung vorwiegend in Publikationsorganen erfolgte, die selbst in ihrer Gründung Projekte und Produkte liberaler Kulturpolitik darstellen.

Artikel ›Philosophie‹ der Ersch-Gruberschen ›Allgemeinen Enzyclopädie der Wissenschaften und Künste‹ aus dem Jahr 1848 dargestellt. Haym, der als Grenzgänger zwischen akademischem und publizistischem Bereich einerseits, sowie zwischen Philosophie und Philologie andererseits den Typus des liberalen ›Kulturpolitikers‹ exemplarisch verkörpert, unternimmt hier eine teleologische Engführung zeitgenössischer Positionen, die das Konzept des Realismus als Konsequenz der Entwicklung idealistischer Philosophie inszeniert. Indem er von einer notwendigen sprachlichen Bindung philosophischer Systeme ausgeht, kehrt er die Argumentation Fichtes um, interpretiert dann jedoch die Sprachlichkeit unter Berufung auf Wilhelm von Humboldt wiederum als Ausdrucksseite eines zugrundeliegenden gedanklichen Prozesses, dessen sprachliche Einkleidung lediglich die Form seiner notwendigen historischen Konkretion darstellt. Zudem – so ein weiteres, zeitgenössisch durchaus konventionelles Argument – sei systematische Geschlossenheit nur um den Preis der Autonomisierung philosophischer Reflexion unter zumindest partiellem Ausblenden der Wirklichkeit zu erreichen. Systeme gelten Haym als quasi-ästhetische Konstrukte. Aus ihrer ›Historisierung‹ folgert er die Notwendigkeit einer ›höheren Philologie‹, die zunächst die sprachliche und historische Situierung ihrer Gegenstände zu berücksichtigen, diese dann allerdings wiederum in Hinblick auf ideelle Gehalte zu interpretieren hat.

Steht Rudolf Haym für die esoterische, auf akademische Öffentlichkeit zielende Dimension liberaler Kulturpolitik, so verkörpern Gustav Freytag und Friedrich Spielhagen ihre exoterische, auf ein möglichst breites bürgerliches Publikum ausgerichtete Variante. Freytag, der mit ›Soll und Haben‹ bereits 1855 den Erfolgsroman des programmatischen Realismus vorgelegt hatte, schlüpft zunehmend in die Rolle einer nationalen Repräsentationsfigur, die er bewusst und selbstbewusst ausgestaltet. In dem monumentalen Romanzyklus ›Die Ahnen‹, der von kulturgeschichtlichen Publikationen vorbereitet und begleitet wurde, versucht der ehemals professionelle Germanist die repräsentative ästhetische Inszenierung des liberalen Geschichtsmodells. Dabei erscheint die eigene gesellschaftliche – und im Sinne seiner Tätigkeit als Publizist sogar persönliche – Gegenwart als Konsequenz einer nationalen Tradition, die Freytag in sieben Bänden aus dem germanischen Altertum bis zur unmittelbaren Gegenwart heranführt. Während Freytag die Romanform noch pragmatisch legitimiert, stellt sie Spielhagen auch systematisch ins Zentrum poetologischer Reflexion. Dabei wird das enge Korsett einer Poetik sichtbar, die durch den Zwang zur Steuerung einer konsensuellen und eindeutigen ästhetischen Rezeption polyphone argumentative Narrationsmodelle restringiert, weil sie die Möglichkeit erzählerischen Perspektivenwechsels und/oder offener Handlungsführung ausschließt und sich stilistisch dem Ideal einer gebildeten Sprache verpflichtet.

Die Konzepte Freytags und Spielhagens werden jeweils mit zeitgenössischer, allenfalls etwas phasenverschobener Kritik konfrontiert, die die Poetiken des programmatischen Realismus zunehmend erodierte und schließlich zum Einsturz brachte. Mit dem politischen Liberalismus kam auch der poetische in die Krise: Angetreten, das Konzept ›unpolitischer Politik‹ zu popularisieren, erwies sich nun, dass dieser Anspruch nicht eingelöst werden konnte, weil seine Anerkennung auf vorgängiges Einverständnis angewiesen blieb. In den Krisen der ›großen Depression‹ seit den späten siebziger Jahre verlor mit dem politischen auch der poetologische Optimismus zunehmend an Plausibilität, zunehmend differierte jene Wirklichkeit, die er ästhetische zu gestalten vermochte, von der Erfahrungswirklichkeit der diskursiv bestimmenden Gruppen in Publikum und Kritik. Forderungen nach Veränderung wurden laut; Orientierung fand man in der Rezeption fremdsprachiger Literaturen[4] oder bei wechselnden Leitwissenschaften, die nun die Stelle philosophischer Reflexion vertraten.

Die zunehmende Bezugnahme auf naturwissenschaftliche Modelle erfolgt nicht unvorbereitet. Dem Aufstieg der Naturwissenschaften sekundierte eine positivistische Philosophie, deren Gegenstands- und Theorieverständnis auf dem Feld der Humaniora bereits zu erheblichen Verwerfungen geführt hatte, als sich die neue, dezidiert anti-philosophische Sprachwissenschaft der Junggrammatiker der philologischen Tradition entgegenstellte.[5] Zudem hatte Wilhelm Scherer, der selbst zu den Gründungsfiguren der junggrammatischen Bewegung gehört hatte, längst begonnen, das gewonnene methodische Arsenal auf die Literatur anzuwenden und war dabei nicht an den Grenzen der akademischen Disziplin stehen geblieben. Im Erosionsprozess der realistischen Literaturkonzeption – wie auch in der Diskussion um naturalistische Poetik – spielen die Kritiken Wilhelm Scherers und seiner Schüler eine tragende Rolle. Denn der Übergang von philologischem zu literaturwissenschaftlichem Selbstverständnis besitzt eine literaturkritische Dimension, die das Entstehen professioneller Kritik in der Gründerzeit disziplinär flankiert. Dass der neueren deutschen Literaturwissenschaft zeitgenössische Literatur ›Gegenstand‹ wird, ändert deren Status: Sie den Bedingungen wissenschaftlicher Kritik zu unterstellen, bedeutet zunächst Distanznahme; Gegenwartsliteratur wird von einem primär politischen zu einem primär ästhetischen

---

[4] Die Rezeptionsleistungen von Realismus und Naturalismus sind oft dargestellt worden (vgl. z.B. Quellen zur Rezeption des englischen und französischen Romans in Deutschland und Österreich im 19. Jahrhundert, hg. von Norbert Bachleitner, Tübingen 1990; Vera Ingunn Moe: Deutscher Naturalismus und ausländische Literatur. Zur Rezeption der Werke von Zola, Ibsen und Dostojewski durch die deutsche naturalistische Bewegung. [1880–1895], Frankfurt am Main/Bern/New York 1983), sie stellt hier jedoch keinen Gegenstand dar, weil sich die Arbeit auf systematische Probleme konzentriert.

[5] Vgl. Evelyn Einhauser: Die Junggrammatiker, Trier 1989. Ulrike Hass-Zumkehr hat darauf hingewiesen, dass die Junggrammatiker als erste versuchten, die Sprachwissenschaft von der Philologie zu lösen. Vgl. Ulrike Hass-Zumkehr: Sprachwissenschaft innerhalb der Germanistik um 1900. In: Kultur, Wissen und Universität um 1900, hg. von Christoph König u. Eberhard Lämmert, München 1999, S. 232–247.

Objekt, dem man sich zunächst nicht mimetisch-identifikatorisch, sondern vor allem analytisch zu nähern hat. Dies wiederum bedingt, dass nun auch Kunstwerke akzeptiert werden können, deren Einheit weder auf der Ebene geschlossener Handlungsführung, noch in der Einheitlichkeit ihrer Perspektive, sondern einzig in der abstrakten Kohärenz der Darstellung ihres Gegenstand zu finden ist – und sich in der Qualität seiner sprachlichen Inszenierung beweist.

Indem sie Gegenwartsliteratur als Gegenstand erschließt, tritt die Literaturwissenschaft zudem tendenziell in Konkurrenz zur publizistischen Kritik der Tageszeitungen und Periodika, die das Feld literaturpolitischer Öffentlichkeitsarbeit beherrrscht hatte. Scherer kündigt das Öffentlichkeitsmodell der liberalen Philologie, das zwischen esoterischer, disziplinärer ›technischer‹ Kritik einerseits und einer exoterischen, literaturpolitischen Kritik andererseits trennte, auf und ersetzt es durch einen umfassenden Kritikbegriff, der auch technische Fragen der breiten Öffentlichkeit vorlegt. Diesem Konzept liegt ein neues Modell literarischer Öffentlichkeit zugrunde. Es setzt eine breite Rezeption voraus, die sich nicht im erbaulichen Genuss erschöpft, sondern fähig ist, ein Werk aus ›kritischer Distanz‹ und damit auch als Artefakt wahrzunehmen. Zwar bedeutet dies nicht, dass der Rezipient selbst Fachmann sein müsste – diese Eigenschaft definiert die Rolle des Kritikers –, sondern zunächst nur, dass er in der Lage sein muss, kritische Argumente zu verstehen und nachzuvollziehen. Während das liberale Modell literarischer Öffentlichkeit patrimonial strukturiert war, befinden sich nun Autor, Kritiker und Publikum auf prinzipiell gleicher intellektueller Augenhöhe; ging jenes davon aus, dass eine Schicht von Wissenden ein tendenziell unmündiges Publikum erziehen und sich dabei literarischer Mittel gerade deshalb bedienen müsse, weil dieses rationaler Argumentation (noch) nicht zugänglich war, so traut das ›neue‹ Modell dem Publikum genau diese Fähigkeiten zu. Dies hat jedoch den zusätzlichen Effekt, dass der Rezipient jenes kritische Bewusstsein, das er der Literatur gegenüber besitzt, auch gegenüber der Kritik in Anschlag bringen kann. Kritik ist nicht mehr nur Medium, sondern nun auch Akteur im Spiel literarischer Kommunikation.

Diese Verschiebung ist Ausdruck eines weitgreifenden Wandels im Literatursystems der Gründerzeit: Ein neues, selbstbewusstes, bürgerlich-liberales und urbanes Publikum macht Ansprüche geltend und spielt seine Marktmacht aus. Die Kunst popularisiert sich, geistreiche – oder auch weniger geistreiche – Unterhaltung ist gefragter als hohe Bestimmung; die Kritik kann nicht mehr unbefragt leiten, sondern muss ihren Geltungsanspruch vermitteln. Sie professionalisiert sich, gewinnt Eigenwert und eigene Struktur. Exemplarisch für diese Bedeutungsveränderungen stehen die beiden wichtigsten Kritiker der neuen Reichshauptstadt, Paul Lindau und Karl Frenzel. Sie sind unabhängig von universitären, akademischen und politischen Organisationen, ihre publizistische Heimat sind die großen Tageszeitungen und Periodika. Nur der eigenen Popularität und damit ihrem Publikum verpflichtet, sind sie allerdings darauf angewiesen, sich in Stil und Meinung zum Markenartikel zu stilisieren und eigenen Marktwert zu erlangen. Die Gründerzeitkritik nimmt ihr Publikum ernst, berücksichtigt sein Unterhaltungsbedürfnis und achtet auf die handwerkliche Qualität der Produkte. Dennoch ist für Lindau wie für Frenzel – die beide auch als Autoren tätig sind – Unterhaltung nicht gleichbedeutend mit inhaltlicher Niveaulosigkeit, sondern beide zielen auf ein Publikum, das auch und gerade am intellektuellen Spiel Gefallen findet – zumal wenn es die Grenzen von Moral und politischer Freiheit auslotet. Allzubald jedoch wird die genussvolle Selbstinszenierung der Gründerzeitkultur als Hedonismus und Eskapismus (miss-)verstanden. Vor dem Hintergrund der Krisen der letzten beiden Dekaden des Jahrhunderts erscheint ihr epikuräisches Spiel als Ausschweifung; Eleganz und Esprit des kritischen Stils, einst Ausdruck intellektueller Solidarität zwischen Kritiker und Publikum, werden nun als mangelnder Ernst interpretiert und wütend bekämpft.

Die naturalistische Kritik, dritte und letzte Etappe des beschriebenen Wegs zur Moderne, versucht den programmatischen Anspruch des Realismus zu erneuern, ohne dessen idealistisches Voraussetzungssystem übernehmen zu müssen. An seine Stelle tritt eine emphatische Anerkenntnis der ›modernen‹ Wirklichkeit einer industriell, natur- und ingenieurwissenschaftlich geprägten Kultur, die zwar überboten werden soll, als Ausgangspunkt aber nicht mehr bestritten werden kann. Trotz aller Kritik und programmatischer Distanzierungsgestik geht die naturalistische Kritik technisch vom Reflexionsstand der Gründerzeit aus; doch an die Stelle des bürgerlichen Decorums, des ›Gemeinsinns‹, tritt jetzt ein brutalistisches Gebaren, das sich mit objektivistischer Theorie zu legitimieren sucht, ohne sich verbindlich auf eine Leitwissenschaft einigen zu können. In einem ›wilden‹ Prozess von Rezeption, Reflexion und Produktion sind alle Elemente der Tradition und Gegenwart fungibel, werden fast alle Differenzierungen und Diversifizierungen der folgenden Strömungen angelegt. Die Rekonstruktion des naturalistischen Diskussionsfeldes beschreibt die Startkonstellation der Moderne anhand der Darstellung von sechs Gruppierungen:

1) Bereits Mitte der achtziger Jahre versuchen die Brüder Hart mit einem inhaltlichen Wechsel von idealistisch-philosophischer zu naturwissenschaftlich drapierter Leitmetaphorik eine Restitution des literaturpolitischen Anspruchs des Realismus.

2) In der Vereinigung ›Durch!‹, einer Melange von Reformstudenten (meist der Literaturwissenschaft), angehenden Publizisten und Schriftstellern, wird emphatisch die Moderne proklamiert – aber bei genauer Betrachtung erweist sie sich als Versuch der Restitution der alten patrimonialen Kritik. Beide Vorhaben scheitern.

3) Konsequenter agieren die Nietzsche-Verehrer Leo Berg und Hermann Conradi. Sie postulieren eine radikale Trennung von Kunst bzw. Kritik und Moral und reden einem poetisch-formalen, wie einem existenziell-heroischen Ästhetizismus das Wort.

4) Dagegen wiederum steht mit der Person Eugen Wolffs der Versuch, die Literatur inhaltlich an die Tradition rückzubinden, deren Geltungsverlust aber didaktisch mit dem Konzept einer auf Vermittlung ausgerichteten Literaturwissenschaft und der dezidierten Hinwendung zur Lebenswelt zu kompensieren. Markieren diese vier Spielarten die Frühphase naturalistischer Diskussion, so entwickeln die letzten beiden
5) und 6) einen zentralen Antagonismus, der aus der Sicht literaturwissenschaftlicher Retrospektive rasch entschieden erscheinen mag, aber zeitgenössisch bis weit über den Untersuchungszeitraum hinaus Geltung behalten sollte.

In den programmatischen und polemischen Artikeln der beiden wichtigsten Periodika des Naturalismus, der ›Gesellschaft‹ und der ›Freien Bühne‹, stehen sich die Vertreter eines literaturpolitischen und die Vertreter eines formalästhetischen Primats gegenüber. Während die Diskussion der ›Gesellschaft‹ auf den ›gemäßigten‹ Naturalismus der Heimatkunst mit seiner weltanschaulichen Problematik und seinen poetischen Konventionalismen vorausweist, gelingt der ›Freien Bühne‹ die Entwicklung eines Konzeptes, das den Bedingungen des literarischen Marktes Rechnung trägt und dennoch die interne Dynamik der Literaturentwicklung forciert, in dem es ausschließlich formale Prinzipien zum Kriterium des ästhetischen Urteils erhebt. Dies bedeutet zwar einerseits den Verzicht der Kritik auf unmittelbar literaturpolitische Wirkungsansprüche, befreit aber zugleich die Literatur vom Kuratel theoretischer Lizensierung und verleiht ihr volle Souveränität über die eigenen Gegenstände. An die Stelle des breiten gesellschaftlichen Wirkungsanspruchs, wie ihn das literaturpolitische Projekt des programmatischen Realismus wenngleich nicht initiiert, so doch amplifiziert und poetologisch reflektiert hatte, tritt nun ein gestuftes Modell ästhetischer Vermittlung, das Breitenwirkung zwar als Sekundäreffekt einkalkuliert, zunächst jedoch auf die Gewinnung sozialer Eliten und Multiplikatoren zielt. Dieses Konzept stellt eine vielleicht zukunftsträchtige, aber nicht die einzige ›Lösung‹ des naturalistischen Problems dar, wie abschließend gezeigt werden wird.

Die naturalistische Diskussion ist nicht zu homogenisieren. Bestandteile der Tradition, der Rezeption ausländischer Literaturen sowie innovative Momente werden zu einer Vielzahl mehr oder weniger konsequenter Modelle amalgamiert, die den Übergang zur Moderne (in Deutschland) als Weg in die Synchronie heterogener Strömungen charakterisiert. Gemeinsam ist der Diskussion allenfalls der Wille zur poetischen Bewältigung spezifisch moderner Wirklichkeit im verbal-radikalen Gestus des Verzichts auf konventionelle Restriktionen inhaltlicher wie formaler Art – eben als ›Naturalismus‹. Strittig bleibt hingegen schon, ob die anvisierte ›Wirklichkeit‹ die äußere – wie zumeist unterstellt – oder die phänomenale – wie z.B. Arno Holz betont – oder eine artistisch-existenzielle Wirklichkeit sein soll – wie Berg und Conradi fordern. Auch spekulative ästhetische Überhöhungen des naturwissenschaftlichen Weltbildes, also monistische Konzeptionen, entstehen und schließlich nimmt der Weg in reaktionäre, zum Teil protofaschistische Heimatkunst hier seinen Anfang. Was dennoch rechtfertigt, von *einem* ›naturalistischen Diskussionsfeld‹ zu sprechen, sind also nicht Lösungen, sondern ist die Tatsache, dass die Auseinandersetzungen in einer Vielzahl verbundener, im Personal teilidentischer Gruppierungen und Organe geführt und in stetiger Rücksicht auf konkurrierende Positionen formuliert wurden. Dabei bedeutet die These, dass sich hier das Startfeld der literarischen Moderne formiere, nicht, die *Literatur* des Naturalismus wäre ›modern‹ – sie besagt allerdings auch nicht das Gegenteil. ›Moderne‹ ist nicht Name eines ausgearbeiteten Konzepts, sondern ein inhaltlich strittiger, poetologisch weitgehend leerer Kampfbegriff.[6]

Dies bietet Gelegenheit, auf eine Reihe von Beschränkungen und Voraussetzungen der vorliegenden Arbeit hinzuweisen: Sie widmet sich der Diskussion über Literaturkonzepte; von Literatur selbst wird kaum und allenfalls beiläufig die Rede sein.[7] Dies hat einen Grund darin, dass das Verhältnis von Programm und literarischer Realisation meiner Meinung nach nicht als Modus direkter Ableitung und Anwendung begriffen werden darf. Programme sind zunächst Absichtserklärungen und Selbstvergewisserungen, die zwar Intentionen aufzeigen, tatsächlich aber zumeist – und besonders vor der Moderne – lediglich modifizierend auf konventionelle Formen und persönliche Vorgaben einwirken. Es könnte im Rahmen dieser Arbeit wenig mehr geleistet werden als eine Bebilderung der Theorie, die Gefahr liefe, die Sicht auf die Werke selbst eher zu verstellen, als ihnen gerecht zu werden. Ein möglicher Einwand (vor allem in Hinblick auf die ›Realismus‹-Kapitel) könnte zudem die Auswahl der exponierten Gegenstände sein angesichts des Anspruchs, Strukturen der literarischen Landschaft der zweiten Hälfte des 19. Jahrhunderst zu exponieren. Die Arbeit folgt hier bewusst nicht den kanonisierten Autoren und Werken. Denn der poetische Realismus, der aus literaturwissenschaftlicher Perspektive den poetischen ›Höhenkamm‹ des Zeitalters markiert, ist Ergebnis einer Kanonrevision, die Ende des Jahrhunderts nach den Wertungskriterien der Literaturwissenschaft (nach Scherer) erfolgte, und stellt damit in weiten Teilen erst ein Resultat des hier zu beschreibenden Prozesses dar, während er zu den Diskussionen der Zeit in vielen Aspekten peripher – oder im Falle Fontanes: ungleichzeitig – stand. Das Augenmerk dieser Arbeit liegt auf der Struktur der zeitgenössischen Diskussion; sie findet ihr Zen-

---

6   Selbst wenn man davon ausgeht, dass sich der Begriffsgebrauch inzwischen geändert habe und unproblematisch geworden sei, so stellte eine Identifikation des ›modernen‹ mit dem naturalistischen Modernebegriff zunächst wenig mehr dar als bloße Äquivokation und bedürfte eigener Untersuchung.
7   Vgl. neuerdings: Jeffrey L. Sammons: Friedrich Spielhagen. Novelist of Germany's False Dawn, Tübingen 2004 sowie die Studien des Verf. im Literaturverzeichnis.

trum im Gelenk wechselseitiger Distanzierungen und Bezugnahmen. Auch hier ist eine Einschränkung zu vermerken: Der verwendete Begriff von Öffentlichkeit ist qualitativ. Populäre Zeitschriften wie die ›Gartenlaube‹ bleiben ebenso am Rand wie innerakademische Kontroversen oder Tendenzen, die sich außerhalb des liberalen bürgerlichen Lagers formierten. Sie entwickeln je eigene Logik und eigene Gesetze; die hier thematische Diskussion nimmt auf die erste wie letztere kaum Bezug, während der akademischen Reflexion zwar gelegentlich Referenz abgestattet wird, ihr aber weder in systematischer, noch konzeptioneller Hinsicht hier mehr Bedeutung zukommen kann, als die, einen allgemeinen und unspezifischen Legitimations- und Bezugsrahmen zu bilden. Von Seiten der naturalistischen Diskussion korrespondiert diesem Befund die geringe konzeptionelle Substanz der Verpflichtung auf naturwissenschaftliche Theorie und positivistische Philosophie. Auch der allgemeingeschichtliche und literaturgeschichtliche Hintergrund des Zeitraums wird nur dort benannt, wo er für das thematische Geschehen von unmittelbarer Bedeutung ist. Ich glaube jedoch, dass sich die Darstellung in diesen Aspekten dem Konsens der Forschung zwanglos fügt. Zuletzt möchte ich noch darauf hinweisen, dass bei allem Bemühen um Konkretion in der Darstellung ihr strukturgebendes Modell idealtypisch bleibt und sein Verhältnis zur beschriebenen Wirklichkeit ebensowenig als Modus planer Abbildung verstanden werden darf, wie jene ausschließlich als materialer Quell seiner Form interpretiert werden sollte. Das Modell besitzt Werkzeugcharakter. Intention der Darstellung ist, ein Konzept zu exponieren und beschreibend zu plausibilisieren, dessen explanative Kompetenz weiteren Untersuchungen gute Gründe anbieten kann.

2. Der programmatische Realismus

> Would Napoleon if I told him,/
> if I told him would Napoleon?
> Gertrude Stein

2.1 Zwei Referenzen: Hegels bürgerliche Gesellschaft und Fichtes Kulturnation

Dass der politische Diskurs des Idealismus tendenziell teleologisch und nicht faktographisch ist, wird anhand des Hegelschen Konzepts von Bürgerlichkeit, Bildung und Sittlichkeit verständlich. Die bürgerliche Gesellschaft ist für Hegel eine spezifisch moderne Form[1] und als solche »die *Erscheinungswelt* des Sittlichen«.[2] Sittlichkeit ist der als »zur Natur des Selbstbewusstseins gewordene Begriff der Freiheit«.[3] In der bürgerlichen Gesellschaft prägt sie sich nicht mehr einfach über »die Gewohnheit [...] als eine *zweite Natur*«[4] dem Individuum ein, sondern firmiert als reflexive Beziehung zwischen egoistischen Einzelinteressen und der Ebene ihrer Verallgemeinerung:

> In der bürgerlichen Gesellschaft ist jeder sich Zweck, alles Andere ist ihm Nichts. Aber ohne Beziehung auf Andere kann er den Umfang seiner Zwecke nicht erreichen: diese Anderen sind daher Mittel zum Zweck des Besonderen. Aber der besondere Zweck gibt sich durch die Beziehung auf Andere die Form der Allgemeinheit und befriedigt sich, indem er zugleich das Wohl des Andern mit befriedigt. [...] Die Besonderheit, beschränkt durch die Allgemeinheit, ist allein das Maaß, wodurch jede Besonderheit ihr Wohl befördert.[5]

oder kurz:

> Meinen Zweck befördernd, befördere ich das Allgemeine, und dieses befördert wiederum meinen Zweck.[6]

---

[1] »Die Schöpfung der bürgerlichen Gesellschaft gehört übrigens der modernen Welt an, welcher aller Bestimmung der Idee erst ihr Recht widerfahren läßt.« (Georg Wilhelm Friedrich Hegel: Grundlinien der Philosophie des Rechts oder Naturrecht und Staatswissenschaft im Grundrisse. In: Hegel, Sämtliche Werke, hg. von Hermann Glockner, Stuttgart 1928ff., Bd. 7, S. 262, § 182).
[2] Hegel, Grundlinien, S. 261, § 181.
[3] Hegel, Grundlinien, S. 226, § 142.
[4] Hegel, Grundlinien, S. 233, § 151.
[5] Hegel, Grundlinien, S. 263, § 182.
[6] Hegel, Grundlinien, S. 264, § 184.

Dass jeder seinem Eigeninteresse zu folgen glaubt, macht die Scheinhaftigkeit des bürgerlichen Zustands aus.[7] Tatsächlich aber ist der Einzelne Ort eines Prozesses, der sich durch ihn und hinter seinem Bewusstsein vollzieht, denn: »Ob das Individuum sey, gilt der objektiven Sittlichkeit gleich, welche allein das Bleibende und die Macht ist, durch welche das Leben der Individuen regiert wird.«[8] Dabei bleibt der Prozess der Versittlichung auf die Individualität des Einzenen angewiesen – freilich auf eine Individualität, die nicht als Devianz, sondern als prozessuales Moment des Ganzen firmiert:

> Das Interesse der Idee hierin, das nicht im Bewußtsein dieser Mitglieder der bürgerlichen Gesellschaft als solcher liegt, ist der *Proceß*, die Einzelheit und Natürlichkeit derselben durch die Naturnothwendigkeit ebenso als durch die Willkür der Bedürfnisse, zur *formellen Freiheit* und formellen *Allgemeinheit des Wissens und Wollens* zu erheben, die Subjektivität in ihrer Besonderheit zu *bilden*.[9]

In der ›Phänomenologie‹ fasst Hegel den gleichen Sachverhalt prägnanter aus der Perspektive des Individuums:

> Die Bewegung der sich bildenden Individualität ist daher unmittelbar das Werden derselben als des allgemeinen gegenständlichen Wesens, d.h. das Werden der wirklichen Welt. [...] Denn die Macht des Individuums besteht darin, daß es sich ihr [der Substanz] gemäß macht, d.h. daß es sich seines Selbsts entäußert, also sich als die gegenständliche seyende Substanz setzt. Seine Bildung und seine eigene Wirklichkeit ist daher die Verwirklichung der Substanz selbst.[10]

Für Hegel gibt es einen zivilisatorischen Prozess, der derzeit in der bürgerlichen Gesellschaft mündet. Ihre Besonderheit liegt darin, dass das Individuum sich zwar egoistisch verhält, der Einzelne aber durchaus erkennen kann, dass nur allgemeine Vermittlung der Einzelinteressen die größtmögliche Befriedigung der je individuellen gewährleistet. Ein derartig sich definierendes und verhaltendes Individuum wiederum wird von dem Prozess selbst gewollt, weil es jene Instanz der Besonderheit verkörpert, die den sittlichen Prozess von der Abstraktheit des bloßen Guten abgrenzt und zu einem je konkreten, »lebendige[n] Guten«[11] werden lässt.

---

[7] Vgl. Hegel, Grundlinien, S. 262, § 181.
[8] Hegel, Grundlinien, S. 227, § 145, Zusatz.
[9] Hegel, Grundlinien, S. 267, § 187. Die systematische Theorie der ›Bildung‹ im Hegelschen Sinne des Begriffs findet sich der ›Phänomenologie des Geistes‹, Kap. 6B: Der sich entfremdete Geist. Die Bildung In: Hegel, Sämtliche Werke, Bd. 2, S. 372–459.
[10] Hegel, Phänomenologie, S. 378f.; vgl. 377: »Diese Individualität [die ›bestimmte Individualität‹ in der Entfremdung vom ›ursprünglichen Sein‹] bildet sich zu dem, was sie *an sich* ist, und erst dadurch *ist* sie *an sich* und hat wirkliches Dasein; soviel sie Bildung hat, soviel Wirklichkeit und Macht.«
[11] Hegel, Grundlinien, S. 226, § 142 vgl. 236, § 156, Zusatz: »Das Sittliche ist nicht abstrakt, wie das Gute, sondern in intensivem Sinne wirklich. Der Geist hat Wirklichkeit, und die Accidenzen derselben sind die Individuen.«

Nicht jede ›Besonderheit‹ ist gleichrangig. Unmittelbar, für-sich-seiend wird Individualität zur bloßen Devianz, die mit ihrem ›substanziellen Begriff‹ auch die Grundbedingungen jener sozialen Existenz zerstört, die dem Individuum auf früheren Entwicklungsstufen als ›zweite Natur‹ eingeprägt waren.[12] Unverblümt räumt Hegel ein:

> Die bürgerliche Gesellschaft bietet in diesen Grundsätzen und ihrer Verwickelung das Schauspiel ebenso der Ausschweifung, des Elends und des beiden gemeinschaftlichen physischen und sittlichen Verderbens dar.[13]

Politisch bedeutet dies, dass die bürgerliche Gesellschaft von einem Rückfall bedroht ist, der geradewegs ins Chaos führen würde. Gegen diese Gefahr hilft nur Bildung:

> Die *Bildung* ist [...] in ihrer absoluten Bestimmung die *Befreiung* und die *Arbeit* der höhern Befreiung, nämlich der absolute Durchgangspunkt zu der, nicht mehr unmittelbaren, natürlichen, sondern geistigen, ebenso zur Gestalt der Allgemeinheit erhobenen unendlichen Substanzialität der Sittlichkeit. – Diese Befreiung ist im Subjekt die *harte Arbeit* gegen die bloße Subjektivität des Benehmens, gegen die Unmittelbarkeit der Begierde, so wie gegen die subjektive Eitelkeit der Empfindung und Willkür des Beliebens. [...] Durch diese Arbeit der Bildung ist es aber, daß der subjektive Wille sich selbst in die *Objektivität* gewinnt, in der er seiner Seits allein würdig und fähig ist, die *Wirklichkeit* der Idee zu seyn. – Ebenso macht zugleich diese Form der Allgemeinheit, zu der sich die Besonderheit verarbeitet und herauf gebildet hat, die Verständigkeit, daß die Besonderheit zum wahrhaften *Fürsichseyn* der Einzelheit *wird*, und indem sie der Allgemeinheit den erfüllenden Inhalt und ihre unendliche Selbstbestimmung giebt, selbst in der Sittlichkeit als unendliche fürsichselbstseyende, freie Subjektivität ist. Dieß ist der Standpunkt, der die *Bildung* als immanentes Moment des Absoluten, und ihren unendlichen Werth erweist.[14]

Bildung ist für Hegel nicht nur wünschenswerte kulturelle oder soziale Kompetenz, sondern Bedingung der Möglichkeit zur Sittlichkeit und damit Bedingung der Möglichkeit bürgerlicher Gesellschaft überhaupt.[15] Selbst die Hegel-

---

[12] »Die Besonderheit für sich ist das Ausschweifende und Maaßlose, und die Formen dieser Ausschweifung selbst sind maaßlos. Der Mensch erweitert durch seine Vorstellungen und Reflexionen seine Begierden, die kein geschlossener Kreis, wie der Instinkt des Thieres sind, und führt sie in das schlecht Unendliche.« (Hegel, Grundlinien, S. 266, § 185, Zusatz.)

[13] Hegel, Grundlinien, S. 265 § 185.

[14] Hegel, Grundlinien, S. 268f., § 187. Bildung ist »Glättung der Besonderheit, daß sie sich nach der Natur der Sache benimmt.« (Hegel, Grundlinien, S. 269, § 187); »die *Unmittelbarkeit* und *Einzelheit*, in die der Geist versenkt ist, [wird] weggearbeitet« (Hegel, Grundlinien, S. 268, § 187).

[15] Der Weg zur solcher Sittlichkeit führt über Pädagogik: »Die Pädagogik ist die Kunst, die Menschen sittlich zu machen: sie betrachtet den Menschen als natürlich, und zeigt den Weg ihn wiederzugebären, seine erste Natur zu einer zweiten geistigen umzu-

sche ›Wissenschaft‹, seine Philosophie, besitzt eine entsprechende exoterische Seite, die freilich erst im utopischen Moment ihrer Vollendung zu allgemeiner Geltung gelangen kann.[16]

Vom absoluten Standpunkt der Beschreibung aus gesehen ist der weltgeschichtliche Prozess der ›Phänomenologie des Geistes‹ ein Selbstläufer, so dass die Notwendigkeit, Bildung zu besitzen oder gar aktiv zu vermitteln, nicht unmittelbar aus der geschichtsphilosophischen Konstruktion geschlossen werden muss. Aus pragmatischer Sicht aber stellt sich die Frage, wie das Individuum argumentativ auf den Vollzug des Hegelschen Programms verpflichtet werden kann, warum es etwas aktiv und eventuell gegen seine unmittelbaren Interessen unterstützen soll, was sich sowieso vollzieht. In den Vorlesungen über die ›Philosophie der Geschichte‹, unmittelbar vor den berühmten Ausführungen zum ›welthistorischen Individuum‹, dem einzig Scheitern und Tragik zukommt,[17] beschreibt Hegel die ›historische Situation des Normalbürgers‹. Ich möchte sie in extenso zitieren, da die Argumentation in stupender Art und Weise nicht nur die Selbstverständlichkeit verdeutlicht, mit der der idealistische Liberalismus des 19. Jahrhunderts beansprucht, für das Ganze zu sprechen, sondern dabei mit frappanter Unbedenklichkeit Eigeninteresse und Gemeinwohl identifiziert:

> Die Handelnden haben in ihrer Tätigkeit endliche Zwecke, besondere Interessen, aber sie sind Wissende, Denkende. Der Inhalt ihrer Zwecke ist durchzogen mit allgemeinen, wesenhaften Bestimmungen des Rechts, des Guten, der Pflicht u.s.f. Denn die bloße Begierde, die Wildheit und Rohheit des Wollens fällt außerhalb des Theaters und der Sphäre der Weltgeschichte. Diese allgemeinen Bestimmungen, welche zugleich Richtlinien für die Zwecke und Handlungen sind, sind von bestimmtem Inhalte. Denn so etwas Leeres, wie das Gute um des Guten willen, hat überhaupt in der lebendigen Wirklichkeit nicht Platz. Wenn man handeln will, muß man nicht nur das Gute wollen, sondern man muß wissen, ob dieses oder jenes das Gute ist. Welcher Inhalt aber gut oder nicht gut, recht oder unrecht sey, dies ist für die gewöhnlichen Fälle des Privatlebens in den Gesetzen und Sitten eines Staates gegeben. Das hat keine große Schwierigkeit es zu wissen. Jedes Individuum hat seinen Stand, es weiß, was rechtliche, ehrliche Handlungsweise überhaupt ist. Für die gewöhnlichen

---

wandeln, so daß dieses Geistige in ihm zur *Gewohnheit* wird.« (Hegel, Grundlinien, S. 234, § 151). Auch Philosophie ist dem Subjekt Gewohnheit.

[16] »Erst was vollkommen bestimmt ist, ist zugleich exoterisch, begreiflich und fähig, gelernt und das Eigenthum Aller zu seyn. Die verständige Form der Wissenschaft ist der Allen dargebotene und für Alle gleichgemachte Weg zu ihr, und durch den Verstand zu vernünftigem Wissen zu gelangen ist die gerechte Forderung des Bewußtseyns, das zur Wissenschaft hinzutritt; denn der Verstand ist das Denken, das reine Ich überhaupt; und das Verständige ist das schon Bekannte und das Gemeinschaftliche der Wissenschaft und des unwissenschaftlichen Bewußtseyns, wodurch dieses unmittelbar in jene einzutreten vermag.« (Hegel, Phänomenologie. In: Hegel, Sämtliche Werke, Bd. 2, S. 19f.).

[17] Vgl. Georg Wilhelm Friedrich Hegel: Vorlesungen über die Philosophie der Geschichte. In: Hegel: Sämtliche Werke, Bd. 11, hier S. 59–61.

Privatverhältnisse, wenn man es da für so schwierig erklärt, das Rechte und Gute zu wählen, und wenn man für eine vorzügliche Moralität hält, darin viele Schwierigkeit zu finden und Scrupel zu machen, so ist dies vielmehr dem üblen oder bösen Willen zuzuschreiben, der Ausflüchte gegen seine Pflichten sucht, die zu kennen eben nicht schwer ist, oder wenigstens für ein Müßiggehen des reflectirenden Gemüths zu halten, dem sein kleinlicher Wille nicht viel zu thun gibt, und das sich also sonst in sich zu thun macht und sich in der moralischen Wohlgefälligkeit ergeht.[18]

Nach dem Hegel zunächst alle Leidenschaft des Staates und der Geschichte verwiesen hat, hämmert er im zweiten Schritt den Individuen ein, sie wüssten schon immer, was sie zu tun hätten, um schließlich moralische Skrupel als böser Wille, Egoismus oder Selbstüberheblichkeit zu verdammen. Dieses Konzept argumentiert nicht, es sanktioniert; wenn Hegel durch Parallelstellung der Adjektivattribute ›Rechtlichkeit‹ und ›Ehrlichkeit‹ identifiziert, sind die »Handelnden« als »Wissende, Denkende« von vornherein einem Gesamtprozess verpflichtet, der nur bei Strafe moralischer Disqualifikation in Frage gestellt werden kann. Dennoch wäre es vorschnell, die behauptete konkrete Wirklichkeit geforderter sittlicher Handlungen blankerdings mit der Legalität eines bestehenden Staates zu identifizieren. Sie bezieht sich vielmehr auf jene vernünftige ›intensive‹, der im idealistischen Sinne das Prädikat ›eigentlicher‹ Wirklichkeit zukommt. Ihr teilhaftig zu werden, erfordert ›harte Arbeit‹ des Individuums an der eigenen Person. In Ablehung eines persönlichen Heroismus skizziert Hegel in der ›Phänomenologie‹ ein – politisch durchaus kritisch zu lesendes – implizites Modell aufgeklärter bürgerlicher Öffentlichkeit als Aufhebung partikularer Subjektivität in der Allgemeinheit und Objektivität einer zur eigenen Bestimmung kommenden Sprache. Ausgangspunkt ist das rhetorische Verhältnisse von Rat und Macht einer ständisch organisierten Gesellschaft, in der Gruppeninteressen noch nicht von einem objektiven Prozess überformt und mediatisiert werden:

> Das *Fürsichseyn*, der *Wille*, der als Wille noch nicht aufgeopfert ist, ist der innere abgeschiedene Geist der Stände, der seinem Sprechen vom *allgemeinen* Besten gegenüber sich sein *besonderes* Bestes vorbehält und dieses Geschwätz vom allgemeinen Besten zu einem Surrogate für das Handeln zu machen geneigt ist. Die Aufopferung des Daseyns, die im Dienste geschieht, ist zwar vollständig, wenn sie bis zum Tode fortgegangen ist; aber die bestandene Gefahr des Todes selbst, die überlebt wird, läßt ein bestimmtes Daseyn und damit ein *besondres Fürsich* übrig, welches dem Rath fürs allgemeine Beste zweideutig und verdächtg macht, und sich in der Tat die eigene Meinung und den besonderen Willen gegen die Staatsgewalt vorbehält. [...] Die wahre Aufopferung des *Fürsichseyns* ist daher allein die, worin es sich so vollkommen als im Tode hingibt, aber in ihr dieser Entäußerung sich eben so sehr erhält; es wird dadurch als das wirklich, was es an sich ist, als die identische Einheit seiner selbst und seiner als des Entgegengesetzten. [...] Diese Entfremdung aber geschieht allein in der *Sprache*, welche hier in ihrer eigenthümlichen Bedeutung auftritt. – In der Welt der Sittlichkeit *Gesetz* und *Befehl*, in der

---

[18] Hegel, Vorlesungen über die Philosophie der Geschichte, S. 58f.

Welt der Wirklichkeit erst Rath, hat sie das *Wesen* zum Inhalte und ist dessen Form; hier aber erhält sie die Form, welche sie ist, selbst zum Inhalte und gilt als *Sprache;* es ist die Kraft des Sprechens als eines solchen, welche das ausführt, was auszuführen ist. Denn sie ist das Daseyn des reinen Selbsts, als Selbsts; in ihr tritt die *für sich seyende Einzelheit* des Selbstbewußtseins als solche in die Existenz, so daß sie *für Andre* ist. Ich als dieses *reine* Ich ist sonst nicht *da*; in jeder andren Äußerung ist es in eine Wirklichkeit versenkt und in einer Gestalt, aus der es sich zurückziehen kann; [...] Die Sprache aber enthält es in seiner Reinheit, sie allein spricht Ich aus, es selbst. [...] Ich ist *dieses* Ich – aber ebenso *Allgemeines;* [...] *Ich*, das sich ausspricht, ist *vernommen;* es ist eine Ansteckung, worin es unmittelbar in die Einheit mit denen, für welche es da ist, übergegangen und allgemeines Selbstbewußtsein ist.[19]

Zwar bezieht sich diese Beschreibung lediglich auf das »Land der Bildung«,[20] und ist »noch nicht der Geist, wie er sich vollkommen weiß und ausspricht«,[21] dennoch werden Bildung und gebildete Öffentlichkeit zur Bedingung der Möglichkeit richtiger Praxis. Da Hegel jedoch die eigene Philosophie als Wissenschaft, d.h. als Deskription einer (intellektuellen) Faktizität, und nicht als Handlungsorientierung konzipiert, bleibt die Ausgestaltung dieses formalen Rahmens offen.

Welchen Ort findet die Kunst im Rahmen dieses Prozesses? Hegel sieht – je nach Interpretation – in der klassischen Antike oder in der Weimarer Klassik die ›höchste Bestimmung‹ der Kunst und glaubt, dass »unsere Gegenwart ihrem allgemeinen Zustande nach der Kunst nicht günstig [ist]«.[22] Die Kunst der Gegenwart ist philosophischer Reflexion nachgängig und subsidiär, auch wenn sie prinzipiell keine sekundäre Applikation philosophischer Begriffe, sondern eine proto-begriffliche Form darstellt. Gleichwohl besitzt Kunst beträchtlichen systematischen Stellenwert, gehört sie doch zur Sphäre der Freiheit des Geistes[23] und damit zur gleichen Ebene wie Religion und Philosophie. Wegen ihrer herausragenden kommunikativen Valenz spricht ihr Hegel zudem ein privilegiertes Verhältnis zur intellektuellen Wirklichkeit philosophischen Denkens zu;[24] da er auch ihre inhaltliche systematische und historische Weiterentwicklung für möglich hält, besteht für den Künstler weiterhin Verwendung.[25] Immerhin ist »der Geist

---

[19] Hegel, Phänomenologie, S. 390.
[20] Hegel, Phänomenologie, S. 376.
[21] Hegel, Phänomenologie, S. 392.
[22] Georg Wilhelm Friedrich Hegel: Vorlesungen zur Ästhetik. 3 Bde. In: Hegel, Sämtliche Werke, Bde. 12–14, hier Bd. 1, S. 31; vgl. Matthias Bauer: Romantheorie, Stuttgart/Weimar 1997, S. 49–52. Zur Aporie aller ›modernen‹ Kunst bei Hegel vgl. Claus Richter: Leiden an der Gesellschaft. Vom literarischen Liberalismus zum poetischen Realismus, Kronberg im Taunus 1978, S. 51–56.
[23] Vgl. Hegel, Ästhetik, Bd. 1, S. 138f.
[24] »Die harte Rinde der Natur und gewöhnlichen Welt machen es dem Geiste saurer, zur Idee durchzudringen, als die Werke der Kunst.« (Hegel, Ästhetik, Bd. 1, S. 30).
[25] Es ist wichtig zu unterscheiden, dass Hegel in der Klassik zwar die systematische Klimax der Bedeutung des Mediums Kunst, keinesfalls aber den Abschluss seiner foma-

der schönen Kunst [...] ein beschränkter Volksgeist«.[26] Literarästhetisch erscheint dabei der Roman als epistemisch angemessene Form, denn:

> Der Roman im modernen Sinne setzt eine bereits zur Prosa geordnete Wirklichkeit voraus, auf deren Boden er sodann [...] der Poesie, soweit es bei dieser Voraussetzung möglich ist, ihr verlorenes Recht wieder erringt.[27]

Damit liefert die Hegelsche Philosophie eine systematische Formulierung bildungsbürgerlichen Selbst- und Kunstverständnisses des 19. Jahrhunderts – in historischer Perspektive jedoch wird zugleich eine Fehlstelle deutlich: Sie ist nicht in der Lage, die nationalen und nationalistischen Tendenzen zu legitimieren und zu tragen. Doch bereits 1808 hatte Fichte in den ›Reden an die deutsche Nation‹ mit dem Programm einer ›Nationalerziehung‹ ein Konzept ästhetisch-sozialer Bildungsbürgerlichkeit entworfen, das die legitimatorische Lücke füllen konnte, die bei Hegel zwischen den zeitgenössischen Möglichkeiten der Literatur und ihrer begrifflichen Insuffizienz bestanden hatte – und sie zumindest in Festreden füllte.[28] Fichtes Bildungsmodell hatte sich die »Hervorbringung eines festen, bestimmten und beharrlichen Seyns«[29] und die »Erschaffung einer ganz neuen Ordnung der Dinge«[30] zur Aufgabe gesetzt. Es beruht auf Dressur: Fichte will »die Freiheit des Willens gänzlich vernichte[n]«[31] und die Individuen »zu einem durchaus neuen und bisher vielleicht als Ausnahme bei Einzelnen, niemals aber als allgemeines und nationales Selbst dagewesene[s] Selbst«[32] erziehen.

---

len Entwicklung sieht: »Man kann wohl hoffen, daß die Kunst immer mehr steigen und sich vollenden werde, aber ihre Form hat aufgehört, das höchste Bedürfnis des Geistes zu sein. Mögen wir die griechischen Götterbilder noch so vortrefflich finden und Gottvater, Christus, Maria noch so würdig und vollendet dargestellt sehen – es hilft nichts, unser Knie beugen wir doch nicht mehr.« (Hegel, Ästhetik, Bd. 1, S. 151).

[26] Hegel, System der Philosophie. In: Hegel, Sämtliche Werke, Bd. 10, S. 448, § 559.
[27] Hegel, Ästhetik, Bd. 3, S. 395.
[28] Vgl. Erich Schmidt: Fichtes Reden an die deutsche Nation. Rede zur Feier des Geburtstages Seiner Majestät des Kaisers und Königs gehalten in der Aula am 27. Januar 1908. In: Schmidt, Reden zur Litteratur- und Universitätsgeschichte, Berlin 1911, S. 62–87, bes. 63: »Jeder auch nur halbgebildete Deutsche weiß von ihnen; wenige haben sie gelesen [...]«.
[29] Johann Gottlieb Fichte: Reden an die deutsche Nation. In: Fichtes Werke, hg. von Immanuel Hermann Fichte, 8 Bde., Berlin 1845/46. Nachdruck Berlin 1971, Bd. 7, S. 259–499, hier 281.
[30] Fichte, Reden, S. 272.
[31] Fichte, Reden, S. 281. Die Ansicht, dass eine Erziehung, die nicht freien Willen, sondern eine extern festgelegte Disposition des Individuums zum Ziel hat, als Dressur zu bezeichnen ist, möchte ich auch gegen die Einwände Wolfgang Jankes behaupten. Vgl. Wolfgang Janke: Vom Bilde des Absoluten. Grundzüge der Phänomenologie Fichtes, Berlin/New York 1993, S. 411.
[32] Fichte, Reden, S. 274.

Als »Nationalerziehung der Deutschen schlechtweg«[33] soll sie nicht nur politisch identitätsbildend wirken und dabei alle gesellschaftlichen Barrieren übersteigen,[34] sondern zugleich auch die sozialen Probleme lösen: »Frühe Zucht sichert vor der späteren sehr mislichen Zucht und Verbesserung; Arme aber gibt es unter einem also erzogenen Volk gar nicht.«[35] Pragmatisch muss jedoch auch Fichte einräumen, »dass den gebildeten Ständen die ursprüngliche Fortbildung der Nation angetragen wird«.[36] Er legitimiert damit jenes Selbst- und Sendungsbewusstsein, das für die ›Kulturträger‹ des 19. Jahrhunderts charakteristisch bleiben wird.

Fichtes Programm beruht auf einem vitalistischen Volks- und Bildungsbegriff[37] und beinhaltet ein utopisches Konzept der Nation als Sprachgemeinschaft.[38] Es gipfelt in einer Sprach- und Dichtungskonzeption als Theorie pädagogisch-kommunikativer Wirksamkeit. Fichte greift die Opposition zwischen literalem und pneumatischem Verstehen auf, die er bereits 1794 im Aufsatz ›Ueber Geist und Buchstab in der Philosophie‹ exponiert hatte,[39] modifiziert sie jedoch, indem er sie kommunikationstheoretisch wendet und eine notwendige Abhängigkeit der Vermittlung geistiger Gehalte vom Medium lebendiger Sprache postuliert:

> Diese lebendige Wirksamkeit des Gedankens wird nun sehr befördert, ja, wenn das Denken nur von der gehörigen Tiefe und Stärke ist, sogar nothwendig gemacht durch Denken und Bezeichnen in einer lebendigen Sprache. Das Zeichen in der letzteren ist selbst wieder unmittelbar lebendig und sinnlich und wieder darstellend das ganze eigene Leben, und so dasselbe ergreifend und eingreifend in dasselbe; mit dem Besitzer einer solchen Sprache spricht unmittelbar der Geist, und offenbart sich ihm, wie ein Mann dem Manne.[40]

---

[33] Fichte, Reden, S. 437. Zum Konzept und zur problematischen Wirkungsgeschichte der ›Reden‹ vgl. Janke, Vom Bilde, S. 172–186.
[34] Vgl. Fichte, Reden, S. 277: »Es bleibt uns sonach nichts übrig, als schlechthin an alles ohne Ausnahme, was deutsch ist, die neue Bildung zu bringen, so dass dieselbe nicht Bildung eines besonderen Standes, sondern dass sie Bildung der Nation schlechthin als solcher, und ohne alle Ausnahme einzelner Glieder derselben, werde, [...]«.
[35] Fichte, Reden, S. 432.
[36] Fichte, Reden, S. 278.
[37] »[...] die Bildung derjenigen Klasse aber, die der eigentliche Boden des Menschengeschlechtes ist, aus welcher die höhere Bildung sich immerfort ergänzt, und auf welche die letztere fortdauernd zurückwirken muß, die des Volkes, [...]«; »Diejenige Bildung allein, die da strebt, und die es wagt, sich allgemein zu machen und alle Menschen ohne Unterschied zu erfassen, ist ein wirklicher Bestandtheil des Lebens, und ist ihrer selbst sicher.« (Fichte, Reden, S. 430 u. 438).
[38] Vgl. dazu Janke, Vom Bilde, S. 167.
[39] Johann Gottlieb Fichte: Ueber Geist und Buchstab in der Philosophie. In: Fichtes Werke, Bd. 8, S. 270–300.
[40] Fichte, Reden, S. 332. Wolfgang Janke spricht anspielungsreich von einer »Krise der Sprache« bei Fichte (Janke, Vom Bilde, S. 158–162: Kap. 5.4: Zur Krise der Sprache. Fichtes Scheidung von Sprache und Vernunft im Reden vom Sein), die drei Revisionsthesen seiner früheren Sprachkonzeption beinhalte: »1. Der Mensch werde mehr

Solch ›lebendiges‹, ›männliches‹ Denken ist Produkt der von Fichte anvisierten ›geistigen Bildung‹. Sie hat sinnliche Qualität, ist persönlichkeitskonstitutiv,[41] und notwendig sprachlich innovativ. Sobald er die Bühne der Öffentlichkeit betritt nähert sich der Denker dem Dichter:

> Unter den Mitteln, das Denken, das im einzelnen Leben begonnen, in das allgemeine Leben einzuführen, ist das vorzüglichste die Dichtung; und so ist denn diese der zweite Hauptzweig der geistigen Bildung eines Volkes. Schon unmittelbar der Denker, wie er seinen Gedanken in der Sprache bezeichnet, welches nach obigem nicht anders dann sinnlich geschehen kann, und zwar über den bisherigen Umkreis der Sinnbildlichkeit hinaus neu erschaffend, ist Dichter; und falls er dies nicht ist, wird ihm schon beim ersten Gedanken die Sprache, und beim Versuch des zweiten das Denken selber ausgehen.[42]

Literatur hat die Aufgabe, diesen semantisch-symbolischen Nukleus zu expandieren und zu popularisieren. Fichte fährt fort:

> Diese durch den Denker begonnene Erweiterung und Ergänzung des sinnbildlichen Kreises der Sprache durch dieses ganze Gebiet der Sinnbilder zu verflössen, also, dass jedwedes an seiner Stelle den ihm gebührenden Antheil von der neuen geistige Veredlung erhalte, und so das ganze Leben bis auf seinen letzten sinnlichen Boden herab in den neuen Lichtstrahl getaucht erscheine, wohlgefalle und in bewusstloser Täuschung wie von selbst sich veredle: dieses ist das Geschäft der eigentlichen Dichtung.[43]

Dichtung ›veredelt‹ das Leben, transponiert es auf die Höhe des symbolisch innovativen philosophischen Gedankens, ohne dass poetische Arbeit sichtbar würde. Die Funktion, sinnliches Medium und kommunikatives Agens der politischen Entwicklung der Nation zu sein, kommt ihr jedoch nur zu, wenn sie sich keiner ›toten Sprache‹,[44] sondern jener »Ursprache« eines Volkes widmet,

---

    von der Sprache gebildet denn die Sprache von dem Menschen; 2. nicht der Mensch rede eigentlich, sondern aus ihm rede die menschliche Natur; 3. die Sprache sei nicht durch Willkür vermittelt, sie breche als unmittelbare Naturkraft aus dem verständigen Leben aus.« (Janke, Vom Bilde, S. 163) Im weiteren Fortgang wendet sich Fichtes Argumentation gegen ›tote Sprachen‹ – also klassische Bildung.

[41] »In dieser Weise, sage ich, fliesst die geistige Bildung, und hier insbesondere das Denken in einer Ursprache nicht ein in das Leben, sondern es ist das Leben des also Denkenden. Doch strebt es nothwendig aus diesem also denkenden Leben einzufliessen auf anderes Leben ausser ihm, und so auf das vorhandene allgemeine Leben, und dieses nach sich zu gestalten.« (Fichte, Reden, S. 333).

[42] Fichte, Reden, S. 333.

[43] Fichte, Reden, S. 333f. Zur Sinnbild bei Fichte vgl. Janke, Vom Bilde, S. 162–171. Janke grenzt freilich die »Bedeutung der dichterischen Sprache, welche die erscheinende Welt in ein neues Licht taucht und sie so zur Sprache bringt, wie sie nie war« (Janke, Vom Bilde, S. 164) aus.

[44] Dann droht Sterilität. Vgl. Fichte, Reden, S. 332–335.

die auch seine »lebendige Sprache«[45] ist. Im unmittelbaren Anschluss an das soeben Zitierte schreibt Fichte:

> Nur eine lebendige Sprache kann eine solche Dichtung haben, denn nur in ihr ist der sinnbildliche Kreis durch erschaffendes Denken zu erweitern, und nur in ihr bleibt das schon Geschaffene lebendig und dem Einströmen verschwisterten Lebens offen. Eine solche Sprache führt in sich Vermögen unendlicher, ewig zu erfrischender und zu verjüngender Dichtung, denn jede Regung des lebendigen Denkens in ihr eröffnet eine neue Ader dichterischer Begeisterung; und so ist ihr denn diese Dichtung das vorzüglichste Verflössungsmittel der erlangten geistige Ausbildung in das allgemeine Leben.[46]

Zwar hat die Dichtung auch hier prinzipiell subsidiäre Popularisierungsfunktion, wie sie ihr schon in der Aufklärung weithin zugekommen war, doch sie leistet qua Sprache nun zusätzlich eine Art medialer Transformation, die ihre Gegenwart an das naturhaft-›urgründige‹ Lebensprinzip der Nation zurückbindet und die Literatur damit verpflichtet, in permanenter Revision des poetisch-symbolischen Instrumentariums den sprachlich-literarischen Prozess der Nation auf die Höhe der zeitgenössischen philosophischen Reflexion zu heben, diese in voller gesellschaftlicher Breite zu distribuieren und zu installieren und so die Nation als Sprachgemeinschaft am Leben zu erhalten, indem sie ihr zur vollen gesellschaftlichen Realität zu verhilft. Diesen Auftrag wird sich der programmatische Realismus zueigen machen.

2.2 Der philosophische Realismus: Rudolf Haym

Die realistische Poetik der zweiten Jahrhunderthälfte lebt mit einer charakteristischen Doppelung: Einerseits behauptet sie das Ideal antiker Klassik und dessen Doppelung im Werk Goethes, andererseits entwickelt sie eine pragmatische Theorie der Literatur, die der eigenen historischen Situation angemessen sein will. Anerkenntnis einer konstitutiven Differenz zwischen ästhetischem Ideal und historischer Situation gehörte spätestens seit der Querelle zum festen Bestandteil ästhetischer Reflexion und schon die Romantik hatte die problematische Modernität der Kunst des eigenen Zeitalters konstatiert, welche die Gültigkeit des klassischen Paradigmas relativierte. Letztlich aber war es erst durch die aktualisierende Lesart der Hegelschen ›Ästhetik‹ und Heines Darstellung Goethes in der ›Romantischen Schule‹ möglich geworden, auch den Modellcharakter des Weimarer Klassizismus historisch zu relativieren und im Windschatten seiner weiterhin behaupteten ästhetischen Normativität eine pragmatische Poetik zu entwickeln,

---

[45] Fichte, Reden, S. 333 u. 334.
[46] Fichte, Reden, S. 334.

die sich nicht in der Selbstgenügsamkeit subjektzentrierter Produktionsästhetik beschied, sondern den öffentlichen und politischen Anspruch, der vom Antikenideal zugleich bewahrt und sediert worden war, erneut zu formulieren. Verfolgt man die Degradationen der klassizistischen Ästhetik in Hinblick auf ihre positiven, poetologisch-pragmatischen Aussagen, so erscheinen mit den Theoremen des Interessanten und des Charakteristischen, der Prävalenz begrifflicher Reflexion und philosophisch engagierter Tendenz Prinzipien, die der Kunst ein Moment von Heteronomie und Angewiesenheit auf ihr äußerliche Bedingungen und Möglichkeiten, kurz: Tendenz zum Realismus zusprechen.

Es ist hier nicht möglich, die Positionen und Poetiken des Realismus in ihrer gesamten Breite und kontroversen literaturwissenschaftlichen Diskussion zu entwickeln.[47] Die Darstellung beschränkt sich auf einen Abriss der Position des borussophilen programmatischen Realismus. Nicht nur als Erfolgsliteratur der liberalen bildungsbürgerlichen Öffentlichkeit, sondern auch als Programmliteratur der Reichseinigungsbewegung bildet er für den Naturalismus den Ausgangspunkt und die Kontrastfolie der eigenen poetologischen Reflexion. In erster Linie sind hier Gustav Freytag, wichtigster Literat und Julian Schmidt, führender Literaturkritiker der ›Grenzboten‹, sowie Autoren im Umfeld der lange Zeit von Rudolf Haym herausgegebenen ›Preußischen Jahrbücher‹ und jene des ›Morgenblatts‹, insbesondere auch Friedrich Spielhagen zu nennen.[48]

---

47 Nach den vielfältigen Differenzen, Differenzierungen und Pointierungen, welche die Realismus-Forschung in den siebziger und achtziger Jahren dieses Jahrhunderts exponiert hatte, zeigte sich in den achtziger Jahren freilich eine deutliche Ermüdung, die vielleicht nicht zuletzt dadurch hervorgerufen wurde, dass auf der einen Seite die Thematisierung des »l'effet de réel« als immanent literarästhetisches Phänomen der Diskussion um die Bedingungen und Möglichkeiten ästhetischer Widerspiegelung die Spitze nahm (vgl. Roland Barthes: L'effet de réel. In: Barthes, Littérature et réalité, hg. von Gerard Genette und Tzvetan Todorov, Paris 1982, S. 81–90; vgl. Etienne Balibar/Pierre Macherey: Thesen zum materialistischen Verfahren. In: alternative 98 [Okt. 1974], S. 193–221. Dazu: Ulf Eisele: Realismus und Ideologie. Zur Kritik der literarischen Theorie nach 1848 am Beispiel des »Deutschen Museums«, Stuttgart 1976; Ulf Eisele: Realismus-Problematik: Überlegungen zur Forschungssituation. In: DVs 51 [1977], S. 148–174, bes. S. 167ff. und Martin Swales: Epochenbuch Realismus. Romane und Erzählungen, Berlin 1997, S. 22f.), während in jenem Teil der Forschung, die sich um die den Begriff des Kollektivsymbols zentriert, die poetologische zugunsten einer soziologischen Problematik in den Hintergrund trat. Vgl. Jürgen Link/Wulf Wülfing: Nationale Mythen und Symbole in der 2. Hälfte des 19. Jahrhunderts. Strukturen und Funktionen von Konzepten nationaler Identität, Stuttgart 1991. Zur allgemeinen Lage der Realismusforschung vgl. Hugo Aust: Bürgerlicher Realismus. Forschungsbericht. In: Wirkendes Wort (1980), S. 427–447; Ulf Eisele: Realismus-Problematik; Hans-Joachim Ruckhäberle/Helmuth Widhammer: Roman und Romantheorie des deutschen Realismus. Darstellung und Dokumente, Kronberg im Taunus 1977, S. 23–33.

48 Verweise auf den späten Friedrich Theodor Vischer und Bezugnahmen auf seinen Roman ›Auch Einer‹ zwar zahlreich, bleiben aber meist pauschal und oberflächlich.

Tatsächlich stellt sich der Naturalismus nicht nur programmatisch in die Tradition dieses liberalen Realismus, wenn er mit dieser gegen psychologisierende und historisierende Literatur der Gründerzeit auf einem nationalpädagogischen und gegenwartsbezogenen Auftrag von Literatur insistiert, sondern er knüpft auch in der Reflexion des Verhältnisses von Literatur und gesellschaftlich-politischer Macht an Topoi der Diskussion um die Funktion und Aufgabe der Literatur an, wie sie im Kontext der realpolitischen Wende nach der Jahrhundertmitte geführt worden war. Schließlich sind die borussophilen Realisten mit der Reichsgründung zu nationalen Monumenten avanciert, mit denen man sich nicht nur aus pragmatischen Gründen wie Jubiläen und Todesfälle auseinandersetzen muss, sondern man kann sich auch auf sie beziehen, wo immer ein argumentum ex autoritate erforderlich ist.[49] Vor allem aber besteht eine Reihe inhaltlicher Kongruenzen: Die Brüder Hart entwickeln in den ›Kritischen Waffengängen‹ ihre Poetik des Romans in Auseinandersetzung mit der Romantheorie Spielhagens;[50] Conrad Alberti verfasst 1885 – vermutlich als Auftragswerk – eine Freytag-Monographie;[51] Adalbert von Hanstein, der sich schon nach dem Tode Freytags 1895 mit einer Gedächtnisrede zu Wort gemeldet hatte,[52] stellt in seiner Schrift ›Die soziale Frage in der Poesie‹ noch 1897 lakonisch fest: »Freytag und Spielhagen haben ihr [der sozialen Dichtung] eine neue Ära eröffnet.«[53]

In diesem retrospektiven Zusammenhang ist entscheidend, dass unter dem Shibboleth ›Realismus‹ das Programm einer gleichzeitg gegenwartsbezogenen und nationalbildnerischen Kunst entwickelt worden war, der das klassische Modell poetologisch kaum mehr liefern konnte als ein utopisches Telos und einen konsensfähigen Ausgangspunkt poetologischer Abgrenzungsbemühungen, die die ethisch-anthropologischen Inhalte des klassischen Humanitätsideals zu bewahren suchten und sich damit von zeitgenössischen naturwissenschaftlichen, materialistischen und naturalistischen Tendenzen absetzten. In dieser letzten These scheint ein Problem zu liegen, das dem Teufelskreis der Widerspiegelungsästhetik nie entkommen ist. Bei aller inhaltlichen Strittigkeit gestehen die Interpreten

---

[49] Hier ist auch in Betracht zu ziehen, dass der realistische Kanon mit Keller, Fontane und Raabe an der Spitze zum Teil ein Produkt der naturalistischen Literaturkritik darstellt.
[50] Heinrich Hart/Julius Hart: Friedrich Spielhagen und der deutsche Roman der Gegenwart. Kritische Waffengänge, H. 6, Leipzig 1884. In: Hart/Hart, Kritische Waffengänge. Mit einer Einführung von Mark Boulby, New York/London 1969.
[51] Conrad Alberti: Gustav Freytag. Sein Leben und Schaffen, 2. Auflage, Berlin 1886.
[52] Adalbert v. Hanstein: Gustav Freytag. Eine Gedächtnisrede, Heidelberg 1895.
[53] Adalbert v. Hanstein: Die soziale Frage in der Poesie. Erweiterter Abdruck aus der Akademischen Rundschau, Leipzig 1896, S. 18. Hansteins ›Jüngstes Deutschland‹ setzt mit dem programmatischen Realismus ein. Vgl. Adalbert von Hanstein: Das jüngste Deutschland. Zwei Jahrzehnte miterlebter Literaturgeschichte, Leipzig 1900, S. 1–6.

dem Realismus doch in der Regel eine Abkehr von philosphischer Spekulation und die Hinwendung zur Wirklichkeit zu, so dass Ulf Eisele von einem »empiristischen Realismus«⁵⁴ sprechen zu können glaubt. Doch ist es problematisch, die Begriffe ›Realismus‹ und ›Wissenschaft‹ unhistorisch zu lesen: Als Realismus konnte jede Philosophie bezeichnet werden, die objekthafte Wirklichkeit zum Ausgangspunkt ihrer Theorie nahm, vor allem die Herbartianische Philosophie, aber auch der Schellingsche, heute sog. objektive Idealismus und sogar die praktische Philosophie des subjektiven Idealismus‹ Fichtes.⁵⁵ Als ›Wissenschaftslehre‹ tituliert sich Fichtes theoretische, als ›Wissenschaft‹ die ganze Hegelsche Philosophie.⁵⁶ Auch der in diesem Umfeld häufig gebrauchte Terminus ›Empirie‹ verweist weniger auf empirische Naturwissenschaft im heutigen Sinne als auf die ›aristotelische‹ Forderung, dass Philosophie sich nicht auf die Sphäre autonomer Reflexion beschränken könne, sondern den Tatsachen der Erfahrung Rechnung zu tragen habe. Es gab dabei in der zweiten Hälfte des 19. Jahrhunderts durchaus Bestrebungen, auf der Grundlage idealistischer Philosophie ein Äquivalent und Konkurrenzmodell zu den im heutigen Sinne empirischen und in der Theoriebildung positivistischen Naturwissenschaften zu entwickeln.⁵⁷

Exemplarisch und modellgebend für idealistisches Realismusverständnis steht hier Rudolf Hayms Artikel ›Philosophie‹ aus der Ersch/Gruberschen ›Allgemeinen Encyklopädie der Wissenschaften und Künste‹. Er hat den Umfang eines kleinen Kompendiums, erstreckt sich über immerhin 231 doppelspaltige Seiten. Dass es sich dabei um ein in philosophiegeschichtlichen Darstellungen kaum erwähntes Werk handelt, dass die philosophischen Qualitäten des Autors selbst oft bezweifelt wurden und ihm eine im pejorativen Sinn ›eklektizistische‹ Position bescheinigt wird, kann zugestanden werden, geht es in diesem Zusammenhang doch nicht um ein originelles und konsistentes philosophisches System,

---

54 Eisele, Realismus, 86ff.; vgl. Eisele, Realismus-Problematik, S. 163.
55 Vgl. Rudolf Haym: [Art.] Philosophie. In: Allgemeine Enzyklopädie der Wissenschaften und Künste in alphabetischer Folge hg. von J. S. Ersch u. J. G. Gruber, 3. Section, 24. Theil: O-Z, Leipzig 1848 (Neudruck Graz 1992), S. 1–231; vgl. die zeitgenössischen Lexikonartikel in: Theorien des bürgerlichen Realismus, hg. von Gerhard Plumpe, Stuttgart 1985.
56 Vgl. Haym, Philosophie, S. 4.
57 Vgl. Karl Christian Planck: Die Weltalter. I: System des reinen Realismus, Tübingen 1850; II: Das Reich des Idealismus oder zur Philosophie der Geschichte, Tübingen 1851; Seele und Geist, Leipzig 1871, in denen er versuchte, eine philosophische Alternative zur modernen Naturwissenschaft zu entwickeln. Vgl. auch: Karl Christian Planck: Testament eines Deutschen. Philosophie der Natur und Menschheit, hg. von Karl Köstlin, Jena 1881 2. Ausgabe Jena 1912 und Karl Christian Planck: Deutsche Zukunft. Ausgewählte politische Schriften, hg. u. eingel. von seiner Tochter Mathilde Planck. Der deutsche Staatsgedanke. Eine Sammlung begründet von Arno Duch, 1. Reihe: Führer und Denker, Bd. XVIII, München 1922.

sondern um ein typisches Produkt, das die Normallage philosophischer Befindlichkeit der Zeit markiert. Dass Haym zudem ein Grenzgänger zwischen Philosophie und Philologie war und beide Bereiche akademisch vertrat,[58] dass er als erster Herausgeber der ›Preußischen Jahrbücher‹ selbst zu den einflussreichen Publizisten der zeitgenössischen bildungsbürgerlich-liberalen Reflexion gehörte und mit seiner publizistischen und politischen Arbeit im Zentrum der konservativeren Fraktion des Liberalismus agierte, dass schließlich der Artikel 1848 fertiggestellt wurde und Haym die Arbeit zeitweilig unterbrach, um sich politischen Aufgaben zu widmen, mag der philosophischen Stringenz abträglich sein, doch gestattet ein dem Druck und der Dynamik der Verhältnisse geschuldeter Import lebensweltlicher Bezüge Einblicke in die politisch-soziale Positionierung, die in einer Darstellung aus der kontemplativen Beschaulichkeit des akademischen Elfenbeinturms vielleicht getilgt worden wären.

Zusätzlich qualifizieren innersystematische Gründe den Artikel für die Rolle des Kronzeugen in einer Darstellung, die die Poetik des programmatischen Realismus aus seinen philosophischen Voraussetzungen beschreiben will: Haym kritisiert die idealistische, insbesonders die Hegelsche Philosophie, will aber wesentliche Elemente retten. Ein positiver Rückgriff auf Fichte und ein postulierter und später in seinem Hegel-Buch wiederholter Rückgriff auf Kant stellen Haym zudem in die Reihe der Vorläufer des Neukantianismus,[59] während er mit seiner aus einer Interpretation Humboldts entwickelten und über diesen auf Kant zurückverweisenden Geschichtsphilosophie in die Ahnengalerie ideengeschichtlicher Literaturgeschichtsschreibung gehört.[60]

Zunächst hatte Haym in Halle protestantische Theologie zu studieren begonnen, sich aber unter dem Eindruck der Religionskritik David Friedrich Strauß'

---

[58] Haym erhielt nach einem gescheiterten Habilitationsversuch 1845 schließlich 1851 eine Privatdozentur und 1860 eine außerordentliche Professur für deutsche Literaturgeschichte. 1868 wurde er auf den Lehrstuhl für Philosophie berufen. Vgl. Rudolf Haym: Aus meinem Leben. Erinnerungen, Berlin 1902, daneben Wolfgang Harich: Rudolf Haym. Seine politische und philosophische Entwicklung. In: Sinn und Form 6,4 (1954), S. 482–527; Ernst Howald: Einleitung. In: Rudolf Haym: Zur deutschen Philosophie und Literatur. Ausgewählt, eingeleitet und erläutert von Ernst Howald, Zürich/Stuttgart 1963, S. 7–40; Ernst Howald: [Art.] Rudolf Haym. In: NDB .

[59] Vgl. Klaus Christian Köhnke, Entstehung und Aufstieg des Neukantianismus. Die deutsche Universitätsphilosophie zwischen Idealismus und Positivismus, Frankfurt am Main 1993, S. 163–167; Harich, Haym, S. 499. Die Wertung des Rückgriffs auf Kant ist zwar in diesem Zusammenhang unmittelbar plausibel, in einer Anmerkung bemerkt Köhnke jedoch auch: »Nicht ganz zu Unrecht hat Lucien Goldmann [Dialektische Untersuchungen, Neuwied/Berlin 1966, S. 214] gesagt, daß der Neukantianismus eigentlich eine Rückkehr zu Fichte gewesen sei.« (Köhnke, Neukantianismus, S. 475, Anm. 61).

[60] Vgl. Rudolf Haym: Die Romantische Schule. Ein Beitrag zur Geschichte des deutschen Geistes, Berlin 1870. Neudruck Darmstadt 1961, S. 8f.

und später auch Feuerbachs der klassischen Philologie und der vergleichenden Sprachwissenschaft zugewandt. Halle war ein Zentrum des Junghegelianismus, Haym fand rasch Kontakt, publizierte in den ›Hallischen Jahrbüchern‹, schloss sich der Gesellschaft der ›Lichtfreunde‹ an, einer protestantisch-reformatorischen Bewegung politisch liberaler Intellektueller zu der auch Max Duncker gehörte.[61] Die Bekanntschaft mit Duncker sollte zur Freundschaft werden.[62] 1843 promovierte Haym, 1844 begab er sich nach Berlin, legte das höhere Staatsexamen ab – Trendelenburg gehörte zu seinen Examinatoren – und ging in den Schuldienst. Sein direkter Vorgesetzter war Wilhelm Busse, ein Sprachphilosoph mit »überaus seltsamen und eigenartigen Anschauungen«,[63] der Haym tief beeindruckte, sein Vertrauen in die spekulative Vernunft nachhaltig zerstörte und ihm als erster den Gedanken vermittelte,

> daß die Sprache nicht ein bloßes Verständigungs- und Ausdrucksmittel frei erzeugter Gedanken, sondern vielmehr eine schöpferische Macht sei, die den Gedanken trägt, indem sie ihn wie eine aus verborgener Tiefe hervordringende Quelle speist.[64]

Bereits im nächsten Jahr, 1845, kündigt Haym seine Stellung und versucht erfolglos in Halle zu habilitieren. Ein zweiter Versuch 1851 gelang; Haym wird Privatdozent. Bis zu seiner Ernennung zum außerordentlichen Professor für deutsche

---

[61] Die ›Lichtfreunde‹ waren eine evangelische innerkirchliche Oppositionsbewegung, die gegen den neopietistischen Kurs der preußischen Amtskirche das Erbe der aufgeklärten Theologie zu bewahren suchte. Vgl. Jörn Brederlow: »Lichtfreunde« und »Freie Gemeinden«. Religiöser Protest und Freiheitsbewegung im Vormärz und in der Revolution von 1848/49, München/Wien 1976; Horst Groschopp: Dissidenten. Freidenkerei und Kultur in Deutschland, Berlin 1997, S. 83–122. Die philosophischen Relevanz der Lichtfreunde wird angedeutet bei Köhnke, Neukantianismus, S. 83f. Haym selbst bezieht in drei Schriften Stellung: Rudolf Haym: Die Krisis unserer religiösen Bewegung. Halle 1847; Rudolf Haym: Ein modernes Glaubensbekenntnis. In: Noacks Jahrbuch für spekulative Philosophie und die philosophische Bearbeitung der Wissenschaften. Darmstadt 1847, S. 761–781; Rudolf Haym: Die protestantischen Freunde in Halle. In: Jahrbücher der Gegenwart 4 (1846), S. 835f.

[62] Das letzte Buch Rudolf Hayms ist eine Biographie des Freundes: Rudolf Haym: Das Leben Max Dunckers, Berlin 1891.

[63] Haym berichtet: »Es erinnerte stark an die Hegelsche Phänomenologie, wenn er von einem scheinbar allesübersehenden Standpunkt die neuere Physiologie, die sprachphilosophischen Forschungen Wilhelm von Humboldts, die mythologischen Creuzers und Welckers, die germanische Philologie und ich weiß nicht was sonst noch zu einer innerlich zusammenhängenden Reihe ordnete, als deren Schlußpunkt sich ihm das Ergebnis darstellte, daß hinter aller Philosophie wie hinter einer täuschenden Maske die Züge, die unerkannten Züge der Sprache steckten.« (Haym, Leben, S. 146; vgl. Wilhelm Busse: Beitrag zur Kritik der Sprache, Berlin 1844 sowie Wilhelm Busse: J.G. Fichte und seine Beziehung zur Gegenwart des deutschen Volkes, 2 Bde., Halle 1848/49).

[64] Haym, Leben, 147.

Literaturgeschichte 1860 und der Ernennung zum Ordinarius für Philosophie 1868 bleibt Haym auf die finanziellen Erträge seiner publizistischen Tätigkeit angewiesen. In diesen Jahren erscheinen neben den Lexikonartikeln ›Philosophie‹ und ›Gentz‹[65] in der Ersch/Gruberschen ›Enzyklopädie‹ vor allem Darstellungen parlamentarischer Vorgänge: Im Auftrag des Verlags Alexander Dunckers, des Bruders von Max Duncker, schreibt Haym die ›Reden und Redner des Vereinigten Preußischen Landtags‹,[66] eine Darstellung des preußischen Ständeparlaments, nach der Revolution dann in ähnlicher Weise ›Die deutsche Nationalversammlung‹.[67] Haym war nicht nur Chronist, sondern auch Mitglied der Nationalversammlung, gehörte zur jener Gruppe der Fraktion des rechten Zentrums, die 1849 aus dem Frankfurter Parlament ausschied und sich der Gotha konstuituierte. 1850 zog sich Haym aus der Politik und nach einem Intermezzo als Redakteur der ›Konstitutionellen Zeitung‹, das mit seiner Ausweisung aus Berlin endete, zunächst auch aus der politischen Publizistik zurück. In den fünfziger Jahren entstehen Werke über Wilhelm von Humboldt und Hegel, welche Positionen, die bereits im Philosophie-Artikel konturiert worden waren, systematisch durchführen und vertiefen.[68] 1858 übernimmt Haym die Herausgeberschaft der neu gegründeten ›Preußischen Jahrbücher‹[69] und behält sie bis 1864. Nach dieser zweiten Phase liberaler publizistischer Tätigkeit entstehen schließlich die materialreichen, literaturgeschichtlich bedeutendsten Werke Hayms, 1870 ›Die romantische Schule‹, 1877/85 die beiden Bände des Herder-Buches.[70] Mit beiden begründet Haym seinen Ruf als Literaturhistoriker, Virtuose psycholo-

---

[65] Rudolf Haym: [Art.] Gentz, Friedrich von. In: Ersch/Gruber, Enzyklopädie, 1. Section, 58. Theil, Leipzig 1854 (Neudruck Graz 1972), S. 324–344.
[66] Rudolf Haym: Reden und Redner des ersten vereinigten preussischen Landtags, Berlin 1847.
[67] Rudolf Haym: Die deutsche Nationalversammlung, 3 Bde., Frankfurt am Main/Berlin 1848–50.
[68] Rudolf Haym: Wilhelm von Humboldt. Lebensbild und Charakteristik, Berlin 1856; Rudolf Haym: Hegel und seine Zeit, Berlin 1857.
[69] Rückblickend sieht Haym die Aufgabe der ›Jahrbücher‹ darin, dass sie »neben den wöchentlich erscheinenden *Grenzboten* in längeren Aufsätzen von möglichster Gediegenheit die Sache des nationalen Liberalismus, den Gedanken des preußisch-deutschen Einheitsstaates vertreten und ihn als das Glaubensbekenntnis der gebildeten Kreise des ganzen Deutschlands unaufhörlich verkünden sollte[n].« (Haym, Leben, S. 258), bekennt jedoch auch: »Viel mehr als die politische Seite der Zeitschrift interessierte mich die der ganzen Breite der Bildung, dem Zuständlichen und dem sich Entwickelnden auf den verschiedenen Gebieten des geistigen Lebens zugewandte Seite.« (Haym, Leben, S. 261).
[70] Rudolf Haym, Romantische Schule; Rudolf Haym: Herder. Nach seinem Leben und seinen Werken dargestellt, Berlin 1877/85 (Neudruck Berlin 1958).

gischer Charakteristik und ›Klassiker der Kritik‹.[71] In den letzten Lebensjahren trat Haym als Biograph liberaler Weggefährten an die Öffentlichkeit.[72]

Hayms Lebensweg erscheint prototypisch für das Schicksal eines bürgerlich-liberalen Gelehrten des 19. Jahrhunderts. Er teilt die politische Emphase der vierziger Jahre – und handelt sich die obligatorischen Schwierigkeiten mit der akademischen und politischen Bürokratie ein; die nachrevolutionäre Resignation zeigt sich im Rückzug aus der politischen Öffentlichkeit und der Hinwendung zum akademischen Bereich, der realpolitische Neuansatz des Liberalismus in der Herausgeberschaft der ›Preußischen Jahrbücher‹, die politische Aussöhnung mit dem preußisch dominierten Staat und der Person Bismarcks schlägt sich in den repräsentativen Großwerken zur Romantik und zu Herder gleichermaßen nieder wie in den Arbeiten zu Baumgarten und Duncker, in denen Haym auch die eigene Biographie resümiert. Typisch ist auch, dass die konzeptionelle Abkehr vom Idealismus keine Folge der Ereignisse von 1848 war, sondern ihnen vorausliegt.[73] Nach eigenem Bekunden hatte Haym schon 1843 in einem Vortrag die philosophische Entwicklung nach dem Tode Hegels referiert,

> um mit dem Hinweis auf eine möglicherweise bevorstehende Versöhnung des neusten Naturalismus mit dem allzu abstrakten Idealismus der Schelling-Hegelschen Spekulation zu schließen.[74]

Der ›Philosophie‹-Artikel ist Hayms erste größere philosophische Arbeit. Den Auftrag hatte er 1846 erhalten, die Fertigstellung erfolgte 1848 unter dem Eindruck der Februar-Revolution. Schon zuvor hatte Haym sich Aufschub ausbedingen müssen, da er die Arbeit unterbrochen hatte, um sich politischer Publizistik zu widmen.[75] Nach Fertigstellung stürzt er sich sofort ins politische Geschäft. Haym hat seinen Artikel nicht geschätzt – die Forschung ist ihm gefolgt.[76]

---

[71] Vgl. die Ausgabe Rudolf Haym: Zur deutschen Philosophie und Literatur. Ausgewählt, eingeleitet und erläutert von Ernst Howald, Reihe Klassiker der Kritik, hg. von Emil Staiger, Zürich/Stuttgart 1963.
[72] Vgl. Rudolf Haym: Hermann Baumgarten (1894). In: Haym: Aufsätze, S. 609–628; sowie: Haym, Duncker.
[73] Vgl. Köhnke, Neukantianismus, bes. S. 23–103: 1. Teil: Die Abkehr der Universitätsphilosophie vom deutschen Idealismus (1830–1848). Köhnke, der Haym unter der Rubrik ›Die früheste neukantianische Programmatik‹ verortet, geht auf den ›Philosophie‹-Artikel nicht ein, sondern legt seiner Interpretation lediglich das ›Hegel‹-Buch zugrunde und verweist auf den dort geforderten Rückbezug auf Kant. Die Argumente der Hegel-Kritik finden sich freilich schon in der Feuerbach-Rezension und im ›Philosophie‹-Artikel.
[74] Haym, Leben, S. 137.
[75] Vgl. Haym, Leben, S. 157–179, bes. 176.
[76] Vgl. Haym, Leben, S. 177f.; Harich, Haym, 521. Richard Moritz Meyer allerdings hat den Artikel als »Prachtleiche der Ersch- und Gruberschen Katakomben« bezeichnet. (Zitiert nach Harich, Haym, S. 487).

Dass der Artikel zumindest in Teilen mit heißer Nadel gestrickt wurde, zeigt sich, wenn Haym die Differenz der eigenen Gegenwart zum Hegelschen ›absoluten Idealismus‹ bestimmt:

> Die historische Situation der Gegenwart ist offenbar herausgewachsen aus dem engen Kleide, welches ihr der absolute Idealismus angepaßt hatte und soviel neue Sinne dem gegenwärtigen Zeitalter und dem teutschen Volke insbesondere aufgegangen sind, soviel Kräfte scheinen losgebunden, um die Fäden zu zerrreißen, mit denen jener Idealismus uns festhielt. Eine historische Reaction gegen alle Schwächen derselben ist unaufhaltsam und zwar aus dem lebendigen Triebe des teutschen Volksgeistes ausgebrochen. Die Verkehrung des Sittlichen in das *Intellectuelle*, des sich selbst ergreifenden Ich in den für alle Wirklichkeit durchsichtigen *Begriff* findet ihren Gegner in dem mächtig überall durchbrechenden *ethischen Drange der Zeit*. Diese ethische Seite bildet recht eigentlich den Kern unserer religiösen Bewegung [z.b. der ›Lichtfreunde‹], und wenn sie da, wo es ihr auf diesem Gebiet gelingt, sich durchzusetzen, das Wesen der Religion zu einer einseitigen Härte verkehrt, so steht das politische und sociale Element um so mehr als ein bereites Gefäß da, in welchem der sittliche Geist der Nation sich fassen und läutern darf.[77]

Die Auseinandersetzung mit der Philosophie Hegels, Zentrum der Haymschen Idealismuskritik, basiert auf drei Argumenten: 1. Das dialektische Verfahren formuliert keinen begrifflichen, sondern einen sprachlichen Prozess. 2. Das Identitätspostulat ist nur durch Absehen von der konstitutiven Offenheit des sprachlichen Prozesses möglich. Damit verfällt die Hegelsche Philosophie für Haym dem Ästhetizismus. 3. Der Ästhetizismus wiederum negiert den konstitutiven Wirklichkeitsbezug philosophischer Reflexion. Hegel wird zum politischen Restaurationsphilosophen und zum philosophischen Repräsentanten der Kunstperiode. Gegen den Strich gelesen bedeutet die Gleichsetzung Hegelscher Philosophie und klassischer Ästhetik eine Ablehnung des klassischen Modells von Kunst. Haym zieht diese Konsequenz, will jedoch die metaphysische Wertigkeit des idealistischen Kunstbegriffs nicht preisgeben

Trotz aller Einwände steht Haym in der Tradition Hegels. Neben Feuerbach, dessen Hegel-Kritik er nachdrücklich empfiehlt,[78] und den Einflüssen Wilhelm

---

[77] Haym, Philosophie, S. 183f. In seiner Autobiographie schreibt Haym: »Es [das ›Hegel‹-Buch] stellte sich zugleich in den wissenschaftlichen und in den politischen Kampf; es war ebenso sehr ein Kriegsruf gegen die Speculation, wie für den Liberalismus und die nationale Politik.« (Haym, Leben, S. 257).

[78] Vgl. Haym, Philosophie, S. 160, Anm. 64. Vielleicht handelt es sich dabei auch um eine Wiedergutmachung, denn im Jahr zuvor hatte Haym die Feuerbachsche Religionsphilosophie kritisiert (Rudolf Haym: Ludwig Feuerbach und die Philosophie. Ein Beitrag zur Kritik beider, Halle 1847) und damit eine Entgegnung provoziert (Ludwig Feuerbach: »Über das Wesen der Religion« in Beziehung auf ›Feuerbach und die Philosophie. Ein Beitrag zur Kritik beider‹, von R. Haym 1847. Ein Bruchstück. In: Feuerbach, Sämtliche Werke, Bd. 10, 2, Auflage, Stuttgart/Bad Cannstatt. 1959f., S. 333–346).

Busses hatte ihn nach eigenem Bekunden die Sprachphilosophie Wilhelms von Humboldt geprägt.[79] Haym begreift Philosophie nicht als Begriffssystem, sondern als sprachliche Darstellung. Ein philosophischer Text ist die kommunikative Erscheinung einer tendenziell subjektiven und in ihrer subjektiven Intentionalität abegrifflichen Reflexion. Dennoch ist die Vermittlung von subjektiver Intention und sprachlicher Allgemeinheit keine nachgängige Einkleidung zu kommunikativen Zwecken, sondern ein konstitutives Moment des Denkprozesses. Unter ›Begriff‹ versteht Haym kein rückstandsfrei objektivierbares Resultat philosophischer Reflexion, sondern das Produkt eines individuellen Denkens, das sich in Form relativer Allgemeinheit hinter der vermeintlichen Identität seiner sprachlichen Verfasstheit zeigt und mitgeteilt werden kann, ohne deshalb auf Produzenten- wie Rezipientenseite seine je subjektive Färbung zu verlieren.[80] Damit gerät der Philosoph

> in eine doppelte Bedrängniß [...] Das Wort auf der einen Seite in seiner Wiederholung und Vermannigfachung, in seinen historischen Schicksalen, überwuchert den Begriff; der Begriff auf der anderen Seite in seiner Tiefe und Innerlichkeit, in seiner individuellen Bestimmtheit überholt das Wort.[81]

Dass Philosophie sprachlich erscheinen muss,[82] öffnet sie historischer und topographischer Relativierung; ihre inhärente Tendenz zu Letztbegründung und Totalität schützt ihre Aussagen vor der Zerstreuung in Einzelbefunde, wie sie den empirischen Wissenschaften eigen ist, und sichert die Kohärenz ihrer historischen Entwicklung.[83]

Zwar fordert Haym eine Wendung zur Empirie und die Berücksichtigung wissenschaftlicher Befunde, doch verwendet er den Begriff ›Empirie‹ in einem unspezifischen aristotelischen Sinn als genereller Bezug auf Erfahrungswissen. Philosophie kann als historisierter Prozess methodischer Reflexion gedacht wer-

---

[79] Vgl. Haym, Leben, S. 225.
[80] »Denn wenn das Wort zunächst dies Allen Gleichklingende, gemeinsame und ein Band gegenseitiger Verständigung zu sein scheint, so zeigt sich doch sofort, wenn wir die Innenseite des Wortes berücksichtigen, daß dasselbe schlechthin an jeder Seele mit anderen Fäden festhängt, von dem Individuellen eines Jeden einen unvertilgbaren Beigeschmack hat, und so ist Philosophie mir schlechthin etwas anderes als jedem Andern, ein durchaus Individuelles und ebendarum letztlich Unsagbares, Unerschöpfliches, Unexponierbares.« (Haym, Philosophie, S. 1).
[81] Haym, Philosophie, S. 1.
[82] Dabei denkt Haym insbesondere an Fichte. Vgl. Haym, Philosophie, S. 10.
[83] »Beide [Philosophie und empirische Wissenschaften] sind im Element des Wissens gelegen, aber während jene den Objecten in ihrer Zerstreuung und bunten Mannichfaltigkeit geduldig nachgehen, steht diese gleich ursprünglich in dem Dringen nach der Sammlung und Einigung und richtet unverwandt nach dem festen Pole der beweglichen Erscheinung das Auge, verschmähend von irgend anders her der Erscheinung Herr zu werden.« (Haym, Philosophie, S. 13).

den. Dabei zweifelt Haym 1848, »ob diese neu erwachten historischen Motive der Philosophie überhaupt den Untergang bereiten [...]«.[84] Im Rahmen seiner Hegel-Kritik formuliert er jedoch neben historisch-politischen auch einen epistemischen Einwand:

> Die Empirie [...] erkennt ihr eigenes Object nicht wieder in der Verklärung, die es durch den Äther des Begriffes erfahren, sie wendet sich von den Scheingestalten, in welche das logische Element das Concrete verflüchtigt, und setzt die unüberwindliche Zuversicht der Sinne der Sophistik der Phänomenologie entgegen.[85]

Obwohl philosophische Systeme immer als ästhetisierende Vorgriffe verstanden werden müssen, ist Haym nicht bereit, den Anspruch philosophischer Letztbegründung in Frage zu stellen. Von positivistischem Metaphysikverzicht wie von spekulativer Vereinnahmung der empirischen Wissenschaft gleichermaßen Distanz suchend, formuliert er seinen Philosophiebegriff:

> Die Philosophie ist sonach Aufsuchen des Ursprünglichen, Elementaren, Begründenden, die Frage nach den Principien, den letzten Gründen der Dinge ist es, die sie zu beantworten sucht. Ist dies aber ausgesprochen, so scheint sie hiermit doch wieder zu den empirischen Wissenschaften in eine größere Nähe gerückt zu sein; denn auch diese sind ja keineswegs allein auf Beobachtung beschränkt, sondern, um von den unreinen Behandlungsarten derselben gar nicht zu reden, bei denen ein metaphysisches Raisonnement wechselweise die Lauterkeit der Wahrnehmung beeinträchtigt und von diesen wiederum beeinträchtigt wird; auch diejenigen, welche mit keuschem Geist und sinnigem Auge der Natur sich widmen, streben nach der Erkenntnis von Gesetzen, nur statt das Ganze unter die Herrschaft eines Gedankens, eines Princips zu bringen, begnügen sie sich, die Erscheinungen ›gruppenweise zu sondern‹ und ›in einzelnen gleichartigen Gruppen das Walten großer und einfacher Naturgesetze zu erkennen,‹ nur, statt die Einheit gebieterisch von vornherein zu fordern, ballt sich ihnen vielmehr unwillkürlich und wie von selbst aus einer Reihe von Erfahrungen, das Gesetz entgegen, das sie beherrscht, die Ursache, die sie hervortreibt.[86]

Das Verständnis von Philosophie als methodisch reflektierter und reflektierender Prinzipienwissenschaft stellen Haym in die Ahnengalerie des Neukantianismus; das Theorem sprachlicher Konstituiertheit der Philosophie trennt ihn von den Positionen des methodenfixierten Neukantianismus vor der Jahrhundertwende, insbesondere von dessen Marburger Spielart. Hayms Sprachbegriff verweist zugleich auf die jeweilige Konkretheit der Situation einer Äußerung wie

---

[84] Haym, Philosophie, S. 184. Rückblickend hat Haym das Dilemma des Artikels folgendermaßen beschrieben: »Die Geschichte sollte mit einem System enden, und dieses System wies doch wieder nur auf die Geschichte zurück.« (Haym, Leben, S. 159) Seine Lösung erhofft er sich im Versuch, »nach den Andeutungen W. von Humboldt's eine Geschichtsphilosophie zu schaffen.« (Haym, Philosophie, S. 230).
[85] Haym, Philosophie, S. 184.
[86] Haym, Philosophie, S. 12f. Die Binnenzitate sind von Haym nicht ausgewiesen.

auf deren allgemeine anthropologische Bedingungen. In seiner Polemik gegen die Abstraktheit des absoluten Idealismus verwendet er ein traditionelles Argument, das bei Hegel wegen des absoluten Standpunkts der Philosophie keine systematische Valenz besaß, aber schon von Feuerbach gegen Hegel in Anschlag gebracht worden war: Der Mensch als Sinnenwesen braucht Sinnlichkeit, ist unfähig, sich im Zustand der reinen Reflexion zu halten: »[...] und immer eigentlich geht das Erkennen auf den Spitzen der Bilder einher [...]«.[87]

Der Indifferenzpunkt dieser anthropologischen Polarität von intellektuellem Vermögen und sinnlicher Ausstattung markiert einen Bereich menschlicher Freiheit und Selbstgesetzlichkeit, eine

> zweite Welt, innerhalb deren entstehen, wachsen und sich zuerst vollenden muss, was irgend von den theoretischen Vermögen des Geistes ausgeht, ja welcher selbst die praktischen Vermögen in ihrem empirischen Erscheinen verfallen sind, da sich nur im Kampf mit ihr die höchste Freiheit und das sittliche Wesen vollendet. Diese Nothwendigkeit innerhalb des geistigen Lebens ist die Sprache, eine Realität in der Seele, welche nicht die Natur überspringen kann, wenn sie sich dem Menschen hingeben will, und der Mensch nicht, wenn er seines eignen Wesens habhaft und froh werden soll.[88]

Soweit geht Haym mit Hegels Konzept ›zweiter Natur‹ konform. Prinzipielle Differenz bricht jedoch auf, wenn er im Anschluss an Feuerbach[89] den dialektischen Prozess als Sprachprozess und die Geist-Perspektive Hegelscher Philosphie als selbstüberheblichen Akt eines philosophierenden Individuums interpretiert:

> Jedoch, was wir sehen, ist nur dies, *daß die Sprache diejenige Existenz ist, kraft welcher sich das Einzelne in ein Allgemeines verwandelt, oder unmittelbar ein Allgemeines ist.* Sowie in dem Kunstproduct Bewußtes und Bewußtloses zusammengeht und hieraus eben nur folgt, *daß es eine bestimmte Existenz gibt,* in welcher eine irgendwie

---

[87] Haym, Philosophie, S. 16.
[88] Haym, Philosophie, S. 16. Im unmittelbaren Anschluss stellt Haym noch einmal klar: »Nicht die Philosophie kann sich der Sprache entziehen, und es wird weiterhin unser ausdrückliches Interesse sein, zu zeigen, wie wenig sie es könne.« (Haym, Philosophie, S. 16).
[89] Vgl. Ludwig Feuerbach: Zur Kritik der Hegelschen Philosophie (1839). In: Feuerbach: Sämtliche Werke, Bd. 9, S. 333–346. Feuerbach interpretiert die Systematizität der Hegelschen Philosophie als ›Demonstration‹ und wendet ein, dass »Demonstrations- und Schlußweisen« keine »Vernunft-, sondern Mitteilungsformen« seien. (Feuerbach, Kritik, S. 30). Damit aber rückt die ganze Hegelsche Philosophie für Feuerbach in die Nähe von Kunst: »Die Darstellung, wiefern sie selbst philosophisch ist, entsprechend den Gedanken, ist *synthetische.* Dadurch bekommt die Darstellung Werth in und *für sich selbst.* Der Systematiker ist darum Künstler; die Geschichte der philosophischen Systeme ist die Bildergalerie, die Pinakothek der Vernunft. Hegel ist der vollendetste *philosophische* Künstler, seine Darstellungen sind *unübertroffene Muster des wissenschaftlichen Kunstsinnes* und wegen ihrer Strenge wahre *Bildungs- und Zuchtmittel des Geistes.*« (Feuerbach, Kritik, S. 32f.).

beschaffene Identität von Bewußtsein und Bewußtlosem wirklich stattfindet, keineswegs aber der denkende Geist dadurch berechtigt wird, sich, dem diese Existenz vor Augen geführt wird, selbst sofort als denkender Geist für eine ebensolche Identität zu halten, *so wenig berechtigt die Existenz der Sprache zu diesem Glauben.* [...] Die Sprache ist in der That diese vernichtende Gewalt des Einzelnen, sie verwandelt realiter das Einzelne in ein Allgemeines; sie ist die schlechthin nicht wegzuleugnende, die aufweisbare, allen Menschen einwohnende Kraft dieser Verwandlung. Ihre Natur besteht realiter in demjenigen, was hier die Dialektik ganz allein durch ihre Hilfe, ganz allein dadurch vollbringt, daß sie die That der Sprache sich selbst zu gute schreibt, ohne auch nur Ahnung davon zu haben, daß diese That nicht ihre eigne ist. Sie sagt: Das Einzelne ist vielmehr das Allgemeine, und sie durfte blos sagen: Die Sprache ist die Verwandlung des Einzelnen ins Allgemeine.«[90]

Sprachliche Universalisierung ist »der erste und zugleich wichtigste Schritt, wenn das sinnliche Bewusstsein sich selbst widerlegen und endlich zum absoluten Wissen aufheben soll.«[91] Als Medium menschlichen Handelns besitzt Sprache für Haym den analog zur Humboldtschen Differenzierung von energeia und ergon konstruierten Doppelaspekt, zugleich Medium und Sediment der Reflexion zu sein. In dieser Polarität verortet er die Trias der idealistischen Philosophie: Den dynamischen Aspekt, der auf Ethik und Handlung zielt, findet er in der praktischen Philosophie Fichtes, die gegenständliche Dimension im transzendentalen Idealismus Schellings als Ästhetik des ›Sprachkunstwerks‹;[92] die Hegelsche Philosophie schließlich verweist qua dialektischer Methode einerseits auf Dynamik des sprachlichen Prozesses, tendiert aber andererseits durch die Arretierung dieser Prozessualität im Identitätspostulat zum Kunstwerk. Haym konstatiert:

> Diese beiden realen Mächte, die Macht der Kunst und die der Sprache, arbeiten in Hegel zusammen. Haben wir schon früher die Wissenschaftslehre als vorzugsweise Spiegelbild der Sprache, die Identitätsphilosophie als vorzugsweise Spiegelbild der Kunst bezeichnet, so müssen wir jetzt den absoluten Idealismus als den philosophischen Abdruck des innerhalb der Kunstanschauung mächtig werdenden sprachlichen Prozesses begreifen.[93]

Damit scheint die systematische Entwicklung zu einem befriedigenden Abschluss gelangt, hatte Haym doch zu Beginn des Artikels emphatisch formuliert: »Die Philosophie ist die Poesie des reinen Gedankens, wie diese umgekehrt Philoso-

---

[90] Haym, Philosophie, S. 160.
[91] Haym, Philosophie, S. 161.
[92] »Das Philosophiren Schelling's blieb das *Gegenbild der Kunst.* Wie diese nur im schönen Schein und nur auf der Oberfläche das Endliche mit dem Unendlichen zusammenknüpft und nur die äußersten Enden dieser von der Sprache unerschöpften Gegensätze in Eins führt, so blieb bei Schelling die Objectivität der intellectuellen Anschauung eine Objectivität des Scheins, durch welche die ganze solide Masse des Realen unberührt und unbewältigt durchfiel.« (Haym, Philosophie, S. 144).
[93] Haym, Philosophie, S. 163.

phie in der Sphäre der Natürlichkeit oder in der Weise der Naivetät ist.«[94] Doch der Schein trügt: Hegels Philosophie – nicht nur die Ästhetik – beruht auf einem impliziten Modell, das sich am klassizistischen Paradigma der Plastik orientiert und der prinzipiell offenen, historischen Prozessualität der Sprache verweigert.[95] Sobald die Dialektik in der objekthaften Erscheinung des identischen Begriffs stillsteht, verfällt sie der Ästhetik. Ihre Identität ist von der Ästhetik geborgt. Im ästhetischen Schein entlässt die Philosophie das konstitutive Medium ihrer Reflexion, die Sprache, aus ihrer ethischen Verantwortung und ersetzt wirkliches, sich auf Realität beziehendes und sich in sie einmischendes Handeln durch ein Scheinhandeln, das formale und verbale Geschlossenheit an die Stelle von Realitätsbezug und historischem Bewusstsein setzt:

> Bei Hegel [...] ist das Princip, die absolute Identität von Subject und Object, nicht ein praktischer Act, sondern es ist seiner eigentlichen, wenn schon nicht gewußten Natur nach, das Kunstwerk. Dies ist es, welches sich in das Element des Begriffs entläßt, sich, um sich zu entfalten, dem Proceß der Sprache übergibt. Hiermit ist keine Incongruenz mehr gesetzt, denn wenn zwar das Kunstwerk die seiende, die Sprache nur die werdende Identität von Subject und Object ist, so ist doch durch diese Identität an sich eine überwiegende Bekanntschaft zwischen Beiden gesetzt. Die Sprache wird in ihrer Erscheinung nicht durch den Rückblick auf einen sittlichen, sondern auf einen ästhetischen Act determiniert. [...] Bei Hegel [...] tritt diese Beziehung zu einem sittlichen Act keineswegs ein; statt dessen vielmehr die Beziehung auf einen ästhetischen Act, welcher in seiner begrifflichen Verkleidung als Vernunftact, als im Element des Wissens stehende Identität des Subjectiven und des Objectiven vorhanden ist. Jene Residua existieren zwar auch hier; es kommt aber nicht zur Reflexion auf sie; kraft der principiell übergreifenden ästhetischen Anschauung wird auf die synthetische Tätigkeit der Sprache reflektiert; der sprachliche Proceß, mit anderen Worten, wird fortwährend durch den ästhetischen corrigirt; die Antithesen sind aus der Natur des Sprachlichen geschöpft, die gelingenden Synthesen aus derselben Natur, soweit dieselbe Verwandschaft hat mit dem Ästhetischen. [...] Das Absolute ist bei Hegel ein durch die Sprache durchbrochenes Kunstwerk. [...] Jetzt hat die Statue die Fähigkeit zu sprechen erhalten, aber sie redet nicht wie ein Mensch, dessen Sprache nur der strebende Ausdruck des Geistes bleibt, sondern sie redet eben wie ein Kunstwerk reden würde, sie nimmt, die Gegensätzlichkeit, welche der Sprache noch anhaftet, immer wieder zurück in den Frieden Ihrer Gestalt.[96]

---

[94] Haym, Philosophie, S. 17.
[95] Haym wirft damit Hegel auf dessen Darstellung des klassischen Zeitalters zurück und bringt Elemente der Hegelschen Romantik-Interpretation gegen Hegel selbst in Anschlag.
[96] Haym, Philosophie, S. 164. Im Hegel-Buch wird Haym dieses Argumentationsmuster ausführen. Vgl. Rudolf Haym: Hegel und seine Zeit, Berlin 1857. Auf die Haymsche Darstellung antwortet Karl Rosenkranz. (Karl Rosenkranz: Apologie Hegel's gegen Dr. R. Haym, Berlin 1858; vgl. [Anonym]: [Rez.] Rudolf Haym: Hegel und seine Zeit, K. Rosenkranz: Apologie Hegel's gegen R. Haym. In: Deutsches Museum 8,1 (1859), S. 579–585).

Die Parallelisierung Hegelscher Philosophie und Goethisch-Klassischem Ästhetizismus, die Haym noch 1863 wiederholen und gegen Varnhagen von Ense ins Feld führen wird,[97] blockiert politisches Engagement. Selbst Schiller, der zeitgenössisch und im Gegensatz zu Goethe als Dichter des Engagements galt, wird nicht nur vorgeworfen, sich mit der ›Braut von Messina‹ in ästhetische Unbelangbarkeit geflüchtet zu haben, sondern Haym greift das Kernstück der ›Briefe zur ästhetischen Erziehung‹, die Theorie einer implizit sittlichen Funktion des ästhetischen Zustands als historisches hysteron-proteron an:

> Daß in der Wirklichkeit die ästhetische Cultur eines Volkes mit nichten die Vorstufe zu seiner politischen Größe ist, beweist die Geschichte auf zahlreichen Blättern. Überall ist vielmehr der Verlauf der umgekehrte. Freiheit und Macht erzeugen Reichtum und Wohlsein. Mit ihnen tritt Wissenschaft und Geschmack, ein sich immer steigerndes Verlangen nach den Zierden und Bequemlichkeiten des Lebens ein.[98]

Das Absehen von der politischen Konstitution der Gegenwart verursacht ihr verfallen zu sein. Haym, der in den sechziger Jahren selbst ins Lager der Bismarck-Verehrer überwechseln wird,[99] kritisiert noch 1856 die Napoleon-Verehrung Hegels und Goethes als notwendige Folge ihres ästhetizistischen Standpunkts und weitet die Perspektive zu einer Diagnose des politischen Versagens der Kunstperiode aus:

> Wo Hegel stand, ebenda stand auch Goethe. Abgedrängt von dem Boden gesunder nationaler und politischer Entwicklung, hatte sich der deutsche Geist eine Heimat in der Welt der Ideen gesucht. In dieser Welt hatte er das Herrlichste und Glänzendste, ein Pantheon von Bildern und Gedanken, gegründet. Er schwelgte in der Phantasieversöhnung von Idealem und Realem. Wenn er hier dennoch etwas vermißte, so war es die Wahrheit der Wirklichkeit und der Macht. Etwas Mächtigeres aber als dieser neue Welteroberer war lange nicht unter den Menschen gesehen worden. So kam es, daß wir nicht verteidigten, was uns nicht am Herzen lag, daß wir uns dagegen leicht mit der heroischen Größe versöhnten, die wir im Reiche unserer Ideen unterbringen [konnten] [...][100]

---

[97] Vgl. Rudolf Haym: Varnhagen von Ense. In: Haym: Gesammelte Aufsätze, hg. von Wilhelm Schrader, Berlin 1903, S. 164–238, hier 219f. Das Argument des Ästhetizismus dient im Falle Varnhagens zur Diskreditierung der gesamten Person. Varnhagen habe, so der Generalvorwurf Hayms, in selbstverliebter Manier Oberflächlichkeiten mitgeteilt, anstatt, wie Gentz, in die Tiefe des gesellschaftlich-politischen Pozesses zu blicken. Haym verweist dabei auf eine Rezension von Varnhagens ›Denkwürdigkeiten‹ in den ›Hallischen Jahrbüchern‹.
[98] Rudolf Haym: Schiller an seinem hundertjährigen Jubiläum. In: Haym: Aufsätze, S. 49–120, S. 516ff., hier: 101; vgl. auch: Haym, Gentz, S. 334f.
[99] Vgl. Haym, Leben, S. 286. Dort wird freilich der Idealismus für Hayms Reserven gegen das ›große Individuum‹ verantwortlich gemacht.
[100] Haym, Hegel, S. 259; vgl. Haym, Zur deutschen Philosophie, S. 59f. u. Haym, Gentz, S. 329.

Schiller wird komplexere Entwicklung zugestanden: Zunächst hatte Haym die Sturm-und-Drang-Dramatik des Verfassers der ›Räuber‹, in denen Julian Schmidt ›gesunden Realismus‹ erkennen wollte, als Naturalismus kritisiert,[101] dann aber in den ›Geistersehern‹ eine Position bemerkt, die zwar »[i]n ihren nächsten Resultaten naturalistisch, [...] in ihren letzten Principien idealistisch« sey,[102] danach im »intensiven Idealismus«[103] der ›Braut von Messina‹ den äußersten Gegenpol des Naturalismus erkannt, bevor Schiller schließlich im ›Tell‹ »eine Lösung der letzten Dissonanzen seiner bisherigen dichterischen Laufbahn«[104] gefunden habe:

> Mit diesem unvergleichlichen Griff ist endlich der Dichter in das *Herz der Geschichte* eingedrungen; damit endlich hört die Geschichte auf, eine ›Staatsaction‹ zu sein, die nur künstlich mit dem Herzen und dem Gewissen des ästhetisch-sittlichen Menschen in Zusammenhang zu bringen wäre. Er hat den Schlüssel für das echte historische Drama, – er hat eben damit das Band gefunden, das die Kunst mit dem Leben und das seine dramatische Praxis mit seiner Vorstellung von der vollendeten Idylle zusammenschließt.[105]

Gegen die ästhetizistische Autonomie klassischer Ästhetik und Hegelscher Philosophie setzt Haym einen praxisorientierten Realismus, der die gesellschaftliche Wirklichkeit im Blick behält und sich des historischen Ortes und der politischen Funktion bewusst bleibt. Zum Kronzeugen dieses Konzeptes avanciert mit Fichte verblüffenderweise jener Philosoph, dessen ›Wissenschaftslehre‹ zugleich als Beispiel einer abstrakt deduzierenden, äußere Wirklichkeit souverän ignorierenden Theorie gelten konnte. Haym zitiert eine Anmerkung aus der ›Zweiten Einleitung in die Wissenschaftslehre‹ von 1797, lässt dabei jedoch Passagen aus, in denen Fichte die prinzipielle Superiorität der theoretischen Philosophie festschreibt (sie sind im Zitat durch in eckige Klammern markiert, die runde Klammer findet sich im Text) und setzt durch Sperrdruck (im Zitat durch Unterstreichung dargestellt) zudem eigene Akzente:

> Der Realismus, der sich uns allen und selbst dem entschiedensten Idealismus aufdringt, wenn es zum Handeln kömmt, d.h. die Annahme, daß Gegenstände ganz unabhängig von uns ausser uns existiren, liegt im Idealismus selbst, und wird in ihm erklärt und abgeleitet; und die Ableitung einer objectiven Wahrheit, sowohl in der Welt der Erscheinungen, als auch in der intelligibeln Welt, ist ja der einzige Zweck aller Philosophie. [–] Der Philosoph sagt nur in *seinem* Namen: Alles, was für das Ich ist, ist durch das Ich. Das Ich selbst aber sagt in seiner Philosophie: So wahr ich bin und lebe, existirt etwas ausser mir, das nicht durch mich da ist. [Wie es zu einer solchen Behauptung komme, erklärt der Philosoph aus dem Grundsatze seiner Phi-

---

[101] Vgl. Haym, Schiller, S. 59f.; auch Haym, Philosophie, S. 127–130.
[102] Haym, Schiller, S. 92.
[103] Haym, Schiller, S. 117.
[104] Haym, Schiller, S. 118.
[105] Haym, Schiller, S. 118.

losophie.] Der erste Standpunct ist der rein speculative, der letztere der des Lebens und der Wissenschaft [(Wissenschaft im Gegensatz zur Wissenschafts*lehre* genommen); der letztere ist nur vom ersteren aus begreiflich; ausserdem hat der Realismus zwar Grund, denn er nöthigt sich uns durch unsere Natur auf; aber er hat keinen *bekannten* und *verständlichen* Grund: der erstere ist aber auch nur dazu da, um den letzteren begreiflich zu machen.] Der Idealismus kann nie *Denkart* seyn, sondern er ist nur *Speculation*.[106]

Wenn Haym resümiert: »So läßt er [Fichte] dem Leben, der Empfindung, überhaupt dem Factischen durchaus sein Recht [...]«[107], scheint er den Fichtesche Realismusbegriff zu beugen. Die Anmerkung bei Fichte steht im Kontext der Kritik wissenschaftlich-systematischer Philosophie, der Fichte vorwirft, Begriffe unreflektiert auf ihre Objekte zu projizieren, wohingegen es in der Wissenschaftslehre »zwei sehr verschiedene Reihen geistigen Handelns [gäbe]: die des Ich, welches der Philosoph beobachtet, und die der Beobachtung des Philosophen.«[108] Die zitierte Anmerkung Fichtes beginnt mit dem von Haym ausgelassenen Satz:

> Auf [...] Verwechslung der beiden Reihen des Denkens im transcendentalen Idealismus würde es sich gründen, wenn jemand *neben* und *ausser* diesem System noch ein *realistisches*, gleichfalls gründliches und consequentes System möglich finden sollte.[109]

Hier wird ausgesprochen, was das idealistische Realismusverständnis generell kennzeichnet: Realismus ist ein subordinierter Aspekt idealistischer Philosophie, der sich mit den außerphilosophischen – allenfalls einer Ontologie, Anthropologie oder Politik zurechenbaren – Bedingungen und Möglichkeiten menschlichen Handelns beschäftigt. Die Anerkenntnis dieses Bereiches muss gesetzt werden, in Valenz und Struktur jedoch bleibt er einer prinzipiell vorgängigen idealistischen Reflexionsphilosophie unterworfen.

Der Fichtesche Realismusbegriff wird zum integralen Bestandteil des Idealismus. Schon in Schleiermachers Religionsphilosophie sieht Haym eine prinzipielle Wende zum Realismus:

> Und nun bemerkt man, wie hier auf seiner Spitze der Idealismus in Realismus, die Fichte'sche in die Spinozistische Anschauung umschlägt. Der Objectivismus ist wesentlich subjectiv vermittelt. Nirgends anders werden von Schleiermacher die Quellen lebendiger Ergreifung des Weltalls gesucht, als in dem Gemüthe des Menschen. Er stürzt nicht heraus aus dem Subjecte, um sich den Objecten wieder einmal an die

---

[106] Johann Gottlieb Fichte: Zweite Einleitung in die Wissenschaftlehre für Leser, die schon ein philosophisches System haben. (1797) In: Fichtes Werke, Bd. 1, S. 455, Anm.; vgl. Haym, Philosophie, S. 120.
[107] Haym, Philosophie, S. 120.
[108] Fichte, Zweite Einleitung, S. 454.
[109] Fichte, Zweite Einleitung, S. 455, Anm.

Brust zu werfen, sondern er gräbt nur tiefer in dem Gemüthe, er durchbricht nur die felsigen Schichten, über welche die Wissenschaftslehre nicht hinausgekommen war; er gelangt dadurch zu demjenigen, was er hier noch als einfaches Gefühl bezeichnet, und aus dieser untersten, weichen Gegend des Gemüthes quillt ihm nun ein neuer Realismus herauf; [...][110]

Während hier noch Ambivalenz konstatiert werden muss,[111] wird Schellings objektiver Idealismus zum Wegbereiter des Realismus.[112] Ein Rückgriff auf Spinoza erlaubt es Schelling, so Haym, den ausschließlich subjektzentrierten Idealismus der ›Wissenschaftslehre‹ Fichtes um die Dimension einer objekthaften Natur zu ergänzen und damit zu einem die ganze Wirklichkeit umfassenden System auszubauen.[113] Doch Schelling bleibt in einer »blos geniale[n], blos ästhetische[n] Anschauungsweise«[114] stecken und macht sich der »Verwechslung des Empirischen mit dem Symbolischen und Mystischen«[115] schuldig. Erst Hegels Dialektik vermittelt den subjektiven und den objektiven Ansatz, doch verfällt sie in ihrer Begriffs- und Identitätsfixierung selbst dem Ästhetischen, da ihr Versöhnungsgebot die Personalität und Offenheit des Reflexionsprozesses artistisch stillstellt. Die Ursache dafür sieht Haym in der Sprachvergessenheit Hegels und – als deren ästhetische Dimension – in seiner Orientierung am klassischen Ideal statuarisch-plastischer Kunst:

> Hegel weiß nicht, daß der Äther des Begriffs, in welchem er sich bewegt, und welchen er so hoch feiert, die in die Fläche der Sprache als einer Gesamtmasse projicierten Freiheit des practischen Ich ist; Hegel weiß nicht, daß die Breite der objectiven Welt, über welche er in einem encyclopädischen Systeme den Äther des Begriffs ausgießt, nur der Widerschein des künstlerischen Ich und seines Products ist; Hegel weiß endlich auch nicht, daß die künstliche Brücke, auf welcher er von dem practischen zu dem genialen Ich immer herüber und hinüber geht, aus den Steinen erbaut ist, welche die Sprache ewig zu liefern bereit ist.[116]

---

[110] Haym, Philosophie, hier S. 132; vgl. 136: »Realismus«, »realistische Denkart«, »realistischer Instinct«. Haym selbst nimmt zwar auf Schleiermachers ›Reden über Religion‹ Bezug, steht jedoch inhaltlich zugleich in der Tradition der Schleiermacherschen ›Dialektik‹. Zu deren komplizierter Wirkungsgeschichte vgl. Köhnke, Neukantianismus, bes. S. 79.

[111] »Diese Unklarheit zwischen realistischem und idealistischem Verhalten, dies unbewältigte Nebeneinander von Abstraction und Empirismus ist bezeichnend für den ganzen Schleiermacherschen Standpunkt [...].« (Haym, Philosophie, S. 136).

[112] »Seine [Schellings] Bedeutung besteht darin, daß er nach den idealistischen Verflüchtigungen der sinnlichen, lebendigen Welt einen Realismus wiederum vorbereitet und möglich gemacht.« (Haym, Philosophie, S. 137).

[113] Vgl. Haym, Philosophie, S. 140f.

[114] Haym, Philosophie, S. 145.

[115] Haym, Philosophie, S. 172.

[116] Haym, Philosophie, S. 167.

Diese ungerechtfertigte »Confundierung des practischen und des ästhetischen Ich«[117] scheidet die Hegelsche Philosophie von der Gegenwart. Sie ist überholt für Haym und von der Entwicklung ins Unrecht gesetzt worden:

> Gegen die Übertragung [...] der rein intellectuellen That des Ich in das ästhetische Element macht theils [die] ethische Stimmung der Gegenwart, theils der gesteigerte Ernst der *empirischen Forschung* Opposition. Jene Stimmung vermag sich nicht mehr in das Entäußern des eigensten Besitzes des Geistes an eine objective Intellectualwelt zu finden; sie protestirt dagegen aus dem Bewußtsein, dies Jenseitige selbst zu sein, oder doch durch die Bewegung sittlicher Kräfte es diesseits auf realere Weise in Existenz setzen zu können. Die Empirie aber erkennt ihr eigenes Object nicht wieder in der Verklärung, die es durch den Äther des Begriffs erfahren [...][118]

Die eingeforderte Konkretheit wurzelt für Haym in der Nation und über diese im Geschichtlichen.[119] Beide gründen in Sprache. Bewusstsein für die Bedeutung des Mediums sieht Haym schon in der ›praktischen Wende‹ Fichtes,[120] in Feuerbachs »frische[m] und volle[m] Realismus«,[121] mit dem »[e]in Umschwung der gesammten Philosophie eingetreten [ist]«,[122] findet er sie implizit wieder. Feuerbach hatte die Vorlage zur sprachkritischen Analyse der Dialektik geliefert, Haym stimmt dieser Analyse zu, übernimmt auch die Befunde des »subjectiven Sensualismus«[123] Feuerbachs mit seinem »Drang zum Realismus«,[124] kritisiert aber dessen Anthropologie als »auf den Kopf gestellte Wissenschaftlehre«[125]

---

[117] Haym, Philosophie, S. 174.
[118] Haym, Philosophie, S. 184. Hegel ist »der Philosoph der Restaurationsepoche, seine Philosophie ein heller Spiegel der Trägheit, der Erschlaffung und Übertünchung, unter welcher die deutsche Nation begraben lag [...].« (Haym, Philosophie, S. 183).
[119] Haym will »gegen den Formalismus des Begriffs [...] die Substanz des nationalen Lebens [einsetzen][...].« (Haym, Philosophie, S. 184).
[120] Vgl. Haym, Philosophie, S. 10. Mit Verweis auf die Sprach-Ausführungen der ›Reden an die Deutsche Nation‹ betont Haym »[...] es ist mehr als ein Zufall, daß Fichte zu einer Zeit, wo er seine Abstractionen fallen ließ und sich nationaler Tätigkeit zuwandte, die Sprache gleichfalls als den Stoff und Boden desjenigen anzuerkennen geneigt war, was ihm während seiner systembildenden Periode nur als ein rein geistiges Wesen, als das zwischen dem empirischen und absoluten Charakter hin und her schwankende Ich begegnet war.« (Haym, Philosophie, S. 125). Die Stelle steht bemerkenswerter weise nicht im Bereich der Abhandlung Fichtescher Philosophie, sondern als Einschub in der Besprechung Humboldts. Mit diesem Anschluss löst Haym – immerhin 1848 – die Humboldtsche Sprachphilosophie aus der weltbürgerlich-klassizistischen Position und gliedert sie nationalen Tendenzen ein.
[121] Haym, Philosophie, S. 211.
[122] Haym, Philosophie, S. 229.
[123] Haym, Philosophie, S. 209.
[124] Haym, Philosophie, S. 211.
[125] Haym, Philosophie, S. 212. Haym parallelisiert Feuerbach und Fichte über weite Strecken.

und reduktionistische Umkehrung des idealistischen Standpunkts, der eigene Begriffe substanzialisiere,[126] dabei jedoch die »realen Identitäten [leugne] welche wir in Sprache, Kunst und Religion erblicken.«[127] Schließlich spielt Haym die von Feuerbach gegen Hegel in Anschlag gebrachten Argumente gegen Feuerbach selbst aus. Die Reduktion des begrifflich intendierten zum sprachlich inaugurierten Prozess kann auch gegen Anthropologie gewandt werden. Feuerbachs Philosophie, so Haym,

> [...] ist poetisch und rhetorisch. Philosophie, der genialen Empfindung, genügt es ihr zu wirken, indem sie ist, zu überzeugen, indem sie überredet. [...] Die Philosophie, welche aus jenen Übersinnlichkeiten zur Sinnlichkeit herabsteigt, hat folgerecht die sinnliche Unterlage des Logischen, nicht den *Begriff*, sondern das *Wort*, nicht das *Urtheil*, sondern den *Satz*, mit einem Worte die *Sprache* zum Vehikel ihrer Beweise. Die Hegel'sche Dialektik war voll der List der Sprache: die Feuerbach'sche Dialektik besitzt den *Instinct der Sprache*.[128]

Für Haym ist Sprache »die reale Voraussetzung, die im Geheimen schaffende Macht aller Philosophie«.[129] Im Resümé des Artikels präzisiert er:

> Indem die Gebilde der Speculation auf ihrem Boden erwachsen, sind sie zunächst aus ihr zu erklären und auf sie zu reduciren. Die Sprache wird dadurch das nächste Kriterium für die Kategorien der Speculation. Die vergleichende Grammatik wird für die neue Philosophie das Gegenstück der Logik in der alten und die Kritik der Vernunft verwandelt sich in die Kritik der Sprache.[130]

Doch wäre es falsch, hier eine frühe Forderung nach sprachanalytischer Philosophie erkennen zu wollen. Was Haym im Blick hat, ist eine sich in der Sprache und nur in der Sprache *manifestierende* Dialektik von Wort und Begriff, die in organischer Prozessualität Geschichtlichkeit hervortreibt. Zu Anfang des Artikels hatte Haym die schon zitierte »doppelte Bedrängnis«[131] geschildert, in der sich jede Darstellung befindet, die den Begriff der Philosophie zu fassen sucht, dabei aber unterstrichen, dass diese Frage »offenbar eine nicht blos sprachliche« sei, sondern Philosophie von »Begierde des Begriffes«[132] bestimmt werde. Sprach-

---

[126] Vgl. Haym, Philosophie, S. 223.
[127] Haym, Philosophie, S. 226.
[128] Haym, Philosophie, S. 225. Etwas weiter charakterisiert Haym Feuerbachs philosophische Methode als »sprachliche Umkehrung von Subject und Prädicat« (Haym, Philosophie, S. 225) und bezeichnet sie als »die ehrlich gewordene Methode aller Dialektik. Es ist wirklich so: die Umkehrung der Sätze zwingt die Sprache, neue Einsichten aus ihrem Schooße herausfallen zu lassen.« (Haym, Philosophie, S. 225).
[129] Haym, Philosophie, S. 225.
[130] Haym, Philosophie, S. 230.
[131] Haym, Philosophie, S. 1.
[132] Beide Haym, Philosophie, S. 1.

lichkeit bedeutet für Haym vor allem Geschichtlichkeit: Der Artikel endet mit dem Einklagen des »vollen Sinn[s] für das Historische« und der Forderung nach einer Geschichtsphilosophie »nach den Andeutungen W. von Humboldt's«,[133] wobei sich Haym durchaus unsicher zeigte, ob sich diese Philosophie nicht vielleicht in der Darstellung ihrer Geschichte erschöpfen würde.

Für Haym sind Sprache und Wissenschaft strukturell verkoppelt. Zwar kommt der Sprache genetische Primordialität zu,[134] doch liefert sie, wie Haym am Beispiel Humboldt ausführt, lediglich regulative, keine konstitutiven Prinzipien des Denkens,[135] die zudem den Rahmen einer rein historisch operierenden Sprachwissenschaft überschreiten, weil sie einem nur noch theoretisch extrapolierbaren urgeschichtlichen Raum angehören.[136] Haym Ausführungen zielen nicht auf die materiale Struktur der Sprache, sondern auf ihre »tiefe Bedeutung«, auf den einen »inneren Sprachsinn [...], [...] das die Sprache von innen heraus beherrschende, überall den leitenden Impuls gebende Princip«,[137] das nie vollständig mit seiner sprachlichen Repräsentation zur Deckung kommen kann.[138] Einer semantisch orientierten Interpretation könnte diese Formulierung als der Terminologie der idealistischen Tradition verpflichtete Vorform der type-token-Differenz erscheinen, wie sie Haym auch zu Beginn des Philosophie-Artikels angedeutet hatte. Als solche birgt sie kein konzeptionelles Problem, denn Haym hatte einen prinzipiellen Nominalismus von Bedeutungen – in der Terminologie sprachanalytischer Philosophie wären dies jedoch keine Bedeutungen, sondern Sinne – zugestanden. Wenn er jedoch im Medium selbst eine zweite, seiner Phänomenalität genetisch zugrundeliegende Ebene allgemeiner und überhistorischer Begrifflichkeiten einzieht, die nicht im linguistischen Sinne metasprachlich, also der sprachlichen Struktur inhärent und aus ihr exponierbar sind, sondern eine Art trans-sprachlicher genetischer Universalien darstellen, widerspricht er sich selbst. Haym zielt nicht auf Sprachphilosophie, sondern auf eine ›Metaphysik der Sprache‹, wie er sie auch Humboldt zuschreibt.[139]

---

[133] Beide Haym, Philosophie, S. 230.
[134] »Der Charakter aber der Sprache bedingt unleugbar den Charakter der in der Sprache sich entwickelnden, an ihren Gebilden sich aufrankenden Wissenschaften, [...]. [...] die Lautsprache ist gleichsam ein klingender Spiegel der Welt [...]« (Haym, Philosophie, S. 20). Wichtig an der Formulierung ist der Terminus ›Charakter‹, da er von linguistischer Wissenschaft entlastet und spekulativer Betrachtung des Sprachphänomens die Tür öffnet.
[135] »Jene Identität von Sprache und Intellectualität ist für unseren Philosophen ein gleichsam nur regulatives, kein constitutives Princip.« (Haym, Philosophie, S. 126).
[136] Vgl. Haym, Humboldt, S. 534.
[137] Beide Haym, Philosophie, S. 126.
[138] Zustimmend vermerkt Haym: »Ja, Begriff und Laut erscheinen ihm [Humboldt] an einer späteren Stelle als in letzter Instanz durchaus inadäquat, als nur annäherungsweise und nur der Idee nach zur Deckung zu bringen.« (Haym, Philosophie, S. 126).
[139] Rudolf Haym, Humboldt, S. 434.

Hayms Humboldt-Biographie von 1856 führt die Positionen des ›Philosophie‹-Artikels aus. Mehr noch als dort zeigt sich, dass die Sprachphilosophie für Haym einen mittleren Bereich darstellt, der zwischen Erkenntnistheorie und Geschichtsphilosophie vermittelt. An Humboldts Sprachphilosophie hatte Haym schon im ›Philosophie‹-Artikel geschätzt, dass sie nicht nur die historische Sprachentwicklung in Betracht zieht, sondern auf

> dem beständigen Rückblick auf jenen nuomenischen Bestand der Intellectualität beruht, welchen er [Humboldt] [...] der Sprache und dem erscheinenden Geiste zum nicht erscheinenden Hintergrunde gab.[140]

Humboldt war zum zweiten Mal ins Feld geführt worden, wenn Haym zunächst in einer längeren Anmerkung auf die Geschichtsschreibung zu sprechen kommt[141] und schließlich im Resümé fordert »nach den Andeutungen W. von Humboldt's eine Geschichtsphilosophie zu schaffen.«[142] Jetzt wird Humboldt explizit zum Kantianer und zum Ahnherr der Ideengeschichte. Kantisches findet Haym in allen Schriften Humboldts. In den sprachphilosophischen Schriften jedoch wehe nicht nur der Geist »des Alten vom Königsberge«,[143] sondern herrsche zugleich der Buchstabe der Kantischen Philosophie.[144] Kants Kategorien seien bei Humboldt Universalien der Sprache, die Sprachwissenschaft Humboldts die »Probe für die Richtigkeit der Kant'schen Behauptungen«.[145] Für Haym lesen sich Humboldts Sprachanalysen streckenweise

> wie ein *Pendant* zu der Kant'schen Zergliederung des Erkennens [...] Anschauungen, Begriffe und Methoden kommen zum Vorschein, die nur von dem abstracten Gebiete des Organismus des Erkennens auf das concretere des Sprachorganismus übertragen sind.[146]

Wichtiger als diese strukturellen Übereinstimmungen erscheint Haym die von beiden geteilte Behauptung eines ethischen Standpunktes der Freiheit des sittlichen Individuums, »der Gedanke der Apriorität und Aseität des Geistes«.[147]

---

[140] Haym, Philosophie, S. 126.
[141] Vgl. Haym, Philosophie, S. 180.
[142] Haym, Philosophie, S. 230.
[143] Haym, Humboldt, S. 446. In den speziellen sprachwissenschaftlichen Ausführungen schließt sich Haym zumeist umstandslos der Humboldt-Interpretation Heyman Steinthals an.
[144] »Von seiner politischen Erstlingsschrift an bis zu der Schrift über Hermann und Dorothea, in seinen Briefen an Schiller wie in seinen Gedichten, in einem Theil sogar seiner amtlichen Aufsätze war die Anlehnung an Kant'sche Principien unverkennbar. [...] vernehmlich spricht uns der Buchstabe und der Geist Kant's auch aus seinen linguistischen Arbeiten an.« (Haym, Humboldt, S. 446).
[145] Haym, Humboldt, S. 447.
[146] Haym, Humboldt, S. 449.
[147] Haym, Humboldt, S. 452f., hier 453.

Dieser eröffnet einen zivilsatorischen Prozess unendlicher Perfektibilität, der als ›dynamisches Prinzip‹ der Sprache jene konstitutive Differenz offenhält, die den Gehalt einer Äußerung von der Positivität seiner sprachlichen Erscheinung trennt.[148] Haym geht es um die Spur dieser historischen Arbeit. Sprachwissenschaft wird zum Propädeutikum der Geschichtswissenschaft:

> Die Sprache nämlich geht aus der Tiefe des menschlichen Geistes hervor: die Wissenschaft von der Sprache hat also einen Theil, der allein aus den Ideen geschöpft werden kann. Die Sprache tritt in die Wirklichkeit in vereinzelten Individualitäten über: ihre Wissenschaft muß also nothwendig auch einen empirischen Theil haben. [...] auch der Sprachforscher ist Historiker und die Sprache in ihrer factischen Erscheinung ein lebendiges Stück Geschichte; [...][149]

Humboldts Sprachtheorie – so Haym – ist wie die Kantische Philosophie bestimmt vom Bemühen, den Dualismus von Verstand und Sinnlichkeit zu überwinden.[150] Damit wird die Sprache für Humboldt interessant, denn sie »[liegt] auf dem ersten Uebergangspunkte des menschlichen Geistes in die natürliche Erscheinung, da wo derselbe nur erst im flüchtigen und kaum zu haschenden Hauche in's Sinnliche umschlägt.«[151] Die eigentlich sprachwissenschaftliche Dimension der Humboldtschen Schriften interessiert Haym nicht, er schiebt sie als naturgeschichtliche Seite der Sprachwissenschaft beiseite, behauptet, sich auf den ›geistigen Aspekt‹ zu beschränken und Sprache als teleologisches Medium des sittlichen Subjekts zu behaupten.[152] Damit ändert sich nicht nur die ›Basiswissenschaft‹ von Linguistik zu Philologie, sondern zugleich verschiebt sich der Gegenstandsbereich von der Summe alle sprachlichen Äußerungen zur philologisch gereinigten und lizensierten Literatursprache:

---

[148] »Weil auch ihm [Humboldt wie schon Kant] das Wesen des menschlichen Geistes ganz und gar aufgeht in Thätigkeit und Energie, so empfängt ihm auch die Sprache den unzerstörbaren Character der Freiheit. Ihr Wesen ist Streben, welches nie zum abschließenden Ziele gelangt, ist die ewig sich wiederholende Arbeit des Geistes, den Ausdruck des Gedankens fähig zu machen; [...] es bleibt bei der angestrebten Durchdringung ein untilgbarer dualistischer Rest, ein Ueberschwanken theils des Lauts über den Gedanken, theils des gemeinten Sinnes über den Ausdruck.« (Haym, Humboldt, S. 455). Diese dynamische Komponente wäre im Rahmen Haymscher Argumentation eher als Charakteristikum Fichtes denn als eines von Kant zu vermuten gewesen. Tatsächlich sucht Haym mit einiger Verlegenheit Humboldt in Beziehung zu Fichte zu bringen. Vgl. Haym, Humboldt, S. 458–461.
[149] Haym, Humboldt, S. 465; vgl. 455.
[150] Damit greift sie über die Möglichkeiten theoretischer, begrifflich denkender Philosophie hinaus und tendiert zur »Weltanschauung«. (Haym, Humboldt, S. 454, vgl. 451).
[151] Haym, Humboldt, S. 451.
[152] Vgl. Haym, Humboldt, S. 548–552.

Die Untersuchung der Sprachen im Zustande höherer Ausbildung, die Untersuchung des sprachlichen *Charakters*, führt zum Erkennen ihrer Angemessenheit zur Erreichung aller menschlichen Zwecke. Die Verschiedenheit der Sprachen ist daher für diese Art der Betrachtung nicht sowohl eine *naturhistorische* als eine ›intellectuell-teleologische‹ Erscheinung. Vollständig lassen sich Untersuchungen dieser Art nur bei den höheren Sprachen und nur da anstellen, wo Nationen in einer Literatur ihre Weltsicht niedergelegt und in zusammenhängender Rede der Sprache eingeprägt haben. Hier ist es daher, wo die im engeren Sinn so genannte *Philologie* in ihrem Unterschiede von und zugleich ihrer Beziehung zur Linguistik eintritt. Es ist der charakteristische Gesichtspunkt jener, die Rücksicht auf die Literatur in den Vordergrund zu stellen. Die Linguistik bedarf daher der Philologie.[153]

Durch diesen abrupten Bereichswechsel, der jeder, selbst aristotelisch-mediatisierenden Forderung nach Empirie Hohn spricht und die Argumentation in den Zirkel aristokratischer Selbstgewissheit des reflektierenden Subjektes bannt, gelingt die Naturalisierung des teleologischen zivilisatorischen Impetus als sprachlicher Prozess. Sprache ist für Haym »die ewig sich wiederholende Arbeit des Geistes, den Ausdruck des Gedankens fähig zu machen«.[154] Da diese Arbeit nie letztgültig gelingen kann, unterliegen ihre Sedimente nicht nur der Geschichte, sondern bleiben prinzipiell in doppelter Hinsicht, nach materialen Bedingungen wie nach ideellem Gehalt, interpretierbar. Als Philosoph interessiert sich Haym für die ideelle Seite. Damit befindet er sich in einer schwierigen Situation: Philosophie als Wissenschaft von den Begriffen läuft Gefahr, sich im Materialen ihres geschichtlichen Verlaufs aufzulösen; der Geschichtsschreibung kommt ihr organisierendes Prinzip, das begriffliche Substrat abhanden. Aus der Geschichte wäre kein Sinn mehr ableitbar, der den Geltungsanspruch der Philosophie legitimieren könnte. Haym befreit sich aus dieser Zwickmühle durch das Einführen eines ästhetischen Moments. Der Geschichtsschreibung billigt Haym darstellungstechnisch ein organisierendes ästhetisches Prinzip zu;[155] in der Antizipation von Systematizität und dem Ausgriff auf Totalität, der philosophischer Reflexion eignet, erkennt er einen Widerschein ästhetischer Geschlossenheit. Vorbildhaft kann Kunst jedoch nur dort werden, wo trotz formaler Geschlossenheit eine Prozessualität des Mediums möglich bleibt. Damit wird Kunst wiederum auf die Sprache zurückverwiesen.

Da nur Sprache die Janusköpfigkeit besitzt, zugleich die vorsprachliche Idealität des Begriffs und vorbegriffliche Sinnlichkeit intendieren zu können, avanciert die Poesie zum Paradigma der Kunst. Haym betont mit ironischer Geste,

---

[153] Haym, Humboldt, S. 550. Haym charakterisiert hier die Position Humboldts, aber auch wenn er anschließend die Humboldtsche Opposition als Polarität in einem kontinuierlichen historischen Prozess relativiert und dynamisiert, bleibt die methodische Opposition zwischen Linguistik und Philologie, sowie die Prävalenz letzterer unangetastet. Vgl. Haym, Humboldt, S. 551.
[154] Haym, Humboldt, S. 455.
[155] Vgl. Haym, Humboldt, S. 465–472.

daß selbst der genialste Kunsttrieb nicht so völlig an der Sprache vorbeigehen könne, daß nicht vor oder doch während des künstlerischen Schaffens das darzustellende Geistige den Einfluß der Sprache, die Formung des Gedankens dulden und die Spuren dieses Einflusses in die Schöpfung hinübernehmen müßte.[156]

Sprache ist »wesentlich Natur und Geist in untrennbarer Einheit«;[157] Philosophie behandelt sie aus der Perspektive des Geistes, Poesie in ihrer sinnlichen Dimension. Beide sind verbunden in der Tendenz zur Totalität, beiden geht es darum »das Einzelne von dieser Dürftigkeit seiner Daseinsweise zu befreien und ihm den Charakter der Totalität aufzudrücken«,[158] wie Haym stellvertretend für den Künstler formuliert. Gegen Feuerbach, dem er ›Auflösung der Kunst‹ vorwirft, gewandt, betont Haym:

> Nämlich wir sehen in der Kunst eine ganz specifische und schlechthin nothwendige reale Identität von Natur und Geist; nicht irgend eine Willkür ist es, wenn der Künstler seine innersten Empfindungen verkörpert, sondern eine Nothwendigkeit seiner Existenz; [...][159]

Der Künstler verfügt nicht in freier, souveräner Reflexion über seine Produktion, sondern ist ihr existenziell – und das heißt hier: naturhaft verbunden. Zum spezifischen Vermögen ästhetischer Produktion wird die Phantasie, doch Haym versteht unter ›Phantasie‹ nicht mehr das in der Frühromantik poetisch wie philosophisch positivierte Vermögen produktiver Einbildungskraft, noch vertraut er der gleichfalls romantischen reine Poetizität einer phantasia akataleptika. Jener dynamische und promiske Aspekt, den die Romantik zumindest zu schätzen vorgab, ist für Haym Horribilium: Phantasie ist das Vermögen ›voreiliger Versöhnung‹, negiert die konstitutive Differenz begrifflicher Arbeit und die Unvermitteltheit religiösen Gefühls gleichermaßen; sie verwischt die Grenzen zwischen philosophischer Objektivität und religiöser Subjektivität[160] und lauert nur darauf, die von den Angstrengungen des Begriffs wie des Gefühls Ermatteten zu umgarnen:

---

[156] Haym, Philosophie, S. 17. Poesie ist »die höchste Erweisung der Kunst« (Haym, Philosophie, S. 15).
[157] Haym, Philosophie, S. 17.
[158] Vgl. Haym, Philosophie, S. 15.
[159] Haym, Philosophie, S. 221.
[160] »Diesen Gegensatz des Verlangens und Könnens zu schlichten, bietet sich hilfreich eine andere Kraft der Seele an. Jenen Punkt [Der Geist auf den Punkt des Gefühls zusammengedrängt/ Haym, Philosophie, S. 13] erweitert sie zum Bezirk und umschließt ihn, wie die Statue von einem Tempelraum umschlossen ist. [...] Die Phantasie ist diese Kraft, und, so sage ich, angrenzend an sie und in sie übergehend, das erkennende Vermögen. Denn in stetigem Zusammenhange fließt das Gefühl in die Phantasie hinüber, die Phantasie in das vorstellende und erkennende Vermögen. [...] Die Vorstellung erscheint so als der gemeinschaftliche Rain, wo Religion und Philosophie sich begegnen, während muthwillig die Phantasie die Marksteine beider Gebiete zu verrücken, die Grenzlinie zu verwischen sucht.« (Haym, Philosophie, S. 14).

> Sie ist die unruhige, stofflose, durchsichtige Kraft, welche, ohne eigenen Besitz, sich eroberungslustig auf die Außenwelt stürzt, mit dem Hauch ihres Wesens die endliche Welt überzieht; [...] [D]ie Phantasie [hat] so wenig einen selbständigen Gehalt, daß sie ganz in Bildung, Tätigkeit, Bewegung aufgeht.[161]

Obwohl die Poesie der Philosophie nachgeordnet ist und der Dichter ›empfangendes‹ Subjekt bleibt;[162] obwohl Poesie gerade wegen ihrer Sprachlichkeit zur ersten Kunst avanciert, wird ihr Sprachvergessenheit zum Programm. Denn Promiskuität und Substanzlosigkeit ermöglichen,

> daß die Phantasie ihre in der Kunst sich entfaltende Selbständigkeit und die Kunst als das Feld dieser ihrer Selbständigkeit bewähre, daß sie, praktisch werdend, die Gewalt, welche alle theoretischen Vermögen der Seele in der Sprache erleiden, wenn nicht besiegt, doch umgeht. Ebendarin liegt ja wohl die Energie der Einbildungskraft, daß sie mit *Überspringung der Sprache* sich unmittelbar auf die Natur wirft und diese bildend gleichsam eine sinnliche und nachdrückliche Sprache, ein Analogon der geistigen Rede schafft.[163]

Damit ist Kunst gerade unter den Bedingungen einer bürgerlichen Gesellschaft notwendig. Zwar bietet sie nur eine vermeintlich minderwertige Form von Prophylaxe gegen »[d]ie Scheu [...] vor dem Endlichen, vor dem zersplitterten Universum«,[164] denn im Gegensatz zu Philosophie und Religion »wirft sich [die Kunst] viel dreister [...] auf das Sinnliche selbst und sucht dies in eine geistige Existenz zu erheben,«[165] aber sobald der Künstler die Voreiligkeit der Phantasie zügelt und ihrer wilden Sinnlichkeit das Brandzeichen des Begriffs aufdrückt, sobald Kunst symbolisch wird, kann sie geduldet werden. Im Anschluss an das zuletzt Zitierte entwirft Haym die Grundzüge einer realistischen Ästhetik – ohne zu versäumen, mit der überlegenen Geste des ernsthaften Philosophen den Künstler zu maßregeln:

> Sie [die Kunst] bekommt es dabei mit dem Einzelnsten zu thun, aber eben darin erschöpft sie alle ihre Mühe, daß sie die Bedeutung desselben als eines Einzelnen völlig

---

[161] Haym, Philosophie, S. 16, vgl. 14: »Der an der Schwierigkeit des Gedankens ermüdete Geist sucht oft den festen Boden der Sinnlichkeit und hüllt sich in die trüberen Vorstellungen, welchen die ewig bewegliche Einbildungskraft aus Gedankenformen und sinnlichen Bildern unermüdlich zusammenwebt. Und ebenso umgaukelt sie das in Andacht vertiefte Gemüth und lockt es aus ruhiger Versenkung in die bunten Gefilde, ja bis an die Grenze der begrifflichen Kreise, wo ihre Nebelgestalten in Licht sich lösen und die leise umgrenzten Bilder in den grenzenlosen Äther des Gedankens, nur diesem sichtbar, verschwimmen.«
[162] Vgl. Haym, Philosophie, S. 17. Als Subjekt der Phantasie muss der Künstler natürlich weiblich wie die Phantasie selbst sein.
[163] Haym, Philosophie, S. 16.
[164] Haym, Philosophie, S. 15.
[165] Haym, Philosophie, S. 15.

tilge, und ihr die ganze Tiefe des Gemüths und seine Unendlichkeit, das Universum aus dem Theile des Universums entgegenkomme. Darum ist sie denn auch zu einer harten Arbeit aufgefordert, da das Sinnliche in seiner Weise sich gegen diesen Zwang des Geistigen wehrt und der Geist immer wach und seiner bewußt bleiben muß, um in dieser Verlorenheit an die umständliche Hartnäckigkeit der Materie sein Ziel und seinen Zweck nicht zu vergessen. Wie es dabei hergeht und wie der Stoff endlich, gleichsam durch einen Vertrag, seine Oberfläche preis gibt, sodaß das Innere und die Außenwelt sich hier als auf einer ewigen Grenze berühren, dies gehört nicht ausführlicher hierher. Genug daß die Arbeit des Künstlers sich mit dem Ruhme lohne, daß er wesentlich *schöpferisch* gewesen ist.[166]

Im programmatischen Vorwort, das zu Beginn des dritten Heftes der ›Preußischen Jahrbücher‹ nachgereicht wird, diagnostiziert Haym ›Realismus‹ bereits als Charakteristikum der Zeit und als Ertrag der nachmärzlichen Restaurationsperiode. Aber die konstatierte Tendenz »zu einer reinen und positiven Schätzung des Thatsächlichen«,[167] die Forderung nach einem »befruchtenden Wechselverkehr zwischen der Wissenschaft und dem Leben«,[168] bedeutet weder inhaltliche, noch methodische Auseinandersetzung mit der Naturwissenschaft, sondern deren Funktionalisierung und Überbietung. Haym glaubt, »daß Gelehrsamkeit ohne Bildung roh, und daß Bildung ohne Wissen nur Scheinbildung ist.«[169] Um dem selbstgesetzten Bildungsauftrag der ›Jahrbücher‹ in einer ›realistischen‹ Epoche nachkommen zu können, sind für Haym Änderungen des publizistischen Stils notwendig. An die Stelle der im Vormärz dominierenden Kritik tritt jetzt historisch reflektierte positive Darstellung des Gegenstands:

Es galt auf allen Gebieten ein möglichst durchdringendes, den Gegenstand bewältigendes Verstehen und Darlegen des Wirklichen. Es galt, in der Gegenwart die Gegenwart lebendig anzuschauen und sie zum Bilde zusammenzufassen. Es galt, eine möglichst umfassende Orientirung die Geschichte von gestern und ehedem zur selbst redenden Lehrmeisterin für das heutige Geschehen und für die Aufgaben der Zukunft zu machen.[170]

Stilistisch orientiert sich Haym am klassischen Ideal,[171] inhaltlich versucht er, Tendenzen zur Spezialisierung und Differenzierung, die er präferenziell den

---

[166] Haym, Philosophie, S. 15.
[167] Haym, Vorwort. In: Preußische Jahrbücher 3, S. 5; vgl. S. 2: »Respect [...] für das Thatsächliche«.
[168] Haym, Vorwort, S. 2.
[169] Haym, Vorwort, S. 3.
[170] Haym, Vorwort, S. 6.
[171] »Der Realismus unserer dermaligen Bildungsphase durfte sich nicht im Gegensatz; er müsse sich, meinten wir, im bewußten Zusammenhange mit dem Idealismus unserer classischen Literaturzeit kundgeben. Die humane stilistische Form ist nicht erst zu schaffen: sie ist nur den neuen Stoffen, Zwecken und Interessen dienstbar zu machen. Wie es unsere Dichter verstanden, Gefühle und Ideen mit sonnenklarer Anschauung

Naturwissenschaften zuschreibt, durch das integrative Verfahren der Philologie zu konterkarieren. Haym will »[d]en Geist der Philologie aus den engen Räumen der Schule [herausrufen]«:

> Die Naturwissenschaft befindet sich in dem umgekehrten Fall als die Philologie. Während in dieser die nur zufällig und künstliche errichteten Schranken zusammenstürzen, um dem Einen Geiste historischer Behandlung Raum zu schaffen, so zwingt in jener die Sache selbst zu immer weiter gehender Sonderung und Detaillierung, welche die historische Besinnung, den Um und Überblick über das Ganze nicht aufkommen läßt.[172]

1861 bekräftigt Haym in dem Artikel ›Philologie und Naturwissenschaft‹ seine Position. Jedoch hat die Philologie trotz der im ›Vorwort‹ geäußerten Hoffnungen – und, wie man ergänzen könnte, trotz des Wirkens der ›Jahrbücher‹ – weiter an Boden verloren, »während die Naturwissenschaften auf dem vollen Strome der Volksgunst einherfahren«.[173] Wiederum fordert Haym eine Vermittlung von Natur- und Geisteswissenschaften, wiederum besteht er darauf, »daß Naturwissenschaft und Philologie nur zwei Seiten sind einer und derselben Sache, daß sie an *Einer* Aufgabe arbeiten, ihre Arbeit *Einer* Anschauung entspringt, *Einem* Ziele entgegengeht.«[174] Doch wird im Anschluss sofort klar, dass Haym überhaupt nicht bereit ist, sich auf die Konstitutionslogik der Naturwissenschaften einzulassen, sondern sie erneut zu vereinnahmen und zu überbieten sucht. Naturwissenschaften kommen im ganzen Text nur dem Namen nach und am – wissenschaftlich längst überholten – Beispiel Alexanders von Humboldt vor. Stattdessen leitet Haym einen Wissenschaftsbegriff aus der platonischen Anamnesis her, postuliert in idealistischer Tradition eine Polarität von Natur und Geist, und vermittelt diese anschließend, was definitionsgemäß nur in der und als Arbeit des Geistes geschehen kann. Es geht Haym um die »seelischen Kräfte des Kosmos, welche die unendliche Welt der Gestirne bis zu den fernen Nebelflecken zu wunderbarer Harmonie verbinden [...]«.[175]

Hayms teleologischer Begriff von Wissenschaft ist schlicht antinaturwissenschaftlich selbst dort, wo er die historische Dimension der Natur zum Gegenstand hat. Haym interpretiert die Naturgeschichte als »[e]ine ununterbrochene Reihe

---

zu paaren, so müssen auch Thatsachen und Gesinnungen sich zu greifbarer Gestalt in bewegter Rede ausprägen lassen.« (Haym, Vorwort, S. 6).

[172] Haym, Vorwort, S. 11. Die Frage popularisierender Darstellung, für die Haym hier den kanonischen Autor verständlicher Präsentation wissenschaftlicher Gegenstände, Alexander v. Humboldt, ins Felde führt, wird nicht zuletzt unter dem Druck der ›Vulgärmaterialisten‹ Büchner, Voigt und Moleschott zeitgenössisch intensiv diskutiert.

[173] Rudolf Haym: Philologie und Naturwissenschaft. In: Preußische Jahrbücher 7 (1861), S. 129–145, hier 129.

[174] Haym, Philologie, S. 130f.

[175] Haym, Philologie, S. 133.

stets höher steigender Bildungen, die von dem todten Niederschlage der unorganischen Natur hinaufführt zur edlen Gestalt des Menschen«[176] und schließlich in der »Persönlichkeit, auf welche die ganze Natur hinarbeitet«[177] gipfelt. Über der Naturwissenschaft steht die Geisteswissenschaft oder – Haym gebraucht beide Termini teilweise synonym – die Philologie:

> Was also die Naturwissenschaft schon wollte am natürlichen Leben und was die Namen einzelner ihrer Disciplinen (Geologie, Physiologie u.s.w.) andeutend bekennen, das ist Object der Philologie am geistigen Leben; sie ist Verlangen nach dem geistigen Leben, Wissenschaft des Geistes im höchsten Sinne.[178]

Nun dichotomisiert Haym wiederum die Philologie, zerlegt sie in die Sprachwissenschaft und die Philologie-im-engeren-Sinne als ihre quasi Natur-Seite[179] und überbietet diese durch höhere Philologie »im Sinne einer Erkenntnis des Geistes und seiner Geschichte«.[180] Diese ›wahre Philologie‹ ist Produkt der modernen Welt,[181] sie steht in der Mitte zwischen philologisch-historischer Detailarbeit und -verliebtheit und jener »Welt der Ideen«,[182] die Gegenstand der Philosophie sind.

2.3 Der repräsentierende Realismus: Gustav Freytag

Auf der Werbereise, die Rudolf Haym im Spätsommer 1857 unternahm, um Mitarbeiter für die ›Preußischen Jahrbücher‹ zu gewinnen, suchte er Gustav Freytag auf. Er wurde kühl empfangen. Der Redakteur der ›Grenzboten‹ betrachtete Haym als Konkurrenten – was Letzterem nicht entging:

> Als ich Gustav Freytag auf seinem Landsitz in Siebeleben [!] besuchte, erwehrte ich mich doch kaum des Eindruckes, daß ich einem journalistischen Nebenbuhler gegenüber sitze. Wir zogen am selben Strange; wenn er aber so übermäßig bescheiden von dem kleinen ›Wochenblättchen‹ sprach, das doch unter seiner Mitredaktion sich einen so weiten Leserkreis erworben und so kräftig gewirkt hatte, so klang mir das, der ich mit unserer Monatsschrift erst vor dem Anfang stand, wie Ironie. Mit wurde klar, daß wir unsere Wege mehr neben, als mit einander gehen würden.[183]

---

[176] Haym, Philologie, S. 133.
[177] Haym, Philologie, S. 133.
[178] Haym, Philologie, S. 135.
[179] Vgl. Haym, Philologie, S. 134f.
[180] Haym, Philologie, S. 136.
[181] Vgl. Haym, Philologie, S. 136f. Dennoch insistiert Haym auf klassisch-humanistischer Bildung, da man gerade an den antiken Sprachen klares Denken lernen könne, weil sie einfacher seien. Vgl. Haym, Philologie, S. 137.
[182] Haym, Philologie, S. 145.
[183] Haym, Leben, S. 266f. Den Abschluss der Werbereise bildet Hayms Besuch der gerade stattfindenden Philologenversammlung in Breslau, von der sich Haym »besonders reiche Ernte versprach« – aber enttäuscht wurde (Haym, Leben, S. 262).

Es spricht einiges dafür, dass Hayms Eindruck ebenso berechtigt war wie Freytags Reserve. Die ›Jahrbücher‹ vertraten nicht nur eine national-liberale Position wie die ›Grenzboten‹, beide wurden vom gleichen Personenkreis, den Gothaer Liberalen, gestützt – im Falle der ›Jahrbücher‹ sogar initiiert – und sollten der »stillen Agitation«[184] für den liberalen Standpunkt dienen. Beide rekrutierten ihre Autoren aus diesem Feld und teilten sie vielfach.[185] Freytag fungierte als »praktischer Berater und Vermittler«[186] in publikationsstrategischen und -praktischen Fragen, während die Gothaer wiederum nach Aussage Hayms während der Reaktionsperiode der fünfziger Jahre fest zu den »die liberale Sache tapfer vertretenden Grenzboten« standen.[187] Freytag wiederum bescheinigt Duncker und Haym, dass sie »den Muth aufrecht erhielten«.[188] Beide hatten schließlich in den gro-

---

[184] Gustav Freytag: Erinnerungen aus meinem Leben, Leipzig 1887 (zuerst 1886 als Einleitung zu den Gesammelten Werken), S. 312. Zur Entstehungsgeschichte der ›Preußischen Jahrbücher‹ vgl. Haym, Leben, S. 258–271. In der Duncker-Biographie bezeichnet Haym die ›Preußischen Jahrbücher‹ schlicht als »Monatsschrift der Partei.« (Haym, Duncker, S. 180). Zentralfigur der Organisationsbemühungen liberaler Presse ist Max Duncker. Vgl. Haym, Duncker, bes. S. 158–60). Duncker wird nach der liberalen Wende 1858 die Leitung des Preßbüros der preußischen Regierung übernehmen und das Rohmanuskript der berühmten Ansprache Wilhelms I: ›An mein Volk‹ liefern. Vgl. Haym, Duncker, S. 205f. u. 225.

[185] So z. B. Theodor Mommsen und Heinrich v. Treitschke.

[186] Haym, Leben, S. 224. Duncker und Freytag leiteten das ›Preßkomité‹ des ›Litterarischpolitischen Vereins‹, in dem sich auf Anregung Herzog Ernsts II die Gothaer Liberalen gesammelt hatten. Vgl. Otto Westphal: Welt- und Staatsauffassung des deutschen Liberalismus. Eine Untersuchung über die Preußischen Jahrbücher und den konstitutionellen Liberalismus in Deutschland von 1858 bis 1863, München/Berlin 1919, S. 33f. Freytag und Julian Schmidt, »mit denen man stets gute Nachbarschaft gepflogen«, sind nach dem Zeugnis Hayms auch beim Abschiedfest Dunckers geladen, als dieser 1857 einem Ruf nach Tübingen folgt. (Haym, Duncker, S. 174).

[187] Haym, Leben, S. 230, vgl. 237.

[188] Freytag, Erinnerungen, S. 306. Dass das Verhältnis zwischen Haym und Freytag eher von offizieller politischer als von persönlicher Sympathie geprägt war, lässt sich daraus folgern, dass Freytag im Anschluss an das Zitierte zwar auf Duncker eingeht, Haym aber mit keinem Wort mehr erwähnt, während Haym seinem Lob der Standhaftigkeit Freytags und Schmidts eine positive Charakteristik des Letzteren folgen lässt, Freytag hingegen seinerseits keine Beachtung mehr schenkt. Vgl. Haym, Leben, S. 237. Eine Charakteristik Freytags, die Haym anlässlich seines Werbebesuchs bei Freytag nachliefert, fällt denn auch ambivalent und süffisant aus: »[...] ich hatte zu bewundern, mit welchem Interesse der Dichter bei der ökonomischen Seite des Unternehmens verweilte, wie geschäftskundig er dem Verleger nachrechnete und wie zahlenmäßigen Anschlag über alles Soll und Haben er vor mir entwickelte. Ich habe später diese rechnerische Anlage und Liebhaberei für die statistische Grundlage in seiner ›Technik des Dramas‹ wiedergefunden.« (Haym, Leben, S. 267). Vielleicht verwechselt Haym hier Freytag und Schmidt, von dessen Marotte, zur Erholung seine Manuskripte auf der Rückseite mit algebraischen Rechnungen zu füllen, Freytag berichtet. Vgl. Freytag, Erinnerungen, S. 242f.

ßen englischen und französischen Revuen ein gemeinsames – und, wie Freytag glaubt, unerreichbares – Vorbild.[189] Dass die finanzielle Lage der ›Grenzboten‹, deren Eigner Freytag und Schmidt waren, 1857 keineswegs so saturiert war, wie Haym suggerieren möchte,[190] dass die ›Preußischen Jahrbücher‹ durch einen Garantiefond abgesichert waren, während Schmidt und Freytag das unternehmerische Risiko selbst zu tragen hatten, könnte ebenfalls zur Reserve Freytags beigetragen haben.[191] Schließlich musste das Profil dieser ›Revue‹ für Freytag, der noch in seinen Erinnerungen stolz darauf ist, bedeutende Namen aus Politik und Wissenschaft als Mitarbeiter gewonnen zu haben,[192] bedrohlich wirken, da das Profil der beiden »gesinnungsverwandten Blätter«[193] laut Forschung auf den ersten Blick identisch erscheinen konnte.[194]

Der Gründungsaufruf kündigt an:

> Keine der mannigfaltigen Richtungen, aus denen die Bewegung der Zeit im Leben und in der Wissenschaft sich zusammensetzt, bleibt dem Inhalt der Zeitschrift fremd. Sie zieht alles in ihren Kreis, was der Wissenschaft würdig, was anziehend, was zeitgemäß ist. Ihrer Kontrolle unterliegen ebenso die Fortschritte und Rückschritte auf dem Gebiete der materiellen, der sozialen und politischen Interessen wie die schwankenden Strebungen auf dem Gebiet der Literatur. Durch Mannigfaltigkeit wird sie ihr Publikum zu gewinnen, durch Sachlichkeit, Ernst und Gediegenheit den neuen Teil zu erziehen, den anderen zu fesseln wissen.[195]

Der letzte Satz zeigt an, wo – zumindest nach Dafürhalten Hayms, sicherlich zum Missvergnügen Freytags – eine mögliche Trennungslinie zwischen ›Jahrbüchern‹ und ›Grenzboten‹ gezogen werden konnte: Die ›Jahrbücher‹ strebten ein höher angesiedeltes, akademisches Publikum an; ihr stilistisches Ideal ist ›Gediegenheit‹.[196] Im Vorwort bemängelt Haym formale Defizite der aktuellen Publizis-

---

[189] Vgl. Haym, Leben, S. 258 u. 261; Freytag, Erinnerungen, S. 241. Freytag macht dafür die »Vielteiligkeit Deutschlands« und Enge der Verhältnisse verantwortlich (Freytag, Erinnerungen, S. 142f.).

[190] Vgl. Haym, Leben, S. 267. Freytag, Erinnerungen, S. 242 spricht von einer »bescheidenen Abonnentenzahl«.

[191] Bezeichnend, dass die Anzeige der ›Jahrbücher‹ in den ›Grenzboten‹ durch Julian Schmidt erfolgte, der die Gelegenheit nutzte, um sich über die Konkurrenz auf dem Pressemarkt zu beklagen. Vgl. Julian Schmidt: [Anz.] ›Preußische Jahrbücher‹. In: Die Grenzboten 1858,1, S. 241ff.; vgl. Westphal, Welt- und Staatsauffassung, S. 44.

[192] Vgl. Freytag, Erinnerungen, S. 241.

[193] Haym, Leben, S. 270.

[194] Vgl. Michael Thormann: Der programmatische Realismus der ›Grenzboten‹ im Kontext von liberaler Politik, Philosophie und Geschichtsschreibung. In: IASL 18 (1993), S. 37–68, hier S. 39.

[195] ›Aufruf zur Begründung der Preußischen Jahrbücher‹. Abgedruckt in: Westphal, Welt- und Staatsauffassung, S. 307–309, hier 308.

[196] Noch in seinen Erinnerungen berichtet Haym, dass »längere Aufsätze von möglichster Gediegenheit« angestrebt worden seien. Vgl. Haym, Leben, S. 258; vgl. 262: »Vornehmheit«.

tik und bekennt: »Wir sind nur Anfänger im Gebrauche jener literarischen und stilistischen Methode, die uns als Muster vorgeschwebt hat.«[197] Haym vergleicht den eigenen Stil mit der essayistischen Form in der englischen und französischen Presse, notiert Rückständigkeit, will sie aber nicht durch die Adaption ausländischer Muster, sondern mit einem Rückgriff auf die »humane stilistische Form« Lessings und Goethes beheben.[198] Wenn er dann aber konstatiert: »Unserer Literatur thut ein Zusatz von praktischer Intelligenz noth, die sich nur unvollkommen unter unsern berufsmäßigen Schriftstellern findet«,[199] hätte dies vom Journalisten Freytag leicht als Affront gewertet werden können, zumal Haym noch rückblickend in Anspruch nimmt, dass die ›Jahrbücher‹ »am Anfang einer vorher in Deutschland unbekannten Zeitschriftenlitteratur [stehen]«.[200]

Glaubt man den Erinnerungen Hayms, der nach späterer Aussage das Angebot, die Redaktion der ›Jahrbücher‹ zu übernehmen aus Perspektivlosigkeit akzeptiert hatte,[201] so blieb er sich seiner vermeintlichen Überlegenheit und der eigentlichen Zugehörigkeit zum akademischen Milieu auch in der »Periode essayistischer Schriftstellerei«, die er als »litterarisches Amt« versteht durchaus bewusst.[202] 1864 gibt er die Leitung der ›Jahrbücher‹ ab, aus eigener Einsicht, wie er sich erinnert, doch nicht ganz freiwillig:

> Ich war im Laufe der Jahre inne geworden, daß bei der Theilung meiner Kräfte zwischen den Obliegenheiten des Redacteurs und des Professors beide zu kurz kamen [...] Pflichtgemäß hatte der Professor den Vortritt, und in meiner Neigung und Befähigung der wissenschaftliche und der Lehrberuf. Es hätte nicht des Drängens meiner vorgesetzten Behörde bedurft, meinen Entschluß zur Reife zu bringen, [...][203]

Im Gegensatz zu Haym war Freytag ein berufsstolzer Journalist und sich am Ende seines Lebens des Erreichten gewiss.[204] Im Gegensatz zum verschämten Gestus, mit dem Haym auf seine publizistische Tätigkeit zu sprechen kommt, erkor Freytag den politischen Journalismus nicht nur zum Sujet der erfolgreichsten Komödie seiner Zeit, den ›Journalisten‹,[205] sondern ließ seinen monumentalen Roman(zyklus) ›Die Ahnen‹, die über einen Zeitraum von zweitausend Jahren verfolgte Linie eines Adelsgeschlechts, in der bürgerlichen Figur eines Zeitungs-

---

[197] Haym, Vorwort, S. 10.
[198] Haym, Vorwort, S. 6; vgl. Haym, Leben, S. 261 u. 280.
[199] Haym, Vorwort, S. 6.
[200] Haym, Erinnerungen, S. 280.
[201] Vgl. Haym, Leben, S. 258.
[202] Haym, Leben, S. 281 u. 280.
[203] Haym, Leben, S. 286.
[204] Vgl. Freytag, Erinnerungen, S. 154–157.
[205] Gustav Freytag: Die Journalisten. In: Freytag, Gesammelte Werke, 22 Bde., Leipzig 1886/88, Bd. 3, S. 1–112.

redakteurs münden.[206] Dieser Bürgerstolz, der Freytag bewog jede Nobilitierung abzulehnen,[207] qualifizierte ihn ebenso zum Modell des liberalen wilhelminischen Bürgers wie die Tendenz zur harmonischen Lösung der Konflikte zwischen Adel und Bürgertum, die die Handlungsführung seiner Werke prägt.[208]

Durch seinen frühen literarischen Erfolge befand sich Freytag im Vergleich zu Haym, der auch in Zeiten akademischer Bestallung und Anerkennung in der Korrespondenz mit Vorgesetzten einen subalternen Gestus nicht ganz ablegen konnte, in einer relativ unabhängigeren Position. Er hatte schon 1844 die Privatdozentur für deutsche Sprache und Literatur an der Universität Breslau niedergelegt, nachdem ihm im Jahr zuvor eine außerordentliche Professur und jetzt eine Vorlesung über deutsche Kulturgeschichte abgelehnt worden war.[209] Selbstsicherheit und Distanz, Ironie und eine gewisse Neigung zu Selbststilisierung charakterisieren ihn; Tendenz zur Stilisierung und zu gesuchten sprachlichen Formulierungen kennzeichneten den Ton seiner Literatur. Doch ist die Ironie zumeist in Form von Humor ethisch diszipliniert und der Autor erlaubt sich nur an wenigen Stellen und in wenigen Figuren ihre freie Handhabung – am bekanntesten wohl in dem romantischen Baron Fink aus ›Soll und Haben‹.[210]

---

[206] Vgl. Gustav Freytag: Die Ahnen. In: Freytag, Gesammelte Werke, Bde. 8–13, hier Bd. 13, S. 302–312. Auch die ›Bilder aus der deutschen Vergangenheit‹ enden in gewisser Weise mit einer Apotheose des Journalismus: Freytag präsentiert Auszüge aus den Erinnerungen des liberalen Politikers, zeitweiligen Pädagogen und Journalisten Karl Mathy. Noch im Artikel ›Freytag‹ der ›ADB‹ schreibt Alfred Dove, der 1869/70 selbst an den ›Grenzboten‹ mitgearbeitet und danach die Redaktion der Zeitschrift ›Im Neuen Reich‹ übernommen hatte (vgl. Freytag, Erinnerungen, S. 169), dass Freytag »aus Pflichtgefühl in den Dienst der befreiten deutschen Presse [getreten sei], zum Glück nur im weiteren Sinne des Wortes als Journalist.« (Alfred Dove: [Art.] Gustav Freytag. In: ADB, Bd. 48, S. 749–567, hier 755).

[207] Haym dagegen versucht Hang zum Adel zu insinuieren: »Die Wahrnehmung ist nicht neu, und schwerlich wird man sich ihr entziehen können, daß für unseren Dichter der Glanz aristokratischer Erscheinungen eine gewisse Anziehungskraft hat.« (Rudolf Haym: [Rez.] ›Die Fabier‹. Trauerspiel in fünf Acten von Gustav Freytag. In: Preußische Jahrbücher, Bd. 3 (1859), S. 657–683, hier 673).

[208] Vgl. Schmidt, Freytag, S. 266f.; Alberti, Freytag, S. 61; Hanstein, Freytag, S. 13.

[209] Vgl. Freytag, Erinnerungen, S. 131; vgl. Alberti, Freytag, S. 70. Alberti führt als Grund der zunehmende Schwierigkeiten Freytags dessen Freundschaft mit dem bis zu seiner Absetzung 1843 gleichfalls in Breslau lehrenden Hoffmann von Fallersleben an, über den Freytag in einer populären Vorlesung zur zeitgenössischen Literatur sprach (vgl. Alberti, Freytag, S. 36f.); Freytag selbst stellt rückblickend sein Verhältnis zu Hoffmann eher kühl dar. Vgl. Freytag, Erinnerungen, S. 102f. Promoviert hatte Freytag bei Lachmann über die ›Anfänge der dramatischen Poesie bei den Deutschen‹, habilitiert hatte er sich mit einer Arbeit über Hrosvith von Gandersheim.

[210] Fontane sieht in Fink die »entschiedene Lieblingsfigur des Verfassers«. (Theodor Fontane: [Rez.] Gustav Freytag: ›Soll und Haben‹. Ein Roman in drei Bänden. In: Fontane, Sämtliche Werke, hg. von Edgar Groß e.a., München 1959ff. [Nymphenburger Ausgabe], Bd. 3.1, S. 293–308, hier 299; vgl. Johannes Geffken: Die Tendenz in Gustav

Bürgerlicher Stolz ließ Freytag in aristokratischen Kreisen selbstbewusst aufzutreten; er stand Herzog Ernst II von Gotha nahe, war leitend in dem vom Herzog initiierten ›Litterarisch-politischen Verein‹ tätig und wurde sogar 1870 ins Feldlager des Kronprinzen gebeten.[211] Gegen Ende seines Lebens war Freytag schließlich so zu einer nationalen Institution geworden, dass Wilhelm Scherer dem vor den Feierlichkeiten Geflohenen in einem öffenlichen Geburtstagsglückwunsch das Recht an der eigenen Person streitig machen konnte:

> Indessen, wenn ich einen scherzhaften Streit mit Ihnen anbinden dürfte, so sollte es mit nicht schwer werden, nachzuweisen, daß Sie gar kein Recht haben, sich die Feier Ihres Geburtstags zu verbitten, da Sie längst in die Reihe derer eingerückt sind, die nicht mehr sich selbst, sondern ihrem Volke gehören, und die daher unbequeme Festlichkeiten über sich ergehen lassen müssen, weil solche Festlichkeiten gar nicht in erster Linie den Zweck haben, ihnen Vergnügungen zu machen, sondern einem öffentlichen Interesse, vielleicht darf man sagen: der Erziehung des Volkes zu dienen.[212]

Schließlich war die borussophile Freytagsche Linie auch auf dem Gebiet der politischen Publizistik der Haymschen Bedenklichkeit überlegen: Nach einem Dissens zwischen Haym und Heinrich von Treitschke, der zu den Mitarbeitern der ›Jahrbücher‹ zählte, und von letzterem durch einen Artikel in den ›Grenzboten‹ eröffnet worden war, verlor Haym seine dominierende Stellung bei den ›Jahrbüchern‹ an den Freytag-Freund.[213] Dennoch hat Haym pflichtschuldig die

---

Freytags ›Soll und Haben‹. In: Zeitschrift für vergleichende Literaturwissenschaft NF 13 [1899], S. 88–91, hier 90); drei Jahre später bezeichnet auch Robert Prutz Fink als den »eigentlichen Helden« und »inneren Mittelpunkt« des Romans und kommt in seiner conclusio dem Urteil seines (literatur-)politischen Opponenten Haym nahe: »Und bei diesem Hrn. von Fink ist das Herz des Dichters; bei Anton Wohlfahrt, dem angeblichen Helden der Arbeit [!] und der bürgerlichen Ehrbarkeit, ist nur sein Kopf; Hrn. von Fink hat der Dichter für sich selbst geschrieben, Anton Wohlfahrt nur für sein Publikum.« (R[obert] P[rutz]: Gustav Freytag. Eine literarhistorische Skizze. In: Deutsches Museum 8,2 [1858], S. 441–458, hier 453f.).

[211] Vgl. bes. Freytag, Erinnerungen, S. 183f., 214f. u. 236f. Zur Stellung Herzog Ernsts zu Freytag und zum ›Litterarisch-politischen‹ Verein vgl. Ernst II. Herzog von Sachsen-Coburg-Gotha: Aus meinem Leben und meiner Zeit, 3 Bde., Berlin 1887/88/89, Bd. 2, S. 305–334 u. Bd. 3, S. 73–77; vgl. Ernest K. Bramsted: Aristocracy and the Middle-Classes in Germany. Social Types in German Literature 1830–1900, rev. ed., Chicago/London 1964, S. 321–324.

[212] Wilhelm Scherer: An Gustav Freytag. In: Scherer, Kleine Schriften. 2 Bde., hg. von Konrad Burdach und Erich Schmidt, Berlin 1893, Bd. 2, S. 36–39, hier 36f. Für Arthur Eloesser war Freytag »nicht nur ein großer Kulturhistoriker, sondern selbst ein großer Kulturfaktor« (Arthur Eloesser: Gustav Freytags Vermächtnis. In: Gustav Freytag: Briefe an seine Gattin, 3.u. 4. Auflage, Berlin o.J., S. I-X, hier II.).

[213] Vgl. Haym, Leben, S. 270f. Zur Kontroverse zwischen Haym und Treitschke, in der es 1863 um die liberale Taktik angesichts der Beschränkung der Pressefreiheit geht, vgl. Ulrich Langer: Heinrich von Treitschke. Politische Biographie eines deutschen

Freytagschen Werke in den ›Jahrbüchern‹ nicht nur angezeigt, sondern auch die antikisierende Tragödie ›Die Fabier‹ des ›einzigen Poeten, den unsre Partei hat‹ selbst rezensiert.²¹⁴

Nationalisten, Düsseldorf 1998, S. 97–102; vgl. Walter Bußmann: Treitschke. Sein Welt- und Geschichtsbild, Göttingen 1952, S. 267–370; Westphal, Welt- und Staatsauffassung, S. 184–186.

²¹⁴ Das Zitat steht im unmittelbaren Zusammenhang mit der ›Fabier‹-Rezension: Konstantin Rößler, Freund Freytags (vgl. Freytag, Erinnerungen, S. 158) und gleichfalls liberaler Publizist, hatte Haym eine Rezension der ›Fabier‹ angeboten, Haym hatte abgelehnt und sich die Aufgabe selbst vorbehalten, um damit »den einzigen Poeten, den unsre Partei hat, auf den Schild zu heben und ihm womöglich einen Gegendienst, der Sache selbst einen Dienst zu leisten.« (Haym, Briefe, S. 176, Nr. 122: An Konstantin Rößler, Halle, 13. 4. 1859). Die Rezension Rößlers floss ein in: Konstantin Rößler: Gustav Freytag und die deutsche Dichtung der Gegenwart, Berlin 1860. Hayms Rezension ist dem Stück gegenüber freundlich, dem Verfasser hingegen durchaus kritisch gesinnt. Er findet »eine[.] an allen Punkten fest zusammenhaltende[.] Composition«, lobt »[d]ie großen und ergreifenden Schönheiten des Werkes« und hebt besonders die Gestaltung der Figuren hervor: »[S]ie [haben] vor allen Dingen einen festen Kern, eine Natur, die aus Fleisch und Blut besteht. Diese Natur ist, wie billig, in's Ideale übersetzt, aber sie wird nicht aufgelöst in jene falsche Idealität, die bei Lichte besehen, nur Redeflitter und Theaterplunder ist.« (Haym, Fabier, S. 677, 677 u. 678). Dabei hatte er einige Seiten zuvor zunächst die aristokratischen Phantasien des Verfassers hervorgehoben und dabei nicht nur kritisiert: »Die sittlichen Principien und Tendenzen unseres Dichters haben zuweilen einen schweren Stand gegen die keckeren Neigungen seiner Phantasie.« (Haym, Fabier, S. 673), sondern diese Kritik auch noch ins politische gewendet: »Aber die Phantasie und die poetischen Neigungen des Dichters sind nicht genau da, wo sein Verstand ist: der Politiker wird von dem Dichter überwältigt.« (Haym, Fabier, S. 674). Angesichts dieser ästhetisch wie politische tödlichen, Freytag als Person diskreditierenden Vorwürfe erscheint Hayms Resümee zumindest zweischneidig, wenn er Freytag zugesteht, nicht Privilegien zu verteidigen, sondern ›wahren Adel‹: »Niemals ist der alte Spruch ›Noblesse oblige‹ überzeugender und ergreifender gepredigt worden.« (Haym, *Fabier*, S. 683). Gegen diese Haymschen Unterstellungen wendet sich Treitschke: »Man hat dem Dichter schweres Unrecht gethan, wenn man meinte, in dieser Stelle offenbare sich sein, in der Stille des Herzens den Plebejern abgeneigtes, aristokratisches Wesen. [...] Das Trauerspiel ist vielmehr das strengste Verdammungsurteil gegen das Junkerthum, und von aristokratischen Neigungen enthält es nichts weiter, als jene, beinahe allen Künstlern eigentümliche, wo nicht gar nothwendige Empfänglichkeit für den ästhetischen Reiz der vornehmen Art.« (Heinrich v. Treitschke: [Rez.] Freytag, Gustav, ›Die Fabier‹. In: Litterarisches Centralblatt, 1859, Sp. 768. Zitiert nach: Heinrich von Treitschke: Historische und politische Aufsätze vornehmlich zur neuesten Geschichte, 4 Bde., Leipzig 1865–1897, Bd. 4, S. 520–523, hier 521). Haym hat auch die folgenden Werke Freytags in den ›Jahrbüchern‹ angezeigt: [Rudolf Haym]: [Rez.] Gustav Freytag: ›Bilder aus der deutschen Vergangenheit‹. In: Preußische Jahrbücher 5 (1860), S. 98f.; [Rudolf Haym]: [Rez.] Gustav Freytag: ›Neue Bilder aus der deutschen Vergangenheit‹. In: Preußische Jahrbücher 8 (1862), S. 647–651; [Rudolf Haym]: [Rez.] Gustav Freytag: ›Technik des Dramas‹. In: Preußische Jahrbücher 10 (1863), S. 640ff. (Quelle der Zuschreibungen: Westphal: Welt- und Staatsauffassung, S. 322).

Trotz aller persönlichen Gegensätzlichkeiten teilen beide die grundegende Konzeption idealistisch-liberaler Publizistik und Poetik. Haym wie Freytag begriffen publizistische Tätigkeit als bildungspolitische Aufgabe; beide betonten in ihrem Bildungskonzept die historische Dimension; bei Haym in der Theorie, bei Freytag auch in der Praxis steht der Bildungsimpetus im Zentrum der Poesie; beide definieren Poesie als Tätigkeit der Phantasie; beide begreifen Realismus als Disziplinierung dieses produktiven Vermögens. Haym plante nach eigenem Bekunden eine Entwicklungsgeschichte des Geistes, wovon die erscheinen Arbeiten zu Herder, Humboldt, Hegel und zur romantischen Schule als Teilstudien begriffen werden können; Freytags Abschied von der akademischen Karriere wurde durch das Verbot einer Vorlesung zur Kulturgeschichte ausgelöst. Als Wiederaufnahme dieses Anliegens, das gattungsbedingt in den Bühnenstücken und durch die Zeitumstände zunächst auch in der Publizistik hatte zurücktreten müssen, wurden zeitgenössisch die ›Bilder aus der deutschen Vergangenheit‹ interpretiert, die Freytag seit 1855 in den ›Grenzboten‹ und schließlich 1858–1867 in Buchform veröffentlichte.[215] Ihnen folgte zwischen 1872 und 1880 mit dem Roman ›Die Ahnen‹ ein voluminöses Opus in fünf Bänden, das am Schicksal eines Geschlechts den Gang der deutschen Geschichte von der Völkerwanderung bis zu den Freiheitskriegen darstellt.[216] Im Anhang des letztes Bandes ›Aus einer kleinen Stadt‹ führt Freytag die Linie schließlich bis zu den Barrikadenkämpfen 1848, die den letzten Nachkommen dazu veranlassen, Journalist zu werden. Schon zeitgenössischen Rezensenten waren die ›Ahnen‹ als schwächeres Werk, als fahle Poetisierung der ›Bilder‹, aber repräsentatives bürgerliches Weihnachtgeschenk erschienen.[217] Wilhelm Scherer hatte in seiner Rezension in den ›Preußischen Jahrbüchern‹ den Anlass denn auch genutzt um die grundsätzliche Frage des »uralte[n] Zusammenhang[s] zwischen Dichten und Forschen«[218] zu stel-

---

[215] Gustav Freytag: Bilder aus der deutschen Vergangenheit. In: Freytag: Gesammelte Werke, Bde. 17–21. »Dieses Buch ist die erste ins Breite wirkende große, unromantische, auf die Gestaltung der Gegenwart bezogene, an der Gegenwart interessierte und um der Gegenwart willen die Vergangenheit durchmusternde geschichtsphilosophische Geschichtsschreibung.« (Leo Löwenthal: Gustav Freytag. In: Festschrift zum achtzigsten Geburtstag von Georg Lukács, hg. von Frank Benseler, Neuwied/Berlin 1965, S. 392–401, hier 395; vgl. Lynne Tatlock: Realist Historiography and the Historiography of Realism: Gustav Freytag's ›Bilder aus der deutschen Vergangenheit‹. In: The German Quaterly 63 [1990], S. 59–74).
[216] Gustav Freytag: Die Ahnen. In: Freytag, Gesammelte Werke, Bde. 8–13.
[217] Zu den ›Ahnen‹ und ihrer Rezeption vgl. Hartmut Eggert: Studien zur Wirkungsgeschichte des deutschen historischen Romans 1850–1875, Frankfurt am Main 1971, S. 176–187; Hugo Aust: Der historische Roman, Stuttgart/Weimar 1994, S. 98–101; Paul Ulrich: Gustav Freytags Romantechnik, Marburg 1907 (Reprint New York/London 1968), S. 15–27.
[218] Wilhelm Scherer: [Rez.] Aus dem deutschen Alterthum. Dichtung und Wahrheit. Gustav Freytag, ›Die Ahnen‹. I. ›Ingo und Ingraban‹. In: Preußische Jahrbücher 31

len, obwohl Freytag in der Widmungsadresse der Ahnen angemerkt hatte, dass es sich um »eine Reihe frei erfundener Geschichten« handele und betont: »Das Buch will Poesie geben, und gar nicht Culturgeschichte.«[219]

Bereits mit seiner Rezension des ersten Bandes der ›Ahnen‹, die programmatisch und anspielungsreich den Titel ›Aus dem deutschen Altertum Dichtung und Wahrheit‹ trägt, hatte sich Wilhelm Scherer den Unwillen Freytags zugezogen, da er in Missachtung des zitierten Diktums den Inhalt der ›Ahnen‹ mit wissenschaftlicher Elle maß, Freytag stellenweise ahistorische Motivation seiner Figuren vorwarf und einen prinzipiellen Widerspruch zwischen poetischer Qualität und historischer Exaktheit formulierte, der in Konsequenz die ganze Poetik der ›Ahnen‹ aus den Angeln heben konnte.[220] Nachdem er die erwähnte Absicht Freytags, Poesie, nicht Geschichte zu geben, zitiert hat, wendet er ein:

> aber er [Freytag] bemerkt ebenso von dem vorliegenden ersten Band, er führe in Zeiten, welche der Dichter leichter verstehe als der Historiker. Und damit giebt er selbst zu, daß auch seine Poesie hier sich um Verständnis bemüht, mit diesem Verständnis aber fördert sie die Wissenschaft. Er giebt uns zugleich das Recht, die Leistung, die

---

(1873), S. 481–502. Zitiert nach: Scherer, Kleine Schriften, Bd. 2, S. 3–22, hier 3; vgl. Eggert, Studien, S. 177f. Am gleichen Ort rezensiert Scherer auch den zweiten und dritten (gemeinsam), sowie in der ›Neuen freien Presse‹ den fünften Band der ›Ahnen‹, ohne dass diese Rezensionen jedoch die grundsätzliche Fragestellung der ersten wieder aufnähmen. Vgl. Wilhelm Scherer: [Rez.] ›Zaunkönig und Spielmannskönig‹. Gustav Freytag, ›Die Ahnen‹: II. ›Das Nest der Zaunkönige‹ 1873; III. ›Die Brüder vom Deutschen Hause‹ 1874. In: Preußische Jahrbücher 35 (1875), S. 85–90, wiederabgedruckt in: Scherer, Kleine Schriften, Bd. 2 , S. 22–28; sowie: Wilhelm Scherer: [Rez.] Freytags ›Ahnen‹. Fünfter Band. In: Neue freie Presse, Nr. 5136 (13. Dezember 1878), wiederabgedruckt in: Scherer, Kleine Schriften, Bd. 2, S. 28–36.

[219] Beide in: Freytag, Gesammelte Werke, Bd. 8, unpag. Noch in den ›Erinnerungen‹ bezeichnet Freytag die ›Ahnen‹ als »freie und moderne Dichtung« (Freytag, ›Erinnerungen‹, S. 238).

[220] Scherer möchte »der Erzählung des modernen Dichters etwas von dem heißeren Athem einhauchen, dessen Wehen ich [Scherer] in unserer alten Poesie zu empfinden glaube.« (Scherer, ›Alterthum‹, S. 17). Freytag war über Scherers erste Rezension verärgert und witterte wohl Arroganz des akademischen Berufsphilologen: »Die Besprechung von Scherer in den Jahrbüchern war verfehlt, wie Alles, was der Bursch anfängt. So läßt sich mit dem Gesindelein der Poeten nicht abrechnen. Und er hat sich in seiner Art Mühe gegeben, auch an mich um Auskunft geschrieben.« (Brief an Salomon Hirzel, Siebleben, Anfang Juni 1873. In: Freytag an Hirzel, S. 200–202, Nr. 128, hier S. 202). Später, nach der öffentlichen Glückwunschadresse Scherers zu Freytags siebzigstem Geburtstag (vgl. Wilhelm Scherer: An Gustav Freytag. In: Deutsche Zeitung, Nr. 5219, 18. Juli 1886. Wieder Abgedruckt in: Scherer, Kleine Schriften, Bd. 2, S. 36–39) und dem bald darauf folgenden Tod Scherers fiel das Urteil milder aus: »Wilhelm Scherer, der neulich den schönen Gruß in der deutschen Zeitung drucken ließ, ist auch schnell gestorben. Er war noch in der Blüthe der Jahre, ein geistvoller Mann.« (Brief aus Siebleben vom 7.8.1886. In: Freytag, Briefe, S. 86). Bezeichnenderweise eröffnen Scherers Arbeiten über Freytag den zweiten Band der Kleinen Schriften.

er vorlegt nicht blos auf ihren Gehalt an Dichtung hin zu betrachten, sondern auch auf ihren Gehalt an Wahrheit.[221]

Dabei erweist sich für Scherer die von beiden geteilte These, die ältesten Dokumente einer Kultur trügen unvermeidlich poetischen Charakter, als notwendige Beeinträchtigung der Wirkung des darstellenden Kunstwerks. Nachdem Scherer einzelne Motive kritisch auf wissenschaftliche Exaktheit geprüft hat, kommt er zu dem Schluss:

> Ich fürchte beinahe, daß ich mit meinen Betrachtungen über verwandte Motive der deutschen Sage und Poesie eine Waffe schmiede, welche gegen Freytag benutzt werden kann. Der deutsche Recensent von Handwerk führt in seiner kritischen Apotheke einen Kasten mit der Aufschrift ›Reminiscenz‹, und darin bringt er alles unter, was in der wissenschaftlichen Litteraturhistorie die Geschichte der Motive heißt. Einige der Entlehnungen, die ich namhaft machte, mögen mit Bewußtsein geschehen sein, andere unbewußt, und noch andere sind ohne Zweifel zufällige Übereinstimmungen. Das ist aber der einzige Weg, der zur Wahrheit führt in der Poesie. Irgendwo muß sie

---

[221] Scherer, Alterthum, S. 4. In der Frage des Weges zu kulturgeschichtlicher Exaktheit räumt Scherer ein: »Die Quellen unterrichten uns immer nur unvollständig über vergangene Zeiten, und je besser wir die Gegenwart kennen lernen, desto neugieriger dringen wir an die Vergangenheit heran, desto mehr Fragen legen wir uns darüber vor, desto unzufriedener werden wir mit den überlieferten Nachrichten, desto geringer werden aber auch die Mittel der Wissenschaft, uns exacte Antworten zu liefern, desto mehr finden wir uns auf die wissenschaftlich controlirte Phantasie angewiesen: nur sie vermag ein Bedürfnis zu befriedigen, das niemand anderer als sie selbst in uns geweckt hat.« (Scherer, Alterthum, S. 3). Dabei ist Scherers Bezug auf fachwissenschaftliche Erkenntnisse jedoch nicht neu. Schon Haym hatte in seiner ›Fabier‹-Rezension die Freytagsche Darstellung der Familiengerichtsbarkeit kritisiert und bemerkt: »Auch sonst sind einzelne Züge des vorliegenden Stück, historisch gemessen, incorrect, oder gehören ausschließlich der Phantasie des Dichters an«, im folgenden Halbsatz jedoch eingelenkt: »überall ist diese Phantasie, von einem höheren Gesichtspunkt aus, im entschiedenen Rechte.« (Haym, Fabier, S. 699; vgl. Treitschke, Fabier, S. 521). Bei genauer Lesart erscheint weniger die Tatsache, dass Freytag von der historischen Wahrheit abweicht, sondern Scherers Wertung dieses Sachverhalts anstößig. Haym lizensiert den Verstoß aus ›höherer‹, poetischer Logik und betont gegen fachwissenschaftliche Einwände die ›öffentliche Funktion‹ des Trauerspiels: »Man kann die Wette bieten, daß es schwerlich einem Ungelehrten gelingen dürfte, das Thatsächliche in den angebrachten Zügen von dem Erfundenen zu sichten.« (Haym, Fabier, S. 670; vgl. auch Treitschke, Fabier, S. 522). Scherer dagegen sieht in den ›Ahnen‹ einen Versuch, Wissenschaft zu überbieten, der durch die Wissenschaft selbst induziert wird. Damit wird Wissenschaftsadäquatheit zu einem falsifizierenden Kriterium, das Scherer noch stärkt, wenn er auf das kulturgeschichtliche Interesse und das »Princip des Realismus« verweist (Scherer, Alterthum, S. 18) und damit Freytag gegen das eigene Programm ausspielt. Auch Erich Schmidt, der auf die »ausgezeichnete Abhandlung« Scherers hinweist (Schmidt, Freytag, S. 279, Anm. 1), sieht in der Gedächtnisrede Freytag »selbst eingeschworen auf den Imperativ wissenschaftlicher Wahrheit.« (Schmidt, Freytag, S. 267).

stets mit der Wirklichkeit zusammenhängen, und das ist, wo unmittelbare Beobachtung versagt, die Überlieferung: entweder das historische Factum oder das traditionelle poetische Motiv. Hat von hier aus der Dichter Eingang gefunden in die fremde Welt, so mag er sich dann weiterhin selbst zurechtfinden und seine Production wird sich unwillkürlich in denselben Bahnen bewegen, die er anfangs mit Bewußtsein einschlug. Wie weit er Neues bieten *kann*, bleibe dahin gestellt. Daß der Nachweis, er habe Altes benutzt, kein Vorwurf ist, steht außer Zweifel. Und jedenfalls gilt: besser nicht neu, als unwahr.[222]

Scherer erkennt die Leistungen einer »ergänzende[n] divinierende[n] poetische[n] Phantasie«[223] selbst für die Wissenschaften an. Gerade bei spärlicher Dokumentenlage bleibt der Historiker auf »wissenschaftlich controlierte Phantasie«[224] angewiesen. Es geht ihm nicht darum die Phantasie selbst, sondern »die Antriebe der Phantasie«[225] bei Freytag aufzuzeigen. Dabei kommen die liberale nationalpädagogische Absicht und die ihr korrespondierende (bildungs-)romanhafte Form Freytags der historischen Genauigkeit in die Quere.[226] Für Scherer stehen die ›Ahnen‹ hinter den ›Bildern aus der deutschen Vergangenheit‹ zurück, deren Ignorieren durch die Forschung er beklagt:

---

[222] Scherer, Alterthum, S. 17f. Neben der altertümelnden Sprache, die Scherer für den Hauptmangel der ›Ahnen‹ hält (vgl. Scherer, Alterthum, S. 19), kritisiert er vor allem, dass die Motivation seiner Personen eine ahistorische Projektion darstelle: »Hiernach darf ich wohl das Bedenken äußern, ob das Verhältnis zwischen Ingo und Irmgard nicht zu modern, nicht zu sentimental gedacht sei.« (Scherer, Alterthum, S. 11). »Die ganze Atmosphäre ist zu idyllisch, zu idyllisch für das, was darin vorgeht, und, wie mir scheint, auch zu idyllisch, um historisch richtig zu sein.« (Scherer, Alterthum, S. 20). In Fontanes ›Ahnen‹-Rezension, die zu den wichtigsten Texten seiner Romanpoetik gehören, wird die Waffe der ›Reminiscenzen‹, die Scherer zu schmieden glaubte, schließlich zum Einsatz gebracht: »Anlehnungen überall, ein Buch der Reminiszenzen; in gewissem Sinne ein Werk der Renaissance, in dem alles, was jemals war und wirkte, aus einem ekklektischen Geist heraus wiedergeboren wird. [...] Wer übereinstimmend mit uns empfunden entbehren, mit anderen empfand, dem ist auch durch Zitate der Beweis nicht zu erbringen. Denn die hier geübte Tapisseriekunst, in der die Fäden und Fädchen zwar noch vorhanden, aber, über- und durcheinandergeschoben, dennoch schwer erkennbar sind, ist außerordentlich groß.« (Theodor Fontane: [Rez] ›Die Ahnen‹. In: Fontane, Sämtliche Werke, Bd. 3.1, S. 308–325, hier 322). Auch wenn Fontane später die Freytagschen Figuren kritisiert, weil in ihnen der ›moderne Reflexionsmensch‹ immer wieder durchbreche, bewegt er sich in den Spuren der Schererschen Rezension: Vgl. Fontane, Ahnen, S. 324. Freytag selbst räumt in den ›Erinnerungen‹ das Projektionsmoment ein, sucht es aber gegenüber der poetischen Leistung in den Hintergrund zu rücken. Vgl. Freytag, Erinnerungen, S. 255f.
[223] Scherer, Alterthum, S. 15.
[224] Scherer, Alterthum, S. 3.
[225] Scherer, Alterthum, S. 5.
[226] Auf Scherers Einwände, die in Konsequenz nicht nur eine prinzipielle Kritik des historischen Roman zugunsten von Kunstwerken, die auf Beobachtung beruhen, beinhaltet, sondern zugleich eine Verabschiedung des liberalen Geschichts- und Menschenbildes darstellt, wird zurückzukommen sein.

Das Buch will freilich kein wissenschaftliches sein, aber es regt überall wissenschaftliches Denken an. Das Buch will keine deutsche Geschichte sein, und doch ist es die beste deutsche Geschichte, die wir haben.[227]

Die Einleitung und den erläuternden Passagen der ›Bilder aus der deutschen Vergangenheit‹ enthält Freytags Konzeption des Verhältnisses von Poesie und Geschichtswissenschaft und zugleich seine Einschätzung der Aufgabe und des Wertes journalistischer Tätigkeit. In der Dedikation der Ausgabe von 1867 an Salomon Hirzel beansprucht er für diese Arbeit »einige der höchsten leitenden Ideen unserer Geschichte zwar nicht neu zu erweisen, aber in neuer Beleuchtung zu zeigen«,[228] räumt aber ein, dass für eine Darstellung, die nicht wissenschaftlichen Zwecke diene, sondern »keinen höheren Ehrgeiz haben darf als den, ein bequemer Hausfreund zu werden«[229] ein Ausweis der Quellen nicht angebracht sei. Die Geste der Bescheidenheit kaschiert zunächst ein prinzipielles Problem der Kulturgeschichtsschreibung, das Freytag benennt, wenn er bemerkt, dass die Quellenlage besonders bei der Beschreibung älterer Zeiten ungenügend und unklar sei und der Historiker auf Interpolationen angewiesen bleibe.[230] Nicht die Präzision der Beschreibung, sondern lediglich der verschwiegene wissenschaftliche Kommentar trennt die Darstellung von wissenschaftlichem Anspruch. An dessen Stelle ist in Rücksicht auf die angestrebte Popularität des Textes eine Reihe

---

[227] Scherer, Alterthum, S. 4.
[228] Freytag, Bilder, Gesammelte Werke, Bd. 17, S. I. In seiner Rezension des dritten Bandes der ›Neuen Bilder‹, des 3. und 4. Bandes der ›Bilder‹, spricht auch Haym von einem »neue[n] berechtigte[n] Genre« (Haym, ›Neue Bilder‹, S. 647) der »Verwandlung geschichtlicher Studien in geschichtliche Bilder« (Haym, ›Neue Bilder‹, S. 647): »Eine Fülle von Detailanschauungen aus dem Leben unserer Großväter breitet sich vor uns aus – eine poetisierte culturhistorische Statistik, doppelt poetisch, weil von dem äußeren Apparat des Lebens der Blick immer wieder auf die nach Innen, nach der Seite des Gemüths und des Charakters geübte Rückwirkung gelenkt wird.« (Haym, Neue Bilder, S. 650). Treitschke, der die ›Bilder‹ im ›Centralblatt‹ rezensiert, lobt zusätzlich, dass sie »eines der seltenen Geschichtswerke [seien], welche von Frauen verstanden und mit Freude gelesen werden können. [...] Hier aber sind Schilderungen, deren jede einen gewissen Abschluß hat, und während die Leserinnen sich der anziehenden Bilder erfreuen, versteht es der Erklärer, ihnen allmählich eine Ahnung einzuflößen von dem großen Zusammenhang der historischen Dinge.« (Heinrich v. Treitschke: [Rez.] Freytag, Gustav, ›Bilder aus der deutschen Vergangenheit‹. In: Litterarisches Centralblatt 1860, Sp. 273, zitiert nach: Treitschke, Aufsätze, Bd. 4, S. 527–529, hier 529; vgl. Heinrich v. Treitschke: [Rez.] Freytag, Gustav, ›Neue Bilder aus dem Leben des deutschen Volkes‹. In: Litterarisches Centralblatt 1862, Sp. 135. Wiederabgedruckt in: Treitschke, Aufsätze, Bd. 4, S. 564f.).
[229] Freytag, Bilder, in: Gesammelte Werke, Bd. 17, S. II.
[230] »Freilich, in dieser ältesten Zeit sind die Berichte, welche Details des Privatlebens gewähren, sehr spärlich, unsere Kenntnis der wichtigsten Lebensformen ist unsicher, die Literatur sehr umfangreich, fast an jedem Satze alter Historiker hängen Streitfragen unserer Wissenschaft.« (Freytag, Bilder, in: Gesammelte Werke, Bd. 17, S. I.).

von Einführungen zum Gesamtwerk und zu den einzelnen Kapiteln getreten, in denen Freytag seine Konzeption vorstellt und die einzelnen historischen Episoden im Sinne seines anthropologisch fundierten liberalen Geschichtsverständnisses und Bildungskonzeptes ausdeutet – und dieses damit im Gegenzug die Anthropodizee bürgerlichen Optimismus als vernünftige und einzig erträgliche Konsequenz der geschichtlichen Entwicklung legitimiert:

> Es ist das Recht der Lebenden, alle Vergangenheit nach dem Bedürfnis und den Forderungen ihrer eigenen Zeit zu deuten. Denn das Ungeheure und Unerforschliche des geschichtlichen Lebens wird uns nur dann erträglich, wenn wir einen Verlauf darin erkennen, der unserer Vernunft und der Sehnsucht unseres Herzens entspricht, in gehäufter Zerstörung einen unendlichen Quell neuen Lebens, aus dem Vergehenden das Werdende.[231]

Freytags Geschichtskonzeption basiert auf einem zwar expressis verbis kulturalistisch ausgewiesenen, aber naturanalog konzeptionierten Volksbegriff.[232] Das Verhältnis des Indivuums zu diesem Agenten des Geschichtsprozesses versteht Freytag wiederum nicht strikt deterministisch, sondern analogisch. Er ist der Ansicht, dass »sich in der Seele jedes Menschen auch ein Miniaturbild von der Persönlichkeit seines Volkes finde[.]«.[233] Subjekt der Geschichte ist das Volk, der Einzelne fungiert als natürliche Voraussetzung seiner Institutionen:

> Alle großen Schöpfungen der Volkskraft, angestammt Religion, Sitte, Recht, Staatsbildung, sind für uns nicht mehr die Werke einzelner Männer, sie sind organische Schöpfungen eines höheren Lebens, welches zu jeder Zeit nur durch den Einzelnen zur Erscheinung kommt und zu jeder Zeit den geistigen Inhalt der Individuen in sich zu einem mächtigen Ganzen zusammenfaßt. Jeder Mensch trägt und bildet in seiner Seele die geistige Habe des Volkes, jeder besitzt die Sprache, ein Wissen, eine Empfindung für Recht und Sitte, in jedem aber erscheint dies allgemeine Nationale gefärbt, eingeengt, beschränkt durch seine persönliche Eigenart. Die ganze Sprache,

---

[231] Freytag, Bilder, hier in: Gesammelte Werke, Bd. 21, S. 492; vgl. die Kritik Freytags am ›Objektivismus‹ der Rankeschen Geschichtsschreibung: Gustav Freytag: [Rez] Heinrich v. Sybel: ›Geschichte der Revolutionszeit‹. In: Freytag, Vermischte Aufsätze aus den Jahren 1848–1894, hg. von Ernst Elster, 2 Bde., Leipzig 1901/03, Bd. 2, S. 222–233; vgl. Bramsted, Aristocracy, S. 114f.; Thormann, Realismus, S. 64.

[232] »[...] die Volkskraft wirkt unablässig mit dem dunkeln Zwange einer Urgewalt, und ihre geistigen Bildungen entsprechen zuweilen in auffallender Weise den Gestaltungsprozessen der stillschaffenden Naturkraft, die aus dem Samenkorn der Pflanze Stiel, Blätter und Blüte hervortreibt.« (Freytag, Bilder, in: Freytag, Gesammelte Werke, Bd. 17, S. 24). Prägend für Freytags Geschichtskonzeption war, wie Walter Bußmann gezeigt hat, die Wolf-Lachmannsche-Theorie des kollektiven Ursprung der homerischen Epen und des Nibelungenliedes. Vgl. Walter Bußmann: Gustav Freytag. Maßstäbe seiner Zeitkritik. In: Archiv für Kulturgeschichte 34 (1952), S. 261–287; vgl. Eggert, Studien, S. 80f. Auf Wolf hatte auch Haym seine Hoffnung auf eine neue Konjunktur der Philologie gegründet. Vgl. Haym, Philologie, S. 129.

[233] Freytag, Bilder, in: Freytag, Gesammelte Werke, Bd. 17, S. 22.

das gesamte sittliche Empfinden vereinigt in sich nicht der Einzelne, sie stellen sich nur dar, wie der Accord im Zusammenklingen der einzelnen verbundenen Töne, in der Gesammtheit, dem Volke. So darf man wohl, ohne etwas Mystisches zu meinen, von einer Volksseele sprechen.[234]

Freilich zielen die »Entwicklungsgesetze dieser höheren geistigen Persönlichkeit«[235] selbst auf Differenzierung und Individuierung, die im entwickelten Zustand eine komplexe Sphäre symbolischer Repräsentation und Vermittlung notwendig werden lässt. Am Anfang der historischen Entwicklung steht für Freytag eine undifferenzierte kollektive Praxis von Symbolstiftung.[236] Endgültig gebrochen wird die Dominanz der kollektiven Praxis erst mit dem dreißigjährigen Krieg[237] und dem »Ausklingen alter Bildungsverhältnisse«[238] nach den Freiheitskriegen.

Zuvor war jedoch in der klassischen Bildung das zukunftsträchtige Modell »eine[r] neue[n] nationale[n] Cultur«[239] entstanden, wenngleich dieser »wundergleiche[n] Schöpfung einer Seele ohne Leib«[240] die Wirksamkeit zunächst versagt geblieben war. Dennoch: »[D]iese neue nationale Bildung sollte auf Umwegen dazu helfen, die Deutschen zu politischen Männern zu machen.«[241] Freytag münzt das politische Defizit der Klassik zum Vorteil um, indem er die Autonomie der literarisch-philosophischen Reflexion als qualitativen Sprung interpretiert, der kollektive Verpflichtung auf die idealen Interessen Wahrheit und Schönheit an die Stelle blanker parteilicher Funktionalisierung setzt:

> Nie hat eine Literatur solche Rolle gespielt und so große Aufgaben gelöst, als die deutsche von 1750 bis zur Gegenwart. Denn sie ist auch durchaus unähnlich den modernen Versuchen anderer Völkerschaften, welche aus Patriotismus, d.h. aus dem Bedürfnis eines staatlichen Fortschritts, sich eine auf politischen Grundlagen und Zielen beruhende Literatur großziehen. In diesen Fällen dient Kunst und Poesie von Anfang an der Politik, sie wird vielleicht künstlich gepflegt, der wissenschaftliche und Kunstwerth

---

[234] Freytag, Bilder, in: Freytag, Gesammelte Werke, Bd. 17, S. 23.
[235] Freytag, Bilder, in: Freytag, Gesammelte Werke, Bd. 17, S. 23.
[236] »Ein merkwürdiger, schöpferischer Trieb arbeitet unendliche Fülle von Bildern, Symbolen, von Sprüchen und energischen Bewegungen heraus, um jede Erdenhandlung zu idealisieren. Wie das Volk sein Verhältnis zum Göttlichen, wie es alle menschliche Tätigkeit verstand, ist darin ausgedrückt. Es ist ein völliges Umschaffen des realen Lebens zu bedeutungsvoller Bildlichkeit.« (Freytag, Bilder, in: Freytag, Gesammelte Werke, Bd. 17, S. 18).
[237] »Dieser dreißigjährige Krieg, seit der Völkerwanderung die ärgste Verwüstung eines menschenreichen Volkes, ist das zweite Moment der deutschen Geschichte, welches dem Charakter des Volkes eigentümliche Richtung gab. Der Krieg zerstörte die Volkskraft bis in die Trümmer, [...]« (Freytag, Bilder, in: Freytag, Gesammelte Werke, Bd. 17, S. 5).
[238] Freytag, Bilder, in: Freytag, Gesammelte Werke, Bd. 21, S. 2.
[239] Freytag, Bilder, in: Freytag, Gesammelte Werke, Bd. 21, S. 7.
[240] Freytag, Bilder, in: Freytag, Gesammelte Werke, Bd. 21, S. 7.
[241] Freytag, Bilder, in: Freytag, Gesammelte Werke, Bd. 21, S. 7.

der einzelnen Leistungen gilt wahrscheinlich weniger als der patriotische Zweck. In Deutschland waren die Wissenschaft, Literatur und Kunst nur um ihrer selbst willen vorhanden, die beste schöpferische Kraft, die wärmste Antheilnahme der Gebildeten war allein auf sie gerichtet, sie waren immer deutsch und vaterländisch [...], aber sie hatten, wenige Ausbrüche politischen Zorns oder volksthümliche Begeisterung abgerechnet, keinen andern Zweck, als der Wahrheit und Schönheit zu dienen. [...] Gerade darum aber, weil Kunst und Wissenschaft der Deutschen nichts wollten als ehrliche Leistungen innerhalb ihrer Gebiete, durchglühten ihre lauteren Flammen das weiche Gemüth der Deutschen, bis es für einen großen politischen Kampf gehärtet war.[242]

Dieser Mythos von der Entstehung des Bildungsbürgers als protopolitischer Aktion findet sein Telos in der Überschreitung der philosophisch-ästhetischen zur politischen Wirklichkeitsbewältigung und -gestaltung. Erst dieser neue ›Realismus‹ eröffnet die Möglichkeit der erneuten Formierung einer kollektiven Identität auf einem höherern Niveau:

> Der Realismus, welchen man rühmend oder zürnend ein Merkmal der Gegenwart nennt, ist in Kunst, Wissenschaft, im Glauben wie im Staate nichts als die erste Bildungsstufe eines aufsteigenden Geschlechts, welche das gegenwärtige Leben nach allen Richtungen zu vergeistigen sucht, um dem Gemüt neuen Inhalt zu geben.[243]

Diese neue Identität soll differenzierter und individualistischer als die alte sein. Damit aber wird – der Hegelschen Konzeption des bürgerlichen Zeitalters angelehnt – die Objektivierung und Vermittlung der einzelnen Aspekte der Gesellschaft notwendig. Die Partikularisierung der Individuen birgt für den Einzelnen die Gefahr eines Identitiätsverlustes, der nun nicht mehr durch die quasi organische Struktur des Sozialverbandes ausgeschlossen wird, sondern dem durch bewusst gesetzte Organisation begegnet werden muss. Die Diagnose der differenzierten Gesellschaft wird zur Apologie der Presse und des Vereinswesens:

> Und gerade die unendliche Fülle von neuen Kenntnissen, welche aus der Wissenschaft in das Leben der Gebildeten drangen, brachte den Charakteren eine Gefahr. Der Deutsche lernte fast zahllose Persönlichkeiten fremder Völker und Menschen verstehn, die verschiedenartigste Bildung wurde ihm in ihrer inneren Nothwendigkeit und Berechtigung klar. [...] Er kam in Gefahr, bei seinem achtungsvollen Urtheil die sittlichen Grundlagen des eigenen Lebens zu vergessen. [...] Wer die bedingte Berechtigung eines fremden Standpunktes unbefangen würdigen will, der muß zuvor in fester Männlichkeit Sitte und Pflichtgefühl des eigenen Lebens zu bewahren wissen. [...] Dies geschieht nur durch die Gewöhnung, die eigene Willkür durch pflichtvolles Zusammenarbeiten mit seinen Zeitgenossen zu bändigen, durch das Leben in freien Vereinen und durch freie Presse, durch dauernde Theilnahme an den größten politischen Bildungen seiner Zeit.[244]

---

[242] Freytag, Bilder, in: Freytag, Gesammelte Werke, Bd. 21, S. 7f.
[243] Freytag, Bilder, in: Freytag, Gesammelte Werke, Bd. 21, S. 2f.
[244] Freytag, Bilder, in: Freytag, Gesammelte Werke, Bd. 21, S. 451f. Zum Verein als liberales Modell der Gesellschaft vgl. Lothar Gall: Liberalismus und ›bürgerliche Gesell-

Modell des engagierten Individuums in diesem Prozess neuer nationaler Identitätsbildung, den Freytag seit 1830 in »unaufhaltsame[m] Fortschritt«[245] begriffen sieht, wird der süddeutsche Liberale Karl Mathy, dem Freytag im Anschluss eine Biographie widmen wird. Mit Aufzeichnungen Mathys, der 1833 aus dem Staatsdienst ausschied, sich publizistischer Arbeit widmete und, nachdem diese unmöglich geworden war, bis 1848 als Lehrer in der Schweiz arbeitete, enden die *Bilder*.[246]

Im Schluss der ›Ahnen‹ wird das Geschichtsmodell der ›Bilder‹ in visionärer, nur in der Phantasie imaginierbaren Schau einer neuen Nationalität überboten.[247] Es hatte aber bereits der Epopoe des zweiten Reiches, dem 1855 erschienen Roman ›Soll und Haben‹ zugrunde gelegen.[248] Die dort geübte und viel-

---

schaft‹. Zu Charakter und Entwicklung der liberalen Bewegung in Deutschland. In: Historische Zeitschrift 220 (1975), S. 324–356, bes. 337f. Auch Haym insistiert auf Personalität: »Aber das Concrete sind niemals und nirgends die Massen, sondern es sind distincte, lebendige, incommensurable Individuen, es sind Menschen im Conflict mit Zuständen und Leidenschaften, es sind Naturen und Charaktere.« (Haym, Philosophie, S. 194).

[245] Freytag, Bilder, in: Freytag, Gesammelte Werke, Bd. 17, S. 453.

[246] Gustav Freytag: Karl Mathy. In: Freytag, Gesammelte Werke, Bd. 22; vgl. Erinnerungen, S. 230–235. Mathy, der auch einige Artikel in den ›Grenzboten‹ veröffentlicht hatte, wurde später Leiter der Privatbank in Gotha und anschließend Direktor der Kreditanstalt in Leipzig. Schließlich wurde er von Roggenbach in das Badische Reformkabinett berufen. Vgl. Freytag, Mathy, S. 360–420. Freytag bezeichnete die Mathy-Biographie als »in gewissem Sinne eine Fortsetzung der Bilder« (Freytag, Erinnerungen, S. 234).

[247] Wiederum war publizistische Tätigkeit als zeitgemäße Form der Durchsetzung politisch-liberaler Ideen erschienen: Victor und Henner begründen – ähnlich wie Schmidt und Freytag – nach der 48er Revolution eine Zeitung. Beide sind, wie sich herausstellt, Abkömmlinge des Geschlechts, dessen Schicksal die Handlung des gesamten Romans trug. In der Schlusspassage des Werkes, einer Rede Victors, reiht dieser sich und seine publizistische Tätigkeit in das Wirken einer mythischen ›Volkskraft‹ ein, die das Engagement des Einzelnen in den objektivierten Strom einer Vorsehung stellt. Zu Henner gewandt sagt er: »Unsere Phantasie mag mühelos, auch wo die beglaubigte Kunde fehlt, noch weiter rückwärts in die Vergangenheit fliegen. [...] Vielleicht wirken die Thaten und Leiden der Vorfahren noch in ganz anderer Weise auf unsere Gedanken und Werke ein, als wir Lebenden begreifen. Aber es ist eine weise Fügung der Weltordnung, daß wir nicht wissen, wie weit wir selbst das Leben vergangener Menschen fortsetzen, und daß wir nur zuweilen erstaunt merken, wie wir in unseren Kindern weiter leben. [...] Und je länger das Leben einer Nation in den Jahrhunderten läuft, um so geringer wird die zwingende Macht, welche durch die Thaten des Ahnen auf das Schicksal des Enkels ausgeübt wird, desto stärker aber die Einwirkung des ganzen Volkes auf den Einzelnen und größer die Freiheit, mit welcher der Mann sich selbst Glück und Unglück zu bereiten vermag. Dies aber ist das Höchste und Hoffnungsreichste in dem geheimnisvollen Wirken der Volkskraft.« (Freytag, Ahnen, in: Freytag, Gesammelte Werke, Bd. 13, S. 312).

[248] Gustav Freytag: Soll und Haben. In: Freytag, Gesammelte Werke, Bde 3–5.

fach kritisierte Beschränkung der ›Handlung‹ auf die Distributionssphäre und dabei noch auf die bereits überholte Form des Lokalhandels,[249] ermöglicht Freytag, den Roman als Allegorie der Bedingungen des bürgerlichen Zeitalters anzulegen und den Bildungsprozess des Helden als Desillusionierung des phantastischen Überschusses seiner Interpretation der Zustände und damit als Arbeit der Korrektur des eignen, sich in der phantasischen Projektion objektivierenden Begehrens zu gestalten.[250] Eine verwandte ›leitende Idee‹ liegt auch dem zweiten Roman Freytags, der ›Verlorenen Handschrift‹, zugrunde. Handlungstragend ist hier die Suche nach einer verlorenen Tacitus-Handschrift, die den klassischen Philologen Werner an den Hof und schließlich in die Ehe führt. Neben einer freundlichen Karikatur des Universitätswesens und der weniger freundlichen einer, wie Freytag glaubt, nicht mehr zeitgemäßen feudalen Hofhaltung, folgt Freytag auch hier seinem übergreifenden nationalpädagogischen Programm. In den ›Erinnerungen‹ schreibt er:

> In die unsträfliche Seele eines deutschen Gelehrten werden durch den Wunsch, Werthvolles für die Wissenschaft zu entdecken, gaukelnde Schatten geworfen, welche ihm, ähnlich wie Mondlicht die Formen der Landschaft verzieht, die Ordnung seines Lebens stören, zuletzt durch schmerzliche Erfahrung überwunden werden.[251]

---

[249] Vgl. Bramsted, Aristocracy, S. 116f. Zur grundlegende Funktion des Distributionsmodells für das Kommunikationsmodell des Realismus und insbesondere für ›Soll und Haben‹ vgl. Russel A. Berman: The Rise of the Modern German Novel. Crisis and Charisma, Cambridge, Mass./London 1986, S. 55–104.

[250] Nachdem sich zunächst das Augenmerk auf der Poetisierung des Handels, der Verklärungspoetik des programmatischen Realismus und auf deren Aporie in Freytags Roman konzentrierte (vgl. Bernd Bräutigam: Candide im Comptoir. Zur Bedeutung der Poesie in Gustav Freytags ›Soll und Haben‹. In: Germanisch-Romanische Monatsschrift 66 [N.F. 35] [1985], S. 395–411; Ludwig Stockinger: Realpolitik, Realismus und das Ende des bürgerlichen Wahrheitsanspruchs. Überlegungen zur Funktion des programmatischen Realismus am Beispiel von Gustav Freytags ›Soll und Haben‹. In: Bürgerlicher Realismus. Grundlagen und Interpretationen, hg. von Klaus-Detlef Müller, Kronberg/Ts. 1981, S. 174–202, bes. 196), differenziert die Forschung mittlerweile zwischen dem poetologischem Programm der beiden ›Grenzboten‹-Autoren und der immanenten Poetik des Romans und bemüht sich um letztere. Dabei zeigt sich, so Mark Grunert, »daß im Text neben der politischen Botschaft eine poetische Wahrheit manifestiert wird, die die fast allgegenwärtige ›praktische Tendenz‹ des Buches konterkariert.« (Mark Grunert: Lenore oder die Versuchung des Bürgers. Romantischer ›Zauber‹ und realistische Ideologie in Gustav Freytags ›Soll und Haben‹. In: Monatshefte 85,2 [1993], S. 134–152, hier 135; vgl. auch Mark H. Gelber: Die literarische Umwelt zu Gustav Freytags ›Soll und Haben‹ und die Realismustheorie der ›Grenzboten‹. In: Orbis Litterarum 39 [1984], S. 38–53). Diese findet ihren Ort vor allem in den Figuren Lenores und Finks, die Grunert als »Verlockungen der *Freiheit* (Fink) und Versuchungen der *Natur*« (Grunert, Lenore, S. 137) identifiziert.

[251] Freytag, Erinnerungen, S. 203; vgl. Bramsted, Aristocracy, S. 125–132. Das Thema des Gelehrten am Hof in Verbindung mit jenem des Verhältnisses von Wissenschaft und Journalismus hatte Freytag in seinem fragmentarischen Trauerspiel ›Der Gelehrte‹ auf-

Freytag, dessen Werk oft als Umsetzung der poetologischen Konzeption seines Freundes Julian Schmidt gelesen wird,[252] hat keine Poetik des Romans verfasst, jedoch eine ›Technik des Dramas‹,[253] die nach eigenem Bekunden angehenden Schriftstellern als Leitfaden dienen sollte. Ihr Anspruch liegt nicht darin, Neues zu geben, sondern die Tradition zusammenzufassen und in ihrer Anwendbarkeit darzustellen.[254] Doch empfiehlt er, dramatische Kompositionsprinzipien, insbesondere gründliche Motivation der Personen und konzeptionelle Geschlossenheit der Handlung, auf den Roman zu übertragen.[255] Damit scheint Freytag der klassizistischen Hierarchie im Bereich der Literatur zu folgen und das Drama resp. die Tragödie als modellgebende Form der Poesie zu betrachten. Dafür spricht auch, dass sich Freytag nicht mit der Darstellung zeitgenössischer Stoffe zufrieden gab, sondern selbst mit den ›Fabier‹ einen antiken Stoff zum Sujet eines Trauerspiels wählte. Die Gültigkeit dieses ›klassischen Modells‹ wurde durch die anerkennenden Rezensionen – allen voran die Haymsche in den ›Preußischen Jahrbüchern‹ – bestätigt, wenngleich verschiedentlich eingeräumt werden musste, dass Freytag mit diesem ›anspruchsvollen‹ Werk weniger auf Popularität, um so

---

genommen, dort aber noch ›vorrevolutionär‹ mit dem Ruf »Ich gehe ins Volk.« abgebrochen. Vgl. Gustav Freytag: Der Gelehrte. Trauerspiel in einem Act. In: Freytag, Gesammelte Werke, Bd. 2, S. 93–132, hier 132.

[252] Vgl. z.B. Thormann, Realismus; Bräutigam, Candide; Kenneth Bruce Beaton: Gustav Freytag, Julian Schmidt und die Romantheorie nach der Revolution von 1848. In: Jahrbuch der Raabe-Gesellschaft 1976, S. 7–32; Hartmut Steinecke: Romantheorie und Romankritik in Deutschland. Die Entwicklung des Gattungsverständnisses von der Scott-Rezeption bis zum programmatischen Realismus, 2 Bde., Stuttgart 1975, Bd. 1, S. 204–225; Hans-Wolf Jäger: Gesellschaftliche Aspekte des bürgerlichen Realismus und seiner Theorie. Bemerkungen zu Julian Schmidt und Gustav Freytag. In: Text und Kontext 2 (1974), H. 3, S. 3–41; Stockinger, Realpolitik, S. 176; Richter, Leiden, S. 140–149.

[253] Gustav Freytag: Die Technik des Dramas. In: Freytag, Gesammelte Werke, Bd. 14.

[254] Dennoch empfiehlt Helmut Schanze Beachtung: »In bestimmter Weise fordert allein der Erfolg der *Technik*, vor allem aber ihre Nachwirkung, zur Auseinandersetzung mit ihr auf. Freytags *Technik*, von heute gesehen vielleicht nicht mehr als eine verstaubte, zudem ihres theoretischen Kerns beraubte Metamorphose aristotelischer *Poetik*, zeigt genau den Ort an, an dem der Block zu suchen ist, der ›Moderne‹ immer wieder verhinderte. Hier wird der bürgerliche Anspruch auf Behagen kodifiziert.« (Helmut Schanze: Drama im bürgerlichen Realismus. [1850–1890] Theorie und Praxis, Frankfurt am Main 1973, S. 76).

[255] »Der Aufbau der Handlung wird in jedem Roman, in welchem der Stoff künstlerisch durchgearbeitet ist, mit dem Bau des Dramas große Ähnlichkeit haben.« (Freytag, Erinnerungen, S. 179, vgl. 286f.). Im Anschluss skizziert Freytag den ›dramatischen‹ Aufbau von ›Soll und Haben‹, dessen Konsequenz Seuffert veranlasst, ihn als »besonders dankbares Beispiel« struktureller Analyse auszuwählen. (Seuffert, Beobachtungen, S. 600). Konsequent – und ironisch – schreibt Fontane dazu: »Überblicken wir den Gesamtinhalt, so gewahren wir, daß derselbe die innige Verschmelzung dreier Dramen ist. Wir haben zwei Tragödien und ein Schauspiel.« (Fontane, Freytag, S. 297).

mehr allerdings auf die Anerkennung der Gebildeten – und damit, wie Haym meint, der Nation – zählen könne.[256] Freilich bleibt auch hier eine gewisse Distanz markiert, denn der Stoff entstammt der politischen römischen, nicht der ästhetischen griechisch Antike und die Form wird durch den bürgerlichen Begriff des Trauerspiels, nicht den aristokratischen der Tragödie bezeichnet.

In seinen ›Erinnerungen‹ formuliert Freytag jedoch eine Poetik des Romans, welche die Wertigkeit der Gattungen umkehrt. Jetzt wird der Roman zur formal prädestinierten Gattung der Darstellung des Zeitalters:

> Der Roman, viel gescholten und viel begehrt, ist die gebotene Kunstform für epischen Behandlung menschlicher Schicksale in einer Zeit, in welcher tausendjährige Denkprozesse die Sprache für Prosadarstellung gebildet haben. Er ist als Kunstform erst möglich, wenn die Dichtung und das Nationalleben durch zahllose geschichtliche Erlebnisse und durch die Geistes- und Culturarbeit vieler Jahrhunderte mächtig entwickelt sind. Wenn wir aus solcher späten Zeit auf die Vergangenheit eines Volksthums zurücksehen, in welcher jede erhöhte Stimmung in gebundener Rede austönte, so erscheint uns, was damals unter anderen Culturverhältnissen der nothwendige Ausdruck des Erzählenden war, als besonders vornehm und ehrwürdige. In Wahrheit aber ist die Arbeit des modernen epischen Dichters, dessen Sprachmaterial die Prosa ist, genau in demselben Grade reicher und machtvoller geworden, wie die Fähigkeiten seiner Nation, das innere Leben des Menschen durch die Sprache zu schildern. Denn die Geschichte der Poesie ist im höchsten Sinne nichts Anderes als die historische Darstellung der Befähigung jeder Zeit, dem, was die Seele kräftig bewegt, Ausdruck durch die Sprache zu geben.[257]

Auch hier liegt das realidealistische Geschichtsmodell zugrunde, das den historischen Verlauf als Prozess von Differenzierung und Individuierung begreift und

---

[256] »Immer wird dem großem Publikum ein Roman mundgerechter sein, und jener Freytag'sche [›Soll und Haben‹] war es vorzugsweise. Aber man läßt vielleicht den Unterschied zwischen Publikum und Nation gelten. Von dem Leben, dem eigensten und besten Leben unserer Nation ist in den ›Fabiern‹ noch mehr als in ›Soll und Haben‹.« (Haym, Fabier, S. 682; vgl. Treitschke, Fabier, S. 520). Robert Giseke hingegen nutzt die Gelegenheit, um an die Gutzkow-Schmidt-Kontroverse anzuknüpfen und der ›Grenzboten‹-Ästhetik Inkonsequenz vorzuwerfen: »Statt der psychologischen Entwicklung, der pathologischen Consequenz, die wir von der realistischen Tragödie zu fordern hätten, verlieren ihre Höhepunkte sich hier in abstrakte Schlagworte und emphatische Declamationen in der idealistischen Tonart, welche als ein ›kategorischer Imperativ‹ von eben jener Seite so verächtlich behandelt worden ist.« (Robert Giseke: Ein Trauerspiel von Gustav Freytag. In: Deutsches Museum 10 [1860], S. 569–575, hier 575). Rückblickend bemerkt Erich Schmidt, dass das ›Römerstück‹ unter den reifen Werken Freytags »den schwächsten Widerhall gefunden [habe]« (Schmidt, Freytag, S. 265); auf jeden Fall war auch die Gebildeten des Schillerpreis-Komitees nicht bereit, Freytag für die ›Fabier‹ den ganzen, sondern nur den halben Schillerpreis zukommen zu lassen – worauf Freytag ablehnte. Vgl. Freytag, Erinnerungen, S. 198–201; vgl. Dove, Freytag, S. 757f.

[257] Freytag, Erinnerungen, S. 204; vgl. Robert C. Holub: Reflections of Realism, Detroit 1990, S. 177.

in der Sprache das Sediment und Medium dieser Entwicklung sieht. Doch eine historische Situierung der Kunst, wie sie das Hegelsche Modell angeboten hatte, lehnt Freytag ab. Ihn interessiert die Frage nach den Bedingungen und Möglichkeiten zeitgenössischer Kunst, nicht jene, inwieweit Kunst als Institution überhaupt zeitgemäß sein könne. Damit verliert die konstatierte Prosa des Zeitalters ihren kunstfeindlichen Status und wird zur kunstimmanenten Maxime. War die Literatur schon aufgrund des romantischen Sprachnationenkonzepts zur ›Leitkunst‹ avanciert, so wird nun unter den Bedingungen einer sprachlich differenzierten Gesellschaft der Roman zur primordialen Form, gerade weil er sprachlich in der Lage ist, die Beschränkungen der traditionellen Literaturformen wie Epos und Lyrik zu überwinden und sich einem Bereich zu öffnen, der bisher für nicht kunstfähig erachtet wurde. Darin unterscheidet sich die Freytagsche Romanpoetik von der romantischen: Der Roman ist nicht nur – wie in dieser – ein polyphone und synkretistische Hybride, die alle literarischen Gattungen und Muster zu integrieren in der Lage ist, sondern er ermöglicht in Bereiche vorzustoßen, die bisher aus formalen Gründen künstlerischer Darstellung nicht zugänglich waren.[258] Freytag ist überzeugt, »daß wir [›die deutschen Romanschriftsteller‹] gerade in der Richtung thätig sind, in welcher sich die moderne Gestaltungskraft am vollsten und reichsten ausprägt.«[259] Betrachtet man seine Vorbilder, so zeigt sich jedoch ein durchaus konventionelles Verständnis ästhetischer Zeitgenossenschaft: Er beruft sich auf Scott und den frühen, ›optimistischen‹ Dickens.[260] Über der Präferierung der Gegenwart und der Öffnung für prosaische Gegenstände und Sprechweisen steht das Konzept einer Erzählhaltung, welche die Komplexität der Gegenwart in der Überschaubarkeit einer geschlossenen Konzeption bändigen und die Polyphonie der Sprechweisen in der serentias eines souveränen Erzählers aufzuheben soll. Freytag warnt vor dem Verlust »der sonnigen Klarheit und der stolzen Unbefangenheit, welche das Kunstwerk

---

[258] Bräutigam sieht in der Einebnung der »Poesie-Prosa-Diskrepanz« einen Traditionsbruch und die bedeutendste Leistung des ›Grenzboten‹-Realismus. (Bräutigam, Candide, S. 408; vgl. Thomas Eicher: Poesie, Poetisierung und Poetizität in Gustav Freytags ›Soll und Haben‹. In: Wirkendes Wort 45 (1995), S. 64–81, hier 69f. u. die Gegenüberstellung Freytags und Auerbachs in Bramsted, Aristocracy, S. 113f., sowie diejenige Freytags und Gutzkows in: Ulrich, Freytag, S. 69–72). Zur bürgerlich liberaler Technik des ›Lesens‹ der Welt vgl. Berman, Rise. Die Tatsache, dass Freytag dem eigenen Programm nicht gerecht wird, ist eine andere Sache.
[259] Freytag, Erinnerungen, S. 208.
[260] Zur Rezeption Dickens' vgl. Edward McInnes: »Eine untergeordnete Meisterschaft?« The critical Reception of Dickens in Germany 1837–1870, Frankfurt am Main/Bern e.a. 1991, S. 112–146; zu Scott vgl. Ulrich, Freytag; Steinecke, Romantheorie, Bd. 1, S. 206. Claus Richter spitzt den Sachverhalt zu: »Was der europäische Realismus beweist, versuchen die ›Grenzboten‹ zu widerlegen.« (Richter, Leiden, S. 144).

vom Schaffenden fordert«[261] und wendet sich gegen jede Form engagierter Kunst, da in ihr notwendig das Interesse am Dargestellten die Wirkung der Form der Darstellung überlagern müsse:

> Ja sogar, wenn dem Dichter gelänge, als ein Seher die beengenden Mißbildungen und die harten Conflicte der Politik und anderer realer Interessen wie in einem Schlußbilde als überwunden und versöhnt zu zeigen, er würde den stärksten Theil des Antheils, welchen er erregt, nicht der Poesie, sondern der Unzufriedenheit seiner Zeitgenossen mit dem Bestehenden verdanken. Politische, religiöse und sociale Romane sind, wie ernst auch ihr Inhalt sein möge, nichts Besseres im Reiche der Poesie als Demimonde.[262]

Obwohl Freytag die Gegenwart als »das reichste und in vielem Sinne das heilsamste Quellgebiet poetischer Stoffe«[263] behauptet, lehnt er die Gegenwart als Sujet ab, da ihre Unmittelbarkeit die Souveränität der Erzählhaltung gefährde. Stattdessen bevorzugt er eine Art pragmatisch-historischer Handlungsführung, welche ihren Gegenstand zwar an die Gegenwart heranführt, aber unmittelbar vor der Schwelle der Gleichzeitigkeit enden läßt. Indem dieser in der historischen Dynamik offene Schluss in der Darstellung als Versöhnung der Konflikte und als Einfinden der Subjekte in eine gemeinsame Aufgabe erscheint, sucht Freytag im rezeptiven hysteron-proteron der poetisch-inventiven und -konstruktiven Arbeit die Position seiner Helden und (insofern diese als Stellvertreter des Erzählers, über diesen hinaus auch des Autors fungieren) als gebotene Interpretation der eigenen Situation des Lesers zu suggerieren. Da Freytag tendenziell eine Identifikation des Lesers mit der Position des Erzählers anstrebt, wäre jede unmittelbare Gegenwart der Wirkung des Werkes abträglich, weil in ihr der Erzähler nicht mehr die Position des kollektiven Subjekts imaginieren könnte, sondern seine Individualität preisgeben müsste. Da Freytag jedoch in der Individuierung die Signatur des bürgerlichen Zeitalters erkennt, erscheint seine Position inkohärent. Sie legitimiert sich einerseits dynamisch, als Arbeit-an-der-Partikularität, welche zugleich den Bildungsprozess des Helden, die Arbeit des Dichters und schließlich auch die Arbeit des Lesers charakterisiert, und andererseits teleologisch als Antizipation eines neuen Kollektivs, das am Ende der Nationalbildung stehen soll, sowie als Arbeit, welche die ›Volksseele‹ an sich selbst, an und in ihrem Medium, der Sprache, vornimmt.[264] Indem sie die eigene Perspektive

---

[261] Freytag, Erinnerungen, S. 254.
[262] Freytag, Erinnerungen, S. 255, vgl. 254.
[263] Freytag, Erinnerungen, S. 255.
[264] »Denn wer da meint, daß die Traumgebilde eines Dichters nur wie flüchtige Schatten durch die Seele der Lesers gleiten, der verkennt die beste Wirkung der Poesie. Wie alles, was wir erleben, so läßt auch alles Wirksame, das wir gern lasen, seinen Abdruck in unserer Seele zurück. Auch die Sprache des Dichters geht in unsere über, seine Gedanken werden unser Eigentum, auch der Humor lebt in uns fort, er färbt

verschleiert, sie aber zugleich vor der Wissenschaft als historisch mögliche und vor dem Rezipienten als plausible auszuweisen versucht, verfällt die homogenisierende ›Geschlossenheit‹ der Erzählhaltung jedoch gerade ihrer eigenen Partikularität.²⁶⁵ Freytags Romane erscheinen schließlich als liberale Propaganda in historischem Kostüm, die nur noch als historische Dokumente, als Inszenierung *dieses* Standpunkts und *dieser* Zeit Interesse erwecken. 1854, also im Jahr bevor er ›Soll und Haben‹ veröffentlichte, hatte Freytag – Julian Schmidt folgend – in einer Rezension zu einem Roman von Willibald Alexis das Prinzip ästhetischer Geschlossenheit gegen engagierte Literatur in Anschlag gebracht und dabei konsensheischend die ›kleine freie Welt‹ der Kunst gegen ›wirkliches Leben‹ ausgespielt:

> Zunächst sei an allgemein Bekanntes erinnert. Wir fordern vom Roman, daß er eine Begebenheit erzähle, welche, in allen ihren Teilen verständlich, durch den inneren Zusammenhang ihrer Teile als eine abgeschlossene Einheit erscheint. Diese innere Einheit, der Zusammenhang der Begebenheiten in einem Roman muß sich entwickeln aus den dargestellten Persönlichkeiten und dem logischen Zwang der zugrundeliegenden Verhältnisse.
>
> Dadurch entsteht dem Leser das behagliche Gefühl der Sicherheit und Freiheit, er wird in eine kleine Welt versetzt, in welcher er den vernünftigen Zusammenhang der Ereignisse vollständig übersieht, in welchem sein Gefühl für Recht und Unrecht nicht

---

immer wieder unsere Betrachtung der Menschen und erhöht uns zu heiterer Freiheit, sooft die empfangene Stimmung in uns lebendig wird. [...] Solche bildende Gewalt über die Zeitgenossen erhält freilich nur der wahre Dichter, der aus dem Vollen gibt und wie mühelos seine Schätze spendet. Und er bildet am kräftigsten an der Jugend und an denen, die verhältnismäßig wenig lesen.« (Gustav Freytag: Ein Dank für Charles Dickens. In: Grenzboten 1870, Nr. 26. Zitiert nach Freytag, Gesammelte Werke, Bd. 16, S. 242) Zur utopischen Funktion der Literatur im ›Grenzboten‹-Realismus schreibt Michael Thormann: »Dem teleologischen – und damit ›richtigen‹ – Realismusbegriff der ›Grenzboten‹ liegt eine Verhältnisbestimmung von Erscheinung und Wesen, von Empirie und Ideal in dem Sinne zugrunde, daß die Hinwendung zur Empirie oder zum Inessentiellen zwar notwendig sei, aber nur als genetischer Vorausbereich zur Darstellung des Wesentlichen, des Wahren oder Essentiellen: Der Künstler müsse ›Realist‹ sein, bevor er idealisiere.« (Thormann, Realismus, S. 47, vgl. 64; vgl. Robert Theel: Kommunikationsstörungen. Gustav Freytags Kritik an Parteipresse und Politikgeschäft in seinem Lustspiel ›Die Journalisten‹ [1852]. In: Euphorion 90 (1996), S. 185–205, hier 205; Bräutigam, Candide, S. 406; Schneider, Geschichte, S. 166; Stockinger, Realpolitik, S. 184–188, Richter, Leiden, S. 147). Zu den ›Bildern‹ meint Lynne Tatlock: »Indeed, ›Bilder‹ is utopian: the ancestral character has as its telos a bourgeois state.« (Tatlock, Historiography, S. 67). Walter Bußmann charakterisiert den ›Grenzboten‹-Stil folgendermaßen: »Die Lektüre der ›Grenzboten‹ vermittelt den Eindruck, daß Freitag jeder Anlaß erwünscht war, der ihm Gelegenheit gab, den gesamten Inhalt seiner optimistischen liberalen Weltanschauung auszusprechen, und daß er darüber stets von neuem höchstes Behagen empfand.« (Bußmann, Freytag, S. 234).

²⁶⁵ Gelber sieht in ›Soll und Haben‹ »ein Musterbeispiel eines Textes [...], der ein Argument für seine eigene Zentralität formuliert.« (Gelber, Umwelt, S. 51).

verletzt, er zum Vertrauten starker, idealer Empfindungen gemacht wird. Wenn nun aber dieser innere Zusammenhang dadurch gestört wird, daß der ganze ungeheure Verlauf des wirklichen Lebens, die ungelösten Gegensätze, die Spiele des Zufalls, welche die Einzelheiten der wirklichen Ereignisse und der Geschichte bei kurz abgerissener Behandlung darbieten, mit herein getragen werden in den Bau des Romans, so geht dadurch dem Leser das Gefühl des Vernünftigen und Zweckmäßigen bei den Begebenheiten in peinlicher Weise verloren. Dies Bedürfnis einer künstlerischen Komposition, einer einheitlichen, abgeschlossenen Handlung tritt bei jedem Stoffe ein, welcher in romanhafter Weise erzählt wird. Bei jedem, wo ein Hintergrund kunstvoll dargestellt ist, wo Ton und Methode der Erzählung Neigung zu freiem Schaffen verraten, wo Erfindung in Einzelzügen, in Perspektive der Haupt- und Nebensachen sichtbar wird, kurz überall, wo auch nur ein Teil der Erzählung die Gesetze, den Zwang und die Privilegien künstlerischer Darstellung zeigt.[266]

Die skizzierte Poetik scheint kaum einem Realismus das Wort reden zu können, sondern auf ein Derivat autonomer Kunst zu verweisen, dem freilich keine philosophische Idee, sondern nurmehr das Kompensationsbedürfnis des Bürgers strukturierend zugrunde läge. Tatsächlich wendet sich Freytag an dieser Stelle gegen eine direkte, durch Illusionsbrechung und Erzählereinrede markierte Parteinahme in der Tradition des vormärzlichen Liberalismus und setzt ihr ein Objektivitätsgebot entgegen, das gegen die An- und Einsprüche des Erzählers auf der Eigenlogik der dargestellten Stoffe und Figuren besteht. Der realistische Nukleus der zitierten Passage – ihr dritter Satz – insistiert darauf, dass der Roman den Gesetzen zu folgen habe, die durch die Charaktere, ihre Konfigurationen und die Umstände, in denen sie sich befinden und unter denen sie sich begegnen, vorgegeben seien. Die Qualität eines Werkes bemäße sich folgerichtig danach, ob es dem Autor gelingt, die Handlung aus diesen Vorgaben konsequent und ohne zusätzliche Annahmen zu entwickeln. Damit sind notwendige, keineswegs aber hinreichende Bedingungen definiert. Noch stünde der Weg zu sozial engagierten und eventuell sogar pessimistischen Romanen offen.

Im zweiten Abschnitt werden die exponierten formalen Bedingungen inhaltlich spezifiziert. Wenn Freytag auf den Rezipienten rekurriert, von dessen »behagliche[m] Gefühl« und der »kleine[n] Welt« des Kunstwerks spricht, bewegt er sich noch ganz in der Tradition des Sekuritäts-Verständnisses der Wirkung von Kunst und damit auf rein formaler Ebene. Wenn er vom »Zusammenhang der Ereignisse«, welche das Geschehen strukturieren sollen, nicht nur fordert

---

[266] Gustav Freytag: [Rez.] Willibald Alexis, ›Isegrimm‹. In: Grenzboten 1854, Nr. 9. Zitiert nach: Freytag: Gesammelte Werke, Bd. 16, S. 188f. Der Teilabdruck der Rezension in den ›Dokumenten und Manifesten‹ lässt sowohl den ersten Satz, als auch die auf den ersten Satz folgende Passage des zweiten Abschnitts aus. Damit verliert die Stelle ihre inhaltliche Signifikanz. Vgl. Realismus und Gründerzeit. Manifeste und Dokumente zur deutschen Literatur 1848–1880, hg. von Max Bucher e.a., 2 Bde., Stuttgart 1975f., Bd. 2, S. 285f.

»vernünftig«, sondern zugleich auch überschaubar zu sein, überschreitet er die formale Ebene hin zu einem ästhetisierten Konzept rationaler Theodizee, das freilich seines philosophischen Gehalts entkleidet und zur bloßen Selbstbestätigung bürgerlicher ›Vernünftigkeit‹ abgesunken ist.[267] Der bildungsbürgerliche Comment, den Freytag schon gesucht hatte, als er zu Beginn vorgab, »an allgemein Bekanntes« erinnern zu wollen, wird vollends zum Maßstab ästhetischer Wertung, wenn er sich danach auf das Rechtsgefühl des Lesers beruft und ihn zum Konfidenten »idealer Empfindungen« erhebt.[268] Anschließend führt Freytag das Gesagte noch einmal ex negativo aus, um seine Prinzipien schließlich als »Privilegien künstlerischer Darstellung« zu verabsolutieren und zu reklamieren. Freytags Technik besteht darin, sich der Gegenwart zu bemächtigen, indem er sie ausgrenzt und zugleich als ›Grenzbegriff‹ einer historiographisch legitimierten und ästhetisch plausibilisierten Erzählung präsentiert.

Realismus in diesem Sinne meint zunächst einen ästhetisch-beschreibenden Nachweis der Realitätsfähigkeit des liberal-idealistischen Entwurfs bürgerlicher Subjektivität in der doppelten Bedeutung des Subjektbegriffs als individueller und überindividueller Akteur. Entscheidend für die Dignität eines Werkes wird dabei, dass die artistischen und subjektiven Momente der Konstruktion verhüllt werden und sich in der Rezeption eine von den konkreten Bedingungen und Problemen der individuellen Praxis gereinigte, nur der idealistischen Konzeption verpflichtete, dennoch aber sachhaltige pathetische Unmittelbarkeit einstellt. Diese scheinhafte ideale Unmittelbarkeit vor den Gegenständen firmiert in Spielhagens Romantheorie als Problem der Objektivität. Von Spielhagen wiederum wird sich der Naturalismus in signifikanter Weise abgrenzen.

Doch ignoriert eine Sequenz Freytag-Spielhagen-Naturalismus die weitgehende Gleichzeitigkeit der Wirkungen Freytags und Spielhagens und lässt zudem mit der Gründerzeit einen wichtigen Entwicklungsschritt unberücksichtigt. Bereits zu Beginn der achtziger Jahre hatte Freytag nämlich seinen literarästhetischen Vorbildcharakter fast völlig eingebüßt und auch von Spielhagen glaubte man, dass er den Zenit seines Schaffens überschritten habe. Aber während sich dieser weiterhin am literarischen Leben der Reichshauptstadt aktiv beteiligte, zog sich Freytag zurück. Immer schon auf seine Rolle als Repräsentationsfigur des bürgerlichen Schriftstellers bedacht, erstarrte er zunehmend in der Pose. Im

---

[267] Dies ist freilich kein aufklärerisch-rationalistisches Konzept, da dort der metaphysisch postulierte, notwendig auch dem Kunstwerk zugrundeliegende vernünftige Zusammenhang im ästhetischen Bereich für den Leser gerade nicht vollständig überschaubar ist. Zur ›realistischen‹ Angst vor dem chaotischen Zufall vgl. Franz Rhöse: Konflikt und Versöhnung. Untersuchungen zur Theorie des Romans von Hegel bis zum Naturalismus, Stuttgart 1978, S. 138; vgl. Stockinger, Realpolitik, S. 176.
[268] Zur kompensatorischen Funktion ›idealistischer‹ Komplizenschaft vgl. Stockinger, Realpolitik, S. 187f.

Gegensatz zu seinem Freund und Mitstreiter Julian Schmidt, der von den Kritikern der Lächerlichkeit preisgegeben wurde, vermochte es Freytag allerdings als Autor von ›Soll und Haben‹, vor allem aber als Verfasser der ›Journalisten‹ literarische Wertschätzung zu behaupten. Sein großangelegter Versuch jedoch, mit den ›Ahnen‹ eine Genealogie des modernen Staatsbürgers zu schreiben und in Victor König, dem Protagonisten des letzten Bandes, einen Journalisten als dessen Modell zu exponieren, schlug sowohl aus inhaltlich-politischen, als auch aus formal-ästhetischen Gründen fehl. Dabei spielen Kritiken aus den Reihen der neuen Literaturwissenschaft, namentlich von Wilhelm Scherer und dessen Schüler Otto Brahm, eine bedeutende Rolle, denn in ihnen artikuliert sich hinter allen Bemühungen um Konsenz doch eine prinzipielle und unüberbrückbare Differenz im Verständnis der Funktion und Struktur von Literatur. Scherers Einwände gegen den ersten Band der ›Ahnen‹, ›Ingo und Ingraban‹, sind zitiert worden. Er stand in seinen Bedenken nicht allein; zwar äußert er sich selbst – vielleicht aus taktischen Rücksichten – immer weniger kritisch, zum vorletzten Band anerkennend und zum letzten Band der ›Ahnen‹ überhaupt nicht mehr, aber seine Einwände werden nicht nur von seinem Schüler Otto Brahm, sondern sogar von dem einflussreichsten Kritiker der Gründerzeit, Paul Lindau, geteilt und weitergeführt.

In der Rezension des ersten Bandes hatte Scherer die Frage des Verhältnisses von Poesie und Geschichtswissenschaft aufgeworfen und sie in einem der Freytagschen Konzeption diametral entgegengesetzten Sinn beantwortet. Während Freytag eine idealistisch-teleologische Geschichtskonzeption vertrat, bei der die historische Argumentation der Legitimation eines gegenwärtigen Zustandes dient, ist Scherers Geschichtskonzept darwinistisch-nativistisch. Die Vergangenheit ist auch hier die Bedingung, aus der sich die Gegenwart herschreibt, aber sie ist dies nicht im Sinne der Feststellung genealogischer Aszendenz, welche Gegenwart aus der Vergangenheit und in deren Überbietung rechtfertigt, sondern sie stellt eine Genealogie, in deren Rückverfolgung die naturhaften Möglichkeiten als Rahmen potentieller Entwicklung kenntlich werden. Die Gegenwart soll nicht mehr in idealen Gehalten legitimiert und überboten, sondern in ihrer Positivität relativiert und in ihren Bedingungen ausgewiesen werden. Vergangenheit bedeutet in diesem Konzept nicht Bestätigung einer Teleologie, sondern Infragestellung einer Konvention. Das Ziel der Darstellung ist dementsprechend nicht mehr die Identität, sondern die Differenz des historischen Sachverhaltes.

Bereits in der Besprechung des zweiten und dritten Bandes, in denen Freytag die Entwicklung seiner Familie durch das Mittelalter verfolgt, beschränkt sich Scherer weitgehend auf Referat. Er bekundet Abstinenz vom »historisch-litterarischen Comentar«[269] und bemerkt, dass er »zunächst nur dankbarer Leser

---

[269] Scherer, Zaunkönige, S. 22.

sein [wolle]«.[270] Dabei notiert er die »freie schöne Humanität« der Freytagschen Figuren, die den Roman – wie er erwähnt – eher einem Minnelied annähere, als dass er – wie Scherer verschweigt – dem epischen Ton der Geschichtsschreibung folge.[271] Wie aus der Schererschen Theorie der Periodizität des historischen Verlaufs, die eine Blütezeit der Literatur um 1200 behauptet, leicht geschlossen werden kann, findet er im dritten Band von Freytags ›Ahnen‹, ›Die Brüder vom Deutschen Hause‹, einen Ton dekadenter Ironie, der auf den Autor zurückschlägt, da sein zentrales Prinzip, die Moderation der Affekte, wie Scherer in der Rezension des ersten Bandes zu bedenken gab, der Person des Autors mindesten ebensoviel zugerechnet werden muss, als dem historischen Gegenstand. Die Niedergangsperiode findet Scherer bei Freytag kongenial nachgebildet:

> Ganz wie in der gebildeten Erzählung des dreizehnten Jahrhunderts herrscht ein gewisses Ebenmaß der Gemüthskräfte, es wird alles in uns angeregt und doch nichts indiscret zu stark hervorgedrängt, und eine leise Ironie glitzert hier und da wie ein silberner Fluß in der Ferne.[272]

Die Rezension der ›Geschwister‹, des fünften Bandes der ›Ahnen‹, erschien nicht mehr in den ›Preußischen Jahrbüchern‹, sondern in der Wiener ›Neuen freien Presse‹. Mit dem Publikationsort ändert sich die Stoßrichtung der Kritik: Scherer lobt jetzt die nationale Tendenz, unterstreicht die Repräsentativität des Werkes, die von Seiten der Historiker keine Parallele kenne, und verteidigt das ganze Unternehmen gegen Einwände, die Freytag fehlende Originalität vorwerfen, mit dem Verweis auf traditionelle Novellenzyklen und dem parallelen, wenngleich synchronen Plan von Zolas ›Rougon-Marquard‹-Reihe. Sogar mit dem Genre des historischen Romans hat sich Scherer nun ausgesöhnt. Er gesteht dem Autor zu:

> Darin besteht überhaupt der Vorteil des historischen Romans, daß er zu poetischen Motiven und Gestaltungen der Menschheit greifen kann, welche die Gegenwart überhaupt nicht liefert. Und Freytag hat den großen Vortheil vor anderen Romandichtern,

---

[270] Scherer, Zaunkönige, S. 25.
[271] »Und ästhetisch ist das Ganze vollkommen wie eines jener altdeutschen Gedichte, in denen die feinste Phraseologie, die weichsten und süßesten poetischen Klänge des Minneliedes zu Ehren der allerseligsten Jungfrau verwendet werden, so daß Himmlisches und Irdisches sich in der Sphäre der Schönheit unauflöslich durchdringen. Es ist die Stimmung, in der die Seele sich frei fühlt von dem starren Drucke bestimmter herrisch überlieferter Glaubenssatzung. Das, worin sie schwelgt, ist ihr eigenes Product, das feine geistig-sinnliche Lied ist ihr Werk. Von da aus begreift man die Unabhängigkeit dieser Menschen und ihre freie schöne Humanität, wovon die Freytagsche Erzählung voll ist.« (Scherer, Zaunkönige, S. 27f.). Ironisch wirkt angesichts dessen, dass Scherer zum Schluss notiert, Freytag zeige – wie schon in ›Soll und Haben‹ – eine gewisse Vorliebe dafür, »Kampf um das eigene Besitzthum« zu schildern (Scherer, Zaunkönige, S. 28).
[272] Scherer, Zaunkönige, S. 27.

daß ihm jede Versuchung fern liegt, culturhistorischen Studien um ihrer selbst willen anzubringen; dafür stehen ihm seine ›Bilder aus der deutschen Vergangenheit‹ zu Gebote. Im Roman kann ungestört der Dichter allein zu Worte kommen; aber allerdings, der Culturhistoriker liefert ihm ein Material, so exact, so zuverlässig und fein präpariert, wie es bisher vom historischen Roman noch kaum verwerthet worden ist.[273]

Scherer spricht Freytag von historischen Bedenken los, bemängelt zwar Tendenz zu direkter Beschreibung, lobt aber die Komposition des Werkes und die Anlage des Helden. Viel von der Zustimmung mag der nationalen Tendenz des Inhaltes, der zur Hälfte im dreißigjährigen, zur Hälfte im siebenjährigen Krieg spielt, geschuldet sein, ein zusätzlicher Grund mag darin liegen, dass Scherer glaubt, das historische Bewusstsein habe in den fünf Jahren seit Rezension des ersten Bandes deutliche Fortschritte gemacht. Doch begünstigt außerdem die mittlerweile erreichte historische Nähe des Sujets den Eindruck des Gelingens. Freytags ›projektive‹ Methode, die das Eigene im Fremden zu finden suchte, ist damit sachhaltig geworden. Nun ist ein inhaltlicher Konflikt zwischen den Ansprüchen historischer Präzision und den Erfordernissen aktueller Konvenienz unwahrscheinlicher, denn:

> Die Festigkeit der Cultur beruht auf der sicheren langjährigen Tradition, auf deren stetigem, allmälig um sich greifenden, in die Breite und Tiefe dringenden Wachstum. Unsere Cultur aber mußte nach dem dreißigjährigen Kriege beinahe auf allen Gebieten von vorn anfangen. Es ist daher noch mehr als ein fremder Jammer, den wir nachfühlen; es sind die unwiederbringlich verlorenen Jahre unseres eigenen historischen Lebens.[274]

Während Scherer zunehmend einem Ausgleich zwischen historisch-wissenschaftlichen Anforderungen und ästhetischen Prinzipien der Gegenwart das Wort zu reden scheint, wird der Aktualität und Möglichkeit des historischen Romans von anderer Seite prinzipiell bestritten. Eine der zeitgenössisch wichtigsten und pronociertesten Rezensionen kam von Paul Lindau. Seine Kritik umfasst die ersten beiden Bände der ›Ahnen‹, ›Ingo und Ingraban‹ sowie ›Das Nest der Zaunkönige‹, endet also mit Freytags Darstellung des 11. Jahrhunderts.[275] Lindaus Kritik ist vor allem Stilkritik. Zunächst nimmt er das formale Element des Romans, seine Sprache, in den Blick, dann bestimmt er die inhaltlichen Implikationen

---

[273] Scherer, Freytags Ahnen, S. 35. Scherer bezieht sich, wie der folgene Text beweist, direkt auf die historistischen Inszenierungen der Meininger. Er fährt fort. »Hierin waltet dasselbe Streben nach Treue und Wahrheit, wie es von den Costümen unserer Theater und von den historischen Genrebildern unserer Galerien verlangt wird.« (Scherer, Freytags Ahnen, S. 35).
[274] Scherer, Freytags Ahnen, S. 29.
[275] Paul Lindau: Gustav Freytags neuester Roman ›Die Ahnen‹. ›Ingo und Ingraban‹ und ›das Nest der Zaunkönige‹. In: Lindau, Gesammelte Aufsätze. Beiträge zur Literaturgeschichte der Gegenwart, Berlin 1875, S. 29–81.

der Form um schließlich zu einer Aussage über den soziale und politischen Stellenwert des Freytagschen Werkes zu gelangen.

Ähnlich Scherer äußert auch Lindau die Hoffnung, dass sich das Befremdliche des Werkes mit zunehmender Nähe zur Gegenwart verlieren möge, aber während jener in der Rezension des fünften Bandes diese Tendenz bestätigt findet, fordert Lindau de facto die Negation zentraler poetischer und pädagogischer Anliegen der ›Ahnen‹ und die Rückkehr Freytags zu dem Stil seiner früheren Romane.[276] Lindaus Rezension beginnt mit einem Verweis auf die »systematische Sprunghaftigkeit« Freytags, die ihn nicht nur zwischen Gattungen und Genres, sondern über das Feld der Literatur hinaus auch in Ästhetik, Publizistik und Politik führe, damit aber auch jede Vergleichbarkeit der einzelnen Werke unter einander blockiere.[277] Von der poetologischen Konzeption der ›Ahnen‹, dem Changement zwischen Poesie und Wissenschaft, zeigt er sich ähnlich irritiert wie Scherer:

> Es gehört zur Gattung jener Mittelbildungen, bei denen man nicht weiss, wo die Wissenschaftlichkeit aufhört und wo die Phantasie anfängt. Man könnte ›Ingo und Ingraban‹, wenn man es mit der Rubricierung nicht allzugenau nimmt, zur Kategorie der historischen Phantasiegebilde, oder wenn man will: der phantastischen Historien zählen, welcher Bulwers ›letzte Tage von Pompeji‹ und Flauberts ›Salammbô‹ angehören.[278]

Im Gegensatz zu Scherer, der (als Fachmann) Zweifel an der historischen Genauigkeit Freytags im ersten Band geäußert hatte, gesteht Lindau diese dem Autor planerdings zu.[279] Im Zentrum seiner Kritik steht der hohe Ton, der den Roman auszeichnet, die indirekte Ausdrucksweise Freytags,[280] seine vielfachen metaphorischen und tropischen Wendungen, besonders aus der Tierwelt, die Lindau mehr an Brehm denken lassen als an Literatur,[281] die metrifizierte Prosa in »Pseudoversen«,[282] die auf Dauer äußerst ermüdend wirke, die Inversionen der Wortstellung,[283] sowie die »gemachte Naivetät«[284] bei gleichzeitiger

---

[276] Vgl. Lindau, Freytag, S. 81.
[277] Lindau, Freytag, S. 30.
[278] Lindau, Freytag, S. 30f. Lindau betrachtet, wie sich in seiner (früheren) Flaubert-Rezension zeigt, den historischen Roman prinzipiell als ›hybrides Erzeugnis‹. Vgl. Paul Lindau: Aus Paris, Stuttgart 1869.
[279] Vgl. Lindau, Freytag, S. 65f.
[280] Vgl. Lindau, Freytag, S. 40.
[281] Vgl. Lindau, Freytag, S. 63–65.
[282] Lindau, Freytag, S. 49.
[283] Vgl. Lindau, Freytag, S. 39: »Fast kein Satz ist so, wie er naturgemäß sein sollte; die Wortstellung ist so ungewöhnlich wie nur möglich; die den Hauptwörtern beigefügten Prädicate sind oft mühevoll, geziert und unbescheiden, der ehrliche Artikel wird ohne allen Grund ausgestossen u.s.w.«
[284] Lindau, Freytag, S. 50.

»raffinirte[r] Freude Freytags am Ungebräuchlichen«.[285] Im Ganzen erinnern ihn die »sprachliche[n] Schönthuereien [...] lebhaft an die Unarten der Precieusen im Hotel Rambouillet«[286] und der Stil an ein »moderne[s] Oratorium«.[287] Und wie ein sakrales Erlebnis – nämlich gläubig – muss das Freytagsche Werk Lindau zufolge auch genossen werden:

> Liest man das Buch in der rechten Stimmung, mit der rechten Weihe, so wird es hohen Genuß gewähren; bringt man aber diese weihevolle Stimmung der alten Geschichte nicht entgegen, so wird sie unerbittlich zum Spott und Hohn herausfordern. Bewunderung oder Verspottung – das ist das Loos, welches diesem Werk beschieden ist, ein Mittelding gibt es nicht.[288]

Zwischen Erhabenem und Lächerlichem gibt es kein Mittleres. Für Lindau, der aus der Perspektive des Rezipienten argumentiert und sich zu unhintergehbarer Modernität bekennt,[289] ist gläubige Rezeption unmöglich. Der hohe Ton des Freytagschen Romans kippt in »unfreiwillige Komik« und »Selbstparodirung«;[290] die intendierte künstliche Naivität fällt ins Gekünstelte;[291] die pathetische Sprache und Gestik der Figuren erscheint als »fortwährende *Aufregung*« und »chronische Nervenüberreiztheit«.[292] Lindau weiß, dass die gesuchten Archaismen des Freytagschen Stils beabsichtigt sind, er lehnt dieses Verfahren jedoch strikt ab, weil es den intellektuellen Stand der Gegenwart, der sich auch in einer zeitgemäßen Sprache spiegeln müsse, hintergehe.[293] Für ihn ist »[d]iese neueste Dich-

---

[285] Lindau, Freytag, S. 71.
[286] Lindau, Freytag, S. 43.
[287] Lindau, Freytag, S. 45. Diese Tatsache hat auch inhaltliche Momente, befindet Lindau zu ›Ingraban‹, der die Christianisierung beschreibt: »Wie ein feierlicher Choral, in langgezogenen Tönen, klingt weihevoll das Christentum durch diesen Roman, zuerst von wunderbarer, ergreifender Wirkung, mit der Zeit aber durch eintönige Erhabenheit etwas ermüdend.« (Lindau, Freytag, S. 45).
[288] Lindau, Freytag, S. 36. Maliziös fügt er etwas später hinzu: » Es gehört das echte Vertrauen des Poeten zu seinem Volk dazu, um unserer Zeit ein warmes, lebendiges Interesse dafür zuzumuthen.« (Lindau, Freytag, S. 36).
[289] »Ich kann meine verhängnisvolle Vorliebe für das Moderne nicht unterdrücken und gestehe offen, dass ich für die Verdienstlichkeit des Bestrebens, unsere Phantasie durch Gewaltmittel in sagenhafte Unvordenklichkeit zurückzutreiben, nicht das rechte Verständnis besitze.« (Lindau, Freytag, S. 80).
[290] »Sobald man also mit den Empfindungen des Modernen diese ehrwürdige Einfachheit betrachtet, so ist die unfreiwillige Komik, die Selbstparodirung da.« (Lindau, Freytag, S. 38).
[291] Vgl. Lindau, Freytag, S. 60, 72 u. 49f.
[292] Beide Lindau, Freytag, S. 75.
[293] »An hundert Beispielen könnte ich nachweisen, wie es Freytag [...] auf den launenhaften sprachlichen Abwegen ganz besonders behagt. Mir ist bei der Lectüre bisweilen zu Muthe, als ob ich ein Werk in einer fremden Sprache läse. Freytag mag diese Wirkung beabsichtigt haben; dann kann ich seine Absicht nicht billigen. Ich meine,

tungsperiode Freytags [...] der unmittelbare Hinweis auf den der Wahrheit und Naturtreue entgegengesetzten Pol.«[294] Unmissverständlich macht Lindau deutlich, dass er in den ›Ahnen‹ kein isoliertes und auch kein rein literarisches Phänomen sieht, sondern eine ganze, dem eigenen Standpunkt diametral entgegengesetzte politische Richtung und Tendenz:

> [I]ch habe, um individuell zu sprechen, eine unüberwindliche Abneigung gegen die hochgeschraubte Vornehmheit in der Sprache; möglich dass dieselbe im Freytag'schen Roman am rechten Platze ist, aber sie nistet sich auch da ein, wohin sie gar nicht gehört: in modernen Zeitschriften, und dort ist sie einfach unausstehliches Pathos. Dieselben Worte, die Freytag mit Vorliebe gebraucht – künden, fügen, sorgen ob, jauchzen, reihen etc. etc. – ferner die ungebräuchlichen, über die man nur mit Hilfe des Grimm'schen Wörterbuches genaue Rechenschaft abgeben kann, dieselbe launische Weglassung des Artikels, welche den schlichtesten Satz sofort zum Parvenü macht, findet man häufig in den publicistischen Aufsätzen allermodernsten Schlages. Es wäre gewiss zu bedauern, wenn diese Sprache um sich griffe [...][295]

1891 rezensiert Otto Brahm in der ›Deutschen Rundschau‹ den letzten Band der ›Ahnen‹, der den Titel ›Aus einer kleinen Stadt‹ trägt. Schon der Festredenton der ersten Zeilen verweist auf die Disproportionalität zwischen der Celebrität und dem jungen Rezensenten. Brahm bestätigt zu Beginn, dass das Werk den Autor »im Vollbesitz seiner dichterischen Kraft« zeige, »mit all seinen großen Vorzügen und kleinen Eigenthümlichkeiten, die ihn zum Liebling schon einer zweiten Generation in unserem Volke gemacht haben.«[296] Dann folgt ein Verriss, der darin gipfelt, dass Brahm sich mit einem geschickt geklitterten Zitat aus der Summe des Zyklus, der Schlussrede Victor Königs, von der Tradition Freytags lossprich und diesen dabei implizit als ›vergangenen Menschen‹ tituliert.[297] Dabei verteidigt Brahm Freytag gegen Einwände, die das kleinbürgerli-

---

kein zeitgenössischer Dichter hat das Recht, wenn er Deutsch schreibt, zu ignorieren, dass Lessing und Goethe vor ihm geschrieben haben. Die geflissentliche Verdunklung des Begriffs durch Worte kann nie und nimmer die Aufgabe des Schriftstellers sein.« (Lindau, Freytag, S. 61).

[294] Lindau, Freytag, S. 71.
[295] Lindau, Freytag, S. 43.
[296] Beide: Otto Brahm: Der Schlußband von Freytag's ›Ahnen‹. In: Deutsche Rundschau 26 (1881), S. 315–317, hier 315.
[297] Im vollen Zitat lautet der Schluss der ›Ahnen‹ (Brahmsche Auslassungen stehen in eckigen Klammern): »[Vielleicht wirken die Thaten und Leiden der Vorfahren noch in ganz anderer Weise auf unsere Gedanken und Werke ein, als wir Lebenden begreifen. Aber] es ist eine weise Fügung der Weltordnung, daß wir nicht wissen, wie weit wir selbst das Leben vergangener Menschen fortsetzen[, und daß wir nur zuweilen erstaunt merken, wie wir in unseren Kindern weiter leben.] Vielleicht bin ich noch ein Stück von jenem Manne, welcher einst an dieser Stelle von dem Reformator gesegnet wurde[, und vielleicht war ich es selbst in anderer Erscheinung, der schon auf diesem Berge lagerte, lange bevor die ehrwürdige Veste gebaut wurde.] Aber meine

che Milieu und den wenig heroischen Beruf des Protagonisten kritisieren, mit dem Verweis auf die inhaltlich konsequente Anlage des gesammten Zyklus und dem – ambivalenten – poetologischen Argument: »[D]ie Poesie des Hauses, welche die eigenste Domäne von Freytag's Genius ausmacht, konnte nur hier zur Entfaltung kommen.«[298] Jene Teile des Romans, die Kleinstädtisches beschreiben, lobt Brahm in höchsten Tönen, um anschließend mit der Provinz auch die Poetik – und implizit auch den politischen Standpunkt – Freytags als provinziell, veraltet und irrelevant über Bord zu werfen. Sobald sich dieser beschreibend ins großstädtische Milieu – und als solches gilt Brahm nur die Hauptstadt – begibt, entpuppt sich der ›Staatsdichter‹ als humoristischer Schilderer kleinstädtischer Idylle:

> Indem Freytag sich zum ersten Male aus der Provinz in die Hauptstadt gewagt hat, ist er – weshalb es leugnen? – unbedingt gescheitert; die Schauplätze seiner früheren Roman und Dramen, Breslau und Leipzig und die kleinen Residenzen, sind ihm auf das Genaueste vertraut, aber in dem modernsten und allermodernsten Berliner Leben ist er ein Fremdling, und wir verspüren von jener Atmosphäre keinen Hauch in seiner Dichtung. Mag sein, daß Victor König ein trefflicher Redacteur, ein geschätzter Journalist ist und im Dienste des Vaterlandes das Seinige mit der Feder leistet; aber was wir von ihm sehen, vermag uns nicht sonderlich zu erwärmen, werder seine harmlosen Studentenpaukereien, noch seine ebenso harmlose Begegnung mit einer Schauspielerin, noch seine geistvolle Nichtbetheiligung an der Berliner Revolution.[299]

[ ] Valerie hatte keiner von den alten Knaben[, keiner saß meinem Henner am Arbeitstisch gegenüber, um liberale Artikel zu schreiben,] und keiner sah wie wir von dieser Höhe herab in die Landschaft eines großen deutschen Volkes, welches über der Arbeit ist, das Haus seines Staates zu zimmern. Was wir uns selbst gewinnen an Freude und Leid durch eigenes Wagen und eigene Werke, das ist doch immer der beste Inhalt unseres Lebens, ihn schafft sich jeder Lebende neu. [Und je länger das Leben einer Nation in den Jahrhunderten läuft, um so geringer wird die zwingende Macht, welche durch die Thaten des Ahnen auf das Schicksal des Enkels ausgeübt wird, desto stärker aber die Einwirkung des ganzen Volkes auf den Einzelnen und größer die Freiheit, mit welcher der Mann sich selbst Glück und Unglück zu bereiten vermag. Dies aber ist das Höchste und Hoffnungsreichste in dem geheimnißvollen Wirken der Volkskraft.]« (Freytag, Gesammelte Werke, Bd. 13, S. 311f.). Brahms Auslassungen entpolitisieren und verfälschen. Dass die sechs Bänden des Romans eine Selbstapotheose des Autors beinhalten, der in der Figur des Journalisten Victor König sein alter ego schafft, bemerkt Brahm und stellt zur Diskussion, »ob das Buch an Stelle von ›Die Ahnen‹ nicht besser ›Meine Ahnen‹ hieße.« (Brahm, Schlußband, S. 316), daß Freytag in der zitierten Passage sich selbst gegenüber dem Goetheschen ›Was Du ererbt...‹ absetzt, lässt er zumindest unerwähnt.

[298] Brahm, Schlußband, S. 315. Ambivalent ist der Hinweis auf die ›Kleinbürgerlichkeit‹ der Freytagschen Kunst, weil sich Brahm zuvor mit der Bemerkung, dass Freytag zur Gestaltung von Leidenschaften unfähig und auf das ›moderate‹ kleinbürgerliche Milieu angewiesen sei, mit der Kritik seines Lehrers Scherer in eine Reihe gestellt hat. Vgl. Brahm, Schlußband, S. 315.

[299] Brahm, Schlußband, S. 315f.

Für den folgenden, 27. Band der ›Deutschen Rundschau‹ schreibt Brahm eine Sammelrezension historischer Romane. Der nur knapp drei Seiten umfassende Aufsatz beinhaltet eine versteckte, aber fundamentale Kritik des Genres und seiner Voraussetzungen. Brahms Ton ist versöhnlicher geworden, er erkennt den Vorbildcharakter der ›Ahnen‹ für das ganze Genre an und bestätigt aufs neue die stilistischen Qualitäten, aber auch Schranken des Autors. Doch in der Darstellung leidenschaftlicher Situationen, so Brahm, ist selbst Felix Dahn seinem Vorbild überlegen:

> Hier spürt man in Wahrheit den heißen Athem der Leidenschaft, das Walten einer in's Ungemessene strebenden Phantasie, die nicht willkürlich, sondern mit Nothwendigkeit von den modernen Stoffen zu jenen alten Sagen zurückstrebt und in ihnen ganz singuläre Wirkungen erzielt.[300]

Das phantastisches Pathos und die Prosa der gegenwärtigen Verhältnisse widersprechen sich, zwingen den Autor das Sujet in unüberprüfbare Regionen auszulagern. Ein weiterer Fehler des historischen Romans liegt für Brahm in der Tendenz den Figuren anachronistische Aussagen und Empfindungen in den Mund zu legen. In diesem Falle hilft nur noch die Amtsautorität eines akademisch ausgewiesenen Autors, denn »der Dichter [entgeht] doch nur für denjenigen dem Fluche der Lächerlichkeit, der vor seinem ›Professorenfrack‹ [...] in unbedingtem Respect erstirbt.«[301]

2.4 Der poetologische Realismus: Friedrich Spielhagen

Dritter Exponent des realistischen Denkstils und realistischer Poetik ist Friedrich Spielhagen. Er das ein Bindeglied zwischen Realismus und Naturalismus, da er sich mit dem Naturalismus selbst kritisch auseinander setzte und dabei zu differenzierten und durchaus positiven Urteilen kam, während seine Romanpoetik zugleich zum Gegenstand polemischer, abwertender, in Aspekten aber auch zustimmender naturalistischer Kritik wurde.

---

[300] Otto Brahm: Historische Romane (Ernst Wichert: ›Heinrich von Plauen‹; Felix Dahn: ›Odins Trost‹, Hans Hopfen: ›Mein Onkel Don Juan‹, Wolfgang Kirchbach: ›Salvator Rosa‹). In: Deutsche Rundschau 27 (1881), S. 148–150, hier 149.
[301] Brahm, Historische Romane, S. 149. Brahm macht deutlich, in welcher philosophischen Richtung die Urheber historischer Romane zu finden sind: Kirchbach wählt sich ein Motto aus Vischers ›Auch Einer‹, Dahn präsentiert einen »philosophisch geschulte[n] Odin, der bei Hegel und David Strauß in die Lehre gegangen ist und sich in seinem begeisterungsfreudigen Pantheismus mit deutlicher Polemik gegen Schopenhauer und Eduard von Hartmann wendet.« (Brahm, Historische Roman, S. 148, vgl. 150).

Obwohl Spielhagen wie Freytag auch zum kulturellen Umfeld des Kronprinzenpaares gehörte, bekannte er in seinen Erinnerungen Scheu vor dem repräsentativen Großdichter. Dabei war er Freytag an literarischem Erfolg durchaus ebenbürtig, wenn nicht in späteren Jahren überlegen, ohne freilich beim gehobenen bürgerlichen Publikum je die persönliche Reputation und Autorität seines Kontrahenten erreichen zu können. Spielhagen, der politisch zur fortschrittlicheren Fraktion des liberalen Lagers gehörte, war Autor des breiten Bürgertums, nicht Repräsentant und Identifikationsfigur der bildungsbürgerlichen Elite. Dazu fehlte ihm der Stallgeruch: 1829 in Magdeburg als Sohn eines Regierungsbeamten geboren, hatte er zwar in Berlin und Bonn Jura und Philologie studiert, nach dem Tod des Vaters sich jedoch aus finanziellen Gründen als Hauslehrer, Lehrer und Übersetzer, zeitweilig sogar als Schauspieler und Soldat verdingen müssen, bevor er ins publizistische Fach überwechselte, um zunächst als Redakteur und Herausgeber der ›Zeitung für Norddeutschland‹ (1860–62) und später von ›Westermanns illustrierten Monatsheften‹ zu bürgerlich reputierlicher Stellung zu gelangen. Mit seinem Roman-Erstling ›Problematische Naturen‹ gelang ihm 1861 ein durchschlagender Erfolg, den er mit den folgenden Werken behaupten konnte. Zur Popularität der dickleibigen Romane trug der Vorabdruck in Zeitschriften bei. Spielhagen avancierte zum ›Renommierautor‹ der ›Gartenlaube‹. In den neunziger Jahren, besonders aber nach der Jahrhundertwende wurde es stiller um Spielhagen. Dass sein Tod 1911 dennoch mit großer Resonanz zur Kenntnis genommen und sogar sein hundertster Geburtstag 1929 noch Beachtung erfuhr, war aber auch bei ihm weniger der Aktualität der Werke, als der Person des Dichters geschuldet.[302]

Im Gedächtnis der Literaturwissenschaft haftet Spielhagen vor allem als Theoretiker des Romans. Aber auch hier stand sein Name – bis in jüngste Zeit – nicht für eine aktuell aussagekräftige Theorie, sondern für das Klischee eines dogmatischen, sich auf die Zentralfigur des Helden und das Gebot absoluter Objektivität versteifenden Realismus, der jede erzählerische Freiheit verbietet, die die Perspektive des Helden zu überschreiten droht. Dass Spielhagen die Form der Ich-Erzählung zum Paradigma des modernen Romans erhob, war konsequent, dass er dabei jedoch nicht zwischen Autor, Erzähler und der Perspektive des Helden zu differenzieren schien, gilt als poetologisches Manko. Neuere Forschungen – vor allem im Anschluss an Winfried Hellmann[303] – haben jedoch

---

[302] Dass Spielhagen im relevanten Band der Reihe ›Deutsche Dichter‹ nicht berücksichtigt wurde, erscheint dennoch nicht nur angesichts seiner historischen Bedeutung als Versäumnis. Vgl. Deutsche Dichter. Leben und Werk deutschsprachiger Autoren, hg. von Gunter E. Grimm und Frank Rainer Max. Bd. 6: Realismus, Naturalismus und Jugendstil, Stuttgart 1989.
[303] Winfried Hellmann: Objektivität, Subjektivität und Erzählkunst. Zur Romantheorie Friedrich Spielhagens. In: Begriffsbestimmungen des literarischen Realismus, hg. von Richard Brinkmann, Darmstadt 1969, S. 86–159.

zugleich auf die Modernität Spielhagens hingewiesen und in seiner Romanpoetik, wenn auch nicht die Lösung, so doch die Artikulation von Problemen erkannt, die für die Literatur im Übergang zur Moderne von konstitutiver Bedeutung werden sollten.

Im Folgenden soll nun Spielhagens Romanpoetik zunächst vor dem Hintergrund der programmatisch-realistischen Tradition und als deren Modifikation dargestellt, und dann mit den Kritiken Wilhelm Scherers und der Brüder Hart konfrontiert werden. Dabei geht es weniger um die Markierung eines Bruches oder das Konstatieren von Kontinuität, sondern um das Spiel von Übernahmen, Zurückweisungen und Missverständnissen, das Spielhagen vom Realismus Freytags einerseits und von den naturalistischen Programmatikern andererseits differenziert. Erst in einer zweiten Stufe wird die systematische Valenz der einzelnen Differenzen dann zu gewichten sein. Einleitend werde ich jedoch das ›öffentliche Modell‹ liberalen Selbst- und Dichterverständnisses skizzieren, wie es Spielhagen 1866 in seiner berühmten Rede vor dem Handwerkerverein in Berlin entwickelte.

Bildungsbürgerliches Engagement, Selbst- und Sendungsbewusstsein sind gefordert. Spielhagen deklamiert: »Mögen wir im Rauch der Städte nie vergessen, dass die Sonne Homer's auch uns leuchtet!«,[304] wendet aber im nächsten Absatz mit dem Selbstbewusstsein des modernen Subjekts sogleich ein:

> Der Dichter ist kein Landschafter; nicht die Natur draußen ist sein Thema, sondern die innere, die Menschennatur, und da muß man freilich zugeben, daß dem modernen Dichter eine unendlich schwierigere Aufgabe ward, als den Sängern der Ilias und Odyssee.[305]

Auftrag des Schriftstellers ist zunächst, den Anforderungen seiner historischen Situation zu entsprechen – »[...] der Dichter hat kein höheres Ziel, als den Besten seiner Zeit genug zu thun.«[306] – und dabei das übergeordnete Ziel, die zweite Natur einer gebildeten Gesellschaft,[307] die auch Spielhagen als ordo der liberalen, ›bildungsdemokratischen‹ Gemeinschaft denkt,[308] nicht aus dem Auge

---

[304] Friedrich Spielhagen: Homer. Ein Vortrag, gehalten am 11. Januar 1866 in Berlin, zum Besten der Bibliothek des Handwerker-Vereins. In: Spielhagen, Vermischte Schriften, 2 Bde. Berlin 1868, Bd. 1, S. 1–45, hier 39.
[305] Spielhagen, Homer, S. 39.
[306] Spielhagen, Homer, S. 42.
[307] »Oder was ist denn die Bildung, nach der wir streben, anderes, als durchgeistigte Natur? Der Weg von der naiven ungebrochenen Natur durch die mäandrischen Pfade der Kultur zur Bildung mag ein sehr, sehr langer sein; aber endlich muss es doch einmal gelingen, [...].« (Spielhagen, Homer, S. 43f.).
[308] »Hat das wahre Wissen, das zu aller Zeit in seinem tiefsten Grunde demokratisch war, nicht viel geschafft und schafft es nicht noch täglich an der Ausfüllung der schroffen Kluft, welche das aristokratische Halbwissen zwischen die verschiedenen Stände der Nation gerissen hat?« (Spielhagen, Homer, S. 44).

zu verlieren. In der Tradition des Fichteschen Sprachnation-Verständnisses, in Absetzung von einer Klassik, die »keine volle nationale Befriedigung gewähren [konnte]«[309] und in der Tradition romantischen »Sichversenken[s] in unzweifelhaft deutsche Art und Kunst«[310] kommt Spielhagen zur Analyse der literarischen Situation seiner Zeit.

> Ueberall trachten die besseren Köpfe danach, den Inhalt der Zeit zum Ausdruck zu bringen, die Probleme zu fixieren, um deren Lösung es sich handelt, nebenbei gleichsam ein Inventarium der noch vorhandenen lebenskräftigen nationalen Elemente aufzustellen – mit Einem Worte, zu dem Tempel einer wahrhaft volksthümlichen Literatur wenigstens den Aufriß zu machen und die Bausteine zusammenzutragen.[311]

In dieser Situation erscheint der Roman als zeitgemäße poetische Form. Dass er »gleichsam auf der Peripherie des Kunstgebietes«[312] steht und »durchaus der eigentlich dichterischen Form [widerstrebt]«,[313] qualifiziert ihn zur Darstellung des »realistischen Jahrhunderts«,[314] denn »[d]er Romandichter [...] ist der Beobachter par excellence«.[315] In der aktuellen ›Übergangsstufe‹ zwischen klassischer und utopischer Idealität ist Humor die angemessene Erzählhaltung, denn er steht »auf der Grenze zwischen Kunst und Philosophie«,[316] ist ebenso auf Reflexion wie auf ästhetische Form angewiesen, und damit das ästhetische Pendant zu Hegelscher Philosophie mit ihrem Anspruch, Wirklichkeit zu beschreiben:

---

[309] Friedrich Spielhagen: Fritz Reuter. In: Spielhagen, Vermischte Schriften, Bd. 2, S. 113–168, hier 138.

[310] Spielhagen, Reuter, S. 139.

[311] Vgl. Spielhagen, Reuter, S. 139.

[312] Friedrich Spielhagen: Ueber Objectivetät im Roman. In: Spielhagen, Vermischte Schriften. Bd. 1, S. 174–197, hier 180. Der Romanschriftsteller ist »Grenzhüter des Parnassus« (Spielhagen, Objectivetät, S. 197) und im impliziten Rekurs auf Schiller natürlich auch »Halbbruder der Poesie« (Spielhagen, Objectivetät, S. 188; vgl. Friedrich Schiller: Über naive und sentimentalische Dichtung. In: Schiller, Werke, hg. von Benno von Wiese. Nationalausgabe, Bd. 20, Weimar 1962, S. 462; vgl. Swales, Epochenbuch, S. 38).

[313] Spielhagen, Objectivetät, S. 194.

[314] Spielhagen, Reuter, S. 137; vgl. Friedrich Spielhagen: Das Gebiet des Romans. In: Spielhagen, Beiträge zur Theorie und Technik des Romans. Faksimiledruck der ersten Auflage von 1883. Mit einem Nachwort von Hellmuth Himmel, Göttingen 1967, S. 35–63, hier 38.

[315] Friedrich Spielhagen: William Makepeace Thackeray. In: Spielhagen, Vermischte Schriften, Bd. 2, S. 47–112, hier 69.

[316] Friedrich Spielhagen: Der Humor, eine Uebergangsstufe. In: Spielhagen, Vermischte Schriften, Bd. 1, S. 141–173, hier 144, vgl. 155: »Es ist bezeichnend für die amphibische Natur des Humors, daß er, ebenso wie er in der Dialektik des Begriffs als Übergangsstufe zweier geistiger Sphären erscheint, auch in der Geschichte der Individuen und Völker in den Perioden auftritt, wo sich, oft unter inneren und äußeren Kämpfen, ein neues Leben entwickelt.« Vgl. Friedrich Spielhagen: Der Ich-Roman. In: Spielhagen, Beiträge, S. 129–241, bes. 221.

> Für den Humor existiert nichts Großes, aber auch nichts Kleines, ebenso wenig, wie für die Wissenschaft, denn er ist wie diese, sich der Ubiquität der Idee bewußt. Der Inhalt ist bei beiden genau derselbe; beide wollen den Nachweis liefern, daß in der Unendlichkeit des dialektischen und empirischen Zusammenhangs Alles vermittelt und jede sogenannte Unmittelbarkeit, sie möge einen Namen haben, welchen sie wolle, ein Product des Aberglaubens oder der Unwissenheit ist.[317]

Humor ist optimistisch[318] und demokratisch;[319] er unterscheidet sich von der Philosophie primär dadurch, dass diese mit Begriffen, er hingegen mit Bildern arbeitet.[320] Der Humor bleibt sinnlich konkret. Aber in der Fähigkeit »philosophische Wahrheit *anschaulich* [zu] machen«[321] und dabei eine der Philosophie vergleichbare Totalität zu behaupten, liegt ein Problem, denn der Humor öffnet das Werk dem Zufall. »[D]er philosophische Gehalt des Humors [zersprengt] die künstlerische Form, die er nicht aufgeben will [...]«.[322] Aus der Warte eines idealen Kunstbegriffs betrachtet, ist der Humor letztlich kunstfeindlich.[323] Doch gerade deshalb entsprechen er und seine genuine literarische Gattung, der Roman, den modernen prosaischen Verhältnissen. Amt des Dichters ist nun, im Realismus gegen den Realismus zu schaffen, in den Niederungen der Gegenwart Ausblick zu geben auf eine bessere Welt. Der eingangs zitierte Vortrag über Homer schließt mit einer hymnischen Beschwörung der ›unsichtbaren Kirche‹ einer vermeintlich klassenlosen Gemeinschaft, deren Präfiguration der liberale Handwerkerverein sein soll. Doch liest man die Stelle genauer, so scheint der bildungsbürgerliche ordo durch:

> Diese hohe, sehr solide Halle, in welcher Kopfwerker und Handwerker – in welcher Dichter und Schriftsteller, in welcher die Erwählten der Nation, in welcher Männer der Wissenschaft, deren Namen man mit Ehrfurcht nennt, wo immer die Bildung eine Stätte fand, täglich mit Männern und Jünglingen des Volkes brüderlich verkehren, deren Manchem das fließende Lesen und Schreiben als eine mühsam errungene Kunst gilt – diese Halle sagt, daß es kein Traum ist, daß die lange Periode der babylonischen Sprachverwirrung zu Ende geht, daß eine Zeit herangebrochen ist, in welche der Mensch den Menschen wieder verstehen wird! Bedenken wir das aber, und bedenken wir, daß uns die Wonne ward, im Lichte des vollen Bewußtseins unserer großen Zwecke zu arbeiten, wahrlich, dann ist es uns vergönnt, im höchsten Sinne mit dem Dichter zu sprechen: *Und die Sonne Homer's, siehe! sie lächelt auch uns.*[324]

---

[317] Spielhagen, Humor, S. 162.
[318] Vgl. Spielhagen, Humor, S. 166.
[319] Vgl. Spielhagen, Humor, S. 162. Ein demokratisches Moment des Romans postulierte Markgraff schon 1839. Vgl. Swales, Epochenbuch, S. 44.
[320] Spielhagen, Humor, S. 163.
[321] Spielhagen, Humor, S. 168.
[322] Spielhagen, Humor, S. 169.
[323] Vgl. Spielhagen, Humor, S. 170.
[324] Spielhagen, Homer, S. 45; vgl. Spielhagen, Ich-Roman, S. 145.

Doch diese Darstellung entspricht allenfalls dem liberalen Optimismus der späten sechziger Jahre und ist zudem zu einem guten Teil dem Genus der Festrede geschuldet – wenngleich Spielhagen durch seine Neigung, Querbezüge zwischen seinen Texten durch griffige Resumés und sentenzenhafte Formulierungen herauszustellen, auch andernorts einer verkürzender Rezeption Vorschub leistet. Analysiert man jedoch die Spielhagensche Position genauer und akzentuiert spätere Texte, so zeigt sich eine komplexere Auseinandersetzung mit den Entwicklungen und Bedingungen der Zeit, die nicht nur das idealistische Modell an die Grenzen seiner Leistungsfähigkeit treibt, sondern – zumeist ex negativo – die Kontur einer ›modernen‹ Poetik sichtbar werden läßt. Ein zweiter Blick ist nötig.

Mit Freytag ist sich Spielhagen einig, dass der Roman die zeitgemäße Form einer arbeitsteiligen, sozial und intellektuell differenzierten bürgerlichen Gesellschaft sei. Doch ist er wesentlich skeptischer in Hinblick auf die Frage, ob und inwieweit ein belletristischer Autor in der Lage sein könne, aus den partikularisierten Individuen ein homogenes Publikum zu formen. Hatte Freytag in seinem von Julian Schmidt entlehnten Motto noch beansprucht ›*das* deutsche Volk bei *der* Arbeit aufzusuchen‹ und mit der singularischen Formulierung für ›Soll und Haben‹ paradigmatische Geltung zumindest im Rahmen des literaturfähigen bürgerlichen Publikums beansprucht, so konstatiert Spielhagen nicht nur dessen Fragmentarisierung,[325] sondern stellt darüber hinaus die individual- und nationalpädagogische Wirksamkeit der Kunst infrage: »Und wo bleibt die Kunst? Welche Berechtigung hat sie noch, wenn die Arbeit der Menschheit von der Wissenschaft so gründlich gethan wird?«[326]

Die Antwort Spielhagens auf diese Frage ist mehr Trost und Selbstvergewisserung des Romanautors als eine Rechtfertigung des idealistischen Kunstanspruchs:

> Indessen, das sind nur eben trübe Stunden, die vorübergehen, und die gute Stunde findet die Zweifler wieder bei der Arbeit, von der sie nicht lassen können und nicht lassen wollen, weil Wert und Würde derselben noch groß genug sind, selbst wenn sie wirklich in der Erziehung der Menschheit für den Augenblick – der leider unser Leben einschließt – nur von sekundärer Bedeutung wäre. Vor allem aber sind vielleicht gerade die Romandichter unter allen Kunstgenossen in der günstigen Lage, weil eben keine Kunst und kein anderer Zweig der Dichtkunst die furchtbare Konkurrenz der Wissenschaften so gut aushalten kann, oder, wie wir es vorhin ausdrückten: ein so bequemes, ausgiebiges Mittel für die Zwecke der modernen Menschheit ist, als eben die epische Kunst.[327]

---

[325] »Der moderne Dichter hat [...] nicht nur keine Arbeitsgefährten und Mitgenossen im engeren Sinne; er hat auch – selbst wenn er sonst nicht unbeliebt ist – kein Publikum wie jener [der homerische Epiker] [...]. Von dieser entente cordiale zwischen dem Dichter und seinem Publikum ist in unsern Tagen nicht mehr die Rede.« (Spielhagen, Beiträge, S. 60).
[326] Spielhagen, Beiträge, S. 40.
[327] Spielhagen, Beiträge, S. 40.

Zwar gelten Spielhagen wie Freytag die poetologischen Gesetze der Tragödie, dem Zentrum und Gipfel der dramatischen Kunst, als vorbildlich für die Figurenkonstellationen und die Handlungsführung des Romans, doch hat die idealistisch modellgebende Gattung nun nicht nur ihre pragmatische, sondern auch die prinzipielle Primordialität eingebüßt. Zwar zielt sie auf »den innersten Kern des Seelenlebens«[328] und ist durch diese ›Naturalisierung‹ geschichtlicher Relativität enthoben,[329] doch ist gerade damit die zentrale Konfliktsituation der Tragödie für eine moderne, realistische Zeit zu abstrakt, ortlos und beliebig, sind ihre Helden zu wenig individuiert.[330] Schwerer als die Vorbehalte gegen die tragische Schicksalskonstruktion, die Spielhagen als Widerruf bürgerlichen Ordnungsdenkens karikiert – »Und hier langt eine gigantische Hand aus den Wolken und zertrümmert eines wie das andere [Reich]! Da hört denn freilich jede Berechnung, hört alle Ordnung auf.«[331] – wiegt die Tatsache, dass

> die Opposition der Jetztzeit gegen die Tragödie [...] doch auch noch einem anderen, besseren und berechtigteren Motiv als dem der Zwergenfurcht entstammt. Einem demokratischen Princip, möchte ich sagen: dem Princip, daß, wie kläglich es auch um unsere Menschenexistenz bestellt sein mag, wir die Chancen und Verantwortung auf uns nehmen müssen und uns jeden Gewalteingriff verbitten und denselben, soweit es in unserer Macht ist, verhindern wollen, er komme nun von welcher Seite immer: von oben oder von unten.[332]

Im Gegensatz zur deduktiv-philosophischen Konstruktion des dramatischen Genres verfährt das epische induktiv und ist – nach dem wissenschaftstheoretischen Verständnis des 19. Jahrhunderts – schon deshalb einer Zeit angemessen, in der naturwissenschaftliche Verfahren epistemisch dominieren. Dennoch entwickelt Spielhagen seine Romantheorie in stetiger Rücksicht auf das homerische Epos und in Differenzbestimmung zu ihm. Obwohl er auf die Wolfsche These eines Kollektivautors verweist, spielt dabei jedoch der Gedanke der Volkhaftigkeit nur insofern eine Rolle, als die angenommene kollektive Identität als Produktionsbedingung des antiken Autors fungiert.[333] Auch lehnt Spielhagen die Schillersche Dif-

---

[328] Spielhagen, Beiträge, S. 43.
[329] »Denn die Natur, auf die es dem Dramatiker allein ankommt und dem Wesen seiner Kunst nach ankommen kann: die Natur ist zu allen Zeiten dieselbe gewesen [...].« (Spielhagen, Beiträge, S. 45).
[330] Vgl. Spielhagen, Beiträge, S. 161–166. Die Haltung des antiken tragischen Helden erscheint nur noch als »stoischer Trotz«. (Spielhagen, Vermischte Schriften, Bd. 1, S. 56).
[331] Beide Spielhagen, Beiträge, S. 165.
[332] Spielhagen, Beiträge, S. 165. Der Aufsatz ›Der Ich-Roman‹ ist 1882 entstanden. Eine politische Lesart der Stelle bietet sich an.
[333] Spielhagen, Vermische Schriften, Bd. 1, S. 16f., vgl. 23; vgl. Günter Rebing: Der Halbbruder des Dichters. Friedrich Spielhagens Theorie des Romans, Frankfurt am Main

ferenzierung von naiver und sentimentalischer Dichtung dezidiert ab. Er bezieht sich hingegen auf Humboldts Aufsatz über ›Hermann und Dorothea‹,[334] nimmt jedoch an der Humboldtschen Konzeption eine bedeutende und die historische Distanz charakterisierende Modifikation vor. Spielhagen ersetzt die Humboldtschen Termini ›Betrachung‹ und ›Beschauung‹, die er zunächst unkommentiert übernommen hatte, schließlich durch den Begriff ›Beobachtung‹. Indem er so die kontemplative Kongruenz von Wahrnehmung und Empfindung, die nicht nur die Humboldtsche, sondern auch weite Teile der realistischen Terminologie auszeichnet, in ihre Bestandteile zerlegt, löst er den externen Aspekt des ästhetischen Aktes aus dem idealistischen System und öffnet ihn ein Stück weit gegenüber naturwissenschaftlichen Erkenntnismodellen.[335] Damit bleibt das Epos zwar als historisch mögliche Grenzform und als Idealtypus – im Wortlaut Spielhagens: als »ideales Urbild«[336] – öffentlicher Dichtung erhalten, doch der politisch-dynamische Apell der These eines kollektiven Autors, in der literarischen Formierung der Sprachnation die politische zu präformieren, wird aufgegeben. Der Epiker wird zu einem »interesselosen Betrachter«.[337] Im Aufsatz ›Das Gebiet des Romans‹ gibt Spielhagen 1873 im Anschluss an Humboldt und, wie er glaubt, in dessen Präzisierung, eine allgemeine Definition des Epos:

> [D]as epische Gedicht in seiner höchsten Vollendung ist die durch Erzählung vermittelte dichterische Darstellung der Menschheit, soweit sich dieselbe innerhalb eines Volkes und einer gegebenen Epoche manifestiert.[338]

Dass dabei das dichtende Subjekt im kollektiven verschwindet, ist Bedingung jener »völlig idealen, tendenzlosen Objektivität«, die die Homerischen Epen auszeichnet.[339] Während die formalen Aspekte der Epen für Spielhagen von unter-

---

1972, S. 79; vgl. Hellmann, Objektivität; daneben: Andrea Fischbacher-Bosshardt: Anfänge der modernen Erzählkunst. Untersuchungen zu Friedrich Spielhagens theoretischem und literarischem Werk, Bern e.a. 1988; Martha Geller: Friedrich Spielhagens Theorie und Praxis des Romans, Berlin 1917.

[334] Wilhelm von Humboldt: Über Goethes ›Hermann und Dorothea‹. In: Humboldt, Werke, Bd. 2. Berlin 1904, S. 113–323; vgl. Annelise Mendelsohn, Die Sprachphilosophie und die Ästhetik Wilhelm von Humboldts als Grundlage für die Theorie der Dichtung, Hamburg 1928 und Arthur H. Huges: Wilhelm von Humboldt's Influence on Spielhagens Esthetics. In: The Germanic Review 5 (1930), S. 211–224.

[335] Spielhagen, Beiträge, S. 154f.

[336] Spielhagen, Beiträge, S. 139.

[337] Friedrich Spielhagen, Goethe als Epiker. In: Spielhagen, Vermischte Schriften, Bd. 1, S. 98–142, hier 100.

[338] Spielhagen, Beiträge, S. 50.

[339] Vgl. Spielhagen, Beiträge, S. 139. Dabei stellen die in Ich-Form vorgetragenen Erzählungen Odysseus' in der ›Odyssee‹ für Spielhagen kein Gegenargument dar, weil sich in ihnen keine subjektive Perspektive äußert, da sie nur »formale Bedeutung« besitzen (Spielhagen, Beiträge, S. 143).

geordneter Bedeutung und den historischen Umständen geschuldet sind, gehört der Verzicht auf Reflexion und die Konzentration auf handelnde Personen zu den konstitutiven Momenten der Gattung.[340] Im 1874 enstandenen Aufsatz ›Der Held im Roman‹ rekurriert Spielhagen zu Beginn auf den genannten Aufsatz und fasst dessen These zusammen:

> Ich habe in dem vorhergehenden Aufsatz (das Gebiet des Romans) nachzuweisen versucht, daß es sich überall, wo die epische Phantasie waltet, schließlich gar nicht um den *Menschen*, handelt, wie er sich als Individuum darstellt, in dieser oder jener besonderen Situation, erfüllt von diesem oder jenem Gefühl, oder in Konflikt mit einem anderen Individuum als handelndes Wesen unter dem Druck dieser oder jener Leidenschaft, sondern vielmehr um die *Menschheit*, um den weitesten *Überblick* über die menschlichen Verhältnisse, um die tiefsten *Einblicke* in die Gesetze, welche das Menschenleben regieren, welche das Menschentreiben zu einem Kosmos machen.[341]

Die grundlegenden Bedingung der Objektivität des Epos, Ordnung und Geschlossenheit, werden von Spielhagen hypostasiert. Seine Figuren – und Autoren – bewegen sich »in einer noch übersichtlichen und dabei doch reich genug gegliederten und wiederum schönen, in sich harmonischen Welt«.[342] Doch Spielhagen differenziert zwischen dem Idealtypus ›Epos‹ und den homerischen Epen, die für ihn auf realen geschichtlichen Vorgängen basieren.[343] In ihrer Analyse benennt er neben den beiden ›klassischen‹ Bedingungen des Epos zwei weitere, der historischen Situierung geschuldete: Zunächst ist für den ›epischen Zustand‹ Präsenz der Tradition und damit das Fehlen historischen Bewusstseins unabdingbar:

> So geboten die Glücklichen außer über die schöne natürliche Welt, in der sie geboren, noch über eine zweite, in ideale Ferne gerückte und zugleich, infolge einer unerschöpflich reichen und unendlich plastischen Tradition, vollkommen gegenwärtige:

---

[340] Wie Spielhagen glaubt, »ist das Gesetz der epischen Phantasie für uns absolut dasselbe, wie für die Dichter der ›Illias‹ und der ›Odysee‹: Du sollst uns Menschen handelnd vorführen, du sollst dies und nichts anderes thun, weil du nichts anderes thun kannst, ohne in demselben Moment aufzuhören, ein epischer Dichter zu sein.« (Spielhagen, Beiträge, S. 90).
[341] Spielhagen, Beiträge, S. 67.
[342] Spielhagen, Beiträge, S. 134. Freilich hält Spielhagen die These aperspektivischer Totalität auch für die homerischen Epen nicht aufrecht. Einige Seiten weiter redet er von einem »Mangel an Sympathie«, mit dem die Trojaner, sogar Hektor dargestellt seien, und attestiert der ›Illias‹ »Tendenz« und einen »nationalen Zug« (Beide Spielhagen, Beiträge, S. 140f.). Da diese Parteinahmen für ihn jedoch notwendig und auch tatsächlich mit ästhetischen Mängeln verbunden sind, blieben sie für die Bestimmung des Idealtypus ohne Belang. Vgl. Spielhagen, Beiträge, S. 140f. In den Goethe-Vorlesungen spricht er davon, dass sich das griechische Volk der homerischen Epen »auch nach außen hin zu kühnen abenteuerlichen Thaten versucht und von der weiten Welt gerade so viel gesehen [habe], um der unverbrauchten Phantasie eine wunderreiche Ferne zu eröffnen [...]« (Spielhagen, Vermischte Schriften, Bd. 1, S. 114).
[343] Vgl. Spielhagen, Beiträge, S. 135.

die Welt der heroischen Ahnen. Und zu den zweien kam noch eine dritte: die ihrer Götter, welche sie – wie das nicht anders sein kann – nach ihrem Bilde in voller Naivetät und gutem Glauben geschaffen hatten, während ihre Dichter bereits den Mut gefunden zu jener eigentümlichen, halb ironischen halb Glauben und Ehrfurcht atmenden und heischenden poetischen Behandlung und Verwertung derselben, ähnlich wie Shakespeare seine Hexen und Geister traktiert, an deren Realität er glaubt, indem er sie zugleich frei zu seinen Zwecken verwendet.[344]

Damit hat Spielhagen in zwei Schritten das behauptete Konzept epischer Naivität revoziert: Mit der ›Welt der heroischen Ahnen‹ wird zunächst wenngleich nicht historisches Bewusstseins, so doch dessen Bedingung, die Wahrnehmung einer chronologischen Differenz und Divergenz in die epische Welt eingeführt. Anschließend attestiert Spielhagen mit einem lapidaren Verweis auf Feuerbachsche Anthropologie dem epischen Dichter zumindest relative ästhetische Verfügungsgewalt über die Götterwelt und verweist nicht nur auf Momente von Individualität – ›eigentümlich‹ – und Souveränität – ›ironisch‹, sondern charakterisiert den Dichter als absichtsvollen Manipulator der gesellschaftlichen Zeichen- und Wertewelt.

Da Spielhagen in der metrisch gebundenen Form kein Definens der Gattung, sondern eine der frühen historischen Situation und ihren sprachlichen Möglichkeiten geschuldete – und verpflichtete – formale Eigenschaft sieht,[345] ermöglichen die faktische historische Gebundenheit der Epen und die damit notwendig gewordene konstitutive Individualität des Autors nicht nur den Anschluss einer Poetik des Romans, sondern erlauben, diesen als primordiale Gattung kontemporärer Literatur zu begründen und den Romancier als zumindest gleichberechtigten Autortypus zu verteidigen. Der ›Halbbruder des Dichters‹ wird in einer prosaischen, um die Wirklichkeit ihrer poetischen Möglichkeit ringenden Zeit

---

[344] Spielhagen, Beiträge, S. 136f. Die These homerischer Dichronie von gegenwärtiger Tradition und aktueller Gegenwart übernimmt er von Friedrich Schlegel. Vgl. Spielhagen, Beiträge, S. 136.

[345] Versifikation und metrische Bindung sind für Spielhagen an dem Paradigma oraler Poesie ausgerichtet und damit vor-schriftlicher Gesellschaft verpflichtet. Vgl. Spielhagen, Beiträge, S. 52–55. Doch es gibt auch in diesem Fall eine ›ideale‹ Dimension: Die Rhythmisierung wird von Spielhagen als rein formale, d.h. von jeder ›stofflichen‹ Gegenstandsverpflichtung gelöste Disziplinierung des idealen dichterischen Enthusiasmus interpretiert. Deshalb kann das metrisch gebundene Werk als einziges darauf hoffen, Ewigkeitswert zu besitzen. Vgl. Friedrich Spielhagen: Aus meiner Studienmappe Beiträge zur literarischen Ästhetik und Kritik, Berlin 1891, S. 58–61. Dennoch ist der Roman für Spielhagen »die heute noch einzige mögliche epische Dichtungsart«. (Friedrich Spielhagen: Neue Beiträge zur Theorie und Technik der Epik und Dramatik, Leipzig 1898, S. 58). Goethes ›Hermann und Dorothea‹, immerhin Referenzepos seines Referenzautors Humboldt, ist für Spielhagen kein Epos, sondern eine versifizierte Novelle und damit eine Spielart des Romans. Vgl. Spielhagen, Vermischte Schriften, Bd. 1, S. 139.

zum Statthalter eines ›Idealismus‹, der allerdings nicht mehr – wie noch von Freytag für ›Soll und Haben‹ in Anspruch genommen worden war – in der Lage ist, Tendenz zu gestalten, sondern sie allenfalls noch formal behaupten kann. Spielhagens Poetik stellt die Reflexion des Prozesses künstlerischer Produktion und die Bedingungen und Modi ästhetischer Vermittlung in den Mittelpunkt. Sie setzt sich dezidiert gegen systematisch-deduktive ästhetische Reflexion ab, beansprucht, aus der Perspektive des Künstlers zu reden und ›Ateliergeheimnisse‹ preiszugeben.[346] Im Gegensatz zum Lyriker und Dramatiker, deren literarische Formen sich als anthropologisch begründete Form der Objektivierung verstehen lassen,[347] ist für den epischen Dichter Kommunikation als schriftvermittelter Bezug zum Publikum konstitutiver Bestandteil seines Selbstverständnisses. Dies bedeutet für Spielhagen nicht nur, dass der Dichter auf die Interessen und das Fassungsvermögen des Publikums Rücksicht zu nehmen hat, sondern vor allem, dass das Werk in seinen Inhalten begrenzt werden muss.

Kunst ist für Spielhagen ein anthropologisches Moment und epische Kunst dessen ausgezeichnete Form, weil sie die Gesamtheit der Vermögen anspricht:

---

[346] In der Vorrede zu den ›Beiträgen‹ stilisiert Spielhagen die eigenen Reflexionen (fast) zum Produkt seiner Gespräche mit Berthold Auerbach und spricht von »Ateliergeheimnissen«, die er gegen den Rat des Freundes dem Publikum vorlegen wolle. Vgl. Spielhagen, Beiträge, S. IX; vgl. XIII. Diese Haltung ist jedoch weniger eine Geste der Bescheidenheit als die Markierung einer ›modernen‹ Position: Spielhagen berichtet, Auerbach habe von der Veröffentlichung abgeraten, da sie die dem Dichter möglichen Verfahren der Induktion und Intuition in Richtung ›wissenschaftlicher‹ Spekulation überschreite. Vgl. Spielhagen, Beiträge, S. XIIIf. Indem Spielhagen diese Warnung ignoriert, verweigert er die prinzipielle Trennung von Poesie und Ästhetik und stellt sich stattdessen in einen ›induktiven‹ Forschungszusammenhang über die Struktur der Kunst, ihre zeitgenössischen Aufgaben und Möglichkeiten.

[347] Bei aller Nähe zu einer emotiven Theorie der Kunst – immerhin bezeichnet Spielhagen die Lyrik als älteste Kunst (vgl. Spielhagen, Vermischte Schriften, Bd. 1, S. 11) – ist sie *als Kunst* nicht durch bloße Ausdruckshaftigkeit bestimmt, sondern auf ein distanzierendes rationales Moment angewiesen. Neben dem »vollen Herzen« braucht der Lyriker »die Fähigkeit [...], das unmittelbar Empfundene durch ein gewisses Medium so zu schauen, daß es nun etwas Mittelbares, Empfundenes und – worauf jetzt der Hauptaccent liegt – zugleich Gewußtes ist.« (Spielhagen, Vermischte Schriften, Bd. 1, S. 13). Dennoch ist der Lyriker intensional solipsistisch, allein um die Darstellung eines Gemütszustandes bemüht: »Diese Subjectivität, dieses Sich-selbst-Genügen der Lyrik geht so weit, daß der Sänger im Grunde des Publikums gar nicht bedarf.« (Spielhagen, Vermischte Schriften, Bd. 1, S. 42; vgl. 28 u. 51). Der Dramatiker überschreitet die Empfindung zum Handeln, aber dieses Handeln ist nichts anderes als »eine Leidenschaft ,[...], die sich vor unseren Augen zur That verkörpern soll« (Spielhagen, Vermischte Schriften, Bd. 1, S. 53) und erweist sich damit als in seinen Gegenständen beschränkt. Zudem hat der Dramatiker keinen textvermittelten Bezug zum Publikum, da seine einseitig idealisch-objektivistisch orientierte Kunst über die Instanz der Bühne vermittelt wird: »Ein gelesenes Drama ist nur ein halbes Drama [...]« (Spielhagen, Vermischte Schriften, Bd. 1, S. 51).

Also der Mensch und immer wieder der Mensch: der Mensch der sich objektiviren, sich genießen, verstehen, begreifen, hören, sehen will mit jedweder Kunst, und in der epischen Kunst dies gleichsam alles zusammenfaßt, dies alles auf einmal zu thun und zu haben versucht.[348]

Spielhagen versteht Literatur als Selbstobjektivierungsprozess vermittels des Mediums und im Medium der Phantasie. Einzelnen Gattungen entsprechen verschiedene Stimmungen, die auf »tiefen physiologisch-psychologisch-historischen Gründen«[349] beruhen. Die Phantasie ist zwar ein formales, jedoch kein begriffliches Vermögen;[350] sie denkt nicht abstrakt, sondern in Bildern. Produkt poetischer Phantasiearbeit ist das Kunstwerk, das wiederum vom Rezipienten in Phantasietätigkeit zurückverwandelt und als solche erfahren wird. Poesie »[kann] nur durch die Phantasie auf die Phantasie wirken [...]«[351] Epische Phantasie zeichnet sich dabei durch besondere Welthaltigkeit aus.[352]

Bis hierher folgt Spielhagen der Konvention realistischer Ästhetik, er geht jedoch über den üblichen Standpunkt hinaus, wenn er nicht die unmittelbare interne und externe Wirklichkeit, sondern deren je schon als Gedächtnisinhalt vermittelte Form als Gegenstand der Phantasiearbeit begreift und daraus die nominalistische Konsequenz zieht. Der Dichter ist in der Wahl seiner Stoffe nicht frei, sondern historisch und psychologisch-biographisch festgelegt;[353] das Gleiche gilt für sein Publikum. Nur wenn ein Werk durch die Phantasie das bildhafte Gedächtnis seiner Rezipienten in Szene setzt, ist es in der Lage, Lebhaftigkeit zu erreichen und kann vermeiden, einem abstrakten quasi-begrifflichen Schematismus zu verfallen. Dies hat insbesondere für die epische Gattung Konsequenzen, denn diese kann sich nicht auf anthropologische und ideale Gehalte allein beschränken, sondern muss auf die konkreten Bedingungen ihrer Gegenstände eingehen. Damit sind epische Werke zwar in besonderem Maße historisch gebunden,[354] aber zugleich auch ausgezeichnet. Für die Gegenwart konstatiert Spielhagen:

> Der Roman hat für die moderne Menschheit diese tiefe Bedeutung, diese einschneidende Wichtigkeit, weil keine andere Kunst, und auch kein anderer Zweig der Dichtkunst dem geistigen Bedürfnis derselben so Rechnung trägt, ein so bequemes, ausgiebiges, zweckdienliches Vehikel der Mitteilung der respektiven geistigen Interessen und Bedürfnisse hinüber und herüber ist.[355]

---

[348] Spielhagen, Beiträge, S. 42.
[349] Spielhagen, Vermischte Schriften, Bd. 1, S. 9.
[350] »Die Phantasie ist durchaus ein Denken in Formen; sie operiert nun und niemals mit Begriffen [...]« (Spielhagen, Beiträge, S. 14).
[351] Spielhagen, Beiträge, S. 95.
[352] Spielhagen spricht von einer »straffen Bindung der epischen Phantasie an die beobachteten Objekte.« (Spielhagen, Beiträge, S. 173).
[353] Vgl. Spielhagen, Beiträge, S. 11f.
[354] Vgl. Spielhagen, Neue Beiträge, S. 8.
[355] Spielhagen, Beiträge, S. 38.

Spielhagen begreift den Menschen als geschichtliches Wesen, fordert »genauste Kenntnis der Bedingungen, unter denen das Leben vor sich geht«,[356] reflektiert den Einfluss von Wissenschaft und Technik, die radikale Diesseitigkeit und die prometeische Selbstermächtigung der wissenschaftlich-industriellen Gesellschaft.[357] Konsequent votiert er gegen den historischen Roman, für den Zeitroman und beschränkt dessen zeitliche Extension auf jene Spanne, »welche noch in dem vollen Lichte der Erinnerung der jetzigen Generation liegt.«[358] Doch trotz

> der Eigentümlichkeit der epischen Phantasie, den Menschen immer auf dem Hintergrunde der Natur, immer im Zusammenhang mit – und in Abhängigkeit von den Bedingungen der Kultur, d.h. also so zu sehen, wie ihn die moderne Wissenschaft auch sieht[...],[359]

trotz ihrer 1898 erneut und schärfer betonten Bindung an »Milieu« und »Kulturzustand«,[360] trotz des immer schnelleren Tempos der Veränderungen[361] und eines damit einher gehenden Traditionsverlust, der die Klassiker, wie Spielhagen kurz vor der Jahrhundertwende anmerkt, zunehmend zu einer Literatur für »die happy few einer exquisiten Bildung, deren geringe Zahl mit der Zeit immer geringer werden dürfte«,[362] werden lässt, verweigert Spielhagen die ›Auslieferung‹ seiner Poetik an die Naturwissenschaften und behauptet eine Subjektkonzeption, die gleichermaßen auf den Realismus zurück- wie auf den Ästhetizismus vorausweist.

Kehrseite der kulturellen Entwicklung mit ihrer zunehmenden wissenschaftlichen Durchdringung von Welt und Wirklichkeit ist die zunehmende Fragmentarisierung erfahrbarer Wirklichkeit. An die Stelle naturhafter Geschlossenheit des Weltbildes und prästabilierter Einheit von Dichter und Hörer, die das Epos – idealiter – auszeichneten, sind die Notwendigkeit artistischer Beherrschung der Stofffülle und virtuoser Produktion von Geschlossenheit, Ordo und Totalität

---

[356] Spielhagen, Beiträge, S. 39.
[357] Vgl. Friedrich Spielhagen: Die epische Poesie unter dem Zeichen des Verkehrs. In: Spielhagen, Neue Beiträge, S. 17–52; vgl. Beiträge, S. 38f.
[358] Spielhagen, Beiträge, S. 56–58, hier S. 58.
[359] Spielhagen, Beiträge, S. 41.
[360] Die epische Dichtung »strebt [...] danach, ein möglichst getreues Abbild der Wirklichkeit auch in ihrer äußeren Erscheinung zu geben; keine [der beiden Schwesterkünste] ist so darauf aus, den Einflüssen nachzuspüren, die das Milieu in dem der Mensch sich bewegt, auf seine körperliche und geistige Entwicklung, seine Entschlüsse und Handlungen hat; keine ist so fest mit allen Fasern ihres Wesens an den Kulturzustand der Zeit ihrer Entstehung gebunden; mit allen Wurzeln so tief darin verwachsen.« (Spielhagen, Neue Beiträge, S. 18f.).
[361] Spielhagen, Neue Beiträge, S. 82.
[362] Spielhagen, Neue Beiträge, S. 5; vgl. Spielhagen, Vermischte Schriften, Bd. 1, S. 136f.

getreten. Damit ist der Dichter zunächst an die eigene Subjektivität zurückverwiesen. Soll dennoch für das Werk relative Welthaltigkeit behauptet werden, muss sie auf der Erfahrung des Autors und auf dessen Bereitschaft beruhen, sich nicht auf eigene Konstrukte zu verlassen. Sie muss auf reale Modelle zurückzugreifen; nur diese bieten genügend Widerstand, um es der Phantasie zu ermöglichen, sich weder solipsistisch einzukapseln, noch in Abstrakta zu verlieren, sondern sich in einem Werk im emphatischen Sinne zu objektivieren.[363] Sind diese materialen Voraussetzungen gegeben, so wird seine Geschlossenheit davon abhängen, dass das Subjekt in der Lage ist, sich von der Unmittelbarkeit seiner Begierden zu distanzieren und seine Phantasie rational zu kontrollieren. In der Gegenwart ist die Geschlossenheit des Werks keine notwendige Folge einer naturhaft gegebenen Situation mehr, sondern Resultat subjektiver Willensanstrengung. Damit stellt sich die Frage, warum Spielhagen an den werkästhetischen Kategorien von Ordnung, Geschlossenheit und Totalität festhält, obwohl sie den Erfahrungen der Gegenwart offensichtlich widersprechen und obwohl der Roman ex definitione dieser aktuellen Wirklichkeit verpflichtet ist.

Poetologisch ist die Antwort einfach: Es sind Kategorien, die durch den Idealtypus ›Epos‹ vorgegeben sind – und da der Roman als pragmatisch depotenzierte Form des Epos begriffen wird, übernimmt er diesen Geltungsanspruch. Doch ist der Idealtypus, wie die Spielhagensche Analyse der Homerischen Epen zeigte, selbst legitimationsbedürftig geworden, zum anderen ist er in seiner ästhetischen Funktion bedroht, da mit dem konstatierten Verlust epischer Naivität auch das basale Argument der behaupteten Primordialität der Gattung entfallen und ein elementarer, freilich nationaler Perspektivismus anerkannt worden war. Zudem relativiert Spielhagen das Geschlossenheitsprinzip, mutmaßt, die homerischen Epen seien im Grunde nur Fragmente eines größeren und größtenteils verlorenen Sagenkreises. Dabei ist ihm klar, dass der Idealtypus ein Konstrukt darstellt, das niemals mit der Positivität einer historischen Erscheinung zusammenfallen, sondern allenfalls als regulative Idee fungieren kann. Warum sollte man also in einer Zeit, die zugestandener Maßen dieser Form wenig günstig, und in einer Kunstform, die eben ihrer Zeit in ausgezeichnetem Maße verpflichtet ist, dieses Ideal aufrecht erhalten? Der Geltungsanspruch speist sich aus anderen Quellen.

Das Kunstwerk ist Produkt und Zeichen der Phantasie. Es wird von der Phantasie des Produzenten codiert und vom Rezipienten aus seiner Zeichenhaftigkeit in Phantasiearbeit überführt.[364] Phantasie oder Einbildungskraft – Spielhagen gebraucht beide Begriffe »durchaus promiscue«[365] – ist als angeborene Fähig-

---

[363] Vgl. Spielhagen, Beiträge, S. 19–22.
[364] Vgl. Spielhagen, Beiträge, S. 95.
[365] Spielhagen, Beiträge, S. 154.

keit des Dichters ein Vermögen wie Vernunft und Urteilskraft.[366] Doch reicht die Tätigkeit dieses Vermögens[367] gerade im Falle der epischen Phantasie nicht aus, weil die Welthaltigkeit der epischen Dichtkunst im Gegensatz zu den ex definitione subjektzentrierten Gattungen der Lyrik und Epik dem Gegenstand von sich aus keine Grenzen setzt und die ideale Begrenztheit der homerischen Welt dem Zustand der gegenwärtigen nicht mehr entspricht. Im Aufsatz *Der Ich-Roman* formuliert Spielhagen 1882 vier ›Fundamentalsätze‹ der Theorie epischer Dichtkunst: Der Erste schreibt der epischen Phantasie eine »immanente[.], ruhelose[.] Tendenz nach größtmöglicher Ausdehnung des Horizontes«[368] zu und folgert daraus, dass »ihr Object nichts Geringeres als die Welt und somit das – gleichviel ob ihm bewußte oder unbewußte – Streben des epischen Dichters ist, ein Weltbild zu geben.«[369] Die Behauptung, dass die objektorientierte epische Phantasie extensive Totalität als Erschöpfung ihrer möglichen Gegenstände fordere, ist als gesetzte Variante der vom Idealismus geteilten These prinzipieller Promiskuität der Phantasie zu akzeptieren.[370] Ebenso konventionalisiert ist das Argument, dem Menschen sei das Erreichen derartiger Totalität unmöglich und er müsse sich deshalb mit Abbreviaturen und einer die Gegenstände nur abbildlich bedeutenden Totalität bescheiden. Dieses Argument wird werkästhetisch gewendet und pragmatisch depotenziert:

> Der zweite [dieser Fundamentalsätze lautet], daß diese Natur der epischen Phantasie über jede Grenze hinausstrebt, mit der Natur der Kunst, welche sobald sie zu Werke schreitet, sich Grenzen ziehen muß und nur, indem sie diese Grenzen respektiert, ihr Werk zustande bringt, in einem fundamentalen Widerspruch steht.[371]

Aus diesem Widerspruch folgt Spielhagen im dritten Fundamentalsatz eine ästhetisch-systematische Prävalenz von Lyrik und Drama, weil sie wegen der konstitutiven Beschränkung ihres Gegenstandsfeldes von der ästhetischen Aporie des Epos verschont bleiben.[372] Im vierten und letzten Fundamentalsatz postuliert er schließlich die eigene ›objektive Methode‹ als approximatives Lösungsverfahren und einziges ästhetisches Wertkriterium im Feld epischer Poesie.[373]

---

[366] Vgl. Spielhagen, Beiträge, S. 167f.
[367] Systematische Definition der Phantasie setzt Spielhagen zunächst voraus. Vgl. Spielhagen, Beiträge, S. 55; vgl. 156: Spielhagen lehnt Vischers Unterteilung der Phantasie ab.
[368] Spielhagen, Beiträge, S. 133.
[369] Spielhagen, Beiträge, S. 133.
[370] Doch entwickelt Spielhagen selbst ein zweites Modell der Deduktion der Prosa aus dem elementaren Kern novellistischen Erzählens (s.u.).
[371] Spielhagen, Beiträge, S. 133.
[372] Vgl. Spielhagen, Beiträge, S. 133f.
[373] Vgl. Spielhagen, Beiträge, S. 134.

Obwohl er die Bedeutung seiner poetologischen und kritischen Texte herunterspielt, erhebt Spielhagen also den Anspruch, mit seiner ›objektiven Methode‹ nicht nur die poetologischen Prinzipien des eigenen Werkes darzustellen, sondern die Gesetze der ästhetischen Bedingungen epischer Dichtkunst überhaupt zu formulieren und ihre poetologischen Konsequenzen zu ziehen. Spielhagen schlägt eine spezifische Lesart des zentralen Begriffs Humboldtscher Eposttheorie – Betrachtung oder Beschauung – vor und bestimmt ihn als der eigentlichen literarischen Tätigkeit vorausliegendes genetisches Moment ästhetischer Konstitution. Die Wende zur Betrachtung konstituiert das Subjekt als ästhetisches:

> Daß, bevor es zum Schaffen kommt, eine lange Reihe von Vorstadien zu durchlaufen ist, versteht sich eigentlich von selbst, und da ließe sich vielleicht auch jener Zustand der Betrachtung und Beschauung in dem Gemüte, aus welchem W.v. Humboldt in Verbindung mit der Phantasie die epische Kunst hervorgehen läßt, schicklich unterbringen, wenn man unter demselben etwa jenes Stadium begreift, wo der bisher rastlos umherschweifende Blick des Beobachters entschieden anfängt, sich nach Innen zu richten, um sich aus dem Gewirr der Einzelheiten los zu lösen und zu der Kraft zu sammeln, die das Gesehene zu einem Gesicht verklärt.[374]

Gegenstand der epischen Phantasie ist nicht die Welt, sondern eine »innere Welt«;[375] das Beobachten des Epikers ist »von vornherein ein anderes als das Beobachten desjenigen Menschen, der auf das praktische Leben gestellt oder für die Wissenschaft veranlagt ist«.[376] Die ›Gegenstände‹, die er zu seiner ästhetischen Arbeit benötigt, findet er nicht in der Welt, sondern in seinem Gedächtnis.[377] Das zentrale Strukturationsprinzip eines Werkes,

> [d]ie Idee ist eben immer nur und kann nichts anderes sein als: das Bild, welches der Dichter von der Welt in seiner Seele trägt, und von welchem er in seinem Werke ein Abbild zu geben sucht.[378]

Das ästhetische Werk ist ein Bild zweiter Ordnung: Bild eines Bildes. Doch auch das erste Bild kann nicht als Gedächtnissediment einer Wahrnehmung verstanden werden, sondern verweist sowohl durch den Anspruch auf Totalität, den es als ›Bild der Welt‹ erhebt, als auch durch den terminologisch unscharfen und konservativen Bezug auf die pathetisch sensible Instanz personaler Einheit und persönlichen Wollens, die Seele, zunächst auf ein Subjekt. Der Begriff ›Bild‹ ist nicht als planer Widerspiegelungsbegriff zu lesen, sondern steht in der Tradition des bewußtseinsgenetischen Bildbegriffs Fichtescher Philosophie.[379]

---

[374] Spielhagen, Beiträge, S. 168.
[375] »Ich kehre in mich selbst zurück und finde eine Welt.« (Spielhagen, Beiträge, S. 150).
[376] Spielhagen, Beiträge, S. 167.
[377] Vgl. Spielhagen, Beiträge, S. 167.
[378] Spielhagen, Beiträge, S. 169.
[379] Vgl. Janke, Vom Bilde, S. 293–395.

Das epische Kunstwerk ist zunächst und vor allem die Inszenierung eines epischen Subjekts. Sie vollzieht sich auf Produzenten- wie Rezipientenseite mittels der Interpretation von Gedächtnisinhalten. Die Forderung nach Einheit, Totalität und Geschlossenheit, die Spielhagen erhebt, ist nicht aus poetologischen Prinzipien ableitbar, sondern besitzt axiomatischen Charakter.[380] Die poetologischen Axiome sind Übertragungen von Attributen einer ästhetischen Subjektivität, die selbst eine Depotenzierung des idealistischen Subjekts darstellt. Dessen zentrale Bestimmung, Autonomie, ist nur noch in der ästhetischen Simulation und als Prozess einer ex definitione aus pragmatischen Zusammenhängen gelösten Phantasie zu erreichen. Das Werk wird zum Bild eines souveränen ästhetischen Subjekts. Dieses kann nicht mit dem ›Privatbewusstsein‹ des Produzenten identisch sein, sondern muss als perspektivischer Modus eines kollektiven Subjekts und damit als Bild der Menschheit im emphatischen Sinne verstanden werden. Spielhagen glaubt,

> daß es sich überall da, wo die epische Phantasie waltet, schließlich gar nicht um den Menschen handelt, wie er sich in seiner Vereinzelung, als Individuum, in dieser oder jener Situation erfüllt von diesem oder jenem Gefühl, oder in Konflikt mit einem anderen Individuum als handelndes Wesen unter dem Druck und Sporn dieser oder jener Leidenschaft darstellt, sondern vielmehr um den Menschen in seiner Totalität, um die Menschheit, die eben nur in der Gesamtheit aller Individuen existiert.[381]

Aufgabe des epischen Dichters ist, die Partikularität der eigenen Individualität zu überwinden. Zwar kann er – und muss dies, wie noch zu zeigen sein wird – auf sein Gedächtnis zurückgreifen, doch liefert dieses ihm nur einen Rohstoff. Denn der deskriptive Aspekt der epischen Kunst hat zwei kunstfeindliche Tendenzen. In einer späteren Passage des ›Ich-Romans‹ kommt Spielhagen noch einmal auf den zweiten seiner ›Fundamentalsätze‹, jenen der Horizontlosigkeit der Phantasie, zurück und ergänzt ihn um eine zweite Tendenz:

> Es ist die [...] straffe Bindung der epischen Phantasie an die individuelle (und also auch partielle und zufällige) Beobachtung, welche Bindung in der für den Dichter vorliegenden Notwendigkeit gipfelte, mindestens in dem ersten Entwurf seiner Dichtung sich selbst als Helden zu setzen.[382]

Damit befinden wir uns im Zentrum des Spielhagenschen ›Dogmatismus‹, der Identifikation von Held, Erzähler und Autor. Diese Gleichsetzung ist ästhe-

---

[380] Aus dem ›Stoff‹ ist auch diese Geschlossenheit des Werkes nicht erreichbar, denn auch dem Erzählen eignet mit der »Gewalt einer Naturkraft« unendliche Anschließbarkeit (Spielhagen, Beiträge, S. 47). Die Grenze der konkreten epischen Welt ist nur je pragmatisch zu ziehen und bestimmt sich aus der epischen Kraft des Dichters auf der einen und dem Fassungsvermögen seines Publikums auf der anderen Seite. Vgl. Spielhagen, Beiträge, S. 56.
[381] Spielhagen, Beiträge, S. 47; vgl. 50.
[382] Spielhagen, Beiträge, S. 177.

tisch nicht zu deduzieren – aber Deduktion lehnte Spielhagen, wie wir gesehen haben, gleich zweifach ab: Zunächst für die Methode der eigenen Überlegungen, dann aber auch für das Verfahren der epischen Phantasie überhaupt, die gerade durch ihren induktiven Charakter als moderne, der Naturwissenschaft parallelgestellte Form der Dichtkunst gerechtfertigt worden war.[383] Geht man aber von einem induktiven Verfahren aus und berücksicht, dass der Zugriff der epischen Phantasie nicht direkt auf Welt, resp. deren Wahrnehmung erfolgt, sondern von diesen durch einen Akt der Distanzierung getrennt ist und auf Gegenstandswahrnehmungen nur in Form von Gedächtnisinhalten zurückgreifen kann, so wird der Ausgang vom dichterischen Subjekt zum Faktum: Epische Dichtung kann sich auf nichts anderes beziehen, als auf die Gedächtnisinhalte des Dichters und referiert erst vermittelt über diese auf Welt. Doch nicht jedes Gedächtnis ist kunstfähig.

Künstler haben ein präzises und zähes Gedächtnis. Gedächtnis ist das Arsenal der Stoffe, aus dem sich die epische Phantasie bedienen kann – Bedingung dafür ist jedoch eine relative pathetische Indifferenz der Gedächtnisinhalte. Das Subjekt muss zu einem Betrachter werden, einen Zustand der Seele erlangen, in dem Interesselosigkeit zum methodischen Prinzip wird:

> [E]s interessiert ihn [den Betrachtenden] eben Alles und Jedes, weil ihn im Grunde genommen nichts interessiert, d.h. weil er an alle dem, was er da sieht, einen persönlichen Antheil gar nicht nimmt. Die Menschen und Dinge sind ihm gleicherweise Objecte seiner Beobachtung;[...].[384]

Damit kommt Spielhagen 1864 der Wahrnehmungsweise des Dandys und Flaneurs nahe. Er wehrt diese Gefahr jedoch ab, wenn er anschließend verdeutlicht:

> er will nichts von ihnen, als daß sie ihm ihre Natur offenbaren, denn selbstverständlich ist sein Betrachten kein blödes Anstarren der Außenseite, kein mechanisches Festhalten der Formen und Farben, sondern ein schließen von der Form auf den Inhalt, ein Begreifen der Form durch die Erkenntnis des Inhalts [...][385]

Trotz der ›Korrektur‹ Humboldts ist die epische ›Betrachtung‹ Spielhagen kein Notat empirischer Wahrnehmung, sondern eine interpretierende Transformation von Wahrnehmungsinhalten aus dem Gedächtnis.[386] Dem Betrachter kommt es

---

[383] Vgl. Spielhagen, Beiträge, S. 157 u. 168.
[384] Spielhagen, Vermischte Schriften, Bd. 1, S. 100.
[385] Spielhagen, Vermischte Schriften, Bd. 1, S. 100; vgl. auch Spielhagen, Beiträge, 49. Einige Seiten weiter grenzt er sich vom Dandy, Flaneur und dem Neugierigen ab. Vgl. Spielhagen, Vermischte Schriften, Bd. 1, S. 102f.
[386] Natürlich lassen sich beide Formen in Reinheit nicht sondern – dennoch ist diese Opposition als Benennung der verschiedenen Intentionen, wie ich glaube, fruchtbar.

weniger auf präzise Beschreibung, als auf die »Vollständigkeit seiner Beobachtung, und den sich dabei ganz von selbst bloßlegenden Zusammenhang der Dinge [an]«.[387] Damit ist die Betrachtung ein gutes Stück in das Gravitationsfeld einer Phantasie gerückt, deren Leistung vor allem in der qualitativen synthetisierenden Transformation revozierter Wahrnehmungsinhalte besteht.

In üblicher, realistischer Manier charakterisiert Spielhagen die Tätigkeit der Phantasie als qualitativen Prozess der Bearbeitung von Wahrnehmung: Die Phantasie »[befruchtet] jedes Atom des Erfahrungsstoffes«,[388] sublimiert,[389] verklärt, potenziert die Tatsachen[390] und evoziert aus ihrem Material die formalen Gehalte.[391] Sie bringt – besonders in ihrer humoristischen Spielart – Verhältnisse und Proportionen in Fluss,[392] vermag als schnellstes Geistesvermögen weiteste Zusammenhänge zu überspannen und in Rückblick und Vorlauf zusammenzuhalten.[393] Freilich braucht Phantasie Zucht;[394] dann jedoch idealisiert und transformiert sie die Kontingenz des tatsächlichen Lebens in die Theodizee eines ästhetischen Werkes, das der Leser als eigene Phantasietätigkeit erfahren kann:

> Damit sich das Unendliche in dem Endlichen widerspiegle, muß das letztere in jedem einzelnen Moment durch das Medium der Phantasie gegangen, auf diesem Wege von seiner Zufälligkeit, Einseitigkeit, Halbheit befreit, vollkommen seiner eigensten Natur entsprechend, d.h. idealisch geworden sein. Wenn, nach dem Sprichwort, Gott seine Heiligen wunderbar führt, so beobachten wir diese wunderbare Fügung auch in dem Leben des Romanhelden. Und zwar besteht das Wunder darin, daß ihm ausnahmslos das Rechte am rechten Orte und zur rechten Zeit begegnet [...][395]

Die Bedingung der Möglichkeit dieser Theodizee des Helden ist der Sieg der Phantasie über »ihren hartnäckigsten Gegner: die sich vordrängende, nach schrankenloser Entfaltung strebende Subjektivität.«[396] Danach ist sie in der Lage, »das erfahrungsmäßige Ich zu einem idealen Ich empor zu läutern[...]«.[397] Der Roman wird zum »Organon des durch kein ästhetisches Dogma, keine traditionelle Gepflogenheit beschränkten, völlig freien, die Welt durch das Medium der Phantasie betrachtenden Geistes.«[398] Aufgabe des Romans ist die Inszenierung einer ›idealen‹ Welt durch das Vermögen und im Medium der Phantasie. Doch

---

[387] Spielhagen, Vermischte Schriften, Bd. 2, S. 102.
[388] Spielhagen, Beiträge, S. 34.
[389] Vgl. Spielhagen, Vermischte Schriften, Bd. 1, S. 14.
[390] Spielhagen, Beiträge, S. 218.
[391] Vgl. Spielhagen, Beiträge, S. 218f. u. 222.
[392] Vgl. Spielhagen, Beiträge, S. 219.
[393] Vgl. Spielhagen, Neue Beiträge, S. 56.
[394] Vgl. Spielhagen, Beiträge, S. 230.
[395] Spielhagen, Beiträge, S. 183.
[396] Spielhagen, Beiträge, S. 224.
[397] Spielhagen, Beiträge, S. 238.
[398] Spielhagen, Neue Beiträge, S. 54.

die moderne Welt ist unendlich, das moderne Subjekt fragmentarisch und die Phantasie grenzenlos. Die Schließung des Werkes zum Bild der Welt kann nur Produkt der ästhetischen Subjektivität selbst sein.

In den frühen, 1864 im ersten Band der ›Vermischten Schriften‹ veröffentlichten ›Drei Vorlesungen über Goethe‹ gibt Spielhagen eine vergleichsweise wissenschaftliche Beschreibung der Phantasietätigkeit. Ohne den idealistischen Elevationseffekt reduziert sie sich auf eine synthetisierende, organisatorisch-integrative Leistung, auf das »Fixieren der sonst atomistischen, sich zersplitternden Beobachtung.«[399] In einem assoziationspsychologischen Modell beschreibt Spielhagen die Phantasie als protoästhetische mentale Operation der Typenbildung, die das Auffinden des konstanten Elementes einer Erscheinungsreihe durch Vergleichung der Elemente zum Ziel hat:

> Wie verhält sich die Phantasie zu der unendlichen Fülle der einzelnen Beobachtungen? Ich habe bei meinen Untersuchungen über diese geheimnisvolle Geisteskraft zwei Momente gefunden, die in ihr gleicherweise mächtig sein und sich vollkommen die Waage halten müssen. Ich wüßte diese beiden Momente nicht besser als durch die Worte: Expansion und Concentration: Auseinanderdehnung und Zusammenziehung zu bezeichnen. In dem Momente der dichterischen Production durchläuft die Phantasie mit einer rapiden Geschwindigkeit, die manchmal etwas geradezu Grauenhaftes, weil an das Delirium Grenzendes hat, alle ähnlichen und gleichen Eindrücke, die das Gehirn jemals empfing, und in demselben Augenblicke verdichtet sie die Masse dieser Eindrücke zu einem Etwas, das gleichsam die Quintessenz aller jener Eindrücke ist, und in dem die Ueberlegung manchmal nur noch sehr Weniges umzuändern hat, um es dem Kunstwerk als integrirenden Theil einreihen zu können. Wenn die Basis der dichtenden Thätigkeit der Phantasie – Sie sehen wie bezeichnend auch hier wieder unsere herrliche Sprache ist! – der Tiefsinn ist, welcher in dem Aehnlichen das Gleiche erkennt, so ist die Basis der anderen das Gedächtnis, welches seinerseits wieder durch die größtmögliche Klarheit und Schärfe der jedesmaligen Auffassung bedingt ist, welche ihrerseits wieder auf der größtmöglichen Klarheit und Schärfe der Sinne basiert. Es ist unglaublich, von welcher Zähigkeit das Gedächtnis des großen Künstlers ist.[400]

Phantasie ist ein synthetisches Vermögen und sie macht Erinnerung kunstfähig. Doch Spielhagens Beschreibung ist zirkulär: Da die Phantasie eine ›Quintessenz‹ dadurch bilden, dass sie »ähnliche und gleiche Eindrücke« durchläuft, müsste die Struktur dieser Ähnlichkeit schon bekannt sein, bevor der Prozess der Anamnese beginnt, da sie als Kriterium zur Differenzierung der Gedächtnisinhalte benötigt wird. Der Verweis auf ›Tiefsinn‹ verschleiert: Wird ›Tiefsinn‹, wie Spielhagen anbietet, als Vermögen gedacht, so hat er gerade das zu leisten, was der Phantasie aufgegeben ist. Der Verweis bedeutete lediglich einen

---

[399] Spielhagen, Vermischte Schriften, Bd. 1, S. 105.
[400] Spielhagen, Vermischte Schriften, Bd. 1, S. 105f.; vgl. Spielhagen, Neue Beiträge, S. 56.

Regress. Die andere Möglichkeit besteht darin, unter Nichtbeachtung der dynamischen Formulierung Spielhagens ›Tiefsinn‹ in Parallelstellung zum ›Gedächtnis‹ als Arsenal von strukturierungsfähigen Wertbegriffen zu denken. Phantasie wäre damit auf einen Wertekanon angewiesen, dem sie die Kriterien der Selektion von Gedächtnisinhalten und die Organisationsprinzipen von Kunstwerken entnimmt. Eine solche formale Lesart der Phantasie legt Spielhagen nahe, wenn er sie zusammenfassend als

> das Organon [...], vermittels dessen der Künstler die Summe der unmittelbaren, d.h. noch rohen Eindrücke auf einmal unter dem Gesichtspunkt einer Idee, welche er darstellen will, zu übersehen und zusammenzuziehen vermag [...][401]

bezeichnet. Diese Konstruktion, welche die strukturierende Idee aus dem Phantasieprozess löst und dem Willen des Künstlers unterstellt, ist an sich unproblematisch, – und wäre es auch im Falle des epischen Künstlers, gehörte zu seinen Eigenschaften als Betrachter nicht der Verzicht auf Subjektivismen, wäre von ihm nicht »vollkommenste[.] Unparteilichkeit«[402] gefordert. Tatsächlich gibt es im Bereich der genetischen Idee keine freie Wahl des Stoffes. Sie resultiert, wie Spielhagen in den Goethe-Vorlesungen einräumt,

> in Wirklichkeit aber aus seiner [des modernen Epikers] Lebensauffassung und Erfahrung im allgemeinen, im speziellen Falle aus seinem jeweiligem Seelenzustande überall da [...], wo es mit rechten poetischen Dingen zugeht.[403]

Epische Kunst basiert »auf dem breiten Untergrund der individuellen Selbstbeobachtung«,[404] das Werk des epischen Künstlers ist, wie Spielhagen Goethe beipflichtet, eine »Generalbeichte«[405] – und wird vom Rezipienten im Prozess des Vergessens wieder zum Bild des Dichters reduziert.[406]

Das epische Bild des Dichters kann sich nicht auf seine konkrete Person beziehen – sonst wäre die Autobiographie ein ästhetisches Vorbild,[407] noch die Fähigkeit meinen, ganz in der Darstellung eines Objektiven aufzugehen – sonst wäre beschreibende Darstellung ideal,[408] noch auf dem Ausweis der analytischen

---

[401] Spielhagen, Vermischte Schriften, Bd. 1, S. 106. Zum Formalismus der Phantasie vgl. auch Spielhagen, Beiträge, S. 222.
[402] Spielhagen, Vermischte Schriften, Bd. 1, S. 108.
[403] Spielhagen, Neue Beiträge, S. 66; vgl. Spielhagen, Beiträge, S. 17.
[404] Spielhagen, Beiträge, S. 323.
[405] Spielhagen, Beiträge, S. 175; vgl. Spielhagen, Neue Beiträge, S. 84; Spielhagen, Beiträge, S. 342.
[406] »Die Erinnerung an das Werk kann und wird im Laufe der Zeit bei uns verblassen; das Bild, das wir aus ihm und seinen Geschwistern von dem Urheber gemacht haben, bleibt; ja wird sich nur noch mehr vertiefen.« (Spielhagen, Neue Beiträge, S. 169).
[407] Vgl. Spielhagen, Beiträge, S. 182–191.
[408] Spielhagen, Neue Beiträge, S. 169.

Kompetenz des Autors beruhen – sonst müsste Reflexion ein zulässiges Mittel epischer Darstellung sein. Zuletzt kann die ästhetische Subjektivität der Epik aber auch nicht formal sein, da sonst das Gebot der Sachhaltigkeit und die Bedingung realistischer Symbolizität, dass der poetische Mehrwert des Kunstwerks aus der Form der Inhalte entwickelt werden müsse,[409] verletzt wäre.

Das Verfahren der epischen Poesie erweist sich als Transformation des dichterischen Selbstbildes, als harmonisierender Ausgleich des Konflikts zwischen Subjekt und Welt im Medium der Kunst.[410] Zentrale Figur dieses Ausgleichs ist der Held.[411] Indem Spielhagen darauf besteht, dass er ein reales ›Modell‹ zur Vorlage haben müsse, wird er zur Transformation der Erfahrungskompetenz des Dichters, zum Ausweis seiner Fähigkeit, jene Unendlichkeit der Welt, die sich in der Kontingenz seines Gedächtnisses spiegelt, zu selektieren *und* zu verhindern, dass seine Wahl von subjektiven Interessen bestimmt ist.[412] Indem er gleichzeitig darauf insistiert, dass der Held nur als Transformation der Subjektivität des Dichters denkbar ist, leiht er der tragenden Figur des Werkes nicht nur die Fülle seiner Erfahrung, sondern zugleich jene Harmonie und Geschlossenheit, die er anstrebt, aber unter realen Bedingungen nie errreichen kann.

Die Genese des ästhetischen Subjekts vollzieht sich in einem Zweischritt von Objektivierung und Resubjektivierung. Epische Produktion ist Prüfstein des erwachsenen Subjekts. Wiederum ist Selbstdistanz Bedingung:

> [A]us dem embryonischen Stadium, wo Held und Ich noch völlig eins waren, ist er [der Dichter] längst heraus. Er hat das Ich längst darauf hin anzusehen gelernt, wie weit es sich wohl ›zum Träger der Idee‹ eignet, und gefunden, daß es sich eben nur noch zum geringsten Teil dazu eignet; daß es verändert, erweitert werden muß, um den Inhalt der Zeit in sich aufzunehmen. Mit einem Worte: der lange und sorgsam vorbereitete, heimlich oft versuchte Schritt wird jetzt mit Sicherheit vor aller Welt gemacht; aus dem in subjektiven Unklarheiten verdämmernden zaghaften Ich ist ein in lauter Objektivität schwelgendes resolutes Er geworden.[413]

---

[409] Spielhagen ist der Meinung, »daß man in der Kunst von einer *äußeren* Form nicht reden darf« (Spielhagen, Beiträge, S. 200), denn für ihn gilt, »daß jeder poetische Stoff sich mit Nothwendigkeit seine Form schaffe; daß die letztere, wie schon ihr Name sagt, nur das Gefäß ist, welches ganz von dem Inhalt erfüllt und bedingt ist.« (Spielhagen, Vermischte Schriften, Bd. 1, S. 10, vgl. 100). Ziel des Romans ist symbolische Lösung. Vgl. Spielhagen, Vermischte Schriften, Bd. 1, S. 127. Zwar gibt es symbolkritisch deutbare Stellen, doch ist aus der Attribuierung oder aus dem Kontext erkennbar, dass es sich dabei um Kritik an Abweichungen handelt: Vgl. Spielhagen, Vermischte Schriften, Bd. 1, S. 139: »Charybdis des abstrakten Symbolisirens«; vgl. Spielhagen, Beiträge, S. 198: »allegorische und symbolische Veranstaltungen«.
[410] Exemplarisch dafür steht – natürlich – die Autobiographie Goethes. Vgl. Spielhagen, Neue Beiträge, S. 66–68.
[411] Zum Helden vgl. bes. Spielhagen, Beiträge, S. 72f. u. 115.
[412] Spielhagen, Neue Beiträge, S. 98.
[413] Spielhagen, Beiträge, S. 195. Bevor sich das ›epische Talent‹ als solches entdeckt, hat

Auktoriale Erzählhaltung hat jedoch für Spielhagen einen entscheidenden Nachteil: Sie verpflichtet die Logik der Darstellung der Chronologie des Dargestellten. Damit schränkt sie nicht nur die Möglichkeiten des Erzählers ein, sondern, was schwerer wiegt, sie widerspricht dem Verfahren der Phantasie, das wesentlich auf einer relativ souveränen Verfügung über die Zeit beruhte, da sie durch den gedächtnisvermittelten Bezug auf Welt in die Lage versetzt wurde, aus der Diachronizität der Erfahrungen ein synchrones Bild synthetisieren und dabei die Valenz der einzelnen Erfahrung relativierend und abschattend zu gewichten.[414] Damit wird die Ich-Erzählung zur paradigmatischen Form des Romans. Nur sie erlaubt die Inszenierung der Welt als personales Bewusstsein und gestattet eine Form der Rezeption, die sich auf das Vermögen der Phantasie konzentriert und ihrer Eigenlogik folgt. Zwar büßt das Werk durch die perspektivische Subjektivierung und Dynamisierung an Klarheit der Darstellung ein, doch wird dieser Verlust durch Zugewinn an Lebhaftigkeit und Kraft im psychagogischen Spiel ästhetischer Kommunikation mehr als kompensiert.[415] Das poetische Ich ist keine Rückkehr zur Subjektivität des Verfassers, sondern Modifkation und Überbietung der durch Selbstdistanzierung gewonnenen Figur des Er:

> Verwandelt sich nun das Er wieder zurück in ein Ich, so ist es, so kann es selbstverständlich das alte, erfahrungsmäßige, naive, enge und beschränkte Ich nicht mehr; so muß es ein neues, künstlich seiner Beschränkung enthobenes, reflektiertes sein [...] Das neugewonnene Ich unterscheidet sich in nichts als in der *Form* von dem uns vertrauten Er, wie es sich denn auf dieselbe Weise wie jenes aus dem aktuellen Ich des Dichters metaphorisiert hat.[416]

---

es sich »in der Stille in seinem eigentlichen Metier geübt oder vorläufig einmal mit Versuchen auf anderen Gebieten öffentlich debütiert[.]«. (Spielhagen, Beiträge, S. 195). In Konsequenz bedeutet dies, dass Lyrik und Dramatik für Spielhagen pubertäre Gattungen sind. Vgl. Spielhagen, Beiträge, S. 143: die »nur formale Bedeutung« des Ich-Erzählers.

[414] Vgl. Spielhagen, Beiträge, S. 210f.

[415] »In dem rein objektiven Roman ist die Phantasie gleichsam zu einem völlig stillen, völlig durchsichtigen Wasser abgeklärt, durch welches wir die Objecte nur einmal sehen in bestimmten Umrissen und Proportionen an einer bestimmten Stelle (welche bekanntlich nicht die wirkliche, sondern so zu sagen eine ideale ist); in dem Ich-Roman gleicht die Phantasie dem leise bewegte Wasser, in welchem die Objecte ihre Stellung, ihre Umrisse und Proportionen je nach der Bewegung zu verändern scheinen, keineswegs wirklich verändern! Im Gegenteil! wir speisen in dem rein objectiven und in dem Ich-Roman genau dieselben Gerichte, nur daß sie uns dort von stummen Dienern serviert werden, hier sie für uns der Hausherr selber reicht mit der freundlichen Bitte, zuzugreifen, es uns schmecken zu lassen, mit bescheidenen Anpreisungen der guten Dinge oder schalkhaften Warnungen, uns vor diesem oder jenem eventuell in Acht zu nehmen, mit beigefügten Anekdoten, wie er zu diesem Wildpret, zu jenem Wein gekommen sei, und uns so in eine Stimmung versetzt, welche die ungläubigsten Geschmacksnerven unmerklich aber sicher beeinflußt.« (Spielhagen, Beiträge, S. 212).

[416] Spielhagen, Beiträge, S. 203.

In der zentralen Figur des Helden synthetisiert der Text Derivate des Verfassergedächtnisses mit Aspekten der Welthaltigkeit des als Vorbild dienenden Modells. Aber der Held des Ich-Romans ist nicht nur Inhalt des Kunstwerks, sondern zugleich die Bestätigung der Möglichkeit des ästhetischen Gebilde. Für Spielhagen wird eine inhaltliche Implikation des konsequent in Ich-Form gehaltenen Werkes zentral: Helden können nicht sterben, sie müssen überleben – und weiterleben.[417] Ihr Tod zerstörte nicht nur die Konsistenz der Erzählhaltung, sondern dementiert den Lebensentwurf, der das Kunstwerk trägt, indem er die Erzählperspektive inhaltlich füllt und formal ermöglicht. Die Ich-Form identifiziert die artistische Operation der Herstellung des Kunstwerks mit der Bewusstseinsstruktur seiner tragenden Figur. Scheitert der Held, ist das Kunstwerk verloren. Dieses Scheitern kann inhaltlich durch einen Wechsel der Erzählerperson oder formal durch einen Wechsel der Erzählhaltung, der mit einem Ebenenwechsel der ästhetischen Phantasie gleichbedeutend wäre, beschrieben werden. Damit aber verlöre die zum Binnentext gewordene Ich-Erzählung den Status des Werkes und würde zum Element des rahmenden ›Kontextes‹. Eine zweite Möglichkeit tragischer Lösung besteht darin, dass der Untergang des Helden durch den Abbruch der Erzählung in einer für den Ich-Erzähler ausweglosen Situation angedeutet wird. Dies widerspräche dem Postulat der Totalität des epischen Werkes, da sich der Rezipient in der vom Werk implizierten Imagination des Untergangs des Helden nun seinerseits auf eine Metaebene begäbe und selbst – ohne sich dessen bewusst werden zu müssen – zum Text in die Rolle eines Kommentators schlüpfte. Eine Rezeption in unmittelbarer und ausschließlicher Phantasietätigkeit würde unmöglich, das Werk verlöre seine Fähigkeit zur Inszenierung eines – tendenziell – kollektiven Bewusstseins und gäbe sich als Artefakt zu erkennen. (Es gilt auch der Umkehrschluss: Wer überlebt, ist der Held. Im Fall erzählerischer Rahmung wäre dies der Erzähler der äußersten Textebene, im Fall eines offenen Schlusses der Leser selbst – was bedeutete, dass der Idealisierungsfunktion der Kunst widersprochen und sie gegenüber der prosaischen Subjektivität des Rezipienten ins Unrecht gesetzt würde.)

Doch Überleben allein genügt nicht: Der Held muss zu seinem Glück, das Werk zu einen ›glücklichen Ende‹ kommen.[418] Zeigt sich der Held nicht zum Ausgleich zwischen den Ansprüchen seiner Subjektivität und den Bedingungen, in denen er sich befindet, in der Lage, so drohen ihm aus ästhetischer Sicht die Pathologien des Identitäts- oder des Weltverlustes. Identitätsverlust bedeutete in seinem subjekthaften Aspekt Verlust von Handlungsfähigkeit und auf der werkästhetischen Seite das Abgleiten in Deskription. Systematisch komplizierter stel-

---

[417] »Bei dem Ich-Erzähler haben wir [...] die freundliche Gewißheit, daß der Betreffende allen Gefahren, die wir mit ihm werden durchkämpfen müssen, glücklich entronnen ist.« (Spielhagen, Beiträge, S. 21).
[418] Vgl. Spielhagen, Vermischte Schriften, Bd. 1, S. 127.

len sich die Folgen des Weltverlustes dar: Die Welt zu verlieren hieße inhaltlich, sich nur noch auf die eigene, partikulare Subjektivität berufen zu können. Dies scheint das weltlose Werk zunächst den autonomen Gattungen Lyrik und Dramatik zu nähern, doch es verfehlt sie beide: Da die epische Form eine Reduktion auf Empfindung nicht zulässt, bläht sich das Subjekt zur Welt auf. Ohne das Objekt als Korrektiv verliert das epische Subjekt die für seine Gattung konstitutive Distanz zur Person des Autors, sein Urteilsvermögen scheint getrübt, persönliche Eigenschaften des Dichters fließen in die Behandlung der Stoffe ein und schlagen sich dort formal nieder. Dies hätte zur Folge, dass das Werk in der Phantasie des Rezipienten nicht mehr nachvollziehbar wäre und als Dokument devianter Phantasie objektiviert werden müsste. Da die epische Form wegen ihrer Verpflichtung zur Konkretion auch außerstande ist, die notwendige Abstraktionsleistung des dramatischen Genus zu vollziehen, verlöre der abstrahierende Epiker die Fähigkeit zur anschaulichen Beschreibung. Er neigte zu Reflexionen und thesenhaften Einlassungen, welche den rein affirmierenden Prozess der rezipierenden Phantasie unterbrächen und sie aufforderten, den Text der Beurteilung durch die Vernunft zu überstellen. Dabei sänken die ästhetisch-anschaulichen Partien des Textes zu Illustrationen eines Gedankengangs herab.

Scheinbar befindet sich unser Held in einer schwierigen und paradoxen Lage: Er muss passiv sein, um möglichst viel Welt in möglichst objektiver Form ins Werk lassen zu können, zugleich muss er handeln und sich dabei nicht nur behaupten, sondern als Subjekt verwirklichen. Vereinbar sind diese Forderungen nur in Form einer Ich-Erzählung. Hier ist es möglich, dass der Held als handelndes Subjekt weniger *im Text* vorkommt – womit er das Gebot der Passivität erfüllt – als dass er das handelnde Subjekt *des Textes* ist – womit er seine Aktivität beweist. Das Kunstwerk wird zur Bewusstseinshandlung des Helden und zum Ausweis seiner Fähigkeit, biographische Ereignisse retrospektiv zu einem Bild sinnhafter, weil begründeter und geordneter Existenz zusammenzufügen. Dann kann der Ich-Erzähler sogar auf das sonst verfehlte Mittel der Reflexion zurückgreifen:

> Dem Ich-Helden [...] stehen solche Reflexionen gut, weil sie ihm natürlich zu kommen scheinen. Er ist in Aktion und ist es auch wieder nicht; d.h. er ist je nur der, dem das alles einmal passierte, der inzwischen reichlich Zeit gehabt hat, sich die seltsame Fata zurechtzulegen, sie mit voller Objektivität nicht bloß auf ihr Wie? und Was? zu betrachten, sondern auch auf ihr Warum? – warum das so kam und kommen mußte unter den gegebenen äußeren und inneren Verhältnissen und Zuständen, die ihm damals ein Rätsel waren, ihm aber mittlerweile den geheimen Zusammenhang offenbarten.[419]

Da Spielhagen die ästhetische Konstruktion des Kunstwerks mit der Psychogenese seines Helden identifiziert, gilt auch: Das Kunstwerk ist der Held. Jene

---

[419] Spielhagen, Beiträge, S. 209.

integrative, harmonisierende und motivierende Funktion, die Spielhagen dem Bewusstsein des Ich-Erzählers zuweist, ist ineins Programm seiner Poetik. Dass bei einer derartig teleologischen Interpretation der Wirklichkeit faktisch gemogelt werden muss, ist zugleich selbstverständlich und unerheblich, denn es geht im Werk nicht um Deskription eine gegenstandshafter Wirklichkeit, sondern um die Möglichkeit einer Inszenierung von Gedächtnisinhalten, die zwar auf persönliche Erfahrungen topisch zurückgreift, diese Partikel jedoch so interpretiert und arrangiert, dass sie sich zu einer in der wirklichen Welt unmöglichen geordneten Ganzheit fügen lassen, ohne Widerspruch zu provozieren. Die *Möglichkeit* dieser Ordnung ist die *Wirklichkeit* des Kunstwerks. Die Erfahrung des Kunstwerks ist die Erfahrung eines ›latenten Mehrwerts‹ der Existenz: Das Kunstwerk ›verklärt‹, ›erhebt‹, ›erbaut‹.

Dabei verlangt das Spielhagensche Modell ästhetischer Kommunikation auf Produzenten- wie Rezipientenseite Entsubjektivierung und Integration der Bewusstseine in das ›individuelle Allgemeine‹ eines ästhetischen Subjekts. Beide werden in die und in der Gemeinschaft ästhetischer Subjektivität vermittelt. Durch die dabei notwendige Aufhebung des Differenzaspekts zeichenvermittelter Kommunikation verliert das Kunstwerk seinen Status als Artefakt und wird zu einem kollektiven Ritual, in dem der Künstler die Funktion des Vorbeters wahrnimmt.

2.5 Wendepunkt: Die Eliot-Rezeption und Spielhagens Kritiker

Der Aufsatz ›Der Held im Roman. Mit besonderer Beziehung auf George Eliots Middlemarch‹[420] von 1874 gehört zu den wichtigsten poetologischen Texten Spielhagens, da er in der Schärfe des Kontrasts die Prämissen der eigenen Romankonzeption bis zur Lächerlichkeit zuspitzt. Aber seine Bedeutung beschränkt sich nicht auf die Behauptung eines poetologischen Dogmatismus, sondern er ist zugleich Dokument einer Verweigerung, die das idealistisch gestützte Konzept realistischer Literatur an der Integration und poetologischen Umsetzung moderner Wirklichkeit scheitern ließ.

Spielhagen bescheinigt Eliot durchaus poetische Qualitäten. Er sieht in ›Middlemarch‹ »eine[n] der bedeutendsten englischen Romane der Neuzeit«,[421] findet »eine reiche Fundgrube epischer Poesie«,[422] erkennt in den Geschichten

---

[420] Friedrich Spielhagen: Der Held im Roman. Mit besonderer Beziehung auf George Eliots ›Middlemarch‹. In: Spielhagen, Beiträge zur Theorie und Technik des Romans, Leipzig 1883, S. 65–100.
[421] Spielhagen, Beiträge, S. 67; vgl. 88: »[ein] in so vieler Beziehung ausgezeichnete[s] Buch«.
[422] Spielhagen, Beiträge, S. 98.

der einzelnen Personen »Meisterwerke [...], die man kaum hoch genug bewundern und preisen kann«[423] und gesteht den eingestreuten Reflexionen Qualität[424] oder zumindest poetologische Signifikanz zu[425] – ohne sich freilich mit der immanenten Poetik des ›Middlemarch‹ argumentativ auseinanderzusetzten. Im Gegenteil: Die ästhetischen Qualitäten provozieren eine Ablehnung, die sich stärkster Metaphern bedient. Zum Ende der Darstellung rechtfertigt Spielhagen seine Kritik:

> Dies alles muß gesagt werden, und will bedacht und empfunden sein, damit man sich mit dem ganzen tiefen, ästhetischen Widerwillen gegen eine Methode erfülle, welcher es in erster Linie zuzuschreiben ist, wenn eine solche Begabung, eine solche Kunst im einzelnen zu einem so ungeheuerlichen Resultat im ganzen hat führen können.[426]

Es geht in Konsequenz nicht um Argumentation, sondern um Abschreckung und Ausgrenzung. Eliots Roman sei weder schwach, noch unkünstlerisch, sondern monströs, sei eine Pervertierung der Ordnung der Kunst.[427] Spielhagens Argumentationslinie wird bereits im Zitierten sichtbar: Qualität im Einzelnen, Verfehlung im Ganzen. Eliot versündige sich an den grundlegenden Gesetzen der ästhetischen Subjektivität: Statt souveräner Herrschaft über das Detail findet Spielhagen Promiskuität, die »strudelnden Wasser [einer] epischen Überschwemmung«,[428] aus der »dann und wann vielsagende Fakta, wie die Geburt eines Baby oder dergleichen«[429] hervorragen. Eine inhaltliche Kohärenz des Romans im Widerstand der Figuren gegen die beengenden victorianischen Verhältnisse sieht er durchaus,[430] doch erscheint sie ihm sekundär im Verhältnis zu seinen

---

[423] Spielhagen, Beiträge, S. 98.
[424] »Der unendliche Fleiß, der wirklich bewunderungswürdige Aufwand von Scharfsinn, Tiefsinn, Kombinationsvermögen – es ist alles vergeblich.« (Spielhagen, Beiträge, S. 83).
[425] »[A]ber wie interessant sind diese Reflexionen nicht, können sie nicht wenigstens sein! Wie gewähren sie uns einen so kostbaren Einblick in die Werkstatt des Künstlers, in sein geheimstes Gedankenleben, in den schöpferischen Prozeß, aus welchem sein Kunstwerk hervorgeht!« (Spielhagen, Beiträge, S. 96). Freilich ist diese ›Werkstatt‹, wie wir sehen werden, ein Ort der Promiskuität und Verfehlung.
[426] Spielhagen, Beiträge, S. 99.
[427] Bereits in der Einleitung rechtfertigt Spielhagen den Bezug seiner Ausführungen auf Eliot, weil ›Middlemarch‹ »indem er sich gegen gewisse epische Gesetze [...] in einer fast beispiellosen Weise auflehnt, zur Demonstration der Abwege [...] ganz besonders geeignet erscheint.« (Spielhagen, Beiträge, S. 67). Später spricht er von einer »Verfinsterung und Depravation des künstlerischen Sinnes« (Spielhagen, Beiträge, S. 97).
[428] Spielhagen, Beiträge, S. 88.
[429] Spielhagen, Beiträge, S. 88.
[430] »Niemand kann leugnen, daß alle diese Geschichten ein gewisses geistiges Band verbindet: es ist der unerbittliche Kampf der bornierten Krähwinkelei und des herzlosen Philistertums gegen die Hochherzigkeit eines edlen Weibes hier, gegen den berechtigten Ehrgeiz eines tüchtigen Mannes da; gegen die bescheidenen Ansprüche eines

formalen Mängeln. ›Middlemarch‹ ist für Spielhagen kein Roman, sondern ein Konglomerat von Romanen.[431] Mit der Fülle seines Personals überfordere er das Gedächtnis des Rezipienten,[432] häufiger Perspektivwechsel zerstöre die Kohärenz des Erzählerstandpunkts und auch den ›Maßstab‹, nach dem sich die Welt gewichte. Dies verhindere, den Roman als Ganzes zu denken.[433] Statt eine geordnete Totalität zu formieren, zerfalle jene Welt,[434] statt zu verklären, deprimiere die Lektüre.[435] Die poetologischen ›Verfehlungen‹ Eliots beschreibt Spielhagen im sexistischen Duktus patriarchalischer Familiarität als kompositorische Infertilität[436] und ›gattungsüberschreitende‹ Promiskuität der Phantasie:

> Der Vorwurf, den wir bis jetzt der Dichterin zu machen hatten, war doch nur, daß sie sich von jener echten epischen Lust des Fabulierens so weit hat verlocken lassen, ihrer Heldin untreu zu werden; daß sie sich in der Wonne des Gestaltschaffens, die ihr nur der Künstler nachfühlen kann, bis zum Uebermaß berauscht hat. [...] Aber sie hatte doch, indem sie den einen Helden mit einem zweiten und dritten vertauschte, sich noch immer des echten legitimen Mittels bedient; sie hatte noch nicht jene Sünde begangen, welche für den Künstler der Sünde größte ist, die Sünde gegen den heiligen Geist der Kunst, gegen die Phantasie: sie hatte noch zu keinen Mitteln, die nicht im Bereich der Kunst liegen, sie hatte noch nicht zu prosaischen Mitteln gegriffen.[437]

Doch Eliot tut auch dies. Die für Spielhagen schon an sich unepische Integration von Reflexion, Ironie und Kommentar hat im Falle des ›Middlemarch‹ noch die für ihn besonders ›unappetitliche‹ Pointe darin, dass sie den artifiziellen Charakter des Werkes und die Arbeit seiner Konstruktion durchsichtig werden lässt:

> Und eine solche Ironie auf alles was Kunst heißt, hören Dichter oder solche, die sich gern so nennen lassen, ohne zu erröten, ohne zu bedenken, daß jede Köchin sie beschämt, welche weder die Rezepte, nach denen sie gekocht, noch die Abfälle der

---

> braven Jungen, der nur eben kein Philister sein will; gegen die mühseligen Versuche eines Unglücklichen, seine inkorrekte Vergangenheit durch die Korrektheit seines späteren Lebens vergessen zu machen. Alle diese verschiedenen Menschenschicksale lassen sich, wenn nicht durch dasselbe moralische Gesetz, so doch durch dieselbe sociale Erfahrung exponieren.« (Spielhagen, Beiträge, S. 85).

[431] Vgl. Spielhagen, Beiträge, S. 79f.
[432] Vgl. Spielhagen, Beiträge, S. 83.
[433] Vgl. Spielhagen, Beiträge, S. 84.
[434] Vgl. Spielhagen, Beiträge, S. 83.
[435] »So konstituiert und bekräftigt die Menge der Beispiele nicht sowohl die Regel, als sie dieselbe vielmehr in Frage zu stellen scheint, und wir geraten schließlich in die Stimmung eines Schülers, der die plane Regel zur Not begreift, dem aber die Menge der Ausnahmen völlig den Kopf verwirrt. In dem Maße, als die Dichterin ihren Horizont zu erweitern strebt, zieht sich derselbe für uns zusammen, und anstatt uns auf die Sternenhöhe zu heben, von der sie träumt, erweckt sie in uns die Empfindung, als ob wir durch ein Labyrinth gekrochen wären.« (Spielhagen, Beiträge, S. 87).
[436] Vgl. Spielhagen, Beiträge, S. 87: »die schließlich resultierende Resultatlosigkeit«.
[437] Spielhagen, Beiträge, S. 88.

Materialien, aus welchen sie ihre Suppen, Frikassées und Braten hergestellt, sondern nur die rein servierten Gerichte in das Zimmer und auf die Tafel schickt!⁴³⁸

Gegen diese Indezenz, die auf die ›niederen Instinkte‹ des Publikums rechnen kann, indem sie dessen »Verstandes- und Herzensbildung«⁴³⁹ ignoriert, helfen nur Zucht, Bildung, Männlichkeit und Spielhagensche Poetik:

> Denn ich erkläre es für eine Unmöglichkeit, daß George Eliot, Frau und Engländerin und ohne klassische und philosophische Schulung, wie sie ist, ein (im ästhetischen Sinne) so barbarisches Werk geschaffen haben würde, wenn sie ihrem Genius treugeblieben wäre, und nichts anderes hätte schaffen wollen, als was zu schaffen sie in so reichem Maße die Kraft besitzt: handelnde Menschen.⁴⁴⁰

Drei Jahre nach dieser vernichtenden Kritik rezensiert Wilhelm Scherer ›Daniel Deronda‹, den folgenden Roman Eliots, in der ›Deutschen Rundschau‹.⁴⁴¹ Dabei erfährt die Eliotschen Poetik eine radikale Umwertung.

›Daniel Deronda‹ handelt von der Selbstfindung eines englischen Aristokraten, der zunächst in Unkenntnis seiner eigentlichen Religionszugehörigkeit aufgewachsen war, sich dann aber in eine vermeintlich tragische Liebesgeschichte mit einer Jüdin verstrickt hatte, die nur durch Entdeckung seiner eigenen jüdischen Herkunft zu einem glücklichen Ende geführt werden konnte. Doch der Roman endet nicht in familiärem Glück, sondern schließt mit einem Aufbruch nach Palästina. Deronda übernimmt die Rolle des Propheten, der sein Volk ins gelobte Land führen wird. Scherer zeichnet das Typenarsenal des Romans nach, lobt die Konkretheit der Milieuschilderungen, kritisiert Schwächen der Handlungsführung, kommt aber zu dem Schluss, in letzter Konsequenz handele ›Daniel Deronda‹ nicht von der jüdischen Welt als solcher, sondern vom »Gegensatz zwischen Egoismus und Hingebung«.⁴⁴² ›Daniel Deronda‹ sei ein »sehr philosophisches Buch«:⁴⁴³

---

⁴³⁸ Spielhagen, Beiträge, S. 96; vgl. 82.
⁴³⁹ Spielhagen, Beiträge, S. 95.
⁴⁴⁰ Spielhagen, Beiträge, S. 99.
⁴⁴¹ Wilhelm Scherer: George Eliot und ihr neuester Roman. In: Deutsche Rundschau 10 (1877), S. 240–255. Erich Schmidt hat 1893 den Aufsatz unter dem Titel ›G. Eliot und das Judenthum‹, den Wilhelm Scherer nach Schmidts Auskunft für eine geplante Publikation in einem Essayband vorgesehen hatte, in die ›Kleinen Schriften‹ aufgenommen und damit in den Kontext des Antisemitismusstreites gestellt, in dem Scherer selbst recht vorsichtig taktierte. Vgl. Wilhelm Scherer: George Eliot und das Judenthum. In: Scherer, Kleine Schriften, Bd. 2, S. 124–141. Der Eliotsche Roman war 1876 erschienen und noch im gleichen Jahr sowohl von der Edition Tauchnitz originalsprachlich, als auch in einer Übersetzung von Adolf Strodtmann in Deutschland vertrieben worden.
⁴⁴² Scherer, Eliot, S. 135.
⁴⁴³ Scherer, Eliot, S. 140.

> Die Verfasserin ist diesmal nicht von Beobachtungen ausgegangen, deren tiefere Ergründung zu allgemeinen Gedanken führte, sondern sie ging von allgemeinen Gedanken aus und suchte Repräsentanten dafür, welche dann allerdings auf dem Wege der Beobachtung und Erfahrung Fleisch und Blut gewannen. Die Natur liefert stets Charaktere und entsprechende Schicksale verbunden; hier scheint der Verlauf der Begebenheiten nicht ganz mit dem wahrscheinlichsten Benehmen der Menschen zu stimmen.[444]

Die Deixis »diesmal« verweist auf ›Middlemarch‹; dieser, so lässt sich vermuten, stellt das gelungenere Modell einer von Scherer offensichtlich bevorzugten ›induktiven Romanpoetik‹ dar.

In ihrem Subtext ist die Rezension eine Rechtfertigung der Poetik des ›Middlemarch‹. Scherer versichert sich des Beistands englischer Philosophie und französischer Kritik, um Eliots Bedeutung von vornherein unbezweifelbar erscheinen zu lassen. Er streicht das psychologisch-analytische Moment ihres Stils heraus, legitimiert dessen reflexive Passagen, rechtfertigt den pessimistischen Grundton und fegt – wie später auch in seiner Besprechung der ›Beiträge‹[445] – jede Orientierung der Romanpoetik am Tragödienmodell vom Tisch. Im Vorbeigehen werden dabei die Spielhagensche Weiblichkeitsmetaphorik und sein Vorwurf der Ungebildetheit Eliots diskreditiert, werden Spielhagen und die Generation der realpolitisch engagierten Liberalen moralisch unter Verdacht gestellt.[446] Obwohl er behauptet, die Kritik Spielhagens in vielen Aspekte zu teilen, argumentiert Scherer nicht mit Spielhagen, sondern setzt ihn nun seinerseits von Anbeginn ins Unrecht:

> Mr. Herbert Spencer spricht einmal über das große Talent der Frauen, schnell flüchtige Gefühle ihrer Umgebung nach äußeren Anzeichen zu errathen, und rühmt es als eine besonders glückliche, aber nicht häufige Fügung, wenn sich mit dieser instinctartigen Gabe die Geschicklichkeit psychologischer Analyse verbinde. ›Von solcher Gewandtheit‹ – fährt er fort – ›besitzen wir ein bisher nirgends unter Frauen erreichtes und nur selten, wenn überhaupt, unter Männern übertroffenes lebendes Beispiel.‹
> Ich weiß nicht, ob ein Engländer in Zweifel sein könnte, auf wen er diese Stelle zu beziehen hätte. Für uns in Deutschland ist nur Eine Deutung möglich: George Eliot.
> Es war, glaube ich, ein französischer Kritiker, der von ihren Romanen sagte: ›Sie athmen einen Duft der Weisheit aus.‹ In der That, die Philosophie hat daran mitgearbeitet; eine ausgebreitete Weltkenntnis steht der Verfasserin zu Gebote; ein prophetischer Blick in das Innere der Menschen hinein, daß man zuweilen erschrickt. Nie war mir dieser Eindruck so lebhaft geworden, als bei ihrem vorletzten Werke, bei ›Middlemarch‹. Unwillkürlich fühlte ich mich gedrungen, den Gehalt an Reflexionen zu sammeln und in ein System zu bringen. Dabei war die Geschichte so trostlos; so trostlos wahr: ein Mensch, der seine Ideale verläßt, der in die Provinz geht mit den

---

[444] Scherer, Eliot, S. 140.
[445] Vgl. Wilhelm Scherer: [Rez.] Friedrich Spielhagen, ›Beiträge zur Theorie und Technik des Romans‹. In: Scherer, Kleine Schriften, Bd. 2, S. 280f.
[446] Politisch vertritt Scherer hingegen 1879 noch ein ›realpolitisches‹ Konzept. Vgl. Scherer, Kleine Schriften, Bd. 2, S. 221.

bescheidenen Plänen der Weltverbesserung und der selbst diesen bescheidensten Vorsätzen nicht treu bleiben kann; er muß dafür büßen, daß er etwas Besonderes sein will; er wird nicht schlecht, aber er wird gewöhnlich, er wird wie alle Anderen sind – mit einem Wort: er kommt innerlich herunter. Die tragischsten Schicksale, die schrecklichsten Conflicte, der grausamste Tod wäre nicht so tragisch, nicht so schrecklich, nicht so grausam. Wer das Buch nicht in außergewöhnlich glücklicher Stimmung las, für den mußte das Resultat Menschenverachtung, Selbstverachtung sein. Aber doch: welche bewunderungswürdige Kraft der Darstellung, die so etwas zuwege bringt und vorübergehend eine Wirkung übt, wie sie sonst nur die Folge bitterer Lebenserfahrungen zu sein pflegt.[447]

Indem Scherer den philosophischen Gehalt der Eliotschen Reflexionen heraushebt und sie nicht nur als selbstverständliches, sondern ausgesprochen wertvolles Element des ›Middlemarch‹ behandelt, widerspricht er Spielhagen, hatte dieser doch in der Mischung von Reflexion und beschreibender Darstellung einen kardinalen Grund der Monströsität des Romans gesehen. Ein fast noch schlimmeres poetologisches Sakrileg begeht Scherer, wenn er die aussichtslose Beschreibung provinzieller Enge zur poetischen Qualität erklärt, denn ›trostlose Wahrheit‹, die nicht zumindest ästhetische aufgehoben, sondern schlicht ästhetisch ausgehalten wird, bedeutet für den Realismus die Negation von Kunst. Scherer bescheinigt Eliot den »kühlen Blick des Naturforschers«[448] und attestiert ihren Romanen dennoch »epische Stimmung«.[449] Schließlich thematisiert und konterkariert er im Zuge der Interpretation ›Derondas‹ auch den kardinalen poetologischen Einwand Spielhagens, Eliots Romane seien mangelhaft komponiert. Auch hier versucht Scherer keine direkte argumentative Widerlegung, sondern akzeptiert den Spielhagenschen Befund zunächst umstandslos, um ihn dann radikal umzuwerten. Aus dem Nachteil, dass ›Middlemarch‹ seine Figuren und Beschreibungen nicht zum geschlossenen Modell runden könne, wird der Vorteil, dass diese Offenheit dem dargestellten Gegenstand besser entspreche. Damit ist ein zweiter Pfeiler der realistischen Poetik zum Einsturz gebracht: Zerstörte die Positivierung des Pessimismus die erbauliche Wirkung des Kunstwerks, so vernichtet die Sprengung der Geschlossenheit die Einheit des ästhetischen Subjekts. An die Stelle einer teilnehmenden Simulation des Dargestellten in Phantasiearbeit tritt ein externer Beobachter, der sich nicht nur von seinen affektiven Subjektivismen und Egoismen distanziert, sondern das ästhetische Modell phänomenaler Geschlossenheit zugunsten eines abstrakten analytischen Standpunkts aufgegeben hat. Ich möchte noch einmal eine längere Passage zitieren. Auch wenn er sich bescheidenerer Formulierung bedient, diagnostiziert Scherer hier eine neue literarische Epoche. Er geht davon aus, dass Eliot

---

[447] Scherer, Eliot, S. 124.
[448] Scherer, Eliot, S. 126.
[449] Scherer, Eliot, S. 126.

eine zu große Herrschaft über die Mittel ihrer Kunst [habe], als daß sie die lose zerstreute Composition nicht *gewollt* haben sollte. Aber warum dann?

Sollten wir es etwa mit einer neuen Phase des Realismus zu thun haben? Es ist wahr, daß sich interessante Begebenheiten im Leben nie so abgerundet vollziehen, wie auf der Bühne oder im Roman. Da sind immer unbedeutende Nebenpersonen und Nebenereignisse, die Nichts dabei zu thun haben und doch mitspielen. Eine Frau, die ihren Geliebten zum letzten Mal sieht, hat vorher vielleicht ihre Hauswirtschaft besorgt und so und so viel gleichgültige Besuche empfangen. Sie hat vielleicht Schnupfen, und ihre tragischsten Äußerungen werden mit heiserer Stimme vorgebracht. Keinem Künstler wird es einfallen, um der bloßen Lebenswahrheit willen dergleichen zufällige Dinge mit einer Silbe zu erwähnen, es wäre denn, daß er einen komischen Effect beabsichtige. Aber auch in anderer Hinsicht läßt sich kein Schicksal im Leben so rein aussondern, wie es in der Kunst geschieht. Wenn Jemand nicht von hochgradigem Egoismus erfaßt ist, so wird er in jedem Zeitpunkte, wo er sich der Erinnerung hingibt oder wo er sich überhaupt in betrachtender, überschauender Stimmung befindet, nicht blos eigene, sondern auch viele fremde Schicksale innerhalb des Kreises seiner Vorstellungen entdecken. Und wenn wir uns als unbetheiligte Beobachter außerhalb des Kreises der menschlichen Gesellschaft denken, so werden wir den Eindruck eines Teiches haben, worin unzählige Fische regellos durcheinander schießen, so daß wir den einzelnen nie verfolgen können. Wir meinten bisher, daß in der Aussonderung und Ablösung interessanter Einzelheiten aus diesem Chaos eben das Privilegium der Kunst bestehe. Aber vielleicht soll es ihr genommen werden; vielleicht besteht in dem Chaotischen das Lebenswahre?

Ich glaube durchaus nicht, daß solch ein realistischer Doctrinarismus George Eliot zu ihrer Compositionsweise veranlaßt hat. Ich glaube vielmehr, daß es das echt künstlerische Streben nach Totalität gewesen ist.

Je höher ein Dichter menschlich und künstlerisch steigt, desto weniger kann es ihm genügen, nur abgerissene Erscheinungen aneinander zu reihen, wie das Leben oft launenhaft Trümmer mit Trümmern verbindet. Die Verküpfung muß auf innerer Zusammengehörigkeit beruhen. Die Einzelheiten müssen sich als Glieder eines übergeordneten Ganzen zu erkennen geben. Die Ahnung der Welt muß überall im Hintergrunde liegen. Ein bestimmter Kreis von Gegenständen muß erschöpft scheinen, indem die Kontraste, die er in sich birgt, in ebenbürtiger Stärke neben einander auftreten. Wir sagen dann: es sei ein Problem nach allen Seiten durchgearbeitet worden.

›Middlemarch‹ zeigte schon in seinem Titel, daß es, wenn ich so sagen darf, auf eine Anatomie und Physiologie der Provinz abgesehen war: die regelmäßigen Lebenserscheinungen der Provinz bilden das Problem.[450]

Soweit wie hier hat sich Scherer naturalistischer Terminologie ansonsten nicht genähert, auch geht dieser Befund über die Wertungen, die er ansonsten vertritt, hinaus. Doch Scherer wertet nicht, er interpretiert: Er versucht nicht das Werk an einem vorgegebenen ästhetischen und poetologischen Modell zu messen, sondern die Eigenlogik eines ästhetischen Gebildes, dessen Qualität bereits vor der Untersuchung feststeht, analytisch zu rekonstruieren.

---

[450] Scherer, Eliot, S. 132f.

Kritik an einer Ästhetik, die ethische und ästhetische Argumente amalgamiert,[451] wie an einer Literaturkritik, die Werke sogleich moralisch beurteilt, anstatt sie zunächst als künstlerische Gebilde zu untersuchen, übt Scherer verschiedentlich. Zwar will er »nicht grundsätzlich der Poesie nur einen ästhetischen Werth bemessen und sie dadurch herabsetzen«,[452] doch trennt er beide Dimensionen und bemißt die sittliche Wirkung eines Kunstwerks danach, inwieweit die Handlungsweise der literarischen Personen durch Zeit und Umstände motiviert sind.[453] An dieser Stelle gewinnt seine Formulierung eine spezifische, wie mir scheint, erneut gegen Spielhagen gerichtete Färbung. Spielhagen hatte die vermeintliche Indeszenz Eliots gerügt und ihren Erfolg damit erklärt, dass sie den ›niederen Instinkten‹ des Publikums entgegenkomme. Er hatte sich seinerseits auf dessen ›bessere‹, gebildete Bedürfnisse berufen. Scherer kehrte nun diese Argumentation um, wirft Spielhagen implizit vor, dass das realistische Mediatisierungskonzept ästhetischer Kommunikation das Kunstwerk zur billigen Projektionsfläche erniedrige, anstatt es ernst zu nehmen:

> Unsere gewöhnliche Art Romane zu betrachten, ist etwas schablonenhaft geworden. Die Kritik geht allzu sehr nur dem Geschmack des Publicums nach. Das Publicum fragt nach den Gestalten, die der Dichter schafft: es will an ihnen seine Triebe des Liebens und Hassens befriedigen; es urtheilt meist nach der zufälligen Lebenserfahrung, die dem Einzelnen zu Gebote steht: danach erklärt es diese Figur für wahr, jene für unmöglich. Die erste Pflicht der Kritik aber scheint mir: den Intentionen des Autors nachzugehen. Erst verstehen, dann Urtheilen; und lieber blos interpretiren, als blos kritisiren![454]

Dabei ist die »Intention des Autors« jedoch nicht mit der realistischen poetischen ›Idee‹ zu verwechseln, gegen die Scherer heftig polemisiert, sondern bezeichnet das Thema eines Werkes, in ›Middlemarch‹ die Darstellung der Provinz, in ›Daniel Deronda‹ das Verhältnis von Egoismus und Altruismus. Drei Jahre später formuliert er die gleiche These noch einmal grundsätzlicher und gegenüber

---

[451] Vgl. Wilhelm Scherer: [Rez.] Moriz Carrière: ›Ästhetik‹. In: Scherer, Kleine Schriften, Bd. 1, S. 689f. Die Rezension endet mit einem Verweis auf Fechners ›Vorschule der Ästhetik‹.
[452] Scherer, Kleine Schriften, Bd. 1, S. 678.
[453] Vgl. Scherer, Kleine Schriften, Bd. 1, S. 678; vgl. Kleine Schriften, Bd. 2, S. 148: »Ich glaube nicht, daß es bei der Kritik in erster Linie auf Lob und Tadel ankommt, sondern darauf, wie Lob und Tadel motiviert werden. Der Schriftsteller muß das Gefühl bekommen, daß es seinem Recensenten ernsthaft darum zu thun sei, die Wahrheit zu ergründen und daß er nichts vorbringe, was nicht auf einer tiefen ästhetischen Überzeugung beruhe. Ästhetische Überzeugungen sind so heilig wie sittliche. Wer durch seinen Beruf den künstlerischen Lebensinteressen nahe steht, muß über Kunstwerke mit demselben Gefühl der Verantwortung reden wie ein geistlicher Berather über Tugend und Sünde.«
[454] Scherer, Eliot, S. 139.

dem nationalpädagogischen Impetus des Realismus und seiner Poetik mit deutlich spöttischem Zungenschlag:

> Solche Leserinnen, die nicht zur freien Betrachtung des Menschlichen durchgedrungen sind, Kinder, jugendliche Seelen und weiteste Kreise des Publicums, was man ›das Volk‹ zu nennen pflegt, brauchen directe, sittlich erhebende Eindrücke; sie wollen hingerissen werden durch ein Ideal; sie wünschen, daß es einem Guten gut gehe und den Bösen übel; sie verlangen einen deutlichen Zusammenhang zwischen Schuld und Strafe, kurz, sie verlangen vom Kunstwerk eine Menge Dinge, welche das Leben sehr selten darbietet. Und eine Kunst, welche große populäre Wirkungen beabsichtigt, muß sich diesen Forderungen fügen. Deshalb werden sie im Drama als Regel anerkannt, und die hohen Worte, mit denen man sie zu begründen pflegt, sind ›Schall und Rauch‹. Nur aus der Popularität des Dramas läßt sich die landläufige Theorie der tragischen Schuld ableiten.[455]

Exemplarisch für das von Scherer intendierte und propagierte kritische Verfahren ist die Besprechung des Spielhagen-Romans ›Platt Land‹, die im 1879 im Rahmen der Sammelrezension ›Zur Technik der modernen Erzählung‹[456] erschien. Scherer unterstreicht zu Beginn den programmatischen Anspruch, betont, seinen Standpunkt mit den Autoren selbst diskutiert zu haben und kommt ohne Umschweife zum Thema:

> Die Cardinalfrage, um es von vornherein zu sagen, ist die: wie weit der erzählende Dichter mit seinem persönlichen Wissen von den Dingen und Personen, die er darstellt, hervortreten darf oder wie weit er diese Dinge und Personen sich selbst vorstellen lassen muß.[457]

Bevor er die »Gelegenheit zu den interessantesten Betrachtungen«[458] nutzt, betont Scherer Spielhagens konsequente Umsetzung der eigenen Theorie im Roman,

---

[455] Scherer, Kleine Schriften, Bd. 1, S. 679. Die Stelle findet sich im Aufsatz ›Skizzen aus der älteren Literaturgeschichte. Nibelungenlied und Ilias‹ (Scherer, Kleine Schriften, Bd 1, S. 676–681), in dem Scherer die Nibelungen-Mode der Zeit als Infantilität kritisiert und gehört in den Kontext seiner Wagner Kritik. Vgl. Scherer, Kleine Schriften, Bd. 2, S. 269.

[456] Wilhelm Scherer: Zur Technik der modernen Erzählung. ›Vier Novellen und Erzählungen‹ von Rudolf Lindau – ›Das Skelett im Hause‹. Novelle von Friedrich Spielhagen – ›Plattes Land‹. Roman von Friedrich Spielhagen. In: Scherer, Kleine Schriften, Bd. 2, S. 159–170.

[457] Scherer, Kleine Schriften, Bd. 2, S. 160. Rudolf Lindaus Poetik wird als moderatere Variante der Spielhagenschen beschrieben. Im ›Rothen Tuch‹, einer der vier Novellen Lindaus, bedient sich der Autor einer Herausgeberfiktion. Scherer wertet dieses Stilmittel als Beweis dafür, »daß auch objective Dichter das Bedürfnis empfinden, ihre Objectivität zuweilen abzulegen« (Scherer, Kleine Schriften, Bd. 2, S. 161) und erneuert seine Einwände gegen das realistische Versöhnungsgebot: »Die Kunst soll nicht den Ernst des Lebens verhüllen, denn sie ist verpflichtet, uns ein *treues* Bild des Lebens zu entwerfen.« (Scherer, Kleine Schriften, Bd. 2, S. 161). Spielhagens Novelle wird nur beiläufig erwähnt.

[458] Scherer, Kleine Schriften, Bd. 2, S. 165.

doch er notiert zugleich einige Probleme: Eine Randfigur erscheint ihm etwas gekünstelt;[459] der Held notwendig farblos und – da er die Perspektive vorgibt – der Roman in der Enge seiner Weltsicht gefangen.[460] Die Frage der Repräsentativität des Sujets, »ob uns ein treues Culturbild auch in dem Sinne geboten wird, dass wir den Duchschnitt damaliger pommerscher Zustände vor uns haben«,[461] wird knapp beschieden: »Für den Werth des Romans als Kunstwerk ist die Frage ziemlich gleichgültig.«[462] Doch obwohl Scherer offensichtlich nicht »in seinem ästhetischen Urtheil am Stoffe [haften]«[463] will, ist er keineswegs bereit sich auf den Standpunkt formaler Kunstbetrachtung zurückzuziehen:

> Vergleichen wir die Ausschnitte menschlicher Existenz, welche der Roman uns bietet, mit der Totalität unserer Natur, so werden wir an das unerschütterlich Große, zu dem wir verehrungsvoll und demütig emporschauen, nur sehr selten erinnert. Die Welt der Ideen ragt wenig herein.[464]

In der Diktion klingt dies konventionell realistisch, im Kontext und nach ihrem Sachgehalt betrachtet, ist Scherers Äußerung brisant: Unter ›Natur‹ firmiert – im Bereich der Ästhetik – nicht mehr der teleologische Begriff idealistischer Provenienz, sondern ein ›naturalisierter‹, quasi naturwissenschaftlicher Begriff. Natur ist erhaben, unzivilisiert, packend, unmittelbar, roh. Dem Kunstwerk ist aufgegeben, die Erfahrung derart naturhafter Gewalt möglichst unvermittelt wiederzugeben. Dies bedeutet Individualität statt Typik. Die Idee, von der Scherer spricht, ist kein politisch-zivilisatorisches Telos, sondern eine Erfahrung anthropologischer Unmittelbarkeit. Natur wird naturalisiert. An die Stelle des Vorscheins bürgerlicher Sekurität und Behaglichkeit ist die Lust getreten, dieser zu entfliehen. Dies hat eine literaturhistorische und stilistische Pointe, Scherer spielt den Viel- und Schnellschreiber Gutzkow gegen den virtuosen Techniker Spielhagen aus:

> Wie roh und ungeschlacht, wie nachlässig und bequem schrieb oft Gutzkow. Bei Spielhagen ist alles correct, geputzt, durchgefeilt, höchst sauber und zierlich. Aber

---

[459] Vgl. Scherer, Kleine Schriften, Bd. 2, S. 165. In der Rezension eines Romans von Rudolf Lindau (›Die Kleine Welt‹) behauptet Scherer, dass »ein Roman selten ohne einzelne mißlungene Figuren, ohne einige verbrauchte Motive zu Stande kommt«. (Scherer, Kleine Schriften, Bd. 2, S. 265).
[460] »Beruht nicht vielleicht der düstere, enge Gesamteindruck, das Lichtlose des neuen Spielhagenschen Werkes gerade darauf, daß uns der Verfasser niemals in eine höhere Region mit hinauf nimmt, daß wir stets unten bei dem Helden bleiben müssen? Dieser Held ist, ganz wie ihn Spielhagen theoretisch für den Roman verlangt, nicht gerade persönlich bedeutend, ein Wilhelm Meister, der in vielerlei Beziehungen kommt, ein bequemer Nagel, um daran eine Menge Dinge zu hängen, die ein Totalbild ergeben.« (Scherer, Kleine Schriften, Bd. 2, S. 166f.).
[461] Scherer, Kleine Schriften, Bd. 2, S. 163.
[462] Scherer, Kleine Schriften, Bd. 2, S. 163.
[463] Scherer, Kleine Schriften, Bd. 2, S. 163.
[464] Scherer, Kleine Schriften, Bd. 2, S. 163.

doch steckt in Gutzkows Stil ein Element der Natürlichkeit, das man bei Spielhagen manchmal vergeblich herbeiwünscht. Er hat immer Handschuhe an. Seine Sprache überrascht nicht. Er fährt uns angenehm dahin, aber wie auf Gummirädern: wir sehnen uns manchmal nach dem Rasseln oder selbst nach einem kleinen Stoße. Ich wünsche zu fühlen, daß der Schriftsteller Gewalt über mich hat. Er muß mich bezwingen, ich will sein Gefangener sein, nicht sein Wiegenkind, das er schaukelt. Es ist mir sehr lieb, elegant zu wohnen; aber aus der Eleganz heraus flüchte ich an die See oder in die Berge. Ebenso ans unendliche Meer oder auf weitschauende Höhe will ich von der Kunst geführt sein. Da soll die große, unverfälschte ewige Natur zu mir reden, wie spricht ein Geist zum andern Geist. Mag ihre Sprache rauh oder fürchterlich klingen: mir wird wohler dabei sein, als wenn alle Töne nur gedämpft zu mir dringen.[465]

Dieser Primitivismus hat inhaltlich durchaus ähnliche Konsequenzen wie die doppelseitige, auf Ursprung und Utopie rekurrierende Teleologie des Realismus. Sie führt zu einer Bevorzugung ländlicher Sujets.[466] Entscheidend aber wird die Art der Darstellung. Auch und gerade wenn er den Erwartungen des Lesers nicht entgegenkommt, begrüßt Scherer »consequenten Realismus«.[467] Methodisch konsequent zu sein hatte Spielhagen beansprucht; Scherer kritisiert diese Konsequenz als Formalismus und tritt für – im Spielhagenschen Sinne – unrealistische poetische Mittel ein. Unrealistisch sind technische Mittel wie Erzählereinrede, -kommentar, -bericht und -reflexion jedoch nur, solange man ästhetische Vermittlung als unmittelbare Kommunikation im Medium der Phantasie versteht. Wird hingegen das Werk als artistische Präsentation eines Gegenstands durch eine Vermittlungsinstanz gefasst, so stehen alle diese Techniken nicht nur zur Verfügung, sondern sind gerade dann gefordert, wenn es nicht nur darum geht, den Gegenstand möglichst authentisch zu präsentieren, sondern in der Präsentation ein Moment von Distanz und damit Stellungnahme zu ermöglichen. Die Einführung der Erzählerinstanz löst den immanenten Widerspruch von Deskriptionsanspruch und Moralisierungstendenz, indem sie die formale ästhetische von der inhaltlichen weltanschaulichen Dimension des Kunstwerks trennt. Scherer formuliert diese Trennung in der Rezension einer Novelle Berthold Auerbachs als Wechsel von einem dramatischen zu einem rhapsodischen Modell epischer Kunst:

[...] ich bin nicht der Meinung, daß der Autor sich selbst ganz auslöschen müsse. Ich stelle mir immer das Grundverhältnis vor: alles leise Lesen ist nur ein Surrogat für lebendiges Hören; der Schriftsteller müsste mitten unter uns stehen und uns erzählen. Wenn er aber ein guter Erzähler ist, so werden sich in seinen Mienen alle großen Wendungen der Geschichte spiegeln, und wenn wir uns daran erinnern, so werden wir bei den Thatsachen des Romans immer sein Gesicht vor uns sehen mit dem

---

[465] Scherer, Kleine Schriften, Bd. 2, S. 170. Spielhagen selbst hatte in vergleichbaren Oppositionen Freytag und Gutzkow gegeneinandergestellt, um sich seinerseits zu Gutzkow zu bekennen. Vgl. Friedrich Spielhagen, Finder und Erfinder. Erinnerungen aus meinem Leben, 2 Bde., Leipzig 1890, Bd. 2, S. 336f.

entsprechenden Ausdruck, ernst, feierlich, gerührt, bewegt, verzweifelt, aufathmend, vor Schmerz verzerrt oder voll Freude leuchtend. Es wäre ganz unnatürlich, wenn der redende Erzähler sein Gesicht verhüllen oder künstlich unbewegt erhalten wollte. Warum soll nun der schreibende Erzähler sich stellen, als wenn er nicht da wäre?

Ich meine, er sollte sich durchaus nur den selben Zwang anthun, den er in weiser Beschränkung seinen Figuren auferlegt. Er soll sich mit bewußter Kunstabsicht in Szene setzen.[468]

An die Stelle des idealtypischen Epos tritt jetzt ein Kontinuum epischer Formen, das sich zwischen den Extremen monologisch-lyrischen Sprechens und dialogisch intendierter Sprache des Dramas erstreckt.[469] Die Berechtigung eines Stils wird zwar durch die Forderung des Gegenstands auf der einen und die Fähigkeiten des Dichters auf der anderen Seite spezifiziert. Entscheidend für die Berechtigung der formalen Mittel jedoch sind die Adressatenorientierung des Kunstwerks und seine Wirkungsintention: Scherer bezeichnet den epischen Dichter explizit als »Redner«.[470] Ob eine Darstellung Beschreibung oder Reflexion zum Gegenstand hat, wird gleichgültig.

Prinzipiell sind mit der Konzentration auf die Intention der Darstellung sowohl Wahl des Gegenstands als auch die der formalen Mittel freigegeben. Der ästhetische Wert bemisst sich einzig danach, inwieweit Form und Inhalt kor-

---

[466] In einer Rezension der ›Tirolischen Geschichten‹ von Hans Hopfen schreibt Scherer: »Hopfens Bauern waren von jeher echte Bauern, ohne Firniß, ohne Politur, ohne Sentimentalität, ohne Philosophie, mit der ganzen Schlauheit, Derbheit und natürlicher Leidenschaftlichkeit ihres Standes ausgerüstet. Man begreift sofort, was sie ästhetisch werth sind: sie repräsentieren nicht einen idealen Naturzustand der Menschheit, sondern liefern dem Dichter denselben Vortheil wie die Heroen und Götter des alten Mythus: sie stammen aus einer Welt, in welcher zwischen den Willen und die That nicht die Schranke der Rücksichten und der Culturzahmheit liegt, oder in welcher diese Schranke wenigstens leichter übersprungen wird als in den Kreisen der Bildung und Erziehung, der Fassung und Entsagung. Der Bauer wird leichter fassungslos und schlägt leichter zu als unser einer: das macht ihn poetisch brauchbarer.« (Scherer, Kleine Schriften, Bd. 2, S. 269).

[467] Angesichts einer pessimistische endenden ›Tiroler Geschichte‹ Hopfens bemerkt Scherer: »Aber darin ist die Dichtung nur ein Bild der wirklichen Welt, und der consequente Realismus darf nicht den Wünschen des Lesers schmeicheln.« (Scherer, Kleine Schriften, Bd. 2, S. 270). Vgl. zuvor: »Der Realismus leuchtet einmal in alle Tiefen und Abgründe der Menschheit hinein; aber die Dichter sind darin bis jetzt noch kühner als die Mehrzahl der Leser.« (Scherer, Kleine Schriften, Bd. 2, S. 269).

[468] Scherer, Kleine Schriften, Bd. 2, S. 151; vgl. 186. Durch die bewusste Kunstabsicht ist der Erzähler damit auch selbst als artifizielles Konstrukt gekennzeichnet.

[469] Vgl. Scherer, Kleine Schriften, Bd. 2, S. 168.

[470] »[D]aß der Erzähler zu einem Publikum spreche, ist Grundvoraussetzung. Da der Erzähler Redner ist, so muß es ihm überlassen bleiben, wie weit er sich selbst einmischen will oder nicht.« (Scherer, Kleine Schriften, Bd. 2, S. 168). Scherer spricht von »Rechten, die ihm [dem Erzähler] der Natur der Sache nach zustehen, [...]« (Scherer, Kleine Schriften, Bd. 2, S. 168).

respondieren;[471] praktisch aber werden durch die Forderung nach Korrespondenz je bestimmte stilistische Formen favorisiert. Die Überzeugung, dass dies unter den Bedingungen einer bügerlichen arbeitsteiligen Gesellschaft der Realismus sei, teilt Scherer ebenso mit seinen Zeitgenossen,[472] wie die These vom aristokratischen Charakter idealer Kunst.[473] In der inhaltlichen Bestimmung dieses Realismus, die Scherer nicht in der direkten poetologischen Diskussion, sondern anhand einer Beschreibung frühneuzeitlicher niederländischer Malerei und Literatur gibt, geht er weit über die Poetik des Realismus hinaus. Was er als Realismus bezeichnet, ist stiltypologisch naturalistisch:

> Die realistische Kunst [...] sucht innerhalb des Menschlichen nicht blos das Typische, sondern auch das Individuelle. Und sie sucht das Einzelne nicht blos isolirt, sondern auch in seiner zufälligen Umgebung. Sie begnügt sich nicht mit dem Menschlichen, sie verlangt die ganze belebte und unbelebte Natur zum Gegenstand. Die idealistische Kunst *wählt aus* innerhalb des Beobachtbaren; die starre Consequenz des Realismus kann zu wahlloser Nachbildung selbst des Häßlichen führen. Der Idealismus haut alles Buschwerk und Gestrüpp um, er läßt nur die schlanken hohen Bäume stehen; der Realismus will den ganzen Wald in ungezähmter Wildheit.
> Die Malerei der Niederländer ist unbedenklich diesen Weg gewandelt. Hubert van Eyck hat in seinem Adam buchstäblich das Modell mit Haut und Haaren conterfeit; sogar die kleinen Häärchen an Arm und Beinen schenkt er uns nicht. Das Blümchen, das zu den Füßen der Madonna blüht, ist Roger van der Weyden ebenso wichtig wie die Heilige selbst.[474]

Auch wenn die Betonung der Wiedergabe individueller Details stiltypologisch auf Naturalismus weist, zählt Scherer nicht zu den Verteidigern, sondern zu den Gegnern Zolas. Damit formuliert er quasi die offizielle Position der Literaturkritik seines bevorzugten Publikationsorgans, der ›Deutschen Rundschau‹.

---

[471] Dass die Feststellung formaler Implikationen eines Inhalts und inhaltlicher Implikationen einer Form prinzipiell problematisch ist und historisch das Projekt einer anthropologischen Ästhetik in Gang setzt, soll an dieser Stelle ausgeklammert bleiben.
[472] Realismus ist »das eigentümliche germanische Kunstprinzip«, sein Modell ist die niederländische Kunst (Scherer, Kleine Schriften, Bd. 2, S. 176–191, hier 179); als Produkt der Neuzeit ist der Realismus vor allem urban (nur sekundär klösterlich) und tendenziell demokratisch. Vgl. Scherer, Kleine Schriften, Bd. 2, S. 181 u. 185.
[473] Vgl. Scherer, Kleine Schriften, Bd. 2, S. 181.
[474] Scherer, Kleine Schriften, Bd. 2, S. 179. Es folgen noch eine Reihe von Beispielen, die allesamt konventionelle Wertungshierachien außer Kraft setzen, bevor Scherer schließt: »Die Niederlande sind im fünfzehnten Jahrhundert gleichsam der realistische Revolutionsherd für die bildende Kunst diesseits der Alpen.« (Scherer, Kleine Schriften, Bd. 2, S. 179). Im Aufsatz ›Bürgertum und Realismus‹, der den eben zitierten Aufsatz ›Niederländische Litteratur und Kunst‹ ergänzt, dekliniert Scherer die Opposition idealistischer und realistischer Kunst am Beispiel eines Vergleichs der Praxiteleischen Venus von Knidos und der Rembrandtschen Susanna durch. Vgl. Scherer, Kleine Schriften, Bd. 2, S. 184.

Als Scherer zu Beginn der Eliot-Rezension auf Spencer und ›einen französischen Kritiker‹ verwies, bezog er sich auf eine französische Diskussion. Vor allem die Kritiker der ›Revue des Deux Mondes‹ versuchten, Zola mit Eliot einen englischen Naturalismus entgegenzustellen und ihn damit zu überbieten. Neben Th. Bentzon, den Scherer zitierte,[475] traten Émile Montégut und vor allem Ferdinand Burnetière in die Schranken.[476] Eine Sammlung der Brunetièreschen Kritiken aus der ›Revue des Deux Mondes‹, die 1883 unter dem Titel ›Le Roman Naturaliste‹ erschien, wurde im folgenden Jahr von Julius Rodenberg selbst in der ›Deutschen Rundschau‹ besprochen. Dabei würdigte Rodenberg ausdrücklich die »positive Kritik« Brunetières[477] und lobt,

> wie scharf der französische Kritiker unterscheidet zwischen dem, was als berechtigtes Element des Naturalismus gelten muß – übrigens kein neues, sondern so alt, wie die Dichtung überhaupt – und dem, was übertrieben, unkünstlerisch und verwerflich in demselben ist [...][478]

Dass Zola auf der schlechten Seite steht, ist ebensowenig verwunderlich wie Brunetières – und vermittelt auch Rodenbergs – Sympathie für Balzac, Flaubert und Daudet. Doch alle werden von Eliot übertroffen.[479] Zwar legt Brunetière im Gegensatz zu Scherer das Schwergewicht auf die frühen Romane Eliots, aus denen er, wie Rodenberg mitteilt, »gleichsam den Canon des modernen Romans deduciert«,[480] dennoch wird die (behauptete) zunehmende Popularität Eliots in Frankreich angesichts der Tatsache, dass »bei uns ein Schriftsteller, wie Zola, den Markt überschwemmt, in den Auslagen der Buchhändler einen Ehren-

---

[475] Vgl. Th. Bentzon: Le Roman de moeurs en Angleterre. Daniel Deronda, by George Eliot. In: Revue des Deux Mondes 46 (1876), S. 826–854.
[476] Émile Montégut: George Eliot. In: Revue des Deux Mondes 53 (1883), S. 77–99 u. 305–436; Ferdinand Brunetière: Le Roman Naturaliste, Paris 1883. Das Brunetièresche Buch ist eine Sammlung von Kritiken. Die relevante Kritik Le Naturalisme Anglaise. Étude sur George Eliot mit dem 17. 9. 1881 gezeichnet. Vgl. Brunetière, Roman, S. 271–321, hier 321. Zur französischen Literaturkritik vgl. Dirk Hoeges: Literatur und Evolution. Studien zur französischen Literaturkritik im 19. Jahrhundert. Taine – Brunetière – Hennequin – Guyau, Heidelberg 1980, sowie René Wellek: Geschichte der Literaturkritik 1750–1950. Bd. 3: Das späte 19. Jahrhundert, Darmstadt 1977, S. 55–91; Ernst Robert Curtius: Ferdinand Brunetières Beitrag zur Geschichte der französischen Kritik, Straßburg 1914.
[477] Julius Rodenberg: Der naturalistische Roman. [Rez.:] Le roman naturaliste par Ferdinand Brunetière. In: Deutsche Rundschau 39 (1884), S. 313–316, hier 314.
[478] Rodenberg, Roman, S. 313.
[479] »Den höchsten Rang nimmt die bis jetzt unerreichte Repräsentantin des englischen Naturalismus, George Eliot, ein.« (Rodenberg, Roman, S. 315). Unterstützend verweist Rodenberg auf die Eliot-Studie von M. E. Monégut. Vgl. Rodenberg, Roman, S. 316.
[480] Rodenberg, Roman, S. 315.

platz einnimmt und sogar in den Boudoirs der Damen gefunden wird«,[481] von Rodenberg ausdrücklich als »Bundesgenosse im Kampf gegen diese verderbliche Richtung«[482] begrüßt.

Die bleibende Bedeutung Brunetières, der 1893 zum Chefredakteur der ›Revue des Deux Mondes‹ aufstieg, liegt jedoch weniger in seinen konkreten kritischen Urteilen – wie auch das angeführte offensichtliche Fehlurteil nahelegt –, sondern in seiner Bedeutung für die Verwissenschaftlichung der Literaturkritik. Brunetière votiert gegen den Rekurs auf Autor oder gesellschaftlichen Hintergrund und tritt für eine Konzentration auf das Werk selbst in seiner ästhetischen Verfasstheit ein.[483] Dies ist auch ein zentrales Anliegen Scherers an, der schon 1876 in der ›Rundschau‹ klagte, dass

> unsere ästhetische Cultur sich auf einer verhältnismäßig niedrigen Stufe befindet. Wir haben keine feste Tradition der Kunstübung und des Kunsturtheils. Wir haben keine einheitliche Meinung in künstlerischen Dingen. Wir taumeln von Extrem zu Extrem. Immer wieder stehen neue Propheten auf mit neuen Evangelien, und alle finden ihre gläubige Gemeinde.[484]

›Ästhetische Cultur‹ im Schererschen Sinne hat jedoch mit dem idealistischen Projekt humanistischer Bildung kaum etwas gemein; sie rekurriert weder auf ein klassisches Vorbild, noch auf den Gedanken entwickelter Subjektivität oder gar auf eine philosophische Legitimation, sondern auf die Verbreitung dessen, was Freytag an der Schererschen Rezension der ersten beiden Bände der ›Ahnen‹ massiv kritisiert hatte: Auf der Vertrautheit des Rezipienten mit dem technischen Instrumentarium und Verfahren der Analyse. Zwar sieht Scherer die Gefahr, dass ein argumentierender Kritiker sein Publikum langweilen könnte, doch ist dies für ihn nur eine Frage der Fähigkeit des jeweiligen Kritikers und kein prinzipielles Problem:

> Jeder Streit über Theater, Poesie, Musik muß bei uns mit dem Abc anfangen, und die meisten, welche streiten, wissen nicht einmal, daß alle diese Künste ein wirkliches, unzweifelhaftes Abc seit Jahrhunderten besitzen, welches in Frage zu stellen gerade so thöricht ist wie ein neue Sprache erfinden zu wollen. Es wird daher meist im Ganzen und Großen gestritten, über die Elemente, über die Principien, über die letzten Dinge, nicht über die Technik und die Einzelheiten. Und so ist es ein großes Verdienst von Hopfen [Hans Hopfen, der besprochene Autor], daß er seinen Lesern gerade solche technischen Einzelerörterungen zumuthet, welche nothwendig beitragen müssen, das stumpfe ästhetische Gewissen zu schärfen, das schlafende zu wecken. Zu ähnlichen

---

[481] Rodenberg, Roman, S. 316.
[482] Rodenberg, Roman, S. 316.
[483] Vgl. Hoeges, Literatur, S. 91f.; Wellek, Geschichte, Bd. 3, S. 58f.
[484] Wilhelm Scherer: [Rez.] Streitfragen und Erinnerungen von Hans Hopfen. In: Scherer, Kleine Schriften, Bd. 2, S. 266–269, hier 268.

Betrachtungen und Discussionen hätte wohl mancher Lust, aber wenige werden es durchsetzen, daß das Publicum sich dabei nicht langweilt.[485]

Die Stelle gehört zu einer ganzen Reihe Schererscher Invektiven gegen die Restbestände des Idealismus. In der Rezension der ›Deutschen Poetik‹ von Werner Hahn schreibt Scherer 1879:

> Die Bemerkungen über poetische Disposition und poetische Idee haben uns gar nicht befriedigt. Statt ihrer hätten wir eine wirksame Anweisung zur Analyse von Kunstwerken gewünscht, welche weniger auf die Idee als auf die Motive und auf die Entwicklung der inneren poetischen Form, die besondere poetische Auffassung des Stoffes zu achten hätte. An dem Ausdruck ›Idee‹ hängen so abscheuliche Thorheiten deutscher Ästhetik und Kritik, daß wir ihn aus dem Neubau der Poetik lieber ganz hinaus und zum alten Gerümpel werfen möchten.[486]

Zwei Jahre später wiederholt er: »[W]ollen wir diesen abgetakelten Begriff nicht endlich fallen lassen?«[487] Bereits 1865 hatte Scherer in seiner Rezension eines Bandes der Hettnerschen ›Litteraturgeschichte des 18. Jahrhunderts‹ die Konzeption einer induktiven Literaturgeschichtsschreibung entwickelt und sich dabei von dem Konzept der ›Ideengeschichte‹, dessen Schatten er auch bei Hettner noch zu finden glaubte, abgegrenzt.[488] Die eigene Vorstellung wissenschaftlichen Verfahrens beschreibt er 1879 in einer Rezension am Beispiel des Sprachphilosophen Anton Marty:

> Der Verfasser geht oft von Sätzen aus, die man für trivial halten könnte und die es auch sind. Aber das Triviale hat unter Umständen einen großen Werth für die Erkenntnis. Das Triviale wird in der Regel das allgemein Zugegebene sein, und das eigenthümliche Verdienst des Verfassers ist, daß er daraus überraschende und weittragende Folgerungen zu ziehen weiß, welche dann eine besondere einleuchtende Kraft besitzen. Die Kunst, an dem Naheliegenden nicht vorüber zu gehen, ist fast ebenso groß wie die Kunst, das Fernliegende aufzusuchen. Die Philosophie kann den Credit, den sie in so erfreulicher Weise wiedergewonnen hat, nicht besser bewahren und erweitern als durch Arbeiten von so gesunder Methode wie die vorliegende.[489]

---

[485] Scherer, Kleine Schriften, Bd. 2, S. 268.
[486] Scherer, Kleine Schriften, Bd. 1, S. 691.
[487] Scherer, Kleine Schriften, Bd. 2, S. 282.
[488] »Mit solchen Verallgemeinerungen, solchen Reductionen eines überreichen historischen Lebens auf ein paar Begriffe schwankenden und wechselnden Inhalts befindet man sich auf dem Wege zu eben der teleologischen Geschichtsbetrachtung, gegen welche Hettner selbst gelegentlich ein scharfes Wort fallen läßt. [...] Wer unter den bewegenden Ideen noch sonst etwas versteht, als die Gedanken, welche in einer Zeit laut werden, der muß zur ›Philosophie der Geschichte‹ sich bekehren oder zu der Annahme einer unmittelbar eingreifenden Leitung sich bequemen. In beiden Fällen wird er den Boden der Empirie ohne Noth verlassen.« (Scherer, Kleine Schriften, Bd. 2, S. 68f.).
[489] Wilhelm Scherer: [Rez.] Anton Marty: ›Die Frage nach der geschichtlichen Entwicklung des Farbensinnes‹. In: Scherer, Kleine Schriften, Bd. 1, S. 691f., hier 692. Marty

Mit dem buchstäblich Trivialen will Scherer auch bei der ästhetischen Bildung anfangen. In einem Aufsatz, der sich mit Fragen der Organisation des Unterrichts befasst, votiert er für die Aufnahme von Ästhetik, vor allem aber Poetik in das Curriculum:

> Die Poesie arbeitet in einem Material, welches selbst Gegenstand des Unterrichts ist: die Sprache. Ihre Technik wird gelehrt, und mindestens in Prosa ist der Schüler selbst ausübend.[490]

In seinen Kritiken markiert Scherer – wie wir sehen werden – nicht nur den avancierten Stand der Gründerzeitkritik, sondern er läutet mit seinem kritischen Verfahren, das sich mit seinem poetologisch orientierten, induktiven Modell positivistischer Wissenschaft verpflichtet ist, zugleich eine neue Epoche der deutschen Literaturkritik ein. Diese Entwicklung wird dadurch begünstigt werden, dass in Folge der wirtschaftlichen Depression gegen Jahrhundertende ein intensiver Transfer aus dem akademischen in den publizistischen Bereich einsetzt und dabei auch eine Reihe unmittelbarer Scherer-Schüler hier ihr Auskommen finden. Doch diese Kritik wird unter dem Panier des Naturalismus firmieren und in Teilen mit Rückgriffen auf idealistisches und nationales Pathos operieren, wird also zumindest politisch in Teilen hinter Positionen Scherers und der Gründerzeit zurückfallen. Bevor nun im folgenden Kapitel die kritische Kultur der Gründerzeit in den Blick genommen werden soll, möchte ich im Vorgriff ein Moment naturalistischer Kritik exponieren, weil es sich – immer noch – in Opposition zu Spielhagen definiert.

Gemessen am theoretischen Niveau der Schererschen Reflexionen ist die Spielhagen-Kritik der Brüder Hart, die als Aufsatz ›Friedrich Spielhagen und der deutsche Roman der Gegenwart‹ das ganze sechste und letzte Heft ihrer ›Kritischen Waffengänge‹ ausmacht, ein deutlicher Rückschritt.[491] Sechs Jahre nach Scherers Eliot-Rezension werden Gemeinplätze realistischer Theorie, auch Spielhagenscher Provenienz ungebrochen behauptet: Dichtung soll verklären;[492] das Werk muss ein Zeit- und ein Weltbild geben;[493] der Humor ist als Garant epischer Objekti-

---

    steht in der Bolzanoschen und Herbartianischen Tradition der österreichischen Philosophie. Wenn Scherer nicht nur diesen antiphilologischen Ansatz gutheisst, sondern mit seinem forcierten Hinweis auf Methode in vergleichsweise eindeutiger Art und Weise für die herbartianische Philosophie Partei nimmt, so wohl nicht zuletzt deshalb, weil die Rezension 1879 anonym in der ›Deutschen Rundschau‹ erschien.

490 Scherer, Kleine Schriften, Bd. 1, S. 753.
491 Heinrich Hart/Julius Hart: Friedrich Spielhagen und der deutsche Roman der Gegenwart, Kritische Waffengänge, 6. Heft, 1884.
492 »[D]ie klärende und deshalb verklärende Einheitlichkeit, Ganzheit des Kunstwerks«. (Hart/Hart, Spielhagen, S. 57; vgl. 53).
493 »Der Roman soll ein Weltbild geben, ein Bild der Zeit, je umfassender, je tiefer, desto besser. [...] Er [Spielhagen] hält es einfach für unmöglich, daß in unserer fortgeschrit-

vität und genuin realistisches Prinzip Grundlage der Romanpoetik;[494] die Phantasie ist das produktive Vermögen des Dichters wie des Rezipienten.[495] In ihrem emphatischen Poesiebegriff,[496] ihrem Dichterverständnis[497] und in der Betonung des Bezuges der Epik auf das ganze Volk[498] fallen sie sogar hinter Spielhagen zurück. Es scheint zuweilen, als fließe der längst nicht mehr ernst genommene Sermon liberaler Sonntagsreden hier in eine kritische Schrift ein:

> Was den Menschen im Leben beengt und beschränkt, das soll ihm die Kunst abstreifen, solang er sie genießt, sie soll ihn fühlen lassen, daß es noch ein Höheres gibt, als zur Partei, zu Vorurtheilen schwören, nämlich Mensch zu sein, daß man die Kämpfe der Zeit mitfechten und doch in Stunden der Muße sie belachen, den Feind als Gleichberechtigten erkennen kann.[499]

Obwohl die Harts darauf bestehen, dass ihre Kritik poetologisch orientiert und nicht inhaltlich wertend sei,[500] bleibt die Auseinandersetzung mit der Romanpoetik Spielhagens rudimentär. Sie betonen, dass keine verbindliche Theorie des Romans existiere,[501] erkennen aber an, dass Spielhagen mit seinem Objektivitätspostulat »theoretisch [...] energisch das Richtige forder[e]«,[502] auch wenn es

---

tenen Zeit, deren Kultur so unendlich mannigfaltig, so reich verzweigt sei, ein Roman alle Beziehungen, alle Verhältnisse umspannen könne. Als ob es darauf ankäme! Der Roman soll eben aus diesen Beziehungen einen Geist herauslesen, der in allem waltet, und soll vor Augen führen, wie dieser Geist alle Kräfte des Volkslebens beseelt.« (Hart/Hart, Spielhagen, S. 47; vgl. 13, 22, 42).

[494] Der Humor ist »nichts anderes als die auf die Spitze getriebene Objektivität« (Hart/Hart, Spielhagen, S. 15; vgl. 20f.).

[495] Vgl. Hart/Hart, Spielhagen, S. 33 und 53.

[496] »Poesie im weitesten Sinne ist ohne Frage das Elementare im Gegensatz zu dem Gemachten, das Ideelle im Gegensatze zum rein Materiellen, das Geheimnisvolle im Gegensatz zum Nüchternen, das Natürliche im Gegensatz zum Conventionellen, mit einem Worte das zeugende Urleben der Seele oder auch das Band, das den in den Leib gebannten Einzelgeist mit dem Allgeist verbindet.« (Hart/Hart, Spielhagen, S. 9f.).

[497] Vgl. Hart/Hart, Spielhagen, S. 34.

[498] »Was von der Dichtung überhaupt gilt, das gilt auch vom Roman; er muß im Leser, und als solchen soll die Epik das *ganze Volk* voraussetzen, die allgemein menschliche Empfindung, die Anschaung erregen: Tat twam asi, das bist du.« (Hart/Hart, Spielhagen, S. 52).

[499] Hart/Hart, Spielhagen, S. 46.

[500] Vgl. Hart/Hart, Spielhagen, S. 52.

[501] »Aber eine solche Theorie [des Romans] besteht nicht, sie besteht so wenig, daß nicht zwei Aesthetiker von dem Wesen, von der Bedeutung des Romans, von dem Gebiete, das er umspannt, von seinem Zusammenhange mit den übrigen Formen der Kunst dieselbe Meinung haben.« (Hart/Hart, Spielhagen, S. 8).

[502] Hart/Hart, Spielhagen, S. 39, vgl. 19. Den Stil der Beiträge kritisieren die Harts jedoch und werfen dem Autor »Phrasenwulst« vor (Hart/Hart, Spielhagen, S. 17; vgl. 16–19).

in einzelnen Punkten Abweichungen zu konstatieren gäbe. Wichtigste Differenz ist die unterschiedliche Herleitung der Gattung. Die Harts weisen die Übertragung poetologischer Prinzipien der Tragödie zurück, lehnen auch die Ableitung des Romans aus dem Epos ab[503] und fordern eine offenere, weniger handlungszentrierte Form.[504] Zwar ändert dies nichts an der prinzipiellen Zustimmung zur Spielhagenschen Theorie. Ziel ihrer Argumentation ist es jedoch, Spielhagens Romane am poetologischen Anspruch ihres Autors zu messen. Das Urteil fällt vernichtend aus: »[E]r ist Akademiker, nicht Realist«.[505]

Zum Ausgangspunkt nehmen die Brüder die schon von Karl Hillebrand vertretene These, dass der zeitgenössische Roman die selbstgesetzten Ansprüche einer ›realistischen‹ Darstellung des Zeitalters nicht erfülle, im Grunde nur eine anschauliche Darstellung hypostasierter Moral biete, zudem mit seinem didaktischen Impetus die ästhetische Qualität mindere und konsequenterweise als Tendenzroman bezeichnet werden müsse.[506] Wie Hillebrand votieren die Brüder auch

---

[503] Das Epos seinerseits steht als handlungsfixierte Literaturform der dramatischen Gattung näher als der Roman; es konzentriert sich auf ›bedeutsame Wirklichkeit‹ und ›ideale Typen‹. Es ist damit ›aristophil‹ im Gegensatz zum ›demophilen‹ Roman. Vgl. Hart/Hart, Spielhagen, S. 12–14.

[504] Vgl. Hart/Hart, Spielhagen, S. 50.

[505] Hart/Hart, Spielhagen, S. 67.

[506] Vgl. Hart/Hart, Spielhagen, S. 14. Die Brüder beziehen sich auf den letzten Aufsatz Karl Hillebrands, der 1884 in der ›Deutschen Rundschau‹ erschienen war. (Karl Hillebrand: Vom alten und vom neuen Roman. In: Deutsche Rundschau 38 [1884], S. 422–435). Hillebrand war, nachdem er 1848 aus Deutschland hatte fliehen müssen, zunächst zeitweise Sekretär Heines, danach als Professor für romanische Literatur an der Fakultät von Douai bis 1870 einer der wichtigsten Mittler zwischen deutscher und französischer Kultur und schließlich Theoretiker der Florenzer Malerkolonie um Hans Marées. Er zählt zu den ersten Propagandisten Nietzsches und vertrat selbst verwandte Thesen. Besonders mit seinen vielbeachteten ›Zwölf Briefen eines ästhetischen Ketzers‹ gehört Hillebrand in die Tradition konservativer Kulturkritik des 19. Jahrhunderts. Er vertrat ein strikt aristokratisches Verständnis der Kunst und des Künstlers. Vgl. Karl Hillebrand: Zwölf Briefe eines ästhetischen Ketzers. In: Hillebrand, Völker und Menschen. Volksausgabe. Auswahl aus dem Gesamtwerk ›Zeiten, Völker und Menschen‹. Nebst einem Anhang ›Briefe eines ästhetischen Ketzers‹, Straßburg 1914, S. 321–397, bes. 345f. u. 355f.; vgl. auch Hillenbrand: Unser Verhältnis zur Kunst. In: Hillebrand, Abendländische Bildung, München o.J., S. 130–183, bes. 153; vgl. Ludwig Bamberger: Karl Hillebrand. In: Deutsche Rundschau 41 (1884), S. 443–450. Im erwähnten Artikel polemisiert Hillebrand gegen die Verbindung von Kunst und Wissenschaft, wie er sie vor allem in einem psychologisch zergliedernden Stil zu erkennen glaubt. Dabei geraten Autoren wie Spielhagen und Freytag, Henry James, George Eliot, Gustav Flaubert und Emile Zola ziemlich undifferenziert in die Schusslinie. Hillebrand kritisiert an der zeitgenössischen Literatur moralisierende Tendenz und beklagt darüber hinaus eine grundsätzliche Literarisierung der Kultur: »Da unsere ganze Bildung eine literarische, eine Buchbildung geworden, so sind wir Alle, die wir uns Gebildete nennen, im Grunde Literaten.« (Hillebrand, Roman, S. 431; vgl. Hil-

für eine strikte Trennung von Ethik und Ästhetik, entpflichten die Literatur aller ethischen Lizensierung und verpflichten sie einzig den ästhetischen Bedingungen der Gattung und der Widerspiegelung des Zeitalters. Dabei werden die grundlegenden Probleme des Verhältnisses von Ästhetik und Wirklichkeit – welcher Wirklichkeit? – einerseits, von Moral und Ästhetik andererseits nicht reflektiert, sondern in emphatischen Wendungen zugekleistert.[507] Die Argumentation konzentriert sich darauf, inhaltliche und konzeptionelle Beschränkungen der Romane Spielhagens aufzuzeigen, um mit dem Schluss, sie entsprächen nicht der Wirklichkeit der Epoche, den Autor selbst als bloßen ›Schriftsteller‹ abzuwerten.

Zum Angriffspunkt wird das beschränkte Typenarsenal der Romane,[508] dazu kommt der Vorwurf, dass sich die Handlungen immer um die Konflikte zweier Familien, einer bürgerlichen und einer adligen, formierten.[509] Durch die mangelnde soziale Reichweite der Darstellung, inbesonders durch die Vermeidung der Darstellung verelendeter Schichten und des Kleinbürgertums bleibe die soziale Frage, so ein weiterer Kritikpunkt, ausgeklammert.[510] Damit ist das liberale Modell familiärer und personaler Organisation der Gesellschaft verabschiedet.[511] Die Kritik wird ins Poetologische gewendet. Sein beschränktes Personal und die eingestandenermaßen pragmatisch legitimierte Tendenz, seine Romane um Liebesgeschichten zu stricken,[512] nötige Spielhagen zu unwahrscheinlichen

---

lebrand, Verhältnis, S. 171) Als Therapie empfiehlt er Rückkehr zu einer diffusen ›Natürlichkeit‹. In diesem Punkt wie in der Kritik des ›Moralismus‹ stimmen die Harts mit Hillebrand überein, ihre poetologische Empfehlung und die Bewertung der Zolaschen Romane differieren allerdings grundlegend.

[507] »Die großen Romandichter [...] sind Realisten vom Scheitel bis zur Sohle, sie gestalten die Wirklichkeit, die volle, reiche Wirklichkeit mit allen ihren Flecken, mit allen ihren Verzerrungen.« (Hart/Hart, Spielhagen, S. 14). »[D]er Roman soll das Denken und Sein einer Epoche wiedergeben und zwar soll [...] diese Epoche die Gegenwart des Dichters sein, und weiterhin, der Roman soll das ästhetische Bedürfnis voll und ganz befriedigen.« (Hart/Hart, Spielhagen, S. 15).

[508] Vgl. Hart/Hart, Spielhagen, S. 50f.

[509] »Außer diesen Familien kein Heil, sie erfüllen mit ihren Sprößlingen den Staat, und keine Gesellschaft gibt es, in der sie nicht den Mittelpunkt bildeten. Alle Verhältnisse gewinnen auf diese Weise ein familiäres, ja patriarchalisches Ansehen und so wird bereits hierdurch der Charakter unserer Zeit verfälscht.« (Hart/Hart, Spielhagen, S. 47).

[510] Vgl. Hart/Hart, Spielhagen, S. 48. Dies bedeutet jedoch nicht, dass der Autor eine Lösung der sozialen Probleme anbieten solle: »[D]er Erzähler [soll] nicht die sociale oder sonst eine Frage zu lösen versuchen, wohlverstanden als Erzähler nicht, denn auf jenem Gebiet wird der nationalökonomische Reformator das Höchste leisten, sondern er soll erzählen.« (Hart/Hart, Spielhagen, S. 46).

[511] Zur Tragweite der Personenkonstellationen in der realistischen Literatur vgl. Kafitz, Figurenkonstellationen.

[512] Ein Vorwurf in: Hart/Hart, Spielhagen, S. 58.

Konstruktionen, um die Handlung in Gang bringen zu können. Die Forderung nach Geschlossenheit und Harmonie provoziere zudem eine »massenhafte wirkende ästhetische Gerechtigkeit«, die romanhafte Wendungen und Schlüsse in der pejorativen Bedeutung des Wortes erforderlich mache.[513] Die Brüder beschuldigen Spielhagen der »Hyperromantik«[514] und »idealisierende[r] Ausschweifungen«[515], bezeichnen seine Personen als »Karikaturen pathetischer Art«[516] und folgern: »Statt aus dem Leben zu schöpfen, statt das zu erzählen, was ist, outrirt Spielhagen lieber seine Phantasie in der Richtung dessen, was sein soll und sein könnte.«[517]

Die dritte Ebene der Kritik speist sich aus der Differenz des Gattungsverständnisses. Der Roman konstituiere sich historisch wie gattungstypologisch in Opposition zum Epos. Beide teilten die Orientierung auf äußere Wirklichkeit, doch werde das Epos durch seine Handlungsfixierung und, zumindest in historisch früher Form, durch metrische Bindung selbst wiederum zum idealen Antagonisten des Romans. Dabei argumentieren die Harts konventionell: Die Form des Epos in ihrer metrischen Gebundenheit entspreche der formalisierten höfischen Gesellschaft, die Formlosigkeit des Romans dem bürgerlichen Bedürfnis nach Realität. In formalästhetischer Hinsicht erscheine der Wechsel vom Epos zum Roman als Niedergang. Das gleiche gelte in sprachästhetischer Hinsicht, denn als populäre Gattung des entstehenden Bügertums und durch dessen ›Realitätssinn‹ der Breite gesellschaftlicher Wirklichkeit verpflichtet, öffne sich der Roman der Umgangssprache.[518] Diese gattungsbedingten Defizite, die noch für die Harts den Roman zu einer formalästhetisch minderen Literaturform stempeln,[519] könne der Roman nur dadurch (annähernd) kompensieren, dass er seine Schwäche – Realitätsbedürftigkeit – auf allen Ebenen in Stärke – Realitätshaltigkeit – ummünze und auf jeden wertenden Eingriff verzichte:

> Jeder der Romandichter sucht ein allseitiges Gemälde seiner Epoche zu geben, er blickt wie im Kreise um sich herum, und nichts ist ihm zu gering, nichts seiner Feder unwerth, was wirklich ist, mag auch der eine mehr, der andere weniger sehen.[520]

Daraus folgt, dass der Roman schon aus gattungspoetologischen Gründen unfähig ist, pädagogische Aufgaben zu übernehmen, da jede Didaxe – und insbesondere die moralische – die Vermittlung idealer Gehalte intendiert und damit der

---

[513] Vgl. Hart/Hart, Spielhagen, S. 57–60, hier 60.
[514] Hart/Hart, Spielhagen, S. 59.
[515] Hart/Hart, Spielhagen, S. 61.
[516] Hart/Hart, Spielhagen, S. 61.
[517] Hart/Hart, Spielhagen, S. 61.
[518] Vgl. Hart/Hart, Spielhagen, S. 1–14.
[519] Vgl. Hart/Hart, Spielhagen, S. 73.
[520] Hart/Hart, Spielhagen, S. 13.

vorbehaltlosen Wiedergabe der Realität widerspricht. Ideal gesteuerte, besonders moralisch intendierte Darstellung führt zu Realitätsverlust im buchstäblichen Sinn des Wortes. Der Erzähler hat nicht mehr nur eine – notwendige – Perspektive, aus der er beschreibt, sondern einen bestimmten Standpunkt, nachdem er gewichtet und tendenziell sogar Phänomene selektiert.[521] Dies wird Spielhagen in einem Vergleich, der die Aufgabe des Epikers dem historistischen Verständnis von Geschichtswissenschaft parallelisiert, vorgeworfen:

> Er schildert mir nicht die Zeit wie ein großer Historiker die Vergangenheit, indem er die Thatsachen, die volle Wirklichkeit reden läßt, sondern wie ein mittelmäßiger Historiker, der seine vorgefaßten Meinungen aus den Thatsachen heraus zu construiren sucht und bei der Gelegenheit die Thatsachen, die ihm nicht passen, übersieht.[522]

Spielhagen, so der Vorwurf, überrumpele seine Leser, er suggeriere Wirklichkeit darzustellen, tatsächlich aber sei »jede Einzelheit berechnet [...], die Entwicklung dahin zu führen, wohin der Moralist Spielhagen will.«[523] Spielhagen gäbe »die Fabel zu einer Moral«.[524] Damit jedoch nicht genug: Die Harts kritisieren Spielhagens Neigung, die moralischen Lehren bereits im Titel zu signalisieren,[525] seinen Figuren in ausgedehnten Reflexionen in den Mund zu legen und qualifizieren das »Gemengsel von Epik und Didaktik«[526] als »Sammlung zeitgemäßer Broschüren«[527] ab. Schließlich wird noch die Sprache Spielhagens als »Zeitungsdeutsch« gebrandmarkt, werden ihr Pathos, ihre vielfache soziale Unangemessenheit, ihr Verzicht auf die Wiedergabe dialektaler Wendungen und Färbungen und ihr komplizierter Satzbau kritisiert.[528]

---

[521] »Jeder Dichter ist nicht allein Dichter, sondern auch Mensch, und nicht nur als solcher wird er die Weltanschauung, die ihn beseelt, zum Ausdruck bringen, sondern auch als Lyriker, Dramatiker oder Epiker. Aber eine Weltanschauung, eine ideale, eine pessimistische, eine humoristische ist für den Dichter nur ein Licht, in welchem seine Phantasie die Dinge sieht, sie ist unmöglich ein bestimmter Standpunkt. Auf einem solchen befinde ich mich nur dann, wenn ich das Gefühl, das ich der Allgemeinheit entgegentrage, in ein Urtheil dem Einzelnen gegenüber verwandle, wenn ich aus meiner Weltanschauung heraus sage, diese Sache ist ihr zuwider, jene verträgt sich mit ihr, jene ist ihr gleichgültig, diese wirkt begeisternd. Mit einem Worte, jeder Standpunkt macht partheiisch, und wäre es im besten Sinne. Jede Partheilichkeit aber führt zu einer Verletzung der rein ästhetischen Wirkung.« (Hart/Hart, Spielhagen, S. 22). »Aber ein Roman soll ein Kunstwerk sein, nicht ein Mittel, Meinungen an die Oeffentlichkeit zu bringen.« (Hart/Hart, Spielhagen, S. 42).
[522] Hart/Hart, Spielhagen, S. 26: Spielhagen »vertieft sich nicht in die Wirklichkeit, sondern er operirt mit ihr, er schafft nicht, sondern er construirt.«
[523] Hart/Hart, Spielhagen, S. 28.
[524] Hart/Hart, Spielhagen, S. 30.
[525] Zum Modell Spielhagenscher Reflexion wird die Leichenpredigt. Vgl. Hart/Hart, Spielhagen, S. 25–34, bes. 30.
[526] Hart/Hart, Spielhagen, S. 24.
[527] Hart/Hart, Spielhagen, S. 52.
[528] Vgl. Hart/Hart, Spielhagen, S. 64–69.

Doch Spielhagen stand, wie die Brüder betonten, nur exemplarisch für die Romanautoren der Zeit. Er bot ihnen ein bequemes Angriffsziel, weil er das, was er in seiner Poetik gültig formuliert hatte, praktisch nicht einlösen konnte. Spielhagens Begriffe wenden sich gegen den Autor. Dabei stehen die Brüder Hart selbst in realistischer Tradition, wollen diese auch gar nicht überwinden, sondern lediglich korrigieren, schlechte Anwendung durch gute ersetzen. Doch unbeschadet der Schwäche ihrer theoretischen Position trifft ihre Polemik das nationalpädagogische Konzept des programmatischen Realismus ins Herz:

> Der Roman ist zur Waffe geworden, zum erzählenden Pamphlet, er wendet sich nicht an das ganze Volk, soweit es des Kunstgenusses fähig ist, sondern an eine Partei, in deren Dienst er steht, der Erzähler wetteifert abwechselnd mit dem politischen, socialen, dem Kunstschriftsteller, er tritt für den Prediger ein und übernimmt das Amt des Agitators.[529]

Was die Harts von ›ihrem‹ Realisten fordern, ist nicht zu leisten, steht einem aristokratischen Verständnis des Künstlers, wie es zeitgenössisch neben Nietzsche Langbehn, de Lagarde und ihr Gewährsmann Karl Hillebrand vertraten, näher als der nüchternen Analyse künstlerischer Tätigkeit, wie sie Scherer formuliert hatte. Der Dichter ist ihnen alter deus, das Kunstwerk organisches Gebilde.[530] Zwar lösen die Harts Kunst aus der Verpflichtung auf Schönheit, doch bedeutet dies angesichts des beibehaltenen Postulats verklärender Wirkung lediglich, dass funktionale nicht-schöne Passagen nicht in der Beschreibung geschönt oder ausgespart werden sollen. Ein solche Kunst ist für die Brüder Hart naturalistisch. Doch sie beweisen ein durchaus eigenwilliges Verständnis dieses Begriffs, indem sie fordern:

> Naturalistisch soll alle Dichtung sein; alle Dichtung soll die Natur nachahmen, das heißt, wie die Natur, gleich ihr schaffen, alle Dichtung soll Quelle sein, nicht Röhrenwerk, Leben zeugen und nicht Phantome.[531]

Auch an anderer Stelle wird sich zeigen, dass damit nicht Naturalismus im modernen, an der Theorie Zolas orientierten Sinne gemeint ist, sondern jener stiltypologische Begriff, der kunsthistorisch vor allem zur Beschreibung niederländischer Kunst und literaturgeschichtlich zur Charakterisierung der vermeintlich regellosen Literatur des Sturm-und-Drang gebraucht wurde. Trotz aller Insistenz auf der Ausschließlichkeit eines funktionalen ästhetischen Wirkungsprinzips schleicht sich dabei ein starkes inhaltliches Wertkriterium idealistischer Provenienz in die Argumentation:

---

[529] Hart/Hart, Spielhagen, S. 45.
[530] »In einem Kunstwerk soll auch nicht der kleinste Moment in Erscheinung treten, der nicht in dem Kunstwerk selbst begründet liegt, nicht aus ihm hervorsprießt wie der Zweig aus dem Stamme.« (Hart/Hart, Spielhagen, S. 44).
[531] Hart/Hart, Spielhagen, S. 55.

[D]ie Kunst [soll] dafür Zeugnis ablegen, daß ein Schönes und ein Häßliches als Formen des Seienden gar nicht vorhanden sind, sondern nur ein Reizendes, der genießenden Betrachtung Werthes.[532]

Da Literatur durch ihr Medium, die Sprache, alle intellektuellen Formen und damit auch Theorie und Ethik zum Gegenstand hat, halten schließlich auch die eben noch mühsam ausgegrenzten idealen Gehalte wieder Einzug in die Literatur[533] und werden durch die Tatsache, dass sich das Kunstwerk in aristotelischer Tradition nicht auf die Kontingenzen der Wirklichkeit einlassen, sondern den Gesetzen der Wahrscheinlichkeit folgen soll, noch verstärkt.[534] Der Hymnus des ›realistischen Romans‹, in dem die Argumentation gipfelt, ist poetologisch unsinnig:

> Realismus in der wahren Bedeutung des Wortes schließt weder Idee noch Idealismus aus, ihm ist das Lichteste, Reinste nicht zu erhaben, aber auch das Nächste nicht zu gemein, kein Abgrund zu tief, denn alles ist Realität, Wirklichkeit, und was dem Schöpfer nicht zu gering, zu erbärmlich war zu schaffen, wie könnte das dem Neuschöpfer, dem Dichter, zu gering sein, es durch die klärende und deshalb verklärende Einheitlichkeit, Ganzheit des Kunstwerks neuzuschaffen.[535]

Die Versuchung, damit die Hartsche Kritik und ihr Naturalismus-Konzept ad acta zu legen, ist groß. Festzuhalten bliebe lediglich ihr emphatisches Engagement für eine neue Literatur. Zwar erneuern sie auch hier lediglich die von Hillebrand 1873 formulierte Sehnsucht nach dem »großen Regenerator« und der »erwarteten Kunst«,[536] doch es gibt auch konkreter Hinweise, wie diese Kunst zu denken sei: als Vereinigung von Spielhagen und Zola.

Zola hatte schon zwei Jahre zuvor im zweiten Heft der ›Kritischen Waffengänge‹ die Aufmerksamkeit der Harts gefunden. Dabei hatten sie den Dichter gelobt, seine Theorie jedoch verworfen.[537] Von Humboldt über Schelling, Solger und Hegel bis zu Jean Paul werden die Autoritäten der idealistischen Ästhetik

---

[532] Hart/Hart, Spielhagen, S. 36; vgl. 15: »[D]er Roman soll das ästhetische Bedürfnis voll und ganz befriedigen.«
[533] Vgl. Hart/Hart, Spielhagen, S. 36f.
[534] In dieser Wahrscheinlichkeitsstruktur des Kunstwerks feiert auch das Tröstungsargument fröhliche Urständ: »Dem Kunstwerk gegenüber resignieren wir aber auch nicht wie der Wirklichkeit gegenüber auf unseren gesunden Verstand, wir lassen uns nicht damit abspeisen, daß eine Erscheinung wirklich ist, sie muß auch wahrscheinlich sein.« (Hart/Hart, Spielhagen, S. 58).
[535] Hart/Hart, Spielhagen, S. 57.
[536] Hillebrand, Briefe, S. 386 u. 394.
[537] Vgl. Hart/Hart: Für oder gegen Zola? In: Hart/Hart: Kritische Waffengänge 6 (1882), S. 44–55, bes. 50–53. Die Harts benutzen dabei die wiederholt verwandte Technik, Bernard gegen Zola auszuspielen, obwohl dieser selbst die Differenz der beiden Kunstbegriffe anerkennt und benennt. Vgl. Hart/Hart, Zola, S. 50–52, bes. 52.

bemüht, um einen Poesiebegriff zu stützen, der sich als Überbietung eines ›bloß Ästhetischen‹, als Integration und Aufhebung der prosaischen Wissenschaften versteht und Kunst in die Nähe religiöser Erfahrung rückt. Primäres Angriffsziel sind klassizistische und neoklassische Positionen. Ihnen wird ›Formalismus‹ vorgeworfen. Wenn die Brüder dabei selbst jegliche Art inhaltlich argumentierender Kritik zurückweisen und insistieren, dass es auf die Darstellungsweise und nicht auf den Inhalt ankomme, meinen sie keine neue Poetik, sondern ›Darstellungsweise‹ bedeutet vor allem eine subjektive stilistische Qualität. Die Harts fordern »Naturalismus des Genies«[538] in der Tradition des dynamistischen genieästhetischen Subjektivismus des Sturm-und-Drang. Ihre Kritik an der zeitgenössischen Literatur speist sich – vergleichbar den Kritiken der ›Jüngstdeutschen‹ im Umkreis der ›Gesellschaft‹ – weniger aus der produktiven Auseinandersetzung mit den veränderten gesellschaftlichen Bedingungen, als aus einem konservativen Ressentiment, das trotz allem Überbietungsgestus hinter die zeitgenössische Literatur zurückfällt und einen diffusen Geniekult propagiert. Dieser ›Naturalismus‹ basiert prinzipiell auf dem stiltypologischen Naturalismusbegriff der Kunstwissenschaften und nutzt ihn, um einen größeren Wirklichkeitsgehalt der Dichtung einzufordern. Ohne sich mit den Bedingungen der zeitgenössischen Gesellschaft reflektierend auseinanderzusetzen, fordert er zunächst Konventionsbruch und versteht ihn als ›Natürlichkeit‹, als Rückkehr zu einem diffusen Primitivismus ästhetischer Produktion. Diese soll durch Restitution der originären Produktionsinstanz ästhetischer Gebilde, in der Restitution eines nativistischen, entkonventionalisierten ästhetischen Subjekts – des Genies – möglich werden. Konzeptionell wird damit der literaturhistorisch zeitgenössisch zumindest ambivalente, meist negativ konnotierte ›Naturalismus‹ des Sturm-und-Drang zitiert. Damit wird es möglich, gleichzeitig den *Romancier* Zola zu integrieren und den *Theoretiker* abzulehnen, indem man die Drastik und Konsequenzlogik seiner Beschreibungen als ästhetische Konventionsbrüche, als Rückkehr zu einer größeren, nicht moralisch vorselektierten Wirklichkeit interpretiert und sie der ›naturhaften‹ Produktion des literarischen Genies zuschlägt, während man die Theorie ablehnt, weil sie die Voraussetzungen der eigenen Produktion verkenne und – in national bedingter Einseitigkeit – einer mechanistischen und szientifistischen Poetik das Wort rede. Dagegen wiederum wird ein organologisches Modell von Kunstwerk und Künstler in Anschlag gebracht, das den biomorphen Funktionszusammenhang idealistisch unterfüttert und damit der künstlerischen Tätigkeit wie ihrem Produkt, dem Werk, eine Teleologie hypostasiert, die seine materialen Bedingungen und Bedingtheiten transzendiert und in einem unausgewiesenen und theoretisch unausweisbaren ›Ideal‹ aufhebt. Poetologisch

---

[538] Hart/Hart, Zola, S. 54. Dabei kritisieren sie bei Zola einen Mangel an Psychologie. Vgl. Hart/Hart, Zola, S. 52.

bedeutet dies den Rückfall hinter das Bewusstsein eines Realismus, der sich des Konstruktionscharakters seiner Artefakte durchaus bewusst war. Intendiert wird jedoch keine Negation, sondern lediglich eine Korrektur realistischer Poetik. Die Parole der Harts heißt Spielhagensche Theorie mit Zolascher Praxis. Der idealistischen Romantheorie soll durch Adaption Zolascher ›Brutalität‹ neues ›Dichterblut‹ zugeführt werden:

> Beide sind einseitig und erst eine Verschmelzung ihrer Richtungen in einer höheren Einheit [...] ergäbe den Roman, der ein Vollendetes bilden könnte, den realistischen Roman.[539]

---

[539] Hart/Hart, Spielhagen, S. 57. 1882, im Zola-Aufsatz hatten sie ihre Hoffnungen auf »Hamerling, Gottfried Keller und einige andere« gerichtet (Hart/Hart, Zola, S. 55).

3. Die Gründerzeit

> Ich bin überhaupt nicht für die
> Fabrikation von Weltanschauungen.
> Sigmund Freud

3.1 Die Emanzipation des Publikums

Ihre eigenen Konzeption von Literaturkritik entwickeln die Brüder Hart vor allem in der Auseinandersetzung mit Paul Lindau, dem Kritikerpapst der Gründerzeit. Dabei zeigt der maßgebliche, 1882 im zweiten Heft der ›Kritischen Waffengänge‹ erschienene Aufsatz ›Paul Lindau als Kritiker‹[1] allerdings auch ihre Nähe zum realistischen Literatur- und Kritikverständnis und zugleich Verwandtschaft mit den Prinzipien der neu etablierten Literaturwissenschaft Scherers, auf den sich die Harts wiederholt berufen.[2]

In der programmatischen Eröffnung der Zeitschrift stellen sich die Harts umstandslos in den Dienst der nach 1870 zunächst prognostizierten, zunehmend jedoch sehnsüchtig erwarteten nationalen Wiedergeburt und weisen dem Kritiker dabei die hortikulturelle Aufgabe des ›Pflügens und Pflegens‹ der literarischen Landschaft zu.[3] Das folgende Heft bekräftigt diesen Anspruch und fordert zusätzlich in einem ›Offene[n] Brief an den Fürsten Bismarck‹ staatliche Alimentierung der Institution Literatur und die Herausnahme des Theaters aus der Gewerbefreiheit.[4] Unmittelbar im Anschluss versuchen sie dann in der Aus-

---

[1] Heinrich Hart/Julius Hart: Paul Lindau als Kritiker. In: Hart/Hart, Kritische Waffengänge, H. 2 (1882), S. 9–43.
[2] Vgl. Hart/Hart, Kritische Waffengänge, H. 1 (1882), S. 5 u. H. 5 (1883), S. 60.
[3] »Zwei Worte sind es, mit welchen sich die Aufgabe des Ackerers wie des Kritikers genügend bezeichnen lassen: Pflügen und Pflegen. Das Erdreich zu durchfurchen, es von Steinen zu befreien und das Unkraut auszujäten, das ist die eine Pflicht, die aufsprossenden Pflanzen zu warten und zu schirmen, die andere.« (Hart/Hart, Kritische Waffengänge, H. 1 [1882], S. 7).
[4] Vgl. Heinrich Hart/Julius Hart: Offener Brief an den Fürsten Bismarck. In: Hart/Hart, Kritische Waffengänge, H. 2 (1882), S. 3–8. Am 21. 7. 1869 war in Preußen eine neue Gewerbeordnung eingeführt worden, welche die bisherigen Restriktionen und Zunftgesetze aufhob, denen auch die Theater unterlegen hatten. Es folgte eine vom Spekulationsgeist der Zeit angeheizte Gründungswelle von Theatern und Unterhaltungsetablissements verschiedensten Charakters. Vgl. Ruth Freydank: Theater in Berlin. Von den Anfängen bis 1945, Berlin 1988, S. 286–305. Zugleich mit dem Gewerbezwang war auch die Repertoirebeschränkung aufgehoben worden, die über 45 Jahre den Hoftheatern ein exklusives Recht zur Aufführung klassischer Stücke beschert hatte. Nach dem Fall der beiden Beschränkungen wurden die nachteiligen Folgen dieser ursprünglich

einandersetzung mit Lindau diesen Anspruch methodisch zu untermauern und kritisch zu exemplifizieren, bevor sie schließlich in ›Für und gegen Zola‹, dem abschließenden Aufsatz, literarästhetisch Partei ergreifen.

Heute besteht wenig Interesse an der Gründerzeitkritik: Paul Lindau und Karl Frenzel, ihre herausragenden Exponenten, finden sogar in Werken zur Geschichte der Literatur- und Theaterkritik nur spärliche Erwähnung und meist ablehnende Behandlung.⁵ Selbst die Beschäftigung mit den vergleichbaren Theaterkritiken

---

auf die Schaffung eines Nationaltheaters zielenden Politik deutlich: Es gab weder eine ausreichende Menge qualifizierter Schauspieler, noch hatte sich im geschützten – und bewachten – Winkel der Hoftheater eine zeitgemäße Dramaturgie ausbilden können. Als Fundus standen lediglich einerseits das Personal und die Erfahrungen der zahlreichen Theatervereine, andererseits die Theaterkultur der nicht-klassischen Repertoirebühnen zu Verfügung, d.h. der ›trivialen‹ Formen wie Posse, Volks- und Konversationsstück. Vgl. Freydank, Theater, S. 314f. Die Kritiker der Gründerzeit hatten die Gewerbefreiheit ausdrücklich begrüßt. So begründet z.B. Karl Frenzel 1875 in der ›Deutschen Rundschau‹ die Vorteile einer marktwirtschaftlichen Kulturorganisation: »Zu drei Dingen ist die vielgeschmähte Theaterfreiheit gut: sie macht dem Volk in allen Classen den Zutritt zu den Meisterwerken der dramatischen Dichtung möglich; sie eröffnet der Production ein größeres und ausgiebigeres Absatz und Versuchsfeld; sie gibt dem begabten Schauspieler Gelegenheit, sich häufiger einem fremden Publicum zu zeigen, Anregungen zu empfangen [...] und seinerseits wieder auf einen Kreis von Mitstrebenden [...] fördernd und anfeuernd einzuwirken.« (Karl Frenzel: Berliner Chronik: Die dramatische Production und die Theater. In: Deutsche Rundschau 2 [1875], S. 135–141, hier 137). Ein Jahr zuvor hatte Frenzel freilich auch zu bedenken gegeben: »Die Theaterfreiheit hat zunächst [...] die Mittelmäßigkeit, die Verflachung, das Wachstum des Proletariats in der Schauspielerwelt herbeigeführt« (Karl Frenzel: Berliner Chronik. In: Deutsche Rundschau 1 [1874], S. 319–324, hier 323). Zur Theatersituation und zu einzelnen Autoren vgl. Sascha Kiefer: Dramatik der Gründerzeit. Deutsches Drama und Theater 1870–1890, St. Ingbert 1997.

5 Eine Ausnahme ist: Karl Frenzel: [Rez.] Grillparzer: Des Meeres und der Liebe Wellen (1874). In: Meister der deutschen Kritik, Bd. 2: Von Börne zu Fontane. 1830–1890, hg. von Gerhard F. Hering, München 1963, S. 258–264. Ansonsten muss auch hier Fontane als angeblich ›untypischer Typus‹ die Gründerzeit repräsentieren, während Paul Lindau unerwähnt bleibt. Hans Mayer lässt Karl Frenzel und Paul Lindau unberücksichtigt, konstatiert aber: »Die deutsche Literaturepoche zwischen 1849 und 1870 dagegen zeigt in erstaunlichem Maße eine Verkümmerung nicht bloß der nationalen Thematik, sondern sogar des nationalen Bewußtseins der deutschen Schriftsteller.« (Hans Mayer: Meisterwerke deutscher Literaturkritik. 2. Bd: Von Heine bis Mehring, Berlin 1956, S. XIII). Damit wird auch auf Lindau angespielt. Die ›Bismarckjahre‹ 1870–1890 selbst sieht Mayer als Zeit des »Übergang[s] von Schopenhauer zu Nietzsche« (Mayer, Meisterwerke, Bd. 2,1, S. XVI). Zwischen Realismus und Naturalismus bleibt so kein Platz. Wellek erwähnt – freilich aus der Makroperspektive eines universalistischen Ansatzes – Frenzel überhaupt nicht und Lindau lediglich neben Julian Schmidt und Ferdinand Kürnberger als »streitbare[n] Tageskritiker«. (René Wellek: Geschichte der Literaturkritik. 1750–1950,. Bd. 3: Das späte 19. Jahrhundert, Darmstadt 1977, S. 274). Auch im Sammelband Literaturkritik und literarische Wertung, hg. von Peter Gebhardt, Darmstadt 1980 wird die gründerzeitliche Literatur-

des zeitgenössisch an Popularität zurückstehenden Theodor Fontane, deren Edition sie mit dem Titel ›Causerien über das Theater‹ in die Tradition der französischen Kritikerautorität Sainte-Beuve und damit auch in den Kontext der gründerzeitlichen Diskussion stellt, legitimiert ihre Berechtigung häufig damit, dass ihre Bedeutung über diese Epoche hinausreichten: Jenseits der Subjektivsmen des Tons und dem Relativismus des Urteils stießen sie zu den konstitutiven und produktiven Problemen der Ästhetik ihrer Zeit vor, die Fontane freilich weniger im kritischen Genre als in der Poetik seiner Romane gestalte, während er sie in der Kritik allenfalls indirekt, in seiner Sympathie für den Naturalismus, zur Sprache bringe.[6] Noch heute scheint sich die Wissenschaft in der Beurtei-

---

kritik mit Ausnahme Fontanes nicht berücksichtigt. Mehr Aufmerksamkeit erfahren Frenzel und Lindau naturgemäß in der speziellen Darstellung der Berliner Theaterlandschaft der Jahrhundertwende, aber auch hier wird Lindau zunächst als Verfasser »französisierende[r] Konversationsstücke und platte[r] Situationskomödien« eingeführt. (Norbert Jaron/Renate Möhrmann/Hedwig Müller: Berlin – Theater der Jahrhundertwende. Bühnengeschichte der Reichshauptstadt im Spiegel der Kritik [1889–1914], Tübingen 1986, S. 16, vgl. 18). Breite Darstellung finden Lindau und Frenzel in den zeitgenössischen Beiträgen. Vgl. Ernst Eckstein: Beiträge zur Geschichte des Feuilletons, 2 Bde., Leipzig 1876, Bd. 2, S. 79–104: Karl Frenzel und die Berliner Nationalzeitung, S. 105–123; Paul Lindau; Ed. Vollmer [Ludwig Stein]: Berliner Theaterkritiker. Eine Kritik der Kritik, Berlin 1884; Berthold Litzmann: Das deutsche Drama in den litterarischen Bewegungen der Gegenwart. Vorlesungen, gehalten an der Universität Bonn, 3., erweiterte Auflage, Hamburg/Leipzig 1896 (zuerst 1894), S. 37–46. In Wilmont Haakes faschismuslastiger Darstellung genießen sie wenig Sympathie. Vgl. Wilmont Haake: Handbuch des Feuilletons. 2 Bde. Emsdetten 1951.

[6] So kommt noch Hans-Heinrich Reuter zu dem Befund: »Das poetische Werk Fontanes ist unentbehrliches Korrektiv seiner Literaturkritik.« (Hans-Heinrich Reuter: Entwicklung und Grundzüge der Literaturkritik Theodor Fontanes. In: Thedor Fontane, hg. von Wolfgang Preisendanz, Darmstadt 1973, S. 111–168, hier 165, vgl. 151f.). Helmut Scheuer hingegen betonte die Subjektivität des Fontaneschen Urteils, die Relativität seiner Kriterien, sowie die Legitimierung des ästhetischen Genusses als Indizien Fontanescher Modernität und gibt zu bedenken: »Fontane scheint jeder Verbindlichkeit und Norm abhold zu sein, er gibt sich gern ironisch und bekennt sich immer wieder zu einem sehr subjektiven Urteil. Nur dürfen wir dieses Bekenntnis nicht als Beliebigkeit, gar als Unsicherheit auslegen, wie es die zeitgenössischen Leser seiner Kritiken offensichtlich taten, sondern müssen darin auch das Streben nach einem besonderen ästhetischen (und auch gesellschaftlichen) Standpunkt erkennen. Vor allem handelt es sich bei Fontanes Kritiken um ein ›offenes‹ dialogisches Schreiben, das zur Moderne des 20. Jahrhunderts gehört und bei dem jede Bevormundung des Lesers vermieden werden soll.« (Helmut Scheuer: Der Realist und die Naturalisten. Theodor Fontane als Theaterkritiker. In: Der Deutschunterricht, 1998, S. 4). Auch Lilo Grevel geht davon aus, dass »die Kritikerjahre auch die Jahre der Reifung Fontanes als Romanautor sind«, sieht aber in den Romanen mit ihrer dem Naturalismus verwandten gesteigerten Sensiblität für Milieubindungen und Kommunikationsformen weniger eine Überwindung als eine Bestätigung des kritischen Standpunkts. Vgl. Lilo Grevel: Fontane und die Theaterkritik. In: Fontane-Blätter 6 (1985), S. 175–199. Ich

lung der Gründerzeitkritik mit zeitgenössischen Widersachern wie Franz Mehring, Maximilian Harden oder eben den Harts zumeist auch darin einig, dass die Autoren der siebziger Jahre zu ›feuilletonistisch‹ geschrieben hätten, was in diesem Fall bedeuten soll: ästhetisch prinzipienlos, subjektivistisch und stets geneigt, die Wünsche des Publikums den Anforderungen ihrer Kunst vorzuziehen und dabei mit einem Auge auf den persönlichen Ruhm und mit dem anderen auf die geschäftliche Seite zu schielen.[7] Den Kritikern der Günderzeit fehle der sittliche Ernst, fehlten sowohl die ästhetischen Prinzipien als auch die persönlichen Qualitäten. Tatsächlich war das Publikum, waren seine Erwartungen und Bedürfnisse ein wesentlicher Faktor im kritischen Kalkül der Gründerzeit; tatsächlich ging es weniger um reine Kunst und um Ideale, als um die handwerkliche Qualität des Kunstwerks und um die konkreten ökonomischen Bedingungen seiner Produktion. Insbesondere die gründerzeitliche Theaterkritik und hier vor allem der nüchterne und ›trockene‹ Frenzel – Lindau bezeichnete ihn als einen unserer »gediegensten und gelehrtesten jungen Kritiker«[8], R.M. Meyer nennt ihn später »hartknochig«[9] – verzichtete auf aristokratische und bildungsaristokratische

---

hoffe, dass sich im Folgenden zeigen wird, dass vieles an der ›Modernität‹ Fontanes Gemeingut der Gründerzeitkritik ist. Zur Theaterkritik Fontanes vgl. auch: Joachim Biener: Fontane als Literaturkritiker, Rudolstadt o.J. [1956]; Rüdiger R. Knudsen: Der Theaterkritiker Fontane, Berlin 1942; vgl. auch Luise Berg-Ehlers: Theodor Fontane und die Literaturkritik. Zur Rezeption eines Autors in der zeitgenössischen konservativen und liberalen Berliner Tagespresse, Bochum 1990; vgl. auch Vollmer, Theaterkritiker, S. 27–35.

7 Vgl. Russel A. Berman: Literaturkritik zwischen Reichsgründung und 1933. In: Geschichte der deutschen Literaturkritik (1730–1980), hg. von Peter Uwe Hohendahl, Stuttgart 1985, S. 204–274, hier 210f.; vgl. auch: Renate Antoni: Der Theaterkritiker Paul Lindau, Phil. Diss. Berlin (FU) 1961, S. 55f.; vgl. auch: Vollmer, Theaterkritiker, S. 13–26.

8 Paul Lindau: Aus Paris. Beiträge zur Charakteristik des gegenwärtigen Frankreichs, Stuttgart 1865, S. 153. Als Theaterkritiker der ›Berliner Nationalzeitung‹ (1862–1908) und Literatur- und Theaterkritiker der ›Deutschen Rundschau‹ war Frenzels Einfluss bedeutend; wegen der Zuverlässigkeit, Sachlichkeit und Seriosität seines Urteils war er eine allseits respektierte Institution. Den Naturalismus lehnte Frenzel uneingeschränkt ab; dennoch erschien in der ›Gesellschaft‹ 1889 eine schmeichlerische Würdigung Frenzels durch Ernst Wechsler, die dem Verehrten einen symbolischen Kommers der ›jüngeren Schriftsteller‹ antrug. Vgl. Ernst Wechsler: Karl Frenzel. Eine litterarische Studie. In: Die Gesellschaft 5,1 [1889], S. 78–85. Zu Frenzel vgl. vor allem Horst Ribeiro: Der Theaterkritiker Karl Frenzel, Phil Diss. Berlin 1953; vgl. Stein, Theaterkritiker, S. 5–12; Eckstein, Beiträge, Bd. 2, S. 105–123. Eine Sammlung der Kritiken Frenzels aus den siebziger Jahren bietet: Karl Frenzel: Berliner Dramaturgie, 2 Bde., Erfurt 1877, vgl. auch: Karl Frenzel: Erinnerungen und Strömungen. In: Frenzel: Gesammelte Werke, Bd 1, Leipzig 1890.

9 Richard Moritz Meyer: Die deutsche Literatur des neunzehnten Jahrhunderts, Berlin 1900, S. 586, vgl. 584: Meyer betrachtet Frenzel als eigentlichen ›Großkritiker‹ der Zeit und sieht Lindau in der Tradition und Schule Frenzels.

Gesten. Aber dabei reflektierten diese Autoren nur die Bedingungen und Möglichkeiten der Kunst unter den ökonomischen und sozialen Gegebenheiten einer bürgerlichen Gesellschaft – und setzten die Ergebnisse ihrer Überlegungen auf der Bühne, in der Prosa, aber auch in der Kritik selbst praktisch um.

Vor allem Lindau schrieb witzig, leicht, in persönlichem Ton, aber zugleich reflektiert und wissenschaftlich qualifiziert. Seinen Zeitgenossen galt er in Kritik und Person gleichermaßen als Verkörperung der sinnenfrohen und bisweilen frivolen Gründerzeitgesellschaft. Mit Urbanität, Neigung zu Eleganz und Wohlleben, aber auch in der geschmeidigen Verquickung von privaten und geschäftlichen Belangen, die ihn schließlich ein Gutteil seiner Reputation kosten sollte, war und blieb er auch in späteren Lebensjahren für seine Umwelt die typische Verkörperung dieser Zeit.[10] Seine ästhetische Prägung hatte Lindau im Paris der 60er Jahre erfahren, in Deutschland erregte er zunächst mit den ›Harmlosen Briefen eines deutschen Kleinstädters‹ Aufmerksamkeit, die in zeitüblichem parodistischen Verfahren mit dem vermeintlich naiven Blick des Landbewohners die

---

[10] Zu Person und Werk Lindaus vgl. Roland Berbig: Paul Lindau – eine Literatenkarriere. In: Literarisches Leben in Berlin, hg. von Peter Wruck, 2 Bde., Bd. 2: 1871–1933, Berlin 1987, S. 88–125; Anneliese Eismann-Lichte: Paul Lindau. Publizist und Romancier der Gründerjahre, Phil Diss. Münster 1981; Victor Klemperer: Paul Lindau. Eine Monographie, 2. Aufl., Berlin 1909; J. Fisahn: Paul Lindau als Kritiker und das Theater. Ein Beitrag zur Kritik der Kritik, 2. Aufl., Liegnitz. 1879; Antoni, Theaterkritiker, S. 27–40. Renate Antoni liefert zwar seltenes Material – vor allem die Lindausche Kritik der Familie Selicke (vgl. Antoni, Theaterkritiker, S. 80–85) –, fällt aber durch die Beschränkung ihres Blickwinkels auf die Normalform der Gattung leider ins Klischee zurück, attestiert Lindau Feuilletonismus und kritisiert: »Oft hängen diese Feuilletons nur mit seiner [Lindaus] eigentlicher Absicht, über das Theater und Theateraufführungen zu berichten, zusammen.« (Antoni, Theaterkritiker, S. 55, vgl. 115); Anneliese Eismann-Lichte meldet hingegen zunächst Bedenken gegen die Subsumption Lindaus unter den Begriff Gründerzeit an, lenkt aber dann doch in allen wesentlichen Punkten ein (vgl. Eismann-Lichte, Lindau, S. 226- 231) und auch Kiefer reitet voll auf der Welle des Klischees (vgl. Kiefer, Dramatik, S. 34–38). Ausnahme in der Wertung Lindaus ist Richard Moritz Meyer. Auch dieser George-Verehrer findet natürlich die literarischen Erzeugnisse Lindaus ebenso bedenklich wie die immanente Kunstfeindlichkeit der Frenzelschen Kritik, betont aber daneben: »Lange nicht der Schlimmste [der ›Frenzel-Tradition‹] war der, den man sich allmählich gewöhnt hat als Prügelknaben für die ganze Zeit und Richtung zu benutzen: Paul Lindau [...]. Er hatte an der Pariser Kritik neben manchen ›Mätzchen‹ auch ihr Interesse für konkrete Dinge studiert, und seine ›Dramaturgischen Blätter‹ (1875) und ›Gesammelten Aufsätze‹ (1875) haben gerade dadurch eine dauernde Bedeutung gewonnen. [...]; die gescheiten Studien über Victor Hugos Wortgebrauch und Daniel Spitzers Witztechnik oder aber die ausgezeichneten Kritiken über Auerbachs ›Waldfried‹ und Heyses ›Kinder der Welt‹ können einer empirischen Poetik mehr brauchbare Materialien liefern als ein ganzer Haufen spekulativ ästhetischer Wälzer.« (Meyer, Literatur, S. 584f.).

Phänomene moderner Gegenwart karikierten.¹¹ Der leichte, witzige und persönlich-subjektive Stil seiner Artikel, der neben Sainte-Beuves vor allem Jules Janin verpflichtet war,¹² traf den Ton der Zeit und verhalf ihm zu rascher Popularität. Die Rücksichtnahme auf das Unterhaltungsbedürfnis des Publikums und ein Augenmerk für handwerkliche Perfektion, die Lindau – wie auch Karl Frenzel, der ihm als Theaterkritiker der ›Nation‹ und der ›Deutschen Rundschau‹ an Einfluss und Ansehen vergleichbar war – in den französischen Lutspielautoren der Zeit vorbildlich verkörpert fand, standen dem Kritiker wie dem Theaterautor gleichermaßen zu Gebote, so dass Lindau nach kurzer Lehrzeit in der Provinz in der Reichshauptstadt als Publizist wie als Bühnenautor rasch reüssieren konnte.¹³ Schließlich befestigten zwei erfolgreiche Zeitschriftengründungen

---

11 Vgl. Paul Lindau: Harmlose Briefe eines deutschen Kleinstädters, 2 Bde., Leipzig 1870/71. Die Briefe waren ab 1865 im Feuilleton der von Julius Rodenberg geleiteten Zeitschrift ›Salon‹ erschienen. Weitere beachtete Publikationen Lindaus waren Musikkritiken, die sich vor allem mit dem Wagnerkult auseinandersetzten: Der erste in Deutschland veröffentlichte Bericht vom Pariser Tannhäuser-Skandal, den Lindau vor Ort miterlebt hatte, eröffnete 1861 im ›Deutschen Museum‹ Lindaus publizistische Karriere. Vgl. Paul Lindau: Die Geschichte von Richard Wagner's ›Tannhäuser‹ in Paris. Wiederabgedruckt in: Lindau, Aus Paris, S. 207–229.

12 Vgl. Paul Lindau: Jules Janin, »Der Fürst des Feuilletons«. Geschrieben am Todestage des Kritikers, 18. Juni 1874. In: Lindau, Gesammelte Aufsätze. Beiträge zur Literaturgeschichte der Gegenwart, Berlin 1875, S. 332–347. Stilistisches Vorbild und zeitweiliger Kollege Janins war Charles-Augustin Sainte-Beuve, in dieser Epoche, wie Wellek schreibt, »*der* Literaturkritiker, der Lehrmeister nicht nur für Frankreich, sondern für ganz Europa und Amerika«. (Wellek, Geschichte, Bd. 2: Das Zeitalter des Übergangs, Berlin 1977, S. 32–66, hier 32). Sainte-Beuve zeichnet sich durch Leichtigkeit, Lesbarkeit und vermeintliche Unsystematik aus, ohne jedoch auf Kenntnis und Fundierung zu verzichten. Seine berühmten und stilprägenden ›Causseries du Lundi‹, die Janins Vorbild waren, scheinen in der Titelgebung der Fontaneschen Kritikensammlung wieder. Interessant ist in diesem Zusammenhang, dass Saint-Beuve und Taine sich gegenseitig als Lehrmeister anerkannten und respektierten (vgl. Hoeges, Literatur, S. 16).

13 In der Rezension eines Trauerspiels von Heinrich Kruse klagt Lindau: »Es überkommt einen das Gefühl des Verdrusses und des Bedauerns, wenn man nach Frankreich hinüberblickt, wenn man sieht, wie dort Leute, die als Dichter nicht werth sind, Kruse den Schuhriemen zu lösen, blos durch die Berherrschung der dramatischen Technik Stücke aufzimmern von einer grossartigen theatralischen Wirkung.« (Paul Lindau: Dramaturgische Blätter. Beiträge zur Kenntnis des modernen Theaters in Deutschland und Frankreich, 2 Bde., 2. Auflage, Stuttgart 1877, Bd. 1, S. 33). Lindau bleibt völlig im Stereotyp, das Frankreich Oberfläche, Deutschland Tiefe, Frankreich Kunsthandwerk, Deutschland Kunst zuschreibt. Die Vorbildhaftigkeit liegt in der überragenden Bedeutung der Technik auf dem und für das Theater (s.u.). Auch Frenzel bemängelt: »Wieder, wie so oft, konnten wir es in den letzten Wochen erleben, daß eine französische Komödie dem gefesselten und ergriffenen Zuschauer das Nervengeflecht unserer gesellschaftlichen Zustände bloßlegt, während eine deutsche uns mit harmlosen Spielen wie die Kleinen im Fröbel'schen Kindergarten unterhält. Wenn unsere deut-

– 1872 ›Die Gegenwart‹; 1877 ›Nord und Süd‹ – seinen Ruf als »Diktator der Kritik«.¹⁴ Dass er den Einfluss, den ihm sein kritisches Amt ermöglichte, nutzte, um seinen Erfolg als Bühnenautor und Dramaturg zu befördern und zu stützen, dass er ihn schließlich, wie ihm Kritiker vorwarfen, geltend machte, um sich als enttäuschter Liebhaber zu rächen, ließen ihn als Inkarnation gründerzeitlicher Geschäftemacher erscheinen.¹⁵ 1891 musste sich Lindau nach Dresden zurückziehen, um den immer heftiger werdenden Angriffen, allen voran Franz Mehrings, zu entgehen. Im folgenden Jahr stellte er auch die Tätigkeit als Theaterkritiker ein. Nach ausgedehnten Orient- und Amerikareisen und einem Gastspiel als Leiter des Meininger Hoftheaters, zu dem er 1895 von Herzog Georg berufen worden war, kehrte Lindau 1900 als Direktor des ›Berliner Theaters‹ an die Spree zurück und übernahm 1903 die Leitung des ›Deutschen Theaters‹ in der Nachfolge Otto Brahms, um sie im Jahr darauf wieder an Max Reinhard abzugeben.¹⁶ An seine früheren Erfolge konnte Lindau nicht mehr anknüpfen. 1899 bemerkt Alfred Kerr, mittlerweile selbst neuer Stern am Kritikerhimmel, bei einem Gastspiel von Eleonore Duse Lindau im Publikum. (Den Ehrenplatz nimmt Hermann Sudermann ein.) Mit Sympathie erinnert er an dessen Auseinandersetzung mit Harden, begrüßt, dass er »nie in Sittlichkeit gemacht [habe]«¹⁷ und notiert die Distanz zur Lindauschen Ära:

---

schen dramatischen Schriftsteller sich nicht bemühen, diesen Mustern nachzueifern, wird alle Poesie, alle Begeisterung vergeblich sein.« (Karl Frenzel: Berliner Chronik: Die französische Komödie im Residenztheater. In: Deutsche Rundschau 17 (1878), S. 475–484, hier 476). Zum Dramatiker und Lustspielautor Lindau vgl. Kiefer, Dramatik, S. 43–67, Klemperer, Lindau, S. 68–93. Rudolf von Gottschall, zeitweise mit Lindau verfeindet und zeitweise mit ihm ausgesöhnt, rechnet Lindau zu den Vertretern des – noch akzeptablen – Salonlustspiels. Vgl. Rudolf von Gottschall: Das neue deutsche Lustspiel. In: Gottschall, Literarische Todtenklagen und Lebensfragen, Berlin 1885, S. 347–379, hier 336.

¹⁴ Hans Knudsen: [Art.] Paul Lindau. In: Deutsche Biographie, Überleitungsband 2, S. 437–442, hier 439. Als Julius Rodenberg 1874 selbst die ›Deutsche Rundschau‹ gründete und dabei gleichermaßen das liberale bürgerliche Lager als Abonnenten- und Leserkreis anvisierte, verlor die ›Gegenwart‹ nicht an Bedeutung. Vgl. Berbig, Lindau, S. 90 u. 99f. Die 1886 gegründete Zeitschrift ›Das Neue Berlin‹ konnte freilich nicht mehr an den Erfolg der beiden ersten anknüpfen. Vgl. Eismann-Lichte, Lindau, S. 124f. Zum ersten Heft hatte auch Theodor Fontane einen Beitrag geliefert: Theodor Fontane: Cafés von heut und Konditoreien von ehmals. In: Das Neue Berlin 1 (1886), S. 8–11. Wiederabgedruckt in: Fontane, Sämtliche Werke, Bd. 15, S. 407–413.

¹⁵ Bereits Mitte der siebziger Jahre musste sich Lindau mit Kritik am ›Cliquenwesen‹ und an der eigenen Person auseinandersetzen. Vgl. Berbig, Lindau, S. 101–106. Über die Angriffe auf die Person auch konzeptionell interessant ist dabei vor allem Fisahn, Lindau.

¹⁶ Vgl. Jaron/Möhrmann/Müller, Berlin, S. 51 u. 64.

¹⁷ Alfred Kerr: Wo liegt Berlin? Briefe aus der Reichshauptstadt 1895–1900. Hg. von Günther Rühle, Berlin 1997, S. 517–520: Brief vom 24. 9. 1899, hier S. 518.

Jetzt, wo er nach Jahr und Tag zurückgekehrt ist, hat sich vieles geändert. Er sitzt in der Direktionsloge, doch er wird die alte Stellung nicht wieder einnehmen. Die Ibsenbewegung und die Bewegung der ernsten deutschen Dramatik ist indes heraufgezogen, der leichte kotzebühische Plauderer steht mit seinem verwaschenen Witz, mit der todmatten Schlagkraft seines gesunden Berliner Menschenverstandes etwas befangen da. Es bleibt diesem Munteren, Gewandten, dessen Art in Deutschland selten ist und der bloß keine Führerolle hätte ausüben dürfen, nunmehr die Achtung, die man dem Alter zollt.[18]

Bereits während der zweiten Hälfte der achtziger Jahre hatte sich Lindau verstärkt der Prosa zugewandt. Einer zwischen 1886 und 1888 entstandenen ›Berlin-Trilogie‹, deren erster Teil ›Der Zug nach Westen‹ einen bedeutenden Platz in der Geschichte des Berliner Romans einnimmt,[19] folgten eine Reihe von Werken, von denen nur ›Die Gehilfin‹ und ›Die blaue Laterne‹ erwähnt werden sollen, die das Leben der Reichshauptstadt thematisieren.[20] Auch in seiner Prosa bleibt Lindau eine Figur der Gründerzeit: Zwar beschreiben die Romane das gesellschaftliche Spektrum von der besseren Gesellschaft bis zum Verbrechermilieu, aber sie besitzen weder den differenzierenden Blick und die analytische Prägnanz des sozialen Romans, noch verfügt Lindau über die stilistischen und sprachlichen Möglichkeiten nuancierter Personendarstellung, wie sie die Fontaneschen Gesellschaftsromane auszeichnet.[21] Seinen letzten Erfolg feierte Lindau

---

[18] Kerr, Berlin, S. 518f. Mit Karl Frenzel, der »wie ein alter Küster aus dem vorigen Jahrhundert aussieht« (Kerr, Berlin, S. 15) geht Kerr weitaus härter ins Gericht. Anlässlich eines Banketts zum siebzigsten Geburtstag Frenzels erinnert er daran, dass Frenzel der neuen Literatur mit der »stille[n] Feindseligkeit eines geärgerten Oberlehrers« begegnet sei (Kerr, Berlin, S. 332–338: Brief vom 12. 12. 1897, hier S. 333) und resümiert trocken: »Wir glauben, daß seine Kritik für die Gegenwart keine Bedeutung mehr hat.« (Kerr, Berlin, S. 333).

[19] Paul Lindau: Berlin. Romane. I: Der Zug nach Westen, 2 Bde., Stuttgart 1886; II: Arme Mädchen, 2 Bde., Stuttgart 1887; III: Spitzen, 2 Bde., Stuttgart 1888. Zu den Publikationen Lindaus vgl. bes. I[nge] B[irgler]: [Art.] Paul Lindau. In: DLL 9, Sp. 1451–1453. Die meisten seiner Werke sind heute vergessen, lediglich ›Der Zug nach Westen‹ hat einige Beachtung gefunden. Vgl. Frederick Betz: Der Zug nach Westen. Aspects of Lindau's Berlin Novel. In: Formen realistischer Erzählkunst. Festschrift für Charlotte Jolles. Hg. v. Joerg Thurneck, Nottingham 1979, S. 252–264.

[20] Paul Lindau: Die Gehilfin. Berliner Roman, 2 Bde., Leipzig 1895; Paul Lindau: Die Blaue Laterne. Berliner Roman, 2 Bde., Stuttgart 1907.

[21] Vgl. Eismann-Lichte, Lindau, S. 118–225 im Vergleich von Lindaus ›Zug nach Westen‹ und Fontanes ›L'Adultera‹. Erfolgreich war Lindau daneben als Autor von Kriminalreportagen, von denen einige als einziges belletristisches Werk in den letzten Jahren eine Neuauflage erfahren haben: Paul Lindau: Der Prozeß Graef. Drei Berliner Sensationsprozesse sowie zwei andere Kriminalfälle des ausgehende 19. Jahrhunderts, Berlin 1985.

als Autor des ersten literarischen Filmdrehbuchs in Deutschland;[22] als er 1917 über der Arbeit an seinen Memoiren starb, hatte er die eigene Bedeutung um Jahrzehnte überlebt.

1882, im Erscheinungsjahr der Hartschen Kritik, befindet sich Lindau auf der Höhe seines Erfolgs. Die Harts erklären seine Karriere aus der ›Champagnerstimmung‹ nach der Reichsgründung:[23] Lindau habe die Genusssucht dieser Zeit bedenkenlos bedient, ohne auf die »ernste Nothwendigkeit« der Kunst zu achten, »die Aufgabe der Kritik, den seichten Geschmack des Publikums zu veredeln« und »die trivialen Anschauungen der Menge zu züchtigen«.[24] Sie selbst verstehen sich im Gegensatz dazu nicht nur dem Publikum gegenüber als praeceptores, sondern zugleich als Hüter der Kulturnation und als Bewahrer kritischer Standards. Die Harts werfen Lindau vor, die Kritik zu erniedrigen, weil er seine Artikel und Besprechungen einerseits gesucht witzig, andererseits aber extensiv referierend formuliere und dabei sein subjektives Urteil zum allgemeinen Maßstab der Wertungen erhebe.[25] Im eigentlichen Sinne sei Lindau kein Kritiker, sondern »Theaterreporter« und »Lokalberichterstatter«[26], der Werke mit »handwerksmäßige[r] Nüchternheit«[27] betrachte und nach ›Schick-

---

[22] Lindau verfasste das Drehbuch zu ›Der Andere‹ (1912/13) unter der Regie von Max Mack. Vgl. Verleihkatalog des Deutschen Instituts für Filmkunde, Stiftung Deutsche Kinemathek, Frankfurt am Main 1986, S. 27f. Die Aufführung war sensationell, wie der Filmhistoriker Friedrich von Zglinicki berichtet: »Dieser erste Autorenfilm erregte großes Aufsehen, und bald ertönte der Ruf nach einem guten Manuskript in der Öffentlichkeit. Mit Lindaus Film ›Der Andere‹ hatte diese Kunst den richtigen Weg gefunden; nicht nur Hofkreise und Dichter befreundeten sich mit dem Film, sondern auch Bühnenkünstler. Die Uraufführung war ein gesellschaftliches und kulturelles Ereignis. Vielleicht zum ersten Male vermochte ein literarischer Film ein intellektuelles Publikum in das Kino zu ziehen.« (Friedrich von Zglinicki: Der Weg des Films. Die Geschichte der Kinematographie und ihrer Vorläufer. Berlin 1956, S. 378; vgl. Antoni, Theaterkritiker, S. 42). Eine Rezension zu ›Paul Lindau als Filmdramatiker‹ liefert Alfred Klaar in: Prolog vor dem Film. Nachdenken über ein neues Medium 1909–1914. Hg. und kommentiert von Jörg Schweinitz, Leipzig 1992, S. 343–347. Vgl. auch Emil Faktor: Die stumme Premiere. Mit Lindau und Bassermann im Kientopp. In: Prolog, S. 347–350.

[23] »Berauscht von den Siegen und Triumphen war ein großer Teil unseres Volkes, als ob es einen Rückschlag brauchte wider die gewaltige Spannung des Jahres 1870, einem Taumel verfallen, der alles verschmähen ließ, was nicht die Sinne kitzelte, nicht wie prickelnder Mousseux die Nerven durchzitterte, was nicht auch Halbbetrunkenen verständlich war.« (Hart/Hart, Lindau, S. 10).

[24] Alle Hart/Hart, Lindau, S. 29.

[25] Vgl. Hart/Hart, Lindau, S. 38f.

[26] Beide Hart/Hart, Lindau, S. 36; vgl., 12: »Lindau, dessen Talent und geistige Bedeutung nicht über die Sphäre eines bescheidenen Schriftstellerthums emporragt, der als Feuilletonredakteur irgend eines Blattes seinen Platz ausfüllen würde, […]«.

[27] Hart/Hart, Lindau, S. 26.

lichkeit‹ bewerte,[28] anstatt ein unabhängiges Urteil zu fällen und ›wissenschaftlich‹ auszuweisen.

Betrachtet man die Vorwürfe gegen Lindau näher, so zeigt sich jedoch, dass es nicht um die Auseinandersetzung zweier oppositioneller Konzeptionen gleicher Ordnung, sondern um Geltungsansprüche traditionell differenter Textsorten geht. Lindaus Kritik ist Feuilleton und begreift sich auch als solches. Im Dialog mit dem Publikum formuliert sie ihre Urteile im Rekurs auf einen Kanon sozialer Konvenienz und geht dabei sowohl in ihren Wertungen als auch in der Form ihrer Präsentation auf das Informations- und Unterhaltungsbedürfnis des Publikums ein. Es sind Kritiken, die unter den Bedingungen einer marktwirtschaftlich organisierten Presse entstanden und sich ihnen stellen. Dagegen stehen die Harts in der Tradition einer Kritik, die sich populär gibt, im Grunde jedoch nur eine popularisierte Form philologisch-wissenschaftlicher Bevormundung darstellt. Ausweispflichtig erklärt sie sich nicht dem Publikum, sondern einer wissenschaftlichen ›Elite‹ gegenüber; ihre Kritik ist nicht demokratisch organisiert, sondern fungiert gegenüber der Öffentlichkeit ihrer Leser wie obrigkeitsstaatlich dekredierte und sanktionierte Erlasse kultureller Kuratoren. Nur das akademisch gebildete liberale Bürgertum glaubt sich exklusiv urteilsberechtigt, nur seinen Stellungnahmen kommt der Begriff ›Kritik‹ im Sinne der philologischen Konnotation des Wortes zu, während dem nichtakademisch fundierten Bereich der Zeitungen nur ›Bericht‹ und ›Referat‹ zugestanden wurden. Diese Trennung publizistischer Sphären manifestierte sich bereits im Erscheinungsrhythmus der jeweiligen Organe: Auf der einen Seite die schnelle Nachricht der Zeitung, auf der anderen die abschließend urteilende Kritik der monatlich oder in noch größeren Abständen erscheinenden Periodika. Lindaus ›Gegenwart‹ erscheint wöchentlich. Schon aufgrund dieses äußerlichen Kriteriums setzt sich ihr Herausgeber zwischen alle Stühle.[29] Dass er dabei als Nachahmer des entwickelteren Auslands, insbesondere Frankreichs, zugleich Vorreiter deutscher Zeitschriftenkultur ist, ist hier weniger wichtig, als die Tatsache, dass der publizistische Bereich, für den die Lindauschen Zeitschriften stehen – bald folgen Rodenbergs ›Deutsche Rundschau‹, später auch Hardens ›Zukunft‹ und andere –, rasch ins Blickfeld der akademisch abgefederten und politisch-didaktisch agierenden Kritik gerät, als sich der außerordentliche Erfolg dieser Publikationsform abzeichnet.[30]

---

[28] Vgl. Hart/Hart, Lindau, S. 33–35. Sie selbst votieren gegen jegliche Wertung nach Decorum und Geschmacksprinzipien: »Aber die Schicklichkeit hat wirklich keine Geltung in der Kunst!« (Hart/Hart, Lindau, S. 35).
[29] Vgl. Eismann-Lichte, Lindau, S. 62–71, bes. 65. Zum französischen Vorbild der ›Lunidisten‹ vgl. Antoni, Theaterkritiker, S. 52f.
[30] Dieser Erfolg ist nicht zufällig: Zum einen macht der Akademikerüberhang der Zeit die Erschließung neuer Berufsfelder für Universitätsabsolventen erforderlich, zum anderen bieten sich neue Berufsfelder vor allem in der medialen und infrastrukturellen Selbstorganisation der Gesellschaft des neuen Reiches und seiner Kapitale.

Dass Lindau über wissenschaftliche Kompetenz und Approbation verfügte – er hatte über Molière promoviert – wurde dabei geflissentlich vergessen, obwohl er sie in der Auseinandersetzung mit Julian Schmidt bewies; dass er sich von wissenschaftlichem Jargon nicht einschüchtern ließ, demonstrierte er genüsslich an einem Beispiel der Wagner-Verehrung.[31] Aber während die populäre Variante philologischer Kritik die Adressatenfunktion aufspaltet in den Leser als Objekt ihrer Didaxe und das Kollegium der Gebildeten als Instanz des Urteils, haben seine Kritiken das Publikum zum echten und einzigen Adressaten.

In vielen Aspekten war die gründerzeitliche Kritik Ausdruck des Aufbegehrens einer zu Selbstbewusstsein gelangten städtischen Bürgerschicht gegen Bevormundung. Am deutlichsten wird dies bei Theaterkritiken, da die Bühne mit der Aktualität von Produktion, Inszenierung und Rezension, der Öffentlichkeit ihrer Rezeption, sowie der ökonomischen Macht des Publikums den engsten Regelkreis kultureller Produktion, Distribution und Rezeption darstellt. Es zeigt sich, dass der konstatierte antiphilologische Affekt weder an Lindaus Stil noch an seine Person gebunden war. Deutlich spricht er aus einer Kritik, die Karl Frenzel 1878 in der ›Deutschen Rundschau‹ einem Stück seines Kollegen widmete:

> Das theatralische Ereignis der ganzen Saison war die Aufführung des neuen Schauspiels in vier Acten von Paul Lindau: ›Johannistrieb‹ am Freitag den 8. Februar [1878]. Gar manche kritischen Einwendungen lassen sich gegen Lindau's Dramen erheben: eins steht außerhalb jeden Zweifels, sie interessieren in den großen Städten Berlin und Wien das Publicum in einem Grade, wie die Werke keines anderen dramatischen Schriftstellers der Gegenwart. So viele Gegner er hat, die Kunst hat ihm noch keiner abgelauscht, wie er die moderne Gesellschaft im Salon, im Maleratelier, im Foyer eines Theaters reden zu lassen. Zugegeben, oft mit großer Flachheit, nur mit photographischer Treue, statt mit künstlerischer Vollendung – aber doch auch mit welcher Wahrheit, Lebendigkeit und Natur! [...] Daß seine Stücke nicht, auf Lessing's Dramaturgie hin geprüft, eine erste Nummer erhalten würden, erkennt Jeder: nur würde man mit Lessing's Grundsätzen schwerlich genug Dramen finden, um Abend für Abend das Publikum im Theater unterhalten zu können. Dies aber ist nun einmal, trotz aller Klagen, die Hauptaufgabe der Theater in der Gegenwart, sie würden bald des Hungertodes sterben, wenn sie nur vom Ambrosia und Nektar classischer Dichtungen und solcher, die es werden möchten, leben wollten. Um zu gedeihen ist die Bühne auf das unmittelbar sie umgebende Leben angewiesen, und wenn einer dies so meisterlich zu malen versteht, wie Paul Lindau, sollten wir ihn herzlich willkommen heißen und seine Vorzüge nicht darum verkleinern oder verschweigen, weil uns einige Seiten an ihm nicht gefallen.[32]

---

[31] Vgl. Paul Lindau: Deutsche Gründlichkeit und französische Windbeutelei. Offener Brief an den Literarhistoriker Herrn Dr. Julian Schmidt. In: Lindau, Literarische Rücksichtslosigkeiten, S. 145–157; Paul Lindau: Beaumarchais und Julian Schmidt. In: Lindau, Ueberflüssige Briefe an eine Freundin, 3. Auflage, Breslau 1878, S. 175–187; Paul Lindau: Wie Hagen den Siegfried erschlug. In: Lindau, Ueberflüssige Briefe, S. 218.

[32] Karl Frenzel: Berliner Chronik: Die Theater. In: Deutsche Rundschau 14 (1878), S. 484–496, hier 494f.; vgl. Karl Frenzel: Die Berliner Theater. In: Deutsche Rund-

Frenzel äußert sich nicht uneingeschränkt positiv, aber er lobt den Kollegen unter pragmatischen Gesichtspunkten: Lindaus Stück ist das beste auf dem Markt. Theater sind ökonomische Unternehmungen, sie müssen auf die Bedürfnisse des Publikums eingehen.[33] Für den Erfolg eines Stücks sind dabei zwei Momente ausschlaggebend: Das Publikum will unterhalten werden und es will sich in der Darstellung wiedererkennen können. Die von den Gegnern als Ausdruck zynischer Geschäftemacherei mit dem erhabenen Gegenstand Kultur diffamierte Auffassung, dass das Unterhaltungsbedürfnis der Besucher ein legitimes Argument kritischen Urteils sein könne, begründet Frenzel damit, dass durch die parlamentarische Verfassung des Reiches und die Freiheit der Presse die politische Rhetorik der Bühne nicht mehr bedürfe, sondern ihre eigenen Institutionen gefunden habe.[34] Mit der politischen Rhetorik sei aber auch die ihr verbundene politische und historische Didaxe obsolet geworden. Das Historiendrama habe sich überlebt, und was sich an ›klassischen‹ Stücken noch behaupten könne, schulde dies lediglich seiner angestammten Popularität und könne nicht als Muster gegenwärtiger Produktion dienen.[35] Zur Jahrhundertmitte, so Frenzel 1883, befanden sich

---

schau 34 (1883), S. 133–144, hier 134: »Jedermann, mit der humanistischen Gymnasialbildung, seinem Schiller im Kopfe, glaubt, wenn er ein halbes Dutzend classischer Dramen irgendwo hat spielen sehen, ›auf diesem Gebiete‹ ebenfalls das Seinige leisten zu können.« Zum Schluss der Rezension stellt Frenzel das Lindausche Lustspiel noch einmal in Gegensatz zur ›realistischen‹ Dramatik und beschreibt es in einer Weise, die, wie schon die ›photographische Treue‹, auf das naturalistische Expositionsdrama vorausweist. Frenzel stellt fest, dass Lindau »[E]s gar nicht versucht, uns durch den Schein einer dramatischen Handlung, einer Entwicklung seiner Charaktere, zu täuschen, sondern sich ganz und voll der einzelnen Scene, dem Nebensächlichen, der Arabeske hingibt. [...] Gewiß ein mangelhaftes Werk nach den Gesetzen der dramatischen Kunst, aber wie wenige gibt es, die so viel Mängel durch so bestechende Vorzüge wieder gut machen!« (Frenzel, Berliner Chronik. In: Deutsche Rundschau 14 (1878), S. 496) Ähnlich urteilt Gottschall: »›Der Erfolg‹ ist ein echtes Lustspiel, von überraschend dürftiger einfacher Handlung, aber mit so reichen Feuilleton-Arabeske ausgestattet, daß die Stimmung des Publikums eine heiter angeregte bleibt und den Geschicken eines Bühnendichters vor, bei und nach der Aufführung eines Stückes nicht ohne Antheil folgt.« (Gottschall, Lustspiel, S. 371f.).
33 »Ich gestehe nun gern, daß ich der Volksstimme in Theatersachen ein großes Gewicht beilege. Die Menge bezahlt und sie hat das Recht, für ihr Geld annähernd in ihrem Sinne und nach ihrem Geschmacke unterhalten zu werden.« (Karl Frenzel: Berliner Chronik: Die Theater. In: Deutsche Rundschau 6 [1876], S. 295–302, hier 295; vgl. Frenzel, Dramaturgie, Bd. 2, S. 194).
34 Die Berliner Dramaturgie eröffnet mit den Sätzen: »Längst ist der Nimbus dahin, der in den Augen früherer Geschlechter das deutsche Theater umschwebte.« (Frenzel, Dramaturgie, Bd. 1, S. 1). Auf diesen Verlust der Aura wird sich Schlenther beziehen und die ›Freie Bühne‹ als Gegenkonzept präsentieren (s.u.).
35 »Ich fürchte, die ganze Form unserer geschichtlichen Dramen hat sich überlebt. Die Bühne ist nicht mehr die Stätte, von der das Volk Sprüche politischer Weisheit und die Lehren Klio's vernehmen will. In der Wandlung der Zeiten hat sie aufgehört, Red-

Autoren wie Gutzkow und Freytag auf dem Weg zu einer zeitgemäßen Dramatik, doch wurde dieser Ansatz zunichte, denn: »Der deutsche Idealismus, der nur in einer verzauberten Welt leben kann und will, empörte sich gegen die Auslieferung der Bühne an die Prosa der Alltäglichkeit, wie er es nannte.«[36]

Obwohl sich Frenzel prinzipiell zu ›Idealisierung‹[37] und sogar zu ›Verklärung‹[38] bekennt, avanciert die Gesellschaftskomödie mit dem Auslagern hoher Stoffe zur zeitgemäßen theatralischen Form.[39] Zwar schließt Frenzel die Möglichkeit genialer Innovation nicht aus, aber da diese prinzipiell selbstgesetzlich sei, könne sie der Kritik nicht als Maßstab dienen.[40] Neben solch ›hoher Kunst‹, für die er kein aktuelles Beispiel zu nennen weiß, gibt es jedoch einen breiten Bereich gewerblicher Produktion, für den sehr wohl handwerkliche Prinzipien gelten und Regeln formuliert werden können. Frenzel kritisiert an den zeitgenössischen Autoren, einem »mittleren Dichterschlag«,[41] vor allem den »Mangel der elementaren Kenntnis der modernen Bühne«, beklagt, dass die Autoren »die theatralische Mache, das Handwerksmäßige der Bühnendichtung«[42] nicht beherrschten, stattdessen Buch- und Lesedramen schrieben und dabei »[i]n erklärlicher

---

nertribüne und Lehrkanzel zu sein. Erfolgreich hat sich die politische Beredsamkeit der poetischen zur Seite gestellt und drängt dieselbe, durch ihr bloßes Dasein, in den Schatten. Viel stärkere Donner, als in der Dichtung, grollen in parlamentarischen Sitzungen. Nur die mächtigsten Dichter vermögen sich noch dagegen zu behaupten: Es sind die alten Lieblinge des Volkes.« (Frenzel, Dramatische Produktion, S. 136; vgl. Frenzel, Dramaturgie, Bd. 1, S. 40).

36 Frenzel, Berliner Theater, 1883, S. 135.
37 Vgl. Frenzel, Dramaturgie, Bd. 1, S. 98.
38 Vgl. Frenzel, Dramaturgie, Bd. 1, S. 113.
39 »Denn das Lustspiel, die hohe und niedere Komödie, die sich in der Gesellschaft, wie wir sie alle kennen, bewegt, sich mit modernen Fragen, Verwicklungen, Zuständen beschäftigt, ist noch der einzige lebensfähige Zweig am Baum der dramatischen Kunst, hier allein kann der Dichter noch hoffen originell zu sein. Es wird auf Menschenalter hinaus ein törichtes Unterfangen bleiben, um den Lorbeer der Tragödie mit Shakespeare und Schiller ringen zu wollen.« (Frenzel, Production, S. 137; vgl. Frenzel, Berliner Theater. In: Deutsche Rundschau 23 [1880], S. 140–151, hier 144). Unmittelbar zuvor waren Freytags ›Journalisten‹ und ›Fabier‹ als Beispiele der beiden Gattungen zitiert worden. Vgl. Frenzel, Dramaturgie, Bd. 1, S. 131 u. 180 sowie 334–337.
40 »Der Genius, selbst das große Talent wissen auch dem sprödesten Marmor die vollendete Gestalt abzulocken, für sie gibt es im Grunde keine Kritik, das Maß der Kunst und ihres Könnens ruht in ihrer eigenen Brust.« (Frenzel, Production, S. 136). Damit grenzt er jenen Bereich singulärer Werke der hohen Kunst und den »Kunstwerth, der freilich unberechenbar ist« (Karl Frenzel: Die Berliner Theater. In: Deutsche Rundschau 34 [1883], S. 133–144, hier 135) aus dem Bereich der Kritik aus, für den die Harts, besonders aber die Kritik in der ›Überwindung des Naturalismus‹ adäquate Verfahren zu entwickeln suchen.
41 Frenzel, Dramaturgie, S. 326, vgl. 355.
42 Beide Frenzel, Production, S. 135.

Poetentäuschung [...] ihr Interesse [...] dem unbeschreiblichen, unbegreiflichen Ungeheuer [unterschöben], das Theater-Publicum heißt.«[43]

In dem Aufsatz ›Die französische Komödie im Residenz-Theater‹, der 1878 in der ›Deutschen Rundschau‹ erscheint, begründet Frenzel den Vorzug und die Popularität der französischen Salonkomödie mit ihrer technischen Überlegenheit. Ausgangspunkt seiner Ausführungen ist prinzipielle Kritik an der Nutzlosigkeit staatlicher Subventionierung des Theaterbetriebes und am Lamento über deren Streichung. Ich möchte einen längeren Auszug aus den ersten beiden Abschnitten des Aufsatzes zitieren, in denen Frenzel gegen das obrigkeitsstaatliche Kulturkonzept das Programm eines gesellschaftlichen, über die ökonomische Sphäre selbstregulierten Theaters entwirft. Zu Beginn beklagt er den theoretischen Überhang der Diskussion und die Fülle guter Ratschläge:

> Bei dem mißlichen und unerfreulichen Zustand des deutschen Theaters, den Alle eingestehen: Directoren, Schauspieler, dramatische Dichter, die Kritiker und das Publicum, muß es ein gewisses Staunen erregen, daß in jedem neuen Jahr mehr über das Theater geschrieben wird, als im vorher vergangenen. Als ob die Hochfluth der guten Rathschläge das auf eine Sandbank gerathene Schiff wieder aufrichten und flott machen könnte! Als ob wir neuer Theaterzeitungen und nicht neuer Theaterstücke, junger genialischer Kritiker und nicht bedeutender Schauspieler bedürften! Im Sommer 1876 war, auf eine Brochüre aus dem Ministerium hin, das rettende Wort für das deutsche Theater gefunden. Der Staat mußte die Sache in die Hand nehmen; mit zwei Millionen Mark, einem Luxus, den sich damals noch der preußische Staat jährlich gestatten durfte, und einer akademischen Commission führte man mühelos den Wagen des Thespis, voll beladen mit allen tragischen und komischen Idealgestalten, auf die Höhe des Musenberges. In der stillen August- und Septemberzeit, als der serbisch-türkische Krieg nicht recht vorwärts kam, bemächtigten sich die politischen Zeitungen des willkommenen Stoffes und brachten geistreiche Leitartikel über die neue Wendung der Theaterfrage. Jetzt – ach! was ist jetzt dem Staat in der orientalischen Krisis, bei dem Deficit und der Socialistengefahr das Theater? Naturgemäß ist die Frage, die immer nur eine ästhetische und nie eine politische sein kann, in den Kreis zurückgekehrt, in den sie gehört: zu den Künstlern, den Literaten, dem Publicum. Die Theilnahme, mit der sie hier erörtert wird, beweist einmal das allgemeine Unbehagen, das wir alle den heutigen Theaterzuständen gegenüber empfinden, und dann den Wunsch und Drang, aus ihnen herauszukommen. Dies ist wenigstens ein Lichtblick in der Finsternis. Wir wollen noch nicht, wie es die Engländer längst gethan haben, auf ein nationales Theater verzichten. [...]
>
> Die Bühne wird nur durch den Dichter, nie durch den Staat erhoben. Ist erst der Dichter da, wird er auch Schauspieler als Verkörperer seiner Gestalten, wird er ein Publicum finden, das ihm lauscht. An Dichtern aber gerade fehlt es uns, trotz des Schillerpreises, trotz der Theaterfreiheit und der in jedem Jahre sich bald hier, bald dort erneuernden Concurrenzausschreiben für das ›beste‹ Schaupiel oder Lustspiel. An Dichtern? Vielleicht ist der Ausdruck nicht der richtigste. Denn in dem Berg von deutschen Dramen, der im Ganzen als todtes Gestein immer mehr in die Höhe und Breite wächst, begegnet dem Kundigen mehr als eine Goldader tiefen Gefühls, mehr als ein Silberblick ergreifender Vorfälle, dramatischer Scenen. Aber überall gebricht

---

43 Frenzel, Production, 136, vgl. Frenzel, Berliner Theater, 1883, 134.

es der Fabel an logischer Schärfe in der Durchführung eines Conflicts, der Ausarbeitung an Feinheit und Kenntnis des Theaters [...] Die Bühnenschriftstellerei ist ein Handwerk, welches gelernt werden will. Jugendliche Schillers mit den ›Räubern‹ oder ›Kabale und Liebe‹ in der Schreibmappe sind eben Ausnahmen, auf die wir in der Gegenwart nicht rechnen können. Niemand ist bekanntlich verpflichtet, ein großer Mann zu sein, aber Jeder, der von der Bühne herab redet, sollte ein gebildeter Mann sein, der die Formen unserer Gesellschaft und die Handgriffe seiner Kunst kennt. Was zieht denn gerade die feiner gebildete Gesellschaft zu diesen französischen Komödien hin? Ihre Leichtfertigkeit? Als ob unsere Lustspiele unter der Maske der Philisterhaftigkeit, in dem Schleier der Posse nicht eben so verfängliche Situationen, nicht eben so zweideutige Charaktere und gewagte Wortspiele vorführten! Die Feinheit der Zeichnung, die scharfe Gliederung und die glückliche Verschlingung der Handlung, die Sauberkeit der Mache, daß jede Feder richtig arbeitet, jedes Schloß sitzt, keine Scene aus dem Ganzen herausfällt, das vollendete Bild der wirklichen Gesellschaft – das macht unser Vergnügen an diesen Komödien, das ist der Magnet, der auf uns seine Anziehungskraft ausübt.[44]

Das Kriterium der Unterhaltsamkeit hat bei Frenzel einen durchaus qualitativen Aspekt: Das Publikum merkt, ob ein Autor seine Figuren besser oder schlechter zeichnet, ihre Handlungen besser oder schlechter motiviert, ob der Aufbau logisch durchdacht und die Atmosphäre stimmig ist. Dieses intuitiv getroffene Urteil hat jedoch zwei Komponenten, eine relationale, die die Qualität der Werke und Inszenierungen vergleicht, und eine absolute, welche diese an der konkreten Wirklichkeit misst. Weil das Publikum sich auf der Bühne wiedererkennen will, stellt die Salonkomödie das leichteste Genre dar. In ihr ist die Wirklichkeit des Spiels mit der (im freudianischen, nicht im realistischen Sinne: idealisierten) Wirklichkeit des Publikums identisch. Ihr Ziel ist zunächst nicht einmal »künstlerische Vollendung«, sondern jene »photographische Treue«, die Frenzel in der zitierten Rezension des Lindauschen ›Johannistriebs‹ dem Autor zuerkannte.[45] Zu dessen ›Gräfin Lea‹, die 1880 uraufgeführt wurde, schreibt Frenzel:

Von all' unsern modernen dramatischen Schriftstellern hat er allein das Gefühl, das Bewußtsein dessen, was die Zeit und die Welt, wie sie ist, von einem Komödiendichter fordert. [...] [E]r erfüllt, wenn er in seiner Fabel nicht hinter seinem Vorwurf zurückbleibt oder seine Figuren nicht über die Augenblicksphotographie hinaus zu vollen Charakteren auszurunden vermag, wenigstens seinen Dialog mit dem Gedankengehalt, dem Ton und Duft der Gegenwart; er vergreift sich zuweilen im Stoff, er ver-

---

[44] Karl Frenzel: Die französische Komödie im Residenz-Theater. In: Deutsche Rundschau 17 (1878), S. 475–484, hier 475f.
[45] Beide Frenzel, Komödie, S. 495; vgl. Frenzel, Die Berliner Theater. In: Deutsche Rundschau 28 (1881), S. 134–144, hier 134: »Mittelmäßig, wie sie angefangen hat, ist diesmal die Theatersaison ausgegangen. [...] Die Theaterstücke, so viele wir ihrer gesehen, haben alle denselben Zuschnitt, dieselbe Physiognomie: Alltagsgesichter mit freundlichem Ausdruck, wie die gut ausgewählten Photographien in der Auslage eines Photographen.«

letzt oft und fordert die kritische Rüge heraus: aber er ist ein Schriftsteller, der seine Kunst studiert hat, der sich um ein hohes Ziel bemüht, der den Zweck der Komödie nicht einzig in der wohlfeilen Unterhaltung findet. Die Periode des hohen Stils ist in der deutschen Dramatik vorüber; alle Schöpfungen dieser Art tragen den Stempel der Nachahmung an der Stirn. Was unsere Bühne braucht, ist die Sittenkomödie der Franzosen. Abbilder unseres Lebens, unserer Verhältnisse wollen wir auf den Brettern sehen, unsere Stimmungen und Empfindungen von ihnen herab vernehmen.[46]

Der Inhalt von ›Gräfin Lea‹ ist zeitgenössisch aktuell und höchst umstritten: Lindau setzt sich mit dem Antisemitismus auseinander – wenngleich, wie Frenzel meint, nicht konsequent genug.[47] Doch die Grenze des Tolerierbaren ist überschritten, wenn Lindau in ›Ein Erfolg‹[48] sich als Kritiker und Autor quasi selbst auf die Bühne bringt. Frenzel bemängelt noch zwei Jahre nachdem er den ›Erfolg‹ bei seiner Uraufführung hart kritisiert hatte, in einer Rezension zu Lindaus aktuellem Schauspiel ›Tante Therese‹ »Selbstbespiegelung und Selbstberäucherung, wie wir sie bisher nur in lyrischen Gedichten und Selbstbiographien zu finden und zu belächeln gewohnt waren.«[49]

Lindaus forcierter Witz, sein Temperament und seine Geschäftigkeit trennen den Liebling des Publikums vom trockeneren Stil seines geachteteren Kollegen.[50]

---

[46] Karl Frenzel: Die Berliner Theater. In: Deutsche Rundschau 23 (1880), S. 140–151, hier 144.
[47] Vgl. Frenzel, Berliner Theater (1880), S. 144. Dass das Stück wegen der Thematik, umstritten war, stört Frenzel nicht, denn: »[E]s gibt keinen Pfaffen, der Lessing's Nathan lobt.« (Frenzel, Berliner Theater (1880), S. 144). Schon 1876 hatte Frenzel anlässlich der Rezension einer harmlosen Posse geklagt: »Je toller draußen der ästhetische, der politische Streit tobt, desto harmloser sind die Erscheinungen des deutschen Theaters.« (Karl Frenzel: Berliner Chronik: Die Theater. In: Deutsche Rundschau 6 [1876], S. 452–457, hier 453). Zur ›Gräfin Lea‹ vgl. Peter Sprengel: Geschichte der deutschen Literatur 1870–1900. Von der Reichsgründung bis zur Jahrhundertwende. Geschichte der deutschen Literatur von den Anfängen bis zur Gegenwart, hg. von Helmut de Boor u. Rüdiger Newald, Bd. 9,1, München 1998, S. 445f.; Kiefer, Dramatik, S. 56–67.
[48] Paul Lindau: Ein Erfolg. Lustspiel in vier Akten (Juli 1874). In: Lindau, Theater von Paul Lindau, 2 Bde., Berlin 1875, Bd. 2, S. 123–247.
[49] Karl Frenzel: Berliner Chronik: Die Theater. In: Deutsche Rundschau 6 (1876), S. 295–302, hier 296; vgl. die Rezension der Uraufführung: Karl Frenzel: Berliner Chronik: Die Theater. In: Deutsche Rundschau 1 (1874), S. 465–473, hier 472f.; vgl. Kiefer, Dramatik, S. 53–56; Eismann-Lichte, Lindau, S. 82f. Im Gegensatz zu Frenzel beurteilten Gottschall und Fontane, der Lindau durchaus positiv gegenüber stand, obwohl er dessen Schwächen klar erkannte, den ›Erfolg‹ positiv. Vgl. Theodor Fontane, Sämtliche Werke, Bd. 23,1, S. 443 u. Gottschall, Lustspiel, S. 371f. Zum Verhältnis Fontane/Lindau vgl. Roland Berbig: Zwischen Bühnenwirksamkeit und Wahrheitsdarstellung. Aspekte zu zwei Theaterkritikern Berlins nach 1871 – Paul Lindau und Theodor Fontane. In: Fontane-Blätter 5,2 (1984), S. 570–580.
[50] Haake bescheinigt Frenzel »Mangel[.] an Leidenschaft zu subjektiver Kritik«. (Wilmont Haake: [Art.] Karl Frentzel[!]. In: NDB, S. 403).

Auch für Frenzel ist Lindau die Inkarnation des Gründerzeittypus und immer in Gefahr, die Grenzen des Zulässigen zu überschreiten.[51] Prinzipiell aber bejahen beide eine moralische Lizensierung und Limitierung der Kunst. Diese hat mit dem philologisch-pädagogischen Modell sittlicher Erziehung nichts gemein; es geht nicht mehr um die Hebung eines sittlichen Bewusstseins in der oder qua Kunst, sondern um die Anerkenntnis und Respektierung des moralischen Kodex des realen Publikums. Kunst und besonders das Theater als soziale Veranstaltung, so die Frenzelsche Argumentation, muss den moralischen common sense respektieren, weil sie als gesellschaftliches Ereignis die ›öffentliche Person‹ zum Rezipienten hat:

> Kann er [der Zuschauer] sein moralisches Empfinden, sein Schamgefühl – meinetwegen seine Philisterhaftigkeit wie seinen Hut und seinen Ueberzieher draußen an dem Garderobennagel aufhängen und nackt und frei, ganz und voll nur ein Kunstmensch, sich auf seinen Parquetstuhl niedersetzen? [...] Wie es keine Möglichkeit gibt, Geschmacksrichtungen und Gemüthsstimmungen aus der ästhetischen Beurtheilung auszuschneiden, so kann auch das moralische Gefühl, die ethische Anschauung nicht so ohne Weiteres von der künstlerischen Betrachtung losgelöst werden. Der Beurtheiler eines Kunstwerks, noch dazu, wenn er öffentlich redet, soll eine volle Persönlichkeit sein, nicht ein Halbmensch.[52]

Frenzels Argumentation erscheint inkohärent. Da er davon ausgegangen war, dass das Publikum im Grunde sich selbst auf der Bühne wiederbegegnen will, dürfte es sich für moralisch bedenkliche Stoffe überhaupt nur dann interessieren, wenn es bereits von sich aus den ihm von der Bühne angebotenen Grad an Verworfenheit aufwiese. Dann aber wäre moralisierende Kritik unnötig und der Rezensent könnte sich auf die formalen Aspekte des Werkes konzentrieren. Davon jedoch nimmt Frenzel dezidiert Abstand. 1876 äußert er in einer Passage, die sich auf die skandalträchtige Ausstellung des Bildes ›L'Aube‹ des belgischen Malers Charles Hermans bezieht, das eine Gruppe übernächtigter Bonvivants samt Gespielinnen mit einer kleinbürgerlichen oder proletarischen Gruppe von Personen auf dem Weg zur Arbeit konfrontiert, seine Bedenken gegen nur formale Betrachtung der Kunst:

---

[51] »[...] Lindau ist ein Charakterkopf auf der modernen Bühne, den man nicht übersehen darf. Ein Virtuose im leichten, gewandten Dialog, ein scharfer Beobachter der Gesellschaft, besonders ihrer brüchigen Verhältnisse und Persönlichkeiten, versteht er es vor allen seinen Mitbewerbern, uns ein Bild des modernen Lebens vorzuführen. Seinen Fabeln wie seinen Gestalten fehlt die Vertiefung, fehlt der ethische Zug, den wir auch noch von den Komödiendichtern fordern, aber sie treten uns greifbar und selbstbewußt entgegen. Die Aufdringlichkeit sogar, von der sie nicht immer frei sind, ist ein Zeichen ihrer Wirklichkeit; zum Teil sieht sich alles, was er uns zeigt, wie ein Selbsterlebtes an.« (Karl Frenzel: Berliner Chronik: Die Theater. In: Deutsche Rundschau 6 (1876), S. 295–302, hier 295f.).

[52] Karl Frenzel: Berliner Chronik: Die Theater. In: Deutsche Rundschau 7 (1876), S. 305–314, hier 305.

> Das Bild war vortrefflich gemalt; selbst der widerlichen Gruppe des berauschten Wüstlings mit den beiden Dirnen [...] konnte man eine charakteristische Auffassung, eine meisterhafte Ausführung nicht absprechen, die Schönheit des blonden Mädchens hatte sogar einen sinnlich berückenden Reiz. Rasch entstanden zwei Parteien; die eine erklärte das Bild für eine Meisterwerk ersten Ranges und wollte davon nichts hören, daß die andere an dem gewählten Stoffe Anstoß nahm. Der objective Betrachter mußte sich sagen, daß die Kunst, auf diesem Wege fortschreitend, schließlich das Laster in der Gosse zur realistischen Darstellung aufsuchen würde. Wenn jeder Gegenstand das Recht hätte, gemalt zu werden, was würden wir zu sehen bekommen! Aber unserer Kunst ist jeder idealer Sinn so ganz verloren gegangen, daß diejenigen, die von einem Bild außer einer richtigen Zeichnung und einem guten Colorit auch noch einen entsprechenden Inhalt fordern, von den meisten Künstlern unverständige Thoren gescholten werden.[53]

Frenzel argumentiert gegen Kritik, die inhaltliche Argumente für unzulässige Überschreitung der eigenen Kompetenz hält, diese aus dem Feld der Kritik überhaupt ausgrenzt und ihr Urteil auf die formale Dimension des Kunstwerks beschränken will. Aber er zieht sich dabei keineswegs auf eine idealistisch legitimierte poetisch-realistische Position zurück, denn das moralische Moment des Kunstwerks ist nun kein per se ästhetisches mehr. Die Rezeption des Kunstwerks – und damit die Aufgabe der Kritik – lässt sich, so die Frenzelsche Argumentation, nicht auf das Ästhetische eingrenzen, sondern hat mit dem ›ganzen Menschen‹ auch das moralische und soziale Subjekt zum Bezugspunkt. Trotzdem klagt Frenzel keine Moralität im Sinne idealistischer Ästhetik ein, fordert nicht sittlichen Gehalt vom Kunstwerk, sondern behauptet ein decorum: Er reklamiert, dass das Kunstwerk die moralischen Vorstellungen seines Publikums nicht kränken dürfe.

Das idealistische Projekt der Kunst bleibt verabschiedet. Zwar ist der Kritiker ein kundiger und aufmerksamer Beobachter, aber er ist kein Führer mehr. Als Fachmann ist sein Urteil kompetent: Er weiß um die ästhetischen und historischen Bedingungen und Gesetze des Werkes. Dieses Fachwissen kann er dem Publikum anbieten. Zugleich ist er mit seinem Wissen und Können in der Lage, die Bedürfnisse des Publikums seismographisch wahrzunehmen und zu formulieren. Als Sprecher des Publikums referiert er dessen Erwartungen und Ansprüche, Erlebnisse und Reaktionen. Als Redner zum Publikum ist er darauf bedacht, sich nicht als Schulmeister, sondern als Stimme-unter-anderen zu

---

[53] Karl Frenzel: Berliner Chronik: Die Theater. In: Deutsche Rundschau 6 (1876), S. 452–457, hier 452. Zu Charles Hermans und die Aufregung um ›L'Aube‹ vgl. Henri Hymans: Belgische Kunst des 19. Jahrhunderts, Leipzig 1906, S. 168f.; Richard Muther: Die Belgische Malerei im 19. Jahrhundert, 2. Auflage, Berlin 1909, S. 87; [Anonym]: [Art.] Hermans, Charles. In: Allgemeines Lexikon der bildenden Künstler. Begründet von Ulrich Thieme und Felix Becker, Bd. 16, hg. von Hans Vollmer, Leipzig 1923, S. 506.

präsentieren. Lediglich als Vertreter und Sprachrohr des bürgerlichen common sense ist er zu einem moralischen Urteil berechtigt. Der stilistische Subjektivismus ist eine demokratische Geste: Einladung zum Gespräch.

Der Vorwurf der Brüder Hart, solche Rezension tendiere zu Referat und Anzeige, hat eine reale Basis. Im Prozess der Selbstverständigung des Publikums wird der Rezensent zur Quelle von Information und zum Berichterstatter, der zwar über ein persönliches und beruflich kompetentes Urteil verfügt und dieses seinem Gesprächspartner als Überzeugung anbieten, nicht jedoch als Wahrheit verordnen kann. Dass die Kritik dennoch gerade unter den demokratisierten Bedingungen zu einer außerordentlichen Machtposition gelangt, wird – im Gegensatz zur Philologen-Kritik – nicht mehr extern durch die Macht und das Prestige eines vom Medium und Organ der Kritik unabhängigen Amtes garantiert, das dem Sprecher ein Patent zur Stellungnahme erteilte, sondern ist Konsequenz eines ökonomisch gesteuerten Prozesses der Informationsproduktion und -distribution: Die Machtsstellung des Rezensenten begründet sich aus der Tatsache seiner Beliebtheit beim Publikum, die wiederum aus der breiten Akzeptanz seiner Urteile resultiert. Diese Beliebtheit lässt ihn im publizistischen wie im künstlerischen Bereich zum Produzenten und Distributoren symbolischen Kapitals und damit zum ökonomischen Faktor werden. Da der soziale Wert seiner Kritiken aus einer geschickten Mischung von Identifikation, Information und Unterhaltung resultiert, da der Kritiker die doppelte Aufgabe hat, zugleich Neues zu präsentieren und Gewohntes zu bestätigen, balanciert er auf einem schmalen Grad zwischen der Anforderung Seismograph der gesellschaftlichen Verfassung sein zu müssen auf der einen und der Aufgabe meinungsbildend wirken zu können auf der anderen Seite. (Ganz zu schweigen von der um die Jahrhundertwende stark in den Vordergrund tretenden Tatsache, dass die Kritik selbst ästhetischen Eigenwert gewinnen und sich von ihrem Gegenstand emanzipieren kann.) Der Kritiker agiert als Unternehmer symbolischen Kapitals. Er hat Kredit beim Publikum, sein Urteil hat Geltung, aber er muss diesen Kredit, diese Geltung permanent in neue Urteile investieren und riskieren, um ihn vom Publikum bestätigen und erneuern zu lassen. Als Inhaber kulturellen Kapitals wird er auch zur gesuchten Adresse für Kreditnehmer, die an seinem Kapital partizipieren, d.h. im Konkreten: von seinem Wohlwollen profitieren wollen. Außerdem reizt das kulturelle Kapital zu eigener Investition und zu vertikaler wie horizontaler Kartellbildung. Lindau wird darüber stolpern – und bezeichnenderweise wird Otto Brahm, der selbst zu dieser Zeit seine ersten Schritte als Kulturmanager unternimmt und sich wie Lindau mit dem Vorwurf des ›Cliquenwesens‹ konfrontiert sieht, zu seinen Verteidigern gehören. Dabei hatte Lindau selbst detaillierte Anleitungen zur Funktions- und Rezeptionsweise marktwirtschaftlich organisierter Kritik gegeben und in einer Zola-Rezension die Werbelogik reflektiert, dass jede Rezension besser sei als keine.

3.2 Paul Lindau: Künstler, Kritiker und Kollegen

Exponierter in der Person, pointierter im Urteil und infolgedessen kontroverser diskutiert als Frenzel wird Lindau dadurch angreifbar, dass er nicht nur auf der kritischen, sondern zugleich auf der künstlerischen Seite agiert. Zwar gehörte auch Frenzel zu den beliebten Erzählern seiner Zeit, aber der Bereich des Theaters, in dem Lindau seine größten Erfolge als Autor feierte, bildet mit der ›Kurzschlüssigkeit‹ seiner engen Schleife von künstlerischer Produktion des Textes wie der Inszenierung, personal und ökonomisch unmittelbarer Vermittlung durch die Institution Theater und der fast momentanen Wirkung kritischer Rezension eine beschleunigte, fast hysterisch überhöhte Variante des Zusammenhangs ästhetischer Produktion, Vermittlung und Rezeption. Angriffe auf Lindau gab es bereits seit Beginn der achtziger Jahre, aber erst 1890 wird ein Theaterskandal zum Anlass seines Sturzes werden.[54] Dabei zielen die Anschuldigungen, die Lindau Missbrauch seines ›Amtes‹ vorwerfen, über seine Person hinaus auf die marktökonomischen Bedingungen ästhetischer Produktion und deren Missbrauch durch versuchte Kartellbildung.

Lindau hatte seine ehemalige Geliebte, die Schauspielerin Elsa von Schabelsky, nach Beendigung ihres Verhältnisses in einem Brief aufgefordert Berlin zu verlassen, andernfalls werde er dafür sorgen, dass sie kein Engagement mehr erhalte. Tatsächlich wurde Schabelsky kurz danach von Ludwig Bernay, dem Leiter des Berliner Theaters, entlassen. Zuvor war ein Stück von ihr, das diese Vorgänge erkennbar darstellte, von den Theaterdirektoren Barnay und Blumenthal abgelehnt worden.[55] Nun wendet sie sich an Maximilian Harden, der bereits zwei Jahre zuvor in ›Berlin als Theaterhauptstadt‹ die Kommerzialisierung des Theaters angegriffen hatte[56] und von ihr als Korrespondent an die russische ›Nowoje Wremja‹ vermittelt worden war.[57] Harden empfiehlt sie an Franz Mehring, der zu dieser Zeit Redakteur der liberalen ›Volks-Zeitung‹ ist. Mehring sieht in der Affäre das Symptom allgemeiner Korruption der Theaterkultur und nutzt die Gelegenheit zu einem Rundumschlag gegen die Verquickung publizistischer, künstlerischer und kommerzieller Interessen.[58] Die Angriffe blieben nicht unwiderspro-

---

54 Zur Chronologie der Ereignisse und den Parteiungen im Streit vgl. Berbig, Lindau.
55 Elsa von Schabelsky: Ein berühmter Mann. Lustspiel in vier Akten. Berliner Theaterbibliothek, Nr. 3, Berlin 1895. Ein wenig freundliches Porträt Elsas von Schabelsky zeichnet Alfred Kerr. Vgl. Kerr, Berlin, S. 15.
56 Maximilian Harden: Berlin als Theaterhauptstadt. Berlin 1888.
57 Vgl. Ruth Greuner: Maximilian Harden – Kaiserpanorama oder: Polemik und Vorschau. Nachwort zu: Maximilian Harden: Kaiserpanorama. Literarische und politische Publizistik, Berlin 1983, S. 325–265, hier 336, Anm.
58 Vgl. Franz Mehring: Der Fall Lindau. Dargestellt und erläutert, Berlin 1890; Franz Mehring: Kapital und Presse. Ein Nachspiel zum Fall Lindau, Berlin 1891. Die Auseinandersetzung um Lindau, die weite Kreise des Berliner Kulturlebens involvierte,

chen. Partei für den Angegriffenen ergreift neben Fritz Mauthner vor allem Otto Brahm, den Mehring mit Eugen Zabel, einem Redakteur der ›National-Zeitung‹, zum ›Lindau-Ring‹ zählt.[59] Beide gehen davon aus, dass die Kommerzialisierung des Kulturbetriebs als Faktum zu akzeptieren sei und die moralisierende Argumentation der opponierenden Publizisten angesichts dieser ›normativen Kraft des Faktischen‹ heuchlerische Züge trage. Brahm kritisiert zudem den »Bacillus des moralischen Pharisäerthums« und die »ethische Mobilmachung«[60] hinter der Aufregung und gibt der Sache eine grundsätzliche Wendung:

> Es ist nicht leicht, in diesem Durcheinander der Stimmen, aus diesem Chaos der Entrüstung, das Wesentliche herauszuhören. Sociale Unterdrückung, Corruption, verletzte Standesehre, Mißbrauch der kritischen Amtsgewalt, so schallt es durch die Lüfte. Bleibend ist in dieser Fülle von Schlagworten nur eines: nach abstracten Maßstäben urtheilt man, statt psychologisch und individuell zu urtheilen, man kommt mit kahlen, altbackenen Allgemeinheiten gezogen, statt die Dinge, wie es dem Modernen ziemt, real und realistisch anzusehen. Ueber das ewige Bemoralisieren! Immer noch thut man, als ob die Welt durch ethische Begriffe und nicht durch menschliche Nothwendigkeit regirt würde; und man will, trotz Nietzsche, nicht lernen, sie zu betrachten ›Jenseits von gut und böse‹.[61]

Mehring greift das bei Brahm völlig isoliert stehende Nietzsche-›Zitat‹ in ›Zur Philosophie und Poesie des Kapitalismus‹, dem abschließenden Kapitel von ›Kapital und Presse‹ auf, deklariert es zum »Wahlspruch des Lindau Rings« und bezeichnet Nietzsche als »Sozial-Philosoph des Kapitalismus«.[62] Als Beipiel der »Poesie des Kapitalismus« gerät dabei auch Fontane, der die Verteidigung Lin-

---

    führt bei dem zunächst – wie Lindau – politisch liberalen Mehring zur endgültigen Annäherungen an sozialistische Positionen. Vgl. Thomas Höhle: Franz Mehring. Sein Weg zum Marxismus. 1869–1891, 2. verbesserte und erweiterte Auflage, Berlin 1958, S. 267–284; vgl. Georg Füllbert: Sozialdemokratische Literaturkritik vor 1914. Die Beziehungen von Sozialdemokratie und bürgerlicher ästhetischer Kultur in den literaturtheoretischen und -kritischen Beiträgen der ›Neuen Zeit‹ 1883–1914, der ›Sozialistischen Monatshefte‹ 1895–1914 und bei Franz Mehring 188–1914, Phil Diss. Marburg 1969, S. 145f.; Berbig, Lindau, S. 113–119. Besonders gehässig und persönlich ist unter den Angriffen auf Lindau Georg Hartwich: Paul Lindau's Glück und Ende oder »Fort mußt du, deine Uhr ist abgelaufen«, Berlin 1890.
[59] Vgl. Mehring, Kapital, S. 49–56.
[60] Otto Brahm: Sittliche Entrüstung. Zum Fall Lindau. In: Freie Bühne 1 (1890), S. 817–820, hier 817 u. 820. Auf die von Brahms Artikel provozierten, bereits erwähnten Angriffe Mehrings reagiert Brahm mit dem Artikel ›Die Lindau-Hetze‹. In: Freie Bühne 1 (1890), S. 852–854; schließlich beendet eine anonyme Persiflage das Thema. Vgl. (Anonym): Der Fall Brahm. Von Franz Mehring d. J. In: Freie Bühne 1 (1890), S. 923–925.
[61] Brahm, Entrüstung, S. 818.
[62] Beide Mehring, Kapital, S. 119.

daus privat ausdrücklich gebilligt hatte, ins Visier.⁶³ Lindaus Kontrahenten, allen voran Mehring und Harden, treten im Namen einer Kunst an, die Ideale hochhält und das Publikum vor den Bedingungen ihrer marktwirtschaftlichen ›Realisierung‹, vor der Korruption ästhetischer durch ökonomische Interessen, retten will. Unausgesprochen bleibt dabei die Annahme einer doppelten Unmündigkeit des Publikums: 1. Die These, dass das Publikum nicht um die Produktionsbedingungen der Kritik wisse – also durch das Urteil des Kritikers manipuliert werden könne; 2. dass diese Manipulation nur dadurch überhaupt möglich werde, dass sich im Publikum zwei antagonistische Interessen widerstritten, ein ›billiges Bedürfnis‹ nach Amüsement und das sittliche Interesse an der erhebenden Wirkung der Kunst. Ersteres sei dem Publikum ›natürlich‹ und fungiere als Basis ökonomischer Spekulation mit ästhetischen Gegenständen. Das Urteil über ideale Werte hingegen dürfe nicht dem unmündigen Publikum überlassen werden, sondern müsse in den Händen von Fachleuten bleiben. Fachleute, die Nichtfachleuten die Bedeutung und den Wert von Kunstwerken erklären und dabei Empfehlungen gegenüber den Künstlern aussprechen, heißen Kritiker. Wenn diese eine Unterscheidung zwischen (hoher) Kunst und (niedriger) Unterhaltung treffen, vollziehen sie zugleich eine Differenzierung zwischen sittlichem und affektbestimmtem Interesse des Publikums. Ökonomische und ethische Interessen, so die Konsequenz dieser Auffassung, widersprechen sich tendenziell, da sich affekthafte Lust und sittliche Freude gegenüberstehen. Jene ist

---

63 Mehring, Kapital, S. 128–130, hier 128. Fontanes ›Irrungen, Wirrungen‹ geraten über die Rezension des Brahm- wie Fontane-Freundes Paul Schlenther in die Schusslinie. Zur Freundschaft der Familien Fontane-Schlenther vgl. Hans Ester: Theodor Fontane und Paul Schlenther. Ein Kapitel Wirkungsgeschichte. In: Theodor Fontane im literarischen Leben seiner Zeit. Beiträge zur Fontane-Konferenz vom 17. bis 20. Juni 1986 in Potsdam, hg. von Friedhilde Krause, Berlin 1987, S. 216–246; Die Fontanes und die Schlenthers. Neue Dokumente, hg. von Anita Golz u. Gotthard Erler. In: Fontane-Blätter 5 (1985), S. 129–147; Frederick Betz/Hans Ester: Unveröffentlichte und wenig bekannte Briefe Theodor Fontanes an Paul und Paula Schlenther. In: Fontane-Blätter 57 (1994), S. 7–47. Wie berechtigt die Mehringsche Analyse auch immer sein mag, in Fragen der Einschätzung des Lindau-Skandals stand Fontane trotz aller Übereinstimmung mit Mehring in der Diagnose auf der Seite der Verteidiger Lindaus. Einen Brief an Georg Friedländer schließt er: »Diesen Zustand finde ich nicht schön, aber es ist *überall* dasselbe Prinzip: Ausbeutung.« (Theodor Fontane: Briefe an Georg Friedländer. Hg. und erläutert von Kurt Schreinert, Heidelberg 1954, S. 137; vgl. Berbig, Lindau, S. 119). Die Angriffe auf Nietzsche und Fontane gingen auch Maximilian Harden zu weit. In dem Aufsatz ›Der Fall Klausner‹, der anhand einer gerichtlichen Auseinandersetzung zwischen dem Theaterdirektor Ludwig Barnay und dem Redakteur und Theaterkritiker des ›Berliner Börsen-Couriers‹, Albert Klausner, die übliche Praxis Verteilung von Freibillets an Journalisten und Claque aufs Korn nimmt, empfiehlt er Mehrings ›Kapital und Presse‹ zwar nachdrücklich, weist aber, die Nietzsche- und Fontanekritik Mehrings als »ungeheuerliche[n] Einfall« zurück. (Maximilian Harden. Der Fall Klausner. In: Harden, Apostata, Berlin 1892, S. 69–84, hier 71).

kreatürlich, diese intellektuell, jene naturhaft, diese ein Produkt von Bildung. Da Kunst im emphatischen Sinne, d.h. Kunst idealen Gehalts, der Sittlichkeit verpflichtet ist, besteht die Aufgabe des Kritikers darin, ideales Interesse zu hegen und das affektive Lustkalkül, den natürlichen Verbündeten ökonomischer Interessen, in die Schranken zu weisen. Diese Sittlichkeit des Kritiker-Amtes bestimmt dessen Wert und Würde. Ökonomische Verflechtungen und gar Einflussnahme aus persönlichen Gründen, wie sie Lindau im Falle Schabelsky mehr oder weniger impulsiv oder ernsthaft versuchte, diskreditieren als Handeln aus ›niederen Beweggründen‹ vor allem den Kritiker als Instanz sittlichen Urteils und assoziieren ihn der Sphäre egoistischen ökonomischen Kalküls. Der (Kunst-)Führer wird zum Verführer.

Lindau lehnt dieses Modell ab. Das Publikum ist für ihn nicht Mündel, sondern mündig, ist das »unterrichteste[.] Individuum«[64] und ein »fürchterliche[r] Friedensrichter«,[65] dem man auf gleicher Ebene und als Person gegenübertreten kann. Er mokiert sich über den pluralis majestatis liberaler Kritik[66] und votiert gleichermaßen gegen die »katalogisierende Nachschlagekritik unserer gewissenhaften Theaterstatistiker«[67] wie gegen die abstrakten Rubrizierungen »in den Schulbegriffen herangewachsene[r] Aesthetiker«.[68] Seine Interpretation der Rolle des Kritikers formuliert Lindau am Schluss der ›Vorbemerkung‹ zu seinen ›Dramaturgischen Blättern‹:

> Bei der Beurtheilung der einzelnen Dichtungen und Dichter habe ich häufig ganz persönlich ›meine‹ Meinung ausgesprochen. Es ist mir nicht unbekannt, dass dies gegen die übliche Form der Kritik verstößt. Lebhaft würde ich es bedauern, wenn man dies als ein unbescheidenes Hervordrängen der Person des Kritikers missdeuten

---

[64] Paul Lindau: Dramaturgische Blätter. Beiträge zur Kenntnis des modernen Theaters in Deutschland und Frankreich, 2 Bde., 2. Auflage, Stuttgart 1877 (zuerst 1874), Bd. 1, S. 136.

[65] Paul Lindau: Literarische Rücksichtslosigkeiten. Feuilletonistische und polemische Aufsätze, 3., unveränderte Auflage, Leipzig 1871, S. 182.

[66] In einem Artikel, der Heinrich Kruse, dem langjährigen Redakteur der ›Kölnischen Zeitung‹, gewidmet ist, bemerkt Lindau angesichts der zahlreichen politischen Irrtümer und Fehlschlüsse des Blattes: »Die diplomatische Überlegenheit, welche Kruse im pluralis majestatis auf der ersten Spalte der ›Kölnischen‹ zur Schau trägt, wirkt auf mich immer etwas komisch.« (Paul Lindau: Heinrich Kruse. Der Redacteur der ›Kölnischen Zeitung‹. In: Lindau, Rücksichtslosigkeiten, S. 39–46, hier 42f.). Dem Aufsatz ist als Motto ein Äußerung Bolz' aus Gustav Freytags ›Journalisten‹ vorangestellt, dem Text, der wie für die meisten seiner Kollegen, so auch für Lindau die Bedingungen und das Personal journalistischer Existenz exemplarisch beschreibt (vgl. Lindau, Rücksichtslosigkeiten, S. 40 u. 135f.; Lindau, Harmlose Briefe eines deutschen Kleinstädters, Bd. 2, S. 84).

[67] Lindau, Dramaturgische Blätter, Bd. 1, S. 4.

[68] Paul Lindau: Gesammelte Aufsätze. Beiträge zur Literaturgeschichte der Gegenwart, Berlin 1875, S. 191.

würde; mir kommt es aber bescheidener vor, wenn der Kritiker, anstatt seine subjectiven Eindrücke und Auffassungen zu einem Collectivvotum der Gesammtheit des Publicums zu erweitern, auch durch die Form constatirt, dass seine Aufzeichnungen nichts Anderes sind und nichts Anderes sein sollen als der aufrichtige Ausdruck seiner individuellen Ueberzeugung.[69]

Die Bescheidenheitsgeste, die auf den Anspruch im Namen des Kollektivs reden zu wollen verzichtet, beinhaltet eine Absage an das zentrale Theorem idealistischer Kritik: Die Antizipation des allgemeinen sittlichen Subjekts im Urteil des kompetenten, gebildeten Kritikers. Wenn Lindau beansprucht, als Person anderen Personen, als Autor der Kritik deren Lesern auf gleicher Ebene zu begegnen, ist dies jedoch aus der Perspektive idealistischer Kritik nicht Bescheidenheit, sondern Anmaßung: Er usurpiert das kritische ›Amt‹ als Person. Die Depotenzierung der Kritikerfigur wird als Usurpation der Rolle des sittlichen Richters gelesen – dies ist das basale Argument der Vorwürfe, die gegen Lindau erhoben und in Abschwächung bis heute tradiert wurden.[70]

Möglichkeiten und Macht einer freien Presse hatte Lindau in den sechziger Jahren in Paris kennen und schätzen gelernt.[71] Bereits in seiner ersten inländischen Artikelserie, den ›Harmlosen Briefen eines deutschen Kleinstädters‹, kritisiert er den moralischen Salbader der Familienblätter[72] ebenso wie das vorgebliche Ethos

---

[69] Lindau, Dramaturgische Blätter, Bd. 1, S. V.
[70] Wie Lindau argumentiert Maximilian Harden in einem Aufsatz zum Tode dessen Vorbildes Jules Lemaître: »Den feierlichen Majestätsplural, der bei uns landesüblich ist, sucht man bei Lemaître vergebens. Nie hat ein Kritiker so oft und so gern in der ersten Person singularis gesprochen: Ich, Ich, immer Ich. Viele nennen es anmaßend, ich nenne es bescheiden. ›Nie haben wir einen angenehmeren Theaterabend verlebt als der gestrigen.‹ Wir? Wer denn? [...] Heraus doch nur muthig mit dem Ich, auf daß man es fühlen und fassen und greifen kann und sehen, wie schwer es wiegt oder wie leicht. Was hinter dem Wir steckt, kann vortrefflich oder auch blitzdumm sein; ich weiß es nicht, ich kenne es nicht; es ist ein mystisch thronendes Wesen, mehr als ein Gott, denn der bediente, da er zu Mose sprach, sich der Singularform.« (Maximilian Harden: Jules Lemaître. In: Harden, Literatur und Theater, Berlin 1896, S. 152–162, hier 155).
[71] »Die Presse, als beständiger Vermittler zwischen Volk und Krone, als öffentlicher Ankläger und Vertheidiger, ist nach und nach zu einer Gewalt angewachsen, welche ihr mit Recht die Bezeichnung einer sechsten Großmacht verschafft hat. Daß dieselbe, um ihre eben so große wie verantwortliche Aufgabe zu erfüllen, der unumschränktesten Freiheit bedarf, ist ein [...] allgemein anerkannter, durch die Theorie festgestellter, wie durch die Praxis bewährter Grundsatz [...] Die Macht der Presse und ihre Freiheitsbedürftigkeit sind nicht mehr zu lösende Probleme. Diese erwiesenen und thatsächlichen Wahrheiten bilden die Grundlage und den Stützpunkt einer jeden auf die Presse bezüglichen Abhandlung [...].« (Paul Lindau: Preßzustände und die Commision du colportage. In: Lindau, Aus Paris, S. 53–68, hier 54).
[72] »Man speculirt heutzutage mit allem Möglichen, der Eine mit Freigeisterei und burschikosem Deutschthum, der Andere mit Pikanterien und Zweideutigkeiten – weshalb

der »in höchst moralische Baumwolle eingewickelten Poeten, welche ihre Helden in die tadellose Tunika der sittlichen Entrüstung hüllen«[73] und polemisiert gegen einen Antrag, der auf dem Journalistentag 1870 erfolglos eine Resolution gegen die Frivolität der Operetten Jacques Offenbachs und für »Moralificirung der Kritik« initiieren wollte.[74] Unter die Verdächte, die mit der Entmoralisierung des kritischen Amtes verbunden sind, gehört auch, im Geflecht der Interessen, in dem ein Kritiker agiert, keine ideale Versammlung Gleichgesinnter zur Beförderung der Kultur und der Menschheit, sondern notwendig niedere pekuniäre Absichten zu sehen. Auf die ideale Rolle hatte die nationalliberale Publizistik im Umfeld des Gothaer Kreises abonniert. Lindau sieht hier weniger den ideellen Aspekt als den publizistischen Effekt, er bezeichnet die nationalliberale Publizistik als »mit großen Erfolg operirende[.] Gesellschaft zur Rückversicherung auf gegenseitige Lobhudelei«.[75] Zwar bleibt Freytag, den Lindau für einen

---

    sollte man da nicht auch einmal mit Gläubigkeit, Moralität, christlicher Gesinnungstüchtigkeit speculiren können. Und ich versichere Sie, das Letztere ist das Bequemste. Wenn wir auch noch so langweilig und trocken sind, wir werden dennoch auf den Beifall aller Wohlgesinnten rechnen können. Wenn Voltaire orthodox gewesen wäre, hätte er seinen Witz sparen könne.« (Lindau, Harmlose Briefe, Bd. 2, S. 42). »Wir würden, mit anderen Worten, geistlich sein, um nicht geistreich sein zu brauchen.« (Lindau, Harmlose Briefe, Bd. 2, S. 37).

73 Lindau, Harmlose Briefe, Bd. 2, S. 31.
74 Lindau, Harmlose Briefe, Bd. 2, S. 85; vgl. 84: »In unsere Hand, in die Hand der in Frankfurt versammelten Journalisten war es gegeben, den Geschmack der Gegenwart umzuprägen, die Reinheit der Sitten wieder herzustellen, die Welt zu reformiren; wir brauchten blos den Kaulen'schen Antrag anzunehmen. Und wir haben es nicht gethan, wir Kurzsichtigen. Man würde uns ein Denkmal gesetzt haben, zu dem ich das Project schon entworfen habe: Ganz oben Kaulen im moralischen Sternenkranze, getragen von seinen Kindern, den moralischen Kritikern, die wiederum auf den Rücken ihrer Kinder, der moralischen Dichter, stehen, welche ihrerseits von ihren Kindern, dem moralischen Publicum, getragen werden; unter dieser moralischen Pyramide krümmt sich der zertrampelte Offenbach in den letzten Zügen. Der Antrag ist aber verworfen worden, und wir bekommen nun kein Monument.«
75 Lindau, Rücksichtslosigkeiten, S. 146. Im ersten ›Harmlosen Brief‹ bezeichnet sich Lindau als »politischer Lohengrin« und nimmt den »Boden der höheren Unklarheit« in Anspruch (beide Lindau, Harmlose Briefe, S. 5), doch es wird deutlich, dass er sich dem linken Flügel des liberalen Lagers zurechnet. Von der Gothaer Position grenzt er sich dezidiert ab: »Sie hat allerdings viel für sich, aber ich kann das Schaukeln nicht vertragen.« (Lindau, Harmlose Briefe, S. 5). Dennoch bleibt die nationalliberale Fraktion um Herzog Ernst von Gotha – mit Julian Schmidt als kritischem Flaggschiff – für Lindau ein konstantes Thema bissigen Spottes. In den ›Harmlosen Briefen‹ am giftigsten ist vielleicht die klassische Anekdote mit dem Titel ›Ein bischen Bombardement, wenn man bitten darf‹: »Herzog Ernst hat sich in Versailles dem Kugelregen in dem vier Meilen davon entfernten Brie sur Marne ausgesetzt und deshalb das nicht glückliche Eingreifen der Sachsen getadelt [...].« (Lindau, Harmlose Briefe, S. 2, 159.). Eine der deutlichsten indirekten politischen Stellungnahmen gibt Lindau in der Besprechung eines Radierungszyklus ›Dramen‹ des von ihm außerordentlich geschätzten

»unpraktischen Journalisten« hält, zunächst als Romancier, Ästhetiker und Lustspielautor vor allzu heftiger Kritik geschützt,[76] Julian Schmidt hingegen trifft die volle Breitseite der Polemik. Mit Berufung auf die Schmidt-Kritik Lassalles weist ihm Lindau in seiner Polemik ›Deutsche Gründlichkeit und französische Windbeutelei‹[77] Unkenntnis seiner Gegenstände und in dem späteren Aufsatz ›Beaumarchais und Julian Schmidt‹[78] auch mangelhafte Sprachbeherrschung nach. Mehr als an diesen sachlichen Fehlern – oder Verfehlungen – jedoch stößt sich Lindau an Ton und Verfahren der »nergelnden, unverschämten Kritik«, in der er »weder gesunder Menschenverstand, noch rechte Wissenschaftlichkeit« ausmachen kann.[79] Zielsicher benennt er die Doppelgesichtigkeit realistisch-philologischer Kritik, nach Außen den Gestus der Macht und nach Innen für Eingeweihte den Jargon der Verbindlichkeit zu pflegen:

> Dieselbe feuilletonisierende Wissenschaftlichkeit, dasselbe geistreichelnde Halsumdrehen, dieselbe liebenswürdige Frivolität im Talentabschneiden, dasselbe Gemisch von Grazie und Brutalität, Kenntnissen und Thorheiten, gesunden Ansichten und verschrobenen Ideen wie überall. Caviar fürs Volk, schwarze Seife für den Kenner; vernichtende Jovisblitze für Kurzsichtige, Colophonium für Den, der etwas genauer hinsieht. Sie handhaben das kritische Richtbeil mit einer Jovialität, um die sie ein Jongleur beneiden könnte. Sie erkiesen Ihr Opfer, spielen mit ihm wie eine Katze mit der Maus, machen einen hübschen Witz und bautz! da liegt der Kopf! Sie verbeugen sich in der Ihnen eigentümlichen Anmut und treten unter lebhaftem Händeklatschen des hocherfreuten Publicums in die Coulisse.[80]

Max Klinger. Lindau leitet sie mit der Bemerkung ein »Sie sind so bezeichnend, daß ein jeder Zusatz nur abschwächend wirken könnte.« (Lindau, Hauptstadt, S. 341).

76 »Ich halte Freytag – geradezu gesagt – für einen unpraktischen Journalisten; der Journalismus erfordert freiere und frischere Beweglichkeit, als sie die Freytagsche Feder besitzt; namentlich einige seiner letzten Essays haben im Ausdruck mancherlei Gekünsteltes, Herausgeklügeltes, Declamatorisches, das mich häufig an das auf die Dauer unleidlich wohlklingende Pathos von Treitschke erinnert. [...] [E]in Mann, der im ernsten Drama, im Lustspiel, im Roman, im Essay, in der Aesthetik so ziemlich das Beste geschrieben, was die gegenwärtige Literatur aufzuweisen hat, [...].« (Lindau, Gesammelte Aufsätze, S. 373).

77 Paul Lindau: Deutsche Gründlichkeit und französische Windbeutelei. Offener Brief an den Literarhistoriker Herrn Dr. Julian Schmidt, Wohlgeboren. In: Lindau, Literarische Rücksichtslosigkeiten. Feuilletonistische und polemische Aufsätze, 3. unveränderte Auflage, Leipzig 1871, S. 145–157; vgl. Ferdinand Lassalle: Herr Julian Schmidt, der Literarhistoriker. Mit Setzer-Scholien herausgegeben von Ferdinand Lassalle. In: Lassalle, Gesammelte Reden und Schriften, Bd. 6, Berlin 1919, S. 189–242.

78 Paul Lindau: Beaumarchais und Julian Schmidt. In: Lindau, Ueberflüssige Briefe an eine Freundin. Gesammelte Feuilletons. 3., unveränderte Auflage, Breslau 1878, S. 175–187.

79 Beide Lindau, Deutsche Gründlichkeit, S. 156; vgl. Lindau, Beaumarchais, S. 174: »Julian Schmidts Urtheile fußen mehr auf Ahnungen und unnachweisbaren Offenbarungen, wie sie besonders begnadeten Sterblichen zu Theil werden, als auf positivem Wissen.«

80 Lindau, Deutsche Gründlichkeit, S. 147.

Obwohl er sich auch an anderer Stelle für Klarheit bis zur Derbheit ausspricht und diese gegen die Publizistik des programmatischen Realismus in Anschlag bringt,[81] scheidet die – angebliche, deutlich überbewertete – Grazie des Schmidtschen Stils als Grund Lindauscher Reserve aus, gestört hatte ihn vielmehr der »philiströse[.] Gothaismus«[82], der – wie Lindau fand: frivole – Überlegenheitsgestus, mit dem künstlerische Produkte und fremde Standpunkte abgeurteilt wurden. Lindaus Kritiken hingegen akzeptieren prinzipiell, dass sie es zunächst und zumeist nicht mit ›hoher Kunst‹ zu tun haben, sondern mit Gebrauchskunst, dass, wie Lindau in seinem Nachruf auf Eugène Scribe schreibt, »der Künstler nur eine andere Art von Handwerker, und dass es ebenso schwer und ebenso leicht [sei], einen guten Rock zu machen, als eine gute Komödie.«[83] Lindau selbst bekundet uneingeschränkten Respekt vor dem handwerklichen Aspekt künstlerischer Arbeit und empfiehlt dem Kritiker sogar, sich selbst auf diesem Gebiet zu versuchen, um die Schwierigkeit und die Mühen ästhetischer Produktion zu erfahren. Zur Verteidigung dieser Position ruft Lindau die kraftvollsten Autoritäten auf:

> Nur die Werthschätzung der geistigen Arbeit rettet die Kritik vor der Lächerlichkeit. Und auf dem Menschen, der über Anderer Arbeit aburtheilt, ohne den gehörigen Respect vor dem geistigen Schaffen zu besitzen, lastet mehr als das Odium der Lächerlichkeit: er ist geradezu ein gemeinschädliches Individuum, das man, um den sehr derben Goethe'schen Ausruf zu gebrauchen, ›todtschlagen‹ sollte ›wie einen Hund‹.[84]

Aber die Achtung des künstlerischen Standpunkts bedeutet keine Identifikation mit der Perspektive des Produzenten. Lindau formuliert ein komplexes Verhältnis zwischen ästhetischer Produktion und kritischer Rezeption, die sich beide in einem Dritten, der Institution Kunst treffen. In dem Artikel ›Kunst und Kritik‹ verteidigt Lindau seinen Kollegen Karl Frenzel, dessen Äußerung, kritische

---

[81] Am Feuilletonisten der ›Neuen Freien Presse‹, Johannes Scherr, lobt Lindau: »Scherr ist immer derb, er nimmt seine Ausdrücke aus dem Vollen; für die Grazie und Anmut hegt er weniger Neigung als für die unzweideutige Klarheit desselben. Er hat den Stil wie die Gesinnung eines Radicalen. Die vorbehaltliche Redeweise, die schüchterne Form, welche den dürftigen Gedanken noch in der Verwässrung der Gothaischen Hülfszeitwörter ›könnte‹, ›dürfte‹, ›möchte‹, ›sollte‹ homöopathische verdünnt und bis zur Unkenntlichkeit auflöst, widersteht ihm.« (Paul Lindau: [Rez.] Johannes Scherr, Hammerschläge und Historien. In: Lindau, Gesammelte Aufsätze, S. 210–220, hier 211).
[82] Lindau, Rücksichtslosigkeiten, S. 130.
[83] Paul Lindau: Eugene Scribe und das moderne Lustspiel. In: Lindau, Aus Paris, S. 179–185, hier 182. Der anschließende Satz lautet: »Siehe da, ein blühendes Geschäft!«
[84] Lindau, Dramaturgische Blätter, Bd. 1, S. 128; vgl. 127: »Schon das professionelle Besserwissen hat für jeden anständigen Menschen etwas Verletzendes« und Lindau: Aus der Hauptstadt. Berliner Plaudereien, 5. Auflage, Dresden/Leipzig 1884, S. 96f.

Urteile seien notwendig subjektiv, 1883 vom Direktor der Hochschule der bildenden Künst und Wilhelminischen ›Hofmaler‹ Anton von Werner heftig attackiert worden war.[85] Werner hatte für objektive und – wegen der größeren Sachkenntnis – für kollegiale Kritik als deren im Grunde einzig zulässigen Modus votiert. Lindau kehrt die Forderung fachlicher Qualifikation zunächst gegen Werner selbst, spricht ihm als ›kritischem Laien‹ Kompetenz zur Kritik der Kritik ab und stellt – mit Anspielung auf kritische Äußerungen über ein Bild Werners – auch die Objektivität des Kollegenurteils in Frage. Er äußert den Verdacht, »daß er [Werner] sich eine kleine Verwechslung hat zu Schulden kommen lassen, daß er Subjectivität und Parteilichkeit für gleichbedeutend [erachte].«[86] Nachdem er als aktuelles Beispiel ästhetischer Parteinahme die Zustimmung oder Ablehnung impressionistischer Malerei und naturalistischer Literatur (Zolas) erwähnt hat, postuliert Lindau schließlich in thetischer Kürze: »Das Subjective ist nicht nur eine Naturnothwendigkeit, es ist auch der Hauptwerth der Kritik.«[87]

»[S]ubjective Kunstauffassung«, die das kritische Urteil notwendig bestimmt, besteht für Lindau aus »[der] Summe von natürlicher Veranlagung und erworbener Lehre«.[88] Da das Urteil von den Bedingungen der Zeit wie vom Ort des Kritikers abhänge, müssen Kritiken notwendig differieren und sich bisweilen sogar widersprechen.[89] Die kritische Perspektive manifestiert sich in ›Anschauung‹, ›Geschmack‹ und ›künstlerischem Gewissen‹.[90] Milieubindung bestimmt

---

[85] Vgl. Paul Lindau: Kunst und Kritik (Anton von Werner contra Frenzel). Schraders neuestes Gemälde. In: Lindau, Aus der Hauptstadt. Berliner Plaudereien, 5. Auflage, Dresden/Leipzig 1884, S. 349–361. Fontane liest Lindaus Kritik im Rütli vor. Vgl. Theodor Fontane: Tagebücher 1866–1882, 1884–1898. Große Brandenburger Ausgabe, Tage- und Reisetagebücher, Bd. 2, 2. Auflage, Berlin 1995, S. 196: 19. Januar 1884.
[86] Lindau, Kunst und Kritik, S. 352.
[87] Lindau, Kunst und Kritik, S. 353. Im 17. der ›Harmlosen Briefe‹ macht sich Lindau über die idealistische These vom sittlichen Einfluss der Kritik lustig: »Die Theaterkritk ist der Urquell allen Uebels. Es ist ein Unsinn, wenn die Dramatiker sagen: ›Schafft Euch bessere Sitten an; dann wollen wir Euch auch bessere, sittliche Lustspiele schreiben!‹ Die Wahrheit ist, daß die Kritik die dramatischen Dichter producirt. [...] Entrüsten wir uns sittlich, das ist unter allen Umständen effectvoll.« (Lindau, Harmlose Briefe, Bd. 2, S. 84).
[88] Lindau, Kunst und Kritik, S. 356.
[89] »[W]enn die Kritik aufrichtig und durch Sachkenntnis befähigt ist, so muß über ein jedes bedeutende Kunstwerk das von den verschiedenen Kritikern ausgesprochene Urtheil sowohl lobend als auch tadelnd ausfallen, je nachdem das beurtheilte Werk mit den Kunstauffassungen und dem Kunstgeschmack des Kunstrichters übereinstimmt oder nicht.« (Lindau, Kunst und Kritik, S. 356).
[90] »Ich bin unter Bedingungen aufgewachsen aus dem, was ich gesehen, gehört, gelernt und erfahren habe, haben sich in mir bestimmte Auffassungen herausgebildet, die mir wohl gestatten und mich befähigen, in ein inniges verständnisvolles Verhältnis zu diesem Werke der Kunst zu treten, mir es aber durchaus versagen, mich mit jenem anderen zu befreunden; und gerade diejenigen Eigenschaften, welche andere

aber nicht nur den Kritiker, sondern zugleich das Werk. Dieses wird nie abstrakt, sondern in einer Situation rezipiert, die oftmals nicht mit der vom Künstler intendierten identisch oder ihr ähnlich ist.[91] Kompetente Rezeption ist davon abhängig, dass der Rezipient Kompetenz erworben hat. Dabei stellt die berufliche Ausbildung nur einen Faktor unter vielen dar. Urteilskompetenz ist für Lindau ein Produkt lebensweltlicher kultureller Praxis, Resultat einer Mischung aus Erfahrung, Übung, Bildung und sozialer Umgebung. Lindau stilisiert Frenzel in diesem Kontext zum Musterkritiker:

> Wenn aber Jemand, der mit wachen Augen und regem Sinn für das Schöne Gelegenheit gehabt hat, die bedeutendsten Kunstwerke der Welt in den Museen der Hauptstädte aufmerksam zu mustern, der sich eine umfassende und gründliche Bildung zu eigen gemacht hat und der sich beständig in einer geistigen Atmosphäre bewegt, in der geläuterter Geschmack, rege Teilnahme für alle Hervorbringungen der Kunst und Wissenschaft, Freude am Schönen und Guten heimisch sind, wenn ein Mann wie Karl Fenzel z.B. sein wohlerwogenes Urtheil öffentlich abgibt, so darf man nicht mehr von den Eingriffen der anmaßlichen Kritik in die heiligen Rechte der Kunst sprechen [...][92]

Kunst, verstanden als das, was der Kritiker beurteilt, ist für Lindau eine komplexe soziale Veranstaltung, in der die Bedingungen der Produktion nur einen Teil, die Absicht und Intention des Künstlers nur einen Teil dieses Teils ausmachen. Das Werk ist zwar ein indviduelles, aber sozial situiertes Ereignis. Tendenziell ist schon damit im Bereich der ästhetischen Erfahrung ›konstitutives Missverstehen‹ prinzipiell unumgänglich,[93] doch Lindau interpretiert die Kunsterfahrung nicht individualistisch, sondern moderiert den Standpunkt durch die Betonung der sozialen Dimension des Geschmacks. Mit der rezeptionsorientierten Sistierung des Werkes hat der Kritiker – tendenziell aber auch der Künstler – die Fähigkeit ex cathedra zu sprechen, eingebüßt. Kritiker wie Künstler bekleiden prinzipiell koordinierte Stellungen im Rahmen der Institution ›Kunst‹. Der Kritiker kann also weder dozieren, noch muss er dienen; das Verhältnis zwischen Kritiker und Künstler – aber auch, wie sich zeigen wird, beider Verhältnis zum Publikum – entspricht dem sozialen Verhalten bürgerlicher Subjekte:

---

an jenem Werk bewundern und rühmen, widerstreben durchaus meinen Anschauungen, meinem Geschmack, meinem künstlerischen Gewissen.« (Lindau, Kunst und Kritik, S. 358).

[91] »Das Kunstwerk wirkt ja nicht an sich; es bedarf auch der Mitwirkung anderer Factoren, über die der schaffende Künstler nicht gebietet. Es ist keineswegs gleichgültig, ob ein Bild, das für einen kleinen Raum mit Seitenlicht gemalt ist, in einem großen Raum mit Oberlicht hängt [...].« (Lindau, Kunst und Kritik, S. 357; vgl. Hauptstadt, S. 25 u. 151f.).

[92] Lindau, Kunst und Kritik, S. 353.

[93] Zur Tradition ›ästhetischen Missverstehens‹ vgl. Andreas Hoeschen: Das ›Dostojewski-Projekt‹. Georg Lukács neukantianisches Frühwerk in seinem ideengeschichtlichen Kontext, Tübingen 1999, S. 10–52.

Man darf vom Künstler nicht verlangen, daß er das kritische Urtheil, weil es eben ganz vom Subjecte des Kritikers durchdrungen ist, als absolut werthvoll und für ihn maßgebend anerkenne; man darf allerdings verlangen, daß auch der Künstler das ehrliche Wort eines unterrichteten, gewissenhaften, begabten Mannes respectire [...][94]

Betrachtet man Kunst als soziale Institution und ihre Rezeption nicht als individualistische Sinnerfahrung oder als eskapistische Anverwandlung eines emphatisch Menschlichen, sondern als Ort der Produktion individueller Erlebnisse in Form sozialer Ereignisse, so wird in der spezifischen Situation des Theaters die artifizielle Überhöhung einer allgemeinen Struktur sichtbar: Das Theater ist zum Ersten in gewisser Weise eine sekundäre Kunst, die kontrollierte, artifizielle Umsetzung eines vorgängigen Textes und als solche ein eigenes, vom ›Buchdrama‹ strikt zu unterscheidendes Werk. Dieser produktionsästhetischen Komplexität steht jedoch eine größtmögliche Unmittelbarkeit der Rezeption gegenüber, denn zum Zweiten ist das Theater als Erlebnis die sinnlich unmittelbarste Kunstform. Da dies den Bedürfnissen des Publikums wie der Kritik gleichermaßen entgegenkommt, avanciert das Theater, wie Lindau feststellt, zur publizistisch präsentesten Kunstform der Zeit.[95] Lindau erklärt dies einerseits mit dem geringen Zeitaufwand, den der Kritiker für die Rezeption aufwenden müsse,[96] andererseits aber zugleich mit einem eher despektierlich klingenden Argument intellektueller Ökonomie:

> Denn das Theater, das wohl von allen Künsten an den Kunstverstand des einzelnen die geringsten Anforderungen stellt, und das den künstlerischen Genuß in der denkbar bequemsten Weise darbietet, hat seiner Beschaffenheit nach die größte Anwartschaft auf die lebendige Theilnahme aller Kunstfreunde, das Theater ist denn auch das Schoßkind des Publikums.[97]

---

[94] Lindau, Kunst und Kritik, S. 358.
[95] »Wollte man aus der Zahl, dem Umfange und der Art der Kritik, welche die Bühnenerzeugnisse in unseren Blättern finden, einen Rückschluß auf deren wirkliche Bedeutung machen, so müßte man annehmen, daß das Theater den wesentlichen Bestandtheil der allgemeinen Geistesarbeit bilde und vor allem Anderen die Theilnahme der gebildeten Welt beanspruche. [...] Für die Kritik giebt es eben nichts Bequemeres, als die Bühne. [...] Die dramatische Dichtung bietet sich der Beurtheilung in der gefälligsten und leichtesten Form dar. [...] Ueber die Kunstwerke, die wir auf der Bühne sehen [›die große Mehrheit der modernen Stücke‹], bildet sich das Urtheil am schnellsten, es ist das Sicherste und Leichteste. [...] [W]er mit einer Durchschnittsbildung und mit einigem Geschmack begabt ist und sich nicht durch Nebenrücksichten bestimmen läßt, wird so ziemlich immer das Richtige treffen.« (Lindau, Hauptstadt, S. 217f.). Die Theaterkritik hat zudem den Vorteil, dass sie tatsächlich produktiv wirken kann, insofern ihre Einwände bei folgenden Ausführungen berücksichtigt werden können, Vgl. Lindau, Dramaturgische Blätter, Bd. 1, S. 10f.
[96] Vgl. Lindau, Hauptstadt, S. 217.
[97] Paul Lindau: Vorspiele auf dem Theater. Dramaturgische Skizzen, Dresden/Wien 1895, S. 3f.

Bequeme Rezeption bedeutet nicht notwendig Niveauverlust. Zumindest als Kollektivperson verfügt das Publikum über Qualitätsempfinden:

> Das Publikum ist nicht dumm, es ist sogar unerhört feinfühlig und scharfsinnig. Das Rätsel, daß die Summierung einer großen Anzahl verschiedenartigster Elemente, sogar blasierter, mittelmäßiger, einfältiger Köpfe mit einer Minderheit hervorragender Intelligenzen als Facit eine ganz ungewöhnlich entwickelte Intelligenz ergiebt, hat schon tiefsinnige Denker ernsthaft beschäftigt.[98]

Für Lindau beruht der Bildungsaspekt des Theaters nicht auf der unmittelbaren verbalen Vermittlung. Gegen die Ansprüche von Autoren und Kritikern, die im Gehalt eines Werkes den gültigen Maßstab seiner Beurteilung erblicken, betont er deren wirkungsästhetische Ohnmacht. Er konstatiert einen zweifachen Graben zwischen der literarischen Vorgabe und dem Ereignis auf der Bühne:

> Ueber die Frage der Aufführbarkeit hat selbst der erfahrenste Bühnentechniker nach der Lectüre eins Dramas kaum ein Urtheil. [...] Der Dichter, der für die Bühne schreibt, giebt eben sein Werk völlig preis, er verliert die Gewalt darüber.«[99]

Zufälle wie stürzende Requisiten oder erlöschende Lichter können zwar nie ganz ausgeschaltet werden, aber es ist möglich, in der Zusammenarbeit von Autor und Darsteller einen bühnenwirksamen Text und dessen schlüssige Inszenierung zu erarbeiten. In den ›Vorspielen auf dem Theater‹, einer Schrift, in der Lindau 1895, d.h. zum Zeitpunkt der Übernahme der Leitung des Meininger Hoftheaters, die Summe seiner Erfahrungen als Autor und Kritiker zieht, wird er nicht müde mit Verweis auf die ungleich entwickelteren Verhältnisse in Frankreich die Bedeutung der Inszenierung, die Rolle des Regisseurs und die Arbeit bühnenwirksamer Einrichtung eines Manuskripts zu betonen. Dabei fordert er eine ausreichende Anzahl an Proben unter Anwesenheit des Autors, damit das Ensemble seinen Darstellungsstil entwickeln und der Autor ein Gespür für bühnenwirksame Sprache erwerben kann.[100] Lindau differenziert zwischen Inhaltsregie, der Regie im heutigen Sinne, und Formregie, der Inszenierung.[101] Wie Frenzel betont auch Lindau den handwerklichen Aspekt in der Anlage eines Stückes, die theatralische ›Mache‹.[102] Auch in Fragen der Inszenierung haben die deutschen The-

---

[98] Lindau, Vorspiele, S. 29. Als Beispiel zitiert Lindau Voltaire.
[99] Lindau, Dramaturgische Blätter, Bd. 1, S. 26; zur Differenz zwischen dichterischer Intention und theatralischer Wirkung vgl. auch Lindau, Dramaturgische Blätter, Bd. 1, S. 64 u. Bd. 2, S. 143: »Sobald das Stück in den Händen der Darsteller ist, hat der Verfasser jede Macht darüber verloren und keine irdische Gewalt vermag den Verlauf zu ändern, wenn die letzte Scheidewand fällt und mit unheimlichem Rauschen der Vorhang aufgeht.«
[100] Vgl. Lindau, Vorspiele, S. 85–148: Dichter und Bühne in England und Frankreich.
[101] Vgl. Lindau, Vorspiele, S. 6f.
[102] In der Rezension eines Trauerspiels von Heinrich Kruse vergleicht er deutsche mit französischer Theaterpraxis und klagt: »Hätte doch Kruse nur einen Bruchtheil von

ater laut Lindau erheblichen Nachholbedarf. Dies betrifft selbst Inszenierungen, die historische Sujets zum Gegenstand haben, denn mit dem Fortschreiten der Geschichtswissenschaft und dem zunehmenden Geschichtsbewusstsein ist auch hier zunehmend Präzision gefordert. Auf diesem Gebiet ist das Meininger Hoftheater Maß aller Dinge. Lindau abstrahiert ihre Inszenierungspraxis von den historischen Sujets und interpretiert sie als generellen technischen Fortschritt. Damit benennt er den Übergang von der deklamatorischen zur inszenatorischen Bühnenpraxis und markiert die Entstehung des Regietheaters.[103]

---

der französischen Fertigkeit in der Mache! Aber darauf scheint er gar keinen Werth zu legen. Er glaubt, der innere Gehalt seiner Dichtung sei hinreichend, und auf die Aeusserlichkeiten sei nicht viel zu geben. Das ist ein Irrthum, denn die Bühne wirkt wesentlich durch das Aeusserliche. Die Schönheit der Dichtung kann das Interesse erregen; wenn der Dichter Glück hat, kann sie es auch auf der Höhe erhalten. Aber die Steigerung des Interesses, die Grundbedingung jedes soliden Theatererfolgs, ist nur durch die Steigerung der Handlung zu erzielen, und man hat Unrecht, das etwas wegwerfend als ›Mache‹ zu bezeichnen.« (Lindau, Dramaturgische Blätter, Bd. 1, S. 37). Konkret versteht Lindau hier unter ›Mache‹ das Gefühl für Steigerung und Nachlassen der Spannung in der Handlungsführung eines Aktes wie einer Szene, sowie die Technik, effektvolle Auftritte und Abgänge zu gestalten. Vgl. Lindau, Dramaturgische Blätter, Bd. 1, S. 34f. Er spricht auch von »der doch wichtigen Technik, die man törichterweise geringschätzig als ›Mache‹ zu bezeichnen pflegt [...].« (Paul Lindau: [Rez.] Hugo Bürger: Gabrielle. In: Gegenwart, 1878, 10, zitiert nach: Antoni, Theaterkritiker, S. 74). Als Meister theatralischer Mache – freilich ohne dass der Begriff selbst fällt – beschreibt Lindau Eugene Scribe. Vgl. Lindau, Aus Paris, S. 179–185, bes. 180. Im Gegensatz zu Lindau steht Fontane, der auch hierin 1978 seine vermittelnde Stellung zwischen Gründerzeit und Naturalismus beweist, dem Begriff mit deutlicher Reserve gegenüber: »Es wird mir immer klarer, daß wir die gesammte französische Produktion (auf liter. Gebiet) überschätzen. Die Mache, das eigentliche Können ist beneidenswerth; aber dies äußerliche Können ist *nicht* das Höchste. Das Höchste kommt von oben, es ist ein Geschenk der Götter, und man hat es, oder hat es *nicht*.« (Fontane, Tagebücher 1866–1882, S. 67). Zumindest ambivalent äußert sich der Tenor bei Julian Schmidt: »Zur ›Mache‹ gehört nicht bloß der geschickte Aufbau des Stücks, sondern das Verständnis für die schlechten Neigungen der Menge.« (Julian Schmidt: Das Buchdrama. In: Preußische Jahrbücher 42 [1878], S. 424–429, hier 427). Noch ein 1969 erschienenes Fachbuch zur Theatersprache führt ›Mache‹ lediglich als pejorative Eindeutschung von Manier und Gegenbegriff zu Natürlichkeit. Vgl. Urs H. Mehlin: Die Fachsprache des Theaters. Eine Untersuchung der Terminologie von Bühnentechnik, Schauspielkunst und Theaterorganisation, Düsseldorf 1969, S. 392. ›Mache‹ im allgemeinen hat die metaphorische Bedeutung von ›Handschrift‹ und wird von Lindau auch als Ausdruck des Polizeijargons verwendet. Vgl. Lindau, Spitzen, Bd. 1, S. 84.

[103] »Der künstlerische Grundsatz der Meininger: die Dichtung auch durch äußere Mittel zu heben und ihr durch das Wohlgefällige und Richtige eine eigenartige Stimmung zu geben, nichts zu versäumen, was uns die Zeit und die Personen, die der Dichter uns vorführt, möglichst nahe rückt, für das dichterische Werk einen echten und schönen Rahmen herzustellen – [...] Die Wanderaufführungen der Meininger haben das Auge des Publikums und der Kritik und deren Sinn für das Richtige geschärft.« (Lindau,

Praxis schult den Blick beim Publikum wie bei der Kritik. Aber diese Wahrnehmung des Publikums ist qualitativ, sie benennt atmosphärische Dichte und Eindrücklichkeit einer Aufführung. Es ist Aufgabe des Regisseurs, diese ›Stimmung‹ herzustellen, indem er die Details der Inszenierung an seiner Interpretation des Stückes ausrichtet. Am Beispiel Laubes, der in Leipzig Lindaus Mentor gewesen war, beschreibt Lindau die Technik der »vergeistigenden Regie«.[104] Wichtigste Voraussetzung dabei sei exakte Textkenntnis und präzise Interpretation seitens des Regisseurs. Dessen »geistige[s] Unterstreichen«[105] ermöglicht, den Text zu profilieren und den Schauspieler Richtlinien ihrer Aktionen vorzugeben. Es kommt darauf an, die Botschaft nicht in großen Monologen von der Rampe zu deklamieren, sondern sie zu vermitteln, indem sie dem Publikum als dessen eigene Einsicht insinuiert wird. Da für Lindau auch in der Inszenierungspraxis keine obrigkeitsstaatlichen, sondern bürgerliche Verhältnisse herrschen, bedeutet dies, dass – weil der Zuschauer ins Theater und nicht in den Unterricht geht – die Bühne zunächst nicht moralische Anstalt sein darf, sondern ›Theater‹ sein soll und muss. Die Vermittlung von Botschaften hängt davon ab, dass sie nicht als solche erscheinen:

> Das Publikum hat [...] das Recht, es sich zu verbitten, für dumm gehalten zu werden. Es will sich nicht mit beleidigender Deutlichkeit Dinge vorsagen lassen, die es bei seinem feinen Verständnis auch ohne diese Anstrengung von seiten des Darstellers vollkommen verstehen würde. Jeder einzelne Zuschauer soll vielmehr glauben, daß er der einzige ist, der diese Feinheit, diese Anspielung sogleich bemerkt hat. Der Zuhörer darf nicht die Empfindung haben, daß man ihn auf etwas ganz besonders aufmerksam macht. Gleichwohl muß der Darsteller dem Publikum beständig den Punkt aufs i setzen, aber eben nicht daß es bemerkt wird. Das Unterstreichen darf nie etwas Absichtliches haben. In dieser Beziehung der unmerklichen Unterweisung des Publikums durch die Darstellung war Laube der unerreichte Meister. Alles, was in dem Stücke war, brachte er durch seine Künstler auch so heraus, daß alle Zuhörer es kapieren mußten, und daß wiederum jeder einzelne sich sehr gescheit vorkommen durfte, die unmerkliche Kleinigkeit, auf die es ankam, so schnell erfaßt zu haben.[106]

Der Widerspruch zwischen Unterhaltung und Botschaft, der die zeitgenössische Diskussion um das Theater weithin prägt, ist für Lindau nur scheinhaft. Es kommt vielmehr darauf an, welche Art des Amusements gepflegt wird und

---

Hauptstadt, S. 151). Als Modell ›alten Theaters‹ dient Tiecks Dramaturgie. Vgl. Lindau, Hauptstadt, S. 150. Lindau wendet sich dabei jedoch gegen oberflächliches Virtuosentum auf der Bühne (vgl. Lindau, Hauptstadt, S. 184 u. 288) und gegen falsches Pathos in der Malerei. Vgl. Lindau, Hauptstadt, S. 288.

[104] Lindau, Vorspiele, S. 31. Joachim Weno sieht im Übergang von der ›Außenregie‹ zur ›Innenregie‹, d.i. von Szenenregie zur Textregie, eine Leistungen des naturalistischen Theaters, stellt dieses jedoch in direkte Opposition zu Freytags ›Technik des Dramas‹. Vgl. Joachim Weno: Der Theaterstil des Naturalismus, Phil. Diss. Berlin 1951.

[105] Lindau, Vorspiele, S. 33.

[106] Lindau, Vorspiele, S. 30f. Natürlich ist dieser Text auch selbstbezüglich.

auf welche Art die Botschaft übermittelt werden soll. Amusement und Botschaft stellen keine Opposition dar. Sie sind Entitäten verschiedener Ordnung: ›Amusement‹ bezeichnet als Modus des positiven Pols der affektiven Dimension Lust/Unlust eine formale Eigenschaft des Erlebnisses; die ›Botschaft‹ hingegen ist eine inhaltliche Aussage. Da beide in der konkreten Aufführungssituation eine tragende Rolle spielen, kann es in praxe nur darum gehen, beiden möglichst gerecht zu werden. Inhaltliche Präsentation ohne adäquate theatralische Form ist unkünstlerisch, formale Perfektion ohne inhaltliche Intention intellektuell blind. Dabei dominiert im Theater mit seinem Ereignischarakter – der sinnlichen Unmittelbarkeit der Darbietung, ihrer irreversiblen Zeitlichkeit und der Überkomplexität der szenischen Wahrnehmung – strukturell das formale Moment.

In der dramatischen Kunst wirken die Gesetze des Mediums derart verändernd auf den zugrundeliegenden Text ein, dass die Vorlage leicht hinter der Dichte der Inszenierung zurückbleiben kann. Mit diesem ›Formalismus‹ wird die kategoriale Trennwand zwischen niederer und hoher theatralischer Darstellung, zwischen niederer und hoher Kunst tendenziell eingerissen, zumindest wird die Selektion nach gehaltlichen Aspekten überlagert vom technischen besserer oder schlechterer Produktion: »[E]ine gut gespielte Posse hat eine bei weitem grössere ästhetische Wirkung auf das Publikum, erfreut mehr und bildet mehr den Geschmack als ein schlecht aufgeführtes klassisches Trauerspiel.«[107] Wird die formale ästhetische Arbeit des Künstlers gegenüber der gedanklichen aufgewertet, begünstigt dies die Rehabilitation niederer Genres und Kunstformen.[108] In zeitgenössischen, in der Tradition von Zauberposse und tableaux vivantes stehenden Ausstattungsstücken löst sich die Inszenierung fast völlig vom Wort. In einer Rezension spürt Lindau der Logik solcher Kunst mit faszinierter Ambivalenz nach. Er bestreitet die Zuständigkeit literarisch orientierter Kritik:

> Denn die Literatur hat nichts damit zu schaffen. Der verbindende Text, der zu den Tableaux unserer heutigen Ausstattungsstücke gemacht wird, steht literarisch nicht um einen Zoll höher als das Libretto zu den Scherzen der Clowns im Circus oder die Erläuterungen zu den Wachsfigurengruppen in den Messbuden. Damit ist aber nicht gesagt, dass es leicht sei, ein solches Fabrikat herzustellen. Es gehört dazu vielmehr eine ganz specielle Begabung, wie es scheint.[109]

---

[107] Lindau, Dramaturgische Blätter, Bd. 1, S. 227.
[108] Lindau widmet sich den populären Genres in einer Reihe von Essays und Rezensionen: Er schreibt eine Poetik des Gassenhauers, bespricht circensische Darbietungen und parodiert die Kunstausstellung des Jahres 1883. Vgl. Paul Lindau: Der Gassenhauer als Epidemie. In: Lindau, Überflüssige Briefe, S. 298–313; Paul Lindau: ›Specialitäten‹. In: Lindau Hauptstadt, S. 136–148. Das Milieu des Tingeltangels und das Motiv des Gassenhauers fungiert in dem Roman ›Die blaue Laterne‹ als Gegenbild adliger und bourgeoiser Welt. Vgl. Paul Lindau: Die blaue Laterne. Berliner Roman, 2 Bde., Stuttgart/Berlin 1907, bes. Bd. 2, S. 209–234.
[109] Paul Lindau: Ein Ausstattungsstück. In: Lindau, Dramaturgische Blätter, Bd. 1, S. 281–286, hier 282. Wenn sich Maximilian Harden zu Beginn der neunziger Jahre mit dem

Bald danach folgt eine phänomenologische Analyse dieses ästhetischen Erlebnisses:

> Dem Auge des Publikums wird so viel geboten, dass sein Geist nicht obenein auch noch angestrengt werden darf. Die grösste Nichtigkeit in der Dichtung ist jedenfalls das Zweckmässige. Denn je weniger man auf das, was gesprochen und gesungen wird, zu achten hat, desto frischer bleibt der Sinn für die Wahrnehmung der bemalten Lappen und bunten Fetzen. Im Grunde genommen sind diese Stücke nichts als Pantomimen, und je mehr sich die textliche Bedeutung der Pantomime nähert, desto besser ist es.[110]

Wie die abwertende Beschreibung der sinnlichen Gegenstände als ›bemalte Lappen‹ und ›bunte Fetzen‹ signalisieren, steht Lindau dieser Kunstform nicht vorbehaltlos gegenüber. Dass er weniger reale Dürftigkeit beschreibt, als ein moralisches Verdikt metaphorisch zu bedeuten, zeigt sich, wenn er die Verschwendung erheblicher Mittel beklagt, die man eben so gut zur Erstellung einer exakten historischen Szenerie mit Bildungswert hätte verwenden können. Gehalte sind durchaus erwünscht und von Wert,[111] widersprechen aber der Logik des Ausstattungsstücks. Als genuin visuelle Kunstform muss dieses auf Sinn verzichten, denn »wo bei dieser Art literarischer Hervorbringungen die Harmlosigkeit aufhört, fängt die Geschmacklosigkeit an, und die ist überall zu tadeln, selbst im Circus.«[112]

Man könnte dies als faszinose Ästhetik einer theatralischen Sonderform unbeachtet lassen, sähe Lindau in ihr – und damit im Verzicht auf kritische Intelligenz – nicht das Paradigma der seduktiven Poetik idealistischer Kunst:

> Die Dichtung ist gar nicht anstrengend, sie übt eine wohlthätig beruhigende Wirkung auf den Zuschauer aus. Man braucht nicht zu lachen, man braucht nicht zu weinen, man braucht nicht einmal zu verstehen; von Freundeshand wird man ganz allgemachsam bis hart an das Gebiet der völligen Bewußtlosigkeit geleitet, welche unsere Philosophen als das höchste Glück auf Erden preisen.[113]

Ausstattungsstück auseinandersetzt, richtet er seine Kritik an szenischer Prachtentfaltung zwar vor allem gegen die üppige, historisch präzise szenische Ausstattung der Meininger Aufführungen, aber auch von ihm wird einerseits die Divergenz zwischen historisch-wissenschaftlicher Präzision und inszenatorischen Erfordernissen, sowie andererseits die Affinität des Genres zum Phantastischen und in diesem Sinne ›Sinnlosen‹ unterstrichen, die in gewisser Weise die Tür einen Spalt weit öffnet für den Inszenierungsstil Max Reinhardts. In dessen berühmtem Dramaturgenstab wird auch Harden mitarbeiten. Vgl. Maximilian Harden: Klassische und moderne Ausstattungsstücke. In: Harden, Literatur, S. 84–90, bes. 89.

[110] Lindau, Ausstattungsstück, S. 283.
[111] Vgl. Lindau, Literarische Rücksichtslosigkeiten, S. 48.
[112] Lindau, Ausstattungsstück, S. 284.
[113] Lindau, Ausstattungsstück, S. 283f.

Dies ist eine wesentlich fundamentalere Kritik an der idealistischen Ästhetik mit ihrem Konzept einer anschaulichen, gegen begriffliche Reflexion und Diskursivität gerichten Wahrnehmung des Kunstwerks, als die von Lindau bei fast jeder Gelegenheit geäußerten Vorwürfe gegen eine eventuell staatlich zu unterstützende, ökonomisch nicht konkurrenzfähige ›idealistische‹ Kunst, die in mit ›Volksbühnen‹ das Volk zu beglücken versuchte.[114]

Die »Schaulust der Großstadt«[115] ist zum großen Teil Schau-Lust und wendet sich dem Zirkus oder dem Varieté zu, wenn sie auf dem Theater keine Befriedigung findet. Ohne großes Bedauern konstatiert Lindau:

> Für Diejenigen, welche so gern von der sittlichenden Kraft der Bühne reden und sich von dem wohlthätigen Einflusse der Volksbühnen goldene Berge versprechen, mag das freilich überaus betrübend sein, aber richtig bleibt es darum nicht minder.[116]

Wie Frenzel sieht auch er gegenwärtig kein Genie, das den Anforderungen der Gegenwart an die Bühne maßstabsetzend gerecht werden könnte. Theatralische Handwerker bleiben auf Vorlagen und Muster angewiesen. Lindau findet sie in der französischen Salonkomödie, die sich sowohl in der dramaturgischen Technik und inszenatorischen Sorgfalt als auch in der Publikumswirksamkeit ihrer Stoffe und Motive überlegen zeige. Sie entspräche dem Bedürfnis des Publikums nach aktuellen Themen und sozialer Selbstbespiegelung, stelle aber erhöhte technische Anforderungen an das Stück und die Inszenierung, weil die Kritikfähigkeit des Publikums mit der Nähe zu eigener Erfahrung wachse.[117] Dagegen

---

[114] »Einem guten Vater, den die Frage bekümmert: welches Geschäft sein heranwachsender Sohne zu ergreifen habe, kann man keinen besseren Rath erteilen als: ›Lassen sie Ihren Jungen Idealist werden.‹ Es ist jedenfalls die dankbarste Carriere. Was man sich im Namen der heiligen Ideale der Menschheit alles erlauben darf – es ist kaum zu glauben. Und man hat obendrein das Recht, verstimmt zu sein, wenn man bei'm Schillerpreis nicht berücksichtigt wird.« (Lindau, Dramaturgische Blätter, Bd. 1, S. 57; vgl. 104). In der Förderung auf Subsidien angewiesener Kunst sieht Lindau, wie er an gleicher Stelle ausführt, eine Aufgabe der subventionierten Hoftheater. Mit dem Problem der Kohabitation marktwirtschaftlich-ökonomischer und subventionsgestützter nationaler Kunst sah sich Lindau schon in Paris konfrontiert. Vgl. Paul Lindau: National- und Volksdramen. Eine Schule nationaler Beschränktheit. In: Lindau, Aus Paris, S. 34–52.
[115] Lindau, Hauptstadt, S. 136.
[116] Lindau, Hauptstadt, S. 138. Dass es Lindau selten versäumt auf die – vermeintlichen oder echten – ökonomischen Interessen der Befürworter einer Nationalbühne zur Aufführung nationalen Stoffe hinzuweisen, mag mit dazu beigetragen haben, dass dieser Vorwurf bei der ersten Gelegenheit erbarmungslos gegen ihn selbst in Anschlag gebracht wurde.
[117] »Spielt die Handlung [...] in unseren Tagen und in unserer Mitte, so sind wir in den Stand gesetzt, eine schärfere Controle auszuüben und wir dürfen bei Diesem und Jenem mit Fug und Recht sagen: das ist einfach nicht richtig, das stimmt ganz und gar nicht!« (Lindau, Hauptstadt, S. 226; vgl. Lindau, Dramaturgische Blätter, Bd. 1, S. 135f. u. 154f.).

bezweifelt er die »dichterische Kraft des patriotischen Gedankens«,[118] die poetische Fruchtbarkeit der Reichseinigung und stellt selbst den »wohlfeilen Patriotismus«[119] der achtziger Jahre in Frage. Wenn sie sich auf die nationale Tradition besinnen, geraten die Bühnenschriftsteller in eine schwierigen Situation: ihre Muster sind veraltet.[120] Lindau bezweifelt die Möglichkeit von Historiendramen, weil die exakte Darstellung historischer Szenerien, wie sie das wissenschaftlich geprägte Zeitalter fordert, deren Wirkungsintention konterkariere, indem sie das Interesse vom Gehalt ablenkten und auf Fragen der Stimmigkeit seiner Präsentation leiteten.[121]

Dies gilt für alle Künste und bedeutet auf dem Gebiet der Malerei, dass die Historienmalerei tendenziell vom Genre absorbiert wird. Lindau reflektiert diesen Sachverhalt in seiner Rezension der Gemäldeausstellung 1883. Zunächst stellt er einen »erstaunlichen Mangel an Werken der geschichtlichen Malerei im großen Stile«[122] fest und begründet dies aus der historischen Situation der Künste:

---

[118] Lindau, Hauptstadt, S. 246. Lindau bezieht sich dabei auf ein Gemälde.

[119] Zu einer Aufführung der Herbstsaison 1882 schreibt Lindau: »In wohlfeilem Patriotismus wird allerdings das Mögliche geleistet. Das deutsche Lied, das deutsche Weib, die deutsche Treue werden nach allen Richtungen hin verherrrlicht, auf Königin Luise und Kaiser Wilhelm werden besondere Verse gesungen. Die Gesinnung ist also, wie man sieht, recht anerkennenswerth; aber eine dürftigere künstlerische Schöpfung und Darstellung habe ich lange nicht gesehen.« (Lindau, Hauptstadt, S. 166; vgl. 166f.). Mehr noch als dem steigenden Patriotismus steht Lindau der zunehmenden »Uebertragung politischer Auffassungen auf das Gebiet der Aesthetik« kritisch gegenüber. Er kommentiert sie sarkastisch als heroischen Einnahmeverzicht. Vgl. Lindau, Hauptstadt, S. 222.

[120] Dies gilt auch für das familiale bürgerliche Lustspiel des 19. Jahrhunderts. Vgl. Lindau, Dramaturgische Blätter, Bd. 1, S. 124.

[121] »[O]b die Vermischung des modernen Geistes mit der breiten Auffassung der alten Sage rathsam, ob unsere Zimperlichkeit mit der rührenden Naivetät des Nibelungenliedes vereinbar ist – diese und ähnliche Fragen zu umgehen, [...] muß besonders schwierig sein. Denn thatsächlich nehmen die Erörterungen derselben in den meisten Kritiken der Geibelschen ›Brunhild‹ mehr Raum in Anspruch als die Besprechung der Dichtung.« (Lindau, Dramaturgische Blätter, Bd. 1, S. 3f.). Zwar bekennt er sich in Fragen der »Grenzlinie zwischen dramatischer Licenz und historischer Wahrheit« zur »allertolerantesten Richtung« (beide Lindau, Rücksichtslosigkeiten, S. 183; vgl. Lindau, Hauptstadt, S. 225), doch dürfen dabei die Fakten nicht ignoriert und die Charaktere nicht entstellt werden. Schon in den ›Harmlosen Briefen‹ hatte sich Lindau über einen ›Verein zur Förderung des deutschen geschichtlichen Dramas‹ belustigt. Vgl. Lindau, Harmlose Briefe, Bd. 2, S. 22.

[122] Paul Lindau: Berliner Kunstausstellung. In: Lindau, Hauptstadt, S. 288–362, hier 309. Zudem konstatiert Lindau die Überlegenheit französischer Malerei in der Aktdarstellung und führt dies auf die sozialen Bedingungen, auf die Abhängigkeit der Künstler von Auftraggebern und auf eine verfehlte staatliche Kunstpolitik zurück. Vgl. Lindau, Kunstausstellung, S. 310.

> Wie sich unsere Dichtkunst immer mehr von der Tragödie, dem geschichtlichen Drama und Epos abwendet und auch die dichterische Behandlung großer Vorgänge und Persönlichkeiten einer abgeschlossenen Zeit mehr die Eigenthümlichkeiten der gelehrten Alterthumsforschung und wissenschaftlichen Schilderung als der freien geistigen Schöpfung angenommen, so hat auch unsere Malerei eine gewisse Scheu vor der im hohen und reinen Sinne künstlerischen Darstellung des Weltgeschichtlichen.[123]

Nimmt sich der Historienmaler – als Beispiel dient Anton von Werner, den sich Lindau im zweiten Teil des Aufsatzes, dem Artikel ›Kunst und Kritik‹, intensiv widmen wird – zeitgeschichtliche Ereignisse zum Inhalt, tendiert das Bild wegen seiner Aktualität zur Zeitschriftenillustration,[124] wählt er weiter zurückliegende Ereignisse, so wendet sich das Interesse vom eigentlichen Thema ab und der Form seiner Inszenierung zu. In diesem Sinne ist Historisierung Formalisierung erster Stufe: Die Präsentation eines Gehaltes, d.h. eines Aussage-Inhaltes, in formal korrekter Umgebung. Doch im Prozess der Determination des Einzelnen aus seinem Milieu, mit der funktionalen Definition einer Identität durch Verortung in ihrem relationalen Gefüge, emanzipiert sich die Bedeutung des Artefakts vom intendierten Gegenstand und wird zur Funktion ihrer Inszenierung:

> Gerade wie uns diejenigen unserer Schriftsteller, die uns wundervolle Mären aus alten Zeiten erzählen, eigentlich mehr durch ihren Fleiß, ihre Belesenheit und die Geschicklichkeit im Wiederaufbauen der Trümmer einer zerfallenen Herrlichkeit interessieren, als daß sie uns mit dem Geiste der Zeit vertraut machen, so wenden auch viele unserer Historienmaler nicht dem hauptsächlichen, sondern der Zuthat ihre vornehmliche Aufmerksamkeit zu und bei vielen dieser Bilder ist die Grenzlinie zwischen Historie und Genre gänzlich verwischt.[125]

Auf dem Gebiet der Malerei sieht Lindau zwei zeitgemäße Möglichkeiten: Zunächst eine Malerei, die sich ihre eigene poetische Wirklichkeit schafft. Dazu ist Genialität erforderlich, die über jedem »Recept aus dem ästhetischen Kochbuche«[126] steht. Beispielhaft ist die Malerei Arnold Böcklins. Nachdem er in ausführlicher und detaillierter Beschreibung des Bildes ›Im Spiel der Wellen‹ – das im Hintergrund ein Meerungeheuer zeigt und im Vordergrund darstellt, wie drei Nixen

---

[123] Lindau, Kunstausstellung, S. 319. In ähnlicher Weise hatte Lindau schon 1863 Flauberts ›Salambo‹ »literarisch[s] Erzeugni[s] hybrider Natur« kritisiert, das versuche, sich sowohl den Ansprüchen der Wissenschaft als auch denen der Literatur zu entziehen, indem es beide gegeneinander ausspiele. (Paul Lindau: Gustav Flaubert und der realistische Roman. In: Lindau, Aus Paris, S. 186–206, hier 195).

[124] Vgl. Lindau, Kunstausstellung, S. 321; vgl. Hauptstadt, S. 275.

[125] Lindau, Kunstausstellung, S. 322. Als Beispiel untersucht Lindau das Gemälde ›Luther auf der Wartburg predigend‹ von Hugo Vogel. Er kommt zu dem Urteil: »Als Gemälde ist es eine ganz vortreffliche Arbeit; aber das geschichtlich eigentlich Bedeutende spricht nicht mit überzeugender Beredsamkeit aus diesem Bilde.« (Lindau, Kunstausstellung, S. 322).

[126] Lindau, Hauptstadt, S. 314.

und ein Wassermann von einem Centauren überrascht werden – auf die inhaltliche Stimmigkeit der Komposition bei aller Phantastik im Detail wie im Sujet hingewiesen hat, holt sich Lindau bei Friedrich Theodor Vischer Beistand und kommt zu dem Ergebnis:

> Das sind keine krankhaften Phantasiegebilde eines überreizten Hirns, es sind im wahrsten Sinne des Wortes künstlerische Gestalten, die Fleisch und Blut gewinnen, die unter den Bedingungen ihrer fabelhaften Wirklichkeit wirklich leben könnten, die wir für möglich halten.[127]

Böcklins Malerei ermöglicht durch ihre realistischen Details identifikatorische Erfahrung, das Ganze des Werkes bleibt jedoch autonom. Seine Wirklichkeit ist individuell, transzendiert in dieser Individualität alle Technik, weil sich die formalen Aspekte nicht verselbständigen, sondern funktional auf ein Ganzes bezogen bleiben. Die Wahrnehmung dieser kohärenten und autonomen Wirklichkeit des Werkes – und d.h. seine bloße Existenz als Werk – wird vom Rezipienten lustvoll erfahren:

> Böcklin erregt im wahrsten Sinne des Wortes Freude. Es ist eine Freude, neben all den Tifteleien, Kunststücken und kleinlichen Pinseleien dem Werke eines Künstlers zu begegnen, der so ganz auf seinen eigenen Füßen steht, der von seinem eigenen Standpunkte aus seinen eigenen Zielen nachgeht und dem es nur darum zu thun ist, unbekümmert um den Beifall oder Tadel, das zu schaffen, was er für schön und richtig hält.[128]

Ästhetische Qualität ist Freude an der Erfahrung des Gegenstands, d.h. Freude an seiner Existenz. Doch reine Individualität, wie sie die Böcklinsche Kunst ausstrahlt, bleibt schon aus ökonomischen Gründen die Ausnahme. Die Mehrzahl der Künstler muss aus finanzieller Notwendigkeit den Bedürfnissen der Epoche nachkommen und ist darum einem Stil verpflichtet, der der Tendenz und dem Geschmack der Zeit ein Stück weit entgegen kommt – was zunächst kein qualitatives Urteil, sondern lediglich eine stilistische Einschränkung bedeutet.

In den grundlegenden Prinzipien der ästhetischen Zeitdiagnose bleibt Lindau konstant. Für die dramatische Kunst formuliert er schon in der ersten Hälfte der siebziger Jahre sein Credo bestimmender Modernität:

> Ich hege den Wunsch, dass aus dem deutschen Lust- und Schauspiele das schwer definirbare Etwas, das man wohl ›modernen Geist‹ zu nennen pflegt, zu uns spreche, dass man dem Lustspiele, das in der Gegenwart geschrieben und dessen Handlung in unsere Tage verlegt worden ist, auch die Gegenwart anmerke, dass man in ihm

---

[127] Lindau, Hauptstadt, S. 344f.; vgl. auch Lindau, Aus Paris, S. 164: Die Verschmelzung von Erhabenem und Groteskem in Victor Hugos Gedicht ›le Sartyre‹.
[128] Lindau, Hauptstadt, S. 313.

gewisse Dinge wahrnehme, die so – gerade so nur zu unseren Tagen empfunden und ausgedrückt werden konnten.[129]

Man könnte einwenden, diese Äußerung beziehe sich mit dem Lustspiel auf eine Gattung, die sich ex definitione eher niederen und damit zeitgebundeneren Themen widmen könne als die hohe, ewigen Werten und Konflikten verpflichtete Kunst der Tragödie und des Trauerspiels. Aber die Modernitätsforderung ist kein kunstimmanentes Postulat, sondern sie beschreibt eine basale Tendenz der Epoche, der sich die Kunst – mit Ausnahme zeitunabhängiger Individualitäten wie Böcklin – in allen Sparten beugen muss. So hatte Lindau selbst die Unzeitgemäßheit der ›hohen Stoffe und Formen‹ konstatiert. Aber auch wenn literarische Modernität eine Tendenz zum Lustspiel aufweist, muss dieses seinerseits modern sein. Lindau thematisiert die Poetik des modernen Lustspiels in einer Würdigung Roderich Benedix', dem nach seiner Rechnung zu Beginn der siebziger Jahre meistgespielten deutschen Dramatiker.[130] Benedix gibt zwar – so Lindau – »nur Hausmannskost«,[131] doch ist er damit auch »der wahre Poet der Alltäglichkeit«.[132] Freilich entspricht diese Alltäglichkeit nicht mehr der gesellschaftlichen Wirklichkeit, sondern verkörpert ein Wunschbild ›deutschen Wesens‹ und ›deutscher Sitte‹. Der vermeintliche Realist Benedix wird zum poetologischen Idealisten. Wenn Lindau feststellt: »Seine ganze Weltanschauung ist durchaus optimistisch [...]«[133] bezieht sich dies zwar auf die Bonhommie der Charaktere und die Harmlosigkeit der Handlungen, aber zugleich wird eine Spitze gegen idealistische Vorbildfunktion der Kunst kenntlich, da er zuvor bemerkt hatte:

---

[129] Lindau, Dramaturgische Blätter, Bd. 1, S. 124f.; vgl. 128: »[Es ist] an der Zeit, aus der conventionellen Lustspielsphäre herauszutreten, um den festen Grund und Boden der Gegenwart zu beschreiben.«
[130] Paul Lindau: Roderich Benedix. In: Lindau, Gesammelte Aufsätze, S. 1–14. Lindau interpretiert Benedix als Theaterpraktiker, der sich auf effektsichere, aber harmlose Situationskomik versteht. Dies entspricht durchaus der Selbstcharakteristik, die Benedix in seiner Autobiographie gibt: »[I]ch bin immer nur ein Genremaler gewesen und will nie das Lustspiel zur Geisel der Zeitthorheiten machen«. (Zitiert nach: Josef Kürschner: [Art.] Roderich Benedix. In: ADB, Bd. 2, S. 325–327, hier 326). Auch Rudolf von Gottschall bestätigt sowohl den außerordentlichen Erfolg, als auch die Beschränkungen der Benedixschen Komödien, die ihren Autor zwar zu einer populären, aber von der Kritik herablassend behandelten Figur werden ließen. Vgl. Rudolf von Gottschall: Das neue deutsche Lustspiel. In: Gottschall, Todtenklagen, S. 347–379, bes. 356–360. Die Lindausche Würdigung Benedix' gehört also zumindest teilweise auch in den Kontext der Rehabilitierung der praktischen Künste systematisch niederer Genres und Sparten.
[131] Lindau, Benedix, S. 4.
[132] Lindau, Benedix, S. 5.
[133] Lindau, Benedix, S. 13.

> [S]ie [die Benedix'schen Lustspiele] sind ein *freundlicher* Spiegel der bürgerlichen Gesellschaft in der Gegenwart. Man wird schwerlich aus ihnen ersehen, wie die deutsche Gesellschaft in unserer Zeit ausgesehen hat, aber der künftige Erforscher deutscher Culturzustände wird leicht an ihnen erkennen, wie diese Gesellschaft gern hätte aussehen mögen.[134]

Als Lindau zuvor in parodistischer Argumentation Kritik als affirmative Beschreibung getarnt und damit nicht nur den einzelnen Gegenstand, sondern einen ganzen Jargon diskreditiert hatte, formulierte er antithetisch sein eigenes Credo der Modernität:

> Benedix hat das deutsche Leben in seiner tiefen Innerlichkeit erfasst. Nicht das unruhige, bewegte Leben der Gegenwart, das die nationalen Unterschiede immer mehr verwischt und die nationalen Eigenthümlichkeiten mit dem allgemeinen Firniss des Modernen übertüncht, sondern das deutsche Leben in der guten alten Zeit, die doch wohl einmal da gewesen sein muss [...][135]

Benedix' Komödie ist deutsche Komödie; ihr sanfter Humor steht in hartem Kontrast zur satirischen Schärfe französischer Stücke. Für Lindau bleibt die Salonkomödie Vorwurf und Modell. Er bescheinigt ihren Autoren, dass sie

> das ›castigat ridendo mores‹ zur ihrem Wahlspruche erwählt haben und im Theater ein mächtiges Instrument zur Geisselung der zeitgenössischen Unsitten erblicken, [...] und es für heilsam und nützlich halten, das Uebel aus dem Verborgenen auf den Schauplatz zu ziehen, um die Wunden öffentlich auszubrennen [...][136]

Die rezeptive Erfahrung strafender Satire, den die idealistische Poetik des Lachens mit ihrem befriedeten Humor überwunden haben wollte, wird im Lob der Erfahrung Benedix'scher Behaglichkeit ex negativo beschrieben:

> Die Lustspiele von Benedix rufen nicht das mahnende Gewissen wach, sie fordern den Zuschauer nicht auf zur Einkehr in sich selbst, sie beschämen ihn nicht dadurch, dass sie ihm seine lächerlichen oder verächtlichen Verborgenheiten auf der Bühne zeigen, sie bannen nicht sein angstvolles Auge auf die Darsteller hinter dem Souffleurkasten, weil er erröthen müsste, wenn er um sich blickte und an den Mienen des Nachbarn erkennen würde, daß er durchschaut ist – sie versetzen den Zuschauer in eine behagliche, ruhige Stimmung; denn er weiss, daß ihm nichts besonders Unangenehmes passiren kann, und dass das schlimmste Loos, das ihm beschieden, das ist: sich ein bischen zu langweilen.[137]

---

[134] Lindau, Benedix, S. 8.
[135] Lindau, Benedix, S. 6.
[136] Lindau, Benedix, S. 7; vgl. Harmlose Briefe, Bd. 2, S. 16: »Wir lachen, wie Figaro, um nicht weinen zu müssen.«
[137] Lindau, Benedix, S. 7f. Folgt man der Logik des Bildes und der Neigung Lindaus, die eigene Position ins Bild zu bringen, indem er seine Texte in die Unendlichkeit eines metaphorischen Spiegelkabinetts projiziert, so sitzt Lindau selbst im Souffleurkasten: Der Autor, der den Darstellern den Text vorgibt, mit dem sie den Zuschauer bannen, weil er in ihnen sich selbst erkennt.

Diese Rezeption ist nicht mehr idealistisch-einverständliche, die im sozialen Erlebnis – dem solidarisch zustimmenden Blick des Nachbarn – die Selbstvergewisserung der eigenen Prinzipien, die Kongruenz der Selbstbildnisse und damit das Soziale selbst in der Inszenierung von Identität und Irritation erfuhr und dabei kritisches Bewusstsein zur Blödigkeit sedierte.[138] Jetzt bannt ein faszinoser Blick das Subjekt. Er verhilft ihm zu einem intellektuellen (Selbst-)Erlebnis, zwingt es, sich selbst zu sehen, wie es sich und vor allem allen anderen nicht erscheinen möchte. Dieses Erlebnis solidarisiert nicht, sondern isoliert, ist nicht Ritual, sondern Selbsterfahrung, rekurriert nicht auf die emotionale ›Konfirmation‹ kollektiver Normen, sondern produziert Verunsicherung, fasziniert durch die emotive Erfahrung der intellektuellen Differenz von Selbstbild und Selbsterfahrung. Die Möglichkeit zur Wahrnehmung dieser Differenz basiert auf der Annahme, dass es hinter der sozialen Imago im Individuum eine Schicht gibt, die in der Lage ist, sich selbst wiederzuerkennen; ihre Hoffnung liegt darin, dass mit der Artikulation der Differenz von Selbst und Selbstbild ein intellektueller Vermittlungsprozess in Gang gesetzt wird.[139]

3.3 Neue Muster

Benedix konnte auf das Einverständnis des Publikums und dessen Lust auf Zerstreuung und Vergessen des Alltags in geschönter Selbstbespiegelung zählen[140] und lief allenfalls Gefahr, die Zuschauer mit seinen »rührend wahr[en] und realistisch treu[en]«[141] Figuren und Handlungen zu langweilen. Schwieriger ist es hingegen, das Publikum für die kritische Kunst der strafenden Satire einzunehmen. Deren ästhetisches Prinzip liegt, wie Lindau an Alexandre Dumas erläutert, nicht in der Übertreibung, Karikatur und Parodie tatsächlicher Verhältnisse, sondern in der exakten Reproduktion der Wirklichkeit auf der Bühne:

> [...] Dumas hat es sich nicht zur Aufgabe gemacht, Charaktere zu schaffen, sondern die Charaktere, welche er in der Pariser Gesellschaft fertig vorfand, so wie sie durch die sozialen Verhältnisse sich gebildet oder verbildet hatten, mit photographischer Treue

---

[138] Der erwähnten Rezeptionsästhetik des Ausstattungsstücks eingedenk, kann die idealistische Komödie als intellektuelles Ausstattungsstück bezeichnet werden.
[139] Dieser Vermittlungsprozess hätte, freudianisch ausgedrückt, zwischen Ich und Ich-Ideal statt. Vgl. Peter von Matt: Die Opus-Phantasie. In: Psyche 33 (1979), S. 193–212.
[140] »Die Welt sagt ja, und nicht ganz ohne Berechtigung: wir haben leider gar zu oft Gelegenheit, wenig Tröstliches zu sehen, man erspare uns den Anblick des Hässlichen auf der Bühne, man zeige uns schöne, anziehende Gestalten, man zerstreue uns lieber, damit wir vergessen.« (Lindau, Benedix, S. 8f.; vgl. Lindau, Rücksichtslosigkeiten, S. 49).
[141] Lindau, Benedix, S. 9.

wiederzugeben und auf die Bühne zu bringen. Er hat nie ein Organ sein wollen, ihm genügt es, ein Echo zu sein; er will nicht erfinden, sondern nur schildern.[142]

Zwar nimmt Lindau zum Schluss den Naturalismus dieser Poetik zurück und redet einer Beschränkung der ästhetischen Gegenstände auf nicht ›wirklich Unschönes‹ das Wort, dennoch dokumentiert seine Position eine entscheidende poetologische Verschiebung: Übertreibung und Parodie, klassische Mittel satirischer Überzeichnung, werden nun zu Prinzipien ›positiver‹ idealistischer Poetik. Dagegen wird bloße Abspiegelung des Vorhandenen – ein ästhetisches Mittel, das tendenziell dem Bereich des versöhnlich Humoristischen zugeordnet war, weil es ad hominem argumentierte – nun zur extremen, den Bereich solidarischer Rezeption überschreitenden ästhetischen Form. Der idealistische Realismus meinte die bessere und wahrere Wirklichkeit der schlechten Gegenwart. Diese Dimension wird nun eliminiert; sie überlebt allenfalls als verdächtiger Modus ästhetisierender Wirklichkeitsverweigerung. Die schlechte Wirklichkeit wird zur einzigen. Damit fallen Wahrheit und Schönheit auseinander. Die Präsentation des Wahren im Institut des Schönen, d.h. in der Kunst, tendiert zur Karikatur, während andererseits die Präsentation des Schönen als Wahres nur eine Parodie wirklicher Wahrheit: Beschönigung darstellen kann. Wahrheit und Schönheit werden Antagonisten auf dem Feld der Kunst, denn die Formationsprinzipien des Ästhetisch-Schönen und die außerästhetischer Wirklichkeiterfassung schließen sich aus. Die Möglichkeiten, beide Bereiche zu entkoppeln, werden die Moderne bestimmen. Für Lindau bleibt die völlige Trennung noch außer Betracht, doch er geht einen wichtigen Schritt in diese Richtung, wenn er die Bindung zwischen beiden Bereichen nicht mehr als konzeptionelle Einheit, sondern als soziales Decorum begreift, das insbesonders dort relevant wird, wo es nicht um private, sondern soziale Formen ästhetischer Erfahrung geht:

> Realismus ist gewiss etwas Schönes, und ich würde der Letzte sein, der dawider eifern möchte; indessen die Bühne verlangt nicht nur Wahrheit der Beobachtung und Treue der Schilderung; bei der Wahl des Stoffs z.B. muß auch der Idealismus eine mindestens beratende Stimme haben. Mit dem wirklich Unschönen, mag es nun wahr sein oder nicht, soll sich die Kunst überhaupt nicht befassen.[143]

---

[142] Paul Lindau: Alexander Dumas der Jüngere und die Frauen des Kaiserreichs. In: Lindau, Rücksichtslosigkeiten, S. 47–61, hier 47.

[143] Lindau, Dumas, S. 47f. Wo die Rezeption nicht öffentlich, sondern im Kabinett erfolgt, ist Lindau toleranter: Die Romane Paul de Kocks lobt er wegen ihrer Eindeutigkeit, die jede Schlüpfrigkeit vermiede. Vgl. Paul Lindau: Paul de Kock. In: Lindau, Gesammelte Aufsätze, S. 348–359; vgl. auch 333. Damit setzt er sich tendenziell in Widerspruch zu der eigenen Ablehnung Zolas, was ihm seitens der ›Gesellschaft‹ hämische Bemerkungen einträgt. Vgl. Vult [Michael Georg Conrad]: Paul Lindau. In: Gesellschaft 1 (1885), S. 14f.

Deutlicher noch werden die Konturen und Grenzen in der Kritik Flauberts. Lindau wirft diesem vor, zwar vielleicht Abschreckung gewollt, aber lüsterne Neugier erregt zu haben. Er zieht daraus die Lehre, dass das formale realistische Verfahren inhaltlich moralischer Regulierung bedürfe:

> So bewahrheitet der Erfolg der ›Madame Bovary‹ die alte, gar nicht genug zu beherzigende Regel, daß purer, platter Realismus, ohne allen idealen Beigeschmack, stets unmoralisch ist und stets unmoralisch sein muß. Realismus, auf ausgewählte Gegenstände angewandt und mit gutem Geschmack verbunden, ist sicherlich das letzte Wort der Kunst, aber bei diesem Prozesse ist eben die Auswahl, der gute Geschmack, rein idealer Natur.[144]

An dieser Stelle wird die Nähe und die Differenz Lindaus zur idealistischen Ästhetik deutlich: Das ästhetische Verfahren, der ›Realismus‹ selbst ist moralisch völlig indifferent. Dies widerspricht der basalen Ethizität des idealistischen ästhetischen Subjekts fundamental und stellt Lindau auf die Seite einer sich formalästhetisch verstehenden Moderne. Mit ihr teilt er zudem die Ansicht, dass Kunst keine Totalität oder Substanzialität als notwendigen Gegenstand habe, sondern der Künstler prinzipiell in der Lage sei, einen Gegenstand zu wählen, ohne damit die *ästhetische* Wertigkeit des Kunstwerks zu präjudizieren. Dass er aber dennoch nicht bereit ist, in seiner Bewertung auf die inhaltliche Seite des Kunstwerks zu verzichten, sondern das Urteil vom kunstfremden Aspekt einer konventionalistischen Moral präskribieren lässt, trennt ihn von der Moderne. Sainte-Beuve, den Lindau zitiert, hatte die Flaubertsche Schule als ›Anatomistes‹ bezeichnet, auch Lindau hält den Ausdruck für treffend, lehnt aber die quasi wissenschaftliche Kälte dieser Schreibweise ab, weil sie ein Publikum voraussetze, das primär an Erkenntnis interessiert sei, aber notwendig fehl leite in einer Rezeption, die Sensation und Zerstreuung suchte.[145] Lindau selbst bevorzugt ein genus medium, die ›mittleren Töne‹, um die soziale Konvention nicht zu verletzen, zeigt sich aber zugleich eher geneigt gewisse ›Derbheit‹ als geschliffene Geläufigkeit zu akzeptieren.[146] Hier deutet sich der Konflikt um die mora-

---

[144] Lindau, Flaubert, S. 192.
[145] Vgl. Lindau, Flaubert, S. 190f.
[146] »Die mittleren Töne, die dem Maler, der die Wirklichkeit darstellen will, die liebsten sein sollten, fehlen [in dem besprochenen Drama ›Um Nancy‹ von Karl Koberstein] beinahe ganz. Aber jedenfalls ist die bisweilen verletzende Derbheit in der Diction der saftlosen Schüchternheit der Bühnensprache, an der die sogenannten ›gut geschriebenen‹ Stücke leiden, vorzuziehen. Hier verräth sich doch zum mindesten eine gesunde Natur.« (Lindau, Dramaturgische Blätter, Bd. 1, S. 184). In der biologischen Begrifflichkeit, der Entgegensetzung ›saftloser‹ Degeneration und ›gesunder Natur‹, könnte diese vor 1875 geschriebene Formulierung genauso gut aus dem Umfeld der Jüngstdeutschen oder den Auseinandersetzungen der Jahrhundertwende stammen. Vor allem ›Derbheit‹ ist bei Lindau durchaus positiv besetzt und lizensiert Konventionsbrüche. Derbheit zeichnet Paul de Kock aus (vgl. Lindau, de Kock, bes. S. 351f.), derb nennt

lische Regulierung von Kunst an, der in den Debatten um Zola zur Austragung kommen wird. Weil er Zola unter moralisches Kuratell stellen will, obwohl er ihn ästhetisch durchaus zu würdigen weiß,[147] wird Lindau hier eine unglückliche Rolle spielen, zumal – wie gezeigt – seine eigene Position auf Sympathie hätte schließen lassen, und er besonders im Formalen ein »Drängen unserer Zeit nach einer realistischen Wiedergabe«[148] erkannte, die über handwerkliche Perfektion hinausgeht und diese partiell suspendiert.

So lobt Lindau in jener Rezension der Kunstausstellung von 1883, in der sich auch die erwähnte Besprechung des Böcklinschen ›Spiels der Wellen‹ findet, die ›Echtheit‹ und »packende Wahrheit«[149] der Bilder des Berliner Malers Julius Jacob trotz technischer Unzulänglichkeiten. In der Beschreibung des Gemäldes ›Alt-Berlin‹ wird dann die ambivalente Haltung Lindaus erneut deutlich. Auch wenn hier das Schöne keinen Platz mehr hat, wenn Charakteristisches und Prägnanz dominieren, behauptet Lindau zu Beginn eine merkwürdige Unentschiedenheit in der Benennung der Qualitäten des Bildes, die sich in der Parallelstellung von ›Malerischem‹ und ›wahrhaft Bezeichnendem‹ zeigt und mit dem qualitativen Aspekt von Portrait- und Landschaftsmalerei umschrieben wird, bevor er sich schließlich – nachdem er den Versuchsstatus der Bilder und den komparativen Wert der Inhalte betont hat – zu einer Ästhetik des ›Nicht-mehr-schönen-Bildes‹ durchringt:

> Dieser tüchtige Maler hat nicht nur ein geschultes Auge für das Malerische, er erspäht auch mit merkwürdiger Schärfe das wahrhaft Bezeichnende, den Zug, auf den es ankommt, und er besitzt die Gabe, dieses wichtige, schwer zu erklärende Etwas, das man im Bildnis Charakter, in der Landschaft Stimmung zu nennen pflegt, zum Aus-

---

er den Stil Johannes Scherrs (vgl. Lindau, Gesammelte Aufsätze, S. 211) und die Bilder Wasili Wereschtschagins (vgl. Lindau, Hauptstadt, S. 17), ›gesunder Realismus‹ wird von Lindau der Charakterisierungskunst Spielhagens zugesprochen. Vgl. Lindau, Rücksichtslosigkeiten, S. 137. Die Vorlagen dieser ›Derbheit‹ wird sichtbar, wenn Lindau in der Flaubert-Rezension zitiert, »was Jean-Paul von den derben, sehr derben Späßen der edlen Swift und Rabelais sagte, sie seien ›rein wie ein anatomisches Lehrbuch‹.« (Lindau, Flaubert, S. 191).

[147] Die Lindausche Rezension der ›Nana‹ stellt sich zwar selbst in Frage, indem sie ihren Werbeeffekt thematisiert, aber Lindau nutzt die Gelegenheit, um die ästhetische Qualität des Werkes herauszustellen und sucht damit die Rezeption zu steuern. Etwa die Hälfte der vierzigseitigen Rezension besteht aus einem ausführlichen Referat des Romaninhalts. Eine merkwürdige Strategie, wollte Lindau tatsächlich von der Kenntnisnahme abhalten Vgl. Paul Lindau: Der neuste naturalistische Roman. Nana. In: Lindau, Aus dem literarischen Frankreich, Breslau 1882, S. 323–367. Zur Zola-Rezeption Lindaus vgl. Moe, Naturalismus, S. 35–41.

[148] Lindau, Hauptstadt, S. 184. Das Zitat bezieht sich unmittelbar auf inszenatorischen Stil. Hier ist für Lindau 1870 die »realistisch-moderne Geschmacksrichtung« Laubes vorbildlich. (Lindau, Harmlose Briefe, Bd. 2, S. 68).

[149] Lindau, Hauptstadt, S. 318.

druck zu bringen. Man kann von den Jacob'schen Studienbildern nicht sprechen, ohne sogleich den Ausdruck ›echt‹ zu gebrauchen. Auch dieses neueste und vielleicht gelungenste seiner Bilder, dieses Stück *Alt-Berlin* ist von packender Wahrheit. [...] Es ist das im Anblick unerfreulichere, seinem inneren Wesen nach aber tüchtigere, das nothwendige und arbeitsame Berlin, es ist die geräuschvolle Fabrikstadt, über die der aus allen Schloten aufpaffende massige Dampf einen dicken grauen Dunst breitet: ›Schall und Rauch, umnebelnd Himmelsgluth‹ – das alte, von den schmutzigen Wassern der Spree umspülte Berlin. Es ist richtig, man kann in diesem Bilde eine gewisse Herbheit und Schroffheit im Vortrage bemerken, es ist nicht darin beschönigt, nichts in seiner Unfreundlichkeit gemildert; aber gerade darum ist dem Bilde in hohem Maße die eindringliche Kraft der Wahrheit zueigen. Eine Ehrlichkeit, die mit einer gewissen Schroffheit unangenehme Dinge sagt, die man im Grunde respektieren muß und die in der That mehr werth ist, als nichtssagende, fade Schmeicheleien. Auf mich üben die Jacob'schen Bilder, die ›im Widerwärtigen tüchtige Züge‹ aufweisen, immer eine ganz besondere Anziehungskraft aus [...][150]

Nicht die Positivierung der Hässlichkeit ist an dieser Beschreibung bemerkenswert, sondern das Fehlen des Bezugs dieser einstmals funktionalen Kategorie auf ihren substanziellen Kontrapunkt ›Schönheit‹. Die Schönheit hat alle Substanz eingebüßt, existiert nur noch als pejoratives Attribut, als ›Beschönigung‹, das notwendig in Relation zu der neuen ›Superkategorie Wahrheit‹ gedacht werden muss. Die Wahrnehmung des Jacobschen Bildes ist nicht sinnlich angenehm, sondern ›unerfreulich‹, dennoch aber beeindruckend und faszinos. Seine Wirkung beruht auf Ehrlichkeit, d.h. auf ästhetisch-anschaulicher Inszenierung einer tendenziell unanschaulichen Wahrheit.[151] Deren Abstraktheit entsubstanzialisiert die ästhetischen Mittel: Inhalte, Techniken und Materialien werden zu funktionalen Formationselementen der konstitutiven Aussage des Werkes. Damit aber stellt sich das Problem des hermeneutischen Zirkels als Problem des Verhältnisses vom Ganzen des Werkes zu seinen Teilen. Wenn die ästhetischen Mit-

---

[150] Lindau, Hauptstadt, S. 317f. Danach erwähnt Lindau als technische Überbietung noch ein zweites Bild Jacobs, das eine frisch abgeschlachtete Pute im Todeskampf zeigt. Vgl. Lindau, Hauptstadt, S. 319. Aussagekräftig wird diese Tatsache, wenn man berücksichtigt, dass Lindau die Beschreibung der Ausstellung mit einer Parodie beginnt: Er gibt vor, durch einen Irrtum des Kutschers bei einer Viehausstellung gelandet zu sein und beschreibt die dortigen ›Exponate‹ im Stile der Kunstkritik. (vgl. Lindau, Hauptstadt, S. 289–293). Dabei benennt er auch eine Art ästhetisches Trasymachos-Argument, das man als Allegorie der Kunst unter den Bedingungen des Marktes lesen kann. Zudem erwähnt er im Zuge der Reflexion über den Realismus Wasilij Wereschtschagins ein falsches Rembrandt-Bild eines geschlachteten Schweins als (lediglich?) formales Meisterwerk. Vgl. Lindau, Hauptstadt, S. 17f. Von Rembrandt existieren jedoch nur zwei Bilder eines geschlachteten Ochsen.

[151] Damit ist die ›Kalistik‹ durch eine moderne Ästhetk der Erhabenheit abgelöst: das Werk wird zum Zeichen einer transzendenten Wahrheit. Vgl. Carsten Zelle: Die doppelte Ästhetik der Moderne. Revisionen des Schönen von Boileau bis Nietzsche, Stuttgart 1995.

tel und Gegenstände nicht mehr per se als solche identifizierbar sind, wie ist es möglich, das Werk überhaupt als ästhetisches zu identifizieren? Lindau vermeidet dieses Problem, indem er von der Vorgängigkeit einer qualitativen Wahrnehmung des Gesamten ausgeht.

In der Besprechung einer Aufführung des Meiningerschen Theaters gebraucht Lindau mit ›Stimmung‹ einen Terminus der Romantik, der erst gegen die Jahrhundertwende erneute Konjunktur haben wird. ›Stimmung‹ ist der qualitative Ausdruck eines in der Wahrnehmung nicht extensional und reflexiv einholbaren ›überkomplexen‹ Sachverhaltes. Dieser Vorgang ist, wie Lindau in seiner emphatischen Rezension zu Max Klinger ausführt, für ihn kein speziell ästhetisches Phänomen, sondern der normale Mechanismus alltäglicher Wahrnehmung:

> Im Allgemeinen sehen wir ja die Natur, sehen wir ja die Erscheinung auch nur im Ungefähr. Wir haben nicht die Fähigkeit, die Erscheinungen, die uns entzücken, unter die Lupe zu nehmen, zu zergliedern, in ihre Bestandtheile zu zerlegen. Wir sehen eben nur die wirkungsvolle, verschwommene Gesammtheit und sehen wir das Einzelne zu genau, so sehen wir das Ganze gewöhnlich falsch. Bei der Betrachtung der Natur bleibt unsere Sehnsucht fast immer unbefriedigt.[152]

Die These von der Überkomplexität und tendenziellen Unendlichkeit der Natur ist durchaus konventionell, bemerkenswert jedoch ist, dass dieses Argument auf artifizielle Konstruktionen angewendet wird, war doch gerade die größere Beherrschbarkeit des Gegenstands Signum der Kunst gewesen. Während Überkomplexität jedoch im Falle der Malerei zum Argument gegen den Selbstzweck akribischer Detailgenauigkeit und für die Reduktion auf Aussagekräftiges – im konkreten Fall: grobe Pinselführung – verwendet wird,[153] gebraucht Lindau das gleiche Argument auf der Bühne zur Komplexitätserhöhung.[154] Zwar gibt es

---

[152] Lindau, Hauptstadt, S. 340.

[153] Im unmittelbaren Anschluss an das Zitierte fährt Lindau fort: »Und so sucht auch Klinger in seinen Radierungen ganz nach dem Vorbilde der Wirklichkeit durch die Gesammtheit zu wirken, durch das Ungefähre, das die richtige Stimmung giebt und er verschmäht die ängstliche Durchführung des Einzelnen, die dem Beschauer allerdings die Freude gewähren würden, besser zu erkennen, die aber nicht richtig ist, wenn eben das Bild die Wahrheit abspiegeln soll.« (Lindau, Hauptstadt, S. 340). Diese Trennung von Erkenntnis und ästhetischer Wahrheit markiert die Differenzierung zwischen einer szientischen und einer phänomenalen Ebene. Letztere ist jedoch gerade nicht im Sinne impressionistischer Analytik zu verstehen, sondern tendiert vielmehr zum holistischen Ansatz der Gestalttheorie, wie sie Christian v. Ehrenfels entwickeln wird.

[154] »Die Wichtigkeit des äußeren Bildes, die Befriedigung des Auges erhellt sich schon aus den Bezeichnungen, die unsere Sprache anwendet. Wir sprechen von der ›Schaubühne‹, von ›Schauspielern‹, von ›Zuschauern‹. Es bedarf auch keiner weiteren Auseinandersetzung, um jedermann zu vergegenwärtigen, wie die Herstellung eines stimmungsvollen Rahmens die Wirksamkeit der Dichtung erhöht, die Verständlichkeit erleichtert und den Kunstgenuß stärkt.« (Lindau, Vorspiele, S. 75).

die Möglichkeit wirkungsvoller Suggestion durch detailgenaue Ausstattung der Szene, aber aufwendige Inszenierungen laufen auch Gefahr, dass die Requisiten den Inhalt überwuchern und das Stück in die Nähe des Ausstattungsstücks gerät. Wichtiger ist schauspielerische Präzision. Hinzu kommt hier freilich ein weiteres, spezifisch modernes Moment, das in den folgenden Jahrzehnten immer mehr ins Zentrum des Interesses rücken wird: die Choreographie von Massenszenen. In der Klinger-Rezension hatte Lindau das Phänomen der Massenwahrnehmung und -darstellung beschrieben,[155] er zeigt sich gleichfalls beeindruckt von der Meiningerschen Choreographie der Kampfszenen in ihrer Wallenstein-Aufführung 1882.[156] Die Masse ist für Lindau ein Phänomen der Modernität nicht nur in dem Sinne, dass es die bedrohlichen Aspekte spontaner und unorganisierter Assoziation bezeichnet,[157] sondern ein konstitutives Phänomen der Modernität selbst – und zugleich damit ein kardinales ästhetisches Problem der eigenen Gegenwart. Zwar bemängelt Lindau an Anton von Werners Bilderzyklus über den Krieg von 1870/71, der in der berühmten ›Kaiserproklamation‹ gipfelt, vor

---

[155] »Wenn wir vom Fenster aus einen starken Volkshaufen sehen, so erfaßt unser Auge zunächst das Gesammtbild, hier und da eine Einzelheit mit größerer Schärfe, aber vieles bleibt ein verworrenes Knäuel.« (Lindau, Hauptstadt, S. 339f.).

[156] »Niemals ist die rohe, zerstörende Gewalt und zugleich das Großartige, was alles Gewaltige besitzt, das Erhabene und der Schrecken des Krieges, in künstlerischer Art und Weise auf der Bühne veranschaulicht worden [...].« (Lindau, Hauptstadt, S. 160). Auch dabei ist ein gewisses Maß einzuhalten, wie Lindau in der Rezension einer ›Räuber‹-Inszenierung der Meiniger aus dem Jahr 1878 anmahnt: »Außer diesen stummen malerischen Vorzügen, welche eine Spezialität der Meininger ausmachen, haben sie sich noch durch die Behandlung der Massen auf der Bühne, die geschickte Gruppierung einen besonderen Ruf gemacht. Diese Vorzüge hat auch die Aufführung der ›Räuber‹ bewährt. Gleich das erste Auftreten der Bande in den böhmischen Wäldern, und vor allem der Augenblick, in welchem der vom Galgen abgeschnittene Roller zurückgebracht wird, wirkten mächtig und wurden aus gutem Grund beklatscht. Aber auch diesmal geschah [...] viel zu viel. Es braucht doch nicht jeder von den 79 Mann mit den Händen und Beinen zu schlenkern, mit dem Kopfe zu schütteln, die Achseln zu zucken. Das ist wie ein ewig aufgeregtes Meer. Dieses Herumwirtschaften sollte gedämpft werden. Es wirkt zerstreuend, bisweilen geradezu belästigend.« (Paul Lindau: [Rez.] Meiniger Hoftheater: Schiller: Die Räuber. In: Die Gegenwart 1878, S. 19, zitiert nach: Antoni, Theaterkritiker, S. 92f.; vgl. auch Lindau, Hauptstadt, S. 169 u. Vorspiele, S. 44f.). Lindau sieht – wie Maximilian Harden – die Gefahr, dass die Effekte das Stück überwuchern; zudem glaubt er, dass moderne Stücke für die große Bühne, also auch für Masseneffekte ungeeignet seien. Vgl. Lindau, Vorspiele, S. 44. Doch 1887 hatte sich die Ausgestaltung von Massenregie auch am ›Königlichen Schauspielhaus‹ – und damit wo immer es möglich war – durchgesetzt Vgl. Marianne Koch: Das Königliche Schauspielhaus in Berlin unter Bolko Graf von Hochberg (1886–1902). Phil. Diss. Berlin 1957.

[157] Auch Lindau sieht in der ›sozialen Frage‹ das entscheindende Problem seiner Zeit. Vgl. Lindau, Dramaturgie, Bd. 1, S. 230.

allem, es seien »weniger Kunstwerke als Bilder für die illustrirten Zeitungen«,[158] aber er selbst diagnostiziert zugleich ein prinzipielles Problem, das die Historienmalerei radikal verändern wird:

> Obwohl man unseren Tagen gewiß nicht nachrühmen kann, daß sie reich an glücklichen malerischen Augenblicken seien, obgleich unsere ganze moderne Kriegführung das eigentlich malerische Element der Schlachtenbilder nahezu vernichtet hat – schon die Uniformierung der Heeresmassen ist für die bildliche Darstellung und ihre rein künstlerische Wirkung eine Schwierigkeit, die kaum zu bewältigen – so werden doch sicherlich die bildenden Künstler gerade in unserer Zeit bedeutende und dankbare Stoffe finden.[159]

Wie Kunst das Phänomen Krieg darstellerisch bewältigen kann, zeigt für Lindau die Malerei des russischen Malers Wassilij Wereschtschagin, aber auch ihre Präsentation in spektakulären Ausstellungen, die neben Sujets aus dem russisch-türkischen Krieg auch ethnographische Motive und Utensilien exponierten und inszenierten. Wassilij Wassiljewitsch Wereschtschagin war in den siebziger und achtziger Jahren eine stark und kontrovers diskutierte Figur. Doch strittig waren nicht die formalen und technischen Qualitäten seiner Malerei – Wereschtschagin war Schüler Gérômes und bewegte sich stilistisch in der Tradition der französischen akademischen Malerei –, sondern seine Sujets und die Präsentation seiner Bilder. Bereits sein erster Auftritt auf der Wiener Weltausstellung 1873 war ungewöhnlich: Wereschtschagin zeigte keine Ölgemälde, sondern Photoreproduktionen von Zeichnungen. Anfang der achtziger Jahre erregte er dann mit Ausstellungen der ausgearbeiteten Bilder starkes Aufsehen. Sein Freund und Biograph Ludwig Pietsch berichtet über den Eindruck, den die Berliner Präsentation im Kroll'schen Theaterbau machte. Dieser ungewöhnliche Ort war nach Auskunft des Malers deshalb notwendig, weil keiner der üblichen Ausstellungsräume in der Lage gewesen wäre, seine großformatigen Bilder aufzunehmen. Dies war jedoch nicht der einzige Konventionsbruch:

> Bei einer Ausstellung im Kroll'schen Etablissement aber mußte auf jede irgend genügende Beleuchtung durch Tageslicht verzichtet werden. Wereschtschagin hatte sich daher entschlossen, den Mangel desselben durch das Licht elektrischer Lampen zu ersetzen. Das ist ihm bekanntlich später sehr viel verdacht und übel ausgelegt worden. Man hat darin eine gesuchte Seltsamkeit, eine sogenannte Effekthascherei der schlimmsten Art finden wollen. Noch ein zweiter Umstand trat hinzu, um Viele in dieser Auffassung noch mehr zu bestärken. Wereschtschagin ließ sich nicht davon abbringen, ein Harmonium hinter Vorhängen verborgen aufzustellen, auf welchem während der Dauer der Vorstellung mehr oder weniger feierliche Weisen gespielt und sogar mit gedämpften Chorgesängen begleitet wurden. Diese geheimnisvollen, aus unsichtbarer Quelle strömenden Klänge sollten, nach des Künstlers Meinung, die Beschauer noch mehr in die rechte Stimmung versetzen, welche er für die zur Betrachtung seiner Bilder angemessenste erachtete.

---

[158] Lindau, Hauptstadt, S. 321.
[159] Lindau, Hauptstadt, S. 320.

In dem großen Königssaal hatte er die 88 größeren und kleineren Oelbilder vereinigt, welche den Kern und die Hauptmasse seiner Ausstellung bildeten; in dem kleineren Vorsaal eine große Sammlung von Handzeichnungen unter Glas und Rahmen, besonders reich an ganz vortrefflichen Bleistiftstudien nach der Natur [...] Außerdem aber hatte er diesen Saal effectvoll decorirt mit einer Menge von indischen, botharischen, tibetanischen Teppichen, Decken, Stickerein, Schabracken, von Waffen aller Art, Frauen- und Männerschmuck für Kopf, Hals und Füße, indischen und tibetanischen Götzen- und Heiligenbildern, Musikinstrumenten, Metallgeräthen, Gebetmaschinen, indischen Hirschgeweihen, Bärenfellen, einem ausgestopften indischen Geier etc. So unterschied sich das Ganze freilich sehr wesentlich von der sonst gewohnten Erscheinung unserer Gemäldeausstellungen.[160]

Neben Bildern mit ethnographischen Sujets, die Wereschtschagin als Begleiter von Expeditionen im asiatischen Teil Rußlands gefunden hatte, hingen Gemälde mit Szenen aus dem russisch-türkischen Krieg.[161] Wereschtschagin verfügte über gute Verbindungen zum russischen Militär, denn er hatte selbst dem Seekadettenchor angehört und besaß das Offizierspatent. Nach dem Austritt aus der militärischen Laufbahn hatte er die Kunstakademie in St. Petersburg absolviert und sich einer sozial engagierten Gruppe realistischer Maler, den ›Wanderern‹, genähert, bevor er 1864 nach Paris gegangen war. Den russisch-türkischen Krieg 1877/78 erlebte er im Stab des Generals Skobeleff. (Als Schlachtenmaler wird Wereschtschagin auch sterben: Er geht 1904 vor Port Arthur mit dem Kommandoschiff der russischen Flotte unter.)

---

[160] Ludwig Pietsch: Wassili Wassiliewitsch Wereschtschagin. In: Nord und Süd 25 (1883), S. 359–375, hier 360f. (im Folgenden zitiert als Pietsch, Wereschtschagin I); vgl. Ludwig Pietsch: Wassili Wereschtschagin. Persönliche Erinnerungen an ihn und sein Werk. In: Velhagen und Klasings Monatshefte 18 (1903/04), Bd. 2, S. 505–521 (mit [kleinen] Abbildungen der Bilder aus dem russisch-türkischen Krieg!), (im Folgenden zitiert als Pietsch, Wereschtschagin II); vgl. auch: Eugen Zabel: Wassili Wereschtschagin. Bielefeld 1900; Eugen Zabel: Erinnerungen an W.W. Wereschtschagin. In: Deutsche Rundschau 70 (1904), S. 436–457, hier 447f. An neuerer Literatur vor allem: Vahahn D. Barooshian: V.V. Vereshchagin, artist at war, Gainesville 1993; daneben: Michail Allenow/Nina Dimitrijewa/Olga Medwedkowa: Russische Kunst, Freiburg/Basel/Wien 1992, S. 325 u. 331; Gerhard Hallmann: Russische Realisten in der zweiten Hälfte des 19. Jahrhunderts, Rosenheim 1989, S. 100 u. 140f.
[161] »Mit Beginn des russisch-türkischen Krieges 1877 ging Wereschtschagin an die Front. Nicht nur Augenzeuge, sondern auch Teilnehmer der Kriegsereignisse, schuf er mit an Ort und Stelle ausgeführten Skizzen bis 1881 die berühmte ›Balkan-Serie‹. Die Schlachtenmalerei, bis dahin nur in ihrer staatlich verordneten Form existent, erfuhr durch Wereschtschagin ihre wohl tiefgehendste Reform. Der einfache Soldat, Held und Opfer des Krieges, wurde zur wichtigsten Gestalt der Bilder Wereschtschagins; sein Blickwinkel bestimmte die Bildthemen, sah doch der Soldat nicht das ›Theater des Krieges‹, sondern die Handlung in den Kulissen, den Alltag des Krieges. Wereschtschagins Serien, die sowohl panoramaartige Handlungen als auch fragmentarisch eingefangene Szenen und ›Pausen‹ in Form von Landschaftsdarstellungen enthalten, übernahmen damals die Rolle der Kriegsberichterstattung.« (Allenow e.a., Kunst, S. 331).

Dass die Inszenierung der Ausstellung als ›Gesamtkunstwerk‹ das Misstrauen der Fachwelt hervorrief,[162] ist verständlich; nicht zuletzt ihr war es jedoch zu verdanken, dass von einem weiter gefächerten und weit größeren Publikum wahrgenommen wurde, als dies bei konventioneller Präsentation der Fall gewesen wäre. Hinzu kam, dass die Wereschtschaginschen Bilder konventioneller Schlachtenmalerei widersprachen. Doch obwohl er offen mit der pazifistischen Bewegungen sympathisierte, wies der Künstler alle Vorwürfe, er betreibe ›Tendenzmalerei‹, entschieden zurück:

> Wir sind noch immer nicht frei von dem mittelalterlichen Vorurteil, welches darin liegt, daß man es gleichsam für die Pflicht des Künstlers hält, jemanden oder irgend etwas zu verherrlichen. Die Mehrzahl der Menschen ist so gewöhnt, durch die Malerei nur die Festtage des Lebens geschildert zu sehen, daß die Gesellschaft sofort eine Tendenz zu erkennen glaubt, wenn man ihr einmal auch die Werktage malt.[163]

Lindau erwähnt zwar die besonderen Umstände der Ausstellung, fertigt den Sachverhalt dann jedoch kurz und trocken ab.[164] Obwohl er anschließend Requisiten und Musikbegleitung beiseite lässt, untersucht er nicht einzelne Werke, sondern thematisiert die Bilderfolge als interdependentes und kohärentes Ganzes. In ihrem ›Rahmen‹ wird das Bild zum formativen Moment ästhetischer Inszenierung. Doch der Prozess ist bidirektional: Der Sinn des Ganzen fügt sich aus dem Syntagma der Elemente, das einzelne Bild wird durch seinen Ort im funktionalen Zusammenhang des Ganzen bestimmt.[165] Dabei kommt es jedoch – damit gibt Lindau Wereschtschagin indirekt recht – nicht nur auf die erklärtermaßen künstlerischen Elemente an. Der Gesamteindruck setzt sich aus einer Summe von Details zusammen, die einander kontextualisieren und ein komplexes Wirkungsgefüge bilden, das den Rezipienten nötigt, die fokussierte Stelle im kontextuell implizierten, eventuell intendierten Sinne zu interpretieren.

Zunächst jedoch unterteilt Lindau die Bilder Wereschtschagins in zwei unverfängliche und originelle Gruppen, »in die harmlosen und diejenigen, die nicht harmlos sind. Den Einen wie den Andern ist eines gemeinsam: die Kraft, sich selbst nach oberflächlicher Betrachtung mit sonderbarer Schärfe dem Gedächt-

---

[162] Vgl. Pietsch, Wereschtschagin I, S. 361.
[163] Wasili Wereschtschagin: Brief an Ludwig Pietsch. In: Kunstchronik 17 (1882), S. 387.
[164] »[W]ir finden es ganz natürlich, daß der Künstler, der uns eben zeigen will, was er kann, das Bedürfnis fühlt, uns das künstlerische Werk seines Lebens unter den möglichst günstigen Bedingungen darzubieten.« (Paul Lindau: Wasili Wereschagin. In: Lindau, Hauptstadt, S. 14–25, hier 16).
[165] Ästhetische Wertigkeit der Ausstellung selbst hatte Lindau auch in der Besprechung der Kunstausstellung von 1883 eingefordert (vgl. Lindau, Hauptstadt, S. 308) und in der Auseinandersetzung mit Werner die Abhängigkeit des Bildes von seinem (intendierten wie tatsächlichen) Kontext betont. Vgl. Lindau, Hauptstadt, S. 357.

nis fest einzuprägen.«[166] Er vergleicht die Prägnanz Wereschtschaginscher Malerei mit dem Verismus Verdischer Musik und bezeichnet sie als »volksthümliche Kunst im guten Sinne«,[167] die nicht auf den Blick des Kenners angewiesen sei, sondern über ein gewisses Reklamepotential verfüge, über jene »Derbheit und Äußerlichkeit«, die nötig sei, um auch »den zerstreuten Blick des Vorübergehenden an sich [zu ziehen und zu fesseln]«.[168] In einem nächsten Schritt definiert er die harmlosen Bilder als jene, in denen die formalen ›malerischen‹ Qualitäten des Sujets maßgeblich seien, während er als nicht-harmlos jene bestimmt, »in denen die Kunst, ich will nicht sagen Mittel zum Zweck, aber nicht mehr Selbstzweck ist«.[169] Wenn danach die beiden Dimensionen unter dem Begriff des ›charakteristischen Moments‹ in der Porträtkunst zum Ganzen des ästhetischen Erlebnisses zusammengeführt werden, wird die analoge Konstruktion von theatralischer Rezeption und Bildrezeption begrifflich manifest:

> Das, was man bei dem Bildnisse gemeiniglich als ›Auffassung‹, bei der Landschaft als ›Stimmung‹ bezeichnet – was ist es denn anders, als das Ergebnis der Arbeit des Denkers und des Dichters? Was ist die Auffassung anders als das Erspähen jenes charakteristischen Moments, welches uns, indem der Maler es dauernd bannt, den ganzen Mann zeigt und die Summe seines Schaffens und Empfindens veranschaulicht?[170]

Lindau schreibt nicht ›der‹, sondern ›das Moment‹ und betont damit die Signifikanz der Konfiguration, also den topischen Charakter, gegenüber dem quasiphotographischen Einfrieren einer Situation, dem temporalen Aspekt des Bildes. Auch wird die Sistierung des Sujets nicht als Fähigkeit gesteigerter natürlicher Rezeptivität verstanden, wie es die romantische Tradition nahelegt und der Sensualismus des fin-de-siécle aufgreifen wird, sondern Lindau betrachtet sie dezidiert als intellektuelle und ästhetische *Arbeit*. In Restbeständen bleibt die Stimmung zwar subjektiv grundiert und von der jeweiligen ›Weltanschauung‹ abhängig, aber auch diese ist weniger ein endogener Faktor des Subjekts als Produkt seiner Erfahrung. Gegen den Vorwurf der Tendenzkunst unterstreicht Lindau:

> Er malt die Wahrheit, wie er sie gesehen und empfunden hat, und wenn sein Realismus tendenziös wirkt, so ist dies weder sein Verdienst, noch sein Fehler. Seine Absicht ist es gewesen, wahr zu sein; enthält diese Wahrheit, wie er sie darstellt, schwere Vorwürfe, grausame Mahnungen und finstern Haß gegen die, die ihre Schuldigkeit nicht getan haben – um so besser.[171]

---

[166] Lindau, Wereschagin, S. 16.
[167] Lindau, Wereschagin, S. 16.
[168] Beide Lindau, Wereschagin, S. 17.
[169] Lindau, Wereschagin, S. 17. Als Beispiel eines ›malerischen Bildes‹ und Argument, diese ›formale‹ Kunst gegenüber »tiefsinnige[r] Gedankenmalerei« zu behaupten dient wiederum das ›falsche Rembrandt-Bild‹ mit dem ausgenommenen Schwein an der Metzgereitür. Vgl. Lindau, Wereschagin, S. 17.
[170] Lindau, Wereschagin, S. 18.
[171] Lindau, Wereschagin, S. 19f.

Liest man diese Formulierung buchstäblich, so widerspricht sie vehement der anlässlich Flauberts aufgestellten Forderung nach moralischer Selektion ästhetischer Inhalte. Sie ist also wohl taktisch zu deuten: Lindau flüchtet sich aus moralischen Gründen in die Legitimation indifferenter Deskription. Er mimt den Schelmen – und spielt mit dem Feuer, denn er weiß genau, dass eine lakonische, scheinbar nur beschreibende Wiedergabe nicht indifferent ist, sondern im entsprechenden Kontext enorme polemische Sprengkraft enthalten kann. Er führt dies im Folgenden exemplarisch vor, beschreibt zunächst Bilder, die Kriegsgreuel und Elend darstellen und kontextualisiert die Mitgefühl provozierenden Sujets jeweils mit dem kühlen, im Stil von Heeresberichten abgefassten Ton der Erläuterungen im Katalog. Dabei dekliniert er von den Siegern über die Besiegten, Verwundeten und Toten bis zur Ruhe nach der Schlacht die ganze Kadenz der Geschehnisse bis zu »wahre[m] Grauen«[172] durch: »In allen diesen Bildern spricht der Maler das, was er zu sagen hat, unumwunden aus. Er malt Unthaten, die zum Himmel schreien.«.[173] Dann wendet sich Lindau einer letzten Reihe von Bildern zu: »Andere Gemälde sind vielleicht noch aufregender und in der Wirkung noch bedenklicher, weil in ihnen die Satire sich in einer ganz ungefährlichen Form giebt.«[174] Es folgt ein Bild, das einen ordensbedeckten jungen Offizier zeigt, der teetrinkend den Rapport eines zerlumpten Soldaten entgegennimmt, dann kommt das letzte Bild der Besprechung. Es stellt Zar Alexander II in der Schlacht Plewnia dar:

> Ein grauer Tag mit seinem Regen, alles in dichten Rauch gehüllt, nur vorn die Anhöhe frei und auf dieser der Kaiser sitzend, etwa mit dem Ausdruck eines Mannes, der einem Feuerwerk oder sonst einer interessanten Volksbelustigung zuschaut. Hinter ihm der Stab mit Operngläsern – nichts, was irgendwie an Krieg erinnerte, ist in nächster Umgebung zu erblicken, nicht einmal ein Pferd. Das Bild ist an sich vollkommen harmlos, und der Maler hat in der That genug Vertrauen zu seinen Zuschauern haben dürfen, um sich die unangenehme Aufgabe, den Punkt auf's i zu setzen, ersparen zu können.[175]

Angesichts des Elends, das auf den anderen Bilder zu sehen war, wirkt der Logenplatz des Kaisers als Skandal. Es ist bittere Ironie, wenn Lindau in den ›Operngläsern‹ die Bühne zitiert und auch noch jenes Shakespearesche Pferd fordert, das ein Königreich kostet und den Untergang bedeutet. Wenn Lindau diese Bedeutungszuweisung als Akt des Vertrauens in die Fähigkeiten des Publikums und Zurückschrecken vor der ›unangenehmen Aufgabe‹ darstellt, bedient er sich jener suggestiven Insinuationstechnik, die er in der bis in die Formulierungen iden-

---

[172] Lindau, Wereschagin, S. 22.
[173] Lindau, Wereschagin, S. 23f.
[174] Lindau, Wereschagin, S. 24.
[175] Lindau, Wereschagin, S. 24f.

tischen Darstellung inszenatorischer Arbeit Darstellung als Aufgabe des Regisseurs bestimmte. Die Lehre, welche der Rezipient als vermeintlich eigene Leistung zieht ist das Ergebnis eines sorgfältigen inszenatorischen Kalküls. Die künstlerische Arbeit des Schriftstellers kann diesem Verfahren entsprechen, wie Lindau anhand der Romanpoetik Berthold Auerbachs zeigt:

> Alles und Jedes dünkte ihm in einer gewissen Beziehung bedeutsam. Er nahm Nichts unwichtig, jede flüchtige Wahrnemung vertiefte sich bei ihm zu ernsthafter Beobachtung. Jedes hingeworfene Wort gab ihm zu denken, fiel auf fruchtbaren Boden und reifte zu einer Anregung aus. Es gab für ihn nichts Nebensächliches, keine Kleinigkeit. Allem und Jedem gegenüber gewann er einen bestimmten Standpunkt und suchte es in einen weiteren Gesichtskreis zu rücken. Es gab für seinen Geist keine einzelstehende und zufällige Tatsache, eine jede war für ihn vielmehr nur ein anscheinend gelöstes Glied einer großen Kette, und er arbeitete unablässig daran, diese lose erscheinende Begebenheit in Zusammenhang mit einer größeren Vergliederung zu bringen und an gehöriger Stelle einzufügen. So erblickte er jedes Besondere in der folgerechten Verbindung mit dem Allgemeinen und das Flüchtige mit dem Unvergänglichen.[176]

Zwar wird hier zunächst auf den weisen Spinozisten angespielt, die Poetik Auerbachs bleibt aber davon ungeschieden, wie sich in der Besprechung des Auerbachschen Romans ›Waldfried‹ herausstellt. Lindau liest ihn als »Geschichte des neuen Deutschlands«[177] durch »Reduction des nationalen Lebens auf das der Familie.«[178] In der Form einer fingierten Biographie geschrieben, stellt der Roman hohe formale Anforderungen an das Können des Verfasser, denn dieser muss nicht nur stilistische Kohärenz wahren, sondern ist durch die personalisierte Konstruktion auch in der Wahl seiner Schauplätze und Handlungsmöglichkeiten eingeengt.[179] Lindau bescheinigt ›Waldfried‹ Authentizität und künsterische Bedeutung, er vermutet sogar, dass der Autor eigene Aufzeichnungen aus der dargestellten Zeit verwendet haben könnte.[180] Dennoch bestreitet er, dass der ›kluge Bericht über reale Vorgänge‹ ein Roman im herkömmlichen Sinne darstelle:

> Das Neue und Eigenartige im ›Waldfried‹ beruht nun selbstverständlich nicht in der Behandlung eines ganz modernen Stoffes [...], sondern in den *Verhältnissen der Mischung*

---

[176] Paul Lindau: Berthold Auerbach. In: Lindau, Hauptstadt, S. 47–55, hier 48f.
[177] Paul Lindau: [Rez.] Berthold Auerbach: Waldfried. In: Lindau, Gesammelte Aufsätze, S. 95–122, hier 122; vgl. 99: »Es ist die Entstehungsgeschichte der nationalliberalen Partei, welche hier mit voller Wahrhaftigkeit und rückhaltlos erzählt wird.« Dies bedeutet jedoch nicht, dass der Roman auch poetologisch auf Linie liegen müsste. Im Gegenteil: Lindau bezeichnet ihn als »entschiedene Tendenzschrift« (Lindau, Auerbach: Waldfried, S. 99) und warnt: »Es unterliegt keinem Zweifel, dass Auerbach wegen dieses Werks von den privilegierten Inhabern alleinseligmachender Gesinnungstreue auf das heftigste angefeindet werden wird.« (Lindau, Auerbach: Waldfried, S. 100).
[178] Lindau: Auerbach: Waldfried, S. 97.
[179] Vgl. Lindau, Auerbach: Waldfried, S. 96.
[180] Vgl. Lindau, Auerbach: Waldfried, S. 102.

des Historischen und Poetischen. Bei Spielhagen, der modernsten Natur unter unseren Romandichtern, wird die freie Erfindung von der Zeit gespeist, erwärmt, beleuchtet; bei Auerbach stehen die realen vollendeten Thatsachen, denen sich die Erfindung völlig unterordnet, im Vordergrund. Die dichterische Kraft erprobt sich hier nicht in der Gestaltung fesselnder und spannender Situationen, in der Verwicklung und Entwirrung einer merkwürdigen Geschichte; sie bewährt sich in dem resoluten Zusammenfassen der Zeitereignisse, in der kunstvollen Concentration.[181]

Dies ist eine komplette Absage an die idealistische Produktionsästhetik mit ihrer Insistenz auf freie Phantasietätigkeit und dem Schwergewicht auf bühnenanaloger Handlungsführung.[182] Lindau weist auf die Schwierigkeit der Form hin, betont die Gefahr der Monotonie, die sich aus der mit dem Verzicht auf Handlungsdramaturgie notwendig folgenden chronologischen Reihenstruktur wie aus der strikten Bindung an die Wirklichkeit ergebe, und münzt dann in seiner Darstellung der immanenten Poetik des Auerbachschen Werkes diese Beschränkungen in einen Vorteil um: Das Verfahren des ›Waldfried‹ entspricht der natürlichen Erfahrung und der sinnstiftenden Arbeit des Gedächtnisses. Mit Blick auf die Binnengeschichten des Romans schreibt Lindau:

> Wie in der Wirklichkeit selbst, so setzt sich auch in dieser Niederschrift des als wirklich Dargestellten das Leben aus einzelnen Momenten fort, und ein Glied der Kette reiht sich an das andere. Aber die Glieder dieser Kette sind keineswegs gleichartig; sie unterscheiden sich, die einen von den andern, durch ihre Schwere, durch ihren Stoff. Und wenn man diese Glieder aufmerksam betrachtet, so macht man die Wahrnehmung, wie zwischen einzelnen derselben, welche bisweilen weit auseinander liegen, doch ein frappante Uebereinstimmung und verwandtschaftliche Gemeinsamkeit besteht. Aus dieser homogenen Beschaffenheit der Einzelnen combinirt die Phantasie sich unwillkürlich ein Ganzes, sodass sich aus dieser Kette dennoch verschiedene Gruppen zusammenstellen.[183]

Von hier aus gesehen erscheint das Zitat, das den Spinozisten Auerbach charakterisieren sollte, zugleich als die Beschreibung eines produktionsästhetischen Verfahrens wie als hermeneutische Empfehlung an den Leser, aus den Einzelteilen und in ihnen ein Ganzes eines Werkes zu suchen und zu erkennen. Wie in der Theater- und der Ausstellungsästhetik, so ist es auch in der Literatur die Phantasie des Rezipienten, die ›den Punkt auf's i setzt‹, den Text abschließt und

---

[181] Lindau, Auerbach: Waldfried, S. 98; vgl. 97: »Vor allem ist es nöthig, dies festzuhalten: ›Waldfried‹ ist kein Roman.« und 96: »Der Forderung nach der individuellen Einheitlichkeit in der Darstellung hat Auerbach nahezu vollkommen genügt; und gegen das Gebot, die in jedem *Roman* statthaften und dort sogar erwünschten Kühnheiten und Abenteuerlichkeiten einer fruchtbaren Phantasie hier, in dem klugen Bericht über reale Vorgänge, zu meiden, hat der Dichter sich nur selten aufgelehnt.«
[182] Lindaus Kritik an einzelnen Passagen akzentuiert dies. Vgl. Lindau, Auerbach: Waldfried, S. 110 u. 114.
[183] Lindau, Auerbach: Waldfried, S. 106f.

das Werk als Werk vollendet. Das ästhetische Erlebnis des Rezipienten in diesem Sinne ist nicht mehr – wie bei Spielhagen – eine durch bequeme Führung angenehme Rekodierung des Gedächtnisses, sondern eigene Orientierungsleistung. Das Werk bietet nun nicht mehr die Geschlossenheit eines Kosmos, der mit dem Aufschlagen der ersten Buchseite betreten und dem Schließen des hinteren Deckels verlassen wird. Seine Oberfläche bietet Partien und Partikel eines intentionalen Zusammenhangs, dessen Kohärenz vom Autor zeichenhaft gestellt, vom Leser interpretierend gestiftet wird. An die Stelle einer von der Realität entlasteten Modulation von Gedächtnisinhalten in freier Phantasietätigkeit ist die Arbeit intellektueller Konstruktion getreten. Damit ist der Rezipient auch zum Scheitern ermächtigt. Brecht zitierend wäre hier in ästhetischer Hinsicht zu formulieren: Der Künstler macht Vorschläge, der Rezipient kann sie annehmen. Beide verhalten sich zueinander wie bürgerliche Subjekte.

Das ›bürgerliche‹ Verhältnis gleichberechtigter Subjekte gilt auch im Bereich der Kritik. Der Kritiker selbst hat im Vermittlungsprozess eine komplexe Rolle, vergleichbar der des Regisseurs auf produktiver Seite, nur dass diese Rolle sich auf sämtliche literarischen Genres erstreckt. In gewisser Weise ist der Kritiker ein Regisseur der Rezeption, der durch seine Besprechung im Werk Striche vornimmt und Akzente setzt, welche nicht nur die Aufmerksamkeit des Lesers auf das Werk lenken (oder ablenken), sondern auch die Erwartungshaltung vorstrukturieren, mit der der Leser an das Werk herantritt.[184] Indem der Kritiker das Werk an den Leser heranträgt, beeinflusst er zugleich den finanziellen Rückfluss zum Autor. Unter marktwirtschaftlichen Bedingungen, in denen der Autor unmittelbar vom Marktwert eines Namens – nicht notwendig vom Erlös seiner Werke – abhängig ist, stattet dies den Kritiker mit erheblicher Macht aus. Lindau stellt sich dieser Verantwortung. Aber die Kritik ist ein bidirektionales Medium und besitzt eigene Materialität: Der Kritiker hat nur in dem Maße Einfluss, in dem er selbst gelesen und geschätzt wird. Gelesen wird er wegen des Gegenstands seiner Kritik oder aber wegen der Kritik selbst. Im ersten Fall ist die Macht des Kritikers insofern beschränkt, als er von einem vorgängigen Interesse am besprochenen Gegenstand abhängig ist: Er kann zwar zu- oder abraten, aber keine neuen Gegenstände in die Diskussion einführen. Erst wenn die Kritik Eigenwert gewinnt, wenn der Leser die Kritik wegen ihres Autors liest und die Bedeutung des Gegenstands sich zu sekundärem und supplementärem Interesse verringert, gewinnt der Kritiker genug Einflusskraft Themen nicht nur amplifizieren, sondern lancieren zu können. In diesem Fall existieren zwei Formen: Vertrauen in das Urteil des Kritikers und Gefallen an der Form der Kri-

---

[184] Lindau verteidigt die Isolierung pointierter Stellen aus dem Zusammenhang. Vgl. Lindau, Harmlose Briefe, S. 120.

tik. Während die erste Möglichkeit auf die Autorität des Kritikers, dessen institutionelles oder persönliches Renomée, baut, rückt im zweiten Fall die Kritik selbst in die Nähe des Kunstwerks. (Gründerzeitlich steht für den ersten Typus der solide, trockene Frenzel, für den zweiten der espritreiche, ironische Lindau.) Als bewundertes Beispiel nennt Lindau selbst die späten Kritiken Goethes, die man um ihrer selbst willen lesen könne, obwohl ihre Gegenstände längst vergessen seien.[185] Damit ist auch die Gefahr dieser Kritikform benannt. Sie liegt darin, dass über dem Genuss am kritischen Kunstwerk dessen Gegenstand vergessen wird, die Kritik also ihre eigentliche Funktion verliert, den Leser über ein Drittes, einen Gegenstand zu instruieren. Aber auch dies bedeutet nicht, dass sie jeglichen Effekt einbüßte. Die ›Kritik‹ ändert lediglich ihre Funktionsweise. An die Stelle inhaltlicher Präsentation und Auseinandersetzung tritt ein Werbeeffekt: Es geht nicht mehr darum, wie der Gegenstand beschaffen ist, ob er gelobt oder getadelt wird, entscheidend ist einzig seine Nennung oder sein Verschweigen. Jetzt partizipiert der Gegenstand vom ästhetischen Glanz der Kritik, deren Anlass er ist. Überspitzt ausgedrückt bedeutet dies, dass nicht der Autor, sondern der Kritiker zum Schöpfer jenes Werkes wird, das zu seiner Besprechung Anlass gab.

Wenn aber die Kritik zum Kunstwerk wird, müssen die Aussagen über die Bedingungen der Rezeption von Kunstwerken auch auf die Kritik angewandt werden können. Kritik kann zum Gegenstand einer Kritik werden, die nicht mehr aus dem systematisch-philosophischen Standpunkt einer Meta-Kritik, sondern aus dem ästhetischen der Kunstkritik argumentiert. Aber nicht nur dort, wo sich Kritik explizit selbst thematisiert, sondern immer dann, wenn sie literarische Gegenstände bespricht, ist die Kritik latent selbstbezüglich. An die Stelle des ›seriösen‹ Duktus wissenschaftlicher Theoriesprache tritt die Polyperspektivik und Polyvozität literarischen Sprechens. Damit ist das von Lindau emphatisch vertretene Modell eines ›mündigen Publikums‹ nicht als einfache Deskription oder Hypothese des Autors zu verstehen, sondern stellt selbst eine intentionale Figur literarischer Kommunikation dar. Die These des mündigen Publikums hat vier Bedeutungsebenen:
1. Sie beschreibt eine ökonomische Realität: Das Publikum ist de facto mündig, da es selbst entscheidet, wo es sein Geld hintragen will. (Deskriptive Funktion)
2. Sie ist die Schmeichelei eines Autors, der seinem Leser gefallen will und ihm deshalb jene Eigenschaften zuschreibt, die dieser an sich wahrnehmen möchte. (Insinuative Funktion)

---

[185] »[G]erade wie wir z.B. Goethes Kritiken über langweilige Bücher, die längst der Vergessenheit anheimgefallen sind, mit wahrem Vergnügen und ernstem Gewinne lesen und immer wieder lesen können, weil sich uns – auch ohne dass wir den Gegenstand der Besprechung kennen – in der Darstellung und Auffassung immer der Meister offenbart.« (Lindau, Gesammelte Aufsätze, S. 97.)

3. Sie ist zugleich inhaltlich eine Beschwörung des Publikums, der Meinung des Kritikers zu folgen, weil es die Prämissen, von denen das Urteil ausgeht, im eigenen Interesse notwendig teilen muss. (Argumentative Funktion)

4. Die Mündigkeit des Publikums müsste sich auch darin zeigen, dass es in der Lage ist, die Kritik in ihren formalen Mechanismen und deren Wirkungen zu beurteilen und richtig einzuschätzen. (Ästhetische Funktion)

Damit hätte ein Kritiker, der es mit der Mündigkeit seines Publikums ernst meint, die Möglichkeit und, sobald er in der Herstellung dieser Mündigkeit eine seiner Aufgaben sieht, auch die Verantwortung dafür, das Publikum über die Mechanismen und Techniken der kritischen Tätigkeit aufzuklären. Schließlich soll vor dem Wissen um die drei erstgenannten Funktionen der Text der Kritik selbst als intentionales Gefüge durchschaubar werden. Damit konterkariert die ästhetische Form der Kritik ihre insinuative Funktion: An die Stelle autoritärer Manipulation durch formale Mechanismen tritt die Wahrnehmung des Textes als Form. Die Kritik wird zu einem Kunstwerk, das unabhängig vom Inhalt seiner Aussagen genossen werden kann.

In der Rezension eines Buches des Wiener Feuilletonisten Daniel Spitzer bringt Lindau diesen Aspekt auf die Formel: »[A]ngesichts der Grazie des Henkers vergißt man die Qualen des Opfers.«[186] Dabei gehört Spitzer, wie Lindau konstatiert, weder zu den im konventionellen Sinne virtuosen Stilisten noch zu den avanciertesten Essayisten und Kritikern der Zeit. Seine Spezialität sind das »ganz kurze Feuilleton«[187] und die im Formenkanon als bedenklich und niedrig eingestufte persönliche Satire.[188] Doch Lindau lobt vor allem die ungewöhnliche Sorgfalt der Formulierungen, den Witz, die Klarheit und Originalität der Wendungen, die den Spitzerschen Feuilletons eine Doppelbödigkeit verleiht, die in einem ›Minusverfahren‹[189] konventionellen Stil zugleich zitiert, ironisiert und konterkariert. Dabei räumt er ein,

> dass diese Sprache mit der classischen wenig Aehnlichkeit hat. Wenn man ein geringschätziges Wort wählen wollte, so könnte man sie Feuilletonargôt nennen, weil sie in der That wie das Argôt der Verbrecherspelunken, der Restaurants, der Ateliers und Coulissen sich bildet durch die Anwendung gewöhnlicher Wörter und Redensarten

---

[186] Paul Lindau: Daniel Spitzer, der Wiener Spaziergänger. In: Lindau, Gesammelte Aufsätze, S. 195–209, hier 209.
[187] Lindau, Spitzer, S. 197.
[188] »Die persönliche Satire ist sein eigentliches Feld. Auf demselben leistet er Grosses, ja wohl das Grösste, welches die gegenwärtige Literatur zu verzeichnen hat.« (Lindau, Spitzer, S. 197).
[189] Vgl. Jurij Lotman: Struktur des ästhetischen Textes, München 1973, S. 86ff. Zur Bedeutung dieser Technik in den Romanen Fontanes, bes. in ›L'Adultera‹ vgl. Rudolf Helmstetter: Die Geburt des Realismus aus dem Dunst des Familienblattes. Fontane und die öffentlichkeitsgeschichtlichen Rahmenbedingungen des Poetischen Realismus, München 1998, S. 130–134.

auf ungewöhnliche Begriffe, durch überraschende Umschreibungen, in welchen doch, wie sich bei näherer Prüfung herausstellt, immer ein tiefer Sinn steckt.[190]

Dieses Verfahren ist reflexiv auf die Schreibweise Lindaus anzuwenden. Über sein Vorbild Jules Janin schreibt er in offensichtlicher Kohärenz von Form und Inhalt:

> Durch ihn wurde das Feuilleton neugeboren. An die Stelle vornehmer Gespreiztheit, in welcher seine Vorgänger ihre wohlerwogenen Ansichten ausgedrückt hatten, setzte er eine lustige, flotte Natürlichkeit, die selbst in ihren Unarten, weil sie eben so lustig und flott war, liebenswürdig erschien. Er kümmerte sich den Teufel um die sogenannte ›Würde des Stils‹ – um jene entsetzliche ›Würde‹, den schäbigen, verschossenen Theaterhermelin, in welchem noch heutzutage die kritischen Geistesbettler ihr Nichtwissen und Nichtskönnen hüllen, um die Leute glauben zu machen, dass sie Könige seien. Er verschmähte nicht einen guten oder schlechten Witz, wenn er sich ihm darbot. Er war der Ansicht, dass die Heiterkeit der Form den Ernst des Inhalts nicht schädigen könne, dass die Unterhaltung die Belehrung nicht aussschliesst, dass es keine Sünde ist, seine Mitmenschen zu amüsieren.[191]

Einmal mehr wird die Stoßrichtung Lindauscher Kritik deutlich, das professorale, bildungsbürgerliche Feuilleton, dessen Ton er bei Freytag kritisierte, als dessen Exponenten er aber mit Vorliebe Julian Schmidt prügelte. Für die auf Würde und Seriosität, vor allem aber auf die Anerkennung ihres ›halbseidenen‹ Berufsstandes bedachten Kollegen Lindaus musste es äußerst provozierend wirken, wenn dieser Janin nicht nur als »echte[n] Journalist[en]«[192] bezeichnete, sondern ihm »beneidenswerthe Frivolität« und »merkwürdige Elasticität in der Gesinnung« bescheinigte,[193] ihm aber zugleich »imponirende Autorität seines Wissens«[194]

---

[190] Lindau, Spitzer, S. 198. Nachdem er im Folgenden einige Beispiele gegeben hat, fasst Lindau zusammen: »Diese auf's Geradewohl ausgewählten Proben können von dem merkwürdigen feuilletonistischen Talente Spitzers ungefähr einen Begriff geben, wie etwa ausgebrochene Steine auf die Kostbarkeit eines Schmuckes schließen lassen. Die geschmackvolle und reiche Fassung fehlt aber. Ich habe hier vorzugsweise Beispiele des Wortwitzes genommen, und man sieht, welche komische Wirkung er erzielt mit der oben angedeuteten Uebertragung landläufiger Zeitungsphrasen auf Begriffe, welche nie im Zusammenhang mit diesen gedacht werden.« (Lindau, Spitzer, S. 202). Schmuck, ausgebrochene Steine, Gaunersprache und die Tätigkeit eines erpresserischen Enthüllungsjournalisten spielen – mit dem titelgebenden Metaphernfeld – eine wichtige Rolle im Roman ›Spitzen‹.
[191] Paul Lindau: Jules Janin, der ›Fürst des Feuilletons‹. In: Lindau, Gesammelte Aufsätze, S. 333–347, hier 337.
[192] Lindau, Janin, S. 334; vgl. auch Vollmer, Theaterkritiker, S. 73.
[193] Beide Lindau, Janin, S. 335. Janin war vom damals eher demokratischen ›Figaro‹ zu der ultramontanen und legitimistischen ›La Quoditienne‹ gewechselt. Diese ›Gesinnungslosigkeit‹ findet in Deutschland ihr Pendant in Fontanes Wechsel zur ›Kreuzzeitung‹.
[194] Lindau, Janin, S. 334.

zusprach und zugleich Fälschungen und Vermeidungstaktiken des Pariser Kritikers anführte, ohne seine Verehrung abzuschwächen oder zu widerrufen.

Karikierende und entlarvende Beschreibung journalistischer Techniken und Taktiken durchziehen die Lindauschen Feuilletons seit dem ersten der ›Harmlosen Briefe‹, in dem der fiktive Autor den Herausgeber verpflichtet, »von den feuilletonistischen Kniffen [...] dem Leser nichts zu verraten« um sofort selbst ein Beispiel zu geben:

> [...] namentlich keine maliziösen, redactionelle Fragezeichen in meinen harmlosen Text einzuschalten. Wenn ich also mit meinem Wissen renommire und etwa schreibe: ›Als Rehabeam, der bekanntlich von 975–858 v. Chr. regierte, von Sisak in Aegypten geschlagen wurde, so machen sie kein Fragezeichen und verweisen nicht etwa auf das Conversationslexikon; [...][195]

Der Briefschreiber will nicht, dass seine Geste von Autorität, die Einvernehmen der Gebildeten nahelegt – ›bekanntlich‹ – von einem skeptisch Autorität verneinenden Geist in Frage gestellt werden. Damit sind nicht nur der machtheischende Amtsgestus des bildungsbürgerlichen pluralis majestatis bezeichnet und das Problem der »collegialischen Duldsamkeit«[196] benannt, sondern zugleich die möglichen Lösungen bedeutet: Der Gebrauch gesunder Vernunft, logischen Verstandes oder in diesem Fall auch des Lexikons. (Wer war Rehabeam, wie lange regierte er?) Immer wieder kritisiert und karikiert Lindau die repräsentativen Formen bürgerlicher Publizistik. So bringen allein die beiden Bände der ›Harmlosen Briefe‹ neben vielen gelegentlichen Bemerkungen Feuilletons über die Formelhaftigkeit von Festreden (6. Brief), Romanen (8. Brief) und Kritiken (16. Brief) und ein literarisches Rezeptbuch »zur Lösung des Problems: ohne irgend etwas gelernt zu haben und ohne auch nur eine Spur von Talent zu besitzen, dennoch ein gelesener Schriftsteller zu werden«[197] (23. Brief). Die ›literarischen Rücksichtslosigkeiten‹ folgen zu Beginn der siebziger Jahre mit einem Artikel über Heinrich Kruse, dem Redakteur der ›Kölnischen Zeitung‹,[198] und dem Abdruck der Auseinandersetzung mit Julian Schmidt.[199] In den ›Ueberflüssigen Briefen‹ legt Lindau noch einmal nach,[200] er parodiert außerdem in einem fingierten Gespräch mit einem japanischen Journalisten die Usancen unechter Korrespondenz und journalistischer Reklame[201] und persifliert das Genre der Theaterzeitung.[202] In

---

[195] Lindau, Harmlose Briefe, Bd. 1, S. 3.
[196] Lindau, Harmlose Briefe, Bd. 1, S. 4.
[197] Lindau, Harmlose Briefe, Bd. 2, S. 160.
[198] Lindau, Kruse.
[199] Lindau, Gründlichkeit.
[200] Lindau, Beaumarchais.
[201] Paul Lindau: Bei uns ist das ganz anders! In: Lindau, Ueberflüssige Briefe, S. 221–230.
[202] Paul Lindau: Ein herzogliches Feuilleton. Mein Freund Nante. In: Lindau, Ueberflüssige Briefe, S. 231–243.

den ›Gesammelten Aufsätzen‹ von 1875 finden sich neben den zitierten Texten zu Spitzer[203] und Janin[204] auch der erwähnte Aufsatz zu Johannes Scherr[205] und eine Metakritik zu Freytag.[206] Die 1877 erschienenen ›Dramaturgischen Blätter‹ eröffnen mit der gleichfalls zitierten ›Vorbemerkung‹ zur Kritik, die Sammlung ›Aus der Hauptstadt‹ schließlich beinhaltet die Metakritik der Auseinandersetzung zwischen Werner und Frenzel.[207] Schließlich brachte Lindau im ›Erfolg‹ das eigene Gewerbe auf die Bühne. Davon mag Vieles journalistischer Tagesaktualität geschuldet sein, in der Kontinuität und Fülle allein der expliziten Thematisierung kritischer Formen und Verfahren folgen die Feuilletons jedoch einer kohärenten Intention: Lindau zerstört die Gesten autoritären Sprechens, indem er seinem Leser in Polemik und Parodie die Angst und durch die ausdrückliche Anerkennung der Legitimität seines Unterhaltungsbedürfnisses auch das schlechte Gewissen nimmt, um ihm schließlich Mittel an die Hand zu geben, die stilistischen Manöver des Kritikers zu durchschauen. Auch der Kritiker, so zeigt sich, ist zumeist Handwerker, und auch er muss sich Umständen fügen, die er nicht zu verantworten hat. – Nicht zuletzt ökonomischen Bedingungen, die es ihm verbieten können, blankerdings den persönlichen Standpunkt und das eigene Urteil öffentlich zu machen.

Es ist üblich, Lindau in der Tradition Heineschen Feuilletonstils zu sehen. Dies stimmt nur, wenn unter diesem nicht jene Karikatur gemeint ist, die bereits zeitgenössisch mit den Attributen urban, intellektuell und jüdisch denunzieren sollte, aber von Karl Kraus auch in stilistischer Argumentation und aus sprachmetaphysischer Perspektive angegriffen wurde. Wenn sich Heinescher Stil bei Lindau findet, dann in dem originären Sinne, dass Ironie und Witz zwar intellektuelle Mittel, aber nicht bestimmende Inhalte sind, dass sie aber als Formen einer – nur metaphorisch zu benennenden – intellektuellen Lust und Sinnlichkeit dennoch erheblichen Eigenwert besitzen. Heinesch ist der Stil Lindaus auch darin, dass er über lange Strecken in der Lage ist, den Leser im intellektuellen Ping-Pong artistischer Ironie gefangen zu halten, um schließlich den Gegenschlag zu verweigern, die Sprache der Klarheit unrelativierter Beschreibung zu öffnen und den Leser mit voller Wucht auf Wirklichkeit prallen zu lassen.

In der Beschreibung der Wereschtschagin-Ausstellung hatte Lindau die Besprechung mit dem Bild ›Kaiser Alexander vor Plewna‹ geschlossen, das zeigte, wie

---

[203] Lindau, Spitzer.
[204] Lindau, Janin.
[205] Lindau, Scherr.
[206] Paul Lindau: Eine Kritik über Freytag. In: Lindau, Gesammelte Aufsätze, S. 371–380.
[207] Lindau, Kunst und Kritik.

der Zar mit seinem Stab von einem Hügel aus die Schlacht in der Ferne beobachtet, nachdem er von zwei Granaten veranlasst worden war, die Nähe des Schlachtfeldes zu meiden. Lindau hatte diese ›Sekuritätsposition‹ sarkastisch kommentiert, und darauf hingewiesen, dass die Pointe des Bildes im Bild selbst nicht manifest enthalten sei, sondern vom Rezipienten in der Interpretation des Bildes im ›Rahmen‹ seiner Inszenierung gefunden werden müsse. Vertrauend auf die Fähigkeit der Betrachter und auf die Inszenierung seiner Ausstellung habe sich Wereschtschagin »die unangenehme Aufgabe, den Punkt auf's i zu setzen, ersparen [...] können.«[208] Unangenehm wäre die Aufgabe in der Tat gewesen, da sich Wereschtschagin öffentlich zum Pazifismus hätte bekennen müssen. Auch Lindau, der mit Wereschtschagin einig zu sein scheint, verweigert das Bekenntnis. Im Gegenteil, er beschreibt als Gegengewicht ein Bild ›positiven‹ Inhalts: ›Skobelew nach dem Sieg von Plewna die Front abreitend‹, bemerkt aber irritiert, dass im Vordergrund eine Leiche mit starr gefrorenem, grotesk emporragendem Arm Rache zu fordern scheint. Auch im folgenden, letzten Abschnitt der Besprechung bleibt die These, dass der pazifistische Impuls, den die Kriegsbilder Wereschtschagins auslösen, verallgemeinerbar sei, unausgesprochen:

> Der Krieg, wie ihn Wereschagin schildert, ist nicht jener Krieg, dessen reinigende und erstarkende Gewalt Baco von Verulam gepriesen, nicht der frische und fröhliche, nach dem es Heinrich Leo verlangen durfte und den unser großer Feldherr Moltke in seinem bedeutenden Schreiben an Bluntschli als ein sittliches Moment in unserer Culturentwicklung bezeichnet hat – es ist der unversöhnliche, fürchterliche Krieg, dessen Schrecken Wereschagin an Skobelews Seite schaudernd erblickte, der Krieg, wie ihn Rußland geführt hat.[209]

Legt man im abschließenden Modalsatz die Betonung auf ›Rußland‹, so ist es ein schmutziger, unzivilisierter Krieg, der sich von all jenen ›erfrischenden‹, wie ihn Deutsche wollen und führen, unterscheidet. Legt man die Betonung auf »geführt hat«, so ist es ein schmutziger, unzivilisierter Krieg, wie all jene Kriege, die nicht verlangt und gepriesen, sondern *geführt* werden. Für diese Interpretation gibt ein zusätzlichs, von Lindau verschwiegenes, den Zeitgenossen aber sicher bekanntes Indiz: Moltke hatte die Ausstellung besucht und seinen Soldaten als realistische Darstellung empfohlen, die Empfehlung aber widerrufen müssen, weil sie bei diesem ›Fachpublikum‹ pazifistische Tendenzen provozierte.[210]

Bleibt die Aussage Lindaus im Wereschtschagin-Artikel noch in ihrer Ambivalenz und ihre Dechiffrierung im buchstäblichen wie metaphorischen Sinne kontextabhängig, so agiert er in der Besprechung einer Folge von Radierun-

---

[208] Lindau, Wereschagin, S. 25.
[209] Lindau, Hauptstadt, S. 25.
[210] Vgl. Hallmann, Realisten, S. 100. Nach Zabels Darstellung führte Wereschtschagin den Feldherrn selbst durch die Ausstellung. Vgl. Zabel, Erinnerungen, S. 448.

gen Klingers ungeschützt. Indem er den Zyklus mit Schweigen kommentiert, gibt Lindau nicht nur eine der klarsten politischen Stellungnahmen ab, sondern zugleich ein ästhetisches Bekenntnis. Klinger ist für ihn ein ›Grübler‹, ein ›Sonderling‹, eine der modernen Großstadt fremde Figur, die an Hoffmann, Hölderlin und Goya erinnert. Ihm gelingt, was der Zeit eigentlich fremd sein müsste, die Darstellung »wilder Tragik«.[211] Angesichts der Wucht seiner Radierungen resigniert Lindaus Beschreibungskunst: »Sie sind so bezeichnend, dass ein jeder Zusatz nur abschwächend wirken könnte.«[212] Hatte er zuvor noch einzelne Radierung charakterisiert und dabei seinen Witz aufblitzen lassen, als er die Symbolizität der realistischen Szenerie am Blatt ›Ein Schritt‹ dekodierte, das ein junges Mädchen zeigt, das kurz davor ist den Versuchungen und Lastern der Großstadt zu erliegen,[213] so folgt jetzt eine Reihe tragischer Szenen und schließlich »das letzte, vielleicht das packendste und erschütterndste dieser Dramen«,[214] die drei Blätter der ›Märzgefallenen‹. Den Inhalt des abschließenden Blattes gibt Lindau fast unkommentiert und stilistisch ›anspruchslos‹ in reihendem Stil und assertorischer Lakonie:

> Das dritte Blatt zeigt den Schluß dieses Trauerspiels. Der volle Mond, unter dem eine einsame Wolke friedlich dahinzieht, steht an dem klaren Himmel. Auf dem schmalen Wege bewegt sich ein trauriger Zug. Vorn zwei berittene Schutzleute mit gezogenem Säbel und hinter ihnen in einiger Entfernung die Gefangenen. Rechts und links Soldaten, die Bajonette glänzen im Mondenschein. Der Zug verliert sich in eine schwarze unbestimmte Masse.[215]

Lindau schließt mit der Erinnerung an sein Versprechen, der »Schilderung kein kritisches Wort hinzuzufügen«[216] und beklagt, dass es nicht möglich war, Klinger in Berlin zu halten. Jenseits aller virtuosen stilistischen Versalität und ironischer Relativierung – zugleich aber und nur mit ihr – kulminiert der Lindausche Esprit in der hohen Lakonie reiner Deskription.

---

[211] Lindau, Hauptstadt, S. 341. Zur Tragikferne der Gegenwart vgl. Lindau, Hauptstadt, S. 134, 138, 166 u. 222.
[212] Lindau, Hauptstadt, S. 344.
[213] »Auf der anderen Seite ein altes Weib, eine Kupplerin, die ihr zuzureden scheint. Im tiefen Schatten leuchtet etwas auf, glimmt etwas – ein nüchternes, ganz modernes und realistisches Irrlicht. Es ist ganz einfach eine brennende Cigarre eines in der Finsternis verborgenen, kaum erkennbaren Herrn mit hohem Hute. Er wartet gemächlich gaffend auf das Opfer, das ihm die Alte zuführen wird. Im Halbschatten des Hintergrunds wird gespensterhaft eine Riesenhand, die sich dräuend gen Himmel erhebt, sichtbar – eine nüchterne, ganz moderne und realistische Hand des Verhängnisses – das Schild eines Handschuhmachers.« (Lindau, Hauptstadt, S. 343f.).
[214] Lindau, Hauptstadt, S. 346.
[215] Lindau, Hauptstadt, S. 348.
[216] Lindau, Hauptstadt, S. 348.

4. Die naturalistische Kritik

> Es geziemt dem Manne / zu rauchen, /
> Und zu kämpfen mit der Metaphysik.
> Bertolt Brecht

4.1 Der Kritikbegriff der Brüder Hart

In dem Aufsatz ›Henrik Ibsen und die deutsche Literatur‹ blickt Heinrich Hart 1898 zurück. Längst haben sich die Harts aus dem Zentrum der poetologischen Diskussion um die Moderne zurückgezogen und pflegen einen spekulativen Monismus, den sie in extatischer Poesie und lebensreformerischer Praxis umzusetzen suchen. Aber wenn Heinrich Hart die Entwicklung der letzten drei Dekaden Revue passieren lässt, erscheint die Entstehung des Naturalismus als Vollendung der Reichsgründung, als kultureller Sieg über Frankreich. Stolz auf das Erreichte ist geblieben – und mit ihm Hass auf die vorhergehende Zeit, Hass auf Paul Lindau:

> Der gewaltige Umschwung in den politischen Verhältnissen, im nationalen Fühlen und Denken, den die Jahre 1866 und 1870 herbeigeführt hatten, blieb die Literatur zunächst beinahe bedeutungslos. Wohl sprach sich hier und da die Erwartung aus, daß das gesteigerte Selbstgefühl unseres Volkes auch auf dem Gebiete der Kunst machtvoll erregend wirken müsse, daß auch für die Dichtung eine neue Blütezeit hereinbrechen werde, [...] Aber in Wirklichkeit regte sich nichts. Die Literatur nahm keinen Aufschwung, im Gegenteil, sie verflachte und versandete. Sie befruchtete sich nicht mit neuen nationalen Idealen, sie entbrannte nicht in neuen Sehnsuchten [!], neuer Glaubensinbrunst, sie erfüllte sich nicht mit junger, freudiger Begeisterung, – nein, sie geriet in den Sumpf und stellte sich in den Dienst jenes Geistes, der die Fünfmilliardenzeit beherrschte. Der Prophet dieser Literatur hieß Paul Lindau. Aus demselben Paris, das soeben die deutschen Heere nach siebenmonatlicher Belagerung bezwungen, aus der Republik des Herrn von Rothschild hatte sich dieser Prophet seine Offenbarungen geholt. Die Kritik wurde zur witzelnden Plauderei, das Drama zum geistreichelnden Feuilleton. Und dasselbe Volk, das die Franzosen im Waffenkampf besiegt hatte, ließ sich unbedenklich mit einer Literatur abspeisen, die ihrem Wesen nach durchaus französisch war, angefault von jener Frivolität und Seichtigkeit, wie sie unter dem dritten Kaiserreich erwachsen. Kein Wunder, daß die Muster und Meister Lindaus bald auch in Deutschland freudige Aufnahme fanden, daß die deutsche Bühne ganz unter die Botmäßigkeit der Dumas und Sardou geriet. Das junge Geschlecht, das in diesen Tagen heranwuchs, empfand jenen Zustand mit heißer Beschämung und Empörung. Es fühlte, daß ein klaffender Widerspruch bestand zwischen der äußeren Machtstellung des Reiches und seiner ästhetischen Kultur.[1]

---

[1] Heinrich Hart: Henrik Ibsen und die deutsche Literatur (1898). In: Heinrich Hart, Gesammelte Werke. Hg. von Julius Hart. 5 Bde. Berlin 1907, Bd. 3, S. 3–17, hier 4f.

Der militante Nationalismus und Antisemitismus Heinrich Harts, den er auch an anderer Stelle gegen Lindau in Anschlag bringt,[2] ist in dieser Klarheit erst Resultat der Entwicklung der letzten beiden Dekaden des Jahrhunderts; im nationalistischen Impetus, der ethischen Rhetorik und der idealischen Kraftmeierei aber ist die Stelle durchaus typisch für die Anschauungen im Kreis der ›Jüngstdeutschen‹ um die Harts, Alberti, Conradi, Bleibtreu und Conrad.

Nach einigen Fehlschlägen publizieren Heinrich und Julius Hart zwischen 1882 und 1884 mit den ›Kritischen Waffengängen‹[3] eine Zeitschrift, die sich zwar ebensowenig halten kann wie ihre anderen Projekte, jedoch Positionen formuliert, die auf die Kunstlandschaft der folgenden Zeit einen bedeutenden Einfluss ausübten – worauf Julius Hart in seinen Erinnerungen mit Stolz verweist

---

[2] Die Rezension eines Lindau-Stücks beginnt Heinrich Hart 1895 folgendermaßen: »Paul Lindau – Aber nein, ehe ich auf ihn komme, will ich zunächst von Rabbi ben Simon erzählen.« (Heinrich Hart: [Rez.] Paul Lindau, Die Venus von Milo. In: Heinrich Hart, Gesammelte Werke, Bd. 4, S. 252–255, hier 252).

[3] Zitiert wird nach der Ausgabe: Heinrich Hart/Julius Hart: Kritische Waffengänge. 1882–1884. Mit einer Einführung von Mark Boulby. New York und London 1969. Der Titel der Zeitschrift ist wohl eine Überbietung der Friedrich Theodor Vischerschen ›Kritischen Gängen‹ (so Leo Hans Wolf: Die ästhetische Grundlage der Literaturrevolution der achtziger Jahre. Die ›kritischen Waffengänge‹ der Brüder Hart, Phil. Diss. Berlin 1921, S. 12), zugleich aber eine Anspielung auf die Wienbargschen ›Aesthetischen Feldzüge‹, die Heinrich Hart mit deutlicher Identifikation charakterisiert: »Wie sicher und bewußt betritt schon Wienbarg in seinen ›Aesthetischen Feldzügen‹ das Gebiet moderner Anschauungen und Ziele, wie klar übersieht er den bisher vollendeten und den zukünftigen Gang der Poesie, wie sittlich ernst ist der Geist, der jedes seiner Worte durchlodert.« (Heinrich Hart: Neue Welt. Literarischer Essay. In: Deutsche Monatsblätter. Centralorgan für das literarische Leben der Gegenwart, hg. von Heinrich Hart und Julius Hart, Bd. 1 (Bremen 1878), S. 14–23; zitiert nach: Naturalismus. Manifeste und Dokumente zur deutschen Literatur 1880–1900, hg. von Manfred Brauneck u. Christine Müller, Stuttgart 1987, S. 7–17, hier 9f.). Zur Kritik der Brüder Hart vgl. auch Curt Tillmann: Die Zeitschriften der Brüder Hart, Phil. Diss. München 1923; Ingeborg Jürgen: Der Theaterkritiker Julius Hart, Phil Diss. FU Berlin 1956. Wegen der Präsentation schwer zugänglichem Materials interessant, wenngleich in der Tendenz faschistisch ist Werner Henske: Das Feuilleton der ›Täglichen Rundschau‹ (betrachtet im Zeitabschnitt 1881–1905), Phil Diss. Berlin 1940. Die ›tägliche Rundschau‹ wurde 1881 als programmatische »Zeitung für Nichtpolitiker« (Henske, Feuilleton, S. 7) zur Pflege von Unterhaltung und Bildung gegründet, jedoch verweist ihr Personal nach gemäßigt konservativen Anfängen immer mehr ins rechte bis präfaschistisch-völkische Lager. In der ersten Generation schreiben unter der Redaktion von Albert Lindner, Oskar Welten und Eugen Sierke Autoren wie Kuno Fischer, Wilhelm Heinrich Riehl, Karl Emil Franzos, Carus Sterne, Michael Georg Conrad. Ab 1883 zeichnet Friedrich Lange für das Ressort Unterhaltung verantwortlich. Als Autoren finden sich Feodor von Zobeltitz, Friedrich Pecht, Wilhelm Bölsche, Ferdinand Avenarius, Fritz Lienhard und Heinrich Sohnrey. Die Harts zählen zwischen 1884–1900 zu den maßgeblichen Beiträgern, danach arbeiten sie für den ›Tag‹.

und ihm von der Literaturwissenschaft bald und bis heute bestätigt wurde und wird.[4] Schon mit dem martialischen Titel signalisieren die Harts aggressive Parteinahme und militantes Eintreten für die eigene Position. Dies ist nicht nur das isolierte Imponiergehabe zweier Newcomer im großstädtische Milieu, die auf sich aufmerksam machen wollen, sondern zugleich ein Zeichen für die Veränderung der Stimmung zu Anfang der Achtziger, die auf die ökonomischen Verwerfungen und das rapide kälter werdende Sozialklima mit Willensmetaphysik, Durchhalteparolen und Angriffen auf die vermeintlich genusssüchtige Verweichlichung und den allgemeinen Kräfteverfall der Gründerzeit antwortete. Diese Borussofizierung ins Klischée, die den Wilhelminismus einläutet, ändert auch den Stil der Publizistik und mit ihr der Kritik.[5] Individualität, ésprit und Geschmack gelten wenig in einer Zeit, in der der Mensch klein, seine Aufgabe größer, aber sein Wille noch größer ist. Schon in seinen frühen Texten erkennt Heinrich Hart die aktuelle Hegemonie politischen Denkens und seiner ökonomisch-sozialen Hintergründe, aber im Gegensatz zu den Kritikern der Gründerzeit, denen dieser Befund Anlass war zu einer Neubestimmung der Funktion der Kunst, erblicken die Brüder darin kein bloßes Faktum, sondern Kränkung und Erniedrigung. Sie nehmen den Kampf an. An der Spitze aller menschlichen Aufgaben steht für Heinrich Hart – ganz in der Tradition Fichtes, auf den er sich nicht beruft – die Errichtung eines sittlichen Regiments und die Schaffung der Kulturnation:

> Die Politik, die heute noch immer im Vordergrunde des Interesses steht, wird immer mehr zurückgedrängt werden, sobald die Einsicht wieder an Boden gewinnt, daß das sociale und nationale Leben den Acker bildet für das Geistesleben eines Volkes, und ein Volk erst dann seiner Blüthe entgegengeht, wenn es die allseitigste und tiefste Theilnahme der Literatur und Kunst entgegenbringt.[6]

---

[4] Vgl. Heinrich Hart: Literarische Erinnerungen. In: Heinrich Hart, Gesammelte Werke, Bd. 3, S. 3–99, hier 10f.; vgl. Mark Boulby: Einleitung. In: Hart/Hart, Waffengänge, S. III-LI, hier I. Zu der raschen Mythisierung der ›Waffengänge‹ in der Literaturwissenschaft vgl. Wolf, Grundlagen, S. 5–7.

[5] Änderung des Tons der Kritik, Ablehnung von Causerie und Plauderei, Aufgabe des ›impressionistischen‹ Stils Fontanes und Lindaus ist als immanente Bewegung der Zeit mehrfach registriert worden: Vgl. Bermann, Literaturkritik, S. 217–227; Mayer, Einleitung. In: Mayer, Literaturkritik, Bd. 3, S. 27–30; einseitig negativ: Werner Kohlschmidt/Wolfgang Mohr: [Art.] Literarische Kritik. In: Reallexikon der Deutschen Literaturgeschichte. Begründet von Paul Merker und Wolfgang Stammler. 2. Auflage, hg. von Werner Kohlschmidt und Wolfgang Mohr, Berlin 1858–1988, Bd. 3, S. 63–79, hier 77f.; vgl. auch: Lore Fischer: Der Kampf um den Naturalismus, (Phil. Diss. Rostock 1930) Borna-Leipzig 1930. Berman konstatiert mit Blick auf die Harts: »Die Frühnaturalisten suchen also wieder den Kritiker als Experten, als höhere Autorität.« und spricht von einer »pädagogischen Literaturkritik«. (Beide Bermann, Literaturkritik, S. 219).

[6] Heinrich Hart, Neue Welt, S. 11. In dem Aufruf zur Gründung einer Zeitschrift fordern sie 1879 selbstbewusst »Als *Grundsatz* muß hier feststehen, daß *alle staatlichen*

Höher als Heinrich Hart, dem der Dichter nicht nur selbstverständlich Prophet ist, sondern es als einziger sein kann, kann man die Literatur nicht schätzen:

> Die Poesie anticipiert in herrlichster Weise den Plan der Lebenskunst, wozu sich alles Leben einst gestalten soll, gleichsam die heilverkündende Theorie einstiger Praxis, das Evangelium künftiger Herrlichkeit.[7]

Man ist geneigt, diese emphatische Äußerung jugendlichem Überschwang zuzuschreiben, aber auch wenn die Terminologie sich wandelt und eigene an die Stelle geborgter Begriffe treten, wird sich in den nächsten zwanzig Jahren ihre Argumentation inhaltlich wenig ändern. Dass die verhasste materiell orientierte Gründergesellschaft zu Beginn der achtziger Jahre in die Krise gerät, erscheint den Harts als Chance und in der Gründung des ›Deutschen Theaters‹, das sich dezidiert der Hebung des inszenatorischen und schauspielerischen Niveaus verschreibt, sehen sie einen wichtigen Schritt auf dem Weg zu ihrem großen Ziel, der Schaffung einer neuen nationalen Kultur. In einer flammenden Eloge auf das ›Deutsche Theater‹ und Adolf L'Arronge fordern sie mit dröhnendem Pathos eine Resakralisierung der Kunst und exkommunizieren dabei in der Person Lindaus die gesamte Gründerzeitkritik – das nötige Publikum werde sich zum gegebenen Zeitpunkt schon einfinden:

> Lasse man unsere Nation sich erst völlig ermannen, vertreibe man den kritischen Spuk der Lindau und Genossen, die Nachwirkungen des Verdauungsschlafes, lasse man erst unsere Kritik von neuem, ernsten Geiste beseelt werden, und wir haben wiederum in allen Schichten der Bevölkerung ein großes Publikum, welches mit Andacht und Freude auch den Offenbarungen einer erhabenen Kunst lauscht.[8]

---

und wirthschaftlichen Einrichtungen nur die Fundamente sind für die Entwicklung von Kunst, Wissenschaft und Gemüth, daß die Politik nur Mittel ist, das geistige Kulturleben aber Zweck.« (Heinrich Hart/Julius Hart: Eine neue Presse. Aufruf und Programm, Bremen 1879; zitiert nach: Henske, Feuilleton, S. 167–172, hier 169).

7   Heinrich Hart: Die Entwicklung der Künste. In: Deutsche Dichtung. Organ für Dichtung und Kritik, hg. vom Westfälischen Verein für Literatur, Münster 1877, Bd. 1, S. 28–30; zitiert nach: Braunek/Müller, Naturalismus, S. 3–5, hier 4; vgl. Heinrich Hart, Neue Welt, S. 14: »Prophet kann nur der Dichter sein«.

8   Heinrich Hart/Julius Hart: Das ›Deutsche Theater‹ des Herrn L'Arronge. Kritische Waffengänge, H. 4, Leipzig 1882, hier S. 40; vgl. Wolf, Grundlagen, S. 79–82. Das ›Deutsche Theater‹ wurde 1881 nach dem Vorbild des ›Théâtre français‹ von einer Gesellschaft aus Schauspielern und Theaterfachleuten als ›Theater-Societät‹ gegründet. Es sollte eine von den ökonomischen Interessen unabhängige künstlerische Arbeit ermöglichen, stellte aber im Gegensatz zu seinem Vorbild ein rein pivates Unternehmen dar. Adolf L'Arronge, der nach dem sukzessiven Ausscheiden der Mitgesellschafter 1888 alleiniger Direktor geworden war, übergab die Leitung des Theaters 1894 an Otto Brahm. Nicht ohne Ironie ist, dass Paul Lindau bei der Theatergründung als Dramaturg firmierte. Vgl. Freydank, Theater, S. 313–322. In einem den Harts verwandten nationalen Sinne äußert sich zwei Jahre später auch Conrad Alberti zur Theaterfrage, allerdings sieht er in der Theaterfreiheit die notwendige Voraussetzung einer

Von den ›Waffengängen‹ sind im Verlauf der zwei Jahre ihrer Existenz insgesamt sechs Hefte erschienen, die von einem bis zu drei Artikel beinhalten. Alle Beiträge wurden von den Herausgebern verfasst, thematisch steht das Theater im Vordergrund. Bereits das erste Heft wird nach der programmatischen Ankündigung ›Wozu, Wogegen Wofür‹ mit einem Artikel über den Dramatiker Heinrich Kruse gefüllt;[9] Heft zwei thematisiert die Bühne nicht; der größte Teil des dritten Heftes widmet sich dem Lustspielautor Hugo Bürger,[10] der Rest dem Lyriker Albert Träger;[11] Heft vier wird allein von dem bereits erwähnten Aufsatz

---

neuen Nationalbühne. Vgl. Conrad Alberti: Ohne Schminke! Wahrheiten über das moderne Theater. (1865) 2. Auflage. Dresden/Leipzig 1889, bes. S. 35f. Herman Conradi zeigt sich 1886 verhalten skeptisch, findet jedoch in Wagners Bearbeitung germanischer Mythen eine Perspektive, auch wenn Wagners Publikum einstweilen noch eine Minderheit bleiben werde. Vgl. Hermann Conradi: Das deutsche Nationaldrama. In: Conradi, Gesammelte Schriften. Hg. von Dr. Paul Ssymank u. Gustav Werner Peters, 3 Bde., München 1911, Bd. 2, S. 14–24. In dem Aufsatz ›Etwas über Theaterreform‹ griff Heinrich Hart selbst das Thema 1887 wieder auf, ohne seinen Standpunkt wesentlich verändert zu haben: »Wäre es nur die Befriedigung des Schaulust, welcher das Theater diente, so läge kein Beweggrund vor, es außerhalb des Kreises zu stellen, der durch Zirkus, Panorama und Vorführungen lebender Bilder umschrieben wird. Daß es gleichwohl geschieht, erklärt sich einzig aus der Tatsache: die Bühne umschwebt der Nimbus der Literatur, des Schaffens jener großen Geistesdichter, welche seit Jahrhunderten ihr Wort dem Schauspieler geliehen haben, daß er ihr Prophet sei, anders gesagt, die Bedeutung des Theaters beruht auf dem Drama.« (Heinrich Hart: Etwas über Theaterreform. In: Heinrich Hart, Gesammelte Werke, Bd. 3, S. 242–252, hier 243). Nachdem er seine Konzeption einer Nationalbühne erläutert hat, endet auch dieser Aufsatz mit dem Hinweis auf die Bedeutung der Kritik: »Ob es ein solches Mittel gibt, jenes Ziel zu erreichen, ich weiß es nicht; es zu finden, ist nicht Sache der Betrachtung, sondern der Tat. Aber ein Traum ist es nicht, denn es liegt in der Hand der Kritik, mehr und mehr im Publikum jenen Geist zu nähren, durch ihn die Theaterleiter zu bedrängen, aus dem dereinst, wenn das Geschick günstig ist, die Tat entspringt. In diesem Sinne heißt der erste Schritt zu einer wahren, geistigen Erneuerung des Theaters: Gesundung und Hebung der Kritik.« (Heinrich Hart, Theaterreform, S. 251f.). Die Idee eines Nationaltheaters wurde 1904 auch von Johannes Schlaf, der den Harts in Vielem nahe stand, vehement und sarkastisch verabschiedet. Unmöglich geworden durch den Verlust eines einheitlichen und öffentlichen Kultus ist für Schlaf in der Moderne nur noch »intime[s] Theater« denkbar: »Das moderne *lebendige* Theater ist das Theater des modernen Nervengeistes, der differenzierten und komplizierten, so sehr verfeinerten modernen Seele, wie sie die Entwicklung des modernen Verkehrs, der modernen Technik und aller sonstigen heutigen komplizierten Kulturverhältnisse verursacht und herausgebildet haben.« (Johannes Schlaf: Das Nationaltheater. In: Das Theater. Illustrierte Halbmonatsschrift. Berlin 1904, S. 174–178, hier 176).

9 Heinrich Hart/Julius Hart: Der Dramatiker Heinrich Kruse. In: Hart/Hart, Kritische Waffengänge, H. 1, S. 9–58.
10 Heinrich Hart/Julius Hart: Hugo Bürger. In: Hart/Hart, Kritische Waffengänge, H. 3, S. 3–51, vgl. Wolf, Grundlage, S. 74f.
11 Heinrich Hart/Julius Hart: Ein Lyriker á la mode. In: Hart/Hart, Kritische Waffengänge, H. 3, S. 52–68.

›Das *Deutsche Theater* des Herrn L'Arronge‹ bestritten. Danach wenden sich die Brüder von der Bühne ab und epischen Gattungen zu. Die letzten beiden Hefte werden je von einem Text ausgefüllt. Im Aufsatz ›Graf Schack als Dichter‹,[12] der das fünfte Heft ausmacht, lobt Heinrich Hart die orientalischen Epen des gräflichen Reisenden und Übersetzers und lässt dabei seine Vorliebe für das Genus, in dem er sich auch selbst versucht, durchscheinen. Schon hier lehnen sie die Ableitung des Romans aus dem Epos ab, vertreten die Ansicht, dass beides parallele Formen seien, wobei das Epos wie die Tragödie auf das Ideale ziele, während der Roman und das ihm verwandte Trauerspiel (»Sittendrama«) einen flacheren, realistischeren Blick auf das Leben hätten.[13] Das letzte Heft wird von der Spielhagen-Kritik gefüllt. Poetologisch ergänzt wird der Spielhagen-Aufsatz durch den für Hartsche Verhältnisse ungewöhnlich kurzen Artikel ›Für und gegen Zola‹ aus dem zweiten Heft, das mit einem ›Offene[n] Brief an den Fürsten Bismarck‹ eröffnet worden war.[14] Zwischen beiden schleudert der Aufsatz Paul ›Lindau als Kritiker‹ sein Anathema gegen den Gründerzeitkritiker.[15]

Einem Journal, das sich selbst kritisch nennt und Kritiken beinhaltet, ist Metakritik notwendig implizit, doch der Lindau-Aufsatz alleine rechtfertigte es nicht, Kritik als drittes explizites Thema der ›Waffengänge‹ neben epischen Gattungen und den Auseinandersetzungen der Theaterlandschaft zu exponieren.

---

[12] Heinrich Hart/Julius Hart: Graf Schack als Dichter. In: Hart/Hart, Kritische Waffengänge, H. 5.
[13] Vgl. Heinrich Hart/Julius Hart, Graf Schack, S. 33f.
[14] Heinrich Hart/Julius Hart: Offener Brief an den Fürsten Bismarck. In: Hart/Hart, Kritische Waffengänge, Bd. 2, S. 3–8.
[15] Heinrich Hart/Julius Hart: Paul Lindau als Kritiker. In: Hart/Hart, Kritische Waffengänge, Bd. 2, S. 9–43; vgl. auch: Heinrich Hart: Literarische Erinnerungen. In: Heinrich Hart, Gesammelte Werke, Bd. 3, S. 3–98, hier 29: »Und der Prophet dieses Dramas [›das seichte Feuilletondrama des zweiten Kaiserreichs‹], das, in Salonluft gezüchtet, jeder Erdfrische, jedes Naturlautes ermangelte, war Paul Lindau. Eben aus Paris heimgekehrt, rühmte er sich, der getreue Schüler der Pariser Feuilletonisten zu sein, in ihrem Geiste verwaltete er sein kritisches Heroldsamt, in ihrem Geiste übte er seinen Witz an allem, was über das niedere Gestrüpp der Literatur hervorragte. An Richard Wagner wie an Gustav Freytag. Für diese neue Kritik war der Witz, der kleine boshafte Witz das Wesentliche; ihr galt es nichts, in den Kern eines Werkes einzudringen, von großen Gesichtspunkten aus die Eigenart des Dichters, Geist und Seele der Dichtung zu erfassen, das Echte zu fördern, das Kleinliche und Krämerhafte zu geißeln. Sie hielt sich an ein paar Äußerlichkeiten des Werkes und sah ihre Aufgabe darin, nach Gassenbubenart hinter dem Künstler herzulaufen und ihn vor der Masse lächerlich zu machen ob seiner besonderen Rocktracht oder des Taschentuchzipfels, der ihm hinten heraushing. Und das deutsche Publikum krümmte sich vor Lachen; der Kritiker als Spaßmacher, der, mit ästhetischem und ethischem Gepäck ganz unbelastet, so gar keine Anforderungen stellte, weder an Geist noch Gemüt, der war der Mann des Tages. Für die Literatur zwischen 70 und 80 ist Paul Lindau der typische Vertreter.«

Aber auch in vermeintlich abliegenden Aufsätzen wird das Thema angeschlagen: Die ersten sechs Seiten des ›Bürger‹-Aufsatzes attackieren Lindau erneut,[16] der ›L'Arronge‹-Artikel überreißt auf vier Seiten, die mit der Erwähnung von Lindaus ›Dramaturgischen Blättern‹ beginnen und mit einem Verweis auf dessen »seichte Feuilletontheatralik« enden, die Entwicklung des vergangenen Dezenniums,[17] um später noch verschiedene Male auf den Lieblingsbösewicht unter ihren kritischen Feinden zurückzukommen.[18] In der Exposition des Schack-Aufsatzes wird sogar »der Nüchternste der Nüchternen«, Karl Frenzel, aufs Korn genommen.[19] Im Spielhagen-Aufsatz endlich scheinen die Harts von der Auseinandersetzung mit ihren Kollegen entlastet. Da Spielhagen ihrer Meinung nach selbst wie die schlimmste Form des Kritikers, »wie ein Feuilletonist«[20] schreibt, genügt die Auseinandersetzung mit seiner Poetik, um ihre Botschaft an den Mann zu bringen. Die Botschaft ist schlicht:

> Dem Sedan der stählernen Waffen sollte das Sedan des Geistes auf den Fuß folgen und vor allem das Theater, der Mittelpunkt aller frommen Segenswünsche einer neuen ungeahnten Blüthe entgegengehen! Spiegelt doch diese volksthümliche Anstalt das Culturleben eines Volkes am klarsten wieder, bildet sie doch die schöne Frucht einer nationalen Entwicklung![21]

Tatsächlich ist 1870 nach Meinung der Harts das Gegenteil eingetreten: Durch die Einbeziehung der Theater in die Gewerbefreiheit sei die Kunst, die schon vorher unter der Hegemonie der Klassik von den eigenen Quellen abgeschnitten worden und epigonal gewesen wäre, gänzlich korrumpiert worden.[22] Die Grün-

---

16 Hart/Hart, Bürger, S. 3–8. Der Lindau-Aufsatz befindet sich im zweiten, der Bürger-Aufsatz im dritten Heft der ›Waffengänge‹. Die Harts legen also unmittelbar nach.
17 Hart/Hart, Deutsches Theater, S. 4–7, hier 7.
18 Vgl. Hart/Hart, Deutsches Theater, S. 39–41 u. 63. Außer Lindau gerät auch Oskar Blumenthal ins Schussfeld. Vgl. Hart/Hart, Deutsches Theater, S. 64. Bemerkenswerterweise findet sich im gleichen Aufsatz auch eine zunächst anerkennende Erwähnung Lindaus. Sie bezieht sich auf den Bühnenautor und gesteht diesem zu Beginn Engagement zu, kassiert das Lob dann aber wegen der angeblich negativen charakterlichen Folgen der Gesetze des Lindauschen Genres, die der handlungsfreudigen Dramatik teutscher Recken fundamental widersprächen: »Von jenen Geistern, welche die einzige Zukunft des deutschen Theaters im Heile des Conversationsschauspieles erblicken, ist Lindau der Einzige, der sich hier und da zu einem satirischen Dolchstoß aufschwang, hier und da den festen Griff ins Leben wagte. Aber sein dichterischer Charakter ist leider völlig Gallerte und ihm fehlt alles, was den geborenen Dramatiker ausmacht, die Kraft und Leidenschaft; nichts als Feuilletonist, läßt er seine Ideen in Plauderein verzetteln, setzt sie aber nicht in contrastreiche Handlungen um.« (Hart/Hart, Deutsches Theater, S. 36).
19 Hart/Hart, Graf Schack, S. 3–7, hier 6.
20 Hart/Hart, Spielhagen, S. 57.
21 Hart/Hart, Deutsches Theater, S. 3.
22 Vgl. Hart/Hart, Deutsches Theater, S. 29.

derzeitkritiker affirmierten diesen Prozess und würdigten das Theater zum Amüsierbetrieb herab. Zudem hätte die Gewerbefreiheit, so die verblüffend inkonsistente Argumentation, auch das falsche Publikum in die Theater gelockt. Und letztlich habe das Theater der Gründerzeit seine Besucher sogar verderbt, da es sie nicht in ihrem sittlichen Empfinden anzusprechen gewusst habe, sondern lediglich »Nervenerregung« verursacht hätte, weil seine Helden zwar »gewitzigt, – aber nicht geläutert«[23] worden wären. In konfusem romantisch-antikapitalistischen Ressentiment monieren die Brüder,

> daß sich das Stammpublikum unserer Theater vor allem aus der Börsenaristokratie zusammensetzt und jenem philiströsen Theil des Volkes, welcher von den Aufführungen nur Zerstreuung nach des Tages Last und Mühen verlangt, nicht aber Sammlung und freudige Erhebung des Geistes. Diese Massen aber, die geistigen Proletarier, sind allem Großen und Innersten der Seele abgeneigt, und es muß daher die geistige Aristokratie wieder zurückgewonnen werden, das zurückgewonnen, was man unter einem kunstverständigen Parterre versteht.[24]

Geduld war geboten, aber Verzweiflung nicht angebracht, erscheint es den Brüdern doch selbstverständlich, dass kulturelle Hochzeiten, die sich für die Harts in einer nationalen und tragischen Kunst verkörpern, immer nur als spitze Gipfel aus einer breiten Talsohle der Mittelmäßigkeit ragen können. Doch sie wussten, dass ihre Zeit kommen wird.[25] Mit der Krise der achtziger Jahre besteht erstmals die Chance einer Besserung, die Gründung des ›Deutschen Theaters‹ scheint ein Indiz. Die Brüder diagnostizieren: »In Kunst und Literatur machen

---

[23] Beide Hart/Hart, Bürger, S. 7.
[24] Hart/Hart, Deutsches Theater, S. 61.
[25] Das erwähnte Zitat vom »Sedan des Geistes« steht im Kontext einer Auseinandersetzung zwischen den Brüdern Hart und Karl Frenzel um die Zeitgemäßheit der Tragödie, in der die Brüder natürlich die Verteidigung übernehmen: »Für Herrn Frenzel ist das Jahr 1870 nicht das Geburtsjahr der nationalen Einheit, eines neuen nationalen Lebens, er verzweifelt nicht an der deutschen Tragödie, weil die Wiedergeburt der deutschen Kraft nicht alsbald eine Wiedergeburt des deutschen Geistes gewirkt hat, sondern weil er ernstlich geglaubt, daß man Kunst und Kneipe nach ein und derselben Façon glücklich machen könne. Es ist ja klar, wenn die Schenken wie Pilze aus dem Waldboden schießen dürfen, dann blüht ohne Weiteres das Trinken, warum also nicht die Kunst, wenn jedermann das Recht hat, mit seiner Schenke zugleich ein Theater zu eröffnen! Mit solchen Ansichten ist nicht zu rechten. Auch uns ist das Jahr 1870 ein Jahr des Heiles, aber nicht wegen, sondern trotz der Gewerbefreiheit, gewährt es uns die Hoffnung auf ein großes Theater, weil es uns zu einer großen Nation gemacht hat und wir an unserem Volke *verzweifeln* müßten, wenn seine Kunst im Sumpfe der Alltäglichkeit stecken bliebe. Aber wir wissen auch, daß das Große nicht über Nacht entsteht, daß es keimen, wachsen und knospen muß und daß also nach Verlauf von zwölf Jahren kleinmuthige Ungeduld bloß albern ist.« (Hart/Hart, Deutsches Theater, S. 6).

sich die Zeichen einer veränderten Gesinnung geltend.« – diese Zeichen sind, wie zitiert, national, männlich und modern.[26]

Die Brüder wollen eine andere Kunst und ein anderes Publikum. Ihr Ziel ist ein Nationaltheater in der Tradition Schillers und Lessings, das als sittliche Anstalt in »lebendiger Wechselwirkung zu [!] dem Volke stehen« soll.[27] Obwohl sie in der Forderung, dass die Dichtung für diese Bühne »Spiegel der Zeit« sein müsse, weil das Publikum sich auf der Bühne wiedererkennen wolle, eines der kardinalen Prinzipien gründerzeitlicher Theaterökonomie umstandslos übernehmen,[28] kann diese ideale »Volksbühne«[29] mit ihrer souveränen Missachtung des Unterhaltungsbedürfnisses im Publikum (zunächst) kein finanzieller Erfolg sein. Sie ist eine sittliche Aufgabe, die nur in einem Verbund von Schriftstellern, Theaterleuten und Kritikern bewältigt werden kann. Gegen die Pragmatik der Gründerzeit formulieren sie ihr voluntaristisches Bekenntnis:

> Den Freunden des Laissez faire aber sagen wir, es geschieht in menschlichen Dingen nichts von selbst, alles will erstrebt, erkämpft und gewollt sein und es wird sich zeigen, daß dieser Idealismus des Wollens das wahrhaft Praktische ist. Warum? Weil er aus der inneren Zuversicht des *Könnens* entspringt. Ja wir wollen eine große, nationale Literatur [...] genährt mit den Errungenschaften der gesammten *modernen* Kultur [...] [E]ine Literatur, welche *wirkt* und nicht spielt. Wir wollen eine Literatur [...] welche erfrischt, und nicht amusirt, welche *führt* und nicht schmeichelt.[30]

Auch wenn dies in einem fast grotesken Missverhältnis zum geringen tatsächlichen Bühnenverständnis insbesondere des langjährigen Theaterkritikers Julius Hart steht, spielte der Nationaltheater-Gedanke im Rahmen dieser kulturellen Erneuerung eine wichtige Rolle.[31] Die Brüder setzten auch hier nicht auf prag-

---

26 Hart/Hart, Deutsches Theater, S. 46; vgl. Wolf, Grundlage, S. 27. Im Essay ›Neue Welt‹ wünscht Heinrich Hart der ›*großen* Literaturepoche‹, die er 1878 heraufziehen sieht: »Möge sie das rechte Medium finden zwischen erdfrischem Realismus und sittlich hoher Idealität, zwischen kosmopolitischer Hingabe und gesundem Nationalismus, zwischen ernster Männlichkeit und tiefquellender Empfindung.« (Heinrich Hart, Neue Welt, S. 17).
27 Hart/Hart, Deutsches Theater, S. 31; vgl. 33: »in lebendiger Beziehung«.
28 »Eine tüchtige Bühnenleitung muß vor allem ihre Aufmerksamkeit der zeitgenössischen Dichtung zuwenden [...] Schon der Trieb der Selbsterhaltung weist die Schaubühne auf diese Pflicht hin, denn die Menge liebt das Neue und bei dem großen Haufen verliert auch die größte Dichtung, allzuoft seit den frühesten Tagen der Kindheit bewundert, schließlich ihre Anziehungskraft. Und das Volk sucht sich selbst im Theater! [...] Und dieses Heute darzustellen, vermag eben nur der Dichter von heute!« (Hart/Hart, Deutsches Theater, S. 32).
29 Hart/Hart, Deutsches Theater, S. 33.
30 Hart/Hart, Graf Schack, S. 4.
31 »[Julius] Hart glaubte, daß er *von* der Kunst begeistert sei, dabei war er nur *für* die Kunst begeistert. Harts ästhetisches Interesse verringerte sich mit den Jahren mehr und mehr, und es zeigte sich immer deutlicher, daß nur der *Broterwerb* Hart bei der the-

matische Orientierung, sondern postulieren ein voluntaristische Konstrukt. Dabei sind sich die Harts in der Forderung nach Hebung des technischen Standards der Aufführungen,[32] in der Ablehnung deklamatorischen Stils und der Beachtung des Ensembles[33] mit Lindau und Frenzel ebenso einig wie in der Ablehnung der Ausstattungstücke,[34] der Bevorzugung gegenwartsbezogener Stoffe und selbst in der Ansicht, dass »der Realismus [...] die beherrschende Kraft in der Kunst der Gegenwart [sei].«[35] Zuweilen stehen sich beide Parteien jedoch diametral gegenüber. Vor allem erscheint den Harts der handwerkliche Aspekt sekundär gegenüber dem ›eigentlich‹ künstlerischen – und zudem als potentielle Bedrohung: »Aber die Schule, die Bildung unterdrücken das Genie!«[36] Das »Amusement-Theater« der Gründerzeit und die Berücksichtigung vermeintlich niederer Genres und Formen lehnen sie kategorisch ab,[37] fordern ganz im Gegensatz eine »tief innerliche, leidenschaftliche Dichtung, welche auf ihren Flügeln schwere Gedanken trägt [...]«[38] Besonderes Augenmerk schenken sie der Originalität eines Stückes und seinem – freilich in ihrem Sinne – ideellen Gehalt. Die Harts verlangen Revision des Repertoires, Verbannung der Salonkomödie und Bevorzugung »nationaler Dramatik«.[39] Die Kritik und Theaterpraxis der Gründerzeit gilt als kultureller Sieg Frankreichs, dem erst Ernst von Wildenbruch habe Einhalt gebieten können:

> Immerhin [...] kann er es sich zum Verdienst anrechnen, daß er von den aufstrebenden jüngeren Literatur als der Erste die ganze Weisheit der Aesthetik Lindau's und Consorten praktisch ad absurdum geführt hat. [...] Die Zeit der Tragödie und des höheren Dramas sollte auf immer geschwunden sein, [...] Das Publikum hatte alles Interesse für jene erste Kunst verloren, alles was diese schuf war unmöglich für die Bühne und mußte ein kärgliches Leben als Buchdrama fristen. [...] Heute weiß es jeder, der

---

atralischen Tageskritik festgehalten hat. Sein Interesse am praktischen Theater wurde zusehends unbedeutender, und seine Theaterkritiken zeigen, daß er in späteren Zeiten eine innere Beziehung zu der besonderen Welt des Theaters nicht mehr besessen hat.« (Jürgen, Theaterkritiker, S. 12). Die Kritiken dienten vor allem als Anlass zu weltanschaulicher Betrachtung und zur Demonstration von Bildungswissen.

[32] Hart/Hart, Deutsches Theater, S. 56f.
[33] Vgl. Hart/Hart, Deutsches Theater, S. 49 u. 54f.
[34] Vgl. Hart/Hart, Deutsches Theater, S. 25.
[35] Hart/Hart, Deutsches Theater, S. 53.
[36] Hart/Hart, Deutsches Theater, S. 57.
[37] »Das heutige Amusement-Theater ist eine Mittelgattung zwischen Cirkus, Schaubühne und Literatur-Theater, es hat keinen höheren Zweck als jene, gleichwohl annectirt es sich den Schauplatz von diesen und damit den Schein einer würdigen Existenz. Unsere Bühne muß von dem theatralischen Scheinwesen befreit und dem wahren Drama, den echten dramatischen Leidenschaften und Gefühlen zurückerobert werden und wird zurückerobert werden [...]« (Hart/Hart, Bürger, S. 51).
[38] Hart/Hart, Lindau, S. 28.
[39] Hart/Hart, Deutsches Theater, S. 54.

nur offene Augen hat und klar sehen will, daß uns der Sinn für die gewaltigen Wirkungen der Tragödie nicht erstorben, daß er nur eingeschlafen wegen der traurigen Unfruchtbarkeit, welche auf diesem Gebiet in den letzten Jahren herrschte.[40]

Mit einem marktwirtschaftlich operierenden Theaterbetrieb ist die kulturpolitische Umkehr nicht zu bewerkstelligen. Aber nicht nur die Theaterlandschaft als Ganze, die interne Organisation der einzelnen Theater muss erneuert werden. Dabei verliert das theatralische Ereignis seine Substanzialität, das Theater wird erneut zu einem funktionalen Medium der Vermittlung genuin literarischbegrifflicher Formen.[41] Die Harts verlangen eine Stärkung der Position der Literatur gegenüber der Bühne; das von Lindau wegen seiner theatralischen Unbedarftheit gescholtene Buchdrama wird mit dem hermeneutischen Argument, dass ohne die Möglichkeit eines aufführungsanalogen Textverständnisses der Kritiker keinen Maßstab zur Bewertung einer theatralischen Darbietung haben könne, bedingungslos rehabilitiert.[42] Dies bedeutet neben der Stärkung der Autorposition – der Dichter wird wieder in sein altes Amt als ›Prophet‹, ›Denker‹, ›Charakter‹ und ›Helfer‹ eingesetzt;[43] die Epigonen der Klassik müssen den »Progo-

---

[40] Hart/Hart, Deutsches Theater, S. 39. Zu Wildenbruch als Hoffnung der Harts vgl. Ernst Ribbat: Propheten der Unmittelbarkeit. Bemerkungen zu Heinrich und Julius Hart. In: Wissenschaft als Dialog. Studien zur Literatur und Kunst seit der Jahrhundertwende, hg. von Renate v. Heydebrand und Klaus Günther Just, Stuttgart 1969, S. 59–82, hier 73f.

[41] »Eine höhere darstellende Kunst, welche auch die geistigen Bedürfnisse befriedigt, ist nur im Dienste der dramatischen Dichtung denkbar. Man verdammt sie zu geistigem Tode, will man sie von der Poesie emancipieren.« (Hart/Hart, Deutsches Theater, S. 18); »*Der Zweck des Theaters besteht zunächst in nichts anderem als in der möglichst lebendigen Darstellung dramatischer Kunstschöpfungen.* [...] Die Schaubühne eröffnet uns also die reine Welt der Ideen, frei von allen Zufälligkeiten und frei vom Endlichen; sie zeigt uns den Menschen in seiner Wesenheit [...]« (Hart/Hart, Deutsches Theater, S. 20).

[42] »Die Behauptung: ›ein Drama auf dem Papiere ist nur ein halbfertiges Kunstwerk‹ kann auch nicht auf einen Schimmer von Wahrheit Anspruch erheben. Nein, die Dichtung ist an und für sich in allen Teilen vollendet, hat Zeichnung und Farbe. [...] Es wäre ja sonst jedes kritische Urteil der schauspielerischen Aufführung unmöglich; besteht dasselbe doch hauptsächlich in dem Vergleich des von dem Kritiker erfaßten geistigen Bildes mit dem von dem Schauspieler gesehenen.« (Hart/Hart, Deutsches Theater, S. 17). Die Brüder referieren hier auf die ›Geschichte der Schauspielkunst‹ von Eduard Devirent. Das Argument hermeneutischer Zirkularität gilt natürlich nur, wenn man dem zirkulären Hartschen ›Bildchen-Modell‹ folgt, das Kritik als Vergleich eines imaginären Vorverständnisses des Stückes mit seinem theatralischen Erlebnis konzipiert und zusätzlich Letztere wiederum auf die Präsentation eines(quasi-)begrifflichen Gehaltes reduziert. Andere Kritikformen, wie z.B. eine Kritik, die sich an der Kohärenz der Aufführung oder der Glaubwürdigekeit einer Darstellung orientiert, sind auch ohne Vor-Bild möglich.

[43] »Ein moderner Dichter wird zugleich ein Prophet sein [...] er wird ein Denker sein,

nen [...] neuer Blüthzeit«[44] Platz machen – vor allem die Professionalisierung der literaturbezogenen Funktionen des Theaters und der Kritik. Dies ist nicht gleichbedeutend mit einer Restitution des Einflusses der akademischen und kulturtragenden Elite. Theater ist »nicht nur für die kleine Gemeinde der wahrhaft Gebildeten, sondern für das ganze Volk«; »professorale Dramaturgie«[45] mit ihrer Fixierung auf Klassisches wird abgelehnt. Statt dessen sollen Dramaturgen und fachkundige Rezensenten, eventuell sogar durch das vermittelnde Medium einer Theaterzeitschrift, in der eingesandte Manuskripte von einem ›Lesercomité‹ beurteilt und den Theaterleitungen zur Aufführung empfohlen werden, die Qualität der Produktion prüfen und die der Auffführungen sicherstellen helfen.[46]

Entscheidend für das Gelingen der kulturellen Kehrtwende auf allen Ebenen wird jedoch das Wirken der Kritik sein, ist sie doch »ein heiliges Amt im Dienste des lebendigen Geistes.«[47] Leider liegt auch die Kritik allgemein und besonders die Theaterkritik im Argen, wie Tagesrezensionen durch unqualifizierte Kritiker,[48] Referate, die der Faulheit des Publikums bedenkenlos entgegenkommen[49] und die Egozentrik der Kritiker[50] bewiesen. Gegen Lindau gerichtet mahnen die Brüder:

> Aber die Kunst ist eine ernste Nothwendigkeit und es wäre gerade die Aufgabe der Kritik, den seichten Geschmack des Publikums zu veredlen, und ihm die wahre Bedeutung der Bühne klar zu machen. Wagt es nur, ein Decennium lang mit den Waffen des Spottes und des Pathos die trivialen Anschauungen der Menge zu züchtigen, lenkt ihre Blicke nur zu etwas Höherem empor, wie ihr das Volk zehn Jahre lang zu verderben gesucht habt, und dieses wird mit mehr Ehrfurcht von euch sprechen, euch Allen, Dichtern, Schriftstellern, Journalisten. Es wird anders und besser denken vom Theater als heute.[51]

Nun scheint die Zeit für eine Wiedergeburt der Kritik gekommen. Schon der erste Teil des Aufsatzes droht mit kulturkonservativer Gebärde:

---

der alle Regungen der Zeit in sich zusammenfaßt, ein Charakter, der niemanden fürchtet und dem Gotte seines Innern unwandelbare Treue hält, ein Helfer, der nicht aufhören wird, von Liebe zu künden und Liebe zu wecken, göttliche Liebe.« (Hart/Hart, Schack, S. 9; vgl. Heinrich Hart, Neue Welt, S. 14).
[44] Heinrich Hart, Entwicklung, S. 5.
[45] Hart/Hart, Deutsches Theater, S. 33 u. 34; vgl. 31: »Einseitige Bildungszwecke kommen ihm nicht zu und es vertritt keine Literaturgeschichte.«
[46] Vgl. Hart/Hart, Deutsches Theater, S. 42–45 u. 65–68.
[47] Hart/Hart, Schack, S. 3.
[48] »Gymnasiasten sogar schwingen das Zepter der Kritik [...]« (Hart/Hart, Deutsches Theater, S. 63).
[49] Vgl. Hart/Hart, Lindau, S. 36–38.
[50] Hart/Hart, Deutsches Theater, S. 64f.
[51] Hart/Hart, Lindau, S. 29.

[L]ange genug lag die Kritik in den Händen der unberufenen Handwerker und Spaßmacher, – aber auch sie rafft sich aus dem Schlafe empor, wie der deutsche Michel, und wird mit Keulen in das gewöhnliche Recensentenpack hineinschmettern.[52]

Wie die Kritiker der Gründerzeit, so sehen auch die Harts in der Kritik die »Hüterin des Geschmacks«,[53] aber sie interpretieren diesen Auftrag radikal anders. Der Gründerzeitkritik war der Geschmack das Decorum ihres Publikums, eine aristotelische Mitte zeitgenössischer moralischer Ansichten und Vorstellungen. Die Forderung nach geziemender Bühnenkunst zielte also darauf, gegenwärtige Moral zu doppeln. Hingegen fordern die Brüder Hart zwar vom Kritiker dem Nationaldrama den »moralischen Boden zu schaffen«,[54] betonen jedoch anderseits: »Aber die Schicklichkeit hat wirklich keine Geltung in der Kunst!«[55] Ihnen ist das Kollegium aus Künstler, Autor und Kritiker nur der Qualität der Produkte und den eigenen Maßstäben verantwortlich. Für das Publikum hingegen sind sie Moral setzend. Ihre Opponenten werden von den Harts sofort ausgewiesen: Die programmatische Einleitung der ›Kritischen Waffengänge‹ trägt den Titel ›Wozu, Wogegen, Wofür?‹ Am klarsten ist ›Wogegen‹: Gegen Klassizismus, Formalismus und das Dekorum der gründerzeitlichen Geschmacksästhetik. Auch das ›Wofür‹ ist in Worte gefasst: für »erdfrischen Realismus«, der aus »germanischer Volkssele« »echt nationale Dichtung« wachsen läßt.[56] Das ›Wozu‹ ist leicht abzuleiten: In dieser Konzeption kommt dem Kritiker – es wurde bereits erwähnt – die Aufgabe des ›Pflügens und Pflegens‹ zu. Spinnt man das organlogische Modell aus, so folgt, dass Dichtung im Grunde naturhaft, vielleicht auch *gut gezogen* ist und *Früchte* bringt, während sich der Kritiker selbst als Kultivator und damit als eigentliches Organ und eigentliche Instanz der Kultur versteht.

Die Brüder Hart nehmen ihr Amt ernst. Pragmatisch-ökonomische Argumentation lehnen sie gleichermaßen ab wie Orientierung am Adressaten der Kunst. Das reale, »leicht betrügliche«[57] Publikum ist weder Maßstab noch Argument, sondern die Instanz ästhetischer Korruption:

> Das bloße Votum des Publikums wiederzugeben, die Genügsamkeit der Menge zu entschuldigen mit der Devise ›Was gefällt, ist gut‹, das eigne Urtheil sich zu ersparen, weil das Publikum deutlich genug geurtheilt, das ist die Weise des kritischen Reporterthums, das nicht die Druckerschwärze werth ist, die es beansprucht. Die Kritik hat entweder den Zweck, einerseits die Subjektivität des Künstlers zu mildern, anderseits das Publikum aufzuklären, seine Instinkte zu klaren Anschauungen zu gestalten, seine Triebe zu veredeln, mit einem Worte, es ästhetisch zu bilden für den Genuß des

---

52 Hart/Hart, Lindau, S. 20.
53 Hart/Hart, Deutsches Theater, S. 34.
54 Hart/Hart, Deutsches Theater, S. 5.
55 Hart/Hart, Lindau, S. 35.
56 Alle Hart/Hart, Wofür, S. 6f.; vgl. Heinrich Hart, Neue Welt, S. 17.
57 Hart/Hart, Lindau, S. 9.

wahrhaft Großen und Schönen, – oder sie hat gar keinen Zweck und ist überflüssig wie ein Rudimentär am tierischen Leibe.[58]

Kritik ist kein subjektives Geschäft, dekredieren sie, sondern »echte Wissenschaft«,[59] die es auf zeitgenössischem Stand wissenschaftlich zu betreiben gilt. Dabei kommt es weniger auf das in seinen letzten Gründen doch häufig subjektiv motivierte Urteil, sondern vor allem auf das objektiv, d.h. intersubjektiv nachvollziehbare Urteilsverfahren an:

> Das erste Axiom eines Gesetzbuchs für die Kritik sollte lauten: Das bloße Urtheil ist nichts, die Begründung alles. [...] [D]er Zweck der Kritik [...] wird nur dann erfüllt, wenn der Kritiker das gesammte historische und ästhetische Wissen seiner Zeit mit einer bedeutenden subjektiven Anschauungskraft vereinigt, wenn er aus jenem Wissen heraus sein Urtheil dem des Publikums als maßgebend gegenüberstellt, wenn er sein höheres Empfinden in das Wissen und Empfinden des Publikums hinüberleitet.[60]

Normative Kritik lehnen die Hart explizit ab,[61] doch sie beklagen das Fehlen einer Geschichte der Kritik, fordern ein »Compendium, das die Erfahrungen der besten Köpfe zusammenfa[ssen]«[62] und eine Mischung aus fundamentalen Prinzipien und historisch ästhetischen Variablen beinhalten solle.[63] Im Wechselspiel inventiver künstlerischer Produktion und gleichermaßen inventiver kritischer Reflexion, so hoffen sie, konstituiert sich in autonomer Prozessualität – oder moderner ausgedrückt: autopoietisch – eine Sphäre der Kritik, die in ihrem Engagement ansteckend wirkt:

> [Eine Kritik,] welche durchaus kein professionelles Besserwissen beansprucht, sondern vom Dichter zu lernen weiß und mit ihm die wahre Kunst sucht, welche neue Gedanken bietet, selbstschaffend dasteht und von Begeisterung für die Poesie getragen, die Begeisterung im Herzen des Lesers weckt, welche nur die Kunst im Auge behält und nur zu ihrem Besten, nicht zum Amusement des Publikums schreibt.[64]

---

[58] Hart/Hart, Lindau, S. 15.
[59] Hart/Hart, Lindau, S. 19.
[60] Hart/Hart, Lindau, S. 16. Dabei versuchen die Harts gegen Lindau Lessing als Modell der Kritik in Anschlag zu bringen, ein zeitgenössisch probates Verfahren, dessen sich bereits zwei Jahre zuvor eine Satire bedient hatte. Vgl. Johannes Plerr: Herr Doctor Paul Lindau der umgekehrte Lessing, Breslau 1880. Zitiert nach: Berbig, Lindau, S. 105.
[61] Vgl. Hart/Hart, Lindau, S. 19.
[62] Hart/Hart, Lindau, S. 17, vgl. 16.
[63] »Gewiß bilden, modificieren und erweitern sich wie alles übrige auch die ästhetischen Anschauungen von einer Epoche zur andern, aber es gibt doch Principien, denen keiner zu widersprechen wagt [...]« (Hart/Hart, Lindau, S. 17).
[64] Hart/Hart, Lindau, S. 20.

Dieses ›Beste‹ der Kunst ist für die Brüder identisch mit einer kulturellen nationalen Wiedergeburt, die vor allem zum Ziel hat, die alltägliche Wirklichkeit zu verdrängen, zu ersetzen und sie idealisch zu überbieten. Sie fordern:

> [W]as unserer Bühne *notthut*, das ist eine Bekämpfung der sie beherrschenden Nüchternheit und Alltäglichkeit, – das ist eine tief innerliche, leidenschaftliche Dichtung, welche auf ihren Flügeln schwere Gedanken trägt und mit ihrem Auge Himmel und Erden durchdringt.[65]

Dass erhebende Dichtung wünschenswert ist, hätten auch Frenzel und Lindau nicht bestritten, wohl aber, dass sie als gelingende, d.h. auch vermittelbare im Bereich des Möglichen oder zumindest Kalkulierbaren läge. Derart pragmatische Argumentation ist den Harts jedoch fremd, sie reklamieren höheren Ortes. Dabei stehen sie mit ihrem nationalen Anspruch wie mit ihrer Insistenz auf der Meinungsführerschaft des Intellektuellen als Vermittler zwischen Wissenschaft und Öffentlichkeit in der Tradition des liberalen philologischen Realismus und teilen dessen paternalistisches Bildungsverständnis. Freilich werden nun – wie bei Scherer – tendenziell wissenschaftliche Standards auch für populäre Kritik eingefordert. Dabei werden die Grenze zwischen akademischer und journalistischer Kritik, die nach Ansicht seiner akademischen Kollegen bei Scherer zu verschwimmen begann (was von Freytag als unsolidarischer Akt beklagt worden war), de jure aufrecht erhalten. Da die Brüder selbst nicht akademisch tätig sind, ist ihre Attacke systematisch gesehen ein Versuch, den Geltungs- und Einflussbereich feuilletonistischer Kritik zurückzudrängen und im publizistischen Sektor erneut quasi-akademische Standards zu etablieren. Zwar war Lindau selbst mit Julian Schmidt hart ins Gericht gegangen und hatte den Theoretiker des programmatischen Realismus als wissenschaftlich unseriösen und nationalistischen ›Tendenzliteraten‹ bloßgestellt, doch hatte er dabei lediglich seine Kompetenz bewiesen, indem der den wissenschaftlichen Anspruch und Anstrich der Schmidtschen Kritiken gegen deren Autor selbst gewandt hatte. Er hatte aber nicht versucht die eigene Position theoretisch zu legitimieren. Lindaus Schmidt-Kritik wird von den Harts ausdrücklich geteilt;[66] sie werfen ihm jedoch vor, seine Position verraten und mit der ›Schicklichkeit‹ selbst ein ästhetisch zweifelhaftes Kriterium zur Wertungsgrundlage gemacht zu haben. Den Anlass dazu liefert jene Zola-Rezen-

---

[65] Hart/Hart, Lindau, S. 28. Dies ist freilich schon, wie sie zum Ende des Artikels beklagen, deshalb schwer möglich, weil die wissenschaftlichen Basiswerke in der Presse dilettantisch und nicht in genügendem Umfang besprochen werden. Vgl. Hart/Hart, Lindau, S. 42.

[66] Die Harts zitieren eine Passage aus der Einleitung des Lindauschen Aufsatzes ›Beaumarchais und Julian Schmidt‹, in der Schmidt mangelhafte Werkkenntnis vorgeworfen wird, und geben vor, die Forderung gegen Lindau selbst zu wenden. Vgl. Hart/Hart, Lindau, S. 39.

sion, in der Lindau mit der terminologisch unscharfen Berufung auf die »freieste Auffassung«[67] der Geschmacks- und Toleranzgrenzen des Publikums von einer ›Nana‹-Lektüre abgeraten hatte, weil der Roman die Grenzen des Schicklichen verletzen würde. Gleichzeitig hatte er jedoch die künstlerische Qualitäten des Werkes herausgehoben. Die Verpflichtung auf öffentliche Moral wird von den Harts kategorisch zurückgewiesen.[68] Das Moralempfinden, so ihr erstes Argument, sei subjektiv, zumindest aber kulturell und historisch relativ; es könne daher kein Kriterium objektiver Kritik liefern. Zudem aber bewegten sich Ethik und Ästhetik prinzipiell in getrennten Sphären, denn:

> Entweder ist die Schicklichkeit eine Norm für alle Dichtung und dann hat der keusche und züchtige Backfisch dasselbe Recht, vom Poeten in seinem Anstandsgefühle respektirt zu werden, wie der fünfundzwanzigjährige Don Juan [...] Auf das Quale kommt es in der Aesthetik an, nicht auf das Quantopere, ... oder sie ist eine Wissenschaft, die wie elastisches Gummi von jeder Hand auseinander- und wieder zusammengezogen wird. Aber die Schicklichkeit hat wirklich keine Geltung in der Kunst![69]

Dieser Aufruf zur Verwissenschaftlichung des kritischen Urteils impliziert erhebliche Distanzierung von der Instanz ökonomischer Potenz, dem realen Publikum. Den Harts ist die praktische Problematik ihrer Haltung durchaus bewusst;[70] zwar beabsichtigen auch sie nicht ausschließlich für »die kleine Gemeinde der Wissenden«[71] zu schreiben, aber es erscheint doch realistisch und konsequent, wenn sie in dieser Lage für staatliche Unterstützung plädieren und versuchen, sie mit einem Verweis auf nationalen Mehrwert zu rechtfertigen.

Das zweite Heft der ›Kritischen Waffengänge‹ eröffnete im ›Offenen Brief an den Fürsten Bismarck‹ mit der Forderung nach staatlicher Alimentierung einer neuen nationalen Kunst.[72] Danach wurde am Beispiel Lindaus die Korruptheit gründerzeitlicher Kritik als notwendige Folgeerscheinung einer ökonomischen Abhängigkeit gegeißelt. Weil sie sich am Unterhaltungsbedürfnis der Leser orientierte, müsse sie das Publikum bestätigen, anstatt sein Niveau zu heben. Im

---

[67] Vgl. Hart/Hart, Lindau, S. 34.
[68] Lindau hatte den Reklamewert negativer Kritik und sein ausführliches Referat damit begründet, dass er seinen Lesern eine Vorstellung vom Werk geben wolle, ohne sie zu der bedenklich erscheinenden Lektüre des Romans zu verleiten. Die Harts kritisieren diesen moralischen Impetus als Verstoß Prinzip der kategorialen Differenz von Kritik und Kunst. Vgl. Hart/Hart, Lindau, S. 22ff.; vgl. 31, 33 u. 39.
[69] Hart/Hart, Lindau, S. 35; vgl. Hart/Hart, Zola, S. 46 u. Deutsches Theater, S. 34: »Kautschukästhetik«. Die Formulierungen sind wahrscheinlich von Lindaus Diktum der ›Elastizität der Gesinnung‹ Janins provoziert.
[70] »[...] überhaupt gediegene kritische Arbeit erfreut sich beim Publikum nur eines mäßigen Beifalls.« (Hart/Hart, Lindau, S. 36).
[71] Hart/Hart, Lindau, S. 42.
[72] Vgl. Hart/Hart, Offener Brief, S. 6.

dritten und letzten Aufsatz des Heftes, ›Für und gegen Zola‹, liefern die Harts schließlich ein Exempel ihres Literatur- und Kritikbegriffs. Nachdem sie zu Beginn die Penaten der idealistischen Ästhetik – Humboldt, Schelling, Solger, Hegel – angerufen und den durch das Medium Sprache gestifteten Konnex von Poesie und Wissenschaft beschworen haben, klagen sie, dass

> dennoch die Masse der Kritik bei uns wie anderwärts jeder neuen eigenartigen Literaturerscheinung gegenüber auf dem Standpunkte bornirtesten Philisterthums, verlebtester Zopfträgerei und pedantischen Regelzwangs [verharre]. Oder ist es etwas anderes, wenn man einen Charakter, eine That, eine Schöpfung nicht aus deren eigenem Wesen heraus beurtheilt, wenn man das Handeln eines Bismarck vom Stande eines Schulmeisters, die Befreiungskriege vom Gesichtspunkt eines Mennoniten, Rubens' ›Jüngstes Gericht‹ in Rücksicht auf ein Mädchenpensionat betrachtet.[73]

Hier wird der gründerzeitliche Affekt gegen das philologische Klassik-Ideal aufgenommen. Dem neuen Reich, so wird suggeriert, kann nur eine neue Kunst entsprechen, eine Kunst, die sich weder an gesellschaftlicher Konvention noch an einem tradierten Kanon orientiert.[74] Sich epigonal verstehende Kunst bezeichnen die Hart als ›Formalismus‹ und stellen ihr eine autochton gegenwartsorientierte Kunst gegenüber, den ›Naturalismus des Genies‹.[75] Aber die Bestimmung dieses ›Naturalismus des Genies‹, für den Zola das Vorbild liefert,[76] fällt – abgesehen von antikulturalistischen und primitivistischen Gebärden – konventionell und idealistisch aus: Kunst und Wissenschaft sind parallele Institutionen menschlicher Tätigkeit. Beiden liefert die Natur das ›Rohmaterial‹; aber während die Poesie der natura naturans analog schafft, analysiert die Wissenschaft natura naturata.[77]

---

[73] Hart/Hart, Zola, S. 45. Die doppelte Frontstellung in der sich die beiden ›Befreiungskrieger‹ sehen, hat sich nicht verändert: »Nachdem es also gelungen ist, nach langen Kämpfen die Poesie aus dem Zwange des Moralischen zu befreien, schleicht sich nunmehr durch das Hinterthürchen eine dürre, schattenhafte Schwester der Moral, die Schicklichkeit, herein, geleitet von den alten Antipoden Rudolf Gottschall und Paul Lindau.« (Hart/Hart, Zola, S. 48). Gottschall vertrat zu diesem Zeitpunkt eine neuklassische Poetik.
[74] »Fast unsere gesammte Epigonendichtung ist ihrem Wesen nach nichts mehr, als ein zweiter Aufguß der klassischen, eine glatte, durch *Lektüre* vermittelte Reproduktion, nirgendwo ein unendlicher Naturlaut, nirgendwo lebendige Quelle.« (Hart/Hart, Zola, S. 54).
[75] Vgl. Hart/Hart, Zola, S. 54.
[76] Dagegen wird der Theoretiker Zola abgelehnt: »Der Romandichter Zola ist immerhin ein Stern, der Theoretiker höchstens ein Nebelstern.« (Hart/Hart, Zola, S. 51). Zur zunehmenden Distanzierung der Harts von Zola vgl. Henske, Feuilleton, S. 113. Dagegen betont Dagmar Kaiser weltanschauliche Parallelen. Vgl. Dagmar Kaiser: »Entwicklung ist das Zauberwort«. Darwinistisches Naturverständnis im Werk Julius Harts als Baustein eines neuen Naturalismus-Paradigmas. Mainz 1995, S. 114–137.
[77] Vgl. Hart/Hart, Zola, S. 52f.

Schließlich wird die Bedeutung des Begriffs ›Naturalismus‹ auf sein konventionelles literarhistorisches Radikal reduziert und die welsche Moderne mit deutscher Tradition überboten:

> Ob Emile Zola wohl jemals eines jener Goethe'schen Gedichte gelesen hat, die so naturalistisch sind, wie die Natur selbst! Unmöglich, sonst würde sofort in seine wirren Anschauungen von der Poesie ein Licht gefallen sein, das all die trüben Nebel zerstreut.[78]

Wenn die Harts postulieren, der Dichter wende sich nicht an den »Gesellschaftsmenschen«, sondern »an den Menschen als solchen, losgelöst von den irdischen Gebrechen kleinlicher Thorheiten und Befangenheiten«,[79] scheint die genieästhetische Volte perfekt; ein moderner wissenschaftlicher Drehpunkt blitzt jedoch auf, wenn sie monieren, dass Zola die entscheidende mittlere Ebene, die Psychologie, übersehen habe, als er die Physiologie Bernards dem Verfahren der Kunst parallelisierte.[80] Doch soll allerdings auch keine Phantasiebewegung des autonomen sittlichen Subjekts im Medium welthaft-sinnlicher Zeichen mehr simuliert werden, wie noch im Realismus. Die Kunst dient nicht mehr dazu, bessere Wirklichkeit zu zeigen, sondern sie soll Wirklichkeit-wie-sie-ist darstellen. Damit ändert sich die Position des (idealen) Autors: An die Stelle des autonomen sittlichen Subjekts tritt ein Virtuose, dessen Qualifikation nicht mehr in der angemessenen Verwendung lizensierter Formen und Gegenstände, sondern in einer umfassenden technischen Verfügungsgewalt über sein Medium liegt. Die Brüder postulieren,

> daß die Poesie keine andere Aufgabe haben kann, als die gesammte Welt wiederzuspiegeln oder im Anschluß an die *mimesis* des Aristoteles sie nach- und neuschaffen. *Was* der Dichter dabei darstellt, ist ganz gleichgültig, es kommt allein darauf an, daß er es *als Dichter* darstellt.[81]

---

[78] Hart/Hart, Zola, S. 51. In der Vergabe des Attributs ›Naturalismus‹ sind die Harts freisinnig. Heinrich Hart bedenkt damit Hieronymus Lorm, Richard Wagner, Iwan Turgenjeff und Leopold Sacher-Masoch, Bret Harte, Björnsterne Björnson und Henrik Ibsen. Vgl. Heinrich Hart, Neue Welt, S. 12 u. 16.

[79] Beide Hart/Hart, Zola, S. 46. Über idealistische Theoreme bei den Harts vgl. Wolf, Grundlage, S. 23f.

[80] Vgl. Hart/Hart, Zola, S. 51f.. Dabei spielen sie das konventionelle Kunstverständnis Bernards gegen die Theorie Zolas aus. Diese Differenz war jedoch Zola keineswegs entgangen. Vgl. Emile Zola: Der Experimentalroman. Eine Studie. Autorisierte Übertragung, Leipzig 1904, S. 56–59 u. 61.

[81] Hart/Hart, Zola, S. 47. Im Anschluss wird die These präzisiert: »Wohlverstanden, schon in der Stoffwahl kann sich des öfteren ein höheres oder niederes Talent beweisen, aber die Thatsache, daß kein Stoff, auch der unsittliche und gemeine nicht, *an und für sich* undichterisch ist, bleibt gleichwohl zu recht bestehen.« (Hart/Hart, Zola, S. 47).

und zitieren als Beleg die Darstellung holländischer Genre-Malerei aus Max Schaslers ›Kritischer Geschichte der Aesthetik‹ – also kunstwissenschaftlich-stiltypologischen Naturalismus. Dabei räumt Schasler ein, es gäbe Gegenstände, die durchaus mit dem Prädikat ›häßlich‹ bedacht werden könnten, doch sei diese inhaltliche Bestimmung für die Bewertung eines Kunstwerks nicht entscheidend:

> Allein dieser ist in seiner äußeren Erscheinung *nicht* das *Wesentliche* in der Kunst, sondern die Art und weise, *wie* dieser durch die *Kulturentwicklung gegebene* Inhalt aufgefaßt, und sodann, wie er technisch behandelt ist.[82]

Aus der funktionalen Lizenz des Hässlichen im Hegelianismus ist eine kulturhistorische und technische Relativierung geworden. Freilich bescheiden sich die Harts nicht in der skeptischen Position eines historistischen Relativismus, sondern sie rufen aus: »Das ist es! auf das *Wie*, nicht auf *Was* kommt es an!«[83] Damit aber haben sie sich in eine dilemmatische Situation manövriert: Da sie alles Professoral-Akademische, alle Epigonalität und mit dem Handwerklichen auch alle äußere Form als Maßstab ästhetischer Beurteilung abgelehnt haben, gibt es keine emanenten Kriterien, nach denen ein Kunstwerk bemessen werden könnte. Da sie aber zugleich auch inhaltliche Urteile ablehnen und die Qualität des Werkes einzig davon abhängig machen wollen, wie das Kunstwerk seinen inhaltlichen Vorgaben formal entspreche, bleibt lediglich ein kriterial unausweisbares qualitatives Urteil und eine diffuse Forderung nach ›Zeitgemäßheit‹, an der sich insbesonders die Bühne als »Spiegelbild der Zeit«,[84] aber auch der Künstler als »Spiegel der Menschheit«[85] auch in intellektuellem Sinn zu beweisen habe: »Denn die Kunst verlockt nicht, sie lernt nur erkennen!«[86] Diese Erkenntnisfunktion ist jedoch keine skeptisch-rationale ›Gewitztheit‹ mehr, wie sie von den frankophilen Intellektuellen der Gründerzeit vertreten und gewollt worden war, sondern visionäre Schau.[87] Entsprechend kann auch die Kritik nicht mehr logisch-analytisch argumentieren, sondern muss sympathetisch und analogisch operieren. In einem Aufsatz mit dem Titel ›Wie soll man eine Kritik lesen?‹ gibt Julius Hart 1889 auch Anweisungen, wie eine Kritik zu verfassen ist:

---

82 Vgl. Max Schasler: Kritische Geschichte der Aesthetik. 1. Abt.: Von Plato bis zum 19. Jahrhundert, Berlin 1872; vgl. Hart/Hart, Zola, S. 48f. Das Geschichtsbild der Harts ist seit ihren Anfängen Schasler entlehnt. Vgl. Heinrich Hart, Entwicklung, bes. S. 3.
83 Hart/Hart, Zola, S. 48.
84 Hart/Hart, Deutsches Theater, S. 7, vgl. 13.
85 Hart/Hart, Deutsches Theater, S. 14.
86 Hart/Hart, Deutsches Theater, S. 13.
87 Vgl. Kaiser, Entwicklung, S. 242. Im Nachlass J. Harts findet sich sogar ein für ihn selbst äußerst wichtiges Manuskript mit dem Titel ›Die Vernunft als Quelle des Übels‹. Vgl. Kaiser, Entwicklung, S. 243, Anm. 142.

> Die Kritik soll das Kunstwerk nicht bloß beschreiben, erläutern, zerlegen, seine Gesetze zu erkennen suchen, sondern es nachschaffen und das eigene Ideal in Vergleich setzen mit dem vom Künstler gebotenen. – Eben durch dieses Festhalten am Ideal, Aufstellung des zu Erstrebenden, durch Richten und Lehren gewinnt die Kritik ihre große Bedeutung für die Entwicklung des Kunstlebens.[88]

und ergänzt zwei Jahre später in einem Exkurs über Theaterkritik:

> Der Theaterkritiker, wenn er auch immer verreißt, ist dennoch ein fanatischer Priester der Kunst, einer idealen Sache dienend.[89]

Doch die Theater- und Literaturkritiken der Harts, aber auch ihre ästhetische Produktion fallen aus heutiger Sicht wenig überzeugend aus.[90] In ihrer organologischen Metaphorik und der Insistenz auf einem idealistisch-spekulativen Ansatz, den sie dem vermeintlich zynischen Realismus der Gründerzeit entgegenstellen wollen, kündigt sich bereits jene monistisch Richtung an, die sie aus der großstädtischen Bohème nach Friedrichshagen und später in die lebensreformerischen Versuche der ›Neuen Gesellschaft‹ führen wird.[91] Dabei fungiert ihr militanter Cauvinismus trotz aller Abrede als Wertungskriterium, während ihr antirationalistisches Ressentiment sie zunehmend in die präfaschistische Gegenmoderne leitet.

Mit dem Verzicht auf textemanente Kriterien und dem Postulat eines formal konstitutiven Zusammenhanges von Inhalt und Form ist ein kardinales Problem der Ästhetik des 19. Jahrhunderts benannt. Die These, dass ästhetische Qualität von der Form und nicht vom Inhalt abhänge, ist Gemeingut der rezeptionsästhetisch und -psychologisch argumentierenden formalästhetischen Tradition des Herbartianismus; die These, dass mit dem ideellen Gehalt ein inhaltliches Moment für den Wert des Kunstwerks konstitutiv sei, wiederum ist die differentia specifica, welche die Gehaltsästhetik von ihrer formalen Konkurrenz trennt.[92]

---

[88] Julius Hart: Wie soll man eine Kritik lesen? In: Tägliche Rundschau, 6. 10. 1889; zitiert nach: Henske, Feuilleton, S. 95.
[89] Julius Hart: Theaterkritik. In: Tägliche Rundschau, 13. 11. 1891; zitiert nach: Henske, Feuilleton, S. 95.
[90] Schon in der Rezension der Epen des Grafen Schack in den ›Kritischen Waffengängen‹ hatte sich eine Vorliebe Heinrich Harts für das Epos gezeigt. Die literarische Produktion des poetisch Begabteren der beiden Brüder wird primär dieser Gattung gelten. So plante Heinrich Hart ein auf 24 Bände angelegtes Versepos ›Das Lied der Menschheit‹. Zu dem poetischen Werken der Harts vgl. Ribbat, Propheten, S. 70–76; zu Julius Harts Lyrik vgl. Kaiser, Entwicklung.
[91] Vgl. Kaiser, Entwicklung, S. 188–238, vgl. Ribbat, Propheten.
[92] Vgl. Verf.: Realismus und formale Ästhetik. Die Auseinandersetzung zwischen Robert Zimmermann und Friedrich Theodor Vischer als poetologische Leitdifferenz im späten neunzehnten Jahrhundert. In: Herbarts Kultursystem, S. 259–281.

Schließlich ist die These einer Kongruenz von Form und Inhalt und der formalen Aufhebung alles material Inhaltlichen ein Definens idealistischer Ästhetik. Allerdings war solche Kongruenz im Rahmen idealistischer Philosophie, die als Verfahren die Ästhetik zu hegemonialisieren beanspruchte, zugleich ethisch und formal superkodiert. Die Kriterien ethischer Angemessenheit fungierten auf dem Feld der Kunst als stilistische Präskriptive. Jetzt hingegen wird nun eine voraussetzungsindifferente und postulatorisch gehandhabte Interferenz formaler und inhaltlicher Momente zum einzigen Kriterium ästhetischer Qualität.[93]

Noch in einem zweiten Aspekt erweist sich die Position der Brüder als richtungsweisend: Zwar wird die Kunst aller äußerlichen Kriterien entpflichtet, aber sie wird weder autonomisiert, noch durch ein quasi-autonomes Phantasievermögen anthropologisiert. Im Gegenteil: Als realistischer, ja naturalistischer Spiegel der Wirklichkeit müßte ihre Form eine materiale historische, kulturalistische und epistemische Dimension besitzen, wie sie von Schasler formuliert worden war. Epistemischer Normalismus tendiert jedoch zum Geschmacksurteil und über dieses wiederum zu einer – sub specie aeternitatis – ästhetisch relativistischen Position, die dem Mehrheitsvotum des Publikums Urteilskompetenz über Kunstwerke zuspräche – ein Standpunkt, den die Harts vehement bekämpfen, indem sie das Feld des urteilsrelevanten Publikums kulturaristokratisch eingrenzen. An die Stelle eines kritischen Plebiszits setzen sie das Urteil einer Gruppe von Sachverständigen. Zwar ist auch dieses theoretisch und methodisch informierte, versierte und avancierte ›Publikum‹ wegen der tendenziell nominalistischen Struktur des Kunstwerks, seiner ›Individualität‹, zur Etablierung universaler Wertungskriterien prinzipiell nicht in der Lage – weshalb die ›Philologen‹ auch ausgegrenzt bleiben –, aber sein Urteil muß sich in der Sachhaltigkeit und Stringenz seiner jeweiligen Argumentation – zumindest und zumeist für andere Fachleute! – ausweisen. Kritik wird zu einer paradoxen quasi-methodischen Wissenschaft ohne Methode, zur leeren Anspruchsgeste einer usurpatorischen, putschistischen Gruppe von ›Fachleuten‹. Da Kritiker letztlich doch öffentlich wirken sollen und wollen, behauptet sich die Kritik als Avantgarde eines Publikums, das erst geschaffen werden muß. Der Kritiker wird zum pha-

---

93 Zwar gelingt es den Harts selbst nicht, in diesem Punkt über das bloße Postulat hinaus zu einer auch nur annähernd angemessenen Beschreibung des Sachverhaltes vorzudringen, doch wird ihn Wilhelm Bölsche zwei Jahre später in einer Analyse Heinescher Poesie unter dem Begriff der ›Prägnanz‹ als Kriterium der Modernität bestimmten. Vgl. Wilhelm Bölsche: Heinrich Heine. Studien über seine Werke und seine Weltanschauung bis zum Tage seiner Abreise nach Paris, Berlin 1888 [zuerst Leipzig 1888]; vgl. Verf: »Sprechende Schatten«. Zum naturalistischen Heinebild Wilhelm Bölsches, seiner Modernität und zur Literaturwissenschaft. In: Vormärzliteratur in europäischer Perspektive II: Politische Revolution – industrielle Revolution – ästhetische Revolution, hg. von Martina Lauster u. Günter Oesterle, Bielefeld 1998, S. 271–279.

senverschobenen Repräsentanten jener Rezeptionshaltung, die sein Urteil provozieren und institutionalisieren soll.

Dichter wiederum werden zur Avantgarde einer Wahrnehmung, die Konventionalismen destabilisiert und rekonditioniert, und zu Agenten derer qualitativen Vermittlung. Damit tendiert Kunst zum Hohen, zu einer Erhabenheit, die ohne die idealistische Volte sittlicher Superiorität im Unangemessenen verbleibt. Auch diese Konsequenz ziehen die Harts – und handeln sich prompt ein weiteres Problem ein, an dem sie kritisch wie poetisch scheitern werden. Die Präsenz des Hohen im Kunstwerk ist nur auf zweierlei Art denkbar: Entweder quasi-substanziell im Pseudonym, d.h. in einem Namen, der auf Heiliges verweist, indem er es zugleich benennt und verschweigt, oder funktional, in den Spuren einer Praxis, die ihren Gegenstand ins Unendliche verschiebt. Hier bleibt das Hohe als Intention präsent, als Spur einer qualitativen Kohärenz im Zeichengebrauch. Legt man beide Verfahren übereinander, so erscheint die Epiphanie des Sinns als Grenzwert seiner sprachlichen Näherung. Für einen monistischen Naturalismus, der sich als ›Sinn‹ die uneinholbare Immanenz aller Bedeutungen setzt, heißt dieser Grenzwert ›Natur‹, zielt aber de facto auf ein anthropomorphes Ideal, das den intendierten Begriff in seiner epistemischen Referenz zunehmend verstellt und schließlich in ›voreiliger Versöhnung‹ erschleicht.

Freilich war die Argumentation des letzten Abschnittes selbst rational und logisch orientiert und verfehlte somit notwendig das Verständnis und die Möglichkeit einer Kunst und einer Kritik, die sich dezidiert ›anders‹ definieren, die dem Dilemma rationaler Rubrizierung und Universalisierung mit intuitiven und imitatorischen Verfahren zu entkommen und ein Verständnis singulärer Phänomene zu entwickeln versuchen. Sie wird zu einer Morphologie des Einzelfalls:

> Die frühere Kritik achtete weniger auf das natürliche Werden und Wachsen eines Kunstwerkes, auf seine Entstehung aus der Seele des Schaffenden heraus, auf den besonderen und einzelnen Organismus eines Werkes, als auf gewissen Gemeinsamkeitsbezüge. [...] Die Zeit der systematisierenden Ästhetik ist vorüber, und an ihre Stelle tritt die Betrachtung der inneren Lebensvorgänge der Kunst, des lebendigen Organismus, eine morphologische Ästhetik und Kritik. [...] Die neue Kritik legt an das Kunstwerk keinen Maßstab an, der aus der Eigenart eines anderen Wesens genommen ist. Sie betrachtet jede Schöpfung aus ihr allein.[94]

In den Texten der Harts verschränken sich konservative, konventionelle und progressive Argumente zu einem Dynamismus, der, folgt man der Logik der Metaphern und Gesten ihrer Präsentation, auf nicht Gutes weist.[95] Ihre Leis-

---

[94] Julius Hart: Gesammtüberblick über die Strömungen der zeitgenössischen Literatur. In: Tägliche Rundschau, 31. 3. 1897ff., hier 31. 3. 1897; zitiert nach: Henske, Feuilleton, S. 149.
[95] Vgl. Kaiser, Entwicklung, S. 206–213.

tung liegt darin, die Entwicklung und vor allem die Mechanismen der kulturellen Sphäre in jenem produktiven Wechselspiel von Poetik und Kritik formuliert zu haben, das für das zwanzigste Jahrhundert kennzeichnend wird. Ähnlich engagiertes Kritikverständnis und vergleichbare ästhetische Unentschiedenheit kennzeichnet zwei Jahre nach dem Erscheinen der ›Kritischen Waffengänge‹ auch die ›Thesen der freien litterarischen Vereinigung Durch!‹. Die Harts gehören selbst zur Gruppe.

4.2 Die ›Durch!‹-Thesen

Im Bestreben, die Restitution einer philologischen Praeceptorenrolle im Bereich kultureller Öffentlichkeit einzuläuten, waren die Harts weder allein, noch die ersten. Vieles in der Definition der Rolle des Kritikers und seiner Aufgabe entsprach dem Normalverständnis idealistischer Tradition und fand sich ähnlich beispielsweise schon in der Lindau-Kritik Fisahns aus den siebziger Jahren.[96] Selbst die Idee, dramatische Literatur durch die Schaffung eines Bewertungsgremiums für eingesandte Stücke zu fördern, war nicht neu; gleiches hatte Frenzel auch erwogen.[97] Dennoch ist von dem geschlossenen idealistischen Theoriegebäude wenig mehr geblieben als begriffliches und terminologisches Treibgut, das die polemische Opposition zur Gründerzeit markiert, und poetologische Ressentiments, die das forcierte Bekenntnis zu Naturalismus, Modernismus und formaler Literaturkritik faktisch konterkarieren. Die Aussagen der ›Waffengänge‹ sind ambivalent bis widersprüchlich, ihre historische Kontextualisierung bleibt unergiebig: Die naive Verkennung der sozialen und ökonomischen Bedingungen der Kunst ihrer Zeit, die Berufung auf die Poetik der Zolaschen Romane bei Zurückweisung der Theorie des Autors,[98] die Forderung nach großen Ideen, die eigene poetische Produktion der Harts schließlich und ihr zunehmend antirationalistischer Monismus verwirren mehr, als dass sie ein schlüssiges Konzept erkennen ließen. Zum Schluss blieb ein dreifaches Bekenntnis und eine doppelte Absichtserklärung: Die Harts bekennen sich uneingeschränkt zu Naturalismus, Moderne und Befreiung der Kunst von jeder ethischen Rücksicht und erklären, die Lite-

---

[96] Fisahn fasst seinen Standpunkt in folgendem Merksatz zusammen: »Der Kritiker hat das poetische Werk in Rücksicht auf seinen ethischen und ästhetischen Gehalt hin zu prüfen und darnach sein Urtheil zu fällen.« Deutlich wird die idealistisch-ethische Fundament in der ersten Teilfrage des Fragekatalogs, von dem der Merksatz die Abreviatur liefert: »Auf welchem Boden steht der Dichter. [!] Welches sind seine eignen, dem Werke zu Grunde liegenden ethischen und ästhetischen Anschauungen?« (Fisahn, Lindau, S. 13 u. 12).
[97] Vgl. Frenzel, Berliner Dramaturgie, Bd. 2, S. 460f.
[98] Vgl. Henske, Feuilleton, S. 87.

ratur wieder großen, idealen und nationalen Inhalten zuführen zu wollen. Dazu erschien zunächst die Restitution des ›hohen‹ Kritikeramtes notwendig.

Vom Zeitpunkt der bloßen Willenserklärung bis zum Eintreten erkennbarer Resultate hatten sich die Harts eine Dekade zugebilligt. Tatsächlich umschließt der Zeitraum von 1884 bis 1894 ziemlich genau die Periode der Formierung und aufsteigenden Konjunktur des Naturalismus: Zu Beginn der Achtziger war das arrivierte ›Magazin für Literatur des In- und Auslandes‹ allmählich ins naturalistische Lager gewechselt; 1885 erscheint mit der ›Gesellschaft‹ ein erstes über längere Zeit stabiles und erfolgreiches genuin naturalistisches Publikationsorgan, 1890 wird die Zeitschrift ›Freie Bühne‹ gegründet – der gleichnamige Verein hatte sich bereits im Jahr zuvor konstituiert.[99] Schließlich übernimmt Otto Brahm 1894 von Adolf L'Arronge die Direktion des ›Deutschen Theaters‹. Damit ist der Naturalismus etabliert – und für Kritiker wie Hermann Bahr bereits überholt.

Mitte der achtziger Jahre entstehen auch die bekannten Manifeste des Naturalismus: ›Unser Credo‹, das flamboyante Vorwort Hermann Conradis zu den gemeinsam mit Wilhelm Arendt herausgegebenen ›Modernen Dichtercharakteren‹ erscheint 1885, 1886 folgt Karl Bleibtreus ›Revolution der Literatur‹, ein Jahr später Wilhelm Bölsches ›Die naturwissenschaftlichen Grundlagen der Poesie. Prolegomena einer realistischen Ästhetik‹. 1889 publiziert Conrad Alberti, seit Beginn schon eine der radikalsten Stimmen der ›Gesellschaft‹, ›Die zwölf Artikel des Realismus. Ein litterarisches Glaubensbekenntnis‹; und vier Jahre später schließlich wird mit Arno Holz ›Die Kunst. Ihr Wesen und ihre Gesetze‹ die naturalistische Theoriebildung zu ihrem Höhepunkt und einem ersten Abschluss gekommen sein.

Bereits 1886 waren auch die ebenso berühmten wie umstrittenen ›Thesen der freien literarischen Vereinigung Durch!‹ erschienen, in denen erstmals die Moderne als Epoche ausgerufen worden sein soll.[100] Dass die ›Durch!‹ im Gedächtnis der Literaturwissenschaft einen relativ prominenten Platz einnimmt, verdankt sich sicher dieser spektakulären These, aber auch wegen der Bandbreite ihrer Mitglieder, dem hohen Formalisierungsgrad ihrer Organisation und ihrer relativ lan-

---

[99] Zu den naturalistischen Publikationsorganen und deren Programm vgl. vor allem: Gerd Voswinkel: Der literarische Naturalismus in Deutschland. Eine Betrachtung der theoretischen Auseinandersetzungen unter besonderer Berücksichtigung der zeitgenössischen Zeitschriften, Phil. Diss. Berlin 1970.

[100] Zitiert wird nach: [Anonym]: [Thesen der freien litterarischen Vereinigung »Durch!«] In: Braunleck/Müller, Naturalismus, S. 58f. (Wegen der Kürze des Textes werden die Thesen im Folgenden nurmehr mit Nummer im Text ausgewiesen.) Der Erstdruck, dem die zitierte Ausgabe folgt, erfolgte im ›Magazin für die Litteratur des In- und Auslandes‹ 55 (1886), S. 810. Zur Jahreswende 1887 wurden die Thesen in der von Konrad Küster gegründeten ›Deutschen Universitätszeitung‹ unter dem Namen Eugen Wolffs noch einmal veröffentlicht.

gen Bestandsdauer ragt sie aus der Masse zeitgenössischer Organisationsversuche hervor. Wie die ›Freie Bühne‹ danach und der ›akademisch-literarische Verein‹ zuvor ist auch die ›Durch!‹ keine reine Selbstorganisation naturalistischer Autoren und gleichaltriger Mitstreiter, sondern ein generationenübergreifendes Projekt, indem sich eine Gruppe engagierter Jungintellektueller des Patronats und der Protektion arrivierter fortschrittlicher Kräfte erfreut, die ihnen Publikations- und Subsistenzmöglichkeiten bieten. Angesichts der Krisensituation und der politischen Verwerfungen auf dem akademischen Sektor der achtziger Jahre musste diese Kombination literarischer Ambitionen und journalistischer Möglichkeiten attraktiv erscheinen.

Die Situation der Zeit spricht schon aus dem Titel der Vereinigung: Die subjektivierte Präposition ›Durch‹ liefert eine gleichermaßen defensive wie agressive Parole, ist Selbstbeschwörung und Selbstbehauptung. ›Durch‹ negativiert die Gegenwart und formuliert eine Dynamik ohne ausgewiesenes Telos.[101] Derart transitorischem Selbstverständnis folgen auch die zehn Thesen. Sie wurden federführend von Eugen Wolff, also von einem Germanisten, verfasst und später auch unter seinem Namen veröffentlicht, sind aber als Resultat kollektiver Diskussion zu verstehen.[102] Trotz erheblichen verbalen Radikalismusses blei-

---

[101] Nach den Erinnerungen Bruno Willes wurde der Name des Vereins von Konrad Küster vorgeschlagen. Vgl. Günther, Gruppenbildung, S. 52. Die exakte Form ›Durch!‹ mit Ausrufezeichen ist auch Titel eines Kapitels aus dem Roman ›Kunst und Gunst‹ von Adolf Zeising. Der Autor, zeitgenössisch ein beliebter Romancier, ist heute noch als formalistischer Ästhetiker und Entdecker des goldenen Schnitts bekannt. Der erwähnte Roman beschreibt den versöhnlichen Schluss der Erlebnisse und den Bildungsgang eines Malers an einem kleinabsolutistischen Hof mit Fallen, Intrigen und Intriganten. ›Durch!‹ ist das 24 Kapitel: In einer nächtlichen Aktion versucht sein Held, der junge Maler Arnold mit seinem Mentor und Meister, die entführte Geliebte wiederzufinden. In einer wildromantischen Szene entkommen sie aus dem Schloss, in dem der Widersacher des Alten als Amtmann residiert. Der Junge ist zuversichtlich, der Alte zu Beginn skeptisch, ob die Tat gelingen wird. Bald aber wird er mitgerissen: »›Ja, sprach er zu sich selbst, ›zu kämpfen gilt es, zu kämpfen! Ohne Kampf keinen Sieg! das ist es, was ich bisher nicht erkannt, selbst in meiner Jugend nicht begriffen habe! – Trotzend auf das erhabene Ziel meines Strebens, die Kunst für die allein zum herrschen und triumphieren berufene Macht erachtend, hab' ich mir eingebildet, allein durch *sie* über Neid und Niederträchtigkeit siegen zu können! [...] Und als ich sah, daß damit nichts auszurichten sei, hab ich als echter Pinselheld eine Faust in der Tasche gemacht, [...] Ja, jetzt erkenne ich es! Ein Künstler zu sein, ist viel; aber ein Held, ein thatkräftiger Bekämpfer der Bosheit und Gemeinheit zu sein, ist mehr!‹« (Adolf Zeising: Kunst und Gunst. Roman aus den ersten Jahrzehnten unseres Jahrhunderts, 3 Bde., Berlin 1865, Bd. 3, S. 111). Zum Schluss wird Arnold, »als einer [!] der genialsten Koryphäen der sich bahnbrechenden realistischen Richtung« Ende der fünfziger Jahre anerkannt. (Zeising, Kunst und Gunst, Bd. 3, S. 252).

[102] Das Bundesbuch des Vereins meldet am 11. Oktober 1886 erstmals die Arbeit an programmatischen Thesen. Wie Adalbert von Hanstein berichtet, hat Eugen Wolff einen

ben die Aussagen poetologisch vage, konventionell und langweilig. Dies verblüfft jedoch vor allem, wenn man die Thesen als Reflexion und Manifest einer Künstlergruppe lesen will. Doch die ›Durch!‹ ist keine Gruppe von Literaten, die sich über gemeinsamen Bedingungen, Zielsetzungen und Prinzipien künstlerischer Arbeit verständigen wollten, sondern eine weiter gespannte Interessengemeinschaft von Studenten und ›Produzenten‹, deren Mitglieder zwar eine neue Literatur anstrebten und die die Absicht bekundeten, sich für die Durchsetzung dieses Ziels praktisch zu engagieren, jedoch nicht über konkrete Vorstellungen verfügen, wie diese Literatur aussehen könnte. Zunächst war also Selbstverständigung geboten und dies hieß für die interne Öffentlichkeit der Gruppe vor allem kritische Arbeit.

Die programmatische Plattform war schmal. Die Thesen formulieren inhaltlich einen Minimalkonsens, reklamieren aber zugleich größten Geltungsanspruch und Durchsetzungswillen. Bereits die ›Präambel‹ betont, die Vereinigung habe keine bindende Satzung, die »folgende[n] Sätze« repräsentierten jedoch nicht nur »die in diesem Kreis lebenden literarischen Anschauungen«, sondern »den Charakter aller modernen Dichtung«. »Cliquen- oder auch nur Schulbildungen« (10), so streicht die letzte These noch einmal heraus, sind nicht erwünscht, auch wenn die Notwendigkeit eines Zusammenschlusses »gleichstrebende[r] Geister« (10) betont wird,[103] geht es doch um eine »Revolution in der Literatur« (8), oder, etwas bescheidener, um »Vorarbeit für eine neue Literaturblüte« (8), also um den schon von den Harts bekannten Anspruch zur Vorbereitung einer neuen nationalen ›Kunstperiode‹.[104]

Poetologische Aussagen finden sich vor allem in zwei der zehn Thesen (2 u. 3); zwei weitere (4 u. 5) liefern zwar eine Zuspitzung, inhaltlich jedoch lediglich eine

---

Vortrag unter dem Titel ›Die Moderne zur Revolution und Reform der Litteratur‹ gehalten, der später in der ›Akademischen Zeitschrift‹ veröffentlicht worden sei. Er zitiert den Schluss, in dem ein »idealsuchender Jüngling« seiner Göttin, der »Moderne« nachstrebt. Vgl. Hanstein, Deutschland, S. 76f., hier 77.

[103] »Die Thesen formulierten näherungsweise die konsensfähigen Grundpositionen, zu denen die naturalistische Bewegung bis dahin gelangt war. Dabei gingen Lage- und Sendungsbewußtsein ineinander über; [...]« (Peter Wruck: [Art.] Durch! In: Handbuch literarisch-kultureller Vereine, Gruppen und Bünde 1825–1933, hg. von Wulf Wülfing, Karin Bruns u. Rolf Parr, Stuttgart/Weimar 1998, S. 83–87, hier 85); »Seine innere entwicklungsgeschichtliche Bedeutung beruht auf zwei Verdiensten. Er tut gedankliche Verdichtungs-, inhaltliche Klärungsarbeit.« (Soergel, Dichtung, S. 124; vgl. Hanstein, Deutschland, S. 79; Heinrich Hart, Erinnerungen, S. 62f.). Hanstein sieht die Bedeutung des Vereins darin »Sammelpunkt« gewesen zu sein, er hätte aber – entgegen den Intentionen seiner Wortführer – keine »Dichterschule« hervorgebracht. (Hanstein, Deutschland, S. 79; vgl. Günther, Gruppenbildung, S. 69f.).

[104] Soergel über die Thesen: »Sie enthalten viel Bekanntes. Ihr Geist deckt sich meistens mit dem der Brüder Hart, deren Gedanken stellenweise fast wörtlich wiederkehren.« (Soergel, Dichtung, S. 128).

Reprise bereits exponierter Motive. Da das Programm inhaltlich induktiv angelegt ist und stilistisch einen steigernden Duktus besitzt, der sich von nüchternen, plausiblen und konsensfähigen Feststellungen zu pathetisch vorgetragenen radikalen und umstritteneren Forderungen aufschwingt, wäre der poetologische Teil für ein literarisches Manifest nicht nur inhaltlich enttäuschend, sondern zudem ungeschickt plaziert. Bereits die erste These signalisiert Unentschlossenheit und Ambivalenz:

1. Die deutsche Literatur ist gegenwärtig allen Anzeichen nach an einem Wendepunkt ihrer Entwicklung angelangt, von welchem sich der Blick auf eine eigenartige bedeutsame Epoche eröffnet.

Liest man nur die Reizwörter ›Wendepunkt‹ und ›Epoche‹, so ergibt sich fast zwangsläufig der Eindruck, hier werde ein Sachverhalt von historischer Bedeutsamkeit und allgemeiner Tragweite konstatiert, der an das Bewusstsein und Selbstverständnis jedes einzelnen appellieren müsse und ihn auffordere, angesichts des diagnostizierten Umbruchs die eigenen Ansichten und Überzeugungen zu überprüfen und zu korrigieren. Unterstützt wird der Eindruck – der bei flüchtigem Lesen des Textes verstärkt und von Reprisen verfestigt wird – durch geschickte metaphorische Inszenierung: Der Sprecher hat – geometrisch gesprochen – nicht nur einen Wendepunkt, sondern einen Scheitelpunkt erreicht und blickt von der Höhe in eine neue Epoche. (Während das Publikum noch in den ›Niederungen‹ seiner Gegenwart verharren muss.) Das visionäre Element der Botschaft liegt darin, dass die versprochene ›neue Heimat‹ erst in ›Anzeichen‹ erkennbar ist und diese Anzeichen, deren Lesen und Deuten das ›Berufsbild‹ des Propheten ausmachen, erst den Blick ›eröffnen‹. Dass der Prophet die neue Epoche vielleicht – wie Mose – gar nicht mehr selbst erreichen wird, passt ins Bild idealistischer Teleologisierung und Differenzierung der Wirklichkeit in schlechte Gegenwart und ein positives, letztlich utopisches Potential, sowie dem zugehörigen tragischen Intellektuellenverständnis.[105] Dennoch irritieren Formulierun-

---

[105] Peter Wruck urteilt: »Das Rollenverständnis, das sich mit der Proklamierung von Modernität und Wahrheit zu Leitzielen der Oppositionsliteratur verband, trug bereits avantgardistische Züge. Die Thesen blieben aber noch einem liberalen Entwicklungsoptimismus verhaftet und vermochten sich nur partiell von der herrschenden ästhetischen Konvention freizumachen, so daß Forderungen von vitaler Bedeutung für die späteren Leistungen des deutschen Naturalismus mit Klauseln versehen wurden, die auf ihre Neutralisierung hinausliefen.« (Wruck, Durch!, S. 85). Dies erscheint mit seinem Rückbezug auf eine undifferenzierte liberale Tradition problematisch. Zum einen ist es nicht mehr Fortschrittsoptimismus, sondern Fortschrittswille, der sich artikuliert; zum zweiten sind die traditionellen Poeteme, denen die Thesen verhaftet sein sollen, zum Teil bewusste Wiederaufnahmen, die hinter die Gründerzeit auf Theoreme des programmatischen Realismus und seiner idealistischen Dichterkonzeption zurückgreifen.

gen wie ›allen Anzeichen nach‹ und ›der Blick eröffnet sich‹ zugleich, da sie die Selbstgewissheit des prophetischen Sprachduktus relativieren und im Leser ein Moment skeptischer Zurückhaltung induzieren, das dem Pathos der vorgetragenen Überzeugung entgegenwirkt. Außerdem widerspricht die Logik des prophetischen Blicks der Metaphorik des historischen Prozesses: Der Prophet steht – oder sitzt – und prophezeit von oben, das gelobte Lands liegt unter ihm. Die historische Entwicklung aber sucht nach einer Periode der *Dekadenz* nun aus der *Tal*sohle heraus wieder zu einer *Hoch*kultur zu gelangen.

Die nächsten beiden Thesen spezifizieren die Konsequenzen der konstatierten Zeitenwende. Dabei formuliert die zweite These poetologisch konkrete Aussagen, während die dritte philosophisch-ästhetische Konsequenzen zieht. Die zweite These besteht aus zwei Sätzen, deren Zäsur inhaltliche Teilung markieren. Der erste Satz bestimmt die ›Aufgaben des Dichters der Gegenwart‹, der zweite zieht pseudo-logische Konsequenzen:

> 2. Wie alle Dichtung den Geist des zeitgenössischen Lebens künstlerisch verklären soll, so gehört es zu den Aufgaben des Dichters der Gegenwart, alle bedeutungsvollen und nach Bedeutung ringenden Gewalten des gegenwärtigen Lebens in ihren Licht- und Schattenseiten poetisch zu gestalten und der Zukunft poetisch und bahnbrechend vorzukämpfen. Demnach sind soziale, nationale, religiös-philosophische und litterarische Kämpfe specifische Hauptelemente der gegenwärtigen Dichtung, ohne dass sich dieselbe tendenziös dem Dienste von Parteien und Tagesströmungen hingiebt.

Im Modus einer umgekehrten Echternacher Springprozession pendeln die Halbsätze zwischen dem Bekenntnis zu avantgardistischen Engagement und melancholischer Neutralität. Schon der erste Satz zwingt Unvereinbares in der Kohärenz seiner Lichtmetaphorik zusammen: Die ›Verklärung des zeitgenössischen Lebens‹ ist kaum als Programm zu verstehen, sondern als Heischeformel, die mit der Abbreviatur des poetischen Realismus im Schlagwort Konsens stiften will. Ähnlich trivial ist die Formulierung, Teile ›des gegenwärtigen Lebens in ihren Licht- und Schattenseiten poetisch zu gestalten‹: Sie ruft den Begriff des Humors und über ihn – wenn man das ›und‹ emphatisch liest – auch jenen ›poetischer Gerechtigkeit‹ und der ›Versöhnung‹ auf. Diese Schwundstufe realistischer Poetik prallt auf den darwinistisch-vitalistischen Kampfauftrag des zweiten Halbsatzes. Im zweiten Satz wird dieser Auftrag dann in einer Weise spezifiziert, die weniger in ihren Benennungen als in ihren Vermeidungen charakteristisch ist: Ökonomie und Naturwissenschaft fehlen, stattdessen zählen ›religionsphilosophische und litterarische Kämpfe‹ zu den ›spezifische[n] Hauptmerkmale[n] der gegenwärtigen Dichtung‹. Dies ist weniger Beschreibung als Beschwörung emphatischer Gegenwärtigkeit. Dies bestätigt der letzte Halbsatz, der die gesamte Gegenwart mit essentialistischem Gestus pauschal in echte und ›unechte‹ Aspekte und Dynamiken zerlegt, ohne dass ein Beispiel oder gar eine Kriterium diese Operation ausweise. Wenn der zweite Halbsatz das ›falsche‹ Engagement im präpotenten Duktus der Zeit als weibische Hingabe im Gegensatz zu männlichem Kampf denunziert, ist klar, dass hier zwar eine hysterisierte Form realistischer Theorie, aber keine moderne Poetik vertreten wird.

Die dritte These nimmt diesen verworrenen Faden auf:

> 3. Unsere Litteratur soll ihrem Wesen, ihrem Gehalte nach eine moderne sein; sie ist geboren aus einer trotz allen Widerstreits täglich mehr an Boden gewinnenden Weltanschauung, die ein Ergebnis der idealistischen Philosophie, der siegreich die Geheimnisse der Natur entschleiernden Naturwissenschaft und der alle Kräfte aufrüttelnden, die Materie umwandelnden, alle Klüfte überbrückenden technischen Kulturarbeit ist. Diese Weltanschauung ist eine humane im reinen Sinne des Wortes und sie macht sich geltend zunächst und vor allem in der Neugestaltung der menschlichen Gesellschaft, wie sie unsere Zeit von verschiedenen Seiten her anbahnt.

Dass zu Beginn die Kategorien der Beschreibung der Konstitutionslogik ihres Gegenstands nach heutigem Verständnis widersprechen, mag Resultat späterer Entwicklung und für die Verfasser noch nicht absehbar gewesen sein; dass die folgende Melange aber der notwendigen Kohärenz einer ›Weltanschauung‹ widerspricht, müsste den Autoren klar gewesen sein. Auch ein metaphorischer Transfer ingenieurwissenschaftlicher Glanzleistungen ins Feld der Theorie, die Beschwörung einer ›alle Klüfte überbrückenden Kulturarbeit‹ kann die Inkompatibilität der verschiedenen Theoriefelder nicht integrieren. Die These formuliert keinen Befund, sondern eine Behauptung, die vielleicht über die Stimmung unter nichtarrivierten, akademisch gebildeten Intellektuellen der Zeit und ihren Orientierungsverlust Aufschluss geben konnte, den zeitgenössischen Diskussions- und Wissensstand der angesprochenen Disziplinen jedoch souverän ignorierte. Lässt man die Fachwissenschaften außen vor, so erscheint hinter der neuen ›Humanität‹ im ›reinen Sinne des Wortes‹ die Kontur wilhelminisch-imperialistischen Selbst- und Sendungsbewusstseins.

In den nächsten drei Thesen beruhigt sich der Duktus etwas, ihr Inhalt bleibt aber ambivalent. These vier fordert einen »dem deutschen Volksgeist entsprechende[n] Charakter« der Dichtung, ohne dabei den weltlitterarischen Zusammenhang aus dem Blick zu verlieren;[106] These fünf formuliert verbalradikal ein pseudonaturalistisches Bekenntnis, das die eigenen Postulate aber gleich wieder rückstandslos kassiert und in konventioneller Harmlosigkeit münden lässt:

> 5. Die moderne Dichtung soll den Menschen mit Fleisch und Blut und mit seinen Leidenschaften in unerbittlicher Wahrheit zeigen, ohne dabei die durch das Kunstwerk sich selbst gezogene Grenze zu überschreiten, vielmehr durch die Größe der Naturwahrheit die ästhetische Wirkung zu erhöhen.

---

[106] »4. Bei sorgsamer Pflege des Zusammenhanges aller Glieder der Weltlitteratur muss die deutsche Dichtung einen dem deutschen Volksgeist entsprechenden Charakter erstreben.«

›Unerbittliche Wahrheit‹ ist zugelassen, wenn sie sich im Rahmen des Ästhetischen hält und ästhetische Wirkung unterstützt. Ästhetikgeschichtlich gesehen rekurriert dieser Standpunkt erneut auf die funktionale Lizensierung des Hässlichen bei Karl Rosenkranz, unterscheidet sich jedoch von dessen hegelianischer Position dadurch, dass es (wie schon bei den Harts) nun eine offensichtlich ›unerbittliche‹ Wahrheit gibt, die der Natur zugehört und weder im Ästhetischen des Kunstwerks noch, so kann man vermittelt schließen, im Begrifflichen der Philosophie aufgehoben werden kann.[107] Auch hat sich der Stellenwert des Ästhetischen in einer Weise verändert, die trotz aller idealistischen Konzeptionierung von Kunst deren Ort im idealistischen System zuwiderläuft: Die Wirkung der Kunst ist nicht mehr Produkt ihrer Relation zum Kosmos der Ideen. Von größtem ästhetischen Potential und als ›erhabene‹ wirkungsspendend sind Naturwahrheiten. Obwohl zumeist unausgesprochen, konzeptionell vermieden und/oder in absichtsvoller Doppeldeutigkeit belassen, zeigt der epistemische Kontext und der semantische Gebrauch der Zeit mit dem Begriff ›Naturwahrheit‹ auf Naturwissenschaft. Interpretiert man die ersten fünf Thesen aus dieser Perspektive, so wird darin gefordert, die Resultate des naturwissenschaftlichen Weltbildes zu funktionalisieren und ästhetisch zu verwerten, um eine *im idealistischen Sinn* realistische Kunst mit ihrem basalen, ebenfalls idealistischen Humanitätskonzept zu stützen, dass aber dieses Konzept wiederum seines Universalismus entkleidet und nationalistisch funktionalisiert und naturalisiert werden soll. Auf der einen Seite steht eine pseudo-wissenschaftliche Differenzierungsleistung, die den Universalitätsanspruch des idealistischen Humanitätsmodells auf ein quasi-organisches Nationalitätskonzept reduziert, auf der anderen Seite zwingt die quasi-idealistische Überformung das wissenschaftlich-methodische Denken in ein ihm inkompatibles Konzept und blockiert die Möglichkeiten eigengesetzlicher Entwicklung. Den Protagonisten scheint die Widersprüchlichkeit ihres Programms nicht bewusst gewesen zu sein. Sie glauben offensichtlich, im Wechselbezug von Ästhetik und Naturwissenschaft vor allem eine Möglichkeit gefunden zu haben, die lästige Bindung an klassische Ideale über Bord zu werfen. These 6 treibt die Intentionen auf ihren spektakulären Höhepunkt:

6. Unser höchstes Kunstideal ist nicht mehr die Antike, sondern die Moderne.

Damit ist das Schlüsselwort ›Moderne‹ gefallen. Neigt man aber nicht dazu, Begriffs- mit Wortgeschichte zu identifizieren, ist damit wenig gewonnen, zumal der in den vorhergehenden Thesen exponierte Begriff von Modernität zumindest in ästhetischer Hinsicht eher der Talsohle idealistischer Konzeption als den

---

[107] Gäbe es die Möglichkeit einer begrifflichen Aufhebung dieser Naturwahrheit, so müsste diese ästhetische Wirkung nicht von ihr Wirkmächtigkeit borgen, sondern könnte sich diese direkt von der Größe des Begriffs leihen.

Höhen eines ins zwanzigste Jahrhundert vorausschauenden Kunstverständnisses zu entstammen scheint. Doch deutet die Stilanalyse des Textes darauf hin, dass allein die Einigung auf einen Namen für die gemeinschaftlich geteilte Intention eine befreiende Wirkung gehabt haben muss. Fanden sich in den bisherigen Thesen vielfach modale, semantische und argumentative Relativierungen, so gewinnt die Sprache in den folgenden sicheren Duktus und militanten Ausdruck. Es ›erscheint Kampf geboten‹, es wird auf ›entschiedene, gesunde Reform abgezielt‹, ›Kampfmittel‹ werden gesucht, ›Säuberungen‹ gefordert; man will ›zum gemeinsamen Kampf zusammentreten‹, um eine ›Revolution herbeizuführen‹. Die Thesen sieben bis zehn, denen diese Wendungen entnommen wurden, beschreiben weder Literatur noch Moderne, sondern das Geschäft einer Kritik, die sich durchsetzen und etablieren, die dominieren will. These sieben schlägt sich zunächst anerkennend auf die Schulter, um anschließend allen anderen Literaturkonzepten den Krieg zu erklären:

> 7. Bei solchen Grundsätzen erscheint ein Kampf geboten gegen die überlebte Epigonenklassizität, gegen das sich spreizende Raffinement und gegen den blaustrumpfartigen Dilettantismus.

Neoklassische, gründerzeitliche, aber auch engagierte Positionen sind verabschiedet; jetzt werden in These acht Kombattanten geworben: Alle, die »auf entschiedene Reform der herrschenden Litteraturzustände abzielen« und den »Drang, eine Revolution in der Litteratur zu Gunsten des modernen Grundprinzips herbeizuführen« verspüren.[108] Nachdem so die Heere versammelt sind, wird die Strategie erörtert:

> 9. Als wichtiges und unentbehrliches Kampfmittel zur Vorarbeit für eine neue Litteraturblüte erscheint die Kunstkritik. Die Säuberung derselben von unberufenen, verständnislosen und übelwollenden Elementen und die Heranbildung einer reifen Kritik gilt daher neben echt künstlerischer Produktion als Hauptaufgabe einer modernen Litteraturströmung.

Erst Kunstkritik, dann Literatur. Oder, anders gewendet: Hochstehende Literatur muss von funktionierender Kunstkritik vorbereitet werden. Über das Publikum hatten sich die Thesen ausgeschwiegen, die gesellschaftlichen und epistemischen Bedingungen der Kunst waren zwar nur pauschal benannt worden, aber als integrierbar und im Verhältnis zur unmittelbaren Vergangenheit sogar als günstig erschienen. Die neue Zeit – mit ihr die neue Literatur – ist im Prinzip da, befindet sich allerdings noch im Zustand der Latenz. Am Durchbruch gehindert

---

[108] »8. In gleichem Maße als förderlich für die moderne Dichtung sind Bestrebungen zu betrachten, welche auf entschiedene, gesunde Reform der herrschenden Litteraturzustände abzielen, wie der Drang, eine Revolution in der Litteratur zu Gunsten des modernen Grundprinzips herbeizuführen.«

wird sie, wie die zehnte These abschließend bekräftigt, vor allem durch die fast einhellig negativ urteilenden Kritiker:

> 10. Zu einer Zeit, in welcher wie gegenwärtig jeder neuen, von eigenartigem Geiste erfüllten Poesie eine eng geschlossene Phalanx entgegensteht, ist es notwendig, dass alle gleichstrebenden Geister, fern aller Cliquen- oder auch Schulbildung, zu gemeinsamem Kampfe zusammentreten.

Die Diagnose bleibt oberflächlich, die poetologischen Forderungen sind konservativ bis konventionell und auch die Klage über das kritische Niveau erhebt sich nicht über das Maß üblicher Jeremiaden. Doch wenigstens dem abschließenden Befund, dass die etablierte Kritik neue ›Literatur‹ kollektiv ablehne und sie deshalb verteidigt und durchgesetzt werden müsse, klingt plausibel und den Erinnerungen der Zeitzeugen wie den literaturgeschichtlichen Darstellungen zu entsprechen. Aber selbst dies ist – zumindest aus der Distanz eines Jahrhunderts betrachtet – nicht ganz richtig, denn die Literatur, die sich als Moderne durchsetzen wird, wird nicht jene sein, die zu verteidigen und der zum Sieg zu verhelfen die Vereinigung angetreten war.

Die Bedeutung der ›Durch!‹ liegt weniger in den Thesen oder der Proklamation der Moderne, als im Personal und der geleisteten Arbeit. Die ›Durch!‹ versammelte Mitglieder und Parteigänger der Hartschen ›Bohème‹ (inklusive der Brüder selbst) mit politisch engagierten Personen der fortschrittlich gesonnenen Studentenschaft, die Geisteswissenschaften, vielfach sogar Literaturwissenschaft studiert hatten und sich nun zum Teil auf eine akademische, zum Teil auf eine publizistische oder sogar literarische Karriere vorbereiteten. Hinzu kam, dass die ›Durch!‹ keine reine Selbstorganisation dieser Gruppen darstellte, sondern bereits bei ihrer Entstehung über Protektion, publizistische Möglichkeiten und Mittel verfügte.[109] Und letztlich dürfte auch die Tatsache, dass mit Eugen Wolff und Adalbert von Hanstein zwei spätere Fachprofessoren der Vereinigung angehörten und Hanstein ihr mit ›Das jüngste Deutschland‹ sozusagen eine eigene Literaturgeschichte schenkte, ihrem Andenken förderlich gewesen sein.

Die Wirksamkeit dieser ganzen Konstellation ist jedoch davon abhängig, dass aus dem Kreis der Mitglieder erfolgreiche Schriftsteller hervorgehen. Und darauf wiederum mag die Atmosphäre und Arbeit der Vereinigung einigen Einfluss gehabt haben. Denn ein ganz wesentliches Unterscheidungsmerkmal, das die ›Durch!‹ von vielen der Gruppen und Gruppierungen trennte, ist ihr Arbeitscharakter und ihre Diskussionskultur. Adalbert von Hanstein hielt nach eigenen Angaben am 3. September 1886 den ersten Vortrag über ›Das Drama der

---

[109] Julius Hart bezeichnet die ›Durch!‹ als »Kampf- und Propagandaverein« (Julius Hart: Vom Schreibtisch und aus dem Atelier. Die Entstehung der Freien Bühne. Persönliche Erinnerungen. In: Velhagen und Clasings Monatshefte 24,1 [1909/10], 293, zitiert nach: Günther, Gruppenbildung, S. 71, vgl. 70).

Zukunft‹,[110] es folgte Eugen Wolff, der, so wiederum Hanstein, schon »wirkliches Zielbewusstsein« in die Küstersche, von Leo Berg redigierte ›Akademische Zeitschrift‹ gebracht hatte.[111] Wolff referierte am 9. über ›Die *Moderne.* Zur Revolution und Reform der Litteratur‹, präsentierte also die Vorstufe der zehn Thesen, die in den anschließenden Wochen vermutlich kollektiv erarbeitet wurden. Während die Vorträge des Jahres 1886 nur sporadisch im Bundesbuch notiert wurden, sind die Vorträge des Jahres 1887 ab Februar des Jahres besser dokumentiert. Ein Protokollbuch[112] wurde angelegt, in dem die Themen der Sitzungen und die Ergebnisse der Diskussionen zusammenfassend referiert wurden. Geführt wurde es jedoch lediglich zwischen dem 18. Februar und dem 26. August des Jahres. Leo Berg spricht am 18. 2. ›Über Ibsens *Gespenster* und die Grundgesetze des Dramas‹, am 4. 3. redet Wille über ›Gefühlsassoziationen in der Poesie‹, am 18. 3. werden Bölsches ›Naturwissenschaftliche Grundlage der Poesie‹ in Anwesenheit des Autors, der als Gast geführt ist, diskutiert, am 25. 3. sind Bergs Aufsatz ›Kritische Betrachtungen über die Kritik‹ aus der ›Akademischen Zeitschrift‹[113] und Ausführungen von Lenz ›Über das Verhältnis des Künstlers zu seinem Stoff‹ Thema; in der nächsten Sitzung (1. 4.) spricht Türk über moderne Poesie, am 22. 4. Berg über ›Naturalismus und Idealismus‹.[114] Am 6. 5. ist Jahrestag der Vereinsgründung und Stiftungsfest. Bemerkenswerte Vorträge in der restlichen im Protokollbuch dokumentierten Zeit sind Vorträge von Bruno Wille ›Über die psychologische Ursache des Wohlgefallens am Formschönen‹ (3. 6.) und ›Über poetische Gerechtigkeit‹ (8. 7.), dem am 16. 8. Ausführungen Hansteins zum gleichen Thema folgen werden, sowie Julius Hart zu ›Poesie und Tendenz‹ (5. 8.). Daneben werden auch poetische Texte von Mitgliedern (Julius Hart [2x], Eugen Wolff, Bruno Wille)[115] und fremden Autoren (Ibsen, Liliencron, Swietochowski)[116] diskutiert. Berühmtestes Beispiel ist die Vorstellung von Büchner durch Hauptmann am 17. 6.[117] Wildenbruchs Humoreske ›Ein Opfer des Berufs‹, die am 15. 7. vorgetragen wird, fällt in der Diskussion durch.

---

110 Vgl. Hanstein, Deutschland, S. 76.
111 Hanstein, Deutschland, S. 71.
112 Verein Durch. Facsimile der Protokolle 1887. Aus der Werdezeit des deutschen Naturalismus. Hg. vom Institut für Literatur- und Theaterwissenschaft zu Kiel. Mit einem Nachwort von Wolfgang Liepe. Kiel 1932.
113 Leo Berg: Kritische Betrachtungen über die Kritik. In: Deutsche akademische Zeitschrift. 3, 1886, Nr. 3, S. 2, Nr. 4, S. 1f.; Nr. 7, S. 2; Nr. 8, S. 1f.; Nr. 9, S. 1f.
114 Das von Bruno Wille geführte Protokoll dieses Vortrags ist abgedruckt in Brauneck/Müller, Naturalismus, S. 61.
115 14. 5. 1887: Novelle von Julius Hart; 1. 7.: Eugen Wolff: ›Frau Anna. Eine Sommergeschichte‹; 22. 7. Novelle von Bruno Wille: ›Teil?‹; 29. 7. ›Homo sum‹ Gedichtband von Julius Hart.
116 25. 2. Ibsen: ›Gespenster‹; 25. 4.: Swietochowski: ›Chara Rubin‹; 25. 5.: Ibsen: ›Rosmersholm‹; 5. 8. Liliencron: ›Der Töpfer‹.
117 Hauptmann war erst am 21. 5. aufgenommen worden. Eine eigene Novelle bleibt er

Die Mitglieder der ›Durch!‹ üben sich in Theorie und Praxis. Auch in den Debatten zeigt sich ein relativ konventioneller und konservativer Standpunkt. Schon 1886 hatte Leo Berg in einem Aufsatz im ›Magazin für Litteratur‹ Anschluss an die Tradition und schonenden Umgang gefordert;[118] wie die Diskussion der ›Durch!‹ zu seinem Vortrag über ›Naturalismus und Idealismus‹ belegt,[119] ist man bereit, sich zu ersterem zu bekennen und auch die Diskussion über Bölsches ›Grundlagen‹, aus denen der Autor das wenig streitbare vierte Kapitel ›Liebe‹ vorgetragen hatte,[120] endet versöhnlich. Glaubt man den Protokollen, so haben weniger die Dichter als die streitbaren Literaturwissenschaftler und Publizisten das Wort geführt. Weder Holz, noch Hauptmann, noch Hartleben, Mackay oder Schlaf scheinen sich in der Diskussion ausgezeichnet zu haben. Das Jahr 1887 stellt den Höhepunkt im Wirken der Vereinigung dar. Laut Auskunft Leo Bergs soll sie ›etwa‹ bis 1889 existiert haben.[121] Ihre Bedeutung hatte sie eingebüßt als im Jahr zuvor Eugen Wolff Berlin in Richtung Kiel verlassen hatte und der engagiertere Teil der Mitglieder um Bruno Wille mit dem ›Ethischen Klub‹ ein eigenes, weniger organisatorisch strukturiertes, aber poetologisch und politisch avancierteres Forum fand.[122] 1889 wird mit Gründung der ›Freien Bühne‹ die kulturpolitische Initiative an deren Träger übergehen, im Jahr darauf schließlich bietet die Zeitschrift ›Freie Bühne‹ der Berliner Avantgarde auch ein Forum von weiterem Wirkungsfeld als es die Zeitschriftengründungen Küsters, die doch sehr stark auf eine studentische Leserschaft und deren ›alte Herren‹ fixiert blieben, geboten hatten. Auf Dauer erwies sich als Schwä-

---

laut ›Protokollbuch‹ zweimal, am 8. und 15. 7., schuldig. Man könnte vermuten, dass es sich um ›Bahnwärter Thiel‹ handelte, dem widerspricht aber das Zeugnis Willes, nachdem Hauptmann diese Novelle schon beim Gründungsfest am 6. 5. vorgetragen hatte.

[118] »Wahrheit um jeden Preis! Tod allen Vorurteilen. Absolute Demokratie in der Literatur. Aber welch eine Skala vom stilvollen Realismus bis zum krassesten Materialismus, wie viele Vorurteile in der Missachtung aller Vorurteile, welche Demolierungswut gegen alles Große, wie viel Nebel! Nein, je moderner eure Tendenz, um so fester müßt ihr euch an das Alte anschließen.« (Leo Berg: Das eiserne Zeitalter in der Literatur. In: Magazin für Litteratur des In- und Auslandes, 1886, S. 529–531, zitiert nach Günther, Gruppenbildung, S. 65f.).

[119] Vgl. Brauneck/Müller, Naturalismus, S. 61.

[120] Vgl. Wilhelm Bölsche: Die naturwissenschaftlichen Grundlagen der Poesie, Berlin 1886, neu hg. von Johannes J. Braakenburg, Tübingen 1976, S. 34–47. Das Kapitel gibt sich zwar wissenschaftlich und argumentiert mit Hirnphysiologie, kommt aber zu der verhältnismäßig zahmen Erkenntnis, dass echte Poesie »sich an die Natur anlehnt« (Bölsche, Grundlagen, S. 45).

[121] Vgl. Leo Berg: Henrik Ibsen und das Germanentum in der modernen Litteratur. In: Litterarische Volkshefte 2, Berlin 1887, S. 36; vgl. Günther, Gruppenbildung, S. 70.

[122] Vgl. Karin Bruns: [Art.] Ethischer Klub. In: Handbuch, S. 91–95. Aus dem ›ethischen Klub‹ formierte sich der ›Genie-Konvent‹ als wiederum avancierteres Forum. Vgl. Karin Bruns: [Art.] Genie-Konvent. In: Handbuch, S. 140f.

che, was zunächst die Stärke der Vereinigung gewesen war: Die ›Durch!‹ war weder ein Freizeitverein für beruflich und sozial gesicherte Existenzen, noch eine kohärente pressure group zur Durchsetzung programmatischer Interessen – die dann natürlich auch materiell auszumünzen gewesen wären. Durch ihre soziale Situierung im ›Durchgangsstadium‹ studentischer Öffentlichkeit konnte sie als Diskussionsforum zwar zu programmatischer wie je persönlicher Klärung und Verständigung beitragen, war aber nicht in der Lage, ihre Mitglieder dauerhaft zu binden oder gar sozial zu etablieren.

Eugen Wolff war 1888 nach Kiel gegangen, Adalbert von Hanstein, der wie Wolff in der ›Durch!‹ eigene Literatur präsentiert hatte und auch später schriftstellerisch tätig blieb, wurde zunächst Schriftleiter am ›Berliner Fremdenblatt‹, dann Lehrer an der Humboldt-Akademie und ging schließlich 1900 als Privatdozent für Ästhetik und Literaturgeschichte an die Technische Hochschule Hannover. Trotz Beteiligung an den Diskussionen der ›Durch!‹ und literaturwissenschaftlicher Auseinandersetzung mit dem Gegenstand, blieb Hanstein von den formalen literarischen Entwicklungen weitgehend unberührt.[123] Sein Interesse beschränkte sich auf den sozialen Aspekt des Naturalismus, den er nicht nur theoretisch untersuchte,[124] sondern im Versepos ›Kains Geschlecht‹ 1888 am Beispiel der Stadtentwicklung auch literarisch darstellte.[125] Hanstein distanziert sich von ›konsequenteren‹ Naturalisten wie Hauptmann, Holz und Schlaf und macht sich 1895 mit dem Roman ›Die Aktien des Glücks‹ auch über den unbedarften Idealismus der ›modischen‹ Lebensreformbewegung lustig.[126]

In diese Richtung entwickelte sich eine zweite Gruppierung der ›Durch!‹ um die Brüder Hart, Bruno Wille und Wilhelm Bölsche. Sie ziehen an die Peripherie der Großstadt nach Friedrichshagen und gründen eine informelle Künstlerkolonie. Später werden sich die Harts in lebensreformerischen Wohn- und Arbeitsgemeinschaften versuchen, während Wille und Bölsche in ihrem sozialen Engagement der Stadt treu blieben und volksbildnerisch (Bölsche) und weltanschaulich (Wille) zu wirken versuchen. In den Werken der Harts und Willes kann von naturalistischer Literatur in einem stiltypologischen Sinne nicht geredet werden:

---

[123] In seiner Chronik, die nicht nur an der Jahrhundertwende, sondern auch im Jahr seiner Übersiedlung nach Hannover Bilanz zieht, kommt er selbst zu dem Schluss: »Trotzdem schied es mich und manchen andern schon damals von den eigentlichen Anhängern der neuen Schule, daß uns bei allem Streben nach Wirklichkeitsdarstellung doch die Idee das Wesentliche im Kunstwerk zu sein schien.« (Hanstein, Deutschland, S. 91).

[124] Adalbert von Hanstein: Die soziale Frage in der Poesie, erweiterter Abdruck aus der Akademischen Rundschau 1896, Leipzig 1897.

[125] Vgl. Adalbert von Hanstein: Kains Geschlecht, Berlin 1888.

[126] Adalbert von Hanstein: Die Aktien des Glücks. Humoristisch-satirischer Zeitroman, Berlin 1895.

Alle drei schreiben – wenn dies Sinn machte, müsste man formulieren: ganz im Gegenteil – extrem poetisierten, symbolisch wie didaktisch überfrachteten, sich mystisch verstehenden Kitsch. In dieser Hinsicht bildet Bölsche eine Ausnahme: Zwar muss man seinen Roman ›Die Mittagsgöttin‹ als weithin gescheitert betrachten und auch seine Programmschrift ›Die naturwissenschaftlichen Grundlagen der Poesie‹ bleibt argumentativ inkonsistent, aber Bölsche entwickelt hier und in weiteren Texten, vor allem in seiner Analyse ›Die Poesie der Großstadt‹ eine moderne Literaturpoetik, die den Bedingungen einer technisch-wissenschaftlichen Kultur und den funktionalen und abstrakten Verhältnissen der modernen Metropole gerecht werden will. Zugleich versucht er jedoch dem Harmonie- und Sinngebungsbedürfnis des Publikums mit einem populärwissenschaftlichen Stil Rechnung zu tragen, der die ästhetische Schließung der Texte als bewusste weltanschauliche Beigabe eines personalen Erzählers ausweist.[127]

Da die Thesen der ›Durch!‹ zunächst auf eine Reform der Kritik gezielt hatten und die Erneuerung der Literatur von ihr abhängig gemacht, liegt es nahe, die Ergebnisse der kritischen Arbeit in den Blick zu nehmen. Immerhin waren mit den Brüdern Hart zwei in engagierten Kreisen bereits ausgewiesene Kritiker zugegen und mit Berg und Wolff zwei junge Autoren, die als tragende Mitarbeiter studentischer Blätter gerade selbst an Kontur gewannen. Betrachtet man das ›quantitative‹ Resultat, so kann man Wirkung bestätigen: Beide Harts werden mit ihren Arbeiten für die ›Tägliche Rundschau‹ und den ›Tag‹ zu den arrivierten Kritikern der Reichshauptstadt gehören und zugleich als Herausgeber populärer Anthologien,[128] Julius auch als Verfasser einer populären Literaturgeschichte[129] hervortreten. Leo Berg wird freischaffender Kritiker und Publizist, auch Eugen Wolff wird neben seiner akademischen Tätigkeit Kritiken verfassen. Vergleicht man die weiteren Entwicklungen, so wird deutlich, dass die Harts und Wolff verwandte Positionen vertreten, die Gemeinsamkeiten zu den Theoretikern und Kritikern der Münchner ›Gesellschaft‹, des neben der ›Freien Bühne‹ zweiten genuinen Publikationsorgan des Naturalismus, aufweisen, wäh-

---

[127] Zwar wird sich die ganze Gruppe im Verein ›Freie Bühne‹ wiederfinden, aber von den Friedrichshagenern wird nur Bölsche zeitweilig eine tragende Rolle spielen. Er ist von 1891 bis 1893 Redakteur der Zeitschrift. Danach folgt ein kurzes Intermezzo unter Julius Hart. Vgl. Fritz Schlawe: Literarische Zeitschriften 1885–1910, 2 Bde., Stuttgart 1961, Bd. 1, S. 26–31.
[128] Eine Blütenlese aus Spanischen Dichtern aller Zeiten. In deutschen Uebertragungen, hg. von Julius Hart, Stuttgart 1883; England und Amerika. Fünf Bücher englischer und amerikanischer Gedichte von den Anfängen bis auf die Gegenwart, hg. von Julius Hart, Minden 1885; Divan der persischen Poesie. Blütenlese aus der persischen Poesie, hg. von Julius Hart, Halle 1887; vgl. Angela Kuhk: Die Anthologisten Heinrich und Julius Hart. Vermittler französischer Lyrik? In: Weltliteratur in deutschen Versanthologien des 19. Jahrhunderts, hg. von Helga Essmann u. Udo Schöning, Berlin 1996, S. 508–520.

rend Leo Berg eine radikalere Haltung einnimmt. Außerdem verbindet sie ein gemeinsames Bekenntnis zu nationaler Kunst und eine inhaltsbezogene Definition von Naturalismus, die zwar gegen die Normen idealistischer Gehaltsästhetik Front macht und sich zu einem formalen Verständnis von Kunst bekennt, damit aber nicht die Lösung von inhaltlichen Restriktionen, sondern faktisch lediglich deren Historisierung und die Ersetzung unzeitgemäßer Normen intendierte. In diesen Punkten treffen sie sich mit den Mitgliedern des Münchner Naturalismus – von denen Bleibtreu, Alberti und zeitweise auch Conradi in Berlin ansässig waren. Allen gemeinsam ist, dass sie sich in den neunziger Jahren gegen die rasch Einfluss und Geltung gewinnenden Fraktion des Naturalismus um die ›Freie Bühne‹[130] abgrenzen.

4.3 Naturalismus und Nietzsche

Leo Berg war das kritische Talent der Vereinigung ›Durch!‹ Doch bald verlässt er die gemeinsame Basis und wendet sich wie Hermann Conradi, der Berlin aus finanziellen Gründen hatte verlassen müssen, der Philosophie Nietzsches zu. Nietzsche selbst lehnte jeglichen ›Naturalismus‹ vehement ab und spielte den Psychologismus Dostojewskis gegen Zolas Physiologismus aus.[131] Aber Conradi wie Berg verstanden dies als Möglichkeit, die (vermeintlich) mechanische Oberflächlichkeit des französischen Naturalismus um eine ›Tiefendimension‹ zu ergänzen und die Depotenzierung des Subjekts in der Milieutheorie mit dem Aristokratismus einer tragischen Weltanschauung zu überbieten. Conradi hatte Nietzsches ›Geburt der

---

[129] Julius Hart: Geschichte der Weltliteratur und des Theaters aller Zeiten und Völker. 2 Bde. Neudamm 1894–96.

[130] Natürlich ist die Gruppe um die ›Freie Bühne‹ selbst nicht kohärent, bzw. zerfällt bald in die engere Gruppe der Hauptmann-Anhänger und die Sezession der Holz-Freunde, schließlich bildet Bölsche, der als Friedrichshagener mit den Harts Tür an Tür lebt, zugleich aber die ›Freie Bühne‹ redigiert und dort etliche Artikel von Bruno Wille publiziert, noch eine dritte Position. Ihren Gegnern erscheinen sie jedoch zumindest eine Zeit lang verbunden durch eine striktere, ›konsequentere‹ und vor allem formale Interpretation naturalistischer Poetik.

[131] Zu Nietzsches Stellung zum Naturalismus vgl. Theo Meyer: Nietzsche. Kunstauffassung und Lebensbegriff, Tübingen 1991, S. 448–452; Matthias Politycki: Umwertung aller Werte? Deutsche Literatur im Urteil Nietzsches, Berlin/New York 1989, S. 258–262; zur Rezeption Nietzsches im Naturalismus vgl. Richard Frank Krummel: Nietzsche und der deutsche Geist. Bd. 1. Ausbreitung und Wirkung des Nietzscheschen Werkes im deutschen Sprachraum bis zum Todesjahr. Ein Schrifttumverzeichnis der Jahre 1867–1900, zweite, verbesserte und ergänzte Auflage unter Mitwirkung von Evelyn S. Krummel, Berlin/New York 1998.

Tragödie‹ bereits 1883/84 kennengelernt; eine Relektüre, die er 1886 im Leipziger Kreis um Rosalie Nielsen vornahm, wurde ihm zum Erlebnis.[132]

Für Conradi gibt es zunächst keinerlei Zweifel, dass die Gegenwart – vor 1888 – ein intellektuell bestimmtes Zeitalter ist und seine Bewohner mehrheitlich und vergleichsweise »moderne[.], kritisch und nüchtern an- und aufgelegte Leute« sind.[133] In der Existenz eines literarischen Marktes sieht er kein Skandalon, sondern schlichtes Faktum;[134] Qualitätsdefizite zeitgenössischer Kritik bemängelt er beiläufig, Karl Frenzel erkennt er im Vergleich mit Julian Schmidt als stilistisch virtuos und kenntnisreich an,[135] Otto Brahms ›Keller‹-Essay lobt er ausdrücklich.[136] Dagegen stört ihn an einem Aufsatz Wolfgang Kirchbachs über Kritik ein »allzu stark aufgetragener Bemutterungs-, resp. Bevatterungston«.[137] Dass Conradi dabei nicht gegen persönliches Urteil, sondern gegen dessen pseudo-wissenschaftliche Verbrämung polemisiert, zeigt sein Gedenkartikel für Johannes Scherr, in dem er dessen »moralisch-didaktischen Feuilletonismus«[138] anerkennt und den Autor als Typus, »Monumental-Charakter, [...] Koloss in dieser Zeit der Zwerge«,[139] gegen den Vorwurf der Unwissenschaftlichkeit in Schutz nimmt. In der Schrift ›Wil-

---

[132] Vgl. Krummel, Nietzsche, S. 131f. Conradi versuchte daraufhin sogar mit Nietzsche Kontakt aufzunehmen. In einem Brief äußert sich Nietzsche unwirsch: »Solche vierundzwanzigjährige Dichterlinge sind die letzten Leser, die ich mit wünsche; noch weniger möchte ich von ihnen gelobt und öffentlich ausposaunt sein.« (Friedrich Nietzsche: Briefwechsel. Kritische Gesamtausgabe, hg. von Giorgio Colli u. Mazzino Montinari. 3. Abt., 3. Bd., S. 260, Nr. 758. An Constantin Georg Naumann, 4. 10. 1886, vgl. Krummel, Nietzsche, S. 131). Unergiebig für diesen Zusammenhang ist Elrud Kunne-Ibsch: Die Stellung Nietzsches in der Entwicklung der modernen Literaturwissenschaft, Tübingen 1972. Zu Conradi vgl. Werner Poscharnigg: Hermann Conradi. (1862–1890) Ein Vertreter der literarischen Moderne, Graz 1980; Paul Ssymank: Leben Hermann Conradis. In: Conradi, Gesammelte Schriften, Bd. 1, S. XVII-CCLIV; Christof Forderer: Die Großstadt im Roman. Berliner Großstadtdarstellungen zwischen Naturalismus und Moderne, Wiesbaden 1992, S. 225–292.

[133] Hermann Conradi: Aus der ältesten Hölty-Biographie. In: Conradi, Gesammelte Schriften, Bd. 2, S. 205–226, hier 210.

[134] Vgl. auch: Hermann Conradi: Literarische Firmen. In: Conradi, Gesammelte Schriften, Bd. 2, S. 123–132.

[135] Hermann Conradi: Neue Novellen. Von Karl Frenzel. In: Conradi, Gesammelte Schriften, Bd. 2, S. 316–319.

[136] Vgl. Hermann Conradi: Ein neuer Essayist [Ernst Ziel]. In: Conradi, Gesammelte Schriften, Bd. 2, S. 306–316, hier 310.

[137] Hermann Conradi: Wolfgang Kirchbachs Lebensbuch. In: Conradi, Gesammelte Schriften, Bd. 2, S. 287–294, hier 292, vgl. ebd: »halb naseweisen, halb kathederhaft fürsorglichen Ton«.

[138] Hermann Conradi: Zum Gedächtnis Johannes Scherrs. In: Conradi, Gesammelte Schriften, Bd. 2, S. 349–355, hier 353.

[139] Conradi, Scherr, S. 355.

helm II und die junge Generation‹, einer vehementen Apologie des Wilhelminismus als heroischer und ästhetisch-tragischer Existenzform, hat sich die Ablehnung der philologisch-realistischen Kritik in einen hysterischen Tonfall gesteigert. In langen Passagen – die zu den bösartigsten und köstlichsten Satiren auf Philologen und Germanisten gehören[140] – beschimpft Conradi den akademischen Kritiker als unfähigen Poeten, der sich »für seine staatlich diplomierte Impotenz dadurch [rächt], daß er als kritisierender Wüterich, als fauchendes Stinktier in den Zeitschriften und Fachblättern herumhalunkt.«[141] Dennoch erkennt er eine Form akademischer Kritik an, nämlich »die Rolle des literarhistorischen Psychologen, die doch zumeist objektiven Charakters ist«,[142] weil seine Kritik nicht moralisch, sondern analytisch argumentiert. Es ist die Rolle des ›Ästhetikers‹ Wilhelm Scherer,[143] bei dem Conradi gehört hatte,[144] auch wenn er ihn gelegentlich »geradezu für ein Nationalunglück« hält.[145] Aufgabe der Kritik ist, die »Beziehungs- und Rubrizierungsfäden«[146] eines Werkes zu knüpfen, nicht aber ihm Existenzberechtigung zuzusprechen oder abzuerkennen. Der ›ästhetisch-kritische Beobachter‹ betrachtet das Kunstwerk genauso kalt wie der Wissenschaftler sein Objekt.[147] Als Produkt und Ausdruck von Individualität ist es an sich nicht zu bewerten, sondern muss auf seine Bedingungen und Wirkmechanismen hin untersucht werden.[148] Für Conradi geht es – wie später für Berg – nicht um die

---

[140] Hermann Conradi: Wilhelm II und die junge Generation. Eine zeitpsychologische Betrachtung (1889). In: Conradi, Gesammelte Schriften, Bd. 3, S. 307–446, hier 402–414.
[141] Conradi, Wilhelm II, S. 404.
[142] Conradi, Scherr, S. 353.
[143] Vgl. Conradi, Scherr, S. 353.
[144] Vgl. Conradi, Brief, S. 56.
[145] Conradi, Wilhelm II, S. 405f. Conradi bezeichnet Scherer als »selbstschöpferisch absolut unfähige[n], limonadenlau nachempfindende[n] Knirps« und wettert dagegen, dass er in seiner Literaturgeschichte Grabbe kritisiert, den er selbst bei seiner Fuchstaufe im akademisch-litterarischen Verein als Vorbild genannt hatte. Vgl. Conradi, Wilhelm II, S. 406.
[146] Hermann Conradi: F. M. Dostojewski. In: Conradi, Gesammelte Schriften, Bd. 2, S. 393–414, hier 409.
[147] Hermann Conradi: Zum Begriff der induktiven Literaturpsychologik. In: Conradi, Gesammelte Schriften, Bd. 2, S. 116.
[148] »Der noch auf dem Boden des alten Moralkodex steht; der noch ein Anhänger der persönlichen Verantwortung und ähnlichen Harmlosigkeiten ist, wird natürlich diese seine Ueberzeugungen noch für sehr richtig befinden. Für andere die im strengen Geiste phänomenalistischer Erkenntnis erzogen und geübt, gibt es im eigentlichen Sinne kein ›Gut‹ oder ›Schlecht‹, kein ›Schön‹ oder ›Häßlich‹, gibt es keine ›edlen, hochherzigen Charaktere‹, keine ›Schufte‹ und keine ›Lumpe‹ [...] mehr, dafür nur noch Phänomene, die da sind und so lange da sein werden, wie es die ›Verhältnisse‹, d.h. eine in den ›Verhältnissen‹ repräsentierte Majorität gestattet [...]« (Conradi, Literaturpsychologik, S. 115). Conradi beklagt »das ganze Rudel von ›literarischen Phrasen‹ mit denen

Ersetzung inhaltlicher Normen kritischer Beurteilung, sondern um grundlegende Reform des kritischen Verfahrens. Er will eine »ethnopsychologische Analytik unserer Literatur«, die auf einem völkerpsychologischen Kulturbegriff basieren müsse,[149] und charakterisiert ihre Methode folgendermaßen:

> Man sollte jede Leistung aus ihren Entstehungsgründen heraus zu begreifen und unter dem Gesichtspunkt dieses Erkennens sachlich zu beurteilen suchen. Dies wäre das naturwissenschaftliche Moment der Kritik. Dazu käme das kulturgeschichtliche, welches nach der Bedeutung eines Erzeugnisses in sozialem, gesellschaftlichem Sinne forscht. Diese Punkte würden Pol und Gegenpol einer vernünftigen sachgemäßen, wirklich ›modernen‹ Beurteilung abgeben.[150]

Da unter der sozialen Dimension eines Werkes, wie Conradi an anderer Stelle ergänzt, eine Analyse des Publikums gemeint ist,[151] entspricht dies im Grunde dem Programm Schererscher Literaturwissenschaft. Doch ist der Objektivismus der analytischen Methode nur eine Seite des Conradischen Kunstverständnisses und wird bisweilen durch den Kultus einer großen, tragischen Individualität des Künstlers überschattet. Theo Meyer sieht Conradi als »Vorläufer [des] unkritischen Nietzsche-Kults«[152]; dagegen hält er Leo Berg, dem zweiten Nietzsche-Anhänger aus dem Kreis des älteren Naturalismus, immerhin zugute, »kein unkritischer Laudator« zu sein.[153] Beiden dient die Philosophie Nietzsches dazu,

---

heute noch unsere unglücklichen ›Kritiker‹ unsere Zeitungen und Zeitschriften besudeln.« (Conradi, Literaturpsychologik, S. 119).

[149] »Wir Deutschen wissen im ganzen noch wenig von einer völkerpsychologischen Auffassung der Kultur, am wenigsten wohl von einem derartigen Standpunkte unserer eigenen Kultur gegenüber – wissen noch recht wenig von einer ethnopsychologischen Analytik unserer Literatur.« (Hermann Conradi: Ein Brief aus der Verbannung. In: Conradi, Gesammelte Schriften, Bd. 2, S. 54–79, hier 59f.). Vgl. Hermann Conradi: Zur Psychologie der zeitgenössischen Literatur. In: Conradi, Gesammelte Schriften, Bd. 2, S. 335–342, hier 337: »literaturhistorische Völkerpsychologie«.

[150] Hermann Conradi: Aesthetische Streifzüge. In: Conradi, Gesammelte Schriften, Bd. 2, S. 31–45, hier 33; vgl. Conradi, Literaturpsychologik, S. 116f. Freilich ist Conradi auch in der Lage, sich bei angemessenem Gegensatz eine Lizenz zum abusus zuzugestehen. Vgl. Hermann Conradi: [Rez.] Der Dämon des Neides. [Von Wilhelm Walloth] In: Conradi, Gesammelte Schriften, Bd. 2, S. 384–392.

[151] »Das ›Publikum‹, in einem gewissen Sinne also sein: des betreffenden Künstlers Publikum, muß auf die Zusammengesetztheit seiner Weltanschauung hin geprüft werden, es ist darzulegen, aus welchen Instinkten, aus welchen bewußten Motiven heraus es in besonders wichtigen Fällen zu urteilen und zu handeln pflegt, von welchen geistigen und materiellen Bedürfnissen es abhängig ist.« (Conradi, Literaturpsychologik, S. 117).

[152] Theo Meyer: Nietzsche und die Kunst, Tübingen/Basel 1993, S. 172.

[153] Meyer, Nietzsche und die Kunst, S. 230; vgl. Leo Berg: Der Übermensch in der modernen Literatur. Ein Kapitel zur Geistesgeschichte des 19. Jahrhunderts, Paris/Leipzig/München 1897.

gegen den ›Objektivismus‹ der positiven Wissenschaft den ihr verpflichteten Individualismus zu behaupten, ohne auf das idealistische Subjekt zurückgreifen zu müssen;[154] bei beiden ist es jedoch ein Nietzscheanismus sans ressentiment, der Rationalität amplifiziert und in ihre Aporien treibt, anstatt sie zu negieren, der zwar auch den Willen feiert und den Übermenschen will, aber beide nicht mit der ›blonden Bestie‹ und vor allem nicht die blonde Bestie mit sich selbst verwechselt. Wie Conradi, so tendiert auch Berg im Laufe seiner Entwicklung zu immer radikaleren und gewaltsameren Konzepten, die den Begriff tragischer Existenz zunehmend in den Mittelpunkt stellen.

Neben Wolff war Berg der zweite genuine Schüler Küsters und hatte in dessen Zeitungsgründungen seine ersten Gehversuche unternommen. Er blieb im publizistischen Bereich, war seit 1886 Schriftleiter der ›Deutschen Akademischen Zeitschrift‹ und ihrer Beilage, der ›Studenten-Zeitung‹, dann neben Wolff Redakteur der ›Allgemeinen Deutschen Universitäts-Zeitung‹. Berg gab zusammen mit Eugen Wolff die ›Literarischen Volkshefte‹[155] und daneben auch die kurzlebigen Zeitschriften ›Die Moderne‹ und ›Der Zuschauer‹ heraus, übersetzte 1893 Zolas ›Der naturalistische Roman in Frankreich‹ und 1904 den ›Experimentalroman‹.[156] Berg, der ausschließlich von publizistischen Arbeiten lebte, verfolgte und analysierte wiederholt die Situation des Marktes und der Kritik. Das letzte Kapitel des Sammelbandes ›Zwischen zwei Jahrhunderten‹ versammelt ›Kritische Aufsätze und Aufsätze zur Kritik‹ aus der Zeit zwischen 1888 und 1896;[157] in ›Der Naturalismus‹, seiner nach eigenen Aussagen in weiten Teilen bereits 1888 entstandenen, 1892 veröffentlichten ästhetischen Rechtfertigung der Strömung, widmet er die beiden letzten Kapitel dem Thema.[158] Die ›Gefesselte

---

[154] Berg bezeichnet Conradi als »das erste Opfer Nietzsches. [...] Er war sein frühester Jünger und ist zuerst an ihm verrückt geworden.« (Berg, Übermensch, S. 176). Er hält Conradi für »das eigentliche Genie unter den Jungdeutschen« (Berg, Übermensch, S. 177), meint dies im Hinblick auf den Romancier jedoch auch im pejorativen Sinne: »Die ›Phrasen‹ sind das merkwürdige Beispiel von Selbstdarstellung eines zerstörten Geistes, dessen hohe und niedrige Elemente erkenntlich werden, weil die organisierende Kraft fehlt, die sie in eine Einheit verschmilzt.« (Berg, Übermensch, S. 182). Damit wir Conradis Werk zu einer »wahren Fundgrube für Psychologen. Gerade die Schamlosigkeit macht Conradis Dichtungen zu den werthvollsten Beiträgen für die Entwicklung der modernen Litteratur.« (Berg, Übermensch, S. 184).

[155] Ab 1889 Deutsche literarische Volkshefte.

[156] Emile Zola: Der Experimentalroman. Eine Studie. Autorisierte Übertragung, Leipzig 1904.

[157] Leo Berg: Zwischen zwei Jahrhunderten, Frankfurt am Main 1896.

[158] Leo Berg: Der Naturalismus. Zur Psychologie der modernen Kunst, München 1892. Die vorausgegangene, Georg Brandes gewidmete Schrift Leo Berg: Haben wir überhaupt noch eine Litteratur? Großenhain/Leipzig 1888 war mir leider nicht zugänglich.

Kunst‹[159] von 1901 beinhaltet ein Kapitel zu ›Kunst und Kapitalismus‹ und eines zur ›Kritik‹; schließlich fasst die 1903 erschienene Broschüre ›Litteraturmacher‹ zwei Aufsätze zusammen, in denen die Bedingungen des literarischen Marktes und die Auseinandersetzung zwischen Hermann Sudermann und der Berliner Kritik thematisiert werden.[160] Berg fällt dabei nicht nur differenziertere Urteile als seine ›Kollegen‹ aus der ›Durch!‹, er entwickelt eine Theorie, die die Prozessualität der ästhetischen Sphäre mit ihrem charakteristischen Widerpiel von Produktion und Rezeption nicht mehr aus einer makrosozialen Interaktion von intuitiver Produktion und gelehrter Kritik erklären will, sondern im kritischen Reflexionsmoment ein genuines produktionsästhetisches Agens moderner Kunst erblickt, dem der Kritiker kein besseres Wissen, sondern nur die Subjektivität seiner eigenen reflektierten Kunsterfahrung gegenüberstellen kann. Die ›alte Kritik‹ ist funktionslos geworden.

Berg muss seinen Mentor Küster enttäuscht haben: Nationales Pathos galt ihm nichts,[161] Heimatkunst, den literarischen Fluchtpunkt der Wolffschen Entwicklung, betrachtete er als »Naturalismus der Beschränkten«[162] und das dröhnende Pathos Wildenbruchscher Tragödien stellte er noch während der Existenz der ›Durch!‹ unbarmherzig bloß.[163] Die Schärfe seiner Kritik und die Logik seiner Argumentation wurden gefürchtet.[164] In seiner Schrift ›Der Naturalismus‹ wandte sich Berg gegen alle ›Überwindungsversuche‹ und wusste sich mit dessen avancierten Vertretern einig, Naturalismus nicht inhaltlich, sondern formal zu definieren.[165] Für pädagogische oder ethische Kritik bleibt kein Platz. Mit ausdrücklichem Verweis auf den »Fall Lindau« und Referenz auf Heine[166] postuliert er: »Kritik und Moral sind nicht zwei identische Begriffe. Kritik ist auch keine moralische Eigenschaft oder Handlung [...]«.[167]

---

[159] Leo Berg: Gefesselte Kunst, Berlin 1901.
[160] Leo Berg: Litteraturmacher, Berlin o.J. [1903].
[161] »Die Vorschrift[,] der Künstler solle national sein, was ist sie anders, als eine Phrase!« (Berg, Naturalismus, S. 198, Anm.).
[162] Leo Berg: Büchererfolge. In: Berg, Litteraturmacher, S. 5–43, hier 37.
[163] Leo Berg: Ernst von Wildenbruch und das Preußenthum in der modernen Litteratur, Berlin 1888. Eine zweite Monographie widmete sich Gottfried Keller: Leo Berg: Gottfried Keller oder Humor und Realismus, Berlin 1889.
[164] Vgl. Arthur Eloesser: [Art.] Leo Berg. In: Biographisches Jahrbuch/Deutscher Nekrolog Bd. 13 (1908), S. 186–189.
[165] Vgl. Berg, Naturalismus, S. 112–120.
[166] »Als der Fall Lindau aktuell war, hatten die Atta Trolls unserer Presse (die wahren sowohl als die nur scheinbaren) einmal wieder Gelegenheit sich in die moralische Toga zu werfen, über Korruption der Kritik und Presse zu seufzen und wahrhaft katonische Regeln für Kritiker und Journalisten aufzustellen. Schon lange wurde nicht mit so vieler Begeisterung und Überzeugung moraltrompetet wie in jenen Wochen.« (Leo Berg: Moral und Kritik. [1890]. In: Berg, Jahrhunderte, S. 471–476, hier 471).
[167] Berg, Moral, S. 471; vgl. Berg, Übermensch, S. 183, Anm.: »Der Moralismus in der

Wie Conradi geht Berg von Nietzsches Konzept einer metaphysisch unbehausten Moderne und tragischer Existenz aus, aber während Conradi sich quasi schizophrensiert in die Kälte eines analytischen Blicks auf der einen und ›dionysischer‹ Selbstaufgabe auf der anderen Seite, moderiert Berg den Dualismus Nietzsches im Rückgriff auf Kierkegaards Ethik der Existenz.[168] Indem so das konkrete Subjekt zum Subjekt der Kunst wird, steht sein ›Erlebnis‹ nicht mehr für allgemeine künstlerische, sondern nur noch für das Faktum privater und partikularer Erfahrung, die erst unter dem mitleidslosen Blick des Beobachters ihre ästhetische Bedeutung preis gibt:

> Und selbst, was wir als unser Erlebnis darstellen, wissen wir denn gar zu genau, ob das auch Alles unsere Erlebnisse sind? Was wir davon erlebt, bloß weil es andere erlebt haben, was sympathetisches, was experimentelles, was historisches, was anticipatives, was künstlerisches, was kontemplatives und was persönliches Erlebnis an unseren Erlebnissen ist?
>
> Vielleicht läßt sich noch eher mit Umkehrung eines alten Glaubens behaupten, dass noch nie ein Erlebnis vom Erlebenden selbst seinen künstlerisch-klassischen Ausdruck erhalten habe. Der Strom muß immer schon im Erfrieren begriffen sein, der Künstler muss erst wieder als an sein Fremdes an <u>sein</u> Erlebnis – gesetzt eben, es sei wirklich <u>sein</u> Erlebnis – herantreten, wenn er es künstlerisch verwerten will. Dass er am Ende sich selbst objectivieren kann, dass er an seinem eigenen Leibe herumexperimentieren darf, dass er bis zur Selbstvernichtung grausam mit sich umgeht (in der Tragödie zum Beispiel) – das Alles beweist, dass er sich bereits als ein Fremdes behandelt, das er geniesst, belauscht, befeindet, vernichtet![169]

Dieses Verfahren ändert Inhalte, setzt pathologische Studien an die Stelle der Inszenierungen konsensueller Ideale.[170] Da das Kunstwerk diese ›Autovivisektion‹ nicht *darstellt*, sondern *ist* und so ein kritisches Moment bereits in sich

---

Kritik belohnt sich immer selbst, man kommt mit ihm zum Professor, und wenn man sich Mühe giebt, sogar zum reinen Christentum.«

[168] Mit Bezug auf Kleist und Klinger charakterisiert Berg Kierkegaard als intellektuellen Anatomen: »Will man dieses Schauspiel unterirdischer Dichtertätigkeit in seiner grausigsten Form studieren, dann muß man den Dänen Sören Kierkegaard lesen, der sich in tiefster Nacht, nur beim dünnen Scheine seines Intellects, gleichsam die eigne Seele aufgeschnitten und hineingeleuchtet hat.« (Berg, Naturalismus, S. 37).

[169] Berg, Naturalismus, S. 80. In den hier relevanten Aspekten bekräftigt Berg seinen Standpunkt in der ›Gefesselten Kunst‹, auf die aus diesem Grund nicht eigens eingegangen wird. Der Ton und die Kritik an den Mechanismen des Marktes und dem vermeintlichen vertikalen Kartell der ›Berliner Clique‹ sind jedoch schärfer geworden. Zu Beginn des Kapitels ›Kritik‹ beklagt Berg, dass die eigentliche Kritik zwischen »der strengen Wissenschaft und der Reporterei« erstickt zu werden drohe (Berg, Kunst, S. 45).

[170] »Was objektiviert man denn? Wir sahen eben: das, was man los sein will! [...] Wer ganz gesund ist, wie nach unseren Philister-Vorschriften alle Dichter sein sollten, der dichtet keinen Hamlet mehr, keinen Faust, keinen Homburg und keinen Raskolnikow! [...] Wo gäb's eine tragische Schuld, wenn's keine schuldigen Dichter gäbe!« (Berg, Naturalismus, S. 175).

trägt, ist Kritik im herkömmliche Sinne überflüssig geworden. Da in der Frage der Authentizität von Erfahrung[171] auch immer die Frage der Kompetenz und Signifikanz ihrer formalen Präsentation gestellt ist, steht mit beiden zugleich der Geltungsanspruch ästhetischer Formen infrage:

> Am Ende übt jedes Product, schon durch sein blosses Erscheinen eine Kritik an der gesammten vorausgegangenen Kunst. Allein eine solche bewusste kritische Thätigkeit, wie sie heute in den poetischen Werken geübt wird, (und zwar kunst-kritische wie gesellschafts-kritische Thätigkeit), ist beispiellos in der Literaturgeschichte […][172]

Ist unter diesen Bedingungen Kritik noch nötig – und, ist sie überhaupt noch möglich? Berg bejaht beide Fragen, fordert »thatkräftige Kritik«, auch wenn diese vielleicht nur noch dem Namen nach der bisherigen verbunden sein könne.[173] Das Werk wird über die Instanz des Individuums zum Produkt der Zeit. Berg bezieht Wirkungskomponente und Publikumsbezug ausdrücklich als konstitutiven Aspekt künstlerischer Produktion in seine Theorie ein.[174] Kunst definiert sich durch Wirksamkeit, der Poet – und sollte er in der Produktion sich selbst vergessen – ist zugleich »Rhetoriker«, der zu einem Publikum spricht – und sei es das kleinstmögliche: er selbst.[175] Hatte Berg zunächst die klassische Funktion der Kritik, ›messende und wertende Beobachtung‹, der Produktion selbst zuge-

---

[171] Dass Authentizität nicht erreicht werden kann, sondern allenfalls »das beinahe von Erlebnissen«, ist Berg klar. (Berg, Naturalismus, S. 175).

[172] Berg, Naturalismus, S. 143; vgl. 142: »Wer die Geschichte der Kritik und Theorie in der zweiten Hälfte unseres Jahrhunderts zu schreiben hat, der wird vor allem die Thatsache zu respectieren haben, dass das grösste und schwerste Stück kritischer Arbeit in den modernen Romanen und Dramen niedergelegt ist.« Vgl. auch Berg, Kunst, S. 58: »Schaffen ist Zerstören und Zerstören Schaffen, je nach dem Gesichtspunkte, von dem man das Eine oder Andere ansieht. Kunst wird Kritik in einem skeptischen Geiste oder in den skeptischen Augenblicken eines Geistes; Kritik wird Kunst in einem schöpferischen Geiste oder in den schöpferischen Augenblicken eines Geistes.« und S. 57: »Die Kritiker vergessen immer, daß ein rechter Kerl von Künstler sie jederzeit auf ihrem eigenen Felde schlagen kann.«

[173] Vgl. Berg, Naturalismus, S. 239.

[174] »Die Grösse und Bedeutung eines Kunstwerks hängt nicht von der Gegenständlichkeit des behandelten Stoffes ab, sondern von der Wirkung, und zwar der <u>beabsichtigten</u> Wirkung auf ein ganz bestimmtes Publikum. Weit wichtiger als die Mahnung an die Künstler, die Natur zu studieren, ist die, ihr Publikum, ihr Volk, ihre Zeit zu studieren! Und das haben alle grossen Künstler gründlich gethan.« (Berg, Naturalismus, S. 187).

[175] »Ja vielleicht vergaßen sie [alle grossen Künstler] auch die ganze Welt darüber! aber das hindert nicht, daß sie nicht trotzdem Rhetoriker gewesen sind. Wie? Hatten sie nicht ihren Zuhörer immer bei sich? Spricht der Mensch nicht mit sich selbst? Pflegen nicht die Dichter ihre eigenen Verse sich mit Wollust laut herzusagen? […] Verbürgt sich so nicht die <u>Wirksamkeit</u> ihres <u>Werkes</u> – o dieses Pleonasmus! an sich selbst? sind unsere <u>Werke</u> nicht das, was wir <u>wirken</u>?« (Berg, Naturalismus, S. 187).

schlagen, so verlegt er nun auch die zweite, dem Publikum zugewandte Dimension der kritischen Tätigkeit in den Bereich der Produktion: Indem der Künstler mit sich redet, erfährt er genießend sein Werk. Zugespitzt formuliert bedeutet dies, dass auch in dieser Hinsicht Kritik überflüssig wird, weil das, was auf dem Buchmarkt erscheint, nicht einfach künstlerische Produktion darstellt, sondern jenes aus der Produktion, was den Produzenten als empfehlenswert und marktgängig erschienen ist. Im Falle wirklichen genialen Gelingens, wenn die intellektuelle Beobachtungsfähigkeit des Künstlers dem eigenen Erleben und seine auditive Antizipation des Publikums den tatsächlichen Verhältnissen entsprechen, wäre tatsächlich ein ›homerischer Zustand‹ erreicht, in dem der unmittelbare Eindruck jede Kritik still stellte. Da die Moderne jedoch ein individualistisches Zeitalter ist, wird in dem Kunstwerk kein kollektives Subjekt, sondern ein Einzelner verhandelt.[176] Damit aber kann das Werk, das zunächst zeichenhafte Objektivierung einer Erfahrung ist, zum Gegenstand *gleichberechtigter* anderer Erfahrung werden. Der Kritiker wird zum Subjekt, zum Ort und zum Dokumentaristen eines rezeptionsästhetischen Selbstversuchs, dem alle Freiheit der Forschung zukommt:

> Wie man vom Dichter heute verlangt, dass er vor allem ein Selbsterlebtes und Selbstgeschaffenes darstelle, so verlange ich auch vom Kritiker, dass er seine und just seine Erfahrungen an dem gegebenen Kunstwerke uns mitteile. Mögen diese Erfahrungen noch so unbedeutend sein, sie sind uns jedenfalls interessanter und wertvoller, als die gelehrtesten objectiven Besprechungen.
> Von unseren Kritikern verlange ich ferner, dass sie wie der Pathologe die Gefahren und Krankheiten des Leibes, so alle Arten von Leiden und Gefährlichkeiten der Seele nicht allein nicht verschweigen, sondern so recht zum Trotz und rücksichtslos vor das erlauchte Publikum hinstellen, um es so zum Lebens- und Kunst-Realismus zu zwingen.
> Alle Gitter niederreissen! Jede Realität in Freiheit setzen, sei es auch nur um des Experimentes willen! Jede Kanalverstopfung verhüten! Ein freies, frisch cursierendes Leben herstellen![177]

---

[176] »Die Helden moderner Dichtungen kämpfen nicht um Ideen, wie im christlichen Zeitalter der Poesie [...], sie kämpfen auch nicht um Besitz und Weltherrschaft, wie die homerischen und fast alle epischen Helden, sie kämpfen um sich selbst. Der Mensch ist Kampfplatz und Kämpfer und Kampfobjekt in eins, er ist Schauplatz der Tragödien, Held, ›Schauspieler und Zuschauer zugleich‹. Kurz Held und Schöpfer der modernen Kunst ist der einzelne.« (Berg, Naturalismus, S. 87f.). In einer Anmerkung ergänzt Berg: »Der Einzelne macht sich selbst zur Individualität und buhlt nicht mehr um andere Individualitäten.« (Berg, Naturalismus, S. 88, Anm.).
[177] Berg, Naturalismus, S. 241. Experimentelle Kritik im Zola-Bernardschen Sinn wird von Berg explizit gefordert: »Die Experimental-Methode stände ihm [dem Kritiker] weit besser an, als dem Künstler. Er hat dreifach zu experimentieren: mit dem Stoff (gleich dem Künstler), mit dem Publikum, und nicht zuletzt mit dem Kunstwerk selbst.« (Berg, Naturalismus, S. 235).

Damit wird der Kritiker qua Literatur zum Kultur- und Zeitkritiker, an die Stelle moralisierender Kritik tritt die Kritik des Moralisten, wie Berg – anachronistisch gesprochen – mit der Schärfe eines Karl Kraus formuliert:

> Eine wertvolle Kritik ist überhaupt nur möglich, wenn sie sich von vornherein in den Gegensatz zu ihrer Zeit setzt, das Gewissen ihrer Zeit ist und sich als solches zu behaupten weiss. Eine nicht mehr gefürchtete Kritik, eine nicht mehr stechende und quälende Kritik ist gar keine Kritik mehr.[178]

Nicht trotz, sondern wegen dieses Ethos lehnt Berg jeden Versuch, den Autor selbst haftbar zu machen, aus wissenschaftlich-psychologischen wie methodischen Gründen ab.[179] Das Hauptproblem zeitgenössischer Kritik sieht Berg nicht in A- oder Immoralität, sondern im Verlust von Kompetenz und eigentlicher Kritikermoral, im Verlust der Achtung vor ihrem Gegenstand.[180]

In ›Zur Psychologie des Erfolges‹, einer Artikelserie aus den Jahren 1891–94, analysiert Berg die Mechanismen des Kulturbetriebs. Erfolg beruht als Rezeptionsphänomen weniger auf dem Werk selbst, als auf der Struktur des Publikums. Obwohl er ein gewisses Bildungsniveau voraussetzt, sieht Berg im Gegensatz zu den Kritikern der Gründerzeit in den Rezipienten keine Partner mit legitimen Ansprüchen und intuitiv richtigen Urteilen, sondern eine vorurteilsbeladene und –behaftete Masse, die der ›Macher‹ eines Erfolges geschickt zu manipulieren weiß:

> Die Schwächen unseres gebildeten Publikums aber sind von dreierlei Art: erstens der Wahn und die Eitelkeit der höheren Bildung, zweitens die Furcht vor der Zukunft und einer eventuellen Blamage vor dieser und drittens die ethische Sentimentalität.[181]

Für den letzten Punkt sprechen für Berg zwei Vorgänge: Fast verwundert notiert er anhand Lindaus Fall die Macht moralisierender Argumentation;[182] grimmig

---

[178] Berg, Naturalismus, S. 242.
[179] »Der kritische Massstab für eine Dichtung kann unmöglich die Rasse, die Religion, die Moral, die Gesundheit oder Lebenswahrheit sein. Ein Gedicht ist deshalb noch nicht schlecht, weil es unmoralisch oder undeutsch ist; ja mehr noch, es braucht nicht einmal undeutsch oder unmoralisch zu sein, weil sein Verfasser es war. Wir haben noch nicht die geringste Kenntnis vom Zusammenhange des Werkes und seines Autors.« (Leo Berg: Ultima Ratio der Kritik. In: Berg, Jahrhunderte, S. 461–470).
[180] »Und das Schlimmste, das wahre Gründübel unserer Kritik besteht auch nicht in ihrer mangelhaften Moral, sondern in ihrem geringen Maß von Kraft, von Können und Wissenschaft, speziell aber von lebendiger Ehrfurcht vor dem Geiste, der eigentlichen Kritiker-Moral.« schreibt Berg in seinem Artikel zum Fall Lindau. (Leo Berg: Moral und Kritik. In: Berg, Jahrhunderte, S. 471–476, hier 475).
[181] Leo Berg: Zur Psychologie des Erfolges. In: Berg, Jahrhunderte, S. 330–354, hier 340.
[182] »Die Kritik an der moralischen Persönlichkeit hat ausgeführt, was die literarische nie vermocht hätte. Und dabei hat Lindau wenigstens nie posiert, er hatte sich doch niemals als Heiligen ausgegeben, [...]« (Berg, Psychologie, S. 352).

beschreibt er den Aufstieg der ›Freien Bühne‹ als rhetorischen und strategischen Coup, der die Sentimentalität des Publikums geschickt auszunützen wisse.[183] Auch das zweite der Vorurteile, Angst vor der Zukunft, hat »der kluge Brahm«[184] nach Bergs Meinung geschickt einzusetzen gewusst, als er in Analogie zur ›Goethe-Reife‹ den Begriff der ›Ibsen-Reife‹ prägte und damit jede Ablehnung des Norwegers als Ignoranz denunzierte. Wenn es einem ›Kreis von Aposteln‹ nur überzeugend gelingt, die Größe ihres Idols zu behaupten und zu vertreten, wird das Publikum ihnen schon aus der Furcht folgen, später lächerlich zu erscheinen. Die Möglichkeit eines solchen Falles lasse sich – so Berg – leicht mit historischen Beispielen belegen, die die Bildung des Argumentierenden zur Schau stellten.[185] Das Bildungsargument ist für Berg entscheidend, denn: »In einer Zeit des Bildungsphilisteriums muss man dem Philister eben kommen, indem man sich als der Gebildetste ausgibt.«[186]

---

[183] Nachdem Berg unterstrichen hat, dass der Erfolg eines Werkes nichts über seine Qualität aussage, betont er die ›Machbarkeit‹ eines Erfolgs als Produkt rhetorischer Strategie: »Das Geheimnis des Erfolgs ist: wie der Rhetor mitten in seinem Volke stehen und doch so weit getrennt, um es zu überschauen, zu beobachten, zu beherrschen. Man muss mit ihm und in ihm leben, das allgemeine Fluidum der Gedanken und Gefühle muss übergesprungen sein, wie auf den Rhetor, so auf den Künstler. /Und man muss Macht haben, es zurückgehen zu heissen auf das Volk.« (Berg, Psychologie, S. 331). Das Erfolgsprinzip des Naturalismus liegt für Berg darin, dass er jene künstlerische Innovation, die ihn für Berg ausmacht und als modern ausweist, dadurch publikumswirksam präsentiert, dass er sie inhaltlich mit Kitsch auffüttert: »[N]ie hätte der Naturalismus in breiteren Massen gesiegt, wenn er nicht die moralische Sentimentalität auf seine Devise geschrieben hätte, wenn nicht über den Häuptern der Führer die Nachkommen der seligen Tante Birch-Pfeiffer und Marlitt sich gerührt die Hände gereicht hätten, wenn wir uns nicht ewig in dem Kreise zwischen den reichen Verführern und den armen Opfern, zwischen dem aussaugenden Kapitalisten und dem schwindsüchtigen Proletariat bewegt hätten.« (Berg, Psychologie, S. 353; vgl. Helmut Koopmann: Naturalismus und Sentimentalität. Zum Aufkommen von Trivialsymbolik unter dem Programm des konsequenten Naturalismus. In: Literatur und Theater im Wilhelminischen Zeitalter, hg. von Klaus-Peter Bayerdörfer, Carl Otto Conrady u. Helmut Schanze, Tübingen 1978, S. 166–182).
[184] Berg, Psychologie, S. 341.
[185] Dass man mit historischen Analogien wirkmächtig ›beweisen‹ kann, was nicht zu beweisen und bisweilen sogar widersinnig ist, hat für Berg seinen Grund darin, dass die Konjunktur historischen Denkens vorbei ist und die Geschichte als Leitwissenschaft längst von der Naturwissenschaft abgelöst wurde, denn nur so konnten Analogien unbehelligt vom Ballast methodischer Wissenschaftlichkeit zum Spielmaterial und Machtmittel populärer Demagogen (wie Langbehn, Nordau und auch Maximilian Harden) absinken. Für Berg ist der Historismus des späten 19. Jahrhunderts eher ein journalistisches als ein wissenschaftliches Phänomen und als solches vor allem Gegenwartsvermeidung. Vgl. Berg, Psychologie, S. 347.
[186] Berg, Psychologie, S. 341. Die Aura der Kompetenz ermöglicht Denunziation mittels Argumentation mit irrelevantem Wissen: »Durch eine philologische Kleinkram-Kritik kann man ein großes Werk zu Fall bringen. Wie haben sich doch unsere Medizi-

1903 vereinigt Berg in ›Litteraturmacher‹ zwei Essays, die Themen aufgreifen und aktualisieren. In ›Büchererfolge‹ stellt er den Kulturmarkt erneut an den Pranger; attackiert den Reklamerummel einer Kritik, die mit Neuentdeckungen eine Art parasitärer Unsterblichkeit zu gewinnen suche.[187] (Als Beispiel dient ihm die Auseinandersetzung um die Ehre, Gerhard Hauptmann entdeckt zu haben.)[188] Der zweite Essay ›Die Kritikerschlacht‹ bezieht Position in einem Streit, der ausgebrochen war, nachdem sich Hermann Sudermann in den Feuilletons der Wiener ›Zeit‹ und des ›Berliner Tageblatts‹ über die Berliner Kritik beschwert hatte. Obwohl er auch hier seine pessimistische Diagnose über den Zustand der Kritik, ihre Bedrohung durch Reklame und seine Vorbehalte gegen Kollegen erneuert, nimmt Berg dennoch die Zunft und ihre Vertreter gegen die Angriffe des Schriftstellers in Schutz. In einem Punkt stimmt er Sudermann jedoch zu:

> [W]enn's auch nicht gerade zum Thema ›Verrohung‹ paßt: die *Plagiatriecherei* vieler unserer Kritiker, die, was die dichterische Produktion betrifft, sehr naive und unkünstlerische Gedanken verfolgen. Man versteht sie, sobald man die Vorschule dieser Kritik kennt: das germanistische Seminar und die Universität überhaupt. Hier lernen sie das *Vergleichen*. Mit dem Wörtchen ›auch‹ stoppeln sie ganze Literaturgeschichten zusammen. Mit ›auch‹ bringt Richard M. Meyer Schopenhauer und Uhland unter einen Hut. Mit ›auch‹ brachten die Herren Brahm und Schlenther Gerhart Hauptmann mit Shakespeare, Goethe, Kleist u.s.w. in heimliche Gedankenverknüpfung und sorgten dafür, daß das Publikum sich an diesen Zusammenhang gewöhnte. Dann lernen die jungen Kritiker-Aspiranten noch die Kunst der *Quellenforschung* und bilden sich am Ende ein, dadurch dem Wesen der Poesie auf die Spur zu kommen. Das gewöhnen sie sich schließlich so an, daß sie einfach jedes neue Werk nur noch auf die Quellen hin lesen. Wie gelehrt sieht das nicht aus, wenn man dem Publikum gleich zwei, drei Dutzend Namen an den Kopf werfen kann. Welche Bildungsprotzerei herrscht nicht in unserer Kritik, besonders wenn es sich um alte Werke handelt. Welch ein Gelehrsamkeitsgeschwafel![189]

Obwohl sich Berg – wie gezeigt – auch an anderen Stellen gegen die Philologisierung der Kritik wehrte, wäre es falsch, von einem einfachen Einsickern der Literaturwissenschaft in die Kritik zu reden. ›Bildungsprotzerei‹ und ›Gelehrsamkeitsgeschwafel‹ können sich in ihrer Sphäre nur halten, weil sie einen Marktwert – in ideeller Münze: ein Prestige – besitzen, der einerseits auf dem autoritätshörigen Bildungsdrang des *bildungs*bürgerlichen Publikums beruht und andererseits mit der exzessiven Verwendung literarästhetischer Formen von historischer Analogie, im Beschwören der Vergangenheit, die Gegenwart des Werkes wie der Inter-

---

ner lächerlich gemacht, als sie ihre medizinische Kritik an modernen Werken übten!« (Berg, Psychologie, S. 349).
[187] Leo Berg: Büchererfolge. In: Berg, Litteraturmacher, S. 5–43, bes. 30–35.
[188] Berg, Büchererfolge, S. 32f.
[189] Leo Berg: Die Kritikerschlacht. In: Berg, Litteraturmacher, S. 45–76, hier 62.

pretation vermeidet. Diese Flucht hat im Bereich des Sozialsystems ›Literatur‹ allerdings noch den zweiten, gegenläufige Aspekt von Kontingenzbewältigung: Die instantane Petrifizierung und Musealisierung der Gegenwartsliteratur durch Unterwerfung unter akademische Verfahren. Dies ist – wenn man so will – die Rache der journalistischen Kritik: Sie zwingt die Wissenschaft, der Tagesaktualität nachzulaufen, und, wie Berg mit einer Wendung Nietzsches formuliert, ihre Urteile mit »ruchlosem Optimismus« zu fällen:

> Der Geist des Journalismus dringt immer frecher in die Hörsäle der Universitäten. Einst mußten Menschenalter oder gar Jahrhunderte vergangen sein, ehe ein Dichter ›universitätsreif‹ geworden war: Heute kündigt man über die letzte Sonnabend-Première schon am nächsten Morgen ein Kolleg an und untersucht im germanistischen Seminar den jüngsten Hirschfeld auf seine Kommata und Attribute. Die Herren haben es furchtbar eilig. Der reine Modernitätsteufel hat sie befallen. Und da wir schon hier von Büchererfolgen sprechen und dem ruchlosen Optimismus so dürfen wir uns an dieser Stelle auch der Erfolge der jüngsten und jüngstdeutschen Literaturgeschichten erinnern: Rich. M. Meyer, Adalbert v. Hanstein, Ad. Bartels und gar Berth. Litzmann, gegen den jene schon wieder in Betracht kommen. Es hat lange gedauert, bis die Literaturgeschichte als ernste wissenschaftliche Disziplin angesehen wurde. Heute erkennen wir, daß es in Wahrheit ein wissenschaftlicher – und fügen wir gleich hinzu – ein vornehmer wissenschaftlicher Geist war, der sich gegen die Anerkennung dieser Disziplin auflehnte. Man begreift auch die tiefere Quelle des Abscheus ehrlicher Geister, wie Schopenhauer, gegen alle Geschichte, die wohl immer die verlogenste aller Wissenschaften bleiben wird und Wert hat nur, wenn sie ein künstlerisches oder politisches Ingenium schreibt, wenn sie also etwas ganz anderes ist als Wissenschaft.[190]

Prima vista haben die beiden Polemiken Bergs ein gemeinsames Ziel: die jung etablierte Literaturwissenschaft. Betrachtet man sie genauer, zeigt sich eine bemerkenswerte Differenz: Die erste der zitierten Passagen hat eine doppelte Stoßrichtung. Sie verurteilt auf wissenschaftlichem wie kritischem Feld die Erschleichung von Plausibilität durch ein scheinargumentatives Verfahren, das dem Publikum durch den stereotypen Gebrauch von Zusammenstellungen schließlich inhaltliche Verbundenheit suggeriert. Zum Zweiten aber wehrt sich Berg gegen die Auflösung ästhetischer Kritik in philologische, die das Werk auf seine historischen, motivischen und systematischen Bezüge reduziert. Der Gegner wird klar und deutlich genannt: Auf akademischem Feld Richard Moritz Meyer, Schererschüler und als Herausgeber der Schererschen ›Poetik‹ quasi dessen Nachlassverwalter, auf publizistisch-kritischen Feld die Schererschüler Otto Brahm und Paul Schlenther. Durch den Namen Meyers bestätigt scheint sich die zweite Passage auf den ersten Blick bruchlos anzuschließen. Dass philologische Techniken, die von Berg im ersten Zitat angegriffen wurden, nun einem ›vornehmen Geist‹ zugerechnet werden, lässt sich einfach dadurch erklären, dass Berg nicht das philologische Instrumentarium an sich, sondern lediglich seine Ange-

---

[190] Berg, Büchererfolge, S. 9.

messenheit in der Bewertung aktueller Literatur bestreitet. Der zweite Vorwurf, den Berg an dieser Stelle erhebt, erscheint ernster, denn nun wird die Wissenschaftsfähigkeit der Literaturgeschichte insgesamt bestritten. An erster Stelle wird wiederum Richard M. Meyers Literaturgeschichte genannt.[191] Tatsächlich verwendet Meyer einen starren chronologischen Schematismus und auf der Ebene von Gleichzeitigkeit ein additives Prinzip, das die Verbindung zwischen einzelnen Perioden und Autoren nur mechanisch und sprachlich herstellt. Doch taugt dies ebensowenig zum Vorwurf wie der Verweis auf ein konstitutiv ästhetisches Moment in der literaturgeschichtlichen Darstellung, ist Meyers Schematismus doch gerade ein Ergebniss des skeptischen Bewusstseins der Unmöglichkeit historisch-genetischer Darstellung. Bergs vermeintliche Invektiven sind Plattitüden des Wissenschaftsverständnisses der Scherer-Schule.

Als Leo Berg Adalbert von Hanstein und Berthold Litzmann nannte, hätte er genauso gut Eugen Wolff anführen können, ja müssen, denn auch Wolff vertrat seine Disziplin prononciert und publikumswirksam. So aber entsteht eine Lücke, die die Frage aufdrängt, ob Wolff eine Ausnahme darstellte oder Berg seinen Kollegen aus der ›Durch!‹ ganz einfach geschont hatte. Letzteres scheint der Fall, denn wenn Berg zwischen den ersten drei und Berthold Litzmann einen Qualitätsunterschied konstatiert, wird damit ein prinzipielle Differenz im Wissenschaftsverständnis angezeigt. Auf der einen Seite steht eine Literaturwissenschaft, die sich um moderne Methoden und Gegenstände bemüht, dabei aber auf philologischen und methodischen Standard Wert legt; auf der anderen eine Disziplin, die ihre Aufgabe primär darin sieht, junge Leute anzusprechen und zu gewinnen, und dabei immer bereit ist, philologische Präzision aufs Spiel zu setzen. Litzmann gehört wie Wolff zum den Exponenten der letzteren, nationalpädagogisch orientierten Germanistik.

4.4 Ein Hildebrand-Schüler: Eugen Wolff

Eugen Wolff war sicherlich der Musterschüler Küsters. Auch als er sich der akademischen Karriere zuwandte, blieb er als Kritiker rege und widmete dem publizistischen Sektor ständige Aufmerksamkeit. Sein Sammelband ›Zwölf Jahre im litterarischen Kampf‹ bündelt 139 zumeist für den ›Hamburgischen Korrespondenten‹ geschriebene Kritiken mit programmatischen Aufsätzen und exemplarischen Porträts.

---

[191] Vgl. Richard Moritz Meyer: Die deutsche Literatur des neunzehnten Jahrhunderts, Berlin 1900.

Wolff rechtfertigt seine Kritiken mit der Bemerkung, sie seien »natürliche[s] Menschenrecht«.[192] In dem Aufsatz ›Inwieweit ist die Litteratur des 19. Jahrhunderts für die wissenschaftliche Betrachtung reif?‹ entwickelt er in der Tradition der ›Durch!‹-Thesen das Phantasma einer Literaturwissenschaft als omnipotenter, philologisch und historisch legitimierter Superkritik. Zwar verspricht er, Literaturwissenschaft müsste als eine »ein endgültiges Urteil vorbereitende Ergänzung der Kritik, nicht als deren Feindin«[193] auftreten und lockt mit dem Argument, die Literatur könne ihrerseits der Wissenschaft »neue Lebenskraft«[194] zuführen; zwar betont er friedfertig: »[P]ositives Nachschaffen ist die vornehmste Aufgabe der Wissenschaft«,[195] aber er ergänzt sofort:

> [N]ur muß kritische Umsicht den Blick schärfen, damit der Forscher über seinem Gegenstande steht und ihn übersieht. Was der laienhafte Genuß als Einzelerscheinung rein für sich nimmt, rückt die Forschung in höhere Beleuchtung durch Verknüpfung mit der gesamten Kunst- und Lebensentwicklung; während die landläufige Kritik den Maßstab des Tages anlegt, schaut die Wissenschaft sub specie aeterni.[196]

Mit voller Kraft steuert Wolff zurück ins 19. Jahrhundert. Weder die Mündigkeit des Publikums, noch die Strukturen des Marktes oder einfach die soziale Wirklichkeit der urbanen Gesellschaft scheinen ihn zu berühren und auch die methodischen Reflexionen aus Naturwissenschaft und Philosophie lassen ihn völlig unberührt. Der Praeceptor feiert Urstände. Die Beschreibung seiner Wissenschaft gerät Wolff zur pubertären Machtphantasie:

> Zunächst bietet jede wissenschaftliche Betrachtungsweise das beste Korrektiv der bloßen Tageskritik. Wenn man bedenkt, wie viel Talente in ihrer Entwicklung durch eine unzulängliche oder irregeleitete, bei alledem besonders in den Großstädten oft aufdringlich herrische Kritik gehemmt oder verbittert werden, muß man allein schon jede Maßregel, jedes Eingreifen mit Freuden begrüßen, wodurch objektivere, leidenschaftslosere, sachkundigere Stimmen zu Gehör kommen, wodurch die Spreu vom Weizen geschieden, das Bedeutsame herausgehoben, vor ungangbaren Wegen gewarnt wird. Da ließen sich die Lehren der Geschichte denn auch namentlich für die Fortentwicklung der Kunst fruchtbar machen: nicht nur daß die Dichtung gediegener würde, sobald sie sich dauernd vor dem Richterstuhl der Geschichte geladen sieht, – im vollen Lichte der Geschichte vollzöge sich die dichterische Produktion, und mit der künstlerischen Unmittelbarkeit verbände sich aufs glücklichste ergänzend ein historisches Bewußtsein. Übrigens käme auch dem Publikum das Eingreifen der Wissenschaft in die litterarische Bewegung zugute: es sähe sich auf das Gehaltvolle, Bedeut-

---

[192] Eugen Wolff: Zwölf Jahre im litterarischen Kampf. Studien und Kritiken zur Litteratur der Gegenwart, Oldenburg/Leipzig 1901, S. V.
[193] Eugen Wolff: Inwieweit ist die Litteratur des 19. Jahrhunderts für wissenschaftliche Betrachtung reif? In: Wolf, Zwölf Jahre, S. 65–75, hier 75.
[194] Wolff, Inwieweit, S. 73.
[195] Wolff, Inwieweit, S. 73.
[196] Wolff, Inwieweit, S. 73.

same, Dauer versprechende hingewiesen, und der Lärm der Tagesmode dränge nicht mehr allein zu ihm. Selbst die Kritik müßte bescheidener, gewissenhafter und gediegener werden, wenn sie sich unter steter Kontrolle der Wissenschaft weiß, wenn von ihren subjektiven Richtersprüchen eine unmittelbare Berufung an eine weniger auf Meinung als auf Thatsachen fußenden Instanz offensteht.[197]

In seiner Geschichte der ›Deutschen Literatur in der Gegenwart‹ entwirft Wolff ein detailliertes Modell der aktuellen Zustände. Wie seine konservativen Kollegen wettert er gegen die »fabrikmäßige Recensirmaschinerie der literarischen und wissenschaftlichen Zeitschriften sowie der Zeitungsfeuilletons«[198] und entwirft das Gegenmodell einer »schöpferischen Kritik«,[199] für die er von Gottsched und den Schweizern über Lessing, die Klassiker, die Schlegels und das junge Deutschland bis zu Richard Wagner und seinen Freund Klaus Groth alle Heiligen und die eigenen Hausgeister anführt. Von den Zeitgenossen widerfährt Michael Georg Conrad und Wolfgang Kirchbach diese Ehre, während Wolff bei Karl Bleibtreu zwar Verdienste anerkennt, aber zugleich Abstriche machen zu müssen glaubt. Auch Georg Brandes kann die Höhen des Olymps nicht gänzlich erklimmen, da er »zu stark in einem internationalen Fahrwasser [treibt].«[200] Während Wolff sich auf den klassischen Feldern der Kritik zu Hoffnungen berechtigt sieht, gestalten sich die Verhältnisse auf dem Gebiet der Tageskritik zunächst schwieriger. Hier blockiere die »capitalistische Organisation der Presse«[201] alle positiven Ansätze. Schon aus finanziellen Gründen könnten Tageszeitungen der Kritik nur beschränkten Raum und wenig qualifiziertes Personal zur Verfügung stellen[202] und sähen sich zudem genötigt, bei der Wahl ihrer Rezensionen

---

[197] Wolff, Inwieweit, S. 74f.; vgl. die immer noch pessimistische Zeitdiagnose Wolffs in: Eugen Wolff: Die bleibenden Ergebnisse der neueren literarischen Bewegung in Deutschland. Vortrag in der vom Deutschen Schriftsteller-Verband veranstalteten literarischen Kongreßsitzung auf dem Berliner Rathaus am 6. September 1896, Kiel 1896, S. 15: »Noch ungebrochen ist freilich die Herrschaft, welche der Kapitalismus erst in unserem Jahrhundert über die Litteratur an sich gerissen. Noch ungebrochen ist die Uebermacht, welche die Kritik sich über die Produktion ertrotzte.«
[198] Wolff, Geschichte, S. 355.
[199] Wolff, Geschichte, S. 355.
[200] Wolff, Geschichte, S. 362. Wie aus der anschließenden Prohezeiung deutlich wird, will Wolff selbst als Kolumbus der modernen Literatur in die Geschichte eingehen: »Aber nimmer soll uns Philisterweisheit die Hoffnung rauben, daß auf dem unbegrenzten Ocean, den neuer literarischer Wagemut erschlossen, früher oder später neues Land entdecken wird: die blühenden Gefilde einer nationaldeutschen und volksthümlichen Dichtung von eindringendem Wirklichkeitssinn und lauterer Ideentiefe.« (Wolff, Geschichte, S. 362). Zur literaturwissenschaftlichen Position Wolffs vgl. Verf.: Eugen Wolffs Dilemma. In: Jüdische Intellektuelle und die Philologien in Deutschland 1871–1933. Hg. von Wilfried Barner u. Christoph König. Göttingen 2001, S. 89–95.
[201] Wolff, Geschichte, S. 365.
[202] Vgl. Wolff, Geschichte, S. 365.

auf den eingegangenen Bestand an Rezensionsexemplaren zurückzugreifen.[203] Für Wolff »bieten die kritischen Zustände das Bild vollständiger Anarchie«,[204] »Lobesassecuranz-Gesellschaften auf Gegenseitigkeit«[205] und der jeweilige »Terrorismus eines Literaturpapstes oder einer Clique«,[206] die gerade versuchen, das Schisma der Kritik zu beseitigen und die Presselandschaft zu dominieren, prägten das Bild. Hinter den Partei- und Fraktionskämpfen steht selbst bei Wolff ein Problem kritischer Subjektivität, dem mit pädagogischer Strenge nicht beizukommen ist. Letztendlich, so Wolff banal und ganz gegen seinen magistralen Impetus, bleibe die Wirkung einer Kritik davon abhängig, dass das Publikum wisse, wie sie zu lesen sei.[207]

Nachdem er im ersten Abschnitt des Kapitels die Genealogie der ›produktiven Kritik‹ dargestellt und im folgenden das Szenario des publizistischen Marktes ausgebreitet hatte, entwickelt Wolff zum Schluss Vorschläge zur ›Gesundung der literarischen Zustände‹.[208] Seine Diagnose der aktuellen Landschaft verblüfft auf den ersten Blick. Obwohl jede sachliche Begründung fehlt, gibt er sich optimistisch:

> Mag die Schreckensherrschaft der Kritik sich noch bis tief in die gelehrten Kreise hinein erstrecken – ihre Autorität erfährt vor den sehenden Augen der selbständigen und wahrhaft gebildeten Geister – nicht alle Gelehrte sind wahrhaft gebildet – immer bedenklichere Erschütterung.[209]

Wolff hat keine Argumente, er wiederholt nur das idealistische Ritual der Selbstbeschwörung einer – nach Eigenverständnis – kulturellen Avantgarde und Elite. Ansätze zu der geforderten »Emancipation des Publikums wie der Schriftsteller von dem Gängelband der Kritik«[210] findet er vor allem unter den Jüngstdeutschen. Er führt an, dass es in letzter Zeit zunehmend Schriftsteller gewagt hätten, »mitten im Wettkriechen vor der Macht der Presse [...] sich rein künstlerisch auszuleben«[211] und beschwört die Solidarität mit den Worten, dass »in jedem Aufbäumen des Einzelnen gegen kritische Vergewaltigung die Sache der Gesammt-

---

[203] Vgl. Wolff, Geschichte, S. 371.
[204] Wolff, Geschichte, S. 377.
[205] Wolff, Geschichte, S. 375.
[206] Wolff, Geschichte, S. 375.
[207] »Hierzu gesellt sich die subjective Verschiedenheit der Auffassung in Kreisen der Kritik selbst. Die heutige Form der Kritik wäre noch eher haltbar, wenn sich das Publikum bewußt bliebe, daß es in jedem Fall Ansichten eines Einzelnen vernimmt, die nur nach Maßgabe seiner Urtheilsfähigkeit und Kaltblütigkeit Werth haben.« (Wolff, Geschichte, S. 366f.).
[208] Wolff, Geschichte, S. 378–384: Die Gesundung der literarischen Zustände.
[209] Wolff, Geschichte, S. 380.
[210] Wolff, Geschichte, S. 381.
[211] Wolff, Geschichte, S. 380.

heit geführt und gefördert«[212] würde. Besserung sieht Wolff allenthalben: Der Buchhandel begänne sich gegen die Abhängigkeit von Tagesrezensionen aufzulehnen, das Theaterpublikum verlange nach substanzielleren Stücken, Dichter, die keine Tagesware lieferten, stiegen in der Achtung.[213] Letztlich müsste aber vor allem die Literatur das ihrige beitragen, denn: »Die Gesundung der literarischen Zustände hängt schließlich nicht von der Kritik allein ab, vielmehr von der fortschreitenden Vervollkommnung der Dichtung selbst.«[214]

Die Vorschläge zur Reform der Kritik münden in der Aufforderung zu ihrer Marginalisierung. Die Schwäche der Literatur, so die Lehre, die man aus seiner Argumentation ziehen muss, ist Stunde der Kritik. Der Wille der ›Durch!‹, mit einer ReReform der Kritik einer Reform der Literatur vorzuarbeiten, wird als erfüllt dekrediert. Nun, da sich die Literatur zu regen und das Publikum sie zu fordern beginnt, wird Kritik überflüssig. Denkt man diesen Standpunkt weiter, dann bliebe für die Feuilletons aus dem Gebiet der Kritik nur noch der Reklameaspekt – also jene ökonomische Dimension, die für Wolff und seine Kombattanten Agens der Korruption gewesen war. Wolff erklärt die Arbeit für getan und räumt das Feld. Damit stellt sich die Frage, woher das diagnostizierte ›mündige‹ Publikum kommen soll? Schließlich lag der Bildungsbedarf der Kritik für seine Verfechter ja in der modernen Depravation großstädtischer Verhältnisse begründet, und es gab gegen die Jahrhundertwende kein Indiz, dass sich die soziale Dynamik umgekehrt hätte oder umkehren würde. Doch die Auseinandersetzung mit der Kritik hat neben der publizistischen noch eine zweite, innerakademische Dimension. Und auf diesem Feld trifft Wolff wegen seines Engagements für zeitgenössische Literatur und seines Bemühens um deren Vermittlung selbst der Vorwurf des Feuilletonismus. Sein pädagogikorientiertes Verständnis der eigenen Disziplin bringt ihn zwar in Gegensatz zum Wissenschaftsverständnis der Schererschüler,[215] doch ist Wolff zunächst dadurch nicht isoliert, sondern folgt einem der wirkmächtigsten Pädagogen im Bereich der Germanistik, seinem Leipziger Lehrer Rudolf Hildebrand.[216] Wenn Wolff emphatisch Beschäftigung mit Gegenwartsliteratur fordert, begründet er sie – wie Hildebrand – mit

---

[212] Wolff, Geschichte, S. 380.
[213] Vgl. Wolff, Geschichte, S. 380f.
[214] Wolff, Geschichte, S. 382.
[215] So fordert er an gleicher Stelle: »[Z]war sind die Professoren da, um die neueste Forschung zu verkünden; nur wenige Studenten aber wollen der Forschung um der Forschung willen ihr Leben weihen, sie nehmen die geschichtliche Entwicklung ihres Gebietes auf, um die gegenwärtige Gestalt desselben in ihren Voraussetzungen zu verstehen.« (Eugen Wolff: Geschichte rückwärts? Kiel/ Leipzig 1893, S. 33).
[216] Vgl. Eugen Wolff: Rudolf Hildebrand. In: Zeitschrift für deutsche Philologie 28 (1896), S. 73–79, zitiert nach: Wolff, Zwölf Jahre, S. 53–64. Zudem entspricht Wolffs Position dem ›Normalverständnis‹ der ersten Generation des Naturalismus.

pädagogischer Notwendigkeit.[217] Dies, wie die Tatsache, dass Wolff Antike und Klassik vehement ablehnt und sich stattdessen auf romantische als originär nationale Tradition beruft,[218] kennzeichnen ihn vielmehr als national und pädagogisch engagierten Philologen – eine Haltung, die auf Protektion hoffen konnte, wie neben seiner eigenen auch die Karriere Berthold Litzmanns oder Konrad Burdachs belegen. Obwohl sich Wolff gelegentlich auch auf Scherer, Dilthey und Hermann Paul bezieht,[219] bleibt der Einfluss Hildebrands prägend.

Exkurs zu Rudolf Hildebrand

Rudolf Hildebrands Standardwerk ›Vom deutschen Sprachunterricht‹ erschien 1867, begann aber erst gegen Ende der siebziger Jahre seine enorme Wirksamkeit zu entfalten und wurde bis in die zwanziger Jahre dieses Jahrhunderts immer wieder aufgelegt.[220] Der Bismarck-Verehrer und Protegé verkörpert das Anliegen der nationalistischen pägdagogischen Philologie des 19. Jahrhunderts in idealtypischer Weise. Er hatte sich aus ärmlichen Verhältnissen emporgearbeitet und erst nach einem Umweg über den Schuldienst durch seine Arbeit am ›Deutschen Wörterbuch‹ eine Professur erhalten. Hildebrand zeichnet als Mitarbeiter und Nachfolger der Grimms besonders für den Band K und G mit wichtigen Arti-

---

[217] Vgl. Wolff, Geschichte rückwärts, S. 7–9.
[218] Vgl. Eugen Wolff: Geschichte der Deutschen Literatur in der Gegenwart, Leipzig 1896, S. 30; Wolff, Ergebnisse, S. 9.
[219] Vgl. Wolff, Prolegomena, S. 5f.; Wolff, Wesen, S. 19ff.
[220] Zitiert wird nach der Ausgabe: Rudolf Hildebrand: Vom deutschen Sprachunterricht in der Schule und von deutscher Erziehung und Bildung überhaupt. Mit einer Einleitung über Rudolf Hildebrand und sein Werk von Theodor Fritzsch, Leipzig 1979. Sie folgt der vierten und letzten von Hildebrand selbst revidierten Auflage von 1890. Zu Hildebrand vgl. Klaus Doderer: Kritische Bemerkungen zu Rudolf Hildebrands Schrift ›Vom deutschen Sprachunterricht und deutscher Erziehung und Bildung überhaupt‹. In: Sprachpädagogik – Literaturpädagogik. Festschrift für Hans Schorer. Hg. von Wilhelm L. Höffe, Frankfurt am Main/Berlin/München 1969, S. 16–25; Detlev Kopp: (Deutsche) Philologie und Erziehungssystem. In: Wissenschaftsgeschichte der Germanistik im 19. Jahrhundert, hg. von Jürgen Fohrmann u. Wilhelm Vosskamp, Stuttgart/Weimar 1994, S. 669–741, hier 731f.; Georg Berlit: Rudolf Hildebrand. Ein Erinnerungsbild, Leipzig 1895; Konrad Burdach: Rudolf Hildebrand. In: Burdach, Die Wissenschaft von deutscher Sprache. Ihr Werden. Ihr Weg. Ihr Vergehen, Berlin/Leipzig 1934, S. 164–184; Otto Lyon: Rudolf Hildebrand. In: Zeitschrift für den deutschen Unterricht 9 (1895), S. 1–21; Richard Moritz Meyer: [Art.] Rudolf Hildebrand. In: ADB 50, S. 322–327. Berlit und Lyon waren Schüler und enge Mitarbeiter Hildebrands, Burdach war zudem Freund von Hildenbrands Sohn. Zu Sprachtheorie Hildebrands vgl. Werner Neumann: Über das Verhältnis von Sprachtheorie und Sprachsituation in Deutschland gegen Ende des 19. Jahrhunderts. In: Beiträge zur Erforschung der deutschen Sprache, 8 (1988), S. 5–33, hier 23.

keln ›Geist‹, ›Geld‹, ›Gemüt‹, ›Genie‹ und ›Garten‹ verantwortlich.[221] 1885–1889 veröffentlichte er in den ›Grenzboten‹ philosophische Reflexionen.[222] Hildebrand versteht Sprache vor allem nominal und mentalistisch, ihr Lexikon ist ihm *der* Hort nationaler Tradition und ein kollektiver Fundus bildhafter Erfahrungen. (Den Anachronismus dieser Konzeption notiert schon Richard Moritz Meyer.[223]) Aufgabe des Lehrers ist, seine Schüler nicht mit abstraktem Regelwerk zu belasten und ihrer Herkunft zu entfremden, sondern mit dem selbsterfahrenen, heimatlichen und dialektalen Sprach-, Bild- und Erfahrungsschatz der Zöglinge zu arbeiten und dabei sukzessive deren Gemüt und Charakter zu beeinflussen. Ins Zentrum der Bildung aber tritt der deutsche Aufsatz. Hier gilt es »erst den eignen Inhalt der Schülerseele heraus zu locken, und daran die Form zu bilden«.[224] Ziel des Deutschunterrichts ist nicht rationale Kritikfähigkeit, sondern das geistige »Nachschaffen« des nationalen Literaturkanons.[225] Da die Vermittlung hochsprachlicher Kompetenz für Hildebrand zugleich die Genese nationalen Bewusstseins bedeutet, wird der Deutschunterricht zur Brutstätte einer Gemütsbildung, die durch die Akzentuierung ländlicher und kleinstädtischer Heimat und im Vorbild mündlicher und dialektaler Sprache ein Gegengewicht zum ‚papiernen Stil‘ und dem modernen Leben der Großstadt schaffen will.[226]

In Hildebrandscher Tradition interpretiert Eugen Wolff Literaturwissenschaft als nationalpädagogische Institution, die den Deutschunterricht fortsetzt.[227] Die pädagogische Orientierung Wolffs und sein romantisches Sprachverständnis bestimmen das Konzept einer ›Literaturwissenschaft‹, die den weltanschaulichen

---

[221] Vgl. Burdach, Hildebrand, S. 169f.
[222] Vgl. Rudolf Hildebrand: Tagebuchblätter eines Sonntagsphilosophen. Gesammelte ›Grenzboten‹-Aufsätze, Leipzig 1896.; vgl. auch: Rdolf Hildebrand: Gedanken über Gott, die Welt und das Ich. Ein Vermächtnis, Jena 1910.
[223] Vgl. Meyer, Hildebrand, S. 325.
[224] Hildenbrand, Unterricht, S. 55.
[225] Rudolf Hildebrand: Die Stilübung als Kunstwerk. In: Hildebrand, Gesammelte Aufsätze und Vorträge zur deutschen Philologie und zum deutschen Unterricht, Leipzig 1890, S. 126–131, hier 133.
[226] Zur Wirkung vgl. Richard Laube: Rudolf Hildebrand und seine Schule. Ein Beitrag zur Geschichte des deutschsprachigen Unterrichts in der 2. Hälfte des 19. Jahrhunderts, Leipzig 1903.
[227] Wolff zählte Hildebrand neben Wilhelm Raabe und Klaus Groth zu den »drei Positiven« seiner Zeit. Vgl. Wolff, Zwölf Jahre, S. IX. Die Charakteristik seines Lehrers gerät ihm zur Beschreibung eigener Wunschidentität: »Alles *Nationale*, alles *Volksthümliche* und alles *Individuelle* nährt Rudolf Hildebrand, das Nächstliegende heißt er uns ergreifen […] Denn er war eine voll harmonische und tief religiösen Natur. Engherzigkeit war ihm aber auf religiösem und nationalem wie auf wissenschaftlichem Gebiete zuwider. Zuwider war ihm auch jede Wissenschaft, die nur an der Materie klebt.« (Wolff, Hildebrand, S. 63).

Gehalt der Disziplin und dessen Vermittlung in den Mittelpunkt stellen und methodische Prinzipien – seien sie selbst philologischer Natur oder Konstituentien benötigter Hilfs- oder Leitwissenschaften – nur als supplementäre Aspekte betrachtete. Aus methodischem, ideen- oder wissenschaftsgeschichtlichem Blickwinkel ist die Hildebrand-Tradition mit dem Entstehen der Literaturwissenschaft überholt – was aber ihr Selbstverständnis nicht trifft, da sie wissenschaftsimmanente Kriterien sowieso ablehnt und sich nur an ihren weltanschaulichen Ergebnissen messen lassen würde. Eine Zeit lang scheinen sich die Schüler Hildebrands im Zweifrontenkrieg gegen die methodisch gehärtete Literaturwissenschaft Scherers auf der einen und der methodisch noch festeren deutschen Philologie auf der anderen Seite aufzureiben. Aber die Allianz zwischen Philologie und Scherer-Schule zerbricht aus politischen Gründen. Mit der allgemeinen Wendung zu Konservativismus und Irrationalismus um die Jahrhundertwende erstarkt die Hildebrand-Schule; im Verlauf der ersten Hälfte des 20. Jahrhunderts wird sich dann herausstellen, dass sie in ihrem nationalen, vielfach nationalistischen und später auch nationalsozialistischen Engagement mächtige Verbündete hat.

4.5 Die Kritik der ›Gesellschaft‹

Zum ersten publizistischen Organ des Naturalismus von überregionaler Geltung wurde jedoch weder eine Zeitschrift der Brüder Hart oder eine Gründung Küsters, noch das bereits etablierte ›Magazin für die Literatur des In- und Auslandes‹ des Leipziger Verlegers Wilhelm Friedrichs, das unter der Redaktion seines Verlegers und später Karl Bleibtreus Mitte der achtziger Jahre zunehmend in naturalistisches Fahrwasser geraten war,[228] sondern eine Gründung Michael Georg Conrads, die ›Gesellschaft‹. Literarisch wie gesellschaftlich war Conrad eine Institution im München des späten 19. Jahrhunderts und der Jahrhundertwende. Die Bezeichnung ›Münchner Naturalismus‹, die zumeist auf diejenigen Vertreter der Jüngstdeutschen bezogen wurde, die in der ›Gesellschaft‹ ihre kritischen und programmatischen Artikel veröffentlichten, ist weniger dem Wohnort der Autoren als demjenigen ihres Redakteurs und spiritus rectors geschuldet. Die ›Gesellschaft‹ selbst erschien nur zwei Jahre in München und wurde dann von Wilhelm Friedrich übernommen, dessen Verlag ein drittes, neben Berlin und München gleichrangiges Zentrum des Frühnaturalismus bildete.[229]

---

[228] Vgl. Manfred Hellge: Der Verleger Wilhelm Friedrich und das ›Magazin für die Litteratur des In- und Auslandes‹. Ein Beitrag zur Literatur- und Verlagsgeschichte des frühen Naturalismus in Deutschland, Frankfurt am Main 1977, hier Sp. 839–850.

[229] Zu Leipzig, dem Kreis um Friedrich und dessen sinistrer Erscheinung vgl. Hellge, Friedrich, S. 856–861; Ssymank, Conradi, S. CXV–CXXXVI.

Wie die Brüder Hart, Konrad Küster und Wilhelm Friedrich war auch Georg Michael Conrad bedeutend älter als die Autoren seines Umfelds.[230] 1846 geboren, hatte er als Lehrer in Genf, Neapel und Rom gearbeitet, war 1878 nach Paris gezogen, hatte Zugang zum Kreis um Zola gefunden und sich eine Karriere als engagierter und kritischer Journalist aufgebaut, bevor er 1882 nach München zurückgekehrt war.[231] In seinen frühen Schriften war Conrad weniger literarisch und literaturkritisch als pädagogisch, sozialreformerisch und politisch engagiert: Er kämpfte für Schul- und Sozialreform und trat als Freimaurer für ein überkonfessionelles Christentum ein.[232] Unter seinen kunstkritischen Schriften dominierte zunächst die Musikkritik; die entscheidende ›Wende‹ zur Literatur erfolgte erst in den Pariser Jahren. Hier entwickelte sich Conrad zum bedingungslosen Propagandisten Zolas. Diesen Standpunkt wird er nicht mehr aufgeben,[233] auch wenn die naturalistische Position Zolas in den achtziger Jahren durch eine nicht minder emphatische Nietzsche-Rezeption ergänzt und damit nach Meinung Nietzsches Kontradiktorisches zusammengespannt wird. Schließlich gehörte Conrad seit 1889 zum Umfeld des Nietzsches-Archivs und dessen Gralshüterin, Elisabeth Förster-Nietzsche.[234] Seine frühen Publikationsorte dokumentieren die allmähliche Wendung zur Literatur: Bis Mitte der siebziger Jahre veröffentlichte Conrad vor allem in der ›Bayrischen Lehrerzeitung‹ und dem ›deutschen Schulwart‹, dann folgten zunehmend Artikel in der ›Allgemeinen‹ und der ›Frankfurter Zeitung‹ – hier vor allem Berichte über die Pariser Salons und über Emile Zola, die entstanden waren, als er 1879 Max Nordaus ›Pariser Chronik‹ vertreten hatte. 1881 übernahm Conrad die ›Pariser Chronik‹ der ›Täglichen Rundschau‹; seit 1880 schrieb er für Friedrichs ›Magazin‹.[235] Schließlich erschien 1885 der erste Band der ›Gesellschaft‹.

Von Beginn an ließ Conrad keinen Zweifel an Richtung und Engagement. Der sprechende Titel des ersten Jahrgangs lautete ›Die Gesellschaft. Realistische

---

[230] Zum Vergleich: Küster ist 1842 geboren, Friedrich 1851, Heinrich 1855, Julius Hart 1859, Bleibtreu ebenfalls 1859, die meisten anderen in den sechziger Jahren.
[231] Zu Conrad vgl. Gerhard Stumpf: Michael Georg Conrad. Ideenwelt – Kunstprogrammatik – Literarisches Werk, Frankfurt am Main/New York 1986; Friedrich Möhl: [Art.] Michael Georg Conrad. In: Lebensläufe aus Franken. Hg. im Auftrag der Gesellschaft für Fränkische Geschichte von Anton Chroust, Bd. 5, Erlangen 1936, S. 21–38; Ottokar Stauf von der March: Michael Georg Conrad. Ein Deutscher von echtem Schrot und Korn, Zeitz 1925; vgl. auch: Georg Michael Conrad: Von Emile Zola bis Gerhard Hauptmann. Erinnerungen zur Geschichte der Moderne, Leipzig 1902.
[232] Vgl. die umfassende Bibliographie in Stumpf, Conrad, S. 514–566.
[233] Vgl. Stumpf, Conrad, S. 212–225.
[234] Vgl. Stumpf, Conrad, S. 75–88.
[235] Vgl. Stumpf, Conrad, S. 519–527.

Wochenschrift. Litteratur, Kunst und öffentliches Leben‹.²³⁶ Sie erschien zunächst in der ›G. Franz'schen Verlagsbuchhandlung‹ in München, ab 1887 dann mit dem reduzierten Untertitel ›Monatsschrift für Litteratur und Kunst‹ bei Friedrich in Leipzig. Damit war Friedrich, der zugleich über das ›Magazin‹ verfügt und neben seinen ›Hausautoren‹ Conrad und Bleibtreu auch Liliencron, Amyntor, Kirchbach, Walloth, Conradi, Heiberg, Alberti und Merian verlegte, zum Fokus frühnaturalistischer Buch- und Zeitschriftenpublikation geworden.²³⁷ Der Verleger blieb ambitioniert: Bereits im zweiten Jahr der Zusammenarbeit griff er in die Konzeption der ›Gesellschaft‹ ein und ernannte den eben in der Herausgabe des ›Magazins‹ gescheiterten Bleibtreu zum Redakteur einer separat erstellten und paginierten ›Litterarisch-kritischen Rundschau‹, die allerdings schon im folgenden Jahr wieder in das Blatt integriert wurde. Die erzwungene Zusammenarbeit von Bleibtreu und Conrad blieb ein ständiger Unruheherd, zumal sich Bleibtreu durch seine anmaßende und verletzende Art in den späten achtziger Jahren immer mehr ins Abseits manövrierte. 1895 kam es zum Bruch. Conrad zog sich zurück und war erst wieder zur Mitarbeit bereit, als Hans Merian, der seit 1892 die Redaktion der ›Gesellschaft‹ verantwortlich geleitet hatte, das Blatt von Friedrich kaufte.²³⁸

Durch sein Prestige gelang es Conrad zunächst, die Stimmen des aufbegehrenden Nachwuchses der deutschen Literatur zu bündeln. Die ›Gesellschaft‹ veröffentlichte sowohl kritische als auch literarische Beiträge, wobei wegen der mageren Honorare der kritische Sektor rasch Übergewicht gewann. Conrad muss stolz auf dieses kritische Profil gewesen sein, brüstete er sich doch 1889 in der Entgegnung auf den Beschwerdebrief eines sich missrezensiert glaubenden Autors, dass »die kritische Rechtspflege nirgends unparteiischer und gewissenhafter geübt [werde], als in unserer *Gesellschaft*«,²³⁹ forderte dann seine Leser zum Vergleich auf und erklärte selbstbewusst:

> Die *Gesellschaft* ist auch als kritisches Organ einfach ein Unikum in der gesamten deutschen und nichtdeutschen Publizistik. Die Fülle und Tüchtigkeit unseres kritischen Teils wird von keiner anderen Zeitschrift der Welt erreicht, geschweige denn übertroffen. Damit soll nicht gesagt sein, daß wir uns anmaßen, niemals zu irren,

---

236 Zur ›Gesellschaft‹ vgl. Schlawe, Zeitschriften, Bd. 1, S. 19–22; Hellge, Friedrich, Sp. 1089–1139; Voswinkel, Naturalismus, S. 93–210; sowie Agnes Strieder: ›Die Gesellschaft‹ – Eine kritische Auseinandersetzung mit der Zeitschrift der frühen Naturalisten, Frankfurt am Main/Bern/New York 1985. Zu den der Gründung vorausgegangenen Diskussionen vgl. Hellge, Friedrich, Sp. 1089–1099.
237 Vgl. Hellge, Friedrich, Sp. 1085f.
238 Vgl. Hellge, Friedrich, Sp. 1138.
239 Ignotus [Michael Georg Conrad]: [Rez.] Anton von Perfall: Über alle Gewalten. In: Gesellschaft 5 (1889), S. 1782f., hier 1782.

immer und jedesmal das Richtige zu treffen. Aber das soll gesagt sein, daß wir hinsichtlich des besten Willens, die Kritik auf die erreichbar höchste Stufe der Gediegenheit und Zuverlässigkeit zu treiben, keinen Vergleich mit den angesehendsten Kritikern der Welt scheuen.[240]

Ständig verglichen sich die Mitarbeiter der ›Gesellschaft‹ mit nationaler wie internationaler, besonders französischer Kritik,[241] doch die Zeitschrift gewann kein eigenes Profil, sondern blieb in Grabenkämpfen gefangen. Zwar konnte als Liberalität verbucht werden, dass die Redaktionsführung Conrads Diskussionen und Kontroversen zuließ, dies hatte aber auch zur Konsequenz, dass eine klare redaktionelle Positionsbestimmung ausblieb. Die behauptete, geforderte und beschworene ›Gediegenheit‹ fehlte meist; der Ton vieler Artikel war agressiv, oft von schneidender Schärfe und bisweilen hysterisch.

Obwohl der Ton seiner Arbeiten zunehmend schrill und verletzend wurde, blieb Karl Bleibtreus Kritikverständnis unkompliziert. Im Vorwort seiner Aufsehen erregenden ›Revolution der Literatur‹, die eigene Texte programmatisch ausschreibt, räumte Bleibtreu Fehlurteile ein, lehnte jedoch ab, sie zu korrigieren:

> Nützlicher als das spintisirende Herumgetüftele dünkt es mich, wenn ein Kritiker die Dinge im Ganzen erfasst. Mag er sich mal verhauen, wenn er nur im Hieb noch seine Muskulatur zeigt.[242]

---

[240] Conrad, Perfall, S. 1783.
[241] Vgl. neben den vielen Äußerungen zur Kritik in den einzelnen Rezensionen und durch literaturstrategische Konstellationen provozierten Äußerungen (die im weiteren Text genannt werden) die vielen ›Kritik‹ im Titel führenden Aufsätze, z.B.: Karl Bleibtreu: Berliner Briefe III: Zola und die Berliner Kritik. In: Gesellschaft 1 (1885), S. 463–471; Wilhelm Walloth: Kritische Paradoxe. In: Gesellschaft 2 (1886), S. 62–64, Fritz Hammer [Michael Georg Conrad]: Ein kritischer Traum. In: Gesellschaft 3 (1887), S. 40–45; Fritz Hammer [Michael Georg Conrad]: Zur Kritik des Münchner Hoftheaters. In: Gesellschaft 3 (1887), S. 733–740; Fritz Hammer [Michael Georg Conrad]: Zur Geschichte der deutschen Kritik 1: Der Herr Pfarrer in Mähringen bei Ulm. In: Gesellschaft 5 (1889), S. 549–554; Fritz Hammer [Michael Georg Conrad]: Die Schmutzforscher in der Kritik. In: Gesellschaft 5 (1889), S. 1616–1620; Fritz Hammer [Michael Georg Conrad]: Internationale Kritik. In: Gesellschaft 9 (1893), S. 677–679; J. G. Findel: Unsere litterarische Kritik. In: Gesellschaft 4 (1888), Kritische Rundschau, S. 27–31; Julius Levin: Über die Verpflichtungen der litterarischen Kritik und der Zeitschriften. In: Gesellschaft 4 (1888), S. 1115–1126; Ludwig Fuld: Die Theaterkritik in Deutschland. In: Gesellschaft 5 (1889), S. 689–692; Rudolf Lothar: Zur Geschichte der Kritik in Frankreich. In: Gesellschaft 7 (1891), S. 657–668; Johannes Schlaf: Moral, Kritik und Kunst. In: Gesellschaft 7 (1891), S. 1168–1172; Julius Knopf: Andere Kritiker! Ein Mahnwort. In: Gesellschaft 9 (1893), S. 210–212; Gustav Morgenstern: Andere Kritiker! Ein paar unschuldige Bemerkungen. In: Gesellschaft 9 (1893), S. 625f.
[242] Karl Bleibtreu: Revolution der Literatur. Neue verbesserte und vermehrte Auflage, Leipzig 1887. Mit erläuternden Anmerkungen und einem Nachwort neu hg. von Johannes J. Braakenburg, Tübingen 1973, S. VI. Im Text selbst äußert sich Bleibtreu durchaus

Schriftsteller unterteilte Bleibtreu in Berühmtheiten (Freytag, Heyse, Keller und Spielhagen), Modeberühmtheiten (»Die Kritik sieht sie über die Achsel an, das Publicum vergöttert sie.«), »Press-Berühmtheiten« (»[D]ie unter dem Panier ihres Stammvaters Lindau fechten«.), »Stürmer und Dränger« (für Bleibtreu Minderdichter mit Sendungsbewußtsein), sowie »Namen, auf welchen die Zukunft der Literatur und auch ihr gegenwärtiger Werth beruht.«[243] Im Ganzen fiel sein Urteil über die Zeit negativ aus:

> Deutschland ist literarisch zu weit zurück, seine Kritik zu erbärmlich und sein Publicum zu verächtlich, um das Entstehen eines Zola, geschweige denn [...] eines Goethe zu ermöglichen.[244]

Im Vorwort der dritten Auflage war der Ton bereits heftiger geworden. Bleibtreu beklagte sich nun über die unheilvollen Auswirkungen des literarischen Marktes, die ›Prostitution‹ der Presse und die Cliquenbildung der Kritik.[245] Immer derber wetterte er später gegen die vermeintliche Verkommenheit der Presse und schwor ihr »Krieg bis aufs Messer«.[246] Doch seine idiosynkratischen Invektiven blieben nicht nur folgenlos, sie wurden zunehmend ignoriert, obwohl – oder weil – der Verfasser sich bis zur ›Verrohung der Kritik‹ von 1903 zu immer schrilleren Tönen steigerte.[247] Er wurde nicht mehr ernst genommen.[248]

---

noch moderat. Er nimmt zwar Otto von Leixner, Lindaus Co-Herausgeber der ›Gegenwart‹, ins Visier und kritisiert dessen ablehnendes Urteil über die Jüngstdeutschen, bestätigt aber dabei die Kompetenz und Seriosität seines Kontrahenten. Vgl. Bleibtreu, Revolution, S. 58f. Bleibtreu beruft sich dabei auf: Otto von Leixner: ›Unsere Jüngsten‹, eine Kritik der modernen Dichtung. In: Deutsche Romanszeitung, 1885, S. 139ff., 207ff. und 281ff.; vgl. Braakenburg in: Bleibtreu, Revolution, S. 164, Anm. 58, 13.

[243] Sämtlich in Bleibtreu, Revolution, S. 70f.
[244] Bleibtreu, Revolution, S. 87.
[245] »Zu allen Zeiten empfahl es sich, auf offenem Markt zu strebern, statt stiller Versenkung in der Kunst zu leben. Gieb nur eine Champagnerfête und der Ruhm wird sich schon finden. Die Presse unterscheidet sich gar sehr von der Strassenprostitution: Letztere ist für Geld feil, erstere aus – Passion. Doch unsere sittlichen Begriffe sind ja so abgestumpft, dass wir die Clique-Assekuranzen als etwas Selbstverständliches hinnehmen.« (Bleibtreu, Revolution, S. XI).
[246] »Krieg bis aufs Messer den despotischen Gewalten und Falschmünzern der Presse! ›Levée en masse‹ aller muthigen und begeisterte Seelen! ›La Terreur‹ gegen die Verräther, welche die Poesie dem corrumpirten Zeitgeist verkaufen! Der Schrecken muss in die Seelen aller Presstyrannen fallen, welche den heiligen Geist besudeln.« (Carl Bleibtreu: Der Kampf um's Dasein der Literatur [1888], 2. Auflage, Leipzig 1889, S. III). Dabei versteigt sich Bleibtreu zunehmend zu antisemitischen Äußerungen.
[247] Karl Bleibtreu: Die Verrohung der Kritik. Ein Beitrag zur Haupt- und Sudermännerei, Berlin 1903. Bleibtreu polemisiert gegen fast alle seiner naturalistischen Kollegen. Ausgangspunkt war dabei eine Broschüre Sudermanns, der seinerseits über schlechte Behandlung durch die Presse geklagt hatte (vgl. Hermann Sudermann: Die Verrohung in der Theaterkritik. Zeitgemäße Betrachtungen, Berlin/Stuttgart 1902, S. 9).
[248] Zu den zeitgenössischen Stimmen vgl. Faber, Bleibtreu, S. 113–124.

Neben Bleibtreu provokantester Vertreter der Jüngstdeutschen war Conrad Alberti. Ästhetische Programme wie kritische Anathemata formulierte er in schneidendem Ton und mit scharfem antikapitalistischen Ressentiment. Gleich Bleibtreu galt ihm das Theater als beliebteste, weil bequemste Kunstform, wurde ihm Berlin zum kulturfeindlichen Sündenbabel, sah er besonders die Presse der Hauptstadt als Vollzugsgehilfin des Kapitals. Und immer noch galt Paul Lindau als Muster moralisch verkommener und ästhetisch oberflächlicher Kritik.[249] Allerdings beklagt Alberti gleichzeitig das Fehlen eines Zentrums und einen Mangel an urbaner Literatur – selbst bei seinem Abgott Gustav Freytag.[250] Albertis Kritik-Konzept bleibt widersprüchlich: Zwar redet er davon, dass

> eben der Kritiker und Literaturforscher eine höhere Aufgabe als nur Bücher zu durchstöbern und Charkteristiken der Dichter zu schreiben [hat], nämlich die: der Arzt der Literatur zu sein.[251]

Aber damit wird nicht mehr die Autorität des geistigen Führers, sondern die Kompetenz des Wissenschaftlers aufgerufen. Das Zeitalter moralisch argumentierender Kritik ist für Alberti vorbei, seit Taine und Hennequin durch Anwendung der Milieutheorie kausale Analyse an die Stelle moralischer Urteile gesetzt haben.[252] Eingebettet in seinem sozialen – auch historisch-sozialen – Kontext wird die innere Logik eines Werkes sichtbar:

> S]elbst die Verse eines Lohenstein erscheinen uns nicht mehr hirnverbrannt, sondern wir begreifen den unendlichen Beifall, den sie einst fanden, weil sie aus dem Charakter ihrer Zeit, ihrer Gesellschaft herausgeboren waren. Das Milieu ist das Prin-

---

[249] »Der Kritiker soll unterhalten, nachdem der Schriftsteller, der Mime seine Schuldigkeit gethan: die Kritik ist nichts als der Nachguß nach der Brühe der Theatervorstellung. Eine kurze Inhaltsangabe, eine Referatmeldung über den Erfolg, und ein paar faule, billige Bühnenwitze über Stück und Darsteller – und der Lindau ist fertig.« (Conrad Alberti: Die Bourgeoisie und die Kunst. In: Alberti, Natur und Kunst. Beiträge zur Untersuchung ihres gegenseitigen Verhältnisses, Leipzig 1890, S. 145–171, hier 170). Dass Kritik unter Marktbedingungen prinzipiell käuflich ist, gilt Alberti als sicher. Vgl. Alberti, Bourgeoisie, S. 169.

[250] »Was hätte Gustav Freytags poetisches Talent schaffen können, wenn der Dichter den größten Teil seines Lebens nicht in dem trostlosen Leipzig oder seiner weltverlassenen Sieblebener Villa, sondern im rauschenden, gewaltigen Berlin oder Wien zugebracht hätte! Wir hätten davon statt der doch im großen und Ganzen philiströsen ›Verlorenen Handschrift‹ vielleicht von ihm den deutschen Meisterroman, ein großstädtisches ›Soll und Haben‹, erhalten.« (Conrad Alberti: Zur Pathologie der deutschen Litteratur – die erblichen Krankheiten. In: Alberti, Natur, S. 189–208, hier 193). Alberti verkennt den programmatischen Wohnort Freytags ›im Herzen Deutschlands‹ – und will mit ›Schröter & Co‹ selbst ›Soll und Haben‹ im großstädtischen Milieu fortschreiben. Vgl. Conrad Alberti: Schröter & Co. Leipzig 1893.

[251] Alberti, Pathologie, S. 190f.

[252] Vgl. Conrad Alberti: Alte und neue Ästhetik. In: Alberti, Natur, S. 3–16, hier 11.

zip der Versöhnung. Verstehend können wir vieles einst hart Verworfene verzeihen. Es entwaffnet einseitige, tyrannische Kritik. Wir verlangen nicht mehr zu wissen, ob ein Ding gut oder schlecht sei – denn wir wissen, daß jedes Urteil nur das einer einzigen Person, höchstens einer Gesellschaft ist und in zehn Jahren durch ein geradezu gegenteiliges verdrängt sein kann – wir wollen nur erfahren, warum alles so kommen mußte, wie es gekommen ist. An die Stelle der Beurteilung tritt die Analyse.[253]

Doch dies gilt nur für historische, nicht für aktuelle ästhetische Kritik. Alberti setzt nach eigenem Verständnis die Kritik fundamentaler an, urteilt nicht mehr nach der Oberfläche der Werke, sondern nach den Gesetzen, die in ihnen manifestiert sind. Dabei tauscht er jedoch nur Inhalte aus: Statt philosophischen Prämissen und den Anforderungen sittlicher Personalität hat die Kunst jetzt naturwissenschaftlichen und quasi-naturwissenschaftlichen Prinzipien zu genügen. Die eigene Praxis genügt jedoch dem selbstgesetzten Anspruch nicht. So bleibt ein Artikel, der ausgehend von Rosenkranz über die Berechtigung nicht-schöner Elemente im Kunstwerk reflektiert, in der funktionalen Legitimationsstruktur idealistischer Ästhetik stecken – ist aber in dieser Amalgamierung idealistischer und naturwissenschaftlicher Theorieelemente zugleich ein frühes Beispiel der aggressiven sozialdarwinistische Spielart monistischer Ästhetik:

> Sie [die ›Rohheit‹] muß an ihrer Stelle organisch aus dem Ganzen herauswachsen, zu dessen höheren ästhetischen Zwecken sie unentbehrlich ist, und darf sich nicht breiter machen, als sie Raum zur Erzielung dieser notwendigen Wirkung bedarf. Nur auf den Schultern der inneren wie der äußeren Notwendigkeit und Wahrheit erschließt sich der Rohheit die Kunst.[254]

Diese Tendenz zur postulatorischen Vermischung idealistischer und naturwissenschaftlicher Elemente ist den frühen kritischen Beiträgern der ›Gesellschaft‹ gemein, aber verglichen mit seinen beiden profiliertesten Mitarbeitern urteilt Conrad selbst geradezu liberal. Dies beruht auf dem zunächst verblüffend erscheinenden Faktum, dass Conrad – ähnlich den Brüdern Hart – im Grunde wenig an Kunst um ihrer selbst willen interessiert ist, sondern sie vor allem als Medium inhaltlicher Vermittlung begreift. Bereits die Zola-Emphase der Pariser Jahre beruht weniger auf der Auseinandersetzung mit den Prinzipien der Zolaschen Poetik, als auf Bewunderung für die Person.[255] Dies ändert sich

---

[253] Conrad Alberti: Das Milieu. In: Alberti, Natur, S. 51–65, hier 57f.
[254] Conrad Alberti: Die Rohheit in der Kunst. In: Alberti, Natur, S. 129–142, hier 142.
[255] Zu Conrads Zola-Rezeption vgl. Stumpf, Conrad, S. 212–225; Rita Schober: Für oder wider Zola. Zum Verhältnis von Rezeption, Kritik und Bewertung. In: Weimarer Beiträge 23, 3 (1977), S. 5–43, hier 16; Jutta Kolkenbrock-Netz: Fabrikation – Experiment – Schöpfung. Strategien ästhetischer Legitimation im Naturalismus, Heidelberg 1981, S. 300–305; Barbara Voigt: Programmatische Positionen zum Roman im deutschen Naturalismus. Die Auseinandersetzung mit Zolas Romantheorie, Phil Diss. Berlin 1983, S. 87–91; Brauneck/Müller, Manifeste, S. 672; vgl. auch Joseph Jurt: La récep-

auch nicht, nachdem 1881 die kritischen Schriften Zolas erschienen sind. Zola bleibt – wie später Nietzsche – Modell eines engagierten und innerlich unabhängigen Intellektuellen, ein Verständnis, das bei Conrad, mit nationalistischen und romantisch-antikapitalistischen Elementen versehen, bis an die Grenze des Nationalsozialismus dehnbar war. Conrads Intellektueller ist kein Vertreter jener rationalen, skeptischen und urbanen Intelligenz, die den Begriff für Verächter wie Befürworter prägt. Ihm liegt die ›blonde Bestie‹, das primitivistische und brutalistische Modell eines aus urbaner Sicht dekulturierten, aus der Perspektive der Großstadtfeinde jedoch natürlichen und vor allem gesunden Subjekts zugrunde. Durch die Berufung auf ›Natur‹ und ›Natürlichkeit‹ ist jede kulturalistische Interpretation der Existenz und der Kunst desavoirt, die sich nicht sozialdarwinistisch als produktiver Faktor in den teleologischen Funktionszusammenhang eines organischen Gesellschaftsmodells einrechnen lässt. Auch der Kritiker kann nur bestehen, wenn er durch seine Kritik die Kunst selbst in den Dienst und Zusammenhang dieses naturhaften gesellschaftlichen Prozesses einpasst. Er wird er erneut zum Praeceptor, vertritt allerdings kein sittliches Ideal mehr, wie die Literaturpolitiken des idealistischen Realismus, sondern er mutiert zum Agenten vermeintlicher Naturhaftigkeit.[256] Die ›natürliche Ausstattung‹ des Kritikers ist nicht mehr nur Bedingung und limitierender Faktor seiner intellektuellen Existenz, sondern diese intellektuelle Existenz ist selbst zu einem Instrument der Natur, zu einer Technik der Selbsterhaltung geworden. Im schiefen Licht dieses Trivial-Nietzscheanismus erscheint intellektualisierte als deviante Natur, die ihre ›eigentlichen‹ Gesetze verleugnet. Aufgabe der Kunst wird es, eine ›Natürlichkeit‹ zu inszenieren, die Erfahrung jenseits des Intellekts ermöglicht. Vorbildliche Kritik vereinbart pragmatische Notwendigkeit und geniale Schöpferkraft. Künstler und Kritiker stehen prinzipiell auf gleicher Stufe, beide sind solidarisch gegen ihre ›niederen Verwandten‹ in den Tretmühlen des Marktes. Idealiter sind beide sogar in einer Person vereinigt, wie Conrad mit deutlichem Selbstverweis feststellt:

> Im Grunde sind geniale Künstler nicht weniger selten, als geniale Kritiker – und am seltensten schöpferisches und kritisches Genie in einer Person. Also mögen beide sehen, wie sie miteinander fertig werden. Es gibt eine Sorte von Kritik, die ein notwendiges Uebel ist, wie es eine Sorte von Kunst gibt, die das gleiche ist. Dieselben haben sich gegenseitig nichts vorzuwerfen. Wenn sie aber mit stolzem

---

tion littéraire transnationale: Le cas de Zola en Allemagne. In: Cahiers d'Histoire des Littératures Romanes/Romanistische Zeitschrift für Literaturgeschichte, 1996, S. 343–364, hier 355f. Jurt bemerkt: »[...] Conrad lui attestait une force et une virilité apte à servir de modèle pour un nouveau départ de la littérature allemande. Ce qui frappe, c'est l'oriéntation nationale du naturalisme allemand.« (Jurt, Réception, S. 355).

[256] Dies trennt ihn von der philosophieskeptischen Hinwendung zur Anthropologie der Jahrhundertmitte.

Paradeschritt an einander vorbeimarschieren und kuriose Grimassen schneiden, so schlagen wir uns flugs auf die Seite des Publikums und der Lacher. In solchen Fällen vergisst man freilich auf einen Augenblick, dass die Kunst eine vaterländische Angelegenheit und eine ernste Sorge vornehmer Geister sein kann.
Uns persönlich ist die Kritik auch keine regelmäßige Arbeit, die sich abspielt wie ein Metier, wir haben unsere guten Stunden, wo wir vom eigenen Schaffen uns erholen in der kritischen Betrachtung des Schaffens anderer auf eigenen und verwandten Gebieten.[257]

Ziele und Gegner nennt Conrad im Vorwort des ersten Bandes der ›Gesellschaft‹: Er will sein Journal »zu einer Pflegestätte jener wahrhaften Geistesaristokratie entwickeln, welche berufen ist, in der Litteratur, Kunst und öffentlichen Lebensgestaltung die oberste Führung zu übernehmen«.[258] Es geht um »die Emanzipation der periodischen schöngeistigen Literatur und Kritik von der Tyrannei der ›höheren Töchter‹ und der »alten Weiber beiderlei Geschlechts« und um die Bekämpfung des »journalistischen Industrialismus«.[259] Knapp fünfzehn Seiten weiter wird die ›gouvernantenhaften‹ geschmacksästhetischen Kritik personalisiert: Conrad stößt sich an Paul Lindaus Ablehnung Zolas und seiner Wertschätzung Paul de Kocks, attestiert seiner Naturalismus-Rezeption »altjüngferliche Enormitäten«, »Phrasen-Kleinstädterei«, »Empfindungs-Renommage«, sowie »kulturphilisterliche Voreingenommenheit« und denunziert ihn als »entrüsteten Berliner Schicklichkeitswächter«.[260] Dagegen stellt er den programmatischen Aufsatz ›Zola und Daudet‹, in dem er beide – mit einem Georg Büchner-Zitat – unter Berufung auf den Wahrheitsgehalt ihrer Werke gegen das Decorum der Geschmackskritik aufruft.[261]

Zwar erkennt Conrad die praktischen und ökonomischen Bedingungen der Kunst an,[262] aber hinter und über ihnen existiert eine Sphäre, in der Kunst zur

---

[257] Hans Frank [Michael Georg Conrad]: Münchner Kunst-Plauderei. In: Gesellschaft 1 (1885), S. 886–888, hier 886.
[258] Michael Georg Conrad: Zur Einführung. In: Gesellschaft 1 (1885), S. 1–3, hier 2.
[259] Conrad, Einführung, S. 1.
[260] Sämtlich aus: Vult [Michael Georg Conrad]: Paul Lindau. In: Gesellschaft 1 (1885), S. 14f. Anlass für Conrad war die Lindausche Kritiken an Zola und Daudet.
[261] Dabei greift er Lindau nicht frontal, sondern zunächst als Herausgeber der nachmalig berühmt gewordenen Zola-Rezension von Ludwig Pfau aus ›Nord und Süd‹ an. Vgl. Michael Georg Conrad: Zola und Daudet. In: Gesellschaft 1 (1885), S. 46–750 u. 800–805, hier 803; vgl. Ludwig Pfau: Emile Zola. In: Nord und Süd 13 (1880), S. 32–81, in Auszügen wiederabgedruckt in Braunck/Müller: Naturalismus, S. 646–655.
[262] »Unser großes, mehr oder weniger gebildetes Publikum sucht im Theater Kurzweil, sagen wir hochachtungsvoll: edelste, kunstgeweihte Kurzweil. [...] [U]nd Theater und Musik sind zum Haschisch-Rauchen und zum Betel-Kauen der modernen blasirten Bildungs-Europäer und der ehrbarsten Philister beider Welten geworden.« (Michael Georg Conrad: Das Münchern Theater. I: Zur Novitätenfrage. In: Gesellschaft 1 (1885), S. 58–62, hier 59).

»sittlich-ästhetischen Kulturmacht, [...] Befreierin und Erlöserin der Menschheit«[263] werden kann und soll. Das klingt wie Schillerscher Idealismus, bedeutet aber ohne Einbettung in ein philosophisches Konzept inhaltlich das Gegenteil: Affirmation des Tohuwabohu. An die Stelle eines utopischen Kontinuums von Individuum, Gesellschaft und Natur, welches das Kunstwerk in der Sicherheit selbstgesetzlicher Regelhaftigkeit antizipierend widerspiegelte, soll eine intensive Erfahrung der Negation von Regularität treten. Soweit folgt diese Negationsfigur tatsächlich Nietzsche. Aber Conrad will weiter gehen. Er protestiert gegen Lindaus an Zola gerichteten Einwand, es sei »eine nichtswürdige Unwahrheit, daß naturalia non turpia seien«.[264]

In der ›Nana‹-Rezension hatte sich Lindau für die soziale Bindung von Literatur und gegen jegliche Art brutalistischer Ästhetik ausgesprochen, weil diese nicht die vom Autor erhoffte Auseinandersetzung mit dem Sujet provoziere und den Rezipienten dabei informiere, sondern ihre Rezeption lediglich niederen Motiven wie Neugier und Lüsternheit verdanke. Dabei hatte er das Oberhaupt der Naturalisten ziemlich deutlich eines hybriden Selbstverständnisses beschuldigt:

> Der stolze Naturalist vergißt [...] nur, daß kein Einzelner die Kraft besitzt, die gesellschaftlichen Auffassungen der civilisierten Gesammtheit zu verändern, daß er nicht, wie er sich einzureden scheint, die Schranken des Ziemlichen erweitert, sondern allein mit wenigen Getreuen dieselben überschreitet; daß er also nach allgemeiner Schätzung unanständig wird und sich aus der Gesellschaft ausschließt.[265]

Analysiert man die Stelle genauer, so stellt sich heraus, dass Lindaus Einwand weniger auf die immanente Konstruktionslogik der naturalistischen Poetik, als auf deren soziale Valenz zielt. Weder über die ästhetische Qualität, noch über den Wahrheitswert des Dargestellten wird etwas ausgesagt. Lindau behauptet lediglich, dass die detailgenaue Darstellung eines gesellschaftlich sanktionierten Sujets, wie es Zola in ›Nana‹ aufgreift, ihrerseits sanktioniert wird und sich diese Sanktion auf den Autor überträgt. Grundsätzlich verfehlt – so Lindau – ist die naturalistische Poetik angesichts des von ihr erhobenen sozialen Wirkungsanspruchs

---

[263] Im Kontext: »Die Hälfte aller Kunst ist für berechtigten Spaß und Flunkerei, die mißleitete Erwerbsnötigung und industrielle Spekulation mit inbegriffen, – ein anderer kleiner Bruchteil ist naiver Selbstgenuß des Künstlers, und der winzige geniale Rest schwingt sich bei wenigen Auserwählten zur Höhe einer sittlich-ästhetischen Kulturmacht, zur Befreierin und Erlöserin der Menschheit auf. Ob die künstlerische Mensch eine Fortbildung des wissenschaftlichen oder umgekehrt der wissenschaftliche Mensch eine Fortbildung des künstlerischen ist – wird eine offene Frage bis ans Ende aller menschlichen Dinge sein.« (Conrad, Kunst-Plauderei, S. 886; vgl. Stumpf, Conrad, S. 163).
[264] Conrad, Lindau, S. 14. Hier, nicht bei den konsequenten Naturalisten, stimmt das Cliché von Naturalismus als bloßer Widerspiegelung. In der intellektuellen Trivialität der Produkte erfüllt sich die Trivialität jeder Theorie, die ohne Reflexion auf mediale Bedingungen Zugriff auf ihre Gegenstände sucht.
[265] Lindau, Roman, S. 332.

in zweierlei Hinsicht: Ihre Breitenwirkung erfolgt nicht *im*, sondern ganz *gegen* den intendierten Sinne; adäquat rezipiert werden ihre Werke lediglich von einer Avantgarde – was wiederum der erklärten Wirkungsabsicht ihrer Autoren diametral zuwiderläuft. Kaum jemanden könnte dieses Argument härter treffen als einen am Markt relativ erfolglosen, bestenfalls in einer ›Avantgarde‹ geschätzten Schriftsteller, dessen Selbstverständnis wesentlich auf seiner Mission als Volkserzieher beruht, also Schriftsteller wie Georg Michael Conrad und seine Mitstreiter. Sie antworten, indem sie Lindau sanktionieren. In den nächsten Jahrgängen wird der Kritiker Lindau von wechselnden Autoren immer dann zitiert, wenn der literarische Markt oder, in pejorativer Parallelstellung: Literatur und Geschäft Thema sind,[266] während seine belletristischen Produktion schlicht aus dem Bereich der Literatur verwiesen und unter Geschäft abgebucht wird.[267]

---

[266] Vgl. Conrad: Zola und Daudet, S. 803; Conrad: Redaktions-Post. In: Gesellschaft 4 (1888), S. 256; Conrad Alberti: Berliner Theaterbriefe. In: Gesellschaft 5 (1889), S. 105–110, 554–560 u. 711–718, hier 716. Auch Gerhard von Amyntor: Herr Gloriosus Fingerschnell. In: Gesellschaft 3 (1887), S. 86–92 weist auf Lindau. Eine Ausnahme bildet lediglich Ernst Wechseler. Im Vorabdruck des Schlusses seines Buches ›Berliner Autoren‹ urteilt er unter der Rubrik ›Lokal-Belletristik‹: »Man mag über Lindaus dichterische Befähigung denken wie man will, er bleibt auf alle Fälle ein Mann von außerordentlich großen, litterarischen Verdiensten, ein Schriftsteller, der wenige seiner schreibenden Zeitgenossen einen bedeutsamen Einfluß auf die moderne Litteratur ausübte und der vor allem das große Rätsel, auf allen litterarischen Gebieten mächtige Erfolge zu feiern, gelöst hat. Paul Lindau verpflanzte eine gewisse Art der Wiener Kritik nach Berlin und wurde einer der gelesensten und gefürchtetsten Kritiker. Er war es, der Jahrzehnte hindurch zwischehn Frankreich und Deutschland einen litterarischen Rapport herstellte, seine eigenen Theaterstücke gingen über die Bühnen Europas und als er den ersten Band seines Roman-Cyklus *Der Zug nach Westen* veröffentlichte, errang er den größten äußeren Erfolg der letzten Jahre. Paul Lindau genießt eine ungeheure Popularität, kein lebender deutscher Schriftsteller ist gegenwärtig im Ausland bekannter als er.« (Ernst Wechsler: Berliner Autoren. In: Gesellschaft 5 (1889), S. 1431–1447 u. 1599–1615, hier 1604). Dass Wechsler beim ›Zug nach Westen‹ den Titel des Bandes mit jenem des Zyklus verwechselt und im Anschluss an die zitierte Passage mitteilt, dass er die Beschäftigung mit Lindau für ihn eine reizvolle Arbeit *werden wird* (ebd.), legt nahe, hinter dem überschwenglichen Lob Absicht zu vermuten. Daneben findet gegenstandsbedingt lediglich noch Lindaus Kritik der Familie Selicke Gnade. Vgl. Conrad Alberti: Die Freie Bühne. Ein Nekrolog. In: Gesellschaft 6 (1890), S. 1104–1112 u. 1348–1355, hier 1350.

[267] »Paul Lindau, der Allerweltsschriftsteller, hat sich seit einigen Jahren auf das Novellenmachen geworfen, für ihn, wie es scheint, ein einträgliches Geschäft, aber – eben auch nur ein Geschäft.« (Arthur Gutheil: [Rez.] ›Helene Jung‹. Erzählung von Paul Lindau. In: Gesellschaft 1 [1885], S. 862f, hier 862; vgl. Hans von Basedow: [Rez.] Paul Lindau: Wunderliche Leute. In: Gesellschaft 4 [1888], S. 1147f.) Es gibt nur noch eine Kategorie von Schriftstellern, die unter Lindau zu rangieren scheinen: echte oder vermeintliche Lindau-Epigonen. Vgl. Conrad: [Rez.] Felix Balden: Ledige Frauen. In: Gesellschaft 5 (1889), S. 905f.; Michael Georg Conrad: Münchener Kunstleben. [Rez.] Karl v. Perfall: Die Brüder. In: Gesellschaft 5 (1889), S. 128–130, hier 129.

Dass Karl Frenzel im Gegensatz zu Lindau zunehmend höflich behandelt und schließlich umworben wird, erweckt den Verdacht, es handele sich bei der Lindau-Schelte mehr um gepflegtes Ressentiment als um argumentative Auseinandersetzung. Zunächst waren beide Gründerzeitkritiker gleichermaßen angegriffen worden; so hatte Oskar Welten, Conrads Mitstreiter bei der Durchsetzung Zolas, Frenzel noch in den üblichen pejorativen Kontext gründerzeitlicher Geschäftigkeit stellen können.[268] Doch 1888 verfasste Conrad Alberti überraschender Weise eine Jubelarie auf das Feuilleton der ›Nationalzeitung‹ und dessen Redakteur Karl Frenzel:

> Von allen deutschen Tagesblättern, so viele Tausend ihrer sind, hat nur ein einziges den wahrhaft bewundernswerten Mut eines ehrlichen Entgegenkommens uns gegenüber, freilich auch das ehrenwerteste und vornehmste, die Berliner *Nationalzeitung*, in deren Feuilleton Karl Frenzels unbestechlicher Gerechtigkeitssinn von Anfang an Grundsätze zur Geltung gebracht hat und aufrecht erhält, Jedem das Wort zu geben, der eine eigne Meinung mit ernsten Gründen sachlich zu vertreten weiß, da nur durch die öffentliche Diskussion die Wahrheit zum Siege gelangen kann, nimmermehr aber durch perfide Unterdrückung und brutale Tyrannei.[269]

Der Zeitpunkt ist entscheidend. Zum ersten April des Jahres hatte Friedrich das ›Magazin‹ verkauft, nachdem es in der vorangegangenen Jahren von Bleibtreu abgewirtschaftet worden war;[270] dennoch wird dieser zweiter Redakteur der ›Gesellschaft‹. Zugleich ist ein neuer Feind ausgemacht. Nachdem Alberti im Anschluss betont hat, dass die ›Nationalzeitung‹ seinen Freunden und ihm selbst Möglichkeiten zu Veröffentlichungen geboten habe, schimpft er los:

> Und dies wird namentlich um so bewunderungswürdiger erscheinen, wenn man weiß, daß sowohl aus dem Schoße der eigenen Kollegen wie aus der Berliner unfehlbarkeitssüchtigen Professorenclique die brutalsten Versuche unausgesetzt gemacht werden, heimlich und hinterrücks uns dieses Sprachrohr zu verschließen, und jenes Blatt auf die Tiefe der Niederträchtigkeit anderer herabzudrücken![271]

---

[268] Vgl. Oskar Welten: Das Buch auf der Totenliste. In: Gesellschaft 1, 1885, S. 216–218. Welten lebte in der siebziger Jahren zunächst in Wien und später in Berlin als Kritiker und Literat. Bekannt wurde er durch sein Engagement gegen die Verleihung von Büchern, der sogenannten ›Leihbibliothekenfrage‹, dann aber auch durch sein Buch Zola-Abende bei Frau von S. Eine kritische Studie in Gesprächen, Leipzig 1883. Weltens Darstellung erschien im gleichen Jahr wie Conrads ›Madame Lutetia‹! Beide gehören zu den ersten positiven Rezeptionen Zolas, wenngleich Welten – wie Conrad – die Bedeutung naturwissenschaftlicher Methoden für Zola verkannte. Vgl. Braunek/Müller: Naturalismus, S. 678.

[269] Conrad Alberti [C. A.-i.]: Literatur und Presse. In: Gesellschaft 4 (1888), S. 857–860, hier 857.

[270] Vgl. Hellge, Friedrich, Sp. 1124ff.

[271] Alberti: Literatur und Presse, S. 857. An der gleichen Stelle kritisiert Alberti auch die Wochenschriften und bezeichnet dabei die ›Deutsche Rundschau‹ als »Blatt der brutalen Professorenclique«. (Alberti, Literatur und Presse, S. 858).

Der (wiederholte) Rekurs auf ›die Berliner Proffesorenclique‹ könnte hier noch als persönliche Idiosynkrasie Albertis oder als bloßer Versuch der Brandmarkung einer vermeintlich überhobenen Position gelesen werden, betrachtet man sich aber die ›wissenschaftspolitische Ebene‹ des kritischen Teils der ›Gesellschaft‹ genauer, so wird aus einer ganzen Anzahl kleiner Hinweise deutlich, dass die ›Gesellschaft‹ in der Auseinandersetzung zwischen Hildebrand- und Scherer-Schülern, zwischen den ehemaligen ›Durch!‹-Mitgliedern und den Protagonisten der ›Freien Bühne‹ Partei ergreift.

Die Autoren der ›Gesellschaft‹ versuchen einen Schulterschluss mit den Kritikern des ›Durch!‹-Kreises. Die von Wolff und Berg herausgegebenen ›Litterarischen Volkshefte‹ werden 1887 von Conrad angezeigt und knapp besprochen;[272] im darauffolgenden Jahr rezensiert Bleibtreu Eugen Wolffs ›Die jüngste deutsche Litteraturströmung und das Prinzip der Moderne‹ zwar kritisch, aber für seine Verhältnisse moderat und nutzt die Gelegenheit auch zu einem Lob der Bergschen Wildenbruch-Schrift.[273] Im gleichen Jahrgang findet sich zudem eine ausdrücklich lobende Darstellung von Leo Bergs Broschüre ›Haben wir überhaupt noch eine Litteratur?‹;[274] 1889 dann meldet ein Artikel Ludwig Jacobowskis die Trennung der Herausgeber der »verdienstlichen« ›Litterarischen Volkshefte‹ und annonciert zwei Folgeprodukte.[275] Dabei wird Berg gelobt, während die Wolff zugeschriebenen, aber anonym erscheinenden ›Neuen litterarischen Volkshefte. Literaturbriefe an einen deutschen Marineoffizier in Ost-Afrika‹ milde Kritik erfahren. Zunächst verschärft sich die Kritik an Wolffs Reihe,[276] bevor Jacobowski in einer Rezension des fünften Bandes der ›Volkshefte‹ mit dem Titel ›Goethe und noch immer kein Ende‹ Wolff als Autor nennt und die Gelegenheit nutzt, sich gegen den Vorwurf der Goethe-Feindlichkeit des Naturalismus zu verwahren.[277] Danach wird es ruhiger um Wolff, auch wenn seine Schriften

---

[272] Michael Georg Conrad: Litterarische Volkshefte. In: Gesellschaft 3 (1887), S. 756f.
[273] Vgl. Karl Bleibtreu: Litterarhistorisches. In: Gesellschaft 4 (1888), S. 853–857.
[274] Vgl. Karl Bleibtreu: [Rez.]: Haben wir überhaupt noch eine Litteratur? von Leo Berg. In: Gesellschaft 4 (1888), S. 998. Es entspricht freilich der chaotischen Redaktionspolitik, dass Alberti die gleiche Schrift an anderer Stelle umstandslos als »thöricht« bezeichnen kann. Vgl. C. A.-i [Conrad Alberti]: Zeitschriften. In: Gesellschaft 5 (1889), S. 731–736, hier 732.
[275] Ludwig Jacobowski: Kritik. In: Gesellschaft 5 (1889), S. 1055f., hier 1055.
[276] Vgl. A. G.: [Rez.] Litteraturbriefe an einen deutschen Marine-Offizier in Ost-Afrika. Neue Litterarische Volkshefte Nr. 3: Die sozialen Kämpfe im Spiegel der Poesie. In: Gesellschaft 5 (1889), S. 1359f. Die Volkshefte scheinen nicht die einzige anonyme Reihe Wolffs gewesen sein, zumindest vermutet ihn Bruno Wille hinter dem Pseudonym G. Erman als Autor der Utopie Deutschland im Jahre 2000 aus der Reihe Deutsche Schriften für nationales Leben. Vgl. Bruno Wille: Eine nationale Utopie. In: Freie Bühne 2 (1891), S. 704f.
[277] »Wir verehren in Goethe den großen Genius wie Sie, einen großen Realisten, einen Meister des psychologischen Experimentalromans [die ›Wahlverwandtschaften‹] wie

weiterhin angezeigt werden[278] und er gemeinsam mit Berg noch einmal die Gelegenheit erhält, ein Plagiat auszuweisen.[279] Die germanistischen Auseinandersetzungen um Wolff und sein Konzept ›ungenauer‹ Popularisierung finden auch weiterhin die Aufmerksamkeit der ›Gesellschaft‹, auch wenn es dabei nicht um Fragen der Goethe-Philologie, sondern um Modi gegenseitiger Kritik, gemeinsamer Selbstdarstellung und Formen journalistischer Popularisierung geht. Sogar als Jacobowski, der sich mit Wolff bereits auf dem ›seriösen‹ Gebiet auseinandergesetzt hatte, schließlich ziemlich heftig wird, ist der Bruch nicht vollkommen. Die Affinität der Positionen bleibt groß genug, um sich wechselseitig, wenn nicht zu unterstützen, so doch nicht zu bekämpfen. Schließlich gehört Leo Berg mittlerweile selbst zu den Beiträgern, seitdem er im dritten Jahrgang Alberti als Theaterkritiker vertreten hatte.[280]

Während der Schulterschluss mit den ›Durch!‹-Kritikern inhaltlich erklärt werden kann, scheint im Bemühen um Frenzel das taktische Moment vorherrschend. Man suchte Verbündete, weil man glaubte sich gegen die Berliner Kritiker der Scherer-Schule behaupten zu müssen. Diese hatten in den liberalen Zeitungen bereits eine starke publizistische Bastion; dass sie sich nun selbst unter dem identischen Terminus ›Naturalismus‹ organisierten, wurde als Anschlag auf den eigenen Führungsanspruch verstanden – und war es wohl auch.

Neben die ›normalen‹ Vorwürfe kritischer Ungerechtigkeit und poetologischen Unverständnisses,[281] tritt dabei zunehmend politisches und antisemitisches Ressentiment gegen die vermeintliche ›Berliner Plutokratie‹ und ›ihre‹ Zeitschriften.

Sie, den Ersten, der in seiner Person die Zusammengehörigkeit der Poesie und der Naturwissenschaften erkannt hat, den Vater einer von uns angestrebten empirischen Ästhetik u.s.f.« (Ludwig Jacobowski: [Rez.] Neue litterarische Volkshefte, Nr. 5. Goethe und noch immer kein Ende. In: Gesellschaft 5 [1889], S. 1802).

[278] Vgl. Gesellschaft 7 (1891), S. 152.
[279] B./E.W. [Leo Berg/Eugen Wolff]: Langfingerei. In: Gesellschaft 7 (1891), S. 442–444.
[280] Vgl. Leo Berg: Aus der Kulissenwelt (Berliner Theater). In: Gesellschaft 3 (1887), S. 74–78 u. 230–235; Leo Berg: Berliner Theater-Quartal. In: Gesellschaft 3 (1887), S. 657–665.
[281] Vgl. Karl Bleibtreu: Berliner Briefe, III: Zola und die Berliner Kritik. In: Gesellschaft 1 (1885), S. 463–471 (gegen A. Rosenberg, Feuilletonredaktur der ›Post‹, als positive Ausnahme dagegen Fritz Mauthner); Michael Georg Conrad: Zola und Daudet II. In: Gesellschaft 1 (1885), S. 800–803 (zu Gustav Wacht, ›Berliner Zeitung‹ und Ludwig Pfau: Emile Zola. In: Nord und Süd 13 [1880], S. 32–81; zu Pfau vgl. auch. Conrad: [Rez.] Kunst und Kritik. Ästhetische Schriften von Ludwig Pfau. In: Gesellschaft 5,1 [1889], S. 122–124). Vgl. auch die parodistischen Darstellungen: Michael Georg Conrad: Der Krieg ist der Friede. Ein Redaktions-Stimmungsbild statt eines Vorworts. In: Gesellschaft 3 (1887), S. 1–8 und Fritz Hammer [Michael Georg Conrad]: Ein kritischer Traum. In: Gesellschaft 3 (1887), S. 40–45.

So provoziert die Veröffentlichung des Tagebuchs Friedrichs III Alberti zu einem wüsten Ausfall gegen Julius Rodenberg und die ›Deutsche Rundschau‹:

> Nur ein Julius Rodenberg war der geeignete Mann, dieses gewaltige Dokument in diesem geeignetsten aller Augenblicke zu veröffentlichen, in seinem ›vornehmen‹ Blatte, jenem edlen Organ der berufenen Wärter des deutschen Geistes, der Professoren, deren einer sogar dieses Tagebuch selbst in die Redaktion beförderte. Fürwahr, mit dieser Veröffentlichung setzte die *Deutsche Rundschau* nur auf politischem Gebiet ihr Werk der Vergiftung des deutschen Volksgeistes systematisch fort, das sie auf ästhetisch-litterarischem schon seit Jahren mit unentwegter Konsequenz führt, durch die Züchtung eines falschen, verwahrlosten, engherzigen, kleinlichen, vom gesunden Leben streng abgeschlossenen Professorengeschmackes, durch die Heranbildung einer gewissenlosen Clique, welche jeden Hauch der Wahrheit und Gesundheit fernhält und jede echte Leistung neidisch bekrittelt und hämisch unterdrückt, und nur die kläglichen Leistungen ihres zur Ausbeutung des denkträgen Publikums geschlossenen Ringes in der unverschämtesten Weise gegenseitig anpreist.[282]

Der Versuch, Frenzel zu salvieren, folgt im gleichen Band. Alberti will einen Keil zwischen den Kritiker und die ›Deutsche Rundschau‹ – für die Frenzel seit Gründung als Theaterrezensent tätig war! – treiben.[283] Im folgenden Jahr wie-

---

[282] Conrad Alberti: Kaiser Friedrichs Tagebuch. In: Gesellschaft 4 (1888), S. 979–985, hier 984; vgl. Conrad Alberti: Berliner Theaterbriefe. In: Gesellschaft 4 (1888), S. 970–979, hier 978; vgl. Conrad, Zola und Daudet, S. 803; Amyntor, Herr Gloriosus Fingerschnell.

[283] Skandalös ist dabei nicht nur der Text selbst, sondern die Tatsache seiner Veröffentlichung unter der Herausgeberschaft von Conrad und Bleibtreu. Er endet mit folgender Passage: »Wie viele Aufforderungen seitens der *Gartenlaube* und anderer Familienblätter habe ich nicht allein bekommen, und meine Kampfgenossen ohne Zweifel noch viel mehr – und jede Zeile, die wir vielleicht einmal dem bittersten Drange materieller Not gehorchend, für solche Blätter geschrieben, wurde mir und uns allen auf der Stelle mit Gold bezahlt. Uns aber ist eben nicht, wie den Lindau und Blumenthal, die Litteratur nur die melkende Kuh, die uns mit Butter versorgt. Uns ist die Wahrheit, die Kunst, ein Heiliges, denn sie bedeutet für uns den Forschritt der Kultur, und unser Wirken, unser Streben gilt allein unserem Volke, der ganzen Menschheit und ihrer Befreiung aus den Banden der Lüge; welche unsere Gegner um dieselbe geschlungen. und um dieser Ziele willen werden wir wie bisher unentmutigt weiter kämpfen, schaffen, wachen, und wenn es sein muß, dulden und streben.« (Conrad Alberti: Karl Frenzel und der Realismus. In: Gesellschaft 4 [1888], S. 1032–1042, hier 1042). Im nächsten Jahrgang wird neben Frenzel sogar Lindau positiv erwähnt Vgl. Ludwig Fuld: Die Theaterkritik in Deutschland. In: Gesellschaft 5,1 [1889], S. 689–692. Im selben Jahr versucht Alberti auch Fontane auf seine Seite zu ziehen. Er sieht in ihm »doch unbestritten de[n] erste[n] Theaterkritiker Berlins, nächst Frenzel« (Conrad Alberti: Theodor Fontane. Ein Festblatt zu seinem siebzigsten Geburtstag [29. Dezember 1889]. In: Gesellschaft 5 [1889], S. 1753–1760, hier 1759) und nutzt auch diese Gelegenheit zu einem Ausfall gegen eine Reihe von Kritikern, unter denen dieses Mal neben Brahm und Schlenther überraschenderweise auch Leo Berg zu finden ist. Vgl. Alberti, Fontane, S. 1760. Der Teilband des ersten Quartals dieses Jahrgangs wird mit einem Porträt Frenzels eingeleitet.

derholt Ernst Wechsler in seriöserem Ton das Werben, richtet Frenzel symbolisch einen Kommers aus, vergleicht ihn mit Gutzkow und Heine, würdigt ihn als Schriftsteller und stellt ein ausgiebiges Porträt für sein Buchprojekt über ›Berliner Autoren‹ in Aussicht.[284]

Dagegen glaubt Alberti 1889 das ganze Berliner Theaterwesen korrupt und manipuliert, findet sich selbst vom Herzog von Meiningen übergangen und ruft nach dem großen Reformator der deutschen Bühne.[285] Diese Hysterie hat einen Anlass. Am 5. März 1889 war die ›Freie Bühne‹ gegründet worden. Und nicht nur hinter den Türen dieses Vereins wird um das Repertoire der Bühnen gekämpft, wie ein ›Berliner Theaterbrief‹ belegt, den Max Halbe für die ›Gesellschaft‹ schreibt. Er berichtet über zwei Ibsen-Inszenierungen. Dabei warnt er, den Erfolg des Stückes nach der Premiere zu beurteilen, denn:

> Es existiert hier eine sogenannte ›Ibsengemeinde‹, die bei allen Erstaufführungen Ibsenscher Stücke in geschlossener Kolonne aufrückt und schon durch ihr physisches Übergewicht alle lauteren Meinungsäußerungen der Gegenpartei erstickt und erdrückt.[286]

Es handelt es sich im Kern um die Mitglieder der ›Freien Bühne‹, vor allem aber um einen Kreis von Personen aus dem Umfeld Scherers, die sich dem dänischen Sprachwissenschaftler und Ibsen-Verehrer Julius Hoffory angeschlossen hatten, der als Übersetzer und Herausgeber die berühmte ›gelbe Reihe‹ nordischer Dichtung im S. Fischer Verlag begründet hatte. Doch trotz vieler inhaltlichen Differenzen und gelegentlichen Invektiven war die Stellung der ›Gesellschaft‹ zur ›Freien Bühne‹ nicht von vornherein entschieden. Conrad gehörte zunächst zu Mitgliedern, erklärte aber bereits im zweiten Jahr seinen Austritt mit der Begründung, dass das »Bühnen-Institut der Herren Brahm und Genossen«[287] zu wenige deutsche Titel im Repertoire habe und diese seinen Erwartungen nicht entsprächen. Er prognostizierte:

> Der Realismus der Herren Hauptmann und Arno Holz, soweit er in den von der ›freien Bühne‹ angenommen Theaterstücken sich verkörpert, hat für die heutige künstlerische Bewegung nur den Wert eines Kuriosums; künstlerischer Leitstern für den Kopf,

---

[284] Vgl. Wechsler, Frenzel.
[285] Vgl. Conrad Alberti: Berliner Theaterbriefe. Schluß. In: Gesellschaft 5 (1889), S. 711–718. Als Modell des Retters dient ihm nicht etwa Lessing, wie zu erwarten gewesen wäre, sondern sein Verleger Wilhelm Friedrich!
[286] Max Halbe: Berliner Brief. In: Gesellschaft 5 (1889), S. 1171–1181. Verblüffenderweise jedoch wertet Halbe dieses Verhalten nicht als illegitimes, sondern notwendiges Mittel zur Durchsetzung eines Stücks. Neben der ›Ibsengemeinde‹ bemerkt Conrad auch eine ›Keller-Gemeinde‹, die angesichts der Schererschen und Brahmschen Parteinahme für den Schweizer Autor mit ersterer identisch sein dürfte. Vgl. Michael Georg Conrad: Über Gottfried Keller. In: Gesellschaft 5 (1889), S. 1346f., hier 1346.
[287] Michael Georg Conrad: Die sogenannte ›Freie Bühne‹ in Berlin. In: Gesellschaft 6 (1890), S. 403f., hier 403.

künstlerisches Labsal für das Herz der nichtverberlinerten Deutschen wird er niemals werden. Er ist und bleibt eine seltsam traurige Asphaltpflanze der Großstadtgasse, ohne Duft, ohne Samen, ein erstaunliches Wunder der – Technik.«[288]

Zwar wurden auch in der Folge Stücke von Gerhard Hauptmann in der ›Gesellschaft‹ positiv rezensiert,[289] aber insgesamt verschärfte sich der Ton. Conrads Replik auf Schlenthers ersten Jahresbericht des Vereins trug bereits Züge erbitterter Abrechnung.[290] Vollends musste die Gründung der Zeitschrift ›Freie Bühne‹ von Conrad als Kampfansage verstanden werden. Schließlich erschien Alberti wieder auf der Wallstatt um in der fälschlichen Annahme des Scheiterns der ›Freien Bühne‹ einen Nekrolog zu verfassen und das eigene Unternehmen einer ›Deutschen Bühne‹ anzukündigen. Dabei erkannte er in Brahm und Schlenther die treibenden Kräfte des Unternehmens und fragte:

> Wer ist Herr Brahm? Wer ist Herr Schlenther? Was haben sie geleistet, um ihren Anspruch als führende Geister in der neuen deutschen Literatur zu begründen?
> Sie sind zwei Dioskuren, zwei unzertrennliche, zwei kritische grüne Papgeien. Grün in bezug auf ihre geistige Unreife, Papageien durch ihre Unselbständigkeit, ihr gedankenloses Nachplappern falschverstandener Afterweisheit ihres Lehrers.
> Sie sind Schererianer. Dem Wissenden genügt das. Wilhelm Scherer, Gervinus ›kluger Affe‹, war kein großer, aber ein weltkluger Gelehrter. Er stieg in den Salon hinab, er verkehrte mit dem ›Volke‹, und wem er einmal die Hand gereicht, fühlte sich geehrt und verbreitete den Ruhm des großen Mannes. Er war der Typus der Salonsophisten, er geistreichelte, wo Gervinus geistreich war, er blendete, wo jener ernsten Scharfsinn zeigte, er zog verbindende Schlüsse, wo jener auf Ähnlichkeiten hinwies. Er züchtete sich eine Leibgarde junger Leute, die er am Kneipentisch unterwies, wie man Carriere machte, und die Wissenschaft zur melkenden Kuh gestaltete. Er verschaffte ihnen Stellungen an Zeitungen, er lehrte sie, sich der Presse und der gesellschaftlichen Beziehungen zu bedienen. Zwei seiner gelehrigsten Leibpagen waren Otto Brahm und Paul Schlenther.[291]

Sicher entspricht diese hassverzerrte Darstellung selbst dem Bild Scherers bei seinen Gegnern weithin nicht. Und doch verweist sie gerade in der Karikatur darauf, wie stark vier Jahre nach dem Tod Scherers seine Wirkung, wie verdächtig seine Auseinandersetzung mit den bürgerlichen Umständen und Möglichkeiten seiner Wissenschaft und sein Interesse für ihre ›praktische‹ Anwendung immer

---

[288] Conrad, Freie Bühne, S. 404.
[289] Vgl. G. Ludwigs: [Rez.] Das Friedensfest von Gerhart Hauptmann. In: Gesellschaft 6 (1890), S. 599–602. Immerhin war dessen ›Bahnwärter Thiel‹ hier zuerst veröffentlicht worden. Vgl. Gerhard Hauptmann: Bahnwärter Thiel. Novellistische Studie aus dem märkischen Kiefernforst. In: Gesellschaft 4,2 (1888), S. 747–774.
[290] Vgl. Michael Georg Conrad: Schlentheriana. Ein Beitrag zur Kritik der deutschen Presse. In: Gesellschaft 6 (1890), S. 1097–1103.
[291] Conrad Alberti: Die ›Freie Bühne‹. Ein Nekrolog. In: Gesellschaft 6 (1890), S. 1104–1112 u. 1348–1355, hier 1105.

noch erscheinen konnte. Um ihre *literaturpolitische* Sprengkraft zu sehen, muss man das Albertische Pasquill mit der zuvor zitierten Conradschen Charakteristik der Literatur des Berliner Naturalismus in Beziehung setzen: Die poetologische Auseinandersetzung artikuliert sich in den Oppositionen Stadt/Land, Kopf/Herz, technisch/organisch. Scherer und seine Schüler stehen für die Kritiker der ›Gesellschaft‹ auf der Seite der Imitationen, des Gemachten, der unechten, aus Nutzenerwägungen verfertigten Kunst. Aber die Denunziationen greifen nicht.

4.6 Die ›Freie Bühne‹: Kritik und die Avantgarde des Publikums

Die Autoren der ›Freien Bühne‹ nehmen die Auseinandersetzung an und verweigern sie zugleich, denn sie lassen sich nicht auf die Argumentationsweise ihrer Gegner ein und bemühen sich auch nicht, deren Vorwürfe zu entkräften. Sie bewerten und kritisieren in eigenem Stil und nach eigenen Maßstäben. Das nötige Selbstbewusstsein war zumindest in sozialer Hinsicht gerechtfertigt. Ein Blick in die Liste der Mitglieder der ›Freien Bühne‹ genügt, um den Unterschied zwischen dem eigenen Unternehmen und den zahlreichen vorangegangenen Vereinen, Gruppen, Verbindungen und Stammtischen zu erkennen: Hier treffen sich nicht junge Stürmer und Dränger mit oder ohne die Protektion ›alter Herren‹, hier ist tout Berlin zugegen. Ganz Berlin: das bedeutet die Gesellschaft, nicht der Hof, die liberale Bourgeoisie, nicht der konservative Adel und seine bürgerlichen Anhänger. »Über Nacht ist zum Verein geworden, was gestern noch Publikum gewesen«, bemerkt mit leicht ironischem Unterton Isidor Landau, Theaterkritiker des ›Berliner Börsen Couriers‹ und selbst Vereinsmitglied, anlässlich der ersten Aufführung des Vereins, die Ibsens ›Gespenster‹ zeigte, und ergänzt:

> Da sehen wir die literarische Gemeinde der Reichshauptstadt so vollzählig beisammen, als sei der Vereinszweck so unliterarisch wie möglich --- denn in Schriftsteller-Vereinen haben wir unsere Literaturgrössen noch niemals auch nur annähernd so zahlreich vereint gesehen. Zusammengehöriger als jemals vorher im Theater fühlen wir uns heute, vertrauter als sonst sehen wir uns um, im Kreise der Vereinsgenossen.[292]

Hier finden sich die Kulturberichterstatter der großen liberalen Tageszeitungen nicht nur als Beobachter: Theodor Fontane, Karl Frenzel, Ludwig Fulda, Isidor Landau, Paul Lindau, Julius Stettenheim, Theodor Wolff, Eugen Zabel und Fedor von Zobeltitz sind ebenso Mitglieder wie die Professoren Heinrich Ehrlich, Julius Hoffory, Josef Joachim, F.A. Leo, Julius Lessing, Erich Schmidt und die Privatdozenten Richard Sternfeld und Richard Moritz Meyer. Auch

---

[292] Isidor Landau in: Berliner Börsen Courier, 29. 9. 1889, Nr. 494. Zitiert nach: Klaus Hoser: Der Theaterkritiker Isidor Landau, Phil Diss. Berlin 1962, S. 192.

eine Reihe von Rechtsanwälten und Direktoren sind dabei und schließlich eine ganze Phalanx mehr oder minder arrivierter und profilierter Schriftsteller und Journalisten. An erster Stelle wäre neben Fontane, der zunehmend als Autor reüssiert, Spielhagen zu nennen; Anzengruber in Wien und Ibsen in München werden als auswärtige Mitglieder geführt. Von der älteren Generation des Naturalismus gehört wie erwähnt Conrad zu den auswärtigen Mitgliedern, aus Berlin sind die unverzichtbaren Heinrich und Julius Hart, Max Kretzer, Hermann Heiberg, Fritz Mauthner, Richard Schmidt Cabanis und Ernst von Wolzogen dabei. Von der jüngeren Generation finden sich Otto Brahm, Paul Schlenther, Wilhelm Bölsche, Richard Dehmel, Otto Pniower und Hermann Sudermann. Auch Theaterprominenz, darunter Elsa von Schabelsky, ist laut Verzeichnis vom 30. Juni 1889 mit von der Partie.[293] Spiritus rector der Konstruktion des Vereins war Otto Brahm. Sein pragmatischer und dennoch zugleich konzeptioneller Blick bewährte sich 1890 auch in der Konstruktion des zweiten Unternehmens, an dem Brahm und der Verleger Samuel Fischer führend beteiligt sind, der Zeitschrift ›Freie Bühne‹.[294]

Von seiner Ausbildung her schien Brahm eher zum Journalisten als zum Theaterintendanten prädestiniert, als Kritiker hatte er sich seine ersten Meriten verdient und genießt im Gegensatz zu den meisten der besprochenen Kollegen aus dem naturalistischen oder gründerzeitlichen Umfeld in der Forschung einige Aufmerksamkeit, wenn sich diese auch vielfach auf eine ›Vorläuferfunktion‹ beschränkt. Man gesteht ihm eine Rolle als missing link zwischen der impressionistischen Kritik Fontanes und der artistischen, sich selbst als Kunst verstehenden Kritik der Jahrhundertwende zu. Hans Mayer erkennt in Brahm den Typus des ›spezialisierten Fachrezensenten‹:

---

[293] Vgl. Mitgliederverzeichnis des Vereins ›Freie Bühne‹, aufgenommen am 30. Juni 1889. In: Friedrich Pfäfflin/Ingrid Kussmaul: S. Fischer, Verlag. Von der Gründung bis zur Rückkehr aus dem Exil. Eine Ausstellung des Deutschen Literaturarchivs im Schiller-Nationalmuseum Marbach am Neckar, Marbach 1985, S. 34–36. Im Laufe des Jahres steigt die Mitgliederzahl noch einmal beträchtlich; so meldet ein Rundschreiben, dass bis Mitte November des Jahres die Mitgliederzahl von 364 auf 890 angewachsen sei. Vgl. Pfäfflin/Kussmaul, Fischer, S. 37. Im Mitgliederverzeichnis vom 1. 1. 1890 fällt dabei starker Zustrom aus der Studentenschaft, aber auch die nun fast vollständige Integration der jüngeren Naturalistengeneration auf. Neben Gerhart Hauptmann, der erst jetzt genannt wird, finden sich die Namen von Carl Hauptmann, Adalbert von Hanstein, Christian von Ehrenfels, Max Halbe, Felix Holländer, Arno Holz, Stanislaus Przybyszewski, Johannes Schlaf, und Bruno Wille. Vgl. Pfäfflin/Kussmaul, Fischer, S. 38–44.

[294] Zwar gerät sie zeitweilig in Turbulenzen, als Brahm bereits im folgenden Jahr aus der Herausgeberschaft ausscheidet und als Kritiker zur ›Nation‹ zurückkehrt, an der er bereits von 1886 bis 1890 als Theaterkritiker tätig gewesen war, hat aber unter dem Titel ›Neue Rundschau‹ bis heute Bestand.

Seine geistige Gesamtgestalt bietet noch einmal die Synthese aller kritischen Möglichkeiten: philologisch gebildeter Literarhistoriker, verständnisvoller Freund großer schreibender Zeitgenossen wie Gottfried Keller oder Theodor Fontane, Berater junger Schriftsteller; Dramaturg, beratender Spielleiter, Intendant eines Theaters mit betontem Literaturcharakter. Es fehlte das eigene schöpferische Künstlertum. Es fehlte aber auch [...] die gesellschaftliche Strukturierung des kritischen Bemühens. Brahm ist Literat im weitesten Sinne, aber bloß Literat für die Literatur.[295]

Dies ist jedoch nur insoweit richtig, als Sachlichkeit keine stilistische Qualität und die Erzeugung des Eindrucks von Sachlichkeit keine ästhetische Leistung sui generis darstellt.

Als Brahm 1890 mit Fischer die Zeitschrift ›Freie Bühne‹ gründet und das Amt des Herausgebers übernimmt, ist er sich über seine Zielsetzung im Klaren. Sie soll im publizistischen Bereich eine dem Verein ›Freie Bühne‹ vergleichbare Rolle spielen. Schon die titelgebende Theatermetapher spricht dies aus: Die ›Freie Bühne‹ soll ein Diskussionsforum schaffen, in dem literarische Öffentlichkeit kompetent inszeniert werden kann. Doch im Gegensatz zu Conrad, der Ähnliches für seine Zeitschrift in Anspruch genommen hatte, formuliert Brahm in der Einleitung kein volltönendes Programm mit Gesetzen, Maximen und einem Regelkatalog,[296] sondern einen Text, dessen Überzeugungskraft weniger auf inhaltlicher Identifikation, als auf der suggestiven Wirkung seiner formalen und stilistischen Faktur beruht. An die Stelle des emphatischen und exklamatorischen Stils jüngstdeutscher Pamphlete tritt eine seduktive Kette parataktischer und hypotaktischer Fügungen, die mit Wiederholungen und Parallelstellungen ihre zentralen Begriffe und Wendungen aufnimmt, durchführt, nuanciert, relativiert und durch ihre Rekurrenz dem Leser einschleift, bis er zum Schluss die Floskeln ›neue Kunst‹, ›modernes Leben‹ und ›Wahrheit‹ verinnerlicht hat, ohne dass sie inhaltlich präzise ausgewiesen worden wären. Dabei liegt die Betonung auf dem fluenden und transitiven Charakter jedweder Position, so dass selbst das vorsichtige Bekenntnis zum Naturalismus im Schlussabschnitt nur als Stadium

---

[295] Hans Mayer. Einleitung in: Deutsche Literaturkritik im zwanzigsten Jahrhundert. Kaiserreich, erster Weltkrieg und erste Nachkriegszeit (1889–1933). Hg. von Hans Mayer, Stuttgart 1965, S. 11–41, hier 27f. Mayer bemängelt das Fehlen eines kreativen Momentes in der Kritik, das den Kritiken Kerrs und Krauss' vergleichbar wäre. Damit unterschätzt er die sowohl die innovative Leistung der sachlich argumentierenden Kritik Brahms, als auch ihr stilistisches Raffinement. Vgl. auch Oskar Seidlin: Der Theaterkritiker Otto Brahm, 2. Auflage, Bonn 1978 (zuerst unter dem Autorennamen Oskar Koplowitz 1936 in Zürich erschienen); Fritz Martini: Einleitung. In: Otto Brahm: Kritiken und Essays. Zürich/Stuttgart 1964, S. 5–78; Werner Buth: Das Lessingtheater in Berlin unter der Direktion von Otto Brahm (1904–1912). Eine Untersuchung mit besonderer Berücksichtigung der Theaterkritik, Phil. Diss. Berlin 1965; Paul Schlenther: Otto Brahm. In: Schlenther, Theater im 19. Jahrhundert. Ausgewählte theatergeschichtliche Aufsätze, hg. von Hans Knudsen, Berlin 1930, S. 53–91.

eines übergreifenden offenen Prozesses erscheint. Freilich gerät Brahm dabei die Metaphorik etwas aus dem Gerücke:

> Die moderne Kunst, wo sie ihre lebensvollsten Triebe ansetzt, hat auf dem Boden des Naturalismus Wurzeln geschlagen. Sie hat, einem tiefinnigen Zuge dieser Zeit gehorchend, sich auf die Erkenntnis der natürlichen Daseinsmächte gerichtet und zeigt uns mit rücksichtslosem Wahrheitstriebe die Welt, wie sie ist. Dem Naturalismus Freund, wollen wir eine gute Strecke Weges mit ihm schreiten, allein, es sollte uns nicht erstaunen, wenn im Verlauf der Wanderschaft, an einem Punkt, den wir heute noch nicht überschauen, die Straße plötzlich sich biegt und überraschende neue Blicke in Kunst und Leben sich auftun. Denn an keine Formel, auch an die jüngste nicht, ist die unendliche Entwicklung menschlicher Kultur gebunden; [...][297]

Da Brahm so von Beginn an die Verantwortlichkeit für die Literatur an die Zeit delegiert und damit für eine bessere Zukunft erbaulichere Literatur in Aussicht stellt, werden die skandalträchtigen Inhalte des Naturalismus ein Stück weit aus der Schusslinie genommen. Trotzdem ist er als literarästhetisches Ereignis nicht abgemeldet. Zum einen kann er als legitimer Ausdruck der schlechten Gegenwart ein pragmatisches Existenzrecht beanspruchen, zum anderen aber stellen Inhalte für Brahm nur den minderen Teil naturalistischer Errungenschaften dar. Die prinzipielle Rechtfertigung des Naturalismus liegt in seiner technischen und ästhetischen Überlegenheit. Daß es nicht auf den Inhalt, sondern auf die Form ankomme, betonen die Kritiker der ›Freien Bühne‹ immer wieder:

> Wer den eminenten Fortschritt in der Technik, in Dialog und Bau, nicht erkennt, den die nordischen und deutschen Naturalisten gemacht haben, der muß entweder von verletzend unfertigem Urtheil, [!] sein oder unwissend wie ein Mondkalb.[298]

schreibt Otto Brahm selbst, bemängelt an einem Stück von Adolf Wildbrand die »lässige Technik« und bemerkt, »daß es auf das aesthetische Ursprungszeugnis hier nicht ankomme, daß die Seele des Stückes in der Tat alt sei, alt wie Benedix«.[299] Damit steht Brahm nicht allein; Hermann Bahr lobt gelegentlich:

> Es will nicht durch mit Witz und Einbildung erfundene und in gehorsame Marionetten verlebte Handlung, die sich zu Spannungen verwickelt und an Ueberraschungen löst, akrobatisch amüsiren, es will nicht durch kriegerische und beherzte Thesen, die

---

[296] Vgl. Otto Brahm: Zu Beginn. In: Freie Bühne 1 (1890), S. 1f.
[297] Brahm, Beginn. Im gleichem Jahrgang beklagt Brahm den »ästhetische[n] Doctrinarismus, der seine klassische Form in Hegel gefunden hatte, aber noch lange nach Hegel in allen Abwandlungen unter uns umgeht, [...]« (Otto Brahm: Lesen sie Nothnagel! In: Freie Bühne 1 [1890], S. 239f., hier 240).
[298] Otto Brahm: Von neuer Kunst: Impressionismus und die Freie Bühne. In: Freie Bühne 1 (1890), S. 1182f., hier 1183.
[299] Otto Brahm: [Rez.] Deutsches Theater: Der Unterstaatssekretär. Lustspiel in vier Aufzügen von Adolf Wildbrand. In: Freie Bühne 1 (1890), S. 74–76, hier 74.

sich in zweibeinigen Beweisen geberdenstark verfechten, philosophisch instruiren. Es will ein Stück Leben auf die Bretter stellen, so wie es ist, weiter nichts,[300]

und Paul Schlenther schreibt im Rückblick auf das zweite Jahr des Vereins:

> Das Freudige oder Peinliche, das Erquickliche oder Unerquickliche eines Kunstwerkes liegt niemals im Stoff, den sich der Künstler wählte, sondern in der Beschaffenheit seines Zweckes, seines Plans und seiner Gestaltung.[301]

Noch 1892 grenzt sich Brahm in einem Artikel von Frenzel ab, bekennt sich zum Naturalismus und bestätigt die von der Gründerzeitkritik angebotene Identifikation mit dem programmatischen Impetus der naturalistischen Malerei Courbets ausdrücklich.[302] Doch Brahms Absichten beschränken sich nicht auf das Theater, sondern richten sich auf eine umfassende Reform der Literatur. Zwar war ihm das Theater nicht zuletzt deshalb attraktiv erschienen, weil er – wie die Gründerzeit – in der Bühne das stärkste »Vehikel literarischer Agitation« zu finden glaubte,[303] aber noch die Organisationsform des Vereins ›Freie Bühne‹ spiegelt das Brahmsche Projekt wider.

Nicht nur durch seine Mitglieder, auch in seiner Struktur ist der Verein ›Freie Bühne‹ kein bloßes Konkurrenzprojekt zu den anderen zeitgenössischen Organisationsversuchen, sondern das Ergebnis einer sorgfältig durchdachten Strategie. Schon in den achtziger Jahren hatte Brahm auf die Tatsache hingewiesen, dass das Verhältnis von Werk und Publikum kein unmittelbares sei, sondern über soziale und technische Medien vermittelt werde.[304] Nun zieht er die Konsequenz: Brahm konzentriert sich auf die Reform des Mediums. Die ›Freie Bühne‹ – das

---

[300] Hermann Bahr: ›Monsieur Betsy‹. In: Freie Bühne 1 (1890), S. 265f., hier 265.
[301] Paul Schlenther: Der Freien Bühne zweites Kriegsjahr. In: Freie Bühne 1 (1890), S. 920–923, hier 920.
[302] Vgl. Otto Brahm: Von alter und neuer Schauspielkunst. In: Brahm, Theater, Dramatiker, Schauspieler, Veröffentlichung der Deutschen Theaterakademie, hg. von Hugo Fetting, Berlin 1961, S. 413–420, hier 419.
[303] »Das Theater ist mir nicht nur das Theater, es ist auch ein Vehikel literarischer Agitation, das stärkste, das es gibt: nicht das heißeste kritische Bemühen, nicht der glänzendst geschriebene Essay kann wirken, was ein echter Erfolg der Szene wirkt.« (Otto Brahm: Verein Freie Bühne: ›Henriette Maréchal‹ von Edmond und Jules de Goncourt. In: Brahm, Theater, S. 345–348, hier 345, vgl. 346. »[d]as unschätzbarste Agitationsmittel«).
[304] In der Rezension eines Gastspiels der Meininger in Berlin schreibt Brahm in der ›Vossischen Zeitung‹ vom 15.10.1882: »Der Zuspruch zu den Vorstellungen war nicht gering, aber die maßgeblichen Kreise, in denen das Urteil gemacht wird, jene still wirkende, unfaßbare Macht, die man öffentliche Meinung nennt, fühlte sich minder herangezogen. Wo aber das Interesse dieser erlahmt, da wird auch der Zulauf der großen Menge, die nur das Gefolge jener bildet, bald sein Ende erreichen [...]« (Otto Brahm: Victoria Theater: ›Die Ahnfrau‹. In: Brahm, Theater, S. 14–16 hier 16).

wird ihr einerseits die erbitterte Feindschaft der älteren Generation der Naturalisten zuziehen und andererseits eine Fülle von ›Ergänzungsprojekten‹ aus dem eigenen Umfeld zur Folge haben – intendiert weder ein Theater für das Volk, noch ein Volkstheater und schon gar kein volkstümliches Theater, sondern sie versteht sich als spezialisierte Institution interessierter Praktiker, Fachleute und Laien, denen es zuvörderst nicht um die Popularisierung und Nationalpädagogik geht, sondern um die Hebung des ästhetischen Niveaus.

Damit setzt die ›Freie Bühne‹ Einsichten um, die der Kritiker Otto Brahm in den voraufgegangenen Jahren gewonnen hatte. In einer seiner frühesten, der Aufführungspraxis des Meiningerschen Hoftheaters gewidmeten Kritiken hatte er das technische Niveau bemängelt und zugleich die Neigung zu inhaltlichem Leerlauf notiert.[305] 1887 pointiert er seine Position:

> Ich will hier ein ästhetisches Glaubensbekenntnis ablegen [...] in der ganze weiten Welt, bei den Menschen und den Dingen, sehe ich nichts, unbedingt nichts, was einer künstlerischen Behandlung nicht könnte unterzogen werden: offen und frei liegt alles da, nur zuzugreifen hat der Dichter, von keinem Schlagbaum der Theorie gehemmt. Nicht das Was entscheidet, sondern allein das Wie, und hier freilich liegen die schwierigsten Probleme verborgen, und der einzelne Fall gibt nicht dem Nachahmer, aber dem auf eigenen Wegen furchtlos Wandelnden neue Rätsel auf.[306]

Brahm wendet sich gegen die inhaltsbezogene idealistische Wertungspraxis, kritisiert »abgetane Hegelei« in den Köpfen[307] und literarhistorische Bevormundung,[308] die auf Wesensbestimmungen und Ewigkeitswerte abziele, anstatt Regeln

---

[305] Vgl. Otto Brahm: Friedrich Wilhelmstädtisches Theater: ›Wallenstein-Trilogie‹. In: Brahm, Theater, S. 9–11.
[306] Otto Brahm: [Rez.] Ibsens Gespenster in Berlin I. (1887). In: Brahm, Kritische Schriften, hg. von Paul Schlenther, 2 Bde., Berlin 1913, Bd. 1, S. 104–109, hier 106f.; vgl. Otto Brahm: [Rez.] Goncourts: Henriette Maréchal. In: Brahm, Kritische Schriften, Bd. 1, S. 272–276, hier 275: »[D]och auch der Einwand, der aus dem Stoff der ›Henriette Maréchal‹ geholt ist, macht mir nicht den geringsten Eindruck; nicht auf das Was des Stoffes, auf das Wie der poetischen Anschauung kommt es an, und wer wirklich nicht sieht, daß zwischen dem Drama der Goncourts und den Theaterstücken der Dumas und Sardou eine Welt liegt, ist ästhetisch farbenblind.«
[307] »Wie tief steckt doch den deutschen der Doktrinarismus, die Welt- und Kunstanschauung, die aus abstrakten Maßstäben gewonnen ist, im Leibe! Man dekretiert: die Kunst soll dies, die Kunst soll das, die Kunst ist zu dem und dem Zweck da, und man glaubt, mit solchen rein willkürlichen Grenzbestimmungen irgend etwas geleistet zu haben. Statt sich, einem Werke gegenüber, dessen künstlerische Größe weitaus die meisten anerkennen, zunächst auf den Boden des Künstlers zu stellen und ihn, wenn es sein muß, von hier aus zu bekämpfen, kommt man mit schulmäßigen Vorstellungen, in denen die abgetane Hegelei nachspukt: Gespenster!« (Brahm, Ibsens Gespenster in Berlin, S. 113; vgl. Brahm, Theater, S. 170).
[308] Vgl. Otto Brahm: Victoria Theater: ›Miß Sara Sampson‹. In: Brahm, Theater, S. 17f., hier 17: »Hätte die Vorstellung von Lessings »Miß Sara Sampson«, welche die Meinin-

empirisch-induktiv aus Kunstwerken zu erschließen und sie damit zu historisieren. In dem programmatischen Aufsatz ›Der Naturalismus und das Theater‹, der im Juli 1891 in ›Westermanns Monatsheften‹ erschien, spielt Brahm aristotelische Poetik gegen die idealistische Kunstphilosophie aus:

> [E]r [Aristoteles] begnügte sich [...] damit, aus dem poetischen Schaffen seiner Zeit Regeln abzuziehen und Wirkungen zu beschreiben. Er verzichtete auf den wohlfeilen Doktrinarismus, der von außen an die Dinge herantritt und sagt: die Kunst ist das und das; er war klüger als seine Bewunderer wollen, und sagte nur: die mir vorliegende Kunst ist so und so beschaffen, und ihre Wirkung ist diese und diese. Er beschrieb wie ein Naturforscher; aber er wollte nicht die Dinge meistern mit Philosophenwillkür. Ihm lag die Anmaßung fern, für Jahrtausende festzulegen, was Kunst ist und was nicht; nur die Produktion seiner Zeit wollte er beschreiben mit exaktem Sinn und zog in Regeln und Sätzen zusammen, wie es die griechischen Tragiker getrieben und warum sie es so getrieben, nicht anders.[309]

Mit dem Wandel des Verhältnisses ästhetischer Theorie und künstlerischer Praxis – und der Ersetzung ersterer durch eine empirische Poetik – ändert sich auch der Stellenwert der Kritik. Anstatt Werke am Maßstab begrifflicher Wahrheiten zu messen, besitzt sie nun eine wesentlich prosaischere doppelte Funktion: Sie hat gute Stücke zu entdecken und das Publikum an sie heranzuführen. Damit wird sie wie von den Gründerzeitkritikern als Avantgarde des Publikums verstanden. Vielfach notiert Brahm in den der achtziger Jahren gestiegenes technisches Niveau, bemängelt aber häufig die Zopfigkeit und Inhaltsleere des Repertoires.[310] Dabei bleibt er stets pragmatisch und erkennt den »Zwang des Kassenrapports« an,[311] doch glaubt er Theater wie Kritik auch zur Initiative verpflichtet. Die ›Freie Bühne‹ wird Brahms Forderungen umzusetzen suchen. Im dem Zirkular, das bald nach der Gründung um Mitglieder warb, wird diese ökonomische und qualitative Ausnahmestellung des Unternehmens betont:

> Uns vereinigt der Zweck, unabhängig von dem Betriebe der bestehenden Theater und ohne mit diesen in einen Wettkampf einzutreten, eine *Bühne* zu begründen, welche *frei* ist von den Rücksichten auf Theatercensur und Gelderwerb.
> Es sollen während des Theaterjahres, beginnend von Herbst 1889, in einem der ersten Berliner Schauspielhäuser etwa zehn Aufführungen moderner Dramen von hervorragendem Interesse stattfinden, welche den ständigen Bühnen ihrem Wesen nach schwerer zugänglich sind.

---

ger am Mittwoch zuerst darboten, vor einem Parterre von Literarhistorikern stattgefunden, der Erfolg wäre vielleicht nicht ausgeblieben; da sie aber vor einem Theaterpublikum stattfand, das von seinem Recht auf Nichtwissen ausgedehnten Gebrauch machte, so stellte sich bald eine Ermüdung ein, über welche der Reiz der Kuriosität nicht hinweghelfen wollte.«

[309] Otto Brahm: Der Naturalismus und das Theater. In: Brahm, Theater, S. 399–413, hier 405.
[310] Vgl. z.B. Brahm, Theater, S. 272 u. 339.
[311] Otto Brahm: Am Beginn der Theatersaison. In: Brahm, Theater, S. 271f., hier 272.

Sowohl in der Auswahl der dramatischen Werke, als auch in ihrer schauspielerischen Darstellung sollen die Ziele einer der Schablone und dem Virtuosentum abgewandten, lebendigen Kunst angestrebt werden.

In dieser Absicht ist der Verein ›*Freie Bühne*‹ gestiftet worden, dessen Aufführungen nur den Mitgliedern des Vereins zugänglich sein werden.

Sollten sie geneigt sein, das Unternehmen zu stützen, so ersuchen wir Sie, die inliegende Beitrittserklärung zu vollziehen und uns baldmöglichst, jedenfalls bis zum 30. d.M., zugehen zu lassen.[312]

Die ›Freie Bühne‹ traf den Kairos der Zeit. Betrachtet man das Einleitungsschreiben genauer, so wird deutlich, dass bei allem Glück, das zu dem Gelingen einer solchen Unternehmung nötig war, Strategie eine wesentliche Rolle spielte. Allein das Zirkular ist eine stilistische Meisterleistung: In einem Satz ziehen seine Autoren ihr Projekt aus der Konkurrenz der Theater und der ihnen verbundenen Presse, appellieren an die Freiheit der Kunst, locken mit der Lust am Skandal und bedienen sogar noch die Kritiker der ökonomischen Situation der Theater. Der zweite Absatz unterstreicht die Exklusivität des zu erwartenden Vergnügens, nachdem er die ästhetische wie thematische Aktualität und Brisanz der geplanten Aufführungen herausgestellt hat, der dritte verspricht inszenatorische Innovation und ›beerdigt‹ beiläufig die Konvention, wenn sie in Opposition zu der angestrebten ›lebendigen‹ implizit als ›tote Kunst‹ charakterisiert wird. Danach wird die Exklusivität der Veranstaltungen auch organisatorisch bekräftigt und schließlich ein Termin gesetzt, der von den Rezipienten Entscheidung fordert. Der Text suggeriert: Es gibt keine Möglichkeit abzuwarten, wer nicht teilnimmt, wird morgen selbst vergangen und auf der alten, toten Seite der Kunst zu finden sein.

Die ›Freie Bühne‹ ist bewusst auf die Befriedigung der Theater*vorstellung* einer elitären Minderheit ausgerichtet. Außenwirkung wird unbedingt gewollt, bleibt aber technisch ein kalkulierter ›Sekundäreffekt‹.[313] Dieses zweistufige Modell primärer Insinuation eines aktiven Kerns von Öffentlichkeit und sekundärer Verbreitung hat im Verhältnis zur Nationalbühnen-Konzeption zwei entscheidende Vorteile: Die ›Freie Bühne‹ versteht sich als Werkstatt- und Probebühne. Damit ist sie nicht nur der unmittelbaren Konkurrenz der Hauptstadttheater entzogen,

---

[312] Erstes Rundschreiben des Vereins Freie Bühne, April 1889. Zitiert nach: Pfäffgen/Kussmaul, Fischer, S. 19f.

[313] »Diese Erwägung: wie die Bühne, die stagnierende, dem Leben entfremdete Bühne selbst unserer Zeit wirken kann, weit über den Kreis ihrer unmittelbaren Hörer hinaus, hat mich veranlaßt, die Freie Bühne mit zu begründen und mein bescheidenes Können in ihrem Dienst zu stellen: nicht nur den tausend Zuschauern, welche unsere Vorstellung besuchen – auch den Ungezählten allen, die draußen stehen und ihren Nachhall empfinden, gilt unser Bemühen.« (Otto Brahm, ›Henriette Maréchal‹, S. 346; vgl. Seidlin, Theaterkritiker, S. 105–111).

sondern füllt sogar eine wichtige Funktion innerhalb des Systems aus. Sie kann innovatorische Konzepte erarbeiten und testen, indem sie diese einem ausgewählten Publikum repräsentativer Kulturträger und Multiplikatoren vorstellt; sie muss keine eigene Spielstätte unterhalten und bleibt deshalb finanziell unabhängiger; zudem ist sie im Repertoire freier als die ›normalen‹ Theater, weil durch die nicht-öffentliche Organisationsform des Vereins die staatliche Zensur keinen Zugriff hat. Ohne öffentlich zu sein, kann sie durch die Vermittlung der Presse dennoch als öffentliche Institution wirken. Ihre geschlossen Organisation ermöglicht in inhaltlicher wie in ästhetischer und politischer Hinsicht relativ risikolos auszutesten, wie weit ein Publikum zu gehen bereit ist, welche Resonanz in der Öffentlichkeit zu erwarten und welche Reaktion zu befürchten ist. Außerdem hätten Stücke, die den Test der Vereinsbühne bestanden hätten, bei Übergang in die breite Öffentlichkeit von vornherein eine starke Claque in deren Publikum – und ihr gehören ausgerechnet die kulturtragende Elite, Fachleute und kritische Presse an. Aber die Mitgliedschaft ist nicht umsonst. Die ›Freie Bühne‹ erlegt den Rezipienten, also ihrem Publikum strenge Konditionen auf – und entschädigt seine Mühe mit elitärem Selbstverständnis.

Ein systematisches Problem der Nationaltheaterkonzeption war, dass sich das Missionsbedürfnis der Projektmacher und das Unterhaltungsbedürfnis des Publikums zu widersprechen schienen, eine Tatsache, der anscheinend auch mit heftigstem publizistischem Kampf nicht beizukommen war – selbst die Wagnersche Inszenierung eines nationalen Musiktheaters war, wie Frenzel notierte, in diesem Aspekt gänzlich gescheitert.[314] Auch Georg Michael Conrad war außer Publikumsschelte wenig eingefallen, als das Theater der Bayrischen Hauptstadt nach Verlust von Subventionen an Niveau verlor.[315] Doch Subventionen seitens des Hofes oder des Staates waren einerseits nicht in Sicht, andererseits bewies das Niveau des Hoftheaters, dass Alimentierung nicht notwendig zu Qualität führte, dass die Elimination von Wettbewerb sich durchaus schädlich auswirken konnte, wie Arno Holz in einer – freilich von der Redaktion der Zeitschrift offiziell nicht geteilten – Stellungnahme unterstrich.[316] Die Struktur der ›Freien

---

[314] Vgl. Karl Frenzel: Die Bayreuther Festspiele. August 1876. In: Frenzel, Berliner Dramaturgie, Bd. 2, S. 186–248, bes. 194–208. Der tatsächliche Erfolge der Festspiele beruht – bis hin zum Zwang zur innovativen Inszenierung, der periodisch spürbar wird – auf der gleichen Strategie wie der Erfolg der ›Freien Bühne‹: die Festspiele dienen der Selbstbespiegelung einer Elite, deren gesellschaftliche Bedeutung sekundäre Popularisierung gewährleistet.
[315] Vgl. Michael Georg Conrad [Fritz Hammer]: Münchener Theater-Publikum. In: Gesellschaft 2 (1886), S. 120–124.
[316] Arno Holz: Die neue Kunst und die neue Regierung. In: Freie Bühne 1 (1890), S. 165–168; vgl. auch: Karl Bleibtreu: Berliner Theaterbriefe II: Das Preußentum und die Poesie. In: Gesellschaft 1 (1885), S. 329–335.

Bühne‹ war eine Antwort auf diese Situation – und ein Glücksgriff, wie Isidor Landau, Kritiker des ›Berliner Börsen-Couriers‹ und für Otto Brahm Stimme des Durchschnittspublikums,[317] bemerkte:

> Der Verein Freie Bühne umfasst eben nicht bloss die Szene, umfasst die vielleicht am allerwenigsten, denn der Rahmen und die darstellenden Figuren können ja wechseln, er umfasst in erster Reihe gerade das Publikum. Der alte Erfahrungssatz, dass man die Opposition am besten beschwichtigt, indem man sie in die Verwaltung beruft, ist hier fast unversehens durchgeführt worden, ohne dass die Begründer der ›Freien Bühne‹ es selbst recht gemerkt haben.[318]

Doch Letzteres kann man mit guten Gründen bestreiten, denn noch in einem dritten Aspekt stellt die ›Freie Bühne‹ nicht nur eine andere, sondern unter Marktbedingungen konzeptionell überlegene Gründung dar: Zunächst lässt ihr exklusiver, scheinbar nicht auf Verbreitung angelegter Charakter die ›Freie Bühne‹ attraktiv erscheinen, indem sie ihren Mitgliedern erhebliches Sozialprestige verspricht, da jeder dabei sein möchte, weil eben nicht jeder dabei sein kann. Aber sie nutzt ihre institutionelle Kohäsion zugunsten eines höchst funktionalen Mechanismus der Lancierung avancierter Stücke und Formen. Da es per se einen Wert darstellt, zu dieser Gruppe zu gehören, wird das Mitglied permanent von einem möglichen Ausschluss bedroht und büßt durch diese Drohung jene Souveränität wieder ein, die es eben durch seine Marktmacht gewonnen hatte. Da der Rezipient als Vereinsmitglied zugleich in gewissem Sinne Produzent der Inszenierung ist, wird die Vorstellung zum gesellschaftlichen Ereignis. Denn es kommt nicht nur darauf an, ihr passiv beizuwohnen, man muss sich auch als kompetent erweisen und darüber reden können. Die soziale Situation entwickelt eine Dynamik, die im Zuschauer jene Bereitschaft zur Auseinandersetzung mit dem Dargebotenen induziert, die bislang von den Produzenten vergeblich eingefordert worden war. (Und wenn jemand selbst nicht wusste, was er hätte sagen sollen, konnte er sich bei der Kritik über Urteile und Sprachregelungen informieren.) Rückblickend auf die ersten Aufführungen – und den Premierenskandal von ›Vor Sonnenaufgang‹ übergehend – erinnert sich Isidor Landau an die Premiere der ›Weber‹:

> Da war nichts von Parteiungen, nichts von Kämpfen, da war nur andächtige Aufmerksamkeit überall und freudige Anerkennung, die in ihren Ausbrüchen zuweilen sogar über den Wert, nicht etwa des Werkes, aber doch vielleicht seiner Bühnenwirkung hinausging.[319]

---

[317] Vgl. Otto Brahm: 'Raus! In: Freie Bühne 1 (1890), S. 317–319, hier 317, auch in Brahm, Theater, S. 357–361, hier 358.
[318] Isidor Landau in Berliner Börsen Courier, 20. 10. 1889, Nr. 533, zitiert nach Hoser, Theaterkritiker, S. 197.
[319] Isidor Landau in: Berliner Börsen Courier, 28. 2. 1893, Nr. 99, zitiert nach Hoser, Theaterkritiker, S. 198.

Voraussetzung dieser Geschlossenheit ist, dass das Publikum das Theater zu seiner Sache macht, dass die ›Unterhaltung‹ auf die eigene Institution bezogen bleibt und sich über sie definiert. Das geschieht am leichtesten, wenn man über die Bühne, über Inszenierung, Werktreue, Darstellung etc. sprechen kann, also über ›Gesprächsstoff‹, den die Bühne selbst produziert und der die Interessen wieder auf sie selbst zurück leitet. Im geschlossenen Zirkel dieser Kommunikation werden Urteile zu Selbsturteilen. Landau notiert diese Struktur anlässlich der Uraufführung von ›Vor Sonnenaufgang‹:

> Es sind nicht Neugierige oder Wissbegierige, die Parkett und Ränge füllen, nicht zufällig zahlende Besucher einer Vorstellung, es sind Vereinsmitglieder. Nicht über fremde Veranstaltungen sitzen sie hier zu Gericht, sondern über ihre eigensten Vereinsangelegenheiten. Den Aktschlüssen folgten nicht Kundgebungen eines Theaterbeifalls und einer Opposition, sondern Vereinsabstimmungen, die einmal im buchstäblichsten und weitestgehenden Sinne des Wortes per Acclamation gemacht werden.[320]

Freilich hat das Konzept eine ›kritische Masse‹ zur Startbedingung. Es verlangt eine ausreichend starke Gruppe von Individuen, die interessiert und bereit sind, sich als ›Publikum‹ zu konstituieren. Dann muss genügend sozialer Druck erzeugt werden, um eine interne kommunikative Dynamik anzuschieben. Sie wird um so stabiler sein, je besser es ihr gelingt, sich gegen störende Einflüsse abzuschotten und dies wiederum gelingt am besten, wenn sie sich über einen Gegenstand definiert, welcher der eigenen Souveränität untersteht. Im Falle der Kunst sind dies ihre formalen Qualitäten.

Dem Interesse an der Form war durch die Theaterbegeisterung der Gründerjahre vorgearbeitet worden, die gerade durch den – vermeintlichen – Verzicht auf inhaltliche Schwere den Blick auf die handwerklichen Aspekte der Stücke und Inszenierungen, auf die ›Mache‹, gelenkt hatte. Es wurde nun durch die Tatsache begünstigt, dass durch die ökonomische und soziale Krisensituation der späten achtziger Jahre ein ›seriöseres‹ Klima zu herrschen begonnen hatte, in dem bloßes Amusement nicht länger gesellschaftsfähig schien. Eine Bühnenliteratur wurde gefordert, die der geschärften Wahrnehmung des Publikums und den damit gestiegenen Qualitätsanforderungen auch inhaltlich genügen sollte.

Da der qualitative Sprung der Gründerzeit in vermeintlich leichteren Genres erfolgt war und die ›seriöse‹ Theaterproduktion der Hauptstadt unberührt gelassen hatte, schloss die Übertragung dieser technischen Standards einen Großteil der inhaltszentrierten ›Propagandadramen‹ aller façon vom Repertoire aus. Außerdem musste mit der Kommerzialisierung und Öffnung des Theaterwesens ein Publikumsinteresse bedient werden, das sich nicht mit dem Interesse der staatstragenden und ideologiebildenden Repräsentationskultur deckte, die nach

---

[320] Isidor Landau in ›Berliner Börsen Courier‹, 20. 10. 1889, Nr. 533, zitiert nach Hoser, Theaterkritiker, S. 197.

Selbstverständnis wie Marktlage bevorzugter Adressat ›seriöser‹ Autoren gewesen war. Weder hatten deren Themen mehr als negativen Bezug zur urbanen Lebenswelt, noch wurde in ihrer Produktion eine vor Ort lebendige Tradition weitergeschrieben.[321] Da die Theater marktwirtschaftlich agieren mussten, waren sie besonders in der Hauptstadt gezwungen, auf die Interessen eines Publikums einzugehen, das sich ausdrücklich bürgerlich verstand und nicht bereit war, sich Achtung und Aura vom anderen sozialen Institutionen, vor allem dem Hof zu borgen. Wollten sie sich ihm nicht gänzlich ausliefern, so blieb nur die Möglichkeit, dieses Interesse auf sich selbst, d.h. die formale Qualität der Stücke und Inszenierungen zu lenken. Nachdem in Arthur Fitgers Trauerspiel ›Von Gottes Gnaden‹ in der ›Freien Bühne‹ durchgefallen war, reflektierte Brahm das Verhalten des Publikums:

> Derjenige Theil des Publikums, der am Sonntag im Lessing-Theater ein Gottesgericht vollzogen hat, war sich freilich alles andern eher bewußt, als einer litterarhistorischen Mission; die Lust am Ulk, die kunstfremde Schadenfreude, die brutale Zerstörungslust des Kindes sprach aus ihm. Daß da oben, trotz allem ein Poet, ein sehr sympathischer, kräftiger Poet zu Worte kam, dem man Respect schuldete, daß neben dem Verfehlten dramatisch Gelungenes begegnete, Geistreiches, Bedeutendes, Ergreifendes, daß dort tüchtige Künstler standen, im schönen Eifer einer Aufgabe hingegeben, an die sie glaubten, – das hielt die üble Laune und den Übermut jener Hörer nicht einen Augenblick auf; plump lachten sie in die Rede des Dichters hinein, und sie glaubten sich wunder wie klug, wenn sie gewagte Wendungen, Tropen, und rhetorische Floskeln, nüchtern spottend verhöhnten. Aber dennoch: was in dieser ungezogenen und maßlosen Opposition, ihr selbst unbewußt, reagirte, war zuletzt nichts anderes als der Natürlichkeitsdrang der Zeit; und schwerer, als mancher Sieg der neuen Kunst, wiegt darum diese Niederlage der alten. Der Naturalismus triumphirt auf der ganzen Linie, offensiv wie defensiv.[322]

---

[321] Selbst die Tradition der Berliner Lokalposse wird von Brahm verabschiedet. Vgl. Brahm, Theater, S. 94.

[322] Otto Brahm: [Rez.] Freie Bühne: Von Gottes Gnaden, Trauerspiel in fünf Aufzügen von Arthur Fitger. In: Freie Bühne 1 (1890), S. 401f., hier 401; vgl. auch: Otto Erich Hartleben: Der Deutschen Bühne zweiter Streich. In: Freie Bühne 1 (1890), S. 1053f. Ein positiv engagiertes Publikum beschreibt Isidor Landau 1888 anlässlich der Besprechung einer Aufführung von Ibsens ›Wildente‹ im ›Residenztheater‹: »Dieses Publikum war auch wohlgeeignet, der Eigenart der neueren Ibsenschen Richtung das rechte Verständnis entgegenzubringen. Es begriff, dass man Ibsen nicht nach den geltenden Regeln des Dramas beurteilen, dass man nicht viel nach Exposition, Verwicklung und Lösung fragen, nicht einen raschen Aufbau der Handlung verlangen dürfe, wenn man ihn nicht missverstehen will. Von all diesen Gesichtspunkten aus gesehen, kommt man leicht dazu, Ibsen Unrecht zu tun, das eigenartige Werk hat heute im Ganzen richtiges Verständnis gefunden.« (Landau in: Berliner Börsen Courier, 4. 3. 188, Nr. 119, zitiert nach Hoser, Theaterkritiker, S. 204).

Die »skeptische Laune«[323] der Zuschauer honoriert weder die persönlichen Qualitäten der Beteiligten, noch ihre Arbeit, sondern bemisst die Aufführung einzig nach der Qualität des Produkts. Nicht Engagement, nicht Tendenz, nicht Aussage, sondern ein falsches Sujet und vor allem mangelhafte formale Qualität – fehlende sprachliche Präzision – ließen die Aufführung scheitern. Da unter marktwirtschaftlichen Bedingungen die Theater ihrem Publikum ausgeliefert sind, dieses Publikum sich aber die Freiheit nimmt, die Wörter, die Figuren und Sujets der eigenen Lebenswelt zu applizieren,[324] genügt es nicht mehr alte Inhalte durch neue zu ersetzen. Jedes Thema ist ›zerstörbar‹, wenn die Form seiner Präsentation der anarchischen Lust des Publikums nicht standhält. Die negative, zersetzende und entlarvende Kraft der Komik, der test-by-ridicule, erscheint Brahm gefährlicher als die positive Begrifflichkeit politischer Programme:

> Ein Schlagwort, das am Sonntag von Mund zu Munde ging, bezeichnet am Besten die herrschende Stimmung: Operette lautete es. [...] Der böse Offenbach! Er hat nicht nur, der Spötter, den Olymp entvölkert, und Orpheus und Eurydice in parodistische Gestalten gewandelt; er hat auch, wie die Götter, so die Fürsten in die Operette hinabgestoßen und unseren Blick geschärft für die Komik der Theaterhoheiten, für das hohle Spiel der Pose. Er, nicht der Pathetiker, ist dem Gottesgnadentum gefährlich: doch die hohe Polizei verbietet Fitger und läßt Meister Offenbach freie Bahn.«[325]

Die Lust an parodistischer Profanation war, wie der Name Offenbach signalisiert, kein singuläres Ereignis, sondern fester Bestandteil der Gründerzeitkultur. Sie bezeichnet den schmalen Grad zwischen dem Pathos der wilhelminischen Repräsentationskultur und ihrem Umschlagen in Lächerlichkeit, der in der synchronen Aufführung von Tragödie und Parodie im Hof- und im Parodientheaters,[326] in der parodistischen Doppelung historischer Romane[327] und sogar in

---

[323] Brahm, Gottes Gnaden, S. 402.
[324] Hier argumentiert Brahm ähnlich wie Lindau vor ihm. Vgl. Brahm, Theater, S. 17.
[325] Brahm, Gottes Gnaden, S. 402; vgl. 413.
[326] Vgl. Manfred Barthel: Das ›Berliner Parodie-Theater‹. (1889–1910), Phil. Diss. Berlin 1952; Erwin Rotermund: Deutsche Dramenparodien der Jahrhundertwende. In: Kurzformen des Dramas. Gattungspoetische, epochenspezifische und funktionale Horizonte, hg. von Winfried Herget u. Brigitte Schultze, Bern 1996, S. 145–157. Am spektakulärsten war die gleichzeitige Aufführung von Wildebruchs Hohenzollernschem Staatsschauspiel ›Die Quitzows‹ und ihrer Parodie im ›Eldorado‹-Theater, die Eingang in Fontanes ›Poggenpuhls‹ gefunden hat. (Vgl. Barthel, Parodie-Theater, S. 10f.). Zur Theorie der Parodie und der Differenzierung verwandter Formen vgl. Waltraud Wende: Goethe-Parodien. Zur Wirkungsgeschichte eines Klassikers, Stuttgart 1995, S. 7–110; vgl. auch. Roy C. Cowen: Arno Holz' ›Dafnis‹: Die Parodie als naturalistische Kunst. In: Neophilologus 60 (1976), S. 421–431.
[327] Einer der produktivesten Parodisten war Hans Merian, der spätere Besitzer und Herausgeber der ›Gesellschaft‹. Sein Spott richtete sich vor allem gegen den historischen Professorenroman. So setzte er der Ebersschen ›Eilifen. Ein Wüstentraum‹ die Parodie ›Von Elifen bis Zwölifen. Ein wüster Traum‹, der Eberschen ›Nilbraut‹ einen

parodierender Kritik seinen Niederschlag fand – wie der Lindauschen Kritik der Holz/Schlafschen ›Familie Selicke‹, der eine Antikritik gleicher Art und Weise folgte. Die Parodie und verwandte Gattungen werden feuilletonistisch praktiziert und reflektiert,[328] um die Jahrhundertwende werden sie im Kabarett schließlich eine eigene ›intellektualisierte‹ Institution finden. Dann kann sich auch die Wissenschaft der Form annehmen:

> Mehr als von einer verblasenen Schönfärbung lernen wir immerhin von der Karikatur, denn der Haß macht nicht nur blind für das Verdienst, sondern auch scharfsichtig für die Schwächen, die ein advocatus diaboli aufsticht und einseitig potenziert. Wenn statt der Scharfrichterei, [...] wenn statt des gemeinen Pasquillanten ein Großer den Hohlspiegel ergreift, kann das Pamphlet zum Kunstwerk gedeihen [...][329]

schrieb Erich Schmidt 1909 und induzierte mit seiner ›qualitativen Einschränkung‹ zugleich ein limitierendes Moment, das die anarchische Kraft des Lachens bändigen und einem unbestimmten Aptum verpflichten soll.[330] (Schließlich wird der Formalismus in der Parodie das kardinale Prinzip moderner Kunst erkennen.) Auch Brahm glaubte, dass er sich mit seiner Apologie der parodistischen Destruktion – die auch als gewisses Bekenntnis zur Gründerzeit und deren Neigung zu niederen Genres gelesen werden kann – zu weit vorgewagt hatte. Angesichts der Entrüstung, die nach den umkämpften und skandalträchtigen Aufführungen über die ›Freie Bühne‹ hereinbrach und ihr ein rasches Ende prophezeite, relativiert er die eigene Position.

›Nilbräutigam‹ und den Freytagschen ›Ahnen‹ ›Die Urahnen. Ein Zyklus vorsündflutlicher Romane‹ entgegen. Die epischen Parodien folgen wie die dramatischen dem Prinzip der condensed novell, der Reduktion der Vorlage auf ein in Text und Handlung absurd zusammengestrichenes Gerüst, das noch um die Jahrhundertwende in Max Reinhards Kabarett ›Schall und Rauch‹ mit Erfolg angewendet wird. Vgl. Peter Sprengel [Hg.]: Schall und Rauch: Erlaubtes und Verbotenes. Spieltexte des ersten Max-Reinhard-Kabbaretts (Berlin 1901/02), Berlin 1991.

[328] Z.B. Curt Grottewitz: Variationen über das Thema: ›Die Kuh‹ aus der Oper: Unsere Zeit. In: Gesellschaft 15,1 (1899), S. 237–242. Johannes Schlaf: Einiges über die Bedeutung der Travestie. In: Deutsches Dichterheim 4 (1884), S. 190; Isidor Landau: Der Berliner Humor. In: Berlin unterm Scheinwerfer, hg. von Isidor Landau, Berlin 1924, S. 82–89.

[329] Erich Schmidt: Die litterarische Persönlichkeit. Rede zum Antritt des Rektorates der Königlichen Friedrich-Wilhelms-Universität am am 15. Oktober 1909. In: Schmidt, Reden zur Litteratur- und Universitätsgeschichte, Berlin 1911, S. 1–20, hier 6; vgl. Richard Moritz Meyer: Parodiestudien. In: Meyer, Aufsätze literarhistorischen und biographischen Inhalts, Bd. 1, Berlin 1912, S. 34–77.

[330] Schmidt ergänzt: »Während der ersten Jahre meiner hiesigen Tätigkeit brach ein literarischer Bildersturm herein, der sich in maßlosen Todesurteilen und neben der Gärungen eines jungen Mostes in fratzenhaften Gebilden äußerte. Trotz mancher Extravaganzen der Kritik und der Werke haben wir heut ein regeres, ernsteres Leben in der Litteratur und auf der Bühne als vor einem Menschenalter.« (Schmidt, Persönlichkeit, S. 19).

Nachdem Isidor Landau die Uraufführung der ›Familie Selicke‹ verrissen hatte, nutzte Brahm die Gelegenheit zur einer Reflexion über das Verhältnis von Kritik und Publikum. Kurzerhand identifiziert er Landau mit der Stimme der Publikumsmehrheit, beginnt aber dennoch keine inhaltliche Auseinandersetzung, sondern zieht sich auf eine Metaebene zurück, indem er erklärt, er sei

> weit entfernt, Entrüstung mit antikritischer Entrüstung hier vergelten zu wollen; seine [Landaus] Urtheile bleiben mir unter allen Umständen ›documents humains‹, von weitgeschichtlichem Interesse.[331]

Brahm appelliert an liberale Grundüberzeugungen, bezeichnet den Naturalismus als Tatsache, die kein moralisches Verdikt negieren könne, und betont die Eigengesetzlichkeit der künstlerischen Entwicklung gegenüber allen Versuchen kritischer Einflussnahme.[332] In der Rückschau auf die letzte Dekade bestimmt er die Rolle der Kritik als seismographische und amplifizierende Institution im literarischen Prozess:

> Es begannen von verschiedenen Seiten her die Angriffe gegen die bestehende ästhetische Ordnung; und wenn auch das deutsche Können noch keine Fortschritte machte, wenn der dichterische Nachwuchs noch immer ausblieb, – die Kritik sprach deutlich aus, was Noth that, sie stellte neue Ziele auf und wies mit immer steigendem Nachdruck auf das große dramatische Muster, das in Henrik Ibsen gegeben war.[333]

Die Kritik wird zur Avantgarde des *Sozial*systems Kunst. Brahm will der destruktiven Energie des Publikums mit der Energie konstruktiver, behutsam leitender Kritik begegnen und es erziehen. Kritik soll zwischen der inventiven Kraft der Dichtung und der anarchischen Lust des Publikums vermitteln, soll, wie Brahm Bismarck zitierend schreibt, »die Intentionen eigenartiger Kunst den Hörern nur aufschließen [...] als ehrlicher Makler«.[334] Doch wenn er dabei auf den

---

[331] Brahm, ’Raus, S. 317.
[332] »Die Kunst ist das und das sagen ihre privilegierten Vertreter: ›die Kunst soll euch erheben, erbauen, läutern‹. Woher die Herren das eigentlich wissen, haben sie noch niemals verrathen; und Thatsache ist, daß durch die ganze Dauer der poetischen Entwicklung die wirklich führenden Geister um die Theorien, welche von außen ihnen kamen, sich nicht gekümmert haben. Sie schaffen, wie sie mußten, nicht wie sie ›sollten‹: wie sie mußten, nach dem Antrieb ihrer Persönlichkeit und dem Zug der Zeit.« (Brahm, ’Raus, S. 319).
[333] Brahm, ’Raus, S. 319.
[334] »Man glaubt, ein Kritiker sei ein Mann, welcher feststellt: dies ist lobenswert und das ist tadelnswert; und denen in den Zeitungen sprechen die im Publikum so grobe Kritik vor und nach. [....]; aber daß ein Kritiker auch derjenige ist, welcher die Intentionen eigenartiger Kunst den Hörern nur aufzuschließen sucht als ein ehrlicher Makler – davon haben die Herren noch nicht gehört.« (Otto Brahm: ›Kollege Crampton‹ und die Aufführung im Deutschen Theater. In: Brahm, Theater, S. 61–65, hier 62).

Geschmacksbegriff rekurriert, geht es im Gegensatz zur Gründezeitkritik weder um ein Dekorum, noch um ein plebiszitäres ästhetisches Urteil. In einem weiteren Artikel, der sich erneut mit Landau auseinandersetzt führt, Brahm aus:

> Alle Kunstgeschichte lehrt: wie diesen Führenden das Publikum stets und stets gefolgt ist. Geistige Bewegungen gehen von oben nach unten; und niemals kann die Masse, nur der Künstler kann den Weg betreten, der nach innerer Notwendigkeit zu wählen ist. Das Publikum folgt, mit all seiner Sicherheit des Geschmackes, denn Geschmack ist ja nichts Festes und Unwandelbares, er kann gemodelt, gebildet werden, und solche Geschmacksbildner eben sind die Künstler. [...] – und in so viel Wandel und Wechsel Einen als den seelig machenden für alle Ewigkeit zu bezeichnen, – die Anmaßung kann nur die Beschränktheit ästhetischer Pfaffen wagen. Höchstens den Zeitgeschmack kennen wir von Fall zu Fall, aber auch hier bleibt zu unterscheiden: Geschmack der Führenden, Geschmack des Publikums. Schlage denn jeder an seine Brust, auf welcher Seite er steht und stehen will.[335]

Dieser Geschmack ist nur noch ästhetisch: Eine Fähigkeit zur relativ angemessenen Rezeption von Kunstwerken. Da Kunst dem historischen Prozess nicht nur unterworfen ist, sondern eine genuine Form seiner Manifestation darstellt, ist Geschmack kein Gut, das einmal erworben zu dauerhaftem Besitz wird. Guter Geschmack muss je neu im Prozess ästhetischer Erfahrung an Werken überprüft und korrigiert werden. Sonst droht Unverständnis und damit der Ausschluss aus dem Verein der Kennerschaft. Dem Kritiker wächst eine neue – alte – Macht zu: Er führt das Publikum zur Kunst. Das Publikum muss sich diese Leistung verdienen und sich ihr würdig erweisen. Zustimmend zitiert Brahm eine Zuschrift, die Zensur des Publikums fordert:

> Eine Freie Bühne wird nicht nur mit der Dichtung, sondern auch vornehmlich mit dem Publikum experimentieren müssen. Es gilt, eine neue freie Kunstgemeinde zu schaffen.[336]

Brahm entwirft das Modell einer condescendenten Kritik, die sich dem Geschmack der Masse stellt, ohne sich ihm zu unterwerfen, die um ihr Publikum kämpft und es sanft leitet. Der Kritiker wird zum Mittler zwischen der innovativen Kraft des Künstlers und der beharrenden Tendenz des Publikums. Seine Fähigkeit firmiert als Korrektiv der anarchischen Lust dieses neuen Souveräns.[337] Brahm, der

---

[335] Otto Brahm: Das geschmackvolle Publikum. In: Freie Bühne 1 (1890), S. 417–420, hier 418.
[336] K. [Kurt?] Eisner. Zitiert nach: Brahm, Publikum, S. 419.
[337] Vorbildhaftes Klischee ist dabei die Weisheit des Kritikers im wissenschaftlichen Sinne, die Weisheit des Philologen, der die eigenen Bedürfnisse unterdrückt und sich der Logik seines Textes überantwortet:»Ein großer Kritiker, Karl Lachmann, der Philologe, hat das schöne Wort gefunden: ›Sein Urtheil befreit nur, wer sich willig ergeben hat‹.« (Brahm, Publikum, S. 419).

die ›Freie Bühne‹ selbst als »Versuchsbühne« bezeichnet hatte,[338] spricht jedoch nicht das letzte Wort in der Auseinandersetzung. Kurz darauf meldet sich unter dem Pseudonym Karl Linz auch Hermann Bahr mit der These zu Wort, dass das Bedürfnis nach neuer Kunst sehr wohl im Publikum existiere, aber noch keine adäquate Form gefunden habe – und sieht enorme Marktchancen:

> Ohne Zweifel: wenn das Publikum die neue Kunst will und bloß der Künstler die neue Kunst noch nicht kann, dann muß das Versuchen weiter gehen [...] bis alle denkbaren Combinationen im Kreise herum erschöpft sind und an einem fliederlichen Maientage die Kunst endlich einmal das Können der Künstler das Wollen der Laien einholt. Ich beneide bloß die Schatzmeister der freien Bühnen. Herr Gott, müssen die, wenn es so geht, alle rein ganz millionnärrisch werden![339]

Gelungene Balance zwischen sachlichem Engagement und pragmatischer Orientierungsleistung kennzeichnet Otto Brahms Leitung der ›Freien Bühne‹ ebenso wie seine spätere Direktion am ›Deutschen Theater‹. Sein Erfolg ist wesentlich Resultat einer Strategie, vordergründig und nur inhaltlich *pädagogische* Intentionen auszugrenzen, sich auf die Interessen und Möglichkeiten seines Publikums einzulassen, dieses aber zugleich ständig in sanfter Überforderung zu halten und in einem Verfahren von trial and error den schmalen Grad zwischen Faszination und Destruktion zu ermitteln und zu moderieren.

Brahm versteht seine Aufgabe als permanenten Kampf *um das* und *mit dem* Publikum.[340] Brahms Freund und Kollege Paul Schlenther nimmt die Metaphorik in seinem Jahresbericht über die ›Freien Bühne‹ auf und behauptet sie in abgemilderter Form als Intention des ganzen Unternehmens:

> Streit zu entfachen, war die bewußte Absicht derer, welche die *Freie Bühne* begründeten. Sachlicher Streit sollte ausbrechen, um ein Ding zu erzeugen, daß [!] wir im Culturleben der Gegenwart vermißten. Und dieses Ding ist die litterarisch-sociale Schwerkraft der deutschen dramatischen Kunst.[341]

Vieles an der Darstellung mag Hagiographie sein, dennoch bestätigt Schlenthers Argumentation das kritisch-aktive Verhältnis von Kunst und Publikum, die gleiche dynamische Prozessualität in der Genese einer kunstverständigen Öffentlichkeit und der Formierung eines zeitgemäßen Stils, die Brahm angedeutet hatte. Entscheidend für den Wert einer Kritik ist ihre Produktivität im Rahmen des

---

[338] Brahm, Publikum, S. 419.
[339] Karl Linz [Hermann Bahr]: Um Logik wird gebeten. (Zum Falle Fitger's). In: Freie Bühne 1 (1890), S. 430f., hier 431.
[340] Vgl. Brahm, Publikum, S. 418.
[341] Paul Schlenther: Der Freien Bühne erstes Kriegsjahr. Persönliche Gegner. In: Freie Bühne 1 (1890), S. 537–540, hier 538.

kritisch-ästhetischen Prozesses.[342] Im Lager seiner Kontrahenten unterscheidet Schlenther zwischen persönlichen Gegnern und Gegnern der Sache. Eine produktive Auseinandersetzung mit ersteren erscheint unmöglich, weil sie sachliche Argumentation verweigern. Zu dieser Gruppe zählen die Vertreter der ersten Generation des Naturalismus«.[343] Die zweite Gruppe besteht hauptsächlich aus einer Person, Karl Frenzel, neben dem nur Paul Lindau eine verwandte und in seiner dramatischen Produktion sogar avanciertere Position zugebilligt wird.[344] Frenzel gilt als »Gegner der Sache«.[345] Wie Landau bei Brahm, so steht Frenzel bei Schlenther für common sense.[346] Dessen These, das Theater habe mit der 48er Revolution seine politische und moralische Funktion eingebüßt, stimmt Schlenther umstandslos zu und stellt sich ausdrücklich die Tradition einer »Forderung nach Realität«,[347] wie er sie ausgehend von Gutzkow auch bei Frenzel und Lindau zu finden glaubt. Aber mit der später eingekehrten – und, wie er glaubt, von der Gründerzeit akzeptierten – ›Wurschtigkeit‹[348] will er sich nicht abfinden:

Die Schwächlichkeit der Production und die Mißwirtschaft auf der damals noch concurrenzlosen Hofbühne wurden vom Kritiker der National-Zeitung still-gleichgültig geduldet, da er von dem Standpunkt ausging, daß es ja doch mit dem Theaternimbus vorüber sei. Während in der Wissenschaft und Technik, im Handel und Wandel, in der Staatskunst und Waffenkunde auf allerfriedlichstem Wege sich grandiose Umwälzungen vollzogen; während Bürger der neuen Reichshauptstadt, wie Bismarck und Moltke, Helmholtz und Siemens die Welt vorwärts rückten, verödete die Stätte, an der einst Iffland und Ludwig Devirent, ebenbürtig den besten ihrer Zeit, im Höchsten Höchstes schufen.[349]

---

[342] »Durch das was auf der Freien Bühne vorgeht, bereitet sich langsam und den Wenigsten bewußt ein Geschmackswandel vor. [...] Begünstigt wurden vom Vorstand solche Dramen, welche es versuchen der lebendigen Welt einen Spiegel vorzuhalten, in welchem sie ohne schmeichlerische Schönfärberei ihr wahres Angesicht erschauen kann. Wer einmal in solch einen Spiegel blickt, mag erschrecken; aber schon der Ernst der Erkenntnis hindert ihn, an den früheren Schmeichelkünsten irgend welchen Geschmack zu finden.« (Schlenther, Freie Bühne: Persönliche Gegner, S. 539f.).
[343] »Verletzte Eitelkeit wirft bei ihnen auch Geschmack und kritisches Urtheil über den Haufen.« (Schlenther, Freie Bühne: Persönliche Gegner, S. 539).
[344] Paul Schlenther: Der Freien Bühne erstes Kriegsjahr. Ein Gegner der Sache. In: Freie Bühne 1 (1890), S. 561–566, hier 564.
[345] Schlenther, Freie Bühne: Gegner der Sache, S. 562.
[346] Er ist »die Stimme seines Publikums«. (Schlenther, Freie Bühne: Gegner der Sache, S. 562).
[347] Schlenther: Freie Bühne: Gegner der Sache, S. 564.
[348] Schlenther, Freie Bühne: Gegner der Sache, S. 562; vgl. 565: »Ein Bild vollendeter Schnuppigkeit gegenüber der vollendeten Mittelmäßigkeit.«
[349] Schlenther, Freie Bühne: Gegner der Sache, S. 564.

Für Schlenther ist Frenzels Standpunkt überholt, weil er weder der veränderten Wirklichkeit, noch den veränderten Bedingungen und Möglichkeiten der Bühne Rechnung trägt. Bereits im Engagement des Jungen Deutschland sieht Schlenther eine unzulässige politisch-propagandistische Vereinnahmung der Bühne und einen Grund für ihren Niedergang in der zweiten Jahrhunderthälfte, denn als sich diese literaturfremden Inhalte in der zweiten Jahrhunderthälfte ihre eigenen Medien schufen, brauchten sie das Theater nicht mehr.[350] Es versank in Belanglosigkeit, verkümmerte zum bloßen Gelderwerb und zur reinen ›Amüsieranstalt‹. In selbstvergessener Genügsamkeit verlor die Bühne den Kontakt zu den Problemen ihrer Zeit. (Die Intention realistischer Literaturpolitik könnte von Schlenther nicht nachvollzogen werden, sie erschiene aus seiner Perspektive als a priori verfehlter Versuch der Identifikation von ästhetischer und politischer Sphäre. Der Inhaltsleere der Bühne korrespondiert die kritisierte Harmlosigkeit realistischer Sujets und Darstellungen.) Damit verzichtete die Bühne nach Schlenthers Ansicht auf ihr wichtigstes Wirkungsprinzip, den intellektuellen Genuss. Doch intellektueller Genuss *am* Theater kann in Konsequenz nichts anderes sein als Genuss *des* Theaters, also Interesse am Medium als Medium, Interesse an den ästhetischen Prinzipien und Formen der Darbietung. Im Gegensatz zum Klischee der Gründerzeit ist dieser Genuss jedoch nicht inhaltsleer, weil die Form stets sich als Form eines Inhalts präsentiert. Intellektueller Genuss im Brahmschen und Schlentherschen Sinn ist Genuss an der formalen Bewältigung inhaltlich anspruchsvoller Themen, oder, anders formuliert, Genuss ist eine emergente Qualität gelungener ästhetischer Signifikation. Erst in der Intellektualisierung ihrer Ästhetizität findet die Bühne wieder Anschluss an die intellektuellen Situation der Epoche und bestimmt damit das Maß, nachdem sie sich als relevantes Medium der Wahrnehmung eigener Gegenwart behaupten kann. Prinzipiell ist sie durch ihre Avantgardefunktion, die sich im Dichter als inventivem Subjekt inkarniert und in der Kritik als Reflexionsmedium institutionalisiert, dazu privilegiert in der Lage. Diesen Vorsprung des Dichters einzuholen, ist Aufgabe des Publikums, Genuss am Kunstwerk Ausweis ihres Gelingens. Dabei hilft der Kritiker dem Publikum wie dem Dichter, indem er zwischen dem Werk und der Zeit Brücken kommunikativer und kritischer Verbindungen schlägt. Schlenther glaubt prinzipiell an den ›Nimbus‹ des Theaters und aktuell die Möglichkeit seiner Restitution. Vorausgesetzt das Theater besinnt auf seine Eigenlogik:

---

[350] »Karl Frenzel empfing seine unmittelbaren Jugendeindrücke von der kahlen Tendenzpoesie des jungen Deutschland, in der Heine's satirischer Spott und Börne's kritischer Zorn in trockne und breite Leitartikel verflachten, und die das Schiller'sche Pathos aushöhlte und ernüchterte. Karl Gutzkow erniedrigte die Bühne zum Fußschemel seiner gewiss guten Tendenzen [...]« (Schlenther, Freie Bühne: Gegner der Sache, S. 563).

> Denn die Freude, die uns das Theater gewährt, unterscheidet sich von andern Lebensfreuden, als da sind Mittagessen, Skatspielen, Zweiradfahren oder Kindtaufhalten, dadurch, daß es eine künstlerische Freude ist, ein von Künstlern dem kunstverständigen Publikum dargebotner Genuß. Ueberall dort, wo das Theater statt der künstlerischen Freude andre bereiten will oder bereitet hat, sehn wir es auf falschem Wege, mögen diese Freuden nun der Lüsternheit oder moralischen Tendenzen des Publikums verschafft werden, mögen sie für die bösen Sinne oder für die gute Seele des Zuschauers sorgen wollen.[351]

Damit ist Kunst bei ihrer formalen Definition angekommen, hat ihr ›modernes‹ Publikum und ihre moderne Struktur gefunden. Diese wird bestimmt von der Polarität von ästhetischer Invention und Konsumption und zusammengehalten durch eine Kritik, die als Agent des Mediums, Produzent und Konsument in die Einheit *einer* Sphäre vermittelt. Deren ureigenstes Interesse als soziale Institution liegt darin, sich zu stabilisieren und selbst zu erhalten. Dies gelingt am Besten in der Zentrierung des Diskurses um spezifische, intern wie extern unstrittige Kompetenzfelder. Die Etablierung formaler Dynamik liegt im berechtigten Eigeninteresse der Systems Kunst unter den Bedingungen des Marktes. Der Künstler schafft das Werk, der Kritiker prüft das Werk, dem Publikum wird abverlangt, an sich zu arbeiten, um es auch zu verstehen. Denn im Prinzip, bei der Premierenfeier, der Lesung oder der Vernisage reden alle miteinander. Legitimer Genuss ist Selbstgenuss des Rezipienten nach seiner Arbeit: Befriedigung dazuzugehören, teilzuhaben, mitreden zu können. An die Stelle der realistischen Condeszendenz, die das Individuum durch Interesse locken, unbemerkt dem Genuss zuführen und durch pathetische Modulation seiner Empfindungen schließlich zum Gedanken erheben wollte, tritt jetzt intellektuelle Arbeit an der Autotelie des ästhetischen Prozesses.

---

[351] Schlenther, Freie Bühne: Gegner der Sache, S. 563.

5. Schluss

> Der Snobb haßt das Symbol und die Einheitskette,
> die jenes weitschlingend zieht.
>
> Carl Einstein

Zur kardinalen poetischen Aufgabe des naturalistischen Literaturkonzeptes und experimentum crucis seiner Modernität wurde die Beschreibung urbaner Wirklichkeit. Aber die Orientierung in der Metropole fiel schwer – und das Versagen konventionalisierter Raumerfahrungs- und -deutungsmuster zog den Verlust des topischen Arsenals literarischer Beschreibungs- und -handlungsmuster nach sich. Im ›Dschungel‹ der Metropole konnte keine Sekuritätsposition mehr bezogen und kein Ort mehr gefunden werden, der einen panoramatischen Blick ermöglicht hätte. Die abbildhafte Geschlossenheit des bürgerlichen Weltentwurfs, die im Winkel einer kleinstädtischen Existenz das Große und Ganze – und im Ganzen und Großen das Kleine und Einzelne – zu travestieren gewußt hatte, war zerbrochen: Das Subjekt blieb der Perspektive seines Standortes verhaftet, der Standort blieb von den Kontingenzen seiner Wahrnehmung gezeichnet. Die Totalität der Metropole konnte allenfalls noch als unanschaulicher und abstrakter Funktionszusammenhang rekonstruiert werden. Hingegen dominiert Dynamik die Wahrnehmung, tritt die Solidität des Ortes hinter die Präsenz einer Bewegung zurück, die Geistesgegenwart und Beweglichkeit verlangt, um den Einzelnen nicht ›unter die Ränder‹ kommen zu lassen.[1] Selbst die architektonischen Syntagmen verloren ihre Funktion als Repräsentationen sinngebender Programme und wurden zu anonymen, architektonisch selbstreferentiellen Hüllen ihrer abstrakten Gesetzmäßigkeiten. Aus Schaubildern der Macht und Persönlichkeit ihrer Bauherrn wurden Visualisierungen ihrer inhärenten Funktion.

1890 erschien in Friedrichs ›Magazin für Litteratur des In- und Auslandes‹ ein Aufsatz mit dem Titel ›Die Poesie der Großstadt‹.[2] Sein Autor, Wilhelm Bölsche, war 1885 nach Berlin gekommen, hatte zur ›Durch!‹ gehört und 1887 mit der naturalistischen Programmschrift ›Die naturwissenschaftlichen Grundlagen der Poesie. Prolegomena zu einer realistischen Ästhetik‹ einiges Aufsehen

---

[1] Vgl. Christoph Asendorf: Ströme und Strahlen. Das langsame Verschwinden der Materie um 1900, Gießen 1989; Marshall Berman: All That Is Solid Melts Into Air. The Experience of Modernity, London/New York 1982.

[2] Wilhelm Bölsche: Die Poesie der Großstadt. In: Magazin für Litteratur 40 (1890), S. 623–625.

erregt.³ Ende 1890 wird er in die Redaktion der ›Freien Bühne‹ eintreten und bis Ende 1893 bleiben. Bölsche bewegte sich im Zentrum naturalistischer Diskussion. Und er versucht seine Vorstellungen literarisch umzusetzen: 1891 veröffentlicht er den dreibändigen Roman ›Die Mittagsgöttin‹;⁴ aber der literarische Erfolg bleibt ihm verwehrt. Bölsche, der sich zeitlebens für Volksbildung einsetzte, wird nach der Jahrhundertwende als Autor populärwissenschaftlicher Bücher und Propagandist des Haeckelschen Monismus berühmt werden. Doch hatte er zu dieser Zeit der Metropole längst persönlich wie programmatisch den Rücken gekehrt. Bereits 1890, im Erscheinungsjahr der ›Poesie der Großstadt‹, zog er nach Friedrichshagen und gehörte dort zu den Gründern einer Dichterkolonie, die in einer Melange aus Boheme und Lebensreform die Wirklichkeit der Großstadt mit einer spekulativen ›Weltkunstanschauung‹ sinnstiftend zu überbieten versuchte.⁵

1890 hatte Bölsche noch anders geklungen: Gegen die Großstadtfeindschaft des Realismus stellt er eine »Überfülle« »poetischen Stimmungsgehaltes«.⁶ Zwar seien »idyllische Schäferhäuschen mit jenen berühmten patriarchalischen Sitten der Bewohner«⁷ nicht mehr anzutreffen; zwar befände sich die Stadt selbst »im Uebergang von der gemütlichen Philisterstadt zur kalten Großstadt«⁸ und das »Instrument« des romantischen Blicks könne nur noch sehr beschränkt und gegen

---

3   Wilhelm Bölsche: Die naturwissenschaftlichen Grundlagen der Poesie. (1887) Hg. von Johannes J. Braakenburg, Tübingen 1976. Zu Bölsche vgl. Wolfram Hamacher: Wissenschaft, Literatur und Sinnfindung im 19. Jahrhundert. Studien zu Wilhelm Bölsche, Würzburg 1993; Ferdinand Fellmann: Ein Zeuge der ästhetischen Kultur im 19. Jahrhunder. Wilhelm Bölsche. In: Archiv für Kulturgeschichte 70 (1988), S. 131–148.
4   Wilhelm Bölsche: Die Mittagsgöttin. Ein Roman aus dem Geisteskampfe der Gegenwart. (1891) 3 Bde., 2. Auflage, Leipzig 1901.
5   »Wenn ich manchmal gen Westen abends in das fahle Rauchrot sehe, so ist mir, als wanke dieses ungeheuere Tier schon, bereit, sich in den Abgrund zu stürzen. Warum lebe, dampfe, qualme, dröhne, schwitze, arbeite ich bis zur Todesmattigkeit überhaupt? lautet die Frage. Um einen Sinn! die Antwort. Ich habe keinen Sinn, sagt das Ungetüm und fällt in den Abgrund. Kunst ist ein solcher Sinn, – ästhetische Kultur. Aber diese Kunst muß Weltkunst werden, – Weltkunstanschauung. [...] Aber im Nachtkaffee der Großstadt wird das nicht erredet werden.« Wilhelm Bölsche: Hinter der Weltstadt. Friedrichshagener Gedanken zur ästhetischen Kultur, Jena/Leipzig 1901, S. XIf. Zur Dichterkolonie Friedrichshagen vgl. Gertrude Cepl-Kaufmann/Rolf Kauffeldt: Berlin-Friedrichshagen. Literaturhauptstadt um die Jahrhundertwende. Der Friedrichshagener Dichterkreis, Berlin 1994; zur Tradition der Großstadtfeindschaft in der deutschen Literatur vgl. Klaus Bergmann: Agrarromantik und Großstadtfeindschaft, Meisenheim am Glan 1970.
6   Bölsche, Poesie der Großstadt, S. 622.
7   Bölsche, Poesie der Großstadt, S. 623.
8   Bölsche, Poesie der Großstadt, S. 623.

die Tendenz der Zeit in Anschlag gebracht werden, doch widerstreite dies nicht einem »echte[n] melancholischen Element«, das »der wahren Großstadt-Poesie allerdings in hohen Maße innewohn[e]«.[9] Die moderne Großstadt erheischt ästhetische Aufmerksamkeit, ›gegenwärtig‹ aber erscheint Bölsche nicht der pompös historisierende Stil wilhelminischer Repräsentationsarchitektur, sondern die funktionale Architektur industrieller Ingenieursbaukunst:

> Die gigantische Schale der Bahnhofshalle am Alexanderplatz wäre hier [..] zu nennen. Herausgerissen aus dem Ganzen wäre sie häßlich; häßlich wären die himmelhohen Neubauten, die endlosen Straßen, ganz hervorragend häßlich wären die Stangen der elektrischen Lampen an der Leipziger Straße, das krause Notennetz der unzähligen, die Giebel allenthalben überkletternden, die Straßen überbrückenden, fast schon den blauen Himmel in ein liniertes Blatt verwandelnden Telegraphendrähte. Als Glied eines Ganzen, ja als Machtglied, als Ausdruck eines Kulturheraufgangs finde ich das alles groß, erhaben, schön.[10]

Läßt man den letzten Satz beiseite, wäre dies ein Beispiel moderner Stadtbeschreibung und zugleich eine Modernetheorie in nuce: Sukzessive lösen sich die Gegenstände in Funktionalität, in ihrer Bedeutung für einen sich zunehmend selbst entmaterialisierenden und ortlos werdenden, in der Metapher: immer weiter himmelwärts strebenden Kommunikationszusammenhang auf, der als liniertes leeres Blatt selbst Melodie und Beschreibung zu fordern scheint. Folgt man der immanenten Poetik dieser Passage, so intendiert Bölsche eine Beschreibungskunst, die mit dem Ornament auch das Topische ihres symbolischen Arsenals abstreifte und die-Sache-selbst in konkreter Gegenständlichkeit zeigte. Bölsches Kritik der Architekturkritik endet in einem Angriff auf den Symbolbegriff als zentrale ästhetische Kategorie:

> Im letzten Grunde ist das Symbolische selbst in der klassischen Kunst, in der älteren Kunst überhaupt unverhältnismäßig beherrschender gewesen, als man gewöhnlich zugibt. Im Symbolischen aber fällt das Vereinzelte, das direkt und an sich formal Wirksame ganz von selbst fort vor der Forderung nach Allgemeinheit.[11]

---

[9] Bölsche, Poesie der Großstadt, S. 623. Diese Melancholie ist keine Spezifik des Sujets, sondern paradoxer und sentimentalischer Habitus des Großstadtbewohners. In einer Rezension zählt Bölsche poetische »Großstädterstimmungen« auf: »[...] die feine ironische Zurückhaltung und das kontrastfröhliche Mitthun [...], das wilde Aufsaugen der freien Natur [...], dann aber auch der durchdringende, den Illusionsschleier unbarmherzig sprengende Blick«. (Alle Wilhelm Bölsche: [Rez.] Johannes Schlaf's »In Dingsda.« In: Freie Bühne 2 (1891), S. 986f., hier. 987; vgl. Bölsche, Mittagsgöttin, Bd. 2, S. 3f.

[10] Bölsche, Poesie, S. 624. Zur epochemachenden Architektur der beiden Berliner Stadtbahnhöfe Friedrichsstraße und Alexanderplatz vgl. Ulrich Krings: Bahnhofsarchitektur. Deutsche Großstadtbahnhöfe des Historismus, München 1985, S. 261–287.

[11] Bölsche, Poesie, S. 624b. Bölsches Skepsis richtet sich zunächst gegen den Symbolbegriff idealistischer Ästhetik; Gebhards Diktum »Bölsches Mißtrauen dem Symbol

Doch im letzten Satz seiner Beschreibung der Stadtlandschaft um den Alexanderplatz kassiert Bölsche den offenen Funktionalismus und harmonisiert ihn, indem er die Chiffren der Moderne als Symptome eines ›Kulturheraufgangs‹ interpretiert und in der Trias der Schlußkadenz die Attribute einer nicht-mehr-schönen-Kunst an die Tradition der ›schönen Künste‹ fesselt.

In diesem Versuch, die moderne Prozessualität außerästhetischer Wirklichkeit und ästhetischer Darstellung substanzialistisch zu restringieren und in einem Begriff von ›Schönheit‹ formal zu sedieren, ist Bölsches ›Lösung‹ des Moderneproblems exemplarisch für zahlreiche kulturkonservative Bewältigungsversuche deutscher Provenienz: Der ›Sinn‹ des Ästhetischen wird noch einmal zu einem elitären, teleologischen oder kompensatorischen ›Übersinn‹ schlechter Gegenwart. Doch die Ligatur ästhetischer Form und außerästhetischer Wirklichkeit in einer Aura ›schönen Scheins‹ ist nicht mehr – oder nur noch unter weitgehender Preisgabe der nicht-ästhetischen Wirklichkeit – zu leisten. Das Projekt des idealistischen Realismus ist endgültig gescheitert: Schon Mitte des 19. Jahrhunderts war die Konsonanz von Philosophie und Kunst verdächtig erschienen, beide Disziplinen glaubten sich in Gefahr, den Bezug zur Gegenwart einzubüßen, beide traten unter dem Panier des ›Realismus‹ an, die Verbindung wenigstens zu pragmatischen und politischen Zwecken erneuern zu können. Jener Teil der Geschichte dieses Unternehmens, der an der Nahtstelle von Kunst, Reflexion und Wirklichkeit, also in der Sphäre kritischer Diskussion über Kunst und ihrer sozialen Inszenierung spielt, ist erzählt worden. Er endete in der Absage an die poetische Tradition, der Deklaration eines Neubeginns und der Neudefinition des Funktionsgefüges ästhetischer Öffentlichkeit im Diskussionsfeld des Naturalismus.

Doch auch wenn der Naturalismus literarisch strittig blieb und poetologisch bald als überholt galt, behielt er einen relativen Wert als Rebellions- und Transformationsphase der ästhetischen Moderne. »Er zerstört die abgebrauchte For-

---

gegenüber reagiert auf seine Unfähigkeit, zwischen Begriff und Wort zu unterscheiden.« ist problematisch, denn es kaschiert das zentrale Problem der popularwissenschaftlichen Ästhetik, den Sachverhalt, dass es keine gültige Veranschaulichung abstrakter wissenschaftlicher Sachverhalte geben kann. (Walter Gebhard: ›Der Zusammenhang der Dinge‹. Weltgleichnis und Naturverklärung im Totalitätsbewußtsein des 19. Jahrhunderts, Tübingen 1984, S. 397). Zwar fordert Bölsche noch 1896, »der Roman solle ein dichterisch geschautes Weltbild geben, nicht bloß eine kleine Phantasiearabeske.« (Bölsche, Grundlagen, S. 896), doch hatte er die Möglichkeit einer objektiv gültigen Schließung dieses ›Bildes‹ bereits 1886 (vgl. Bölsche, Grundlagen, S. 61) und 1891 (vgl. Bölsche, Mittagsgöttin, Bd. 3, S. 305f.) negiert. Nach der Jahrhundertwende wird die Arabeske zur poetischen Leitfigur (vgl. Bölsche, Weltstadt, S. 181) ›Symbole‹ sind funktionale und transitive Orte textueller Arbeit. Vgl. Bölsche, Mittagsgöttin, Bd. 3, S. 309; vgl. Monika Fick: Sinnenwelt und Weltseele. Der psychophysische Monismus in der Literatur der Jahrhundertwende, Tübingen 1993, S. 176.

mensprache. Er saugt sich fest an der Wirklichkeit, Neues ihr abzugewinnen.« schrieb Wilhelm Dilthey schon 1892;[12] Richard Moritz Meyer verstand Naturalismus als »der ›Wahrheit‹ und nur der ›Wahrheit‹ geltenden Fanatismus, der seinerseits in gesunder Abwehr flacher Schönheit seine Wurzel hatte«.[13] Auch Georg Simmel erkannte seine Berechtigung als legitime, wenngleich überzogene Reaktion auf die Bedingungen der Moderne an,[14] erneuerte jedoch zugleich den notorischen Vorwurf, der Naturalismus liefere die Kunst letztlich kunstfremden, politischen, vor allem aber unsittlichen Interessen aus: Charakteristisch für ihn sei eine dominante ›Nähe der Objekte‹, die zwar einer gewissen Wahrheit nicht entbehre, weil alle Kunst letztlich auf der Wahrnehmung von Wirklichkeit basiere, dann aber Gefahr laufe, durch übergroße Konkretion zu banaler Sinnlichkeit zu verführen und den Geist des Rezipienten zu überwältigen, anstatt ihn in seiner Selbstständigkeit zu stützen.[15] Wie Meyer setzte auch Simmel auf die radikale Autonomisierung des Ästhetischen, im Gegensatz zu dem Germanisten aber zielt der Philosoph nicht auf die werkästhetische Qualität der ›Reinheit‹, sondern betont die anthropologische Dimension ästhetischer Erfahrung, die eine ›Distanz‹ des Produzenten/Rezipienten von seinem Gegenstand gestatte und damit formale Wahrnehmung ermögliche. Derart ästhetische Wahrnehmung wird für Simmel zu einer »zweite[n] Form des Fühlens«;[16] in ihr »liegt doch das Wesen der Kunst als solcher, Das, was die Kunst zur Kunst macht«.[17] Vorbildhaft wird für Simmel – wie für Meyer – die Lyrik Georges:

> Der Naturalismus hatte sich auf der pantheistischen Empfindung aufgebaut, daß der Sinn und die Bedeutsamkeit der Welt jedem beliebigen Ausschnitt ihrer gleichmäßig innewohne; das bloße Herausheben eines solchen, indem man ihn in die äußerlichen Grenzen einer Kunstform versetzte und gegen sein Vorher und Nachher und Dane-

---

[12] Wilhelm Dilthey: Die drei Epochen der modernen Ästhetik und ihre heutige Aufgabe. (1892). In: Dilthey, Gesammelte Schriften, Bd. 6, Stuttgart 1962, S. 242–287, hier 285.
[13] Richard Moritz Meyer: Ein neuer Dichterkreis. In: Preußische Jahrbücher 88 (1897), S. 33–54, hier 34.
[14] »Der Naturalismus in seinen groben Formen war ein verzweifelter Versuch über die Distanz hinwegzukommen, die Nähe und Unmittelbarkeit der Dinge zu ergreifen: kaum aber war man ihnen ganz nahe, so konnten die empfindlichen Nerven schon ihre Berührung nicht mehr vertragen und scheuten zurück, als hätten sie glühende Kohlen angefaßt.« (Georg Simmel: Soziologische Aesthetik. In: Simmel, Aufsätze und Abhandlungen 1894–1900. Hg. von Heinz-Jürgen Dahme u. David P. Frisby. Gesamtausgabe Band 5. Frankfurt am Main 1992, S. 197–214, hier 212).
[15] Vgl. Georg Simmel: Soziologische Aesthetik In: Simmel, Aufsätze und Abhandlungen 1894–1900, S. 197–214, hier 209f.
[16] Georg Simmel: Stefan George. Eine kunstphilosophische Betrachtung. In: Simmel, Aufsätze und Abhandlungen 1894–1900, S. 287–300, hier 288.
[17] Simmel, George, S. 289.

ben isolirte, schien so der Forderung der Dinge an das Kunstwerk, ihrem Werth und Geist die Zunge zu lösen, schon zu entsprechen. Nicht daß die Kunst ein *Bild* des Lebens, sondern ein Bild des *Lebens*, war dem Naturalismus ihre Seele. Wenn nun der Lyrik Georges selbst das Gefühlsleben und seine zartesten und intimsten Inhalte in unmittelbarem Ausdruck noch nicht die Kunst ausmachen, sondern erst ihre zu höherer Form zu gestaltenden Rohstoffe, so ist damit der Gipfel des Anti-Naturalismus erreicht. Das Interesse wendet sich von dem Inhalt, den das Gedicht mittheilt, vollkommen ab und ausschließlich seiner künstlerischen Durchbildung zu. Daß der Eigenwerth des Stofflichen so herabgedrückt wird, ist ersichtlich für jene ästhetische Gleichgültigkeit gegen das unmittelbare Gefühl [...][18]

Wenn Simmel hier der naturalistischer Kunst ein Element ›pantheistische Empfindung‹ zuspricht, wird deutlich, dass unter ›Naturalismus‹ nicht Beschreibungstechnik, sondern inhaltlicher Substanzialismus kritisiert wird. Er zielt damit zugleich auf die Kitsch-Kunst des spekulativen Monismus und auf die (werbewirksame) Exposition sensations- und skandalträchtiger Inhalte. Das pathetische Unmittelbarkeitsideal ihres gemeinsamen wirkungsästhetischen Kalküls ist für Simmel gleichbedeutend mit einer Depersonalisation, mit Selbstauslieferung an die Objektwelt und »Vergewaltigung durch den primitiven Impuls«[19] ihrer Wahrnehmung; von ihm gilt es sich zu emanzipieren, um personale Integrität und Souveränität establieren und sistieren zu können, die das Subjekt an der »Grenzlinie« zwischen der prinzipiellen Autonomie des Intellekts und der prinzipiellen Heteronomie des Gefühls verankert.[20] Die Entwicklung der Simmelschen Kunsttheorie – und er steht richtungsweisend am Anfang eines Teils der Literatur und ihrer Theorie, der einem großen Teil der Wissenschaft von ihr als avancierteste der Zeit gilt – zielt auf die Kultivierung des ästhetischen Erlebnisses in einem tendenziell isolationistischen Eskapismus, der Kunst zur Gegenwelt des Banalen und zur piece de resistance der integeren Personalität des Ästheten stilisiert. Ästhetiksystematisch lässt sich eine solche Abwendung von der Wirklichkeit kaum begründen; sie bleibt auf vorgängige Annahmen über die Kunstfeindlichkeit der Welt und die intellektuelle Willensschwäche des Menschen angewiesen. Verzichtet man aber auf die kulturkritische Reserve, so kehrt sich die Wertung um: Selbst Simmel hatte sich 1896 noch optimistischer geäußert und die mikrologische Beschreibungstechnik des Naturalismus mit ihrer ästhetische Transposition alltäglicher Gegenstände zu würdigen gewusst. Nachdem er die sinnliche Vulgarität der ›normalen‹ Naturalismusrezeption zurückgewiesen hatte, räumte er ein:

---

[18] Simmel, George, S. 294f.
[19] Simmel, George, S. 290.
[20] Simmel, George, S. 290.

Dennoch entbehrt auch der Naturalismus nicht eines sehr feinen Reizes der Fernwirkung der Dinge, sobald wir auf die Vorliebe achten, mit der er seine Gegenstände im alltäglichen Leben, im Niedrigen und Banalen sucht. Denn für seine empfindliche Seelen tritt die Entfernung des Kunstwerks von der Unmittelbarkeit der Erfahrung gerade dann besonders hervor, wenn das Objekt uns ganz nahe steht. Für weniger zartes Empfinden bedarf es, um diesen Reiz der Distanz kosten zu lassen, einer größeren Ferne des Objektes selbst [...] Feinere Nerven bedürfen dieser gleichsam materiellen Unterstützung nicht; für sie liegt in der künstlerischen Formung des Objektes der ganze geheimnisvolle Reiz der Distanz von den Dingen, die Befreiung von ihrem dumpfen Druck und Schwung von der Natur zum Geist; und um so intensiver werden sie Das empfinden, an je näherem, niedrigerem, irdischerem Materiale es sich vollzieht.[21]

---

[21] Simmel, Soziologische Aesthetik, S. 210.

Literaturverzeichnis

Primärliteratur

[Anonym]: [Rez.] Karl Frenzel: Dichter und Frauen. In: Deutsches Museum 9,1 (1859), S. 440f.
[Anonym]: Der Fall Brahm. Von Franz Mehring d.J. In: Freie Bühne 1 (1890), S. 923–925.
[Anonym]: Hegel und sein neuester Beurteiler. [Rez.] R. Haym: Hegel und seine Zeit; K. Rosenkranz: Apologie Hegel's gegen R. Haym. In: Deutsches Museum 8,1 (1858), S. 579–585.
[Quidam]: Berliner Kunstkritik mit Randglossen. Berlin 1884.
A. G. : [Rez.] Litteraturbriefe an einen deutschen Marine-Offizier in Ost-Afrika. Neue Litterarische Volkshefte Nr. 3: Die sozialen Kämpfe im Spiegel der Poesie. In: Gesellschaft 5 (1889), S. 1359f.
Alberti, Conrad [C. A-i.]: Literatur und Presse. In: Gesellschaft 4 (1888), S. 857–860.
– An die Redaktion der ›Gesellschaft‹. In: Gesellschaft 7 (1891), S. 1002.
– Bei Freund und Feind. Kulturbilder. Leipzig 1891.
– Bemerkungen der Redaktion zu [Rez.] Bjaerne P. Holmsen: Papa Hamlet. In: Gesellschaft 6 (1890), S. 569.
– Berliner Theaterbriefe. In: Gesellschaft 4,1 (1888), S. 970–979.
– Berliner Theaterbriefe. In: Gesellschaft 5 (1889), S. 105–110, 554–560 u. 711–718.
– Cicero oder Darwin? In: Gesellschaft 4,2 (1888), S. 217–224.
– Das Recht auf Liebe. Kampf ums Dasein. Eine Romanreihe, Nr. 3. Leipzig 1890.
– Der moderne Realismus in der deutschen Litteratur und die Grenzen seiner Berechtigung. Vortrag, gehalten im deutschen Literaturverein zu Leipzig. Hamburg 1889.
– Die Alten und die Jungen. Sozialer Roman. Kampf ums Dasein. Eine Romanreihe, Nr. 2. Leipzig 1889.
– Die Freie Bühne. Ein Nekrolog. In: Gesellschaft 6 (1890), S. 1104–1112 u. 1348–1355.
– Die zwölf Artikel des Realismus. Ein litterarisches Glaubensbekenntnis. In: Gesellschaft 5 (1889), S. 2–11.
– Gustav Freytag. Sein Leben und Schaffen. 2. Auflage. Berlin 1886.
– Judentum und Antisemitismus. In: Die Gesellschaft 5,2 (1889), S. 1718–1733.
– Kaiser Friedrichs Tagebuch. In: Gesellschaft 4 (1888), S. 979–985.
– Karl Frenzel und der Realismus. In: Gesellschaft 4 (1888), S. 1032–1042.
– Maschinen. Kampf ums Dasein. Eine Romanreihe, Nr. 6. Leipzig 1895.
– Mode. Kampf ums Dasein. Eine Romanreihe, Nr. 4. Leipzig 1893.
– Natur und Kunst. Beiträge zur Untersuchung ihres gegenseitigen Verhältnisses. Leipzig 1890.
– Ohne Schminke! Wahrheiten über das moderne Theater. 2. Auflage. Dresden/Leipzig 1889.
– Plebs, Novellen aus dem Volke. Leipzig 1887.
– Schmutz – Schmutz – Schmutz! Streiflichter auf die Zeitgeschichte. In: Die Gesellschaft 7,2 (1891), S. 1044–1048.

- Schröter & Co. Kampf ums Dasein. Eine Romanreihe, Nr. 5. Leipzig 1893.
- Theodor Fontane. Ein Festblatt zu seinem siebzigsten Geburtstag (29. Dezember 1889). In: Gesellschaft 5 (1889), S. 1753–1760.
- Wer ist der Stärkere? Ein sozialer Roman aus dem modernen Berlin. Kampf ums Dasein. Eine Romanreihe, Nr. 1. Leipzig 1888.
- Zum Glaubensbekenntnis des Realismus. In: Die Geselllschaft 5,2 (1889), S. 1167–1171.

Amyntor, Gerhard von: Herr Gloriosus Fingerschnell. In: Gesellschaft 3 (1887), S. 86–92.

Auftakt zur Literatur des 20. Jahrhunderts. Briefe aus dem Nachlaß von Ludwig Jacobowski. Hrsg. von Fred B. Stern. 2 Bde. Heidelberg 1974.

Ausgewählter Briefwechsel Rudolf Hayms. Hg. von Hans Rosenberg. Berlin 1930.

Avenarius, Ferdinand: Der Naturalismus und die Gesellschaft von heute. In: Die Gesellschaft 2,2 (1886), S. 237–239.

Bab, Julius: Von der Tendenz im Kunstwerk. In: Das Theater. Illustrierte Halbmonatsschrift. Hg. von Christian Morgenstern. Berlin 1904, S. 188–194.

Bahr, Hermann [Karl Linz]: Um Logik wird gebeten. (Zum Falle Fitger's). In: Freie Bühne 1 (1890), S. 430f.
- ›Monsieur Betsy‹. In: Freie Bühne 1 (1890), S. 265f.
- Essays. 2. Auflage. Leipzig 1921.
- Zur Überwindung des Naturalismus. Theoretische Schriften 1887–1904. Hg. von Gotthard Wunberg. Stuttgart/Berlin u.a. 1968.

Bamberger, Ludwig: Karl Hillebrand. In: Deutsche Rundschau 41 (1884), S. 443–450.

Bartels, Adolf: Die deutsche Dichtung der Gegenwart. Die Alten und die Jungen. Eine litteraturgeschichtliche Studie. Leipzig 1897.

Basedow, Hans von: [Rez.] Paul Lindau: Wunderliche Leute. In: Gesellschaft 4 (1888), S. 1147f.

Berg, Leo/Wolff, Eugen [B./E.W]: Langfingerei. In: Gesellschaft 7 (1891), S. 442–444.

Berg, Leo: Aus der Kulissenwelt (Berliner Theater). In: Gesellschaft 3 (1887), S. 74–78 u. 230–235.
- Aus der Zeit – Gegen die Zeit. Gesammelte Essays. Berlin/Leipzig/Paris 1905.
- Berliner Theater-Quartal. In: Gesellschaft 3 (1887), S. 657–65.
- Das hedonistische Prinzip in der Kunst. In: Gesellschaft 6 (1890), S. 871–879.
- Der Naturalismus. Zur Psychologie der modernen Kunst. München 1892.
- Der Übermensch in der modernen Literatur. Ein Kapitel zur Geistesgeschichte des 19. Jahrhunderts. Paris/Leipzig/München 1897.
- Ernst von Wildenbruch und das Preußenthum in der modernen Litteratur. Berlin 1888.
- Gottfried Keller oder Humor und Realismus. Berlin 1889.
- Haben wir überhaupt noch eine Litteratur? Großenhain/Leipzig 1888.
- Heine, Ibsen, Nietzsche. Essays. Berlin 1908.
- Henrik Ibsen und das Germanentum in der modernen Litteratur. Litterarische Volkshefte, Nr. 2. Berlin 1887.
- Kritische Betrachtungen über die Kritik. In: Deutsche akademische Zeitschrift. 3 (1886), Nr. 3, S. 2, Nr. 4, S. 1f.; Nr. 7, S. 2; Nr. 8, S. 1f.; Nr. 9, S. 1f.
- Zwischen zwei Jahrhunderten. Gesammelte Essays. Frankfurt am Main 1895.
- Das eiserne Zeitalter in der Literatur. In: Magazin für Litteratur des In- und Auslandes 1886, S. 529–531.

Berlin unterm Scheinwerfer. Hg. von Isidor Landau. Berlin 1924.

Berlit, Georg: Rudolf Hildebrand. Ein Erinnerungsbild. Leipzig 1895.

Bernard, Claude: Einführung in das Studium der experimentellen Medizin. (1865) Ins Deutsche übertragen von Paul Szendrö u. biographisch eingeführt u. kommentiert von Karl E. Rothschuh. Leipzig 1961.
Bie, Oskar: Zwischen den Künsten. Beiträge zur modernen Ästhetik. In: Freie Bühne 5 (1894), S. 353–367; 476–485; 605–621; 705–723; 822–835; 903–918; 998–1016.
Bierbaum, Otto Julius: Bemerkungen zu Conrad Albertis ›Zwölf Artikel des Realismus‹. In: Die Geselllschaft 5,1 (1889), S. 670–673.
– Ibsen auf der Flucht. In: Gesellschaft 7 (1891), S. 1320f.
Biese, Alfred: Theodor Storm und der moderne Realismus. Litterarische Volkshefte, Nr. 9. Berlin 1888.
Bleibtreu, Carl: Die Verrohung der Kritik. Ein Beitrag zur Haupt- und Sudermännerei. Berlin 1903.
Bleibtreu, Karl: [Rez.] Haben wir überhaupt noch eine Litteratur? von Leo Berg. In: Gesellschaft 4 (1889), S. 998.
– Berliner Briefe III: Zola und die Berliner Kritik. In: Gesellschaft 1 (1885), S. 463–471.
– Christentum und Staat. Leipzig 1893.
– Der Kampf ums Dasein in der Literatur. (1888) 2. Auflage. Leipzig 1889.
– Die Verrohung der Literatur. Ein Beitrag zur Haupt- und Sudermännerei. Berlin 1903.
– Geist. Geschichte einer Mannheit. München/Leipzig 1906.
– Größenwahn. Pathologischer Roman. 3 Tle. Leipzig 1888.
– Kraftkuren. Realistische Novellen. Leipzig/Berlin 1885.
– Letzte Wahrheiten. Leipzig 1892.
– Litterarhistorisches. In: Gesellschaft 4 (1888), S. 853–857.
– Noch einmal das Modellwesen. In: Die Gesellschaft 5 (1889), S. 1643–1646.
– Paradoxe der conventionellen Lügen. 4. Auflage. Berlin 1885.
– Realismus und Naturwissenschaft. In: Die Gesellschaft 4 (1888), S. 1–5.
– Revolution der Literatur. Nachdruck der 2. Auflage Leipzig 1886. Hg. von Johannes J. Braakenburg. Tübingen 1973.
– Taine. In: Gesellschaft 9 (1893), S. 899–913.
– Zur Psychologie der Zukunft. Leipzig 1890.
Bölsche, Wilhelm: [Rez.] Hamerling's ›Atomistik des Willens‹. In: Freie Bühne 1 (1890), S. 1149–1153.
– [Rez.] Neue Romane. In: Freie Bühne 4 (1893), S. 590–592.
– [Rez.] Neue Romane. In: Freie Bühne 4 (1893), S. 685–688.
– Auf dem Menschenstern. Gedanken zu Natur und Kunst. Dresden 1909.
– Ausgewählte Werke. Neubearb. u. illust. Ausgabe. 6 Bde. Leipzig 1930.
– Das Geheimnis Friedrich Nietzsches. In: Freie Bühne 5 (1894), S. 1026–1033.
– Das Liebesleben in der Natur. Eine Entwicklungsgeschichte der Liebe, 50.–54. Tsd. Stark vermehrte und umgearbeitete Ausgabe. Jena 1919.
– Der ›Dramatiker‹ Conrad Alberti. In: Freie Bühne 1 (1890), S. 1159f.
– Der billige Schopenhauer. In: Freie Bühne 2 (1891), S. 105–108.
– Der Naturalismus als Volkskunst. In: Neuland 1 (1896/97), S. 202–208.
– Die Mittagsgöttin. Ein Roman aus dem Geisteskampfe der Gegenwart. (1891) 3 Bde. 2. Auflage. Leipzig 1901.
– Die naturwissenschaftlichen Grundlagen der Poesie. Berlin 1886. Neu hg. von Johannes J. Braakenburg. Tübingen 1976.
– Die Poesie der Großstadt. In: Magazin für Litteratur 40 (1890), S. 623–625.
– Die sozialen Grundlagen der modernen Dichtung. In: Sozialistische Monatshefte 1 (1897), S. 23–28, 100–105, 564–567 u. 633–670.

- Ein Wörtchen an Wilhelm Jordan. In: Freie Bühne 2 (1891), S. 381–383.
- Gerhart Hauptmanns Webertragödie. In: Freie Bühne 3 (1892), S. 180–186.
- Goethe im 20. Jahrhundert. Berlin/Bern 1901.
- Heinrich Heine. Studien über seine Werke und seine Weltanschauung bis zum Tage seiner Abreise nach Paris. Leipzig 1888. Nachdruck Berlin 1888.
- Hinter der Weltstadt. Friedrichshagener Gedanken zur ästhetischen Kultur. Jena/Leipzig 1901.
- Johannes Schlaf's ›In Dingsda‹. In: Freie Bühne 2 (1891), S. 986f.
- Naturforschende Aesthetiker und ästhetisierende Naturforscher. In: Freie Bühne 1 (1890), S. 820–823.
- Naturwissenschaftliche Märchen. In: Freie Bühne 2 (1891), S. 194–199.
- Paulus. Roman aus der Zeit des Kaisers Marcus Aurelius. 2 Bde. Leipzig 1885.
- Wirklichkeitspoesie. In: Freie Bühne 14.2 (1903), S. 673–692.
- Ziele und Wege der modernen Aesthetik. Eine kritische Betrachtung. In: Moderne Dichtung. Monatsschrift für Literatur und Kritik (1890), S. 29–34.
- Zu unserm vierten Kampfesjahr. In: Freie Bühne 4 (1893), S. 1–3.
- Zur Ästhetik der Confusion. In: Freie Bühne 2 (1891), S. 771–773.
- Zur Naturgeschichte des modernen Romans. In: Freie Bühne 6 (1896), S. 894–901.
- Sechs Kapitel Psychologie nach Ibsen. In: Freie Bühne 2 (1891), S. 1272–1274.

Bötticher, Gotthold: Die Poetik unter den »exakten« Wissenschaften. In: Zeitschrift für den deutschen Unterricht 2 (1888), S. 379–392.

Brahm Otto: Von neuer Kunst: Impressionsimus und die Freie Bühne. In: Freie Bühne 1 (1890), S. 1182f.
- [Rez.] Deutsches Theater: Der Unterstaatssekretär. Lustspiel in vier Aufzügen von Adolf Wildbrand. In: Freie Bühne 1 (1890), S. 74–76.
- [Rez.] Freie Bühne: Von Gottes Gnaden, Trauerspiel in fünf Aufzügen von Arthur Fitger. In: Freie Bühne 1 (1890), S. 401f.
- [Rez.] Literaturhistorische Schriften. In: Deutsche Rundschau 1879, S. 471–473.
- [Rez.] Maurice Maeterlinck: La Princesse Maleine. In: Freie Bühne 2 (1891), S. 383–386.
- 'Raus! In: Freie Bühne 1 (1890), S. 317–319.
- Das geschmackvolle Publikum. In: Freie Bühne 1 (1890), S. 417–420.
- Der Schlußband von Freytag's ›Ahnen‹. In: Deutsche Rundschau 26 (1881), S. 315–317.
- Die Lindau-Hetze. In: Freie Bühne 1 (1890), S. 852–854.
- Historische Romane (Ernst Wichert: Heinrich von Plauen; Felix Dahn: Odins Trost, Hans Hopfen: Mein Onkel Don Juan, Wolfgang Kirchbach: Salvator Rosa). In: Deutsche Rundschau 27 (1881), S. 148–150.
- Kritische Schriften. Hg. von Paul Schlenther, 2 Bde. Berlin 1913.
- Lesen sie Nothnagel! In: Freie Bühne 1 (1890), S. 239f.
- Sittliche Entrüstung. Zum Fall Lindau. In: Freie Bühne 1 (1890), S. 817–820.
- Theater, Dramatiker, Schauspieler. Veröffentlichung der Deutschen Theaterakademie. Hg. von Hugo Fetting. Berlin 1961.
- Von neuer Kunst. In: Freie Bühne 1 (1890), S. 950f.
- Wilhelm Scherer's Litteraturgeschichte. In: Deutsche Rundschau 23 (1880), S. 319f.

Brandes, Georg: Menschen und Werke. Essays. 3., von neuem durchgesehene und vermehrte Auflage. Frankfurt am Main 1900.
- Moderne Geister. Literarische Bildnisse aus dem neunzehnten Jahrhundert. 4., von neuem durchgesehene und vermehrte Auflage. Frankfurt am Main 1901.

Brasch, Moritz: Der kritische Realismus. In: Gesellschaft 9 (1893), S. 1312–1330.

- Gesammelte Essays und Charakterköpfe zur neueren Philosophie und Literatur. 2 Bde. Leipzig 1885f.

Brunetière, Ferdinand: Le Roman Naturaliste. Paris 1883.

Burdach, Konrad: Die Wissenschaft von deutscher Sprache. Ihr Werden. Ihr Weg. Ihr Vergehen. Berlin/Leipzig 1934.
- Vorspiel. Gesammelte Schriften zur Geschichte des deutschen Geistes. 1. Bd. Halle 1925.

Busse, Wilhelm: Beitrag zur Kritik der Sprache. Berlin 1844.
- J.G. Fichte und seine Beziehung zur Gegenwart des deutschen Volkes. 2 Bde. Halle 1848/49.

Carriere, Moritz: Ästhetik. Die Idee des Schönen und ihre Verwirklichung im Leben und in der Kunst. 2 Teile. Dritte neu bearbeitete Auflage. Leipzig 1885.
- Materialismus und Ästhetik. Gegen den Materialismus. Nr. 1. Stuttgart 1892.

Conrad, Michael Georg [Fritz Hammer]: Die Schmutzforscher in der Kritik. In: Gesellschaft 5 (1889), S. 1616–1620.
- Von Emile Zola bis Gerhard Hauptmann. Erinnerungen zur Geschichte der Moderne. Leipzig 1902.
- [Fritz Hammer]: Münchener Theater-Publicum. In: Gesellschaft 2 (1886), S. 120–124.
- [Fritz Hammer]: Ein kritischer Traum. In: Gesellschaft 3 (1887), S. 40–45.
- [Fritz Hammer]: Zur realistischen Bewegung. In: Gesellschaft 6 (1890), S. 286–289.
- [Fritz Hammer]: Die Meininger und die Malerei. In: Die Gesellschaft 3 (1887), S. 715–718.
- [Hans Frank]: Münchner Kunst-Plauderei. In: Gesellschaft 1 (1885), S. 886–888.
- [Ignotus]: [Rez.] Anton von Perfall: Über alle Gewalten. In: Gesellschaft 5 (1889), S. 1782f.
- [Vult]: Paul Lindau. In: Gesellschaft 1 (1885), S. 14f.
- Die Sozialdemokratie und die Moderne. Zweiter Artikel. In: Gesellschaft 7 (1891), S. 719–741.
- [Rez.] Bjaerne P. Holmsen: Papa Hamlet. In: Gesellschaft 6 (1890), S. 568f.
- [Rez.] Felix Balden: Ledige Frauen. In: Gesellschaft 5 (1889), S. 905f.
- [Rez.] Hermann Bahr: Russische Reise. In: Gesellschaft 9 (1893), S. 377–382.
- [Rez.] Karl Knorz: Der Dichter der Demokratie. In: Die Gesellschaft, 16 (1900), S. 384f.
- [Rez.] Kunst und Kritik. Ästhetische Schriften von Ludwig Pfau. In: Gesellschaft 5 (1889), S. 122–124.
- [Rez.] Neuland. Menschen und Bücher der modernen Welt von E. Mensch. In: Gesellschaft 9 (1893), S. 245f.
- Das lächerliche Berlin. In: Gesellschaft 8 (1892), S. 403–408.
- Das Münchner Theater. I: Zur Novitätenfrage. In: Gesellschaft 1 (1885), S. 58–62.
- Der Krieg ist der Friede. Ein Redaktions-Stimmungsbild statt eines Vorworts. In: Gesellschaft 3 (1887), S. 1–8.
- Die klerikale Schilderhebung. Aus italienisch-deutschen Gesichtspunkten betrachtet; Breslau 1878.
- Eine Reichs-Genossenschaft deutscher Journalisten und Schriftsteller. In: Die Gesellschaft 1 (1885), S. 55f.
- Es rumort in der Schriftstellerwelt! In: Die Gesellschaft 1 (1885), S. 289–292 u. 406–408.
- Internationale Kritik. In: Gesellschaft 9 (1893), S. 677–679.
- Litterarische Volkshefte. In: Gesellschaft 3 (1887), S. 756f.

- Münchener Kunstleben. [Rez.] Karl v. Perfall: Die Brüder. In: Gesellschaft 5 (1889), S. 128–130.
- Professor Volkelt und der deutsche Realismus. In: Gesellschaft 6 (1890), S. 317–326.
- Redaktions-Post. In: Gesellschaft 4 (1888), S. 256.
- Schlentheriana. Ein Beitrag zur Kritik der deutschen Presse. In: Gesellschaft 6 (1890), S. 1097–1103.
- Über Gottfried Keller. In: Gesellschaft 5 (1889), S. 1346f.
- Vom vaterländischen Roman. In: Die Gesellschaft 1 (1885), S. 832–836.
- Von Emile Zola bis Gerhart Hauptmann. Leipzig 1902.
- Wie stellen wir uns zu den Franzosen? In: Die Gesellschaft 5 (1889), S. 1687–1691.
- Zola und Daudet. In: Gesellschaft 1 (1885), S. 746–750 u. 800–805.
- Zu Bismarcks siebzigstem Geburtstag. In: Die Gesellschaft 1 (1885), S. 222f.
- Zur Einführung. In: Die Gesellschaft 1 (1885), S. 1–3.
- Zur Geschichte der deutschen Kritik 1: Der Herr Pfarrer in Mähringen bei Ulm. In: Gesellschaft 5 (1889), S. 549–554.
- Zur Kritik des Münchner Hoftheaters. In: Gesellschaft 3 (1887), S. 733–740.

Conradi, Hermann: Adam Mensch. Roman. Leipzig 1889.
- Gesammelte Schriften. Hg. von Dr. Paul Ssymank u. Gustav Werner Peters. 3 Bde. München 1911.
- Phrasen. Leipzig 1887.
- Wilhelm II und die junge Generation. Eine zeitpsychologische Betrachtung. Leipzig 1889.
- Zum Begriff der induktiven Litteraturpsychologik. In: Die Gesellschaft 5 (1889), S. 697–711.
- Zur Psychologie der Moderne. Ein Briefcyklus und zwei Postkarten. Hg. von Michael Georg Conrad. In: Die Gesellschaft 16,2 (1900), S. 1–17.

Cristaller, Erdmann Gottreich: [Rez.] Revolution der Litteratur von Karl Bleibtreu. In: Gesellschaft 2 (1886), S. 379f.
- E. von Wildenbruchs ›Sedan‹ – ein modernes Epos? In: Gesellschaft 3 (1887), S. 892–898.
- Gedanken über die schöne Kunst. In: Die Gesellschaft 1 (1885), S. 251–258; 300–303; 346–349; 426–428; 519–522.
- Realistische und unrealistische Kunstbetrachtung. In: Die Gesellschaft 2,2 (1886), S. 236–239.
- Über Modellwesen in der Kunst, besonders im Roman. In: Die Gesellschaft 5 (1889), S. 1451–1476.
- Zolaismus. In: Die Geselllschaft 1 (1885), S. 647–650.
- Zur vergleichenden Kritik der menschlichen Triebe. In: Die Gesellschaft 3 (1887), S. 709–715.

Cronberger, F.: Der schöne Mann von Berlin. In: Gesellschaft 9 (1893), S. 1149–1151.
Dessoir, Max: Das Kunstgefühl der Gegenwart. In: Westermanns illustrierte Monatshefte 40 (1896), S. 81–90 u. 158–174.
Deutsche Großstadtlyrik vom Naturalismus bis zur Gegenwart. Hg. von Wolfgang Rothe. Stuttgart 1973.
Die literarische Moderne. Ausgewählt u. mit einem Nachwort hg. von Gotthart Wunberg. Frankfurt am Main 1971. 2., verbessert Auflage. Freiburg 1998.
Dilthey, Wilhelm: Der junge Dilthey. Ein Lebensbild in Briefen und Tagebüchern. 1852–1870. Zusammengestellt von Clara Misch, geb. Dilthey. Leipzig/Berlin 1933.
- Gesammelte Schriften. Leipzig/Berlin, jetzt Stuttgart/Göttingen 1913ff.

Dobert, Paul: Ein Berliner Sittenschilderer. In: Gesellschaft 1 (1885), S. 643f.

Droysen, Johann Gustav: Historik. Vorlesungen über Enzyklopädie und Methodologie der Geschichte. Hg. von Rudolf Hübner. 8. Auflage. München/Wien 1977.
Eckardt, Raimund: Die moderne Dichtung an den deutschen Universitäten. In: Gesellschaft 10 (1894), S. 1565–1570.
Ehrenfels, Christian v.: Philosophische Schriften in vier Bänden. Bd. 2: Ästhetik. Hg. von Reinhard Fabian. München/Wien 1986.
– Wahrheit und Irrtum im Naturalismus. In: Freie Bühne 2 (1891), S. 737–742.
– Offener Brief an Bruno Wille. In: Freie Bühne 3 (1892), S. 622–626.
Eloesser, Arthur: [Art.] Leo Berg. In: Biographisches Jahrbuch/Deutscher Nekrolog, Bd. 13 (1908), S. 186–189.
– [Rez.] Engwer, Th.: Emile Zola als Kunstkritiker. In: Euphorion 3 (1896), S. 807–810.
Engel, Eduard: Ist Zola unmoralisch? In: Die Gesellschaft 1 (1885), S. 258f.
Ernst II. Herzog von Sachsen-Coburg-Gotha: Aus meinem Leben und meiner Zeit. 3 Bde. Berlin 1887/88/89.
Ernst, Paul: Jünglingsjahre. München 1931.
Feuerbach, Ludwig: Sämtliche Werke. 2. Auflage. Stuttgart/Bad Cannstatt. 1959ff.
Fichte, Johann Gottlieb: Fichtes Werke. Hg. von I. H. Fichte. 8 Bde. Berlin 1845/46. Neudruck Berlin 1971.
Findel, J. G: Unsere litterarische Kritik. In: Gesellschaft 4, Kritische Rundschau (1888), S. 27–30.
Fisahn: Paul Lindau als Kritiker und das Theater. Ein Beitrag zur Kritik der Kritik. 2. Aufl. Liegnitz 1879.
Fontane, Theodor: Briefe an Georg Friedländer. Hg. und erläutert von Kurt Schreinert. Heidelberg 1954.
– Sämtliche Werke. Hg. von Edgar Groß, Kurt Schmied, Rainer Bachman, Charlotte Jolles und Jutta Neuendorff-Fürstenau. München 1959ff. (Nymphenburger Ausgabe).
– Tagebücher 1866–1882, 1884–1898. Große Brandenburger Ausgabe, Tage- und Reisetagebücher Bd. 2. 2. Auflage. Berlin 1995.
Frenzel, Karl, 1874: Berliner Chronik. In: Deutsche Rundschau 1 (1874), S. 319–324.
– [Rez.] Grillparzer: Des Meeres und der Liebe Wellen (1874). In: Meister der deutschen Kritik, Bd. 2: Von Börne zu Fontane. 1830–1890, hg. von Gerhard F. Hering, München 1963, S. 258–264.
– Berliner Chronik: Die dramatische Production und die Theater. In: Deutsche Rundschau 2 (1875), S. 135 – 141.
– Berliner Chronik: Die französische Komödie im Residenztheater. In: Deutsche Rundschau 17 (1878), S. 475–484.
– Berliner Chronik: Die Theater. In: Deutsche Rundschau 1 (1874), S. 465–473.
– Berliner Chronik: Die Theater. In: Deutsche Rundschau 6 (1876), S. 295–302.
– Berliner Chronik: Die Theater. In: Deutsche Rundschau 6 (1876), S. 452–457.
– Berliner Chronik: Die Theater. In: Deutsche Rundschau 7 (1876), S. 305–314.
– Berliner Chronik: Die Theater. In: Deutsche Rundschau 14 (1878), S. 484–496.
– Berliner Dramaturgie. 2 Bde. Erfurt 1877.
– Berliner Theater. In: Deutsche Rundschau 23 (1880), S. 140–151.
– Die Berliner Theater. In: Deutsche Rundschau 28 (1881), S. 134–144.
– Die Berliner Theater. In: Deutsche Rundschau 34 (1883), S. 133–144.
– Erinnerungen und Strömungen. Gesammelte Werke. Bd. 1. Leipzig 1890.
– Künstler und Kritiker. In: National-Zeitung, 23. 11. 1883.
Freytag, Gustav: Deutsche Romane. In: Die Grenzboten, 12,1, Nr. 2 (3. 1. 1853), S. 77–80 u. Nr. 4 (14. 1. 1853), S. 157–160.

- Erinnerungen aus meinem Leben. Leipzig 1886.
- Gesammelte Werke. 22 Bde. Leipzig 1886/88.
- Gustav Freytag an Salomon Hirzel und die Seinen. Mit einer Einleitung von Alfred Dove. Als Handschrift für Freunde. o.O o.J.
- Neue deutsche Romane. In: Die Grenzboten 12,2, Nr. 17 (15. 4. 1853), S. 121–128.
- Vermischte Aufsätze aus den Jahren 1848 bis 1894. Hg. von Ernst Elster. 2 Bde. Leipzig 1901/03.

Fritsch, Theodor: Die Stadt der Zukunft. Leipzig 1896.
Fritsche, Paul: Die moderne Lyriker-Revolution. Frankfurt an der Oder 1885f.
Fuld, Ludwig: Die Theaterkritik in Deutschland. In: Gesellschaft 5 (1889), S. 689–692.
Fulda, Ludwig: Aus der Werkstatt. Studien und Anregungen. Stuttgart/Berlin 1904.
- Moral und Kunst. In: Freie Bühne 1 (1890), S. 5–8.

Geffken, Johannes: Die Tendenz in Gustav Freytags ›Soll und Haben‹. In: Zeitschrift für vergleichende Literaturgeschichte NF 13 (1899), S. 88–91.
Giseke, Robert: Ein Trauerspiel von Gustav Freytag. In: Deutsches Museum 10 (1860), S. 569–575.
Goldmann, Paul: Literatenstücke und Ausstattungsregie. Polemische Aufsätze über Berliner Theater-Aufführungen. Frankfurt am Main 1910.
Goldstein, Ludwig: Litteratur und Publikum. In: Gesellschaft 6 (1890), S. 1335–1340.
Gottschall, Rudolf v.: Zur Kritik des modernen Dramas. Berlin 1900.
- Literarische Totenklänge und Lebensfragen. Berlin 1885.

Grothe, Hugo: Berliner Theater. In: Gesellschaft 8 (1893), S. 638–640.
Grottewitz, Curt/Lauenstein, Alexander: Die Zukunftsbahnen der neuen Dichtung. Leipzig 1890.
Grottewitz, Curt: Der Kultus der Persönlichkeit. In: Freie Bühne 2 (1891), S. 233–236.
- Die Zukunft der deutschen Litteratur im Urteil unserer Dichter und Denker. Eine Enquete. Berlin 1892.
- Eine Siegernatur. Moderner Roman. Berlin 1892.
- Jugendstürme. Leipzig 1894.
- Neuer Stil und neue Schönheit (1891). In: Die literarische Moderne, S. 151–157.
- Neues Leben. Moderner Roman. Berlin 1891.
- Où est Schopenhauer? Zur Psychologie der modernen Literatur. (1890) In: Die literarische Moderne, S. 115–121.
- Sonntage eines großstädtischen Arbeiters in der Natur. Berlin 1909.
- Variationen über das Thema: ›Die Kuh‹ aus der Oper: Unsere Zeit. In: Gesellschaft 15,1 (1899), S. 237–242.
- Wie kann sich die moderne Literaturrichtung weiter entwickeln? (1890) In: Die literarische Moderne, S. 107–113.
- Zehn Artikel des Neuidealismus. In: Der Zeitgenosse 1891,1, S. 152–157.

Gutheil, Arthur: [Rez.] ›Helene Jung‹. Erzählung von Paul Lindau. In: Gesellschaft 1 (1885), S. 862f.
Halbe, Max: Berliner Brief. In: Gesellschaft 5 (1889), S. 1171–81.
- Polemik. Eine Gesellschaftskrankheit. In: Freie Bühne 1 (1890), S. 361–364.

Hansson, Ola: Der Materialismus in der Literatur. Stuttgart 1892.
- Friedrich Nietzsche. Leipzig 1890.
- Kritik. In: Freie Bühne 2 (1892), S. 57–62.
- Seher und Deuter. Berlin 1894.

Hanstein, Adalbert v.: Das jüngste Deutschland. Zwei Jahrzehnte miterlebter Literaturgeschichte. Leipzig 1900.
- Die Aktien des Glücks. Humoristisch-satirischer Zeitroman. Berlin 1895.

- Die soziale Frage in der Poesie. Erweiterter Abdruck aus der Akademischen Rundschau 1896. Leipzig 1897.
- Gustav Freytag. Eine Gedächtnisrede. Heidelberg 1895.
- Kains Geschlecht. Berlin 1888.
- Menschenlieder. Berlin 1887.
- Zwei Welten. Roman aus dem modernen Berlin. Berlin 1898.

Harden, Maximilian: Apostata. Berlin 1892.
- Berlin als Theaterhauptstadt. Berlin 1888.
- Kaiserpanorama. Literarische und politische Publizistik. Berlin 1988.
- Literatur und Theater. Berlin 1896.

Hart, Heinrich: Die Entwicklung der Künste. In: Deutsche Dichtung. Organ für Dichtung und Kritik. Hg. vom Westfälischen Verein für Literatur. 1 (1877), S. 28–30.
- Die Realistische Bewegung. Ihr Ursprung, ihr Wesen, ihr Ziel. In: Kritisches Jahrbuch 1 (1889), S. 40–56.
- /Hart, Julius: Eine neue Presse. Aufruf und Programm. Bremen 1879.
- Gesammelte Werke. Hg. von Julius Hart. 5 Bde. Berlin 1907.
- Höhen-Aussicht. Aus meinen Sommeraufzeichnungen. In: Freie Bühne 4 (1893), S. 1144–1149.
- /Hart Julius: Kritische Waffengänge. (1882–84) Mit einer Einführung von Mark Boulby. Reprint New York/London 1969.
- Meine Interviews! In: Freie Bühne 4 (1893), S. 580–590.
- Neue Welt. Literarischer Essay. In: Deutsche Monatsblätter. Centralorgan für das literarische Leben der Gegenwart. Hg. von Heinrich Hart und Julius Hart. 1 (1878), S. 14–23.

Hart, Julius: Eine Blütenlese aus Spanischen Dichtern aller Zeiten. In deutschen Uebertragungen. Stuttgart 1883.
- Gesammtüberblick über die Strömungen der zeitgenössischen Literatur. In: Tägliche Rundschau 31. 3. 1897.
- Die Bühne im Freien. In: Das Theater. Illustrierte Halbmonatsschrift. Hg. von Christian Morgenstern. Berlin 1904, S. 194–196.
- Die neue Welterkenntnis. Zukunftsland. Im Kampf um eine Weltanschauung. Bd. 2. Leipzig 1902.
- Divan der persischen Poesie. Blütenlese aus der persischen Poesie. Halle 1887.
- /Hart, Heinrich: Eine neue Presse. Aufruf und Programm. Bremen 1879.
- Eine schein-empirische Poetik. In: Kritisches Jahrbuch 1 (1889), S. 29–39.
- England und Amerika. Fünf Bücher englischer und amerikanischer Gedichte von den Anfängen bis auf die Gegenwart. Minden 1885.
- /Hart, Heinrich: Kritische Waffengänge (1882–84). Mit einer Einführung von Mark Boulby, Reprint New York u. London 1969.
- Licht aus dem Dunkeln. In: Freie Bühne 2 (1891), S. 1121–24 u. 1198–1202.
- Revolution der Ästhetik als Einleitung zu einer Revolution der Wissenschaft. 1. Buch: Künstler und Ästhetiker. Berlin 1909.
- Sehnsucht. Berlin 1893.
- Stimmen in der Nacht. Mit einem ästhetischen Nachwort. Florenz/Leipzig 1898.
- Triumph des Lebens. Gedichte. Buchschmuck von Fidus. Florenz/Leipzig 1898.
- Vom Schreibtisch und aus dem Atelier. Die Entstehung der Freien Bühne. Persönliche Erinnerungen. In: Velhagen und Clasings Monatshefte 24,1 (1909/10), S. 293.
- Wie soll man eine Kritik lesen? In: Tägliche Rundschau, 6. 10. 1889.
- Geschichte der Weltliteratur und des Theaters aller Zeiten und Völker. 2 Bde. Neudamm 1894–96.

- Theaterkritik. In: Tägliche Rundschau, 13. 11. 1891.

Hartleben, Otto Erich: Der Deutschen Bühne zweiter Streich. In: Freie Bühne 1 (1890), S. 1053f.
- Der tote Vater. In: Gesellschaft 4 (1888), S. 327–336.
- ›Kollege Crampton‹. Sechster Akt. In: Freie Bühne 3 (1892), S. 218f.

Hartmann, Eduard von: Die deutsche Aesthetik seit Kant. In: Hartmann, Ausgewählte Werke, Bd. 3: Aesthetik. Erster kritischer Theil. Berlin 1886.

Hartwich, Georg: Paul Lindau's Glück und Ende oder »Fort mußt du, deine Uhr ist abgelaufen«. Berlin 1890.

Hauptmann, Gerhard: Sämtliche Werke. Centenar-Ausgabe. Hg. von Hans-Egon Hass, fortgeführt von Martin Machatzke. 11 Bde. Darmstadt 1962–74.

Haym, Rudolf: [Art.] Gentz, Friedrich von. In: Allgemeine Enzyklopädie der Wissenschaften und Künste in alphabetischer Folge, hg. von J.S. Ersch u. J.G. Gruber, 1. Section, 58. Theil. Leipzig 1854. Neudruck Graz 1972, S. 324–344.
- [Art.] Philosophie. In: Allgemeine Enzyclopädie der Wissenschaften und Künste in alphabetischer Folge, hg. von J.S. Ersch u. J.G. Gruber, 3. Section, 24. Theil: O-Z, Leipzig 1848. Neudruck Graz 1992, S. 1–231.
- [Rez.] Die Fabier. Trauerspiel in fünf Acten von Gustav Freytag. In: Preußische Jahrbücher 3 (1859), S. 657–683.
- [Rez.] Die Hartmannsche Philosophie des Unbewußten. In: Preußische Jahrbücher 31 (1873), S. 40–80; 109–139 u. 257–311.
- Aus meinem Leben. Erinnerungen. Berlin 1902.
- Das Leben Max Dunckers. Berlin 1891.
- Die deutsche Nationalversammlung. 3 Bde. Frankfurt/Berlin 1848–50.
- Die protestantischen Freunde in Halle. In: Jahrbücher der Gegenwart 4 (1846), S. 835f.
- Die Romantische Schule. Ein Beitrag zur Geschichte des deutschen Geistes. Berlin 1870.
- Ein modernes Glaubensbekenntnis. In: Noacks Jahrbuch für spekulative Philosophie und die philosophische Bearbeitung der Wissenschaften. Darmstadt 1847, S. 761–781.
- Gesammelte Aufsätze. Hg. von Wilhelm Schrader. Berlin 1903.
- Hegel und seine Zeit. Berlin 1857.
- Herder. Nach seinem Leben und seinen Werken dargestellt. Berlin 1877/85. Neudruck Berlin 1958.
- Ludwig Feuerbach und die Philosophie. Ein Beitrag zur Kritik beider. Halle 1847.
- Philologie und Naturwissenschaft. In: Preußische Jahrbücher 7 (1861), S. 129–145.
- Reden und Redner der ersten vereinigten preussischen Landtags. Berlin 1847.
- Wilhelm von Humboldt. Lebensbild und Charakteristik. Berlin 1856.
- Zur deutschen Philosophie und Literatur. Ausgewählt, eingel. und erläutert von Ernst Howald. Reihe Klassiker der Kritik, hg. von Emil Staiger. Zürich/Stuttgart 1963.

Hegel, Georg Wilhelm Friedrich: Sämtliche Werke. Hg. von Hermann Glockner. Stuttgart 1928ff.

Hegeler, Wilhelm: Einiges aus meinem Leben. In: Die Gesellschaft 16,2 (1900), S. 226–232.
- Flammen. Roman. Berlin 1905.
- Ingenieur Horstmann. Roman. Berlin 1900. 3. Aufl. 1905.
- Jenny. Aufzeichnungen eines Philologen. In: Freie Bühne 5 (1894), S. 368–390.
- Mutter Bertha. Berlin 1893.
- Und alles um die Liebe. Aufzeichnungen eines Philologen. Berlin 1894.

Heinrich, Curt: Der Naturalismus und das deutsche Publikum. In: Gesellschaft 10 (1894), S. 1476–1482.

Heitmüller, Ferdinand: [Rez.] Litzmann, B.: Das deutsche Drama in den literarischen Bewegungen der Gegenwart. In: Euphorion 2 (1895), S. 419–423.

Held, Franz: [Rez.] »Lieder eines Sünders«. Von Hermann Conradi. In: Gesellschaft 3 (1887), S. 481–483.

Helferich, Hermann: Die Ideen und die Gelehrten. In: Freie Bühne 1 (1890), S. 385–390.

Helfferich, Adolf: Die Kritik und die Kritiker. Ein Vortrag. In: Deutsches Museum 7,1 (1857), S. 153–162 u. 211–218.

Hermann, Conrad: Das Problem der Sprache und seine Entwicklung in der Geschichte. Dresden 1865.

– Die Sprachwissenschaft nach ihrem Zusammenhange mit Logik, menschlicher Geistesbildung und Philosophie. Leipzig 1875.

Hildebrand, Rudolf: Gedanken über Gott, die Welt und das Ich. Ein Vermächtnis. Jena 1910.

– Gesammelte Aufsätze und Vorträge zur deutschen Philologie und zum deutschen Unterricht. Leipzig 1890.

– Tagebuchblätter eines Sonntagsphilosophen. Gesammelte ›Grenzboten‹-Aufsätze. Leipzig 1896.

– Vom deutschen Sprachunterricht in der Schule und von deutscher Erziehung und Bildung überhaupt. Mit einer Einleitung über Rudolf Hildebrand und sein Werk von Theodor Fritzsch. Leipzig 1979.

Hillebrand, Julius: Naturalismus schlechtweg! In: Die Gesellschaft 2 (1886), S. 232–237.
– Neue Litteratur zur sozialen Frage. In: Die Gesellschaft 1 (1885), S. 938–942.

Hillebrand, Karl: Abendländische Bildung. München o.J.
– Völker und Menschen. Volksausgabe. Auswahl aus dem Gesamtwerk ›Zeiten, Völker und Menschen‹. Nebst einem Anhang ›Briefe eines ästhetischen Ketzers‹. Straßburg 1914.
– Vom alten und vom neuen Roman. In: Deutsche Rundschau 38 (1884), S. 422–435.

Holländer, Felix: Gesammelte Werke. Rostock 1926.
– Hauptmann und Sudermann als Novellisten. In: Freie Bühne 3 (1892), S. 767–771.
– Moderne Romane. Bd. 1: Jesus und Judas. Berlin 1891.

Holz, Arno/Schlaf, Johannes: Abber Paule! Freie Bühne 1 (1890), S. 323–325.
– /Schlaf, Johannes: Die papierne Passion. (Olle Kopelke) Eine Berliner Studie. In: Freie Bühne 1 (1890), S. 274–288.
– /Schlaf, Johannes: Familie Selicke. (1892) Stuttgart 1966.
– /Schlaf, Johannes: Krumme Windgasse 20. Studie aus dem Studentenleben. In: Freie Bühne 1 (1890), S. 351–360.
– /Schlaf, Johannes: Papa Hamlet/Ein Tod. (1889) Stuttgart 1963.
– Briefe. Hg. von Anita Holz u. Max Wagner. Mit einer Einführung von Hans Heinrich Borcherdt. München 1948.
– Das Werk. 10 Bde. Hg. von Hans W. Fischer. Berlin 1924/25.
– Die befreite deutsche Wortkunst. Wien/Leipzig 1921.
– Die ›dunkle Materie‹ im Abgeordnetenhaus. In: Freie Bühne 1 (1890), S. 344–347.
– Die Kunst. Ihr Wesen und Ihre Gesetze. Berlin 1891.
– Die neue Kunst und die neue Regierung. In: Freie Bühne 1 (1890), S. 165–168.
– Nach einer Heinelektüre. Capricco. In: Freie Bühne 3 (1892), S. 551–553.
– Phantasus. Verkleinerter Faksimiledruck der Erstfassung. (1898) Hg. von Gerhard Schulz. Stuttgart 1968.

- Revolution der Lyrik. Berlin 1899.
- Sozialaristokraten (1896). Hg. von Theo Meyer. Stuttgart 1980.
- Werke. 7 Bde. Hg. von Anita Holz u. Wilhelm Emrich. Neuwied/Berlin-Spandau 1961–1964.
- Zola als Theoretiker. In: Freie Bühne 1 (1890), S. 101–104.

Jacobowski, Ludwig: [Rez.] Neue litterarische Volkshefte, Nr. 5. Goethe und noch immer kein Ende. In: Gesellschaft 5 (1889), S. 1802.
- Arno Holz ›Revolution der Lyrik‹. In: Die Gesellschaft 16,1 (1900), S. 206–208.
- Aus Kunst und Leben. In: Freie Bühne 2 (1891), S. 1134–1136.
- Die Anfänge der Poesie. Grundlegung zu einer realistischen Entwicklungsgeschichte der Poesie. Dresden 1890.
- Kritik. In: Gesellschaft 5 (1889), S. 1055f.
- Werther, der Jude. (1892) 7. Auflage. Berlin 1920.

Jahresbericht über die erscheinungen auf dem gebiete der Germanischen Philologie herausgegeben von der Gesellschaft für Deutsche Philologie in Berlin. Berlin 1880ff.

Jahresberichte für Neuere Deutsche Literaturgeschichte. [Ab Bd. 3:] Mit besonderer Unterstützung von Erich Schmidt hg. von Julius Elias, Max Herrmann, Siegfried Szamatólski. Stuttgart 1892ff. Reprint Lichtenstein 1969.

Jahrhundertwende. Manifeste und Dokumente zur deutschen Literatur 1890–1910, hg. von Erich Ruprecht u. Dieter Bänsch. Stuttgart 1981.

Kana, Heinrich: Der Sonnabend der Premièren. In: Freie Bühne 1 (1890), S. 1051f.
- Eine Krankheit weniger. In: Freie Bühne 1 (1890), S. 1153–55.
- Sie ist Hedda Gabler. In: Freie Bühne 2 (1891), S. 91–93.
- Sudermann's Kritiker im Foyer. In: Freie Bühne 1 (1890), S. 1083–88.

Kerr, Alfred: Wo liegt Berlin? Briefe aus der Reichshauptstadt 1895–1900. Hg. von Günther Rühle. Berlin 1997.

Kircher, Friedrich: Gründeutschland. Ein Streifzug durch die Jüngste deutsche Dichtung. 2. Auflage. Wien/Leipzig 1893.

Knopf, Julius: Andere Kritiker! Ein Mahnwort. In: Gesellschaft 9 (1893), S. 210–212.

Kraus, Karl: Zur Ueberwindung des Hermann Bahr. In: Gesellschaft 9 (1893), S. 627–636.

Landmann, Karl: [Rez.] Hermann Paul: Grundriß der germanischen Philologie. In: Zeitschrift für vergleichende Literaturgeschichte, NF 5 (1892), S. 249–254.
- Literaturhistorische Typen aus Gustav Freytags »Ahnen«. In: Zeitschrift für den deutschen Unterricht 2 (1888), S. 304–310 u. 392–404.

Landsberg, Hans: Eine Litteraturgeschichte des 19. Jahrhunderts. In: Die Gesellschaft 16,1 (1900), S. 114–116.

Lassalle, Ferdinand: Gesammelte Reden und Schriften. Berlin 1919.

Lauenstein, Alexander: Schön contra Sittlich. In: Freie Bühne 2 (1891), S. 958–963.

Leistikow, Walter: Auf der Schwelle (1895). 2. Auflage. Berlin 1896.

Leitzmann, Albert: [Rez.] Goethe. Von Richard Moritz Meyer. In: Zeitschrift für deutsche Philologie 28 (1896), S. 415–417.
- [Rez.] Goethes Leben und Werke [...] Von Eugen Wolff. In: Zeitschrift für deutsche Philologie 28 (1896), S. 413–417.
- [Rez.] Gottscheds Stellung im deutschen Bildungsleben. Von Eugen Wolff. In: Zeitschrift für deutsche Philologie 28 (1896), S. 404f.

Leixner, Otto v.: ›Unsere Jüngsten‹, eine Kritik der modernen Dichtung. In: Deutsche Romanzeitung 1885, S. 139ff., 207ff. und 281ff.

Levin, Julius: Über die Verpflichtungen der litterarischen Kritik und der Zeitschriften. In: Gesellschaft 4 (1888), S. 1115–1126.

Lienhard, Fritz: Randglosse. In: Freie Bühne 1 (1890), S. 502f.
Lindau, Paul: [Rez.] Arno Holz/Johannes Schlaf: Die Familie Selicke. In: Berliner Tageblatt, 1890, Nr. 176.
- [Rez.] Meiniger Hoftheater: Schiller: Die Räuber. In: Die Gegenwart 1878, S. 19.
- Arme Mädchen, 2 Bde. Stuttgart 1887.
- Aus dem literarischen Frankreich. Breslau 1882.
- Aus der Hauptstadt. Berliner Plaudereien. 5. Auflage. Dresden/Leipzig 1884.
- Aus Paris. Beiträge zur Charakteristik des gegenwärtigen Frankreichs. Stuttgart 1865.
- Der Prozeß Graef. Drei Berliner Sensationsprozesse sowie zwei andere Kriminalfälle des ausgehende 19. Jahrhunderts. Berlin 1985.
- Der Zug nach Westen, 2 Bde. Stuttgart 1886.
- Die Blaue Laterne. Berliner Roman. 2 Bde. Stuttgart 1907.
- Die Gehilfin. Berliner Roman. 2 Bde. Leipzig 1895.
- Dramaturgische Blätter. Beiträge zur Kenntnis des modernen Theaters in Deutschland und Frankreich. (1874) 2 Bde. 2. Auflage. Stuttgart 1877.
- Ein Erfolg. Lustspiel in vier Akten (Juli 1874). In: Theater von Paul Lindau, Bd. 2, Berlin 1875, S. 123–247.
- Gesammelte Aufsätze. Beiträge zur Literaturgeschichte der Gegenwart. Berlin 1875.
- Harmlose Briefe eines deutschen Kleinstädters. 2 Bde. Leipzig 1870/71.
- Literarische Rücksichtslosigkeiten. Feuilletonistische und polemische Aufsätze. 3. unveränderte Auflage Leipzig 1871.
- Spitzen. 2 Bde. Stuttgart 1888.
- Ueberflüssige Briefe an eine Freundin. 3. Auflage. Breslau 1878.
- [Rez.] Hugo Bürger: Gabrielle. In: Gegenwart 1878, S. 10.
- Aus der Hauptstadt. Berliner Plaudereien. 5. Auflage. Dresden/Leipzig 1884.
Literarische Manifeste des Naturalismus. 1880–1892. Hg. von Erich Ruprecht. Stuttgart 1962.
Litzmann, Berthold: Das deutsche Drama in den litterarischen Bewegungen der Gegenwart. Vorlesungen, gehalten an der Universität Bonn. (1894) 3., erweiterte Auflage Hamburg/Leipzig 1896.
- Im alten Deutschland. Erinnerungen eines Sechzigjährigen. Berlin 1923.
Lothar, Rudolf: Zur Geschichte der Kritik in Frankreich. In: Gesellschaft 7 (1891), S. 657–668.
Lublinski, Samuel: Bilanz der Moderne. (1904) Neu hg. von Gotthard Wunberg. Tübingen 1974.
- Der Ausgang der Moderne. (1909) Neu hg. von Gotthard Wunberg. Tübingen 1976.
- Die Ästhetik der Weltpolitik. In: Gesellschaft 16,3 (1900), S. 1–13 u. 73–79.
- Literatur und Gesellschaft im neunzehnten Jahrhundert. Bd. 4: Blüte, Epigonentum und Wiedergeburt. Berlin 1900.
- Nachgelassene Schriften. München 1914.
Ludwig, Otto: Gesammelte Schriften. Bd. 6,2: Studien 2. Leipzig 1891.
Ludwigs, G: [Rez.] Das Friedensfest von Gerhart Hauptmann. In: Gesellschaft 6 (1890), S. 599–602.
Lyon, Otto: Die Einheit des deutschen Unterrichts an der Universität und in der Schule. In: Festschrift zum siebzigsten Geburtstag Rudolf Hildebrands in Aufsätzen zur deutschen Sprache und Litteratur sowie zum deutschen Unterricht. Zugleich Ergänzungsheft zum achten Jahrgange der Zeitschrift für den deutschen Unterricht. Der Ergänzungshefte drittes. Hg. von Otto Lyon. Leipzig 1894, S. 356–364.
- Rudolf Hildebrand. In: Zeitschrift für den deutschen Unterricht 9 (1895), S. 1–21.

Lyrik des Naturalismus. Hg. von Jürgen Schutte. Stuttgart 1982.
Mauthner, Fritz: Beiträge zu einer Kritik der Sprache. 2 Bde. Stuttgart 1901.
Mehring, Franz: Aufsätze zur deutschen Literatur von Hebbel bis Schweichel (Gesammelte Schriften Bd. 11) Berlin 1961.
- Der Fall Lindau. Dargestellt und erläutert. Berlin 1890.
- Kapital und Presse. Ein Nachspiel zum Fall Lindau. Berlin 1891.
Merian, Hans: ›Das Theater der Modernen‹. Ein Kapitel aus dem Leipziger Kunstleben. In: Gesellschaft 10 (1894), S. 666–680.
- Hermann Heiberg. Leipzig 1891.
- Lumpe als Helden. Ein Beitrag zur modernen Ästhetik. In: Gesellschaft 7 (1891), S. 64–79.
- Tarara-boum-de-ay! Eine Phantasie. In: Gesellschaft 10 (1894), S. 705–710.
Meyer, Richard Moritz: [Anz.] Erich Westermann: Grundlinien der Welt- und Lebensanschauung Rudolf Hildebrands. In: Deutsche Literaturzeitung 1913, Sp. 3031.
- [Art.] Rudolf Hildebrand. In: ADB 50, S. 322–327.
- [Rez.] Berg, Leo: Aus der Zeit – Gegen die Zeit. Gesammelte Essays. In: Euphorion 13 (1906), S. 648f.
- [Rez.] Ernst Elster: Prinzipien der Literaturwissenschaft. In: Euphorion 4 (1897), S. 814–818.
- [Rez.] Eugen Wolff, Geschichte der deutschen Literatur in der Gegenwart. In: Euphorion 4 (1897), S. 145–147.
- [Rez.] Hanstein, Adalbert von, Das jüngste Deutschland. In: Euphorion 8 (1901), S. 184–186.
- Aufsätze literarhistorischen und biographischen Inhalts. 2 Bde. Berlin 1912.
- Die deutsche Literatur des neunzehnten Jahrhunderts. Berlin 1900.
- Die Methode der wechselseitigen Erhellung. In: Neue Jahrbücher für das klassische Altertum, Geschichte und deutsche Literatur 23 (1909), S. 56–64.
- Ein neuer Dichterkreis. In: Preußische Jahrbücher 88 (1897), S. 33–54.
Morgenstern, Gustav: Andere Kritiker! Ein paar unschuldige Bemerkungen. In: Gesellschaft 9 (1893), S. 625f.
Naturalismus. Hg. von Walter Schmähling. (Die deutsche Literatur in Text und Darstellung, Bd. 12) Stuttgart 1977.
Naturalismus. Manifeste und Dokumente zur deutschen Literatur 1880–1900. Hg. von Manfred Brauneck, Christine Müller. Stuttgart 1987.
Naturalismus-Debatte 1891–1896. Dokumente zur Literaturtheorie und Literaturkritik der revolutionären deutschen Sozialdemokratie. Hg. u. eingel. von Norbert Rothe. Berlin 1986.
Osborn, Max: Der bunte Spiegel. Erinnerungen aus dem Kunst-, Kultur- und Geistesleben der Jahre 1890 bis 1933. New York City 1945.
- Unsere Litteraturgeschichte. In: Freie Bühne 6 (1895) S. 720–724.
- Von deutscher Kunst. In: Freie Bühne 8 (1897), S. 857–876.
Pfau, Ludwig: Emile Zola. In: Nord und Süd 13 (1880), S. 32–81.
Pietsch, Ludwig: Wassili Wassiliewitsch Wereschtschagin. In: Nord und Süd 25 (1883), S. 359–375.
- Wassili Wereschtschagin. Persönliche Erinnerungen an ihn und sein Werk. In: Velhagen und Klasings Monatshefte 18 (1903/04), S. 505–521.
Planck, Karl Chr[istian]: Deutsche Zukunft. Ausgewählte politische Schriften. Hg. u. eingel. von seiner Tochter Mathilde Planck. (Der deutsche Staatsgedanke. Eine Sammlung begründet von Arno Duch, 1. Reihe: Führer und Denker, Bd. XVIII) München 1922.

- Die Weltalter. I: System des reinen Realismus; II: Das Reich des Idealismus oder zur Philosophie der Geschichte. Tübingen 1850/51.
- Seele und Geist. Leipzig 1871
- Testament eines Deutschen. Philosophie der Natur und Menschheit. Hg. von Karl Köstlin. (1881) 2. Auflage. Jena 1912.

Plerr, Johannes: Herr Doctor Paul Lindau der umgekehrte Lessing. Breslau 1880.

Pniower, Otto: [Rez.] Zwei Seelen. Roman von Rudolf Lindau. In: Deutsche Rundschau 57, 4 (1888), S. 510f.
- [Rez.]: Neue Romane und Novellen: Irrungen, Wirrungen. Roman von Theodor Fontane, Noblesse oblige. Roman [...] von Friedrich Spielhagen, Villa Faconeri und andere Novellen von Paul Heyse. In: Deutsche Rundschau 56,3 (1888), S. 307–314.
- Die neue Literaturgeschichte. In: Freie Bühne 1 (1890), S. 289–292.

Prosa des Naturalismus. Hg. von Gerhard Schulz. Stuttgart 1973.

Prutz, Robert [P.R.]: [Rez.]: Periodische Literatur: Kritische Monatshefte. In: Deutsches Museum 8,1 (1858), S. 514–516.
- [P. R.]: Gustav Freytag. Eine literarhistorische Skizze. In: Deutsches Museum 8,2 (1858), S. 441–458.
- Literatur und Literaturgeschichte in ihren Beziehungen zur Gegenwart. In: Deutsches Museum 8,2 (1858), S. 865–883; 897–913 u. 936–946.
- Zum Neuen Jahr. In: Deutsches Museum 9 (1859), S. 1–5.

Quellen zur Rezeption des englischen und französischen Romans in Deutschland und Österreich im 19. Jahrhundert. Hg. von Norbert Bachleitner. Tübingen 1990.

Rochau, Ludwig August von: Grundsätze der Realpolitik. Angewendet auf die staatlichen Zustände Deutschlands. (Stuttgart 1853) Hg. von Hans-Ulrich Wehler. Frankfurt am Main/Berlin/Wien 1972.

Rodenberg, Julius: Der naturalistische Roman. In: Deutsche Rundschau 39 (1884), S. 313–316.
- Der Verfasser des ›Assomoir‹. In: Deutsche Rundschau 20 (1879), S. 680–687.

Rößler, Konstantin: Gustav Freytag und die deutsche Dichtung der Gegenwart. Berlin 1860.

Romantheorie. Dokumentation ihrer Geschichte in Deutschland seit 1880. Hg. von Eberhard Lämmert e.a. Köln 1975.

Rosenkranz, Karl: Ueber einige Schwierigkeiten für die weltgeschichtliche Behandlung der Kunst. In: Deutsches Museum 6,1 (1856), S. 497–506 u. 529–540.

Rosner, Karl: Die Wahrheit in der Kunst. In: Gesellschaft 9 (1893), S. 1460–1472.

Russische Literatur in Deutschland. Texte zur Rezeption von den achtziger Jahren bis zur Jahrhundertwende. Mit einer Einführung und einer weiterführenden Bibliographie hg. von Sigfrid Hoefert. Tübingen 1974.

Sarrazin, Josef: Das französische Drama in unserem Jahrhundert. Berlin 1883.

Sauer, August: [Rez.] Jahresberichte für neuere deutsche Literaturgeschichte. In: Euphorion 1 (1894), S. 144–148.

Schabelsky, Elsa v.: Ein berühmter Mann. Lustspiel in vier Akten. In: Berliner Theaterbibliothek, Nr. 3. Berlin 1895.

Schasler, Max: Kritische Geschichte der Ästhetik. (Ästhetik als Philosophie des Schönen und der Kunst. Erster Theil.) 1. Abtheilung: Von Plato bis zum 19. Jahrhundert. Berlin 1872.
- Ueber ein halbes Jahrhundert. Erinnerungsbilder aus dem Leben eines alten Burschenschaftlers. Jena 1895.

Scherer, Wilhelm: George Eliot und ihr neuester Roman. In: Deutsche Rundschau 10 (1877), S. 240–255.

- Geschichte der deutschen Literatur. 2. Ausgabe. Berlin 1884.
- Karl Müllenhoff. Ein Lebensbild von Wilhelm Scherer. Eingel. u. hg. von Frank Trende. Heide 1991.
- Kleine Schriften. Hg. von Konrad Burdach u. Erich Schmidt. 2 Bde. Berlin 1893.
- Poetik. (1888) Mit einer Einleitung und Materialien zur Rezeptionsanalyse hg. von Günter Reiss. Tübingen 1977.
- Zur Technik der modernen Erzählung. In: Deutsche Rundschau 20 (1879), S. 151–158.

Schiller, Friedrich: Werke. Hg. von Benno von Wiese. Nationalausgabe, Bd. 20, Weimar 1962ff.

Schlaf, Johannes/Holz, Arno: Abber Paule! Freie Bühne 1 (1890), S. 323–325.
- /Holz, Arno: Die papierne Passion. (Olle Kopelke) Eine Berliner Studie. In: Freie Bühne 1 (1890), S. 274–288.
- /Holz, Arno: Familie Selicke. (1892) Stuttgart 1966.
- /Holz, Arno: Krumme Windgasse 20. Studie aus dem Studentenleben. In: Freie Bühne 1 (1890), S. 351–360.
- /Holz, Arno: Papa Hamlet/Ein Tod. (1889) Stuttgart 1963.
- Am Graben. In: Freie Bühne 5 (1894), S. 367f.
- Am Wahlabend in Berlin N. In: Freie Bühne 1 (1890), S. 109–112.
- Das dritte Reich. Ein Berliner Roman. Berlin 1900.
- Das Kinderland. In: Gesellschaft 16 (1900), S. 275–279.
- Das Nationaltheater. In: Das Theater. Illustrierte Halbmonatsschrift. Berlin 1904, S. 174–178.
- Detlev von Liliencron, Ein litterarisches Bild. In: Gesellschaft 3 (1887), S. 226–230.
- Ein Sommertod. Novellistisches. Leipzig 1897.
- Einiges über die Bedeutung der Travestie. In: Deutsches Dichterheim 4 (1884), S. 190.
- In Dingsda. Leipzig 1892.
- Junge Leute. (1890) Mit einem Nachwort von Günter Helmes. Berlin 1997.
- Meister Oelze. (1892) Stuttgart 1982.
- Moral, Kritik und Kunst. In: Gesellschaft 7 (1891), S. 1168–1172.
- Prüderie. In: Freie Bühne 1 (1890), S. 161–164.
- Realistische Romane? In: Freie Bühne 1 (1890), S. 68–71.
- Über die notwendige Einseitigkeit der Polemik. In: Gesellschaft 7 (1891), S. 783–785.
- Übermut. In: Freie Bühne 4 (1893), S. 1157–1159.
- Walt Whitman In: Freie Bühne 3 (1892), S. 977–988.
- Walt Whitman. Lyrik des chat noir. Paul Verlaine. Leipzig 1897.

Schlenther, Paul: Der Freien Bühne zweites Kriegsjahr. In: Freie Bühne 1 (1890), S. 920–923.
- Der Freien Bühne erstes Kriegsjahr. Ein Gegner der Sache. In: Freie Bühne 1 (1890), S. 561–566.
- Der Freien Bühne erstes Kriegsjahr. Persönliche Gegner. In: Freie Bühne 1 (1890), S. 537–540.
- Die Weber. In: Freie Bühne 4 (1893), S. 269–272.
- Freie Bühne: Das vierte Gebot. In: Freie Bühne 1 (1890), S. 142f.
- Gerhard Hauptmann. Sein Lebensgang und seine Dichtung. Berlin 1898.
- Theater im 19. Jahrhundert. Ausgewählte theatergeschichtliche Aufsätze. Hg. von Hans Knudsen. Berlin 1930.

Schliepmann, Hans: Städtische Bauten Berlins. In: Freie Bühne 2 (1891), S. 261–264.

Schmidt, Erich: Charakteristiken. 2. Reihe, 2. vermehrte Auflage. Berlin 1912.
- Gustav Freytag als Privatdocent. In: Euphorion 4 (1897), S. 91–98.
- Reden zur Litteratur- und Universitätsgeschichte. Berlin 1911.
Schmidt, Julian: Bilder aus dem geistigen Leben unserer Zeit. 4 Bde. Berlin 1870–1875.
- Das Buchdrama. In: Preußische Jahrbücher 42 (1878), S. 424–429.
- Geschichte der deutschen Literatur im 19. Jahrhundert. 2., vermehrte Auflage. 3 Bde. Leipzig 1855.
- Portraits aus dem 19. Jahrhundert. Berlin 1878.
Schmidt, Otto Ernst: Moderner Pöbel. in: Freie Bühne 1 (1890), S. 544–546, 566–569, 610–613, 691–695.
Schroeder, Edward: [Art.] Scherer, Wilhelm S. (1890) In: ADB 31, S. 104–114.
Schroeder, Otto: Vom papierenen Stil. 5. durchgesehene Auflage. Leipzig 1902.
Servaes, Franz: Kunstkritik und Berufskritik. In: Freie Bühne 5 (1894), S. 83–85.
- Nietzsche und der Sozialismus. In: Freie Bühne 3 (1892), S. 85–88 u. 202–211.
Simmel, Georg: Aufsätze und Abhandlungen 1894–1900. Hg. von Heinz-Jürgen Dahme u. David P. Frisby. In: Simmel, Gesamtausgabe, Bd. 5, Frankfurt am Main 1992.
Simon, Ferdinand: Das Jahrhundert der Naturwissenschaft. Die Naturforschung und die Gesammtwissenschaft. In: Freie Bühne 1 (1890), S. 313–317.
Soergel, Albert: Dichtung und Dichter der Zeit. (1911). 20. Auflage Leipzig 1928.
Spielhagen, Friedrich: Beiträge zur Theorie und Technik des Romans. Faksimiledruck der ersten Auflage von 1883. Mit einem Nachwort von Hellmuth Himmel. Göttingen 1967.
- Finder und Erfinder. Erinnerungen aus meinem Leben. Leipzig 1890.
- Neue Beiträge zur Theorie und Technik der Epik und Dramatik. Leipzig 1898.
- Vermischte Schriften. 2 Bde. Berlin 1868.
Steiger, Edgar: Der Kampf um die neue Dichtung. Leipzig 1889.
Stein, Ludwig [Ed. Vollmer]: Berliner Theaterkritiker. Eine Kritik der Kritik. Berlin 1884.
Steinthal, Heymann: Abriss der Sprachwissenschaft. 2. Auflage. Berlin 1888. Nachdruck Hildesheim 1972.
- Der Ursprung der Sprache im Zusammenhang mit den letzten Fragen allen Wissens. 4., abermals erweiterte Auflage. Berlin 1888.
- Grammatik, Logik und Psychologie, ihre Prinzipien und ihr Verhältnis zueinander. Berlin 1855. Nachdruck Hildesheim 1968.
Stern, J.: Realismus in der Philosophie. Eine geschichtsphilosophische Studie. In: Gesellschaft 5 (1889), S. 893–902.
Sturm, Ludwig: [Rez.] Eberhard Kraus: Das jüngste Deutschland. In: Sturm, Romantik und Naturalismus. In: Gesellschaft 8 (1892), S. 106–108.
Sudermann, Hermann: Die Verrohung in der Theaterkritik. Zeitgemäße Betrachtungen. Berlin/Stuttgart 1902.
- Sodoms Ende. Drama in fünf Akten. 18. Auflage. Stuttgart 1897.
Theorie des Naturalismus. Hg. von Theo Meyer. Stuttgart 1973.
Treitschke, Heinrich von: Historische und politische Aufsätze vornehmlich zur neuesten Geschichte. 4 Bde. Leipzig 1865–97.
Ueber den Einfluß des Zeitungswesens auf Litteratur und Leben. Eine Enquete. (Deutsche Schriften für Litteratur und Kunst, I,3). Kiel u. Leipzig 1891.
Valentin, Veit: Der Naturalismus und seine Stellung in der Kunstentwicklung. (Deutsche Schriften für Litteratur und Kunst I,4). Kiel u. Leipzig 1891.
Verein Durch': Facsimile der Protokolle 1887. Aus der Werdezeit des deutschen Naturalismus. Hg. vom Institut für Literatur- und Theaterwissenschaft zu Kiel. Mit einem Nachwort von Wolfgang Liepe. Kiel 1932.

Vischer, Friedrich Theodor: Aesthetik oder Wissenschaft des Schönen. 3 Bde. Reutlingen u. Leipzig 1831–47.
Volkelt, Johannes: Ästhetische Zeitfragen. Vorträge. München 1895.
– Dichtung und Naturwissenschaft. In: Beilage zur Allgemeinen Zeitung 1888, Nr. 270, S. 3969f. u. Nr. 271, S. 3986–3988.
– Dichtung und Wahrheit. Ein Beitrag zur Kritik der Ästhetik des Naturalismus. In: Beilage zur Allgemeinen Zeitung 1890, Nr. 4, S. 1–3; Nr. 6, S. 2f.; Nr. 7, S. 2f.
– Vorträge zur Einführung in die Philosophie der Gegenwart. München 1892.
Vollmer, Ed. [= Ludwig Stein]: Berliner Theaterkritiker. Eine Kritik der Kritik. Berlin 1884.
Walloth, Wilhelm: Kritische Paradoxe. In: Gesellschaft 2 (1886), S. 62–64.
Wechsler, Ernst: Berliner Autoren. In: Gesellschaft 5 (1889), S. 1431–1447 u. 1599–1615.
– Karl Frenzel. Eine litterarische Studie. In: Die Gesellschaft 5 (1889), S. 78–85.
Welten, Oskar: Das Buch auf der Totenliste. In: Gesellschaft 1 (1885), S. 216–218.
– Unsere ästhetische Empfindlichkeit als Ausdruck des Verfalls unseres Geschmacks. In: Die Gesellschaft 1 (1885), S. 492–495.
Wereschtschagin, Wassili. Brief an Ludwig Pietsch. In: Kunstchronik 17 (1882), S. 387.
Wille, Bruno: [Rez.] Die Mittagsgöttin. Plauderei über einen Roman aus dem Geisteskampf der Gegenwart. In: Freie Bühne 2 (1891), S. 841–845.
– Eine nationale Utopie. In: Freie Bühne 2 (1891), S. 704f.
Wolf, Leo Hans: Die ästhetische Grundlage der Literaturrevolution der achtziger Jahre. [Die ›kritischen Waffengänge‹ der Brüder Hart.] Phil. Diss. Berlin 1921.
Wolff, Eugen/Berg, Leo [B./E.W]: Langfingerei. In: Gesellschaft 7 (1891), S. 442–444.
Wolff, Eugen: Wilhelm Raabe und das Ringen nach einer Weltanschauung in der neueren deutschen Dichtung. Vortrag gehalten im Zweigverein des evangelischen Bundes. Berlin 1902.
– »Zur Methode des litteraturgeschichtlichen Unterrichts«. In: Zeitschrift für deutschen Unterricht 10 (1896), S. 308–314.
– Das Wesen wissenschaftlicher Litteraturbetrachtung, Kiel und Leipzig 1890.
– Der Naturalismus im Spiegel der Geschichte. In: Magazin für die Literatur des In- und Auslandes 57 (1888), S. 777–780.
– Die bleibenden Ergebnisse der neueren litterarischen Bewegung in Deutschland. Vortrag in der vom Deutschen Schriftsteller-Verband veranstalteten literarischen Kongreßsitzung auf dem Berliner Rathhaus am 6. September 1896. Kiel 1896.
– Die jüngste deutsche Literaturströmung und das Prinzip der Moderne. Berlin 1888.
– Geschichte der deutschen Litteratur in der Gegenwart. Leipzig 1896.
– Geschichte rückwärts? (Deutsche Schriften für Literatur und Kunst, 2. Reihe, Bd. 4) Kiel u. Leipzig 1892.
– Langfingerei. In: Gesellschaft 7 (1891), S. 442–444.
– Prolegomena der litterar-evolutionistischen Poetik. Kiel u. Leipzig 1890.
– Rudolf Hildebrand. In: Zeitschrift für deutsche Philologie 28 (1896), S. 73–79.
– Sardou, Ibsen und die Zukunft des deutschen Dramas. (Deutsche Schriften für Litteratur und Kunst. Hg. von E. Wolff, I,1) Kiel/Leipzig 1891.
– Von Shakespeare zu Zola. Zur Entwicklung des Kunststils in der deutschen Dichtung. Berlin 1902.
– Zola und die Grenzen von Poesie und Wissenschaft. (Deutsche Schriften für Litteratur und Kunst I,6) Kiel u. Leipzig 1891.
– Zwölf Jahre im litterarischen Kampf. Studien und Kritiken zur Litteratur der Gegenwart. Oldenburg /Leipzig 1901.

Zabel, Eugen: Erinnerungen an W.W. Wereschtschagin. In: Deutsche Rundschau 70 (1904), S. 436–457.
- Wassili Wereschtschagin. Bielefeld 1900.

Zeising, Adolf: Kunst und Gunst. Roman aus den ersten Jahrzehnten unseres Jahrhunderts. 3 Bde. Berlin 1865.

Ziel, Ernst: Das Prinzip des Modernen in der heutigen Dichtung. Zeitgemäße Betrachtungen. München 1895.

Zola, Emile: Der Experimentalroman. Eine Studie. Autorisierte Übertragung. Leipzig 1904.
- Der naturalistische Roman in Frankreich. Autorisierte deutsche Uebersetzung von Leo Berg. Stuttgart 1893.

Zwei Briefe zur Entstehungsgeschichte der Preußischen Jahrbücher. Mitgeteilt von Staatsarchivar Dr. Johannes Schulte. In: Preußische Jahrbücher 186 (1921), S. 1–6.

Sekundärliteratur

Allemann, Beda: Experiment und Erfahrung in der Gegenwartsliteratur. In: Experiment und Erfahrung in Wissenschaft und Kunst. Hg. von W. Strolz. Freiburg/München 1963.

Allenow, Michail/Dimitrijewa, Nina/Medwedkowa, Olga: Russische Kunst. Freiburg/Basel/Wien 1992.

Antoni, Renate: Der Theaterkritiker Paul Lindau. Phil. Diss. Berlin 1961.

Anz, Thomas: »Gesund« und »krank«. Kriterien der Kritik im Kampf gegen die literarische Moderne um 1900. In: Traditionalismus und Modernismus, S. 240–250.

Arno Holz. Ausstellung zum 100. Geburtstag des Dichters. Zusammengestellt und bearbeitet von Bruno Sauer. Berlin 1963.

Arno Holz. Hg. von Heinz Ludwig Arnold. (Text und Kritik, Heft 121) München 1994.

Arsenale der Seele. Literatur- und Medienanalyse seit 1870. Hg. von Friedrich Kittler u. Christoph Tholen. München 1989.

Art social und art industriel. Funktionen der Kunst im Zeitalter des Industrialismus. Hg. von Helmut Pfeiffer, Hans Robert Jauß und Francoise Gaillard. München 1987.

Asendorf, Christoph: Batterien der Lebenskraft. Zur Geschichte der Dinge und ihrer Wahrnehmung im 19. Jahrhundert. Gießen 1984.
- Ströme und Strahlen. Das langsame Verschwinden der Materie um 1900. Gießen 1989.

Ästhetische Erfahrung. Hg. von Willi Oelmüller. (Kolloquium Kunst und Philosophie. Hg. von Willi Oelmüller. Bd. 1) Paderborn/München e.a. 1981.

Aust, Hugo: Bürgerlicher Realismus. Forschungsbericht. In: Wirkendes Wort 6 (1980), S. 427–447.
- Der historische Roman. Stuttgart/Weimar 1994.

Balibar, Etienne/Macherey, Pierre: Thesen zum materialistischen Verfahren. In: alternative 98 (1974), S. 193–221.

Bänsch, Dieter: Naturalismus und Frauenbewegung. In: Naturalismus, S. 122–149.

Barooshian, Vahahn D.: V.V. Vereshchagin, Artist at War. Gainesville 1993.

Barthel, Manfred: Das ›Berliner Parodie-Theater‹. (1889–1910) Phil. Diss. Berlin 1952.

Barthes, Roland: »L'effet de réel«. In: Littérature et réalité. Hg. von Gerard Genette und Tzvetan Todorov. Paris 1982, S. 81–90.
- Literatur oder Geschichte. Frankfurt am Main 1969.

Baßler, Moritz/Brecht, Christoph/Niefanger, Dirk/Wunberg, Gotthart: Historismus und literarische Moderne. Mit einem Beitrag von Friedrich Dethlefs. Tübingen 1996.

Baumgarten, Marita: Professoren und Universitäten im 19. Jahrhundert. Zur Sozialgeschichte deutscher Geistes- und Naturwissenschaftler. Göttingen 1997.
Beaton, Kenneth Bruce: Gustav Freytags ›Die Journalisten‹: Eine ›politische‹ Komödie der Revolutionszeit. In: Zeitschrift für deutsche Philologie 105 (1986), S. 516–542.
- Gustav Freytag, Julian Schmidt und die Romantheorie nach der Revolution von 1848. In: Jahrbuch der Raabe-Gesellschaft 1976, S. 7–32.
Becker, Carl: Brunetière und Bossuet. In: Germanisch-Romanische Monatsschrift 8 (1920), S. 91–102.
Becker, Hellmut/Kluchert, Gerhard: Die Bildung der Nation. Schule, Gesellschaft und Politik vom Kaiserreich zur Weimarer Republik. Stuttgart 1993.
Begriffsbestimmungen des literarischen Realismus. Hg. von Richard Brinkmann. Darmstadt 1969.
Benjamin, Walther: Gesammelte Schriften. Hg. von Rolf Tiedemann u. Hermann Schweppenhäuser. Frankfurt am Main 1974ff.
Bentzon, Th: Le Roman de moeurs en Angleterre. Daniel Deronda, by George Eliot. In: Revue des Deux Mondes 46 (1876), S. 826–854.
Berbig, Roland: Paul Lindau – eine Literatenkarriere. In: Peter Wruck [Hg.]: Literarisches Leben in Berlin 1871–1933. Berlin 1987, S. 88–125.
- Zwischen Bühnenwirksamkeit und Wahrheitsdarstellung. Aspekte zu zwei Theaterkritikern Berlins nach 1871 – Paul Lindau und Theodor Fontane. In: Fontane-Blätter 5,2 (1984), S. 570–580.
Berding, Helmut: Moderner Antisemitismus in Deutschland. Frankfurt am Main 1988.
Berentsen, Antoon: Vom Urnebel zum Zukunftsstaat. Zum Problem der Popularisierung der Naturwissenschaften in der deutschen Literatur (1880–1910). Berlin 1986.
Berg-Ehlers, Luise: Theodor Fontane und die Literaturkritik. Zur Rezeption eines Autors in der zeitgenössischen konservativen und liberalen Berliner Tagespresse. Bochum 1990.
Berlin – Theater der Jahrhundertwende. Bühnengeschichte der Reichshauptstadt im Spiegel der Kritik (1889–1914). Hg. von Norbert Jaron, Renate Möhrmann u. Hedwig Müller. Tübingen 1986.
Berliner Universität und deutsche Literaturgeschichte. Studien zum Dreiländereck von Wissenschaft, Literatur und Publizistik. Berliner Beiträge zur Wissenschaftsgeschichte. Bd. 1. Hg. von Gesine Bey. Frankfurt am Main 1998.
Berman, Marshall: All That Is Solid Melts Into Air. The Experience of Modernity. London/New York 1982.
Berman, Russel A.: The Rise of the Modern German Novel. Crisis and Charisma. Cambridge, Mass./London 1986.
- Literarische Öffentlichkeit. In: Jahrhundertwende, S. 69–85.
- Literaturkritik zwischen Reichsgründung und 1933. In: Geschichte der deutschen Literaturkritik, S. 204–274.
Bernsmeier, Helmut: Der Wandel um 1880. Eine epochale Veränderung in der Literatur- und Wissenschaftsgeschichte. Frankfurt am Main/Berlin e.a. 1994.
Betz, Frederick/Ester, Hans: Unveröffentlichte und wenig bekannte Briefe Theodor Fontanes an Paul und Paula Schlenther. In: Fontane-Blätter Heft 57 (1994), S. 7–47.
Betz, Frederick: »Und diese Hyperklugheit hat die ganze neue Schule«. Eine neuentdeckte zeitgenössische Rezension über Fontanes Roman »Quitt« (1891). In: Fontane-Blätter 42 (1986), S. 383–391.
- Der Zug nach Westen. Aspects of Lindau's Berlin Novel. In: Formen realistischer Erzählkunst. Festschrift für Charlotte Jolles. Hg. v. Joerg Thurneck. Nottingham 1979, S. 252–264.

Biener, Joachim: Fontane als Literaturkritiker. Rudolstadt 1956.
Bildungsbürgertum im 19. Jahrhundert. Teil 1: Bildungssystem und Professionalisierung im internationalen Vergleich. Hg. von Werner Conze u. Jürgen Kocka. Stuttgart 1985.
Bildungsbürgertum im 19. Jahrhundert. Teil 2: Bildungsgüter und Bildungswissen. Hg. von Reinhard Koselleck. Stuttgart 1990.
Bildungsbürgertum im 19. Jahrhundert. Teil 3: Lebensführung und ständische Vergesellschaftung. Hg. von Rainer Lepsius. Stuttgart 1992.
Bildungsbürgertum im 19. Jahrhundert. Teil 4: Politischer Einfluß und gesellschaftliche Formation. Hg. von Jürgen Kocka. Stuttgart 1989.
Blanke, Horst Walter: Historismus als Wissenschaftsparadigma. Einheit und Mannigfaltigkeit. In: Wissenschaft und Nation, S. 217–231.
Bock, Hans Manfred: Die ›Literaten- und Studentenrevolte‹ der Jungen in der SPD um 1890. In: Argument 13 (1972), S. 22–41.
Boehlich, Walter [Hg.]: Der Berliner Antisemitismusstreit. Frankfurt am Main 1988.
Bogdahl, Klaus Michael: Schaurige Bilder. Der Arbeiter im Blick des Bürgers am Beispiel des Naturalismus. Frankfurt am Main 1978.
– Das naturalistische Theater und der Krieg. In: Wege der Literaturwissenschaft, S. 232–249.
Borchmeyer, Dieter: Der Naturalismus und seine Ausläufer. In: Geschichte der deutschen Literatur vom 18. Jahrhundert bis zur Gegenwart. Hg. von Viktor Zmegac. Königstein 1980, S. 153–233.
– Naturalismus. In: Moderne Literatur, S. 265–274.
Boulby, M: Neo-Romanticism in German Naturalist Literature: The Theme of the ›Übergangsmensch‹ in Hermann Conradi's Novel ›Adam Mensch‹. In: German Life and Letters 6 (1952), S. 306–310.
Bourdieu, Pierre: Zur Soziologie der symbolischen Formen. Frankfurt am Main 1974.
Bramstedt, Ernest K.: Aristocracy and the Middle-Classes in Germany. Social Types in German Literature 1830–1900. Rev. ed. Chicago/London 1964.
Brands, Heinz-Georg: Theorie und Stil des sogenannten »Konsequenten Naturalismus« von Arno Holz und Johannes Schlaf. Kritische Analyse der Forschungsergebnisse und Versuch einer Neubestimmung. Bonn 1978.
Brauneck, Manfred: Literatur und Öffentlichkeit im ausgehenden 19. Jahrhundert. Studien zur Rezeption des naturalistischen Theaters in Deutschland. Stuttgart 1974.
Bräutigam, Bernd: Candide im Comptoir. Zur Bedeutung der Poesie in Gustav Freytags ›Soll und Haben‹. In: Germanisch-Romanische Monatsschrift 66 [N.F. 35] 1985, S. 395–411.
Brederlow, Jörn: »Lichtfreunde« und »Freie Gemeinden«. Religiöser Protest und Freiheitsbewegung im Vormärz und in der Revolution von 1848/49. München/Wien 1976.
Brocke, Bernhard vom: Professoren als Parlamentarier. In: Schwabe, Hochschullehrer, S. 55–92.
Brösel, Kurt: Veranschaulichung im Realismus, Impressionismus und Frühexpressionismus. München 1928.
Bruch, Rüdiger vom: Historiker und Nationalökonomen im wilhelminischen Deutschland. In: Schwabe, Hochschullehrer, S. 105–147.
– Universitätsreform als soziale Bewegung. Zur Nicht-Ordinarienfrage im späten deutschen Kaiserreich. In: Geschichte und Gesellschaft 10 (1984), S. 72–91.
Bruns, Karin/Parr, Rolf/Wülfing, Wulf: Forschungsprojekt »Literarisch-kulturelle Vereine und Gruppen im 19. und frühen 20. Jahrhundert«: Entwicklung – Aspekte – Schwerpunkte. In: Zeitschrift für Germanistik, NF. 4 (1994), S. 493–505.
Bruns, Karin: Wissenschaft und Weihe: Ästhetische und kulturpolitische Konzepte Berliner Vereine um 1900. In: Zeitschrift für Germanistik, NF. 4 (1994), S. 406–419.

Bucher, Max e.a.: Realismus und Gründerzeit. Manifeste und Dokumente zur deutschen Literatur 1848–1880. 2 Bde. Stuttgart. 1975f.
Bullivant, Keith: Naturalistische Prosa und Lyrik. In: Jahrhundertwende, 168–187.
Burchardt, Lothar: Studentische Jugend im Kaiserreich. In: Jugend. Beiträge zum Verständnis und zur Bewertung des Jugendproblems. Hg. von Horst Rabe. Konstanz 1975, S. 25–52.
Bürger und Bürgerlichkeit im 19. Jahrhundert. Hg. von Jürgen Kocka. Göttingen 1987.
Bürger, Peter: Naturalismus und Ästhetizismus als rivalisierende Institutionalisierungen der Literatur. Einleitung in: Naturalismus/Ästhetizismus, S. 10–17.
– Naturalismus-Ästhetizismus und das Problem der Subjektivität. In: Naturalismus/Ästhetizismus, S. 18–55.
Bürgerlicher Realismus. Grundlagen und Interpretationen. Hg. von Klaus-Detlef Müller. Kronberg/Ts. 1981.
Busch, Alexander: Die Geschichte des Privatdozenten. Stuttgart 1959.
Bußmann, Walter: Gustav Freytag. Maßstäbe seiner Zeitkritik. In: Archiv für Kulturgeschichte 34 (1952), S. 261–287.
– Treitschke. Sein Welt- und Geschichtsbild. Göttingen 1952.
Buth, Werner: Das Lessingtheater in Berlin unter der Direktion von Otto Brahm (1904–1912). Eine Untersuchung mit besonderer Berücksichtigung der Theaterkritik. Phil. Diss. Berlin 1965.
Bytkowski, Sigmund: Gerhard Hauptmanns Naturalismus und das Drama. Hamburg/Leipzig 1908.
Carr, Gilbert J.: Satire from the German Naturalists? Karl Kraus's planned Anthology. In: German Life and Letters, n.s. 46 (1993), S. 120–133.
Cassirer, Ernst: Das Erkenntnisproblem in der Philosophie und Wissenschaft der neueren Zeit. Bd. 4: Von Hegels Tod bis zur Gegenwart. (1832–1932) Stuttgart 1957.
Cepl-Kaufmann, Gertrude/Kauffeldt, Rolf: Berlin-Friedrichshagen. Literaturhauptstadt um die Jahrhundertwende. Der Friedrichshagener Dichterkreis. Berlin 1994.
Chevrel, Yves: Der Naturalismus in Deutschland und in Frankreich: Begegnungen, Mißverständnisse, Abweichungen. In: Gallo-Germanica. Wechselwirkungen und Parallelen deutscher und französischer Literatur. Hg. von E. Heftrich u. J.-M. Valentin. Nancy 1986.
– Le Naturalisme peut-il être considéré comme un mouvement moderniste? In: Revue de Literature Comparee 66 (1992), S. 387–395.
Claus, Horst: Studien zur Geschichte des deutschen Frühnaturalismus. Die deutsche Literatur von 1880–1890. (Phil. Diss.) Greifswald 1933.
Cloeren, Hermann J. [Art.] Historisch orientierte Sprachphilosophie im 19. Jahrhundert. In: Sprachphilosophie, S. 144–162.
Coleman, William: The Cognitive Basis of the Discipline. Claude Bernard on Physiology. In: Isis 76 (1985), S. 49–70.
Conrady, Karl Otto: Germanistik in Wilhelminischer Zeit. Bemerkungen zu Erich Schmidt (1853–1913). In: Literatur und Theater, S. 370–398.
Cowen, Roy C.: Arno Holz' ›Dafnis‹: Die Parodie als naturalistische Kunst. In: Neophilologus 60 (1976), S. 421–431.
– Der Naturalismus. In: Die literarische Moderne in Europa, S. 68–111.
– Der Naturalismus. Kommentar zu einer Epoche. München 1973.
– Irony in Realism and Naturalism. Gottfried Keller and Arno Holz. In: Colloquia Germanica 18 (1985), S. 249–256.
Curtius, Ernst Robert: Ferdinand Brunetières Beitrag zur Geschichte der französischen Kritik. Straßburg 1914.

Cysarz, Herbert: Realismus, Realistik, Realität in der epischen Prosa des 19. und 20. Jahrhunderts. In: Tradition und Entwicklung. Festschrift Eugen Thurnher zum Geburtstag. Hg. von Werner Bauer, Achim Masser und Guntram A. Plangg. Innsbruck 1982, S. 367–380.
- /Fiedeldey-Martyn, Cornelia: Literaturwissenschaftliche Selbstreflexion. Eine Bibliographie, 1792–1914. In: Wissenschaftsgeschichte der Germanistik, S. 538–549.

Dainat, Holger, 1994: Von der Neueren Deutschen Literaturgeschichte zur Literaturwissenschaft. Die Fachentwicklung von 1890 bis 1913/14. In: Wissenschaftsgeschichte der Germanistik, S. 494–537.

Das bürgerliche Zeitalter. Hg. von Guy Palmade. Fischer Weltgeschichte 27. Frankfurt am Main 1974.

de Man, Paul: Sign and Symbol in Hegel's Aesthetics. In: Critical Inquiry 8 (1982), S. 761–775.

Delbrück, Hansgerd: Gerhard Hauptmanns ›Vor Sonnenaufgang‹. Soziales Drama als Bildungskatastrophe. In: Deutsche Vierteljahrsschrift 69 (1995), S. 512–545.

Deutsche Dichter. Leben und Werk deutschsprachiger Autoren. Hg. von Gunter E. Grimm und Frank Rainer Max. Bd. 6: Realismus, Naturalismus und Jugendstil. Stuttgart 1989.

Deutsche Dichtung um 1890. Beiträge zu einer Literatur im Umbruch. Hg. von Robert Leroy u. Eckart Pastor. Bern/Berlin e.a. 1991.

Deutsche Hochschullehrer als Elite 1815–1945. Hg. von Klaus Schwabe. Boppard 1988.

Deutsche Literatur. Eine Sozialgeschichte. Hg. von Horst Albert Glaser. Bd. 7: Vom Nachmärz zur Gründerzeit: Realismus 1848–1880. Reinbek 1982.

Die Dichter lügen nicht. Über Erkenntnis, Literatur und Leser. Hg. von Carola Hilmes u. Dietrich Mathy. Würzburg 1994.

Die Fontanes und die Schlenthers. Neue Dokumente. Hg. von Anita Golz u. Gotthard Erler. In: Fontane-Blätter 5 (1985), S. 129–147.

Die Konzentration in der deutschen Wirtschaft seit dem 19. Jahrhundert. Hg. von Hans Pohl und Wilhelm Treue. Köln 1978.

Die literarische Moderne in Europa. Hg. von Hans Joachim Piechotta, Ralph Rainer Wuthenow u. Sabine Rothemann. Bd. 1: Erscheinungsformen literarischer Prosa um die Jahrhundertwende. Opladen 1994.

Die Modernisierung des Ich. Studien zur Subjektkonstitution der Vor- und Frühmoderne. Hg. von Manfred Pfister. Passau 1989.

Die Seele. Ihre Geschichte im Abendland. Hg. von Gerd Jüttemann, Michael Sonntag u. Christoph Wulf. Weinheim 1991.

Diersch, Manfred: Empiriokritizismus und Impressionismus. 2. Auflage. Berlin 1977.

Dimitrijewa, Nina/Allenow, Michail/Medwedkowa, Olga: Russische Kunst. Freiburg/Basel/Wien 1992.

Doderer, Klaus: Kritische Bemerkungen zu Rudolf Hildebrands Schrift ›Vom deutschen Sprachunterricht und deutscher Erziehung und Bildung überhaupt‹. In: Sprachpädagogik – Literaturpädagogik. Festschrift für Hans Schorer. Hg. von Wilhelm L. Höffe. Frankfurt am Main/Berlin/München 1969, S. 16–25.

Dong-Youl, Jeon: Mitleid als poetologische und sozial-kritische Kategorie beim frühen Werk Gerhart Hauptmanns. Frankfurt am Main e.a. 1991.

Dörner, Andreas: Politischer Mythos und symbolische Politik. Der Hermannmythos: zur Entstehung des Nationalbewußtseins der Deutschen. Reinbek 1996.

Dove, Alfred: [Art.] Gustav Freytag. In: ADB 48, S. 749–767.

Drama und Theater der Jahrhundertwende. Hg. von Dieter Kafitz. Tübingen 1991.

Eggert, Hartmut: Studien zur Wirkungsgeschichte des deutschen historischen Romans 1850–1875. Frankfurt am Main 1971.

Egglmaier, Herbert H.: Entwicklungslinien der neueren deutschen Literaturwissenschaft in Österreich in der zweiten Hälfte des neunzehnten Jahrhunderts und zu Beginn des zwanzigsten Jahrhunderts. In: Wissenschaftsgeschichte der Germanistik, S. 204–235.

Eicher, Thomas: Poesie, Poetisierung und Poetizität in Gustav Freytags ›Soll und Haben‹. In: Wirkendes Wort 45 (1995), S. 64–81.

Einhauser, Eveline: Die Junggrammatiker. Ein Problem der Sprachwissenschaftsgeschichtsschreibung. Trier 1989.

Eisele, Ulf: Realismus und Ideologie. Zur Kritik der literarischen Theorie nach 1848 am Beispiel des »Deutschen Museums«. Stuttgart 1976.

– Realismus-Problematik: Überlegungen zur Forschungssituation. In: Deutsche Vierteljahresschrift 51 (1977), S. 148–174.

Elm, Theo: Funktionen der Literatur in der technischen Kultur. In: Medien und Maschinen, S. 47–69.

Eloesser, Arthur: Gustav Freytags Vermächtnis. In: Gustav Freytag: Briefe an seine Gattin. 3./4. Auflage. Berlin o.J.

Emrich, Wilhelm: Protest und Verheißung. Studien zur klassischen und modernen Dichtung. Frankfurt am Main/Bonn 1960.

Epochenschwelle und Epochenstrukturen im Diskurs der Literatur- und Sprachhistorie. Hg. von Hans Ulrich Gumbrecht u. Ursula Link-Heer. Frankfurt am Main 1985.

Erbe, Michael: Berlin im Kaiserreich. In: Ribbe, Geschichte Berlins, S. 691–795.

Esselborn, Hans: Die gespiegelte Welt. Zu Holz' ›Im Tiergarten‹. In: Vom Naturalismus bis zur Jahrhundertmitte. Gedichte und Interpretationen. Hg. von Harald Hartung. Stuttgart 1984, Bd. 6, S. 81–89.

Ester, Hans: Theodor Fontane und Paul Schlenther. Ein Kapitel Wirkungsgeschichte. In: Theodor Fontane im literarischen Leben seiner Zeit. Beiträge zur Fontane-Konferenz vom 17. bis 20. Juni 1986 in Potsdam. Hg. von Friedhilde Krause. Berlin 1987, S. 216–246.

Ethische contra ästhetische Legitimation von Literatur. Hg. von Walter Haug und Wilfried Barner. In: Kontroversen, alte und neue. Hg. von Albrecht Schöne. Akten des VII. Internationalen Germanisten-Kongresses. Göttingen 1985, Bd. 8, S. 3–119.

Faber, Gustav: Carl Bleibtreu als Literaturkritiker. Berlin 1936.

Faber, Karl-Georg: Realpolitik als leitende Ideologie. Die Bedeutung des Jahres 1866 für das politische Denken in Deutschland. In: Historische Zeitschrift 203 (1966), S. 1–45.

Farkas, Reinhard: Hermann Bahr. Dynamik und Dilemma der Moderne. Wien/Köln 1989.

Feindt, Hendrik/Köster, Udo: Überlegungen zum Thema ›Bürgerlichkeit‹ in einigen neueren Untersuchungen. In: Internationales Archiv für Sozialgeschichte der Literatur 18,1 (1993), S. 157–167.

Fellmann, Ferdinand: Ein Zeuge der ästhetischen Kultur im 19. Jahrhundert: Wilhelm Bölsche. In: Archiv für Kulturgeschichte 70 (1988), S. 131–148.

Fick, Monika: Sinnenwelt und Weltseele. Der psychophysische Monismus in der Literatur der Jahrhundertwende. Tübingen 1993.

Fiedeldey-Martyn, Cornelia/Dainat, Holger: Literaturwissenschaftliche Selbstreflexion. Eine Bibliographie, 1792–1914. In: Wissenschaftsgeschichte der Germanistik, S. 538–549.

Fin de siècle. Zu Naturwissenschaft und Literatur der Jahrhundertwende im deutsch-skandinavischen Kontext. Hg. von Klaus Bohnen, Uffe Hansen u. Friedrich Schmoe. München 1984.

Fischbacher-Bosshardt, Andrea: Anfänge der modernen Erzählkunst. Untersuchungen zu Friedrich Spielhagens theoretischem und literarischem Werk. Bern e.a. 1988.

Fischer, Lore: Der Kampf um den Naturalismus. (Phil. Diss. Rostock) Borna-Leipzig 1930.
Fohrmann, Jürgen: Geschichte der deutschen Literaturgeschichtsschreibung zwischen Aufklärung und Kaiserreich. In: Wissenschaftsgeschichte der Germanistik, S. 576–604.
– Von den deutschen Studien zur Literaturwissenschaft. In: Wissenschaftsgeschichte der Germanistik, S. 1–14.
Forderer, Christof: Die Großstadt im Roman. Berliner Großstadtdarstellungen zwischen Naturalismus und Moderne. Wiesbaden 1992.
Frels, Onno: Zum Verhältnis von Wirklichkeit und künstlerischer Form bei Arno Holz. In: Naturalismus/Ästhetizismus, S. 103–138.
Freydank, Ruth: Theater in Berlin. Von den Anfängen bis 1945. Berlin 1988.
Friedell, Egon: Kulturgeschichte der Neuzeit. Die Krisis der europäischen Seele von der schwarzen Pest bis zum ersten Weltkrieg. Bd. 3: Romantik und Liberalismus/Imperialismus und Impressionismus (1931) 28.–30. Auflage München 1954.
Frye, Northrop: Analyse der Literaturkritik. Stuttgart 1964.
Füllbert, Georg: Sozialdemokratische Literaturkritik vor 1914. Die Beziehungen von Sozialdemokratie und bürgerlicher ästhetischer Kultur in den literaturtheoretischen und -kritischen Beiträgen der ›Neuen Zeit‹ 1883–1914, der ›Sozialistischen Monatshefte‹ 1895–1914 und bei Franz Mehring 1888–1914. Phil Diss. Marburg 1969.
Gaede, W.R.: Zur geistesgeschichtlichen Deutung des Frühnaturalismus. In: Germanic Review 11 (1936), S. 196–206.
Gall, Lothar: Geschichte des Liberalismus. Köln 1966.
– Liberalismus und ›bürgerliche Gesellschaft‹. Zu Charakter und Entwicklung der liberalen Bewegung in Deutschland. In: Historische Zeitschrift 220 (1975), S. 324–356.
Gaul-Ferenschild, Hartmut: National-völkisch-konservative Germanistik. Kritische Wissenschaftsgeschichte in personengeschichtlicher Darstellung. Bonn 1993.
Gebhard, Walter: »Der Zusammenhang der Dinge«. Weltgleichnis und Naturverklärung im Totalitätsbewußtsein des 19. Jahrhunderts. Tübingen 1984.
Gebühr, Kerstin: Wilhelm Scherer – Schulenbildung als Teil einer Durchsetzungsstrategie. In: Berliner Universität und deutsche Literaturgeschichte, S. 25–38.
Geffcken, Hanna: Ästhetische Probleme bei Th. Fontane und im Naturalismus. In: Germanisch-Romanische Monatsschrift 8 (1920), S. 345–353.
Geisendörfer, Karl: Die Entwicklung eines lyrischen Weltbildes im ›Phantasus‹ von Arno Holz. In: Zeitschrift für deutsche Philologie 82 (1963), S. 231–248.
Gelber, Mark H: Die literarische Umwelt zu Gustav Freytags ›Soll und Haben‹ und die Realismustheorie der ›Grenzboten‹. In: Orbis Litterarum 39 (1984), S. 38–53.
Geller, Martha: Friedrich Spielhagens Theorie und Praxis des Romans. Berlin 1917.
Gerhard, Ute/Link, Jürgen: Zum Anteil der Kollektivsymbolik an den Nationalstereotypen. In: Nationale Mythen und Symbole, S. 16–52.
Geschichte Berlins. Hg. von Wolfgang Ribbe. Bd. 2: Von der Märzrevolution bis zur Gegenwart. München 1987.
Geschichte der deutschen Literaturkritik (1730–1980). Hg. von Peter Uwe Hohendahl. Stuttgart 1985.
Geschichte der Philosophie. Bd. 10: Positivismus, Sozialismus und Spiritualismus im 19. Jahrhundert. Hg. von Wolfgang Röd. München 1989.
Geschichtswissenschaft und Vereinswesen im 19. Jahrhundert. Beiträge zur Geschichte historischer Forschung in Deutschland. Hg. von Hartmut Boockmann, Arnold Esch e.a. Göttingen 1971.
Glaser, Horst Albert: Naturalistisches Drama. In: Jahrhundertwende, S. 188–204.

Glogauer, Walter: Die Schönheit des Trivialen oder: Bürger im Niemandsland. Theodor Fontane zwischen Naturalismus und poetischem Realismus. In: Orbis Litterarum 29 (1984), S. 24–37.
Göbels, Armin: Das Verfahren der Einbildung. Ästhetische Erfahrung bei Schiller und Humboldt. Frankfurt am Main 1994.
Goldmann, Lucien: Dialektische Untersuchungen, Neuwied/Berlin 1966.
Goldmann, Paul: Literaturstücke und Ausstattungsregie. Polemische Aufsätze über Berliner Theater-Aufführungen. Frankfurt am Main 1910.
Greß, Franz: Germanistik und Politik. Kritische Beiträge zur Geschichte einer nationalen Wissenschaft. Stuttgart-Bad Cannstatt 1971.
Greuner, Ruth: Maximilian Harden – Kaiserpanorama oder: Polemik und Vorschau. Nachwort zu: Harden, Kaiserpanorama, S. 325–365.
Grevel, Lilo: Fontane und die Theaterkritik. In: Fontane-Blätter 6 (1985), S. 175–199.
Grieswelle, Detlev: Antisemitismus in deutschen Studentenverbindungen des 19. Jahrhunderts. In: Student und Hochschule im 19. Jahrhundert. Hg. von Christian Helfer u. Mohammed Rassem. Göttingen 1975, S. 366–379.
Griewank, Karl: Wissenschaft und Kunst in der Politik Kaiser Wilhelms I und Bismarcks. In: Archiv für Kulturgeschichte 34 (1952), S. 288–307.
Grimm, Reinhold: Zwischen Raserei und Ratio. Deutsche Dramatik seit 1870 in weltliterarischem Zusammenhang. In: Literatur und Linguistik 94 (1994), S. 127–134.
Grohnert, Dietrich: Untersuchungen zur literaturwissenschaftlichen Methode Wilhelm Scherers. Phil. Diss. Potsdam 1963.
Groschopp, Horst: Dissidenten. Freidenkerei und Kultur in Deutschland. Berlin 1997.
Großklaus, Götz: Nähe und Ferne. Wahrnehmungswandel im Übergang zum elektronischen Zeitalter. In: Literatur in einer industriellen Kultur, S. 489–520.
Grunert, Mark: Lenore oder die Versuchung des Bürgers. Romantischer ›Zauber‹ und realistische Ideologie in Gustav Freytags ›Soll und Haben‹. In: Monatshefte 85,2 (1993), S. 134–152.
Gsteiger, Manfred: Französische Symbolisten in der deutschen Literatur der Jahrhundertwende. (1869–1914) Bern/München 1971.
Guillemin, Bernard: Von der ungleichen Würde der dichterischen Gegenstände. In: Die Tat 20 (1928), S. 646–655.
Gumbrecht, Hans Ulrich: [Art.] Modern, Modernität, Moderne. In: Geschichtliche Grundbegriffe. Hg. von Otto Brunner, Werner Conze u. Reinhard Koselleck. Bd. 4. Stuttgart 1978, S. 93–131.
– Zum Wandel des Modernitäts-Begriffes in Literatur und Kunst. In: Studien zum Beginn der modernen Welt, S. 375–381.
Günther, Katharina: Literarische Gruppenbildung im Berliner Naturalismus. Bonn 1972.
Günther, Max: Die soziologischen Grundlagen des naturalistischen Dramas der jüngsten deutschen Vergangenheit. Diss. Leipzig. Weida in Thüringen 1912.
Haake, Wilmont: Handbuch des Feuilletons. 2 Bde. Emsdetten 1951.
Hallmann, Gerhard: Russische Realisten in der zweiten Hälfte des 19. Jahrhunderts. Rosenheim 1989.
Hamacher, Wolfram: Wissenschaft, Literatur und Sinnfindung im 19. Jahrhundert. Studien zu Wilhelm Bölsche. Würzburg 1993.
Hamann, Richard/Hermand, Jost: Gründerzeit. Deutsche Kunst und Kultur von der Gründerzeit bis zum Expressionismus. Bd. 1 (1965). 2. Auflage. München 1974.
– Impressionismus. Berlin 1960.
– Naturalismus. Deutsche Kunst und Kultur von der Gründerzeit bis zum Expressionismus. Bd. 2. Berlin 1959.

Handbuch literarisch-kultureller Vereine, Gruppen und Bünde 1825–1933. Hg. von Wulf Wülfing, Karin Bruns und Rolf Parr. Stuttgart/Weimar 1998.

Häntzschel, Günther: Lyrikvermittlung durch Anthologien im Jahr 1890. In: Deutsche Dichtung um 1890, S. 147–170.

Harich, Wolfgang: Rudolf Haym. Seine politische und philosophische Entwicklung. In: Sinn und Form 6,4 (1954), S. 482–527.

Hass-Zumkehr, Ulrike: Sprachwissenschaft innerhalb der Germanistik um 1900. In: Kultur, Wissen und Universität um 1900. Hg. von Christoph König u. Eberhard Lämmert. München 1999, S. 232–247.

Haupt, Heinz-Gerhard: »Bourgeoise und Volk zugleich«? Zur Geschichte des Kleinbürgertums im 19. und 20. Jahrhundert. Frankfurt/New York 1978.

Haverkamp, Wendelin: Aspekte der Modernität. Untersuchungen zur Geschichte des ›Auch Einer‹ von Friedrich Theodor Vischer. Aachen 1981.

Heer, Georg: Geschichte der Deutschen Burschenschaft. Bd. 4: Die Burschenschaften in der Zeit der Vorbereitung des zweiten Reiches, im Reich und im Weltkrieg. Von 1859 bis 1919. Heidelberg 1939.

Heissenbüttel, Helmut: Ästhetik der Wortkunst. Arno Holz und sein »Phantasus«. In: Arno Holz, S. 64–75.

Hellge, Manfred: Der Verleger Wilhelm Friedrich und das ›Magazin für die Litteratur des In- und Auslandes‹. Ein Beitrag zur Literatur- und Verlagsgeschichte des frühen Naturalismus in Deutschland. Frankfurt am Main 1977.

Hellmann, Winfried: Objektivität, Subjektivität und Erzählkunst. Zur Romantheorie Friedrich Spielhagens. In: Begriffsbestimmungen des literarischen Realismus, Darmstadt 1969, S. 86–159.

Helmstetter, Rudolf: Die Geburt des Realismus aus dem Dunst des Familienblattes. Fontane und die öffentlichkeitsgeschichtlichen Rahmenbedingungen des Poetischen Realismus. München 1998.

Henske, Werner: Das Feuilleton der ›Täglichen Rundschau‹ (betrachtet im Zeitabschnitt 1881–1905). Phil Diss. Berlin 1940.

Hepp Corona: Avantgarde. Moderne Kunst, Kulturkritik und Reformbewegung nach der Jahrhundertwende. München 1987.

Herbarts Kultursystem. Perspektiven der Transdisziplinarität im 19. Jahrhundert. Hg. von Andreas Hoeschen u. Lothar Schneider. Würzburg 2001.

Hermand, Jost/Hamann, Richard: Impressionismus. Berlin 1960.

Hermand, Jost: Der Schein des schönen Lebens. Studien zur Jahrhundertwende. Frankfurt am Main 1972.

– Die deutschen Dichterbünde. Von den Meistersingern bis zum PEN-Club. Köln/Weimar/Wien 1998.

– Geschichte der Germanistik. Reinbek 1994.

– Schwundformen des Liberalismus: Zur ästhetischen Fronde im zweiten Kaiserreich. In: Die Modernisierung des Ich, S. 111–121.

Heydebrand, Renate von: Ethische contra ästhetische Legitimation von Literatur. In: Ethische contra ästhetische Legitimation von Literatur, S. 3–11.

Hinck, Walter: Theater im ›wissenschaftlichen Zeitalter‹. Kontroversen vom Naturalismus bis zur Gegenwart. In: Literatur und Theater in Wilhelminischer Zeit, S. 258–274.

Hoefert, Sigfrid: >Gerhart Hauptmann und andere< – zu den deutsch-russischen Literaturbeziehungen in der Epoche des Naturalismus. In: Naturalismus, 235–264.

– Das Drama des Naturalismus. Stuttgart 1968.

– Einleitung in: Russische Literatur in Deutschland, S. VII–XXV.

Hoeges, Dirk: Literatur und Evolution. Studien zur französischen Literaturkritik im 19. Jahrhundert. Taine – Brunetière – Hennequin – Guyau. Heidelberg 1980.
Hoeschen, Andreas: Das ›Dostojewski-Projekt‹. Georg Lukács neukantianisches Frühwerk in seinem ideengeschichtlichen Kontext. Tübingen 1999.
Hohendahl, Peter Uwe: Bürgerliche Literaturgeschichte und nationale Identität. In: Bürgertum im 19. Jahrhundert 3, S. 200–231.
– Literaturkritik in der Epoche des Liberalismus. In: Geschichte der Literaturkritik, S. 129–209.
Höhne, Gisela: Probleme der Wahrnehmung und einer frühen Medientheorie im ›konsequenten Naturalismus‹ und den theoretischen Überlegungen von Arno Holz vor 1900. Phil. Diss. Berlin 1990.
Hohoff, Curt/Soergel, Albrecht: Dichtung und Dichter der Zeit. Vom Naturalismus bis zur Gegenwart. Neubearbeitung. Bd. 1. Düsseldorf 1961.
Holl, Karl: Der Wandel des deutschen Lebensgefühls im Spiegel der deutschen Kunst seit der Reichsgründung. In: Deutsche Vierteljahresschrift 4 (1926), S. 548–563.
Holub, Robert C.: Reflections of Realism. Detroit 1990.
Höppner, Wolfgang: Das »Ererbte, Erlebte und Erlernte« im Werk Wilhelm Scherers. Ein Beitrag zur Geschichte der Germanistik. Köln/Weimar/Wien 1993.
– Die Beziehung von Dichter und Publikum als Grundverhältnis des literarischen Verkehrs. Gedanken zu Wilhelm Scherers ›Poetik‹. In: Weimarer Beiträge 35 (1989), S. 208–232.
– Wilhelm Scherer, Erich Schmidt und die Gründung des Germanischen Seminars an der Berliner Universität. In: Zeitschrift für Germanistik 9 (1988), S. 545–557.
Hoser, Klaus: Der Theaterkritiker Isidor Landau. Phil Diss. Berlin 1962.
Houben, H.H.: Verbotene Literatur von der klassischen Zeit bis zur Gegenwart. Berlin 1924.
Howald, Ernst: [Art.] Rudolf Haym. In: Neue Deutsche Biographie 8. Berlin 1969, S. 152f.
– Einleitung. In: Rudolf Haym: Zur deutschen Philosophie und Literatur. Ausgewählt, eingeleitet und erläutert von Ernst Howald. Zürich/Stuttgart 1963, S. 7–40.
Hübinger, Gangolf: ›Journalist‹ und ›Literat‹. Vom Bildungsbürger zum Intellektuellen. In: Intellektuelle, S. 95–110.
– Die Intellektuellen im wilhelminischen Deutschland. Zum Forschungsstand. In: Intellektuelle, S. 198–210.
– Geschichte als leitende Orientierungswissenschaft im 19. Jahrhundert. In: Berichte zur Wissenschaftsgeschichte 11 (1988), S. 149–158.
– Hochindustrialisierung und die Kulturwerte des deutschen Liberalismus. In: Langewiesche, Liberalismus, S. 193–208.
Hubrich, Peter Heinz: Gustav Freytags ›Deutsche Ideologie‹ in Soll und Haben. Kronberg i.Ts. 1974.
Huges, Arthur H.: Wilhelm von Humboldt's Influence on Spielhagens Esthetics. In: The Germanic Review 5 (1930), S. 211–224.
Huyssen, Andreas: Nochmals zur Naturalismus-Debatte und Linksopposition. In: Naturalismus/Ästhetizismus, S. 244–258.
Hymans, Henri: Belgische Kunst des 19. Jahrhunderts. Leipzig 1906.
Intellektuelle im deutschen Kaiserreich Hg. von Gangolf Hübinger u. Wolfgang J. Mommsen. Frankfurt am Main 1993.
Isernhagen, Hartwig: Die Bewußtseinskrise der Moderne und die Erfahrung der Stadt als Labyrinth. In: Die Stadt in der Literatur, S. 81–104.
Iskra, Wolfgang: Die Darstellung des Sichtbaren in der dichterischen Prosa um 1900. Münster 1960.

Jäger, Hans-Wolf: Gesellschaftliche Aspekte des bürgerlichen Realismus und seiner Theorie. Bemerkungen zu Julian Schmidt und Gustav Freytag. In: Text und Kontext 2,3 (1974), S. 3–41.
Jahrhundertwende: Vom Naturalismus zum Expressionismus. (1880–1918) Hg. von Frank Trommler. Deutsche Literatur. Eine Sozialgeschichte. Hg. von Horst Albert Glaser. Bd. 8. Reinbek 1982.
Janke, Wolfgang: Vom Bild des Absoluten. Grundzüge der Phänomenologie Fichtes. Berlin/New York 1993.
Japp, Uwe: Die literarische Fiktion. In: Die Dichter lügen, nicht, S. 47–58.
– Kontroverse Daten der Modernität. In: Traditionalismus und Modernismus, S. 125–134.
– Literatur und Modernität. Frankfurt am Main 1987.
– Nietzsches Kritik der Modernität. In: Das neuzeitliche Ich in der Literatur des 18. und 20. Jahrhunderts. Zur Dialektik der Moderne. Ein internationales Symposion. Hg. von Ulrich Fülleborn u. Manfred Engel. München 1988, S. 232–247.
Jarausch, Konrad: Deutsche Studenten 1800–1970. Frankfurt am Main 1984.
Jegensdorf, Lothar: Die spekulative Deutung und poetische Darstellung der Natur im Werk von Johannes Schlaf. Phil. Diss. Bochum 1969.
Johann, Ernst: Die deutschen Buchverlage des Naturalismus und der Neuromantik. Weimar 1935.
Jordan, Maria: Die Romane Bruno Willes. Phil. Diss. Wien 1939.
Jüdische Intellektuelle und die Philologien in Deutschland 1871–1933. Hg. von Wilfried Barner und Christoph König. Göttingen 2001.
Jürgen, Ingeborg: Der Theaterkritiker Julius Hart. Phil Diss. FU Berlin 1956.
Jurt, Joseph: La réception littéraire transnationale: Le cas de Zola en Allemagne. In: Cahiers d'Histoire des Littératures Romanes/Romanistische Zeitschrift für Literaturgeschichte, 1996, S. 343–364.
Kaelble, Hartmut: Sozialer Aufstieg in Deutschland 1850–1914. In: Vierteljahresschrift für Sozial- und Wirtschaftsgeschichte 60 (1973), S. 41–71.
Kafitz, Dieter: Figurenkonstellation als Mittel der Wirklichkeitserfassung. Dargestellt an Romanen der zweiten Hälfte des 19. Jahrhunderts [Freytag, Spielhagen, Fontane, Raabe]. Kronberg/Ts. 1978.
– Johannes Schlaf – Weltanschauliche Totalität und Wirklichkeitsblindheit. Ein Beitrag zur Neubestimmung des Naturalismus-Begriffs und zur Herleitung totalitärer Denkformen. Tübingen 1992.
– Naturalismus als Weltanschauung. Zur Kunstauffassung von Johannes Schlaf. In: Deutsche Dichtung um 1890, S. 75–94.
– Struktur und Menschenbild naturalistischer Dramatik. In: Zeitschrift für deutsche Philologie 97 (1978), S. 225–255.
– Tendenzen der Naturalismus-Forschung und Überlegungen zu einer Neubestimmung des Naturalismus-Begriffs. In: Der Deutschunterricht 40,2 (1988), S. 11–36.
Kaindl, Raimund Friedrich: Die Volkskunde. Ihre Bedeutung, ihre Ziele und ihre Methode. Leipzig/Wien 1903.
Kaiser, Dagmar: »Entwicklung ist das Zauberwort«. Darwinistisches Naturverständnis im Werk Julius Harts als Baustein eines neuen Naturalismus-Paradigmas. Mainz 1995.
Kampe, Norbert: Studenten und ›Judenfrage‹ im Deutschen Kaiserreich. Göttingen 1988.
Kasten, Helmut: Die Idee der Dichtung und des Dichters in den literarischen Theorien des sogenannten ›Deutschen Naturalismus‹ (Karl Bleibtreu, Hermann Conradi, Arno Holz). Zur Geschichte der Auseinandersetzung zwischen dem deutschen Idealismus

und dem westeuropäischen Positivismus und Naturalismus in deutschen Dichtungstheorien zu Ende des 19. Jahrhunderts. (Phil. Diss. Königsberg) Würzburg 1938.

Kauffeldt, Rolf/Cepl-Kaufmann, Gertrude: Berlin-Friedrichshagen. Literaturhauptstadt um die Jahrhundertwende. Der Friedrichshagener Dichterkreis. Berlin 1994.

Kelly, Alfred: The Descent of Darwinism. The Popularization of Darwinism in Germany, 1860–1914. Chapel Hill 1981.

Kesting, Marianne: Entdeckung und Destruktion. München 1970.

Kiefer, Sascha: Dramatik der Gründerzeit. Deutsches Drama und Theater 1870–1890. St. Ingbert 1997.

Kienzle, Michael: Der Erfolgsroman. Zur Kritik seiner poetischen Ökonomie bei Gustav Freytag und Eugenie Marlitt. Stuttgart 1975.

Kiesewetter, Hubert: Industrielle Revolution in Deutschland 1815–1914. Frankfurt am Main 1989.

Kimpel, Dieter: Historismus, Realismus und Naturalismus in Deutschland. In: Propyläen Geschichte der Literatur. Bd. 5. Sonderausgabe. Berlin 1988, S. 303–334.

Kinder, Herman: Poesie als Synthese. Ausbreitung eines deutschen Realismus-Verständnisses in der Mitte des 19. Jahrhunderts. Kronberg 1973.

Kittler, Friedrich: Die Welt des Symbolischen – eine Welt der Maschine. In: Literatur in einer industriellen Kultur, S. 521–536.

– Grammophon, Film, Typewriter. Berlin 1986.

Klemperer, Victor: Paul Lindau. Eine Monographie. 2. Auflage. Berlin 1909.

Knudsen, Hans: [Art.] Paul Lindau. In: Deutsche Biographie, Überleitungsband 2, S. 437–442.

– Theaterkritik. Charlottenburg 1928.

Knudsen, Rüdiger R.: Der Theaterkritiker Fontane. Berlin 1942.

Knüfermann, Volker: Collage in ›Papa Hamlet‹. In: Zeitschrift für deutsche Philologie 93 (1974), S. 275–288.

Koch, Marianne: Das Königliche Schauspielhaus in Berlin unter Bolko Graf von Hochberg (1886–1902). Phil. Diss. Berlin 1957.

Kocka, Jürgen: Bürger und Bürgertum im 19. Jahrhundert. Göttingen 1987.

Kohlschmidt, Werner/Mohr, Wolfgang: [Art.] Kritik, Literarische. In: Reallexikon der Deutschen Literaturgeschichte. Begründet von Paul Merker und Wolfgang Stammler. 2. Auflage, hg. von Werner Kohlschmidt und Wolfgang Mohr, Berlin 1858–1988, 3. Bd., S. 63–79.

Köhnke, Klaus Christian: Entstehung und Aufstieg des Neukantianismus. Die deutsche Universitätsphilosophie zwischen Idealismus und Positivismus. Frankfurt am Main 1986.

Kolkenbrock-Netz, Jutta: Fabrikation-Experiment-Schöpfung. Strategien ästhetischer Legitimation im Naturalismus. Heidelberg 1981.

– Poesie des Darwinismus – Verfahren der Mythisierung und Mythentransformation in populärwissenschaftlichen Texten von Wilhelm Bölsche. In: lendemains 30 (1983), S. 28–35.

Koopmann, Helmut: Naturalismus und Sentimentalität. Zum Aufkommen von Trivialsymbolik unter dem Programm des konsequenten Naturalismus. In: Literatur und Theater in Wilhelminischer Zeit, S. 166–182.

Kopp, Detlev: (Deutsche) Philologie und Erziehungssystem. In: Wissenschaftsgeschichte der Germanistik, S. 669–741.

Koppen, Erwin: Literatur und Photographie. Über Geschichte und Thematik einer Medienentdeckung. Stuttgart 1987.

Köster, Udo: Die Moderne, die Modernisierung und die Marginalisierung der Literatur.

Anmerkungen zu einigen Hypothesen zu Literatur und Gesellschaft in Deutschland um 1900. In: Polyperspektivik in der literarischen Moderne, S. 353–380.
- Ideale Geschichtsdeutung und Mentalität der Gebildeten im Kaiserreich. In: Deutsche Dichtung um 1890, S. 95–126.
Krings, Ulrich: Bahnhofsarchitektur. Deutsche Großstadtbahnhöfe des Historismus. München 1985.
Kron, Friedhelm: Schriftsteller und Schriftstellerverbände. Schriftstellerberuf und Interessenpolitik. 1842–1973. Stuttgart 1976.
Kronasser, Heinz: Handbuch der Semasiologie. Kurze Einführung in die Geschichte, Problematik und Terminologie der Bedeutungslehre. Heidelberg 1951.
Krummel, Richard Frank: Nietzsche und der deutsche Geist. Bd. 1: Ausbreitung und Wirkung des Nietzscheschen Werkes im deutschen Sprachraum bis zum Todesjahr des Philosophen. Ein Schrifttumsverzeichnis 1867–1900. Berlin/New York 1974; Bd. 2: Ausbreitung und Wirkung des Nietzscheschen Werkes im deutschen Sprachraum vom Todesjahr bis zum Ende des Weltkrieges. Ein Schrifttumsverzeichnis der Jahre 1901–1918. Berlin/New York 1983.
Kuchenbuch, Thomas: Die Welt um 1900. Unterhaltungs- und Technikkultur. Stuttgart 1992.
Kuhk, Angela: Die Anthologisten Heinrich und Julius Hart. Vermittler französischer Lyrik? In: Weltliteratur in deutschen Versanthologien des 19. Jahrhunderts. Hg. von Helga Eßmann u. Udo Schöning. Berlin 1996, S. 508–520.
Kunstgeschichte und Kunsttheorie im 19. Jahrhundert. Hg. von H. Bauer e.a. Berlin 1963.
Kürschner, Josef: [Art.] Roderich Benedix. In: ADB 2, S. 325–327.
Langer, Ulrich: Heinrich von Treitschke. Politische Biographie eines deutschen Nationalisten. Düsseldorf 1998.
Langewiesche, Dieter: Liberalismus in Deutschland. Frankfurt am Main 1988.
Laube, Richard: Rudolf Hildebrand und seine Schule. Ein Beitrag zur Geschichte des deutschsprachlichen Unterrichts in der 2. Hälfte des 19. Jahrhunderts. Leipzig 1903.
Lengen, Friedrich: Wissenschaftgeschichte und Geschichte der Gelehrten 1890–1933. Von der historischen Kulturwissenschaft zur Soziologie. In: Internationales Archiv für Sozialgeschichte der Literatur 17,2 (1992), S. 150–180.
Lensing, Leo A.: Naturalismus, Religion und Sexualität. Zur Frage der Auseinandersetzung mit Zola in Wilhelm Raabes ›Unruhige Gäste‹. In: Jahrbuch der Raabe-Gesellschaft 1988, S. 145–167.
Leppla, Rupprecht: [Art.] Naturalismus. In: Reallexikon der deutschen Literaturgeschichte. Bd. 2, S. 602–611.
Lessing, O. E.: Die neue Form. Ein Beitrag zum Verständnis des deutschen Naturalismus. Dresden 1910.
Leventhal, Robert S.: Institutionalisierung und Literaturwissenschaft. Zu einer Theorie der Diskursivität der literaturwissenschaftlichen Institutionen. In: Weimarer Beiträge 39,3 (1993), S. 360–377.
Liberalismus im 19. Jahrhundert. Hg. von Dieter Langewiesche. Göttingen 1988.
Liberalismus im aufsteigenden Industriestaat. Hg. von Wolfgang J. Mommsen. Geschichte und Gesellschaft 4,1 (1978).
Liberalismus. Hg. von Lothar Gall. Köln 1976.
Linse, Ulrich: Zurück, o Mensch, zur Mutter Erde. Landkommunen in Deutschland 1890–1933. München 1983.
Literarische Moderne. Europäische Literatur im 19. und 20. Jahrhundert. Hg. von Rolf Grimminger, Jurij Murasov u. Jörn Stückrath. Reinbek 1995.

Literatur im Industriezeitalter. Eine Ausstellung des Deutschen Literatur-Archivs im Schiller-Nationalmuseum Marbach am Neckar. 2 Bde. Marbach 1987.
Literatur in einer industriellen Kultur. Hg. von Götz Großklaus u. Eberhard Lämmert. Stuttgart 1989.
Literatur und Gesellschaft. Zur Sozialgeschichte der deutschen Literatur seit der Jahrhundertwende. Hg. von Beate Pinkerneil u. Victor Zmegac. Frankfurt am Main 1973.
Literatur und Theater im Wilhelminischen Zeitalter. Hg. von Klaus-Peter Bayerdörfer, Carl Otto Conrady und Helmut Schanze. Tübingen 1978.
Literaturkritik und literarische Wertung. Hg. von Peter Gebhardt. Darmstadt 1980.
Lobsien, Eckhard: Das literarische Feld. Phänomenologie der Literaturwissenschaft. München 1988.
Lotman, Jurij: Struktur des ästhetischen Textes. München 1973.
Löwenthal, Leo: Gustav Freytag. In: Festschrift zum achtzigsten Geburtstag von Georg Lukács. Hg. von Frank Benseler. Neuwied/Berlin 1965, S. 392–401.
Luhmann, Niklas: Soziale Systeme. Grundriß einer allgemeinen Theorie. Frankfurt am Main 1984.
Maase, Kaspar: ›Schmutz und Schund‹. Die Auseinandersetzung um die Massenkultur im deutschen Kaiserreich 1871–1918. In: Humboldt-Spektrum 3/97 (1997), S. 48–56.
Machatzke, Martin/Requard, Walter: Gerhard Hauptmann und Erkner. Studien zum Frühwerk. Berlin 1980.
Mahal, Günther: Naturalismus. 2. Auflage. München 1975.
– Wirklich eine Revolution der Lyrik? In: Naturalismus, S. 11–47.
Manegold, Karl-Heinz: Die Akademisierung der Technik. Bildung und Ausbildung des Ingenieurs im 19. Jahrhundert. In: Zum Verhältnis von Wissenschaft und Technik, S. 86–127.
Markwardt, Bruno: Geschichte der deutschen Poetik. Bd. 5: Das zwanzigste Jahrhundert. Berlin 1967.
Marquard, Marion: Geschichte des Germanistischen Instituts an der Leipziger Universität von seiner Gründung 1873 bis 1945. In: Zeitschrift für Germanistik 9 (1988), S. 681–687.
Martens, Günter: Vitalismus und Expressionismus. Ein Beitrag zur Genese und Deutung expressionistischer Stilstrukturen und Motive. Stuttgart/Berlin e.a. 1971
Martini, Fritz: [Art.] Modern, Moderne. In: Reallexikon der deutschen Literaturgeschichte. Bd. 2, S. 391–415.
– Das Wagnis der Sprache. Stuttgart 1954.
– Der kleine Thiel und der große Thienwebel. Das Erzählen auf der Schwelle zur Moderne. In: Naturalismus (DU), S. 65–76.
– Deutsche Literatur im bürgerlichen Realismus 1848–1898. 2. Auflage. Stuttgart 1964.
– Einleitung. In: Otto Brahm: Kritiken und Essays. Zürich/Stuttgart 1964.
– Gerhard Hauptmanns ›Der Biberpelz‹. Gedanken zum Bautypus einer naturalistischen Komödie. In: Wissenschaft als Dialog, S. 83–111.
Materialität der Kommunikation. Hg. von Hans Ulrich Gumbrecht u. K. Ludwig Pfeiffer. Frankfurt am Main 1988.
Matt, Peter v.: Die Opus-Phantasie. In: Psyche 33 (1979), S. 193–212.
Mattenklott, Gert/Scherpe, Klaus R.: Positionen literarischer Intelligenz zwischen bürgerlicher Reaktion und Imperialismus. In: Positionen literarischer Intelligenz, S. 1–8.
Mayer, Hans. Einleitung in: Deutsche Literaturkritik im zwanzigsten Jahrhundert. Kaiserreich, erster Weltkrieg und erste Nachkriegszeit (1889–1933). Hg. von Hans Mayer. Stuttgart 1965, S. 11–41.
McInnes, Edward. Die naturalistische Dramentheorie und die dramaturgische Tradition. In: Zeitschrift für deutsche Philologie 93 (1974), S. 161–186.

- »Eine untergeordnete Meisterschaft?« The critical Reception of Dickens in Germany 1837–1870. Frankfurt am Main/Bern e.a. 1991.
Medien und Maschinen. Literatur im technischen Zeitalter. Hg. von Theo Elm u. Hans Hiebel. Freiburg 1991.
Medwedkowa, Olga/Dimitrijewa, Nina/Allenow, Michail: Russische Kunst. Freiburg/Basel/Wien 1992.
Mehlin, Urs H.: Die Fachsprache des Theaters. Eine Untersuchung der Terminologie von Bühnentechnik, Schauspielkunst und Theaterorganisation. Düsseldorf 1969.
Mehrtens, Herbert: Moderne/Sprache/Mathematik. Eine Geschichte des Streits um die Grundlagen der Disziplin und des Subjekts formaler Systeme. Frankfurt am Main 1990.
Meister der deutschen Kritik. Hg. von Gerhard F. Hering. Bd. 2: Von Börne zu Fontane. 1830–1890. München 1963.
Meisterwerke deutscher Literaturkritik. Hg. von Hans Meyer. Bd. 2: Von Heine bis Mehring. Berlin 1956.
Mendelsohn, Anneliese: Die Sprachphilosophie und die Ästhetik Wilhelm von Humboldts als Grundlage für die Theorie der Dichtung. Hamburg 1928.
Mennemeier, Franz Norbert: Aspekte des naturalistischen Dramas der Jahrhundertwende – von Emile Zola bis Arthur Schnitzler. In: Drama und Theater der Jahrhundertwende, S. 1–19.
- Literatur der Jahrhundertwende. Bern e.a. 1985.
Meyer, Theo: Nietzsche und die Kunst. Tübingen/Basel 1993.
Michels, Victor: Erich Schmidt. in: Germanisch-Romanische Monatsschrift 5 (1913), S. 290–297.
Middel, Eike: Literatur zweier Kaiserrreiche. Deutsche und österreichische Literatur der Jahrhundertwende. Berlin 1993.
Mielke, Hellmuth/Homann, Hans Joachim: Der deutsche Roman des 19. u. 20. Jahrhunderts. Dresden 1920.
Misch, Georg: Vom Lebens- und Gedankenkreis Wilhelm Diltheys. Frankfurt am Main 1947.
Mittler, Rudolf: Theorie und Praxis des sozialen Dramas bei Gerhart Hauptmann. Hildesheim/Zürich/New York 1985.
Möbius, Hanno: Der Positivismus in der Literatur des Naturalismus. Wissenschaft, Kunst und soziale Frage bei Arno Holz. München 1980.
- Der Naturalismus. Epochendarstellung und Werkanalyse. Heidelberg 1982.
- Ruhe und Bewegung. ›Beobachtung‹ in Literatur und Wissenschaft im Prozeß der Technisierung des 19. Jahrhunderts. In: Literatur in einer industriellen Kultur, S. 431–444.
Moderne Literatur in Grundbegriffen. Hg. von Dieter Borchmeyer u. Victor Zmegac. Frankfurt am Main 1987.
Moe, Vera Ingunn: Deutscher Naturalismus und ausländische Literatur. Zur Rezeption der Werke von Zola, Ibsen und Dostojewski durch die deutsche naturalistische Bewegung. (1880–1895) Frankfurt am Main e.a. 1983.
Möhl, Friedrich: [Art.] Michael Georg Conrad. In: Lebensläufe aus Franken. Hg. im Auftrag der Gesellschaft für Fränkische Geschichte von Anton Chroust. Bd. 5. Erlangen 1936, S. 21–38.
Modelle des literarischen Strukturwandels. Hg. von Michael Titzmann. Tübingen 1991.
Mohr, Wolfgang/Kohlschmidt, Werner: [Art.] Kritik, Literarische. In: Reallexikon der Deutschen Literaturgeschichte. Begründet von Paul Merker und Wolfgang Stammler. 2. Auflage, hg. von Werner Kohlschmidt und Wolfgang Mohr, Berlin 1858–1988, 3. Bd., S. 63–79.

Mommsen, Wolfgang J.: Berlin: Bürgerliche Kultur und künstlerische Avantgarde. 1870–1918. Kultur und Politik im deutschen Kaiserreich. Frankfurt am Main 1994.
– Der autoritäre Nationalstaat. Verfassung, Gesellschaft und Kultur des deutschen Kaiserreiches. Frankfurt am Main 1990.
Müller-Salget, Klaus: Dramaturgie der Parteilosigkeit. In: Naturalismus, S. 48–67.
Münchow, Ursula: Literatur im Spannungsfeld. Beziehungen zwischen sozialistischer und naturalistischer Literatur. In: Weimarer Beiträge 34 (1988), S. 533–555.
Muther, Richard: Die Belgische Malerei im 19. Jahrhundert. 2. Auflage. Berlin 1909.
Nationale Mythen und Symbole in der zweiten Hälfte des 19. Jahrhunderts. Strukturen und Funktionen von Konzepten nationaler Identität. Hg. von Jürgen Link und Wulf Wülfing. Stuttgart 1991.
Naturalismus. Bürgerliche Dichtung und soziales Engagement. Hg. von Helmut Scheuer. Stuttgart/Berlin e.a. 1974 (= Naturalismus).
Naturalismus. Hg. von Helmut Scheuer. In: Der Deutschunterricht 40,2 (1988) (= Naturalismus [DU]).
Naturalismus/Ästhetizismus. Hg. von Christa Bürger, Peter Bürger u. Jochen Schulte-Sasse. Frankfurt am Main 1979.
Naumann, Bernd: Die Tradition der philosophischen Grammatik in Deutschland. In: Sprachtheorien der Neuzeit, S. 24–43.
Navarro-Pérez, Jorge: Fichte, Humbold und Ranke über die Idee und die historischen Ideen. (Mit einem Anhang über Hegel und Droysen.) In: Philosophisches Jahrbuch 109 (1997), S. 361–373.
Nehring, Wolfgang: [Art.] Der Beginn der Moderne. In: Handbuch der deutschen Erzählung. Hg. von Karl Konrad Polheim. Düsseldorf 1981.
Nerlich, Brigitte: Semantics in the 19th Century. In: Sprachtheorien der Neuzeit, S. 396–426.
Neumann, Werner: Über das Verhältnis von Sprachtheorie und Sprachsituation in Deutschland gegen Ende des 19. Jahrhunderts. In: Beiträge zur Erforschung der deutschen Sprache 8 (1988), S. 5–33.
Neuschäfer, Hans-Jörg: Die Krise des Liberalismus und die Störung des bürgerlichen Normensystems. Ein Beitrag zur Mentalitätsgeschichte des späten 19. Jahrhunderts aus der Sicht des Feuilletonromans. In: Die Modernisierung des Ich, S. 122–132.
Niefanger, Dirk: [Rez.] Wissenschaft und Nation. In: arbitrium 96,1 (1996), S. 6–8.
Niehaus, Michael: Emile Zola und die unmögliche Selbstdarstellung des Naturalismus. In: Germanisch-Romanische Monatsschrift NF 45 (1995), S. 315–333.
Niemann, Hans-Werner: Der Industrielle in der deutschen Erzählliteratur der Jahre 1890 bis 1945. In: Technik in der Literatur, S. 174–232.
Nipperdey, Thomas: Deutsche Geschichte 1866–1918. 2 Bde. München 1990/92.
– Verein als soziale Struktur in Deutschland im späten 18. und frühen 19. Jahrhundert. In: Boockmann/Esch, Geschichtswissenschaft, S. 1–44.
Nöhbauer, Hans: Literaturkritik und Zeitschriftenwesen. Phil Diss. München 1956.
Oelmüller, Wilhelm: Friedrich Theodor Vischer und das Problem der nachhegelschen Ästhetik. Stuttgart 1959.
– Vorwort. In: Ästhetische Erfahrung, S. 7–112.
Ohl, Hubert: Bild und Wirklichkeit. Studien zur Romankunst Raabes und Fontanes. Heidelberg 1968.
Osborne, John: Gerhart Hauptmanns »Vor Sonnenaufgang«: Zwischen Tradition und Moderne. In: Naturalismus (DU), S. 77–88.
Parr, Rolf/Wülfing, Wulf/Bruns, Karin: Forschungsprojekt »Literarisch-kulturelle Vereine und Gruppen im 19. und frühen 20. Jahrhundert«: Entwicklung – Aspekte – Schwerpunkte. In: Zeitschrift für Germanistik, NF. 4 (1994), S. 493–505.

Pauen, Michael: Die Wissenschaft vom Schönen. Kunstpsychologie und die Ästhetik der Moderne. In: Zeitschrift für philosophische Forschung 49,1 (1995), S. 54–75.
Peerpet, Wilhelm: Historisches und Systematisches zur Einfühlungsästhetik. In: Zeitschrift für Ästhetik u. allgemeine Kunstwissenschaft Bd. 11 (1966), S. 193–216.
Pelster, Theodor/Kurz, Gerhard: Metapher. Theorie und Unterricht. Düsseldorf 1976.
Peper, Jürgen: Heuristische Epoché statt mimetischer Totalität. Zur Ich-Analyse in der Literatur des späten 19. Jahrhunderts. In: Die Modernisierung des Ich, S. 22–35.
Petersen, Julius: Literaturgeschichte und Philologie. In: Germanisch-Romanische Monatsschrift 5 (1913), S. 625–640.
Petersen, Jürgen H.: ›Das Moderne‹ und ›die Moderne‹. Zur Rettung einer literarästhetischen Kategorie. In: Traditionalismus und Modernismus, S. 135–142.
Pforte, Dietger: Die deutsche Sozialdemokratie und die Naturalisten. In: Naturalismus, S. 175–205.
Pfotenhauer, Helmut: Nietzsche: Literaturkritik als Wille zur Macht oder die Kunst jenseits des Guten und Schönen. In: Ethische contra ästhetische Legitimation von Literatur, S. 78–85.
Philosophen-Lexikon. Handwörterbuch der Philosophie nach Personen. Unter Mitwirkung von Gertrud Jung verf. u. hg. von Werner Ziegenfuß. Berlin 1949f.
Piechotta, Hans Joachim: Die Differenzfunktion der Metapher in der Literatur der Moderne. Einleitung zu: Die literarische Moderne in Europa, S. 9–67.
Plumpe, Gerhard: Ästhetische Kommunikation der Moderne. Bd. 2: Von Nietzsche bis zur Gegenwart. Opladen 1993.
– Der tote Blick. Zum Diskurs der Photographie in der Zeit des Realismus. München 1990.
Poláček, Josef: Zum »hyperbolischen« Roman bei Conradi, Conrad und Hollaender. In: Naturalismus, S. 68–92.
Polyperspektivik in der literarischen Moderne. Studien zur Theorie, Geschichte und Wirkung der Literatur. Karl Robert Mandelkow gewidmet. Hg. von Jörg Schönert u. Harro Segeberg. Frankfurt am Main/Bern e.a. 1988.
Poscharnigg, Werner: Hermann Conradi. (1862–1890) Ein Vertreter der literarischen Moderne. Graz 1980.
Positionen der literarischen Intelligenz zwischen bürgerlicher Reaktion und Imperialismus. Hg. von Gert Mattenklott u. Klaus R. Scherpe. Literatur im historischen Prozeß, Bd. 2. Kronberg i.Ts. 1973.
Positivismus im 19. Jahrhundert. Beiträge zu seiner geschichtlichen und systematischen Bedeutung. Hg. von Jürgen Blühdorn u. Joachim Ritter. Frankfurt am Main 1971.
Price, Lawrence Marsden: English-German Literary Influences. University of California Publications in Modern Philology 9,1 u 9,2 (1919f.).
Pross, Harry: Literatur und Politik. Freiburg 1963.
– Ritualisierung des Nationalen. In: Nationale Mythen und Symbole, S. 94–105.
Pross, Wolfgang: Die Verspätung der wissenschaftsgeschichtlichen Debatte in der deutschen Literaturwissenschaft. In: Wie international ist die Literaturwissenschaft? Methoden- und Theoriediskussion in den Literaturwissenschaften: kulturelle Besonderheiten und interkultureller Austauch am Beispiel des Interpretationsproblems (1950–1990). Hg. von Lutz Danneberg u. Friedrich Vollhardt in Zusammenarbeit mit Hartmut Böhme und Jörg Schönert. Stuttgart/Weimar 1996, S. 145–167.
Radkau, Joachim: Das Zeitalter der Nervosität. Deutschland zwischen Bismarck und Hitler. München/Wien 1998.
– Die wilhelminische Ära als nervöses Zeitalter, oder: Die Nerven als Netz zwischen Tempo- und Körpergeschichte. In: Geschichte und Gesellschaft 20.2 (1994), S. 211–249.

- Technik in Deutschland. Vom 18. Jahrhundert bis zur Gegenwart. Frankfurt am Main 1989.
Rarisch, Klaus M.: Arno Holz und Berlin. In: Arno Holz, S. 3–11.
Rasch, Wolfdietrich: Zur deutschen Literatur seit der Jahrhundertwende. Gesammelte Aufsätze. Stuttgart 1967.
Rebing, Günter: Der Halbbruder des Dichters. Friedrich Spielhagens Theorie des Romans. Frankfurt am Main 1972.
Reiß, Gunter: Germanistik im Kaiserreich. Wilhelm Scherers >Poetik< als wissenschaftsgeschichtliches Dokument. Einleitung in: Wilhelm Scherer: Poetik. (1888). Hg. von Gunter Reiß. Tübingen 1977, S. IX-XLII.
Requard, Walter/Machatzke, Martin: Gerhard Hauptmann und Erkner. Studien zum Frühwerk. Berlin 1980.
Reuter, Hans-Heinrich: Entwicklung und Grundzüge der Literaturkritik Theodor Fontanes. In: Theodor Fontane. Hg. von Wolfgang Preisendanz. Darmstadt 1973, S. 111–168.
Rhöse, Franz: Konflikt und Versöhnung. Untersuchungen zur Theorie des Romans von Hegel bis zum Naturalismus. Stuttgart 1978.
Ribbat, Ernst: Propheten der Unmittelbarkeit. Bemerkungen zu Heinrich und Julius Hart. In: Wissenschaft als Dialog, S. 59–82.
Ribeiro, Horst: Der Theaterkritiker Karl Frenzel. Phil Diss. (F.U.) Berlin 1953.
Richter, Günter: Zwischen Revolution und Reichsgründung (1848–1870). In: Geschichte Berlins, S. 605–687.
Riedel, Manfred: Vom Biedermeier zum Maschinenzeitalter. Zur Kulturgeschichte der ersten Eisenbahnen in Deutschland. In: Technik in der Literatur, S. 102–131.
Riha, Karl: Blechschmied Arno Holz. Zur Struktur des Monsterdramas »Die Blechschmiede« In: Arno Holz, S. 76–83.
- Cross-Reading und Cross-Talking. Zitat-Collagen als poetische und satirische Technik. Stuttgart 1971.
- Das Experiment in Sprache und Literatur. In: Propyläen Geschichte der Literatur. Bd. 6. (1982), S. 440–463.
- Naturalismus. In: Geschichte der deutschen Lyrik vom Mittelalter bis zur Gegenwart. Hg. von Walter Hinderer. Stuttgart 1983, S. 387–419.
- Prämoderne, Moderne, Postmoderne. Frankfurt am Main 1995.
Ringer, Fritz K.: Die Gelehrten: Der Niedergang der deutschen Mandarine 1890–1933. Stuttgart 1983 (zuerst Havard 1969).
- Das gesellschaftliche Profil der deutschen Hochschullehrerschaft 1871–1933. In: Schwabe, Hochschullehrer, S. 93–104.
Rinsum, Annemarie u. Wolfgang van: Realismus und Naturalismus. Deutsche Literaturgeschichte. Bd. 7. München 1994.
Ritter, Gerhard R./Tenfelde, Klaus: Arbeiter im deutschen Kaiserreich 1871 bis 1914. Bonn 1992.
Romane und Erzählungen des Bürgerlichen Realismus. Neue Interpretationen. Hg. von Horst Denkler. Stuttgart 1980.
Rompeltien, Bärbel: Germanistik als Wissenschaft. Zur Ausdifferenzierung und Integration einer Fachdisziplin. Opladen 1994.
Root, Winthrop H.: German Critics of Zola 1875–1893. With special Reference to the Rougon-Macquart Cycle and the Roman Expérimental. New York 1966.
- German Naturalism and his Literary Predecessors. In: Germanic Review 23 (1948), S. 115–124.
- Naturalism's Debt to Wilhelm Scherer. In: Germanic Review 11 (1936), S. 20–29.
- The Naturalistic Attitude toward Aesthetics. In: Germanic Review 13 (1938), S. 56–64.

Rosenberg, Hans: Große Depression und Bismarckzeit. Wirtschaftsablauf, Gesellschaft und Politik in Mitteleuropa. Frankfurt am Main e.a. 1976.
Rosenberg, Rainer: Zehn Kapitel zur Geschichte der Germanistik. Literaturgeschichtsschreibung. Berlin 1981.
Rotermund, Erwin: Deutsche Dramenparodien der Jahrhundertwende. In: Kurzformen des Dramas. Gattungspoetische, epochenspezifische und funktionale Horizonte. Hg. von Winfried Herget u. Brigitte Schultze. Bern 1996, S. 145–157.
- Künstlerdramen der Jahrhundertwende. In: Drama und Theater der Jahrhundertwende, S. 21–35.
Rothacker, Erich: Einleitung in die Geisteswissenschaften. Tübingen 1930.
Ruckhäberle, Hans-Joachim/Widhammer, Helmuth: Roman und Romantheorie des deutschen Realismus. Darstellung und Dokumente. Kronberg i. Ts. 1977
Ryan, Lawrence: Jahrhundertwende. In: Geschichte der deutschen Lyrik vom Mittelalter bis zur Gegenwart. Hg. von Walter Hinderer. Stuttgart 1983, S. 387–419.
S. Fischer, Verlag. Von der Gründung bis zur Rückkehr aus dem Exil. Eine Ausstellung des Deutschen Literaturarchivs im Schiller-Nationalmuseum Marbach am Neckar. Hg. von Friedrich Pfäfflin u. Ingrid Kussmaul. Marbach 1985.
Sammons, Jeffrey L.: Friedrich Spielhagen. Novelist of Germany's False Dawn. Tübingen 2004
Sanders, Hans: Naturalismus und Ästhetizismus. Zum Problem der literarischen Evolution. In: Naturalismus/Ästhetizismus, S. 56–102.
Sandkühler, Thomas/Schmidt, Hans-Günter: »Geistige Mütterlichkeit« als nationaler Mythos im deutschen Kaiserreich. In: Nationale Mythen und Symbole, 237–255.
Sandor, Andras: Epochen in der Literaturgeschichtsschreibung. In: Jahrhundertwende, S. 340–352.
Sautermeister, Gert: Zur Grundlegung des Ästhetizismus bei Nietzsche. Dialektik, Metaphysik und Politik in der »Geburt der Tragödie« In: Naturalismus/Ästhetizismus, S. 224–243.
Schanze, Helmut: Der Experimentalroman des deutschen Naturalismus. Zur Theorie der Prosa um 1900. In: Handbuch des deutschen Romans. Hg. von Helmut Koopmann. Düsseldorf 1983, S. 460–467.
- Drama im bürgerlichen Realismus (1850–1890). Theorie und Praxis. Frankfurt am Main 1973.
- Theater – Politik – Literatur. Zur Gründungskonstellation einer ›Freien Bühne‹ zu Berlin 1889. In: Literatur und Theater in Wilhelminischer Zeit, S. 275–298.
Scheidweiler, Gaston: Gestaltung und Überwindung der Dekadenz bei Johannes Schlaf. Eine Interpretation seines Romanwerks. Frankfurt am Main/Bern e.a. 1990.
Scherer, Herbert: Bürgerlich-oppositionelle Literaten und sozialdemokratische Arbeiterbewegung nach 1890. Die ›Friedrichshagener‹ und ihr Einfluß auf die sozialdemokratische Kulturpolitik. Stuttgart 1974.
Scherpe, Klaus R./Mattenklott, Gert: Positionen literarischer Intelligenz zwischen bürgerlicher Reaktion und Imperialismus. In: Positionen literarischer Intelligenz, S. 1–8.
Scherpe, Klaus R.: Ausdruck, Funktion, Medium. Transformationen der Großstadterzählung in der deutschen Literatur der Moderne. In: Literatur in einer industriellen Kultur, S. 139–161.
- Der Fall Arno Holz. Zur sozialen und ideologischen Motivation der naturalistischen Literaturrevolution. In: Positionen literarischer Intelligenz, S. 121–178.
- Poesie der Demokratie. Literarische Widersprüche zur deutschen Wirklichkeit vom 18. zum 20. Jahrhundert. Köln 1980.

Scheuer, Helmut: Arno Holz' »Wende einer Zeit in Dramen«. Vom Milieustück zum Seelendrama. In: Arno Holz, S. 53–61.
- Arno Holz im literarischen Leben des ausgehenden 19. Jahrhunderts. (1883–1896) Eine biographische Studie. München 1971.
- Der Beginn der ›Moderne‹. In: Naturalismus (DU), S. 3–10.
- Der Realist und die Naturalisten. Theodor Fontane als Theaterkritiker. In: Der Deutschunterricht, 1998, 4, S. 25–33.
- Naturalismus und Naturwissenschaft. In: Fin de siècle, S. 9–25.
- Zwischen Sozialismus und Individualismus – Zwischen Marx und Nietzsche. In: Naturalismus, S. 150–174.

Schlawe, Fritz: Literarische Zeitschriften 1885–1910. 2 Bde. Stuttgart 1961.

Schmidt, Peter: Literatur der Gegenwart als Forschungsgegenstand. Berthold Litzmann und die Literaturhistorische Gesellschaft in Bonn. In: Literatur und Theater, S. 424–435.

Schnädelbach, Herbert: Philosophie in Deutschland 1831–1933. Frankfurt am Main 1983.

Schneider, Lothar: [Art.] Naturalismus, Literaturtheorien des. In: Lexikon der Literatur- und Kulturtheorie. Hg. von Ansgar Nünning. Stuttgart/Weimar 1998, S. 392f.
- »Das Gurgeln des Brüllfroschs«. Zur ›Regelung des Begehrens‹ in Gustav Freytags ›Soll und Haben‹. In: Sentimente, Gefühle, Empfindungen. Zur Geschichte und Literatur des Affektiven von 1770 bis heute. Hg. von Anne Fuchs u. Sabine Strümper-Krobb. Würzburg 2003, S. 121–134.
- »Sprechende Schatten«. Zum naturalistischen Heinebild Wilhelm Bölsches, seiner Modernität und zur Literaturwissenschaft. In: Vormärzliteratur in europäischer Perspektive II: Politische Revolution – industrielle Revolution – ästhetische Revolution. Hg. von Martina Lauster u. Günter Oesterle. Bielefeld 1998, S. 271–279.
- Die alte und die neue Fremde. Zu Wilhelm Bölsches Roman ›Die Mittagsgöttin‹. In: Fremde und Fremdes in der Literatur. Hg. von Joanna Jablkowska u. Erwin Leibfried. Frankfurt am Main e.a. 1996, S. 139–158.
- Die Konzeption der Moderne. In: Konzepte der Moderne. Germanistische Symposien der DFG XX. Hg. von Gerhart von Graevenitz. Stuttgart/Weimar 1999, S. 234–249.
- Die Verabschiedung des idealistischen Realismus in den Spielhagen-Kritiken des Naturalismus und der Literaturwissenschaft. In: Formen der Wirklichkeiterfassung nach 1848. Deutsche Literatur und Kultur vom Nachmärz bis zur Gründerzeit in europäischer Perspektive 1. Hg. von Helmut Koopmann u. Michael Perraudin. Bielefeld 2003, S. 233–244.
- Eugen Wolffs Dilemma. In: Jüdische Intellektuelle und die Philologien in Deutschland 1871–1933. Hg. von Wilfried Barner und Christoph König. Göttingen 2001, S. 89–95.

Schnittka, Ingolf: Der Nachlaß Johannes Schlafs. Biographie, Bibliographie und Kommentar. Phil. Diss. Halle 1989.

Schober, Rita: Für oder wider Zola. Zum Verhältnis von Rezeption, Kritik und Bewertung. In: Weimarer Beiträge 23, 3 (1977), S. 5–43.

Schultz, Franz: Die Entwicklung der Literaturwissenschaft von Herder bis Wilhelm Scherer. In: Philosophie der Literaturwissenschaft. Hg. von Emil Ermatinger. Berlin 1930, S. 31–42.

Schulz, Gerhard: Arno Holz. Dilemma eines bürgerlichen Dichterlebens. München 1974.
- Arno Holz. In: Deutsche Dichter. Hg. von Gunter E. Grimm u. Frank Rainer Max. Bd. 6: Realismus, Naturalismus, Jugendstil. Stuttgart 1989, S. 357–367.
- Naturalismus und Zensur. In: Naturalismus, S. 93–121.
- Zur Theorie des Dramas im deutschen Naturalismus. In: Deutsche Dramentheorien. Beiträge zu einer historischen Poetik des Dramas in Deutschland. Bd. 2. Wiesbaden 1971, S. 394–428.

Schutte, Jürgen: »Modern sei der Poet« – Zur Lyrik des Naturalismus. In: Naturalismus (DU), S. 37–50.
- Lyrik des Naturalismus. 1885–1893. Stuttgart 1966.
Schwerte, Hans: Der Begriff des Experiments in der Dichtung. In: Literatur und Geistesgeschichte. Festgabe für Heinz Otto Burger. Hg. von Reinhold Grimm u. Conrad Wiedemann. Berlin 1968, S. 387–405.
- Deutsche Literatur im wilhelminischen Zeitalter. In: Wirkendes Wort 14 (1969), S. 254–270.
Schwippe, Heinrich Joh.: Zum Prozeß der sozialräumlichen innerstädtischen Differenzierung im Industrialisierungsprozeß des 19. Jahrhunderts. Eine faktorialökologische Studie am Beispiel der Stadt Berlin 1875–1910. In: Urbanisierung, S. 241–307.
Seidlin, Oskar: Der Theaterkritiker Otto Brahm. 2. Auflage Bonn 1978 (zuerst unter dem Autorennamen Oskar Koplowitz Zürich 1936).
Seppänen, Lauri: Hermann Paul. Sprache zwischen Naturorganismus und Energeia. In: Sprache und Literatur in Wissenschaft und Unterricht 54 (1984), S. 2–18.
Sieferle, Rolf Peter: Die Krise der menschlichen Natur. Zur Geschichte eines Konzepts. Frankfurt am Main 1989.
Soergel, Albrecht/Hohoff, Curt: Dichtung und Dichter der Zeit. Vom Naturalismus bis zur Gegenwart. Neubearbeitung. Bd. 1. Düsseldorf 1961.
Sollmann, Kurt: Zur Ideologie intellektueller Opposition im beginnenden Imperialismus am Beispiel Bruno Willes. In: Positionen literarischer Intelligenz, S. 179–209.
Spiero, Heinrich: Vom Berliner Roman. Rückblicke und Ausblicke. In: Germanisch-Romanische Monatsschrift 6 (1914), S. 212–219.
Sprachphilosophie/Philosophy of Language/La philosophie du langage. Ein internationales Handbuch der zeitgenössischen Forschung. Hg. von Marcelo Dascal e.a. Bd. 1. Handbücher zur Sprach- und Kommunikationswissenschaft. Bd. 7.1. Berlin/New York 1992.
Sprengel, Peter: Gerhard Hauptmann. Epoche – Werk – Wirkung. München 1984.
- Geschichte der deutschen Literatur 1870–1900. Von der Reichsgründung bis zur Jahrhundertwende. Geschichte der deutschen Literatur von den Anfängen bis zur Gegenwart, hg. von Helmut de Boor u. Rüdiger Newald. Bd. 9,1. München 1998.
- Literaturtheorie und Theaterpraxis des Naturalismus: Otto Brahm. In: Naturalismus (DU), S. 89–99.
Ssymank, Paul: Leben Hermann Conradis. In: Hermann Conradi. Gesammelte Schriften. München/Leipzig 1911. Bd. 1, S. XVII–CCLIV.
Stauf von der March, Ottokar: Michael Georg Conrad. Ein Deutscher von echtem Schrot und Korn. Zeitz 1925.
Steakley, James: Vom Urschleim zum Übermenschen. Wandlungen des monistischen Weltbildes. In: Natur und Natürlichkeit. Stationen des Grünen in der deutschen Literatur. Hg. von Reinhold Grimm u. Jost Hermand. Königstein/Ts. 1981, S. 37–54.
Steinecke, Hartmut: Gustav Freytag: ›Soll und Haben‹ [1855]. Weltbild und Wirkung eines deutschen Bestsellers. In: Romane und Erzählungen des Bürgerlichen Realismus, S. 138–152.
- Romantheorie und Romankritik in Deutschland. Die Entwicklung des Gattungsverständnisses von der Scott-Rezeption bis zum programmatischen Realismus. 2 Bde. Stuttgart 1975.
Stern, Adolf: Die deutsche Nationalliteratur vom Tode Goethes bis zur Gegenwart. 5., neubearbeitete und vermehrte Auflage. Marburg 1905.
Sternberger, Dolf: Panorama oder Ansichten vom 19. Jahrhundert. Frankfurt am Main 1974 (zuerst 1938).

Sternsdorff, Jürgen: Wissenschaftskonstitution und Reichsgründung. Die Entwicklung der Germanistik bei Wilhelm Scherer. Eine Biographie nach unveröffentlichten Quellen. Frankfurt am Main/Bern 1979.

Stockinger, Ludwig: Realpolitik, Realismus und das Ende des bürgerlichen Wahrheitsanspruchs. Überlegungen zur Funktion des programmatischen Realismus am Beispiel von Gustav Freytags ›Soll und Haben‹. In: Bürgerlicher Realismus, S. 174–202.

Storost, Jürgen: Zu einigen germanistischen Zeitschriften in der zweiten Hälfte des 19. Jahrhunderts. In: Zeitschrift für Germanistik, NF 2 (1992), S. 341–354.

– Zur germanistischen und junggrammatischen Position der Berliner und Münchner Akademie im 19. Jahrhundert. In: Zeitschrift für Germanistik, NF 1 (1991), S. 82–98.

Strieder, Agnes: »Die Gesellschaft« – Eine kritische Auseinandersetzung mit der Zeitschrift der frühen Naturalisten. Frankfurt am Main/Bern e.a. 1985.

Stückrath, Jörn: ›die naturwissenschaftlichen Grundlagen der Poesie‹. Naturalistische Modelle der Wirklichkeit. In: Literarische Moderne, S. 140–169.

Stumpf, Gerhard: M. G. Conrad. Ideenwelt. Kunstprogrammatik. Literarisches Werk. Frankfurt am Main/Bern/New York 1986.

Swales, Martin: Epochenbuch Realismus. Romane und Erzählungen. Berlin 1997.

Tatlock, Lynne: Realist Historiography and the Historiography of Realism: Gustav Freytag's Bilder aus der deutschen Vergangenheit. In: The German Quaterly 63 (1990), S. 59–74.

Technik in der Literatur. Hg. von Harro Segeberg. Frankfurt am Main 1987.

Theel, Robert: Kommunikationsstörungen. Gustav Freytags Kritik an Parteipresse und Politikgeschäft in seinem Lustspiel ›Die Journalisten‹ (1852). In: Euphorion 90 (1996), S. 185–205.

Theile, Adolf: Gustav Freytag, der Grenzbotenjournalist. Phil. Diss. Münster 1924.

Theorien des bürgerlichen Realismus. Hg. von Gerhard Plumpe. Stuttgart 1985.

Thienel, Ingid: Verstädterung, städtische Infrastruktur und Stadtplanung. Berlin zwischen 1850 und 1914. In: Zeitschrift für Stadtgeschichte, Stadtsoziologie und Denkmalpflege 4 (1977), S. 54–84.

– Städtewachstum im Industrialisierungsprozeß des 19. Jahrhunderts. Das Beispiel Berlin. Berlin/New York 1973.

Thomé, Horst: Autonomes Ich und ›Inneres Ausland‹. Studien über Realismus, Tiefenpsychologie und Psychiatrie in deutschen Erzähltexten (1848–1914). Tübingen 1993.

– Römertragödien des 19. Jahrhunderts. Ein vorläufiger Bericht. In: Konflikt, Grenze, Dialog. Kulturkontrastive und interdiziplinäre Textzugänge. Festschrift für Horst Turk zum 60. Geburtstag. Hg. von Jürgen Lehmann e.a.. Frankfurt am Main e.a. 1997, S. 157–172.

Thormann, Michael: Der programmatische Realismus der ›Grenzboten‹ im Kontext von liberaler Politik, Philosophie und Geschichtsschreibung. In: Internationales Archiv für Sozialgeschichte der Literatur 18 (1993), S. 37–68.

Tillmann, Curt: Die Zeitschriften der Brüder Hart. Phil. Diss. München 1924.

Titze, Hartmut: Die zyklische Überproduktion von Akademikern im 19. und 20. Jahrhundert. In: Geschichte und Gesellschaft 10 (1984), S. 92–121.

– Der Akademikerzyklus. Historische Untersuchungen über die Wiederkehr von Überfüllung und Mangel in akademischen Karrieren. Göttingen 1990.

Titzmann, Michael: Das Konzept der ›Person‹ und ihrer ›Identität‹ in der deutschen Literatur um 1900. In: Die Modernisierung des Ich, S. 36–52.

– Strukturwandel der philosophischen Ästhetik 1800–1880. München 1978.

Traditionalismus und Modernismus: Kontroversen um den Avantgardismus. Hg. von Walter Haug und Winfried Barner. In: Kontroversen, alte und neue. Hg. von Albrecht

Schöne. (Akten des VII Internationalen Germanistenkongresses) Göttingen 1985. Bd. 8, S. 121–250.

Trommler, Frank: Technik, Avantgarde, Sachlichkeit. Versuch einer historischen Zuordnung. In: Literatur in einer industriellen Kultur, S. 46–71.

- Theatermoderne. In: Jahrhundertwende, S. 205–223.
- Theorie und Programme der literarischen Bewegungen. In: Jahrhundertwende, S. 51–68.

Ullmann, Hans-Peter: Das Deutsche Kaiserreich 1871–1918. Frankfurt am Main 1995.

Ulrich, Paul: Gustav Freytags Romantechnik. Marburg 1907. Reprint New York/London 1968.

Urbanisierung im 19. und 20. Jahrhundert. Historische und geographische Aspekte. Hg. von Hans Jürgen Teuteberg. Köln/Wien 1983.

Verleihkatalog des Deutschen Instituts für Filmkunde, Stiftung Deutsche Kinemathek. Frankfurt am Main 1986.

Vietta, Silvio: Die literarische Moderne. Eine problemgeschichtliche Darstellung der deutschsprachigen Literatur von Hölderlin bis Thomas Bernhard. Stuttgart 1992.

Voigt, Barbara: Programmatische Positionen zum Roman im deutschen Naturalismus. Die Auseinandersetzung mit Zolas Romantheorie. Phil Diss. Berlin 1983.

Völker, Ludwig: »Alle Erinnerung geht von irgendeiner ›Prosa‹ aus«. Die lyrische Moderne und der Naturalismus. In: Deutsche Dichtung um 1890, S. 203–283.

Vondung, Klaus: Das wilhelminische Bildungsbürgertum. Zur Sozialgeschichte seiner Idee. Göttingen 1976.

Voßkamp, Wilhelm: ›Bildung‹ als Synthese. In: Wissenschaftsgeschichte der Germanistik, S. 15–24.

Voswinkel, Gerd: Der literarische Naturalismus in Deutschland. Eine Betrachtung der theoretischen Auseinandersetzungen unter besonderer Berücksichtigung der zeitgenössischen Zeitschriften. Phil. Diss. Berlin 1970.

Walzel, Oskar: Wilhelm Scherer und seine Nachwelt. In: Zeitschrift für deutsche Philologie 55 (1930), S. 391–400.

Wege der Literaturwissenschaft. Hg. von Jutta Kolkenbrock-Netz, Gerhard Plumpe u. Hans-Joachim Schrimpf. Bonn 1985.

Wehler Hans-Ulrich: Deutsche Gesellschaftsgeschichte. 3. Bd: 1849–1914. München 1995.

- Wie »bürgerlich« war das Deutsche Kaiserreich? In: Bürger und Bürgertum, S. 243–280.

Weimar, Klaus: Geschichte der deutschen Literaturwissenschaft bis zum Ende des 19. Jahrhunderts. München 1989.

- Zur Geschichte der Literaturwissenschaft. Forschungsbericht. In: Deutsche Vierteljahrsschrift 50 (1976), S. 298–364.

Wellek, René: Geschichte der Literaturkritik 1750–1950. 5 Bde. Berlin 1977.

Wende, Waltraud: Modern sei der Poet vom Scheitel bis zur Sohle ... Zum Verhältnis von Kunsttheorie uhnd literarischer Praxis bei Arno Holz. In: Arno Holz, S. 43–52.

Weno, Joachim: Der Theaterstil des Naturalismus. Phil. Diss. Berlin 1951.

Werner, Renate: Das Wilhelminische Zeitalter als literaturhistorische Epoche. Ein Forschungsbericht. In: Wege der Literaturwissenschaft, S. 294–349.

Westermann, Erich: Grundlinien der Welt- und Lebensanschauung Rudolf Hildebrands. Leipzig 1912.

Westphal, Otto: Welt- und Staatsauffassung des deutschen Liberalismus. Eine Untersuchung über die Preußischen Jahrbücher und den konstitutionellen Liberalismus in Deutschland von 1858 bis 1863. München/Berlin 1919.

Widhammer, Helmut: Realismus und klassizistische Tradition. Zur Theorie der Literatur in Deutschland 1848–1860. Tübingen 1972.
- /Ruckhäberle, Hans-Joachim: Roman und Romantheorie des deutschen Realismus. Darstellung und Dokumente. Kronberg im Ts. 1977.

Wiedemann, Conrad: Schwierigkeiten mit ›Dafnis‹. Gedanken zu den Barocknachdichtungen von Arno Holz. In: Arno Holz, S. 84–95.

Wiegmann, Hermann: Geschichte der Poetik. Ein Abriss. Stuttgart 1977.

Wille, Werner: Studien zur Dekadenz in Romanen um die Jahrhundertwende. (Phil. Diss.) Greifswald 1930.

Willems, Gottfried: Anschaulichkeit. Zu Theorie und Geschichte der Wort-Bild-Beziehung und des literarischen Darstellungsstils. Tübingen 1989.

Winkler, Jürgen R.: Sozialstruktur, politische Traditionen und Liberalismus. Eine empirische Längsschnittstudie zur Wählerentwicklung in Deutschland 1871–1933. Opladen 1995.

Wissenschaft als Dialog. Studien zur Literatur und Kunst seit der Jahrhundertwende. Hg. von Renate Heydebrand u. Karl Günther Just. Stuttgart 1969.

Wissenschaft und Nation. Studien zur Entstehungsgeschichte der deutschen Literaturwissenschaft. Hg. von Jürgen Fohrmann u. Heinrich Voßkamp. München 1991.

Wissenschaftsgeschichte der Germanistik im 19. Jahrhundert. Hg. von Jürgen Fohrmann u. Wilhelm Voßkamp. Stuttgart/Weimar 1994.

Witkowski, Georg: Die Entwicklung der deutschen Literatur seit 1830. Leipzig 1912.

Wittkau, Anette: Historismus. Zur Geschichte des Begriffs und des Problems. Göttingen 1992.

Wülfing, Wulf/Bruns, Karin/Parr, Rolf: Forschungsprojekt »Literarisch-kulturelle Vereine und Gruppen im 19. und frühen 20. Jahrhundert«: Entwicklung – Aspekte – Schwerpunkte. In: Zeitschrift für Germanistik, NF. 4 (1994), S. 493–505.

Wülfing, Wulf: Vorbemerkung zu: Literarisch-kulturelle Vereine und Gruppen im 19. und frühen 20. Jahrhundert. In: Zeitschrift für Germanistik, NF 4 (1994), S. 491f..

Wunberg, Gotthard: Unverständlichkeit. Historismus und literarische Moderne. In: Hofmannsthal-Jahrbuch 1 (1993), S. 309–350.
- [Rez.] Monika Fick: Sinnenwelt und Weltseele. In: arbitrium 96 (1996),1, S. 111f.
- Chiffrierung und Selbstversicherung des Ich: Antikefiguration um 1900. In: Die Modernisierung des Ich, S. 190–201.
- Historismus, Lexemautonomie und Fin de siècle. Zum Dècadence-Begriff in der Literatur der Jahrhundertwende. In: Arcadia 30 (1995), S. 31–61.
- Samuel Lublinskis literatursoziologischer Ansatz. In: Naturalismus, S. 206–234.
- Utopie und fin de siècle. Zur deutschen Literaturkritik vor der Jahrhundertwende. In: Deutsche Vierteljahresschrift 43 (1969), S. 685–706.

Wünsch, Marianne: Vom späten ›Realismus‹ zur ›Frühen Moderne‹. Versuch eines Modells des literarischen Strukturwandels. In: Modelle des literarischen Strukturwandels, S. 187–203.

Zelle, Carsten: Die doppelte Ästhetik der Moderne. Revisionen des Schönen von Boileau bis Nietzsche. Stuttgart 1995.

Zglinicki, Friedrich von: Der Weg des Films. Die Geschichte der Kinematographie und ihrer Vorläufer. Berlin 1956.

Ziegler, Karl: Die Aufnahme der Werke von Emile Zola durch die österreichische Literaturkritik der Jahrhundertwende. Bern/Frankfurt am Main/New York 1986.

Zieglschmid, A.J.F.: Gerhart Hauptmanns Ikarier. In: Germanic Review 13 (1938), S. 32–39.

Zimmermann, Rolf Christian: Hauptmanns ›Vor Sonnenaufgang‹. Melodram einer Trinkerfamilie oder Tragödie menschlicher Blindheit? In: Deutsche Vierteljahresschrift 69 (1995), S. 494–511.

Zmegac, Viktor: Die Realität ahmt die Kunst nach. Zu einer Denkfigur der Jahrhundertwende. In: Die Modernisierung des Ich, S. 180–189.

Zorn, Wolfgang: Verdichtung und Beschleunigung des Verkehrs als Beitrag zur Entwicklung der »modernen Welt«. In: Studien zum Beginn der modernen Welt, S. 115–119.

Zum Verhältnis von Wissenschaft und Technik. Erkenntnisziele und Erzeugungsregeln akademischen und technischen Wissens. Hg. von Peter Lundgreen. Bielefeld 1881.